Die Einwirkungen des Europarechts auf den vorläufigen Rechtsschutz im nationalen Verwaltungsprozess

STUDIEN UND MATERIALIEN ZUM ÖFFENTLICHEN RECHT

Herausgegeben von Herbert Bethge

Band 27

PETER LANG
Frankfurt am Main · Berlin · Bern · Bruxelles · New York · Oxford · Wien

Siegfried Kwanka

Die Einwirkungen des Europarechts auf den vorläufigen Rechtsschutz im nationalen Verwaltungsprozess

PETER LANG
Europäischer Verlag der Wissenschaften

Bibliografische Information Der Deutschen Bibliothek
Die Deutsche Bibliothek verzeichnet diese Publikation in der Deutschen Nationalbibliografie; detaillierte bibliografische Daten sind im Internet über <http://dnb.ddb.de> abrufbar.

Zugl.: Passau, Univ., Diss., 2005

D 739
ISSN 1433-1500
ISBN 3-631-53959-2

www.peterlang.de

Dem Gedenken meiner Mutter

Vorwort

Die vorliegende Arbeit lag der Juristischen Fakultät der Universität Passau im Wintersemester 2004/2005 als Dissertation vor. Literatur und Rechtsprechung konnten bis Dezember 2004 berücksichtigt werden.

Mein Dank gebührt in erster Linie meinem Doktorvater, Herrn Professor Dr. Herbert Bethge, für den gewährten Freiraum bei der Bearbeitung des Themas sowie für seine konstruktive Kritik und die wertvollen Hinweise, die mein Verständnis für die wissenschaftliche Arbeitsweise erheblich gefördert haben. Weiterhin möchte ich ihm danken für die Aufnahme der Arbeit in die Reihe „Studien und Materialien zum Öffentlichen Recht". Herrn Professor Dr. Hartmut Söhn danke ich für die Übernahme und die zügige Erstellung des Zweitgutachtens.

Meinem Vater bin ich für seine langjährige Unterstützung zu besonderem Dank verpflichtet, ebenso wie der Familie Karin und Harald Reischel, ohne deren großzügige finanzielle Förderung die Arbeit nicht hätte zu Ende geführt werden können. Nicht zuletzt danke ich von ganzem Herzen Frau Andrea Mayer für die liebevolle Geduld und das entgegengebrachte Verständnis beim Abschluss der Arbeit.

Die Arbeit ist dem Gedenken meiner Mutter gewidmet.

Passau, im Februar 2005 *Siegfried Kwanka*

Inhaltsübersicht

Vorwort VII

Inhaltsverzeichnis XI

Abkürzungsverzeichnis XXIII

EINLEITUNG 1

ERSTER TEIL: VORLÄUFIGER RECHTSSCHUTZ IM GEMEINSCHAFTSRECHT 7

A. EINFÜHRUNG: DIE RECHTSPRECHUNGSZUSTÄNDIGKEITEN INNERHALB DER VERTIKALEN KOMPETENZVERTEILUNG 7

B. FORMEN DES GEMEINSCHAFTSRECHTLICHEN EINSTWEILIGEN RECHTSSCHUTZES UND NORMATIVE GRUNDLAGEN 8

C. AUSSCHLUSS DES SUSPENSIVEFFEKTS, ART. 242 S. 1 EGV 10

D. ABGRENZUNG VOLLZUGSAUSSETZUNG (ART. 242 S. 2 EGV) UND EINSTWEILIGE ANORDNUNG (ART. 243 EGV) 11

E. VORAUSSETZUNGEN FÜR DIE AUSSETZUNG DES VOLLZUGS UND DEN ERLASS EINSTWEILIGER ANORDNUNGEN 14

I. ZULÄSSIGKEIT DES ANTRAGS 15
II. BEGRÜNDETHEIT DES ANTRAGS 25

F. ERGEBNIS UND BEWERTUNG 37

ZWEITER TEIL: DIE EINWIRKUNGEN DER RECHTSPRECHUNG DES EUROPÄISCHEN GERICHTSHOFES AUF DEN EINSTWEILIGEN RECHTSSCHUTZ NATIONALER GERICHTE 41

A. EINFÜHRUNG: VON „FACTORTAME“ ZU „T. PORT“ 41

B. EINWIRKUNG AUF DEN NATIONALEN EINSTWEILIGEN RECHTSSCHUTZ ZUM ZWECK DER DURCHSETZUNG DES GEMEINSCHAFTSRECHTS 43

I. VERPFLICHTUNG UND BEFUGNIS ZUR GEWÄHRUNG EINSTWEILIGEN RECHTSSCHUTZES – DIE RECHTSSACHE „FACTORTAME“ 43
II. VERPFLICHTUNG ZUR DURCHSETZUNG DES GEMEINSCHAFTSRECHTS – DER FALL „TAFELWEINDESTILLATION“ 65
III. AUFLÖSUNG DER KOLLISION ZWISCHEN GEMEINSCHAFTSRECHT UND NATIONALEM RECHT 85
IV. ERGEBNIS 124

C. EINWIRKUNG AUF DEN NATIONALEN EINSTWEILIGEN RECHTSSCHUTZ ZUM SCHUTZ VOR GEMEINSCHAFTSRECHT 125

I. Einflussnahme des Europäischen Gerichtshofes auf die Gewährung einstweiligen Rechtsschutzes in Anfechtungssachen – Die Rechtssache „Süderdithmarschen“ 126
II. Einflussnahme des Europäischen Gerichtshofes auf die Gewährung einstweiligen Rechtsschutzes in Vornahmesachen – Der Fall „Atlanta Fruchthandelsgesellschaft“ 130
III. Bewertung der Entscheidungen 136
IV. Ergebnis 178

D. Einstweiliger Rechtsschutz in Untätigkeitsfällen – Der Fall „T. Port“ 179

I. Hintergrund 179
II. Sachverhalt 180
III. Entscheidung des Europäischen Gerichtshofes 182
IV. Würdigung der Entscheidung 184

E. Abschließende Würdigung des zweiten Teils und Ausblick 201

DRITTER TEIL: VERFASSUNGSRECHTLICHE IMPLIKATIONEN 205

A. Vereinbarkeit der Rechtsprechung des Europäischen Gerichtshofes mit dem effektiven Rechtsschutzprinzip nach Art. 19 Abs. 4 GG 206

I. Grundsätzliche Gewährleistung von einstweiligem Rechtsschutz durch Art. 19 Abs. 4 GG 206
II. Automatik des Suspensiveffekts in § 80 Abs. 1 VwGO 207
III. Untätigkeit eines Verwaltungsorgans 211
IV. Ergebnis 214

B. Verfassungsrecht als Prüfungsmaßstab für Gemeinschaftsrecht? 215

I. Von „Solange I“ bis „Maastricht“ 215
II. Neuere Judikate des Bundesverfassungsgerichts 225
III. Bewertung: Zulässigkeit und Erforderlichkeit verfassungsrechtlicher Schranken? 236
IV. Vergleich mit Vorrangrechtsprechung anderer mitgliedstaatlicher (Verfassungs-)Gerichte 247
V. Ergebnis und Ausblick 258

THESENARTIGE ZUSAMMENFASSUNG 261

Literaturverzeichnis 271

Inhaltsverzeichnis

Vorwort VII

Inhaltsübersicht IX

Abkürzungsverzeichnis XXIII

EINLEITUNG 1

I. DER CHARAKTER DER EUROPÄISCHEN UNION ALS „RECHTSGEMEINSCHAFT" VOR DEM HINTERGRUND DER NEUEN EUROPÄISCHEN VERFASSUNG 1

II. DER VORLÄUFIGE RECHTSSCHUTZ ALS EIN BESONDERER ANWENDUNGSFALL DER EINWIRKUNGEN DES EUROPARECHTS AUF DAS NATIONALE RECHT 3

III. DIE BEDEUTUNG DES VORABENTSCHEIDUNGSVERFAHRENS IM EUROPÄISIERUNGSPROZESS 4

IV. GANG DER UNTERSUCHUNG 5

ERSTER TEIL: VORLÄUFIGER RECHTSSCHUTZ IM GEMEINSCHAFTSRECHT 7

A. EINFÜHRUNG: DIE RECHTSPRECHUNGSZUSTÄNDIGKEITEN INNERHALB DER VERTIKALEN KOMPETENZVERTEILUNG 7

B. FORMEN DES GEMEINSCHAFTSRECHTLICHEN EINSTWEILIGEN RECHTSSCHUTZES UND NORMATIVE GRUNDLAGEN 8

C. AUSSCHLUSS DES SUSPENSIVEFFEKTS, ART. 242 S. 1 EGV 10

D. ABGRENZUNG VOLLZUGSAUSSETZUNG (ART. 242 S. 2 EGV) UND EINSTWEILIGE ANORDNUNG (ART. 243 EGV) 11

E. VORAUSSETZUNGEN FÜR DIE AUSSETZUNG DES VOLLZUGS UND DEN ERLASS EINSTWEILIGER ANORDNUNGEN 14

I. ZULÄSSIGKEIT DES ANTRAGS 15

1. Anhängigkeit der Hauptsache (Akzessorietätsgrundsatz) 15

a) Bedeutung und Ausformung des Akzessorietätsgrundsatzes 16

b) Zeitpunkt der Anhängigkeit der Hauptsache 17

2. Zuständigkeit 18

a) Funktionelle Zuständigkeit 18

b) Gerichtsinterne Zuständigkeit 19

3. Antragsgegenstand 20

4. Antragsbefugnis 21

5. Antragsfrist 22

6. Rechtsschutzinteresse 22

7. Verbot der Vorwegnahme der Hauptsache 23

8. Keine offensichtliche Unzulässigkeit der Hauptsacheklage 24

II. BEGRÜNDETHEIT DES ANTRAGS 25
1. Systematik der Begründetheit 25
2. Dringlichkeit der beantragten Maßnahme 27
a) Verhältnis zwischen Schwere und Irreversibilität des Schadens 27
b) Schwere des Schadens 28
c) Irreversibilität des Schadens 29
aa) Ausschluss durch die Gewährung von Sekundärrechtsschutz? 29
bb) Rechtsgebietsspezifische Besonderheiten 30
d) Weitere Aspekte der Dringlichkeitsprüfung 31
3. Notwendigkeit der beantragten Maßnahme 31
4. Interessenabwägung 33
5. Glaubhaftmachung von Dringlichkeit und Notwendigkeit der beantragten Maßnahme 35

F. ERGEBNIS UND BEWERTUNG 37

ZWEITER TEIL: DIE EINWIRKUNGEN DER RECHTSPRECHUNG DES EUROPÄISCHEN GERICHTSHOFES AUF DEN EINSTWEILIGEN RECHTSSCHUTZ NATIONALER GERICHTE 41

A. EINFÜHRUNG: VON „FACTORTAME“ ZU „T. PORT“ 41

B. EINWIRKUNG AUF DEN NATIONALEN EINSTWEILIGEN RECHTSSCHUTZ ZUM ZWECK DER DURCHSETZUNG DES GEMEINSCHAFTSRECHTS 43

I. VERPFLICHTUNG UND BEFUGNIS ZUR GEWÄHRUNG EINSTWEILIGEN RECHTSSCHUTZES – DIE RECHTSSACHE „FACTORTAME“ 43
1. Hintergründe des Sachverhalts 44
2. Sachverhalt 45
3. Problematik nach britischem Verfassungsrecht 46
a) Problematik der Sovereignty of Parliament 47
aa) Erläuterung der Souveränität des Parlaments im Vereinigten Königreich 47
bb) Einfluss des Europarechts 48
cc) Auffassung der britischen Gerichte 50
b) Problematik der Immunität der Krone 51
c) Argument der Vereinbarkeitsvermutung nationalen Rechts mit dem Gemeinschaftsrecht 53
4. Entscheidung des Europäischen Gerichtshofes 53
5. Erläuterung der Entscheidung 54
a) Anmerkungen zu Methode und Stil der Entscheidung 54
b) Argument des Vorrangprinzips und des Gebots der einheitlichen und gleichzeitigen Anwendung des Gemeinschaftsrechts in allen Mitgliedstaaten 55

aa) Die gemeinschaftsrechtliche Begründung des Vorrangprinzips 55
bb) Wirkung des Vorranggrundsatzes 56
(1) Der Vorrang des Gemeinschaftsrechts als *Anwendungs*vorrang ... 56
(2) Der Vorranggrundsatz und das Prinzip der einheitlichen Wirkung des Gemeinschaftsrechts 57
(3) Die Rechtssache „Factortame" als eine neue „Fallgruppe" des Vorrangs? 58
cc) Auswirkung auf das Recht des Vereinigten Königreichs 59
(1) Zur Frage der Vereinbarkeitsvermutung britischer Gesetze mit dem Gemeinschaftsrecht 60
(2) Schaffung eines neuen Rechtsbehelfs vor nationalen Gerichten? 61
c) Argument der Rechtsschutzgewährung 62
d) Argument der praktischen Wirksamkeit (effet utile) des durch Art. 234 (ex-Art. 177) EGV geschaffenen Rechtsschutzsystems 62
6. Ergebnis 64
II. VERPFLICHTUNG ZUR DURCHSETZUNG DES GEMEINSCHAFTSRECHTS – DER FALL „TAFELWEINDESTILLATION" 65
1. Hintergründe 66
2. Sachverhalt 67
3. Entscheidung des Europäischen Gerichtshofes 67
a) Zum Einwand der fehlenden Verpflichtung der Mitgliedstaaten nationale Zwangsmittel einzusetzen 68
b) Zum Einwand, es sei Sache der Mitgliedstaaten zu bestimmen, durch welche Maßnahmen die Beachtung der Gemeinschaftsvorschriften am besten zu gewährleisten sei 68
c) Zum Einwand der faktischen Unmöglichkeit der Anordnung des Sofortvollzugs 69
d) Fazit 70
4. Würdigung der Entscheidung 70
a) Gegenüberstellung der Begründungen in den Urteilen „Factortame" und „Tafelwein" 70
b) Realisierung des Vorrangs der gemeinschaftsrechtlichen Regelung durch den Europäischen Gerichtshof 71
c) Bestehen einer Kollisionslage 71
aa) Rechtslage nach deutschem Verwaltungsprozessrecht 73
(1) Sofortvollzug nach § 80 Abs. 2 S. 1 Nr. 3 VwGO 73
(2) Anordnung der sofortigen Vollziehung nach § 80 Abs. 2 S. 1 Nr. 4 VwGO 75
(a) „Besonderes öffentliches Interesse" 75
(b) Ermessen 76

(aa) Gebot der gemeinschaftskonformen Ermessensausübung 76
(bb) Ermessensreduzierung auf Null" 77
(cc) Anordnung der sofortigen Vollziehbarkeit als Ausnahme 78
(c) Fazit 78
(3) Gerichtliche Aussetzung nach § 80 Abs. 5 VwGO 78
bb) Zwischenergebnis 79
d) Tragweite der Entscheidung im Hinblick auf das deutsche Verwaltungs(prozess)recht 80
e) Anpassung des § 80 Abs. 2 VwGO? 81
f) Zur Frage des Individualrechtsschutzes 82
5. Ergebnis 84
III. AUFLÖSUNG DER KOLLISION ZWISCHEN GEMEINSCHAFTSRECHT UND NATIONALEM RECHT 85
1. Grundsätzliche Unterscheidung: Direkte – indirekte Kollision 86
2. Einordnung der Ausgangsfälle 88
3. Rechtliche Behandlung der einzelnen Kollisionsarten 90
a) Auffassungen im gemeinschaftsrechtlichen Schrifttum 90
aa) Die Auffassungen von *Zuleeg, Komendera* und *Huthmacher* 90
bb) Die Auffassung von *Lehr* 91
cc) Der Ansatz von *Rhode* 92
(1) Darstellung der Auffassung 92
(2) Bewertung von *Rhodes* Ansatz 93
dd) Zwischenergebnis 94
b) Auffassung des Europäischen Gerichtshofes 94
aa) Grundsatz des Diskriminierungsverbots (Äquivalenzprinzip) 96
bb) Grundsatz des Effektivitätsgebots 98
cc) Zwischenergebnis 99
c) Bewertung 99
aa) Gegenüberstellung der Auffassungen in Rechtsprechung und Schrifttum 100
bb) Die widerstreitenden Positionen: Grundsatz der nationalen Verfahrensautonomie einerseits und Grundsatz der einheitlichen Anwendung des Gemeinschaftsrechts andererseits 102
(1) Der Grundsatz der nationalen Verfahrensautonomie 102
(2) Der Grundsatz der einheitlichen Anwendung des Gemeinschaftsrechts (Uniformitätsprinzip) 104
(a) Dogmatische Grundlage des Uniformitätsprinzips 104
(b) Rechtlicher Gehalt des Einheitlichkeitsgebots 105
(c) Grenzen des Uniformitätsprinzips 106
(3) Fazit 106

cc) Auflösung der Spannungslage: Abwägung zwischen den widerstreitenden Positionen ... 107
(1) Begründung des Abwägungserfordernisses aus dem Wesen indirekter Kollisionen ... 107
(2) Der Grundsatz der Effektivität als maßgebliche Determinante der Abwägung ... 108
(a) Objektivrechtliche Seite ... 109
(b) Bedeutung der individualschützenden Komponente ... 110
(c) Verhältnis zwischen objektiver und individualschützender Komponente ... 111
(d) Zwischenergebnis ... 112
(3) Folge der Abwägung: System abgestufter Einwirkungen auf das nationale Recht ... 113
(4) Zwischenergebnis ... 114
dd) Anwendung des Vorranggrundsatzes bei indirekten Kollisionen ... 114
(1) Zusammenhang zwischen Vorrang und Effektivitätsgebot ... 115
(2) Unterscheidung von Regel und Prinzip ... 116
(3) Fazit ... 118
ee) Grenzen der Einwirkungen ... 118
(1) Einwirkungsfester Kernbereich der nationalen Verfahrensautonomie? ... 119
(2) Verbandskompetenz der Europäischen Union ... 120
(3) Fazit ... 121
d) Ergebnis zur rechtlichen Behandlung von indirekten Kollisionen ... 121
4. Anwendung auf die Ausgangsfälle ... 122
a) Die Rechtssache „Factortame" ... 122
b) Die Rechtssache „Tafelwein" ... 123
IV. ERGEBNIS ... 124
C. EINWIRKUNG AUF DEN NATIONALEN EINSTWEILIGEN RECHTSSCHUTZ ZUM SCHUTZ VOR GEMEINSCHAFTSRECHT ... 125
I. EINFLUSSNAHME DES EUROPÄISCHEN GERICHTSHOFES AUF DIE GEWÄHRUNG EINSTWEILIGEN RECHTSSCHUTZES IN ANFECHTUNGSSACHEN – DIE RECHTSSACHE „SÜDERDITHMARSCHEN" ... 126
1. Hintergrund und Sachverhalt ... 126
2. Entscheidung des Europäischen Gerichtshofes ... 128
a) Grundsätzliche Zulässigkeit der Vollzugsaussetzung ... 128
b) Zu den Voraussetzungen der Vollzugsaussetzung ... 129
II. EINFLUSSNAHME DES EUROPÄISCHEN GERICHTSHOFES AUF DIE GEWÄHRUNG EINSTWEILIGEN RECHTSSCHUTZES IN VORNAHMESACHEN – DER FALL „ATLANTA FRUCHTHANDELSGESELLSCHAFT" ... 130
1. Hintergrund – Die gemeinsame Marktorganisation für Bananen ... 130

2. Sachverhalt 132
3. Entscheidung des Europäischen Gerichtshofes 134
a) Grundsätzliche Zulässigkeit des Erlasses einstweiliger Anordnungen ... 135
b) Zu den Voraussetzungen für den Erlass von einstweiligen Anordnungen 135
III. BEWERTUNG DER ENTSCHEIDUNGEN 136
1. Dogmatische Begründung der grundsätzlichen Zulässigkeit einstweiligen Rechtsschutzes sowie der Ableitung der Voraussetzungen aus dem Gemeinschaftsrecht 136
a) Die vom Europäischen Gerichtshof vorgebrachten Argumente 136
aa) Die Argumente der praktischen Wirksamkeit des Art. 234 EGV und des effektiven Rechtsschutzes 137
(1) Der Stellenwert des Individualrechtsschutzes 137
(2) Ableitung der Voraussetzungen für die Gewährung von Eilrechtsschutz aus dem Gemeinschaftsrecht 138
bb) Keine Anwendung des Vorranggrundsatzes 139
cc) Das Argument der Kohärenz des Rechtsschutzsystems 139
(1) Das Kohärenzargument und die Rechtssache „Foto Frost“ 140
(2) Die Urteile „Süderdithmarschen“ und „Atlanta“ als Weiterentwicklung der Rechtssache „Foto Frost“ 140
(3) Stichhaltigkeit des Kohärenzarguments in den Rechtssachen „Süderdithmarschen“ und „Atlanta“ 141
dd) Zwischenergebnis 142
b) Rechtfertigung der Vorgehensweise über den Gedanken der Rechtsfortbildung 142
aa) Grundsätzliche Befugnis des Europäischen Gerichtshofes zur Rechtsfortbildung 143
bb) Grenzen der Rechtsfortbildung 144
(1) Maßstab für die Überprüfung der Zulässigkeit der Rechtsfortbildung 144
(2) Einhaltung der Grenzen der Rechtsfortbildung 145
(a) Dem Europäischen Gerichtshof widersprechende Auffassungen 145
(b) Befürworter der Vorgehensweise des Europäischen Gerichtshofes 146
(c) Bewertung 147
(3) Verbandskompetenz der Europäischen Union 148
(a) Sachkompetenzen der EU 148
(b) Die Kompetenzen zur Rechtsangleichung (Art. 94 ff. EGV) 149
(c) Die Generalermächtigung nach Art. 308 EGV 150
(d) Ungeschriebene Kompetenzen 151

(aa) Die *implied powers*-Lehre ... 151
(bb) Ungeschriebene Verfahrenskompetenzen im EG-Vertrag ... 152
(cc) Zwischenergebnis ... 153
(e) Begründung einer punktuellen ungeschriebenen Verfahrenskompetenz aus der jeweiligen Sachkompetenz i. V. m. einem allgemeinen Rechtsgrundsatz ... 153
(aa) Terminologische Einordnung der „allgemeinen Rechtsgrundsätze" ... 154
(bb) Bestehen eines allgemeinen Rechtsgrundsatzes des Gemeinschaftsrechts ... 155
(e) Zwischenergebnis ... 156
(4) Organkompetenz des Europäischen Gerichtshofes ... 156
cc) Ergebnis zur Frage der Rechtsfortbildung ... 157
dd) Einschränkung des Befundes hinsichtlich der Vorlagepflicht ... 157
c) Fazit und Bewertung ... 158
2. Zu den Voraussetzungen im Einzelnen ... 159
a) Materielle Voraussetzungen ... 160
aa) Erhebliche Zweifel an der Gültigkeit der Verordnung ... 160
bb) Dringlichkeit der beantragten Entscheidung ... 162
cc) Berücksichtigung der Gemeinschaftsinteressen ... 163
dd) Zwischenergebnis ... 164
b) Pflicht zur sofortigen Vorlage ... 165
aa) Die Vorlagepflicht und die Rechtssache „Foto Frost" ... 166
(1) Aufstellung einer Vorlagepflicht für Instanzgerichte ... 166
(2) Erstreckung der Vorlagepflicht auf den Bereich des einstweiligen Rechtsschutzes ... 166
(3) Bewertung: Die Vorlagepflicht im Spannungsfeld zwischen dem Grundsatz der Rechtsschutzeffektivität und dem Uniformitätsprinzip ... 167
(4) Fazit ... 167
bb) Die Vorlagepflicht und die Rechtssache „Hoffmann-La Roche" ... 168
(1) Keine Vorlagepflicht letztinstanzlicher Gerichte im Eilverfahren ... 168
(2) Die Entscheidungen „Süderdithmarschen" und „Atlanta" als Abkehr von der „Hoffmann-La Roche"-Rechtsprechung? ... 169
(a) Differenzierung zwischen Auslegungs- und Gültigkeitsvorlagen ... 169
(b) Der Tenor der Entscheidung „Hoffmann-La Roche" ... 171
(c) Erstreckung der Vorlagepflicht auf die Fallgruppe der Auslegungszweifel? ... 171

cc) Zulässigkeit der Rechtsfortbildung hinsichtlich der Vorlagepflicht ... 172
dd) Zwischenergebnis ... 173
c) Beachtungspflicht ... 174
3. Tragweite der Entscheidungen ... 175
a) Konstellationen bloßer Auslegungszweifel ... 175
b) Fälle mit ausschließlich mitgliedstaatlichen Fehlerquellen ... 176
c) Andere Konstellationen des indirekten Vollzugs ... 176
aa) Entscheidungen i. S. v. Art. 249 Abs. 4 EGV ... 176
bb) Fälle des mittelbaren mitgliedstaatlichen Vollzugs ... 177
IV. ERGEBNIS ... 178

D. EINSTWEILIGER RECHTSSCHUTZ IN UNTÄTIGKEITSFÄLLEN – DER FALL „T. PORT" ... 179

I. HINTERGRUND ... 179
II. SACHVERHALT ... 180
III. ENTSCHEIDUNG DES EUROPÄISCHEN GERICHTSHOFES ... 182
1. Materiell-rechtliche Fragestellung: Verpflichtung der Kommission zur Regelung von Härtefällen ... 182
2. Prozessuale Frage: Keine Befugnis nationaler Gerichte zur Gewährung vorläufigen Rechtsschutzes ... 183
IV. WÜRDIGUNG DER ENTSCHEIDUNG ... 184
1. Unterschied zur Rechtssache „Atlanta" ... 184
2. Kohärenzargumentation des Europäischen Gerichtshofes ... 185
a) Ausgangsthese: Keine Befugnis nationaler Gerichte zur Ungültigkeitsvorlage ... 186
aa) Die Auffassung von *Wiehe* ... 186
(1) Der genaue Gegenstand einer Ungültigkeitsvorlage ... 186
(2) Mangelnde Bindungswirkung von Urteilen über Untätigkeitsvorlagen? ... 186
(3) Furcht vor der Normerlassklage? ... 187
bb) Bewertung ... 187
b) Schlussfolgerung: Keine Befugnis nationaler Gerichte zum Erlass einstweiliger Anordnungen ... 188
c) Zwischenergebnis ... 189
3. Beachtung des gemeinschaftsrechtlichen Prinzips des effektiven Rechtsschutzes ... 190
a) Ersuchen an die Kommission im Verfahren nach Art. 27 Bananenmarktordnung ... 190
b) Erhebung einer Untätigkeitsklage gemäß Art. 232 EGV ... 191

aa) Verfahrensgegenstand: Untätigkeit der Kommission oder Untätigkeit der Bundesanstalt für Landwirtschaft und Ernährung *(BLE)*? 191
bb) Klagebefugnis 192
(1) Gegenüberstellung von Art. 232 Abs. 3 und Art. 230 Abs. 4 EGV 192
(2) Klagebefugnis der *T. Port GmbH & Co. KG* 193
(a) Das Erfordernis einer verbindlich, unmittelbar und individuell wirkenden Maßnahme 193
(b) Härtefallregelung im Wege einer Verordnung nach Art. 249 Abs. 2 EGV 194
(c) Härtefallregelung im Wege einer Entscheidung nach Art. 249 Abs. 4 EGV 195
(3) Fazit 196
cc) Zwischenergebnis 196
c) Erlass einstweiliger Anordnungen nach Art. 243 EGV 196
d) Zwischenergebnis 199
4. Abschließende Bewertung 199

E. ABSCHLIEßENDE WÜRDIGUNG DES ZWEITEN TEILS UND AUSBLICK 201

DRITTER TEIL: VERFASSUNGSRECHTLICHE IMPLIKATIONEN 205

A. VEREINBARKEIT DER RECHTSPRECHUNG DES EUROPÄISCHEN GERICHTSHOFES MIT DEM EFFEKTIVEN RECHTSSCHUTZPRINZIP NACH ART. 19 ABS. 4 GG 206

I. GRUNDSÄTZLICHE GEWÄHRLEISTUNG VON EINSTWEILIGEM RECHTSSCHUTZ DURCH ART. 19 ABS. 4 GG 206
II. AUTOMATIK DES SUSPENSIVEFFEKTS IN § 80 ABS. 1 VWGO 207
1. Die Aussage von Art. 19 Abs. 4 GG 207
2. Beurteilung der Vorgaben aus dem „Tafelwein"-Fall 209
3. Zwischenergebnis 210
III. UNTÄTIGKEIT EINES VERWALTUNGSORGANS 211
1. Der richtige Verfahrensgegenstand 211
2. Das Argument der ausschließlichen Zuständigkeit der Gemeinschaftsgerichte zur Gewährung von Eilrechtsschutz in Untätigkeitsfällen 213
3. Zwischenergebnis 214
IV. ERGEBNIS 214

B. VERFASSUNGSRECHT ALS PRÜFUNGSMAßSTAB FÜR GEMEINSCHAFTSRECHT? 215

I. VON „SOLANGE I“ BIS „MAASTRICHT“ 215
1. Darstellung der Entscheidungen 215
2. Die Problematik des Letztentscheidungsrechts 218
a) Ansätze zu Gunsten eines Letztentscheidungsrechts des Bundesverfassungsgerichts 218
aa) Art. 23 GG und das Zustimmungsgesetz als „Brücke“ für die innerstaatliche Geltung des Gemeinschaftsrechts 218
bb) Unbedingte Grundrechtsbindung des Bundesverfassungsgerichts 219
cc) Zwischenergebnis 220
b) Ansätze zu Gunsten eines Letztentscheidungsrechts des Europäischen Gerichtshofes 220
aa) Die Errichtung der Gemeinschaft als „Gesamtakt staatlicher Integrationsgewalt“ 220
bb) Vorbehaltslose Übertragung der Rechtsprechungshoheit auf den Europäischen Gerichtshof 221
c) Zwischenergebnis 221
3. Das Kriterium der „generellen“ Gewährleistung des unabdingbaren Grundrechtsstandards 221
a) Einzelfallprüfung durch das Bundesverfassungsgericht? 222
aa) Darstellung der Auffassung 222
bb) Bewertung 222
b) Anlehnung an den Maßstab der Wesensgehaltsgarantie (Art. 19 Abs. 2 GG) 224
aa) Darstellung des Ansatzes 224
bb) Bewertung 225
II. NEUERE JUDIKATE DES BUNDESVERFASSUNGSGERICHTS 225
1. Beschluss vom 25. 1. 1995 226
a) Darstellung der Entscheidung 226
b) Bewertung 227
2. Beschluss vom 7. 6. 2000 – Bananenmarktordnung 228
a) Vorlagebeschluss des Verwaltungsgerichts Frankfurt a. M. vom 24. 10. 1996 228
b) Beschluss des Bundesverfassungsgerichts 229
c) Würdigung der Entscheidung 230
aa) Zur Frage der Statthaftigkeit der Vorlage analog Art. 100 Abs. 1 GG 231
bb) Zur Schranke der Grundrechte 232
cc) Zur Schranke der Kompetenzen 234
3. Entscheidung vom 17. 2. 2000 – Alcan 234
a) Darstellung der Entscheidung 234
b) Bewertung 235

4. Zwischenergebnis 236
III. BEWERTUNG: ZULÄSSIGKEIT UND ERFORDERLICHKEIT VERFASSUNGSRECHTLICHER SCHRANKEN? 236
1. Grundsätzliche Überlegungen 237
a) Zusammenhang zwischen Schranken der Verfassung und der Frage der Letztentscheidungskompetenz 237
b) Gemeinschaftliche oder mitgliedstaatliche Perspektive? 237
c) Ablehnung der „Brückentheorie“ 238
2. Übertragung der Letztentscheidungsbefugnis auf den Europäischen Gerichtshof 239
a) Übertragung ausschließlicher Jurisdiktionsbefugnisse auf die Gemeinschaft 239
b) Der Wille der Mitgliedstaaten 240
c) Die Gefahr „unrichtiger“ Entscheidungen 240
3. Legitimation des Übertragungsumfangs durch das Grundgesetz 240
4. Art. 79 Abs. 3 GG als äußerste Grenze 240
a) Erforderlichkeit einer äußersten Verfassungsgrenze für Hoheitsrechtsübertragungen 240
b) Letztentscheidungskompetenz des Bundesverfassungsgerichts, soweit der Schutzumfang des Art. 79 Abs. 3 GG betroffen ist 240
c) Geringe Wahrscheinlichkeit eines Eingriffs in Art. 79 Abs. 3 GG 240
d) Zwischenergebnis 240
IV. VERGLEICH MIT VORRANGRECHTSPRECHUNG ANDERER MITGLIEDSTAATLICHER (VERFASSUNGS-)GERICHTE 240
1. Italien 240
2. Frankreich 240
3. Großbritannien 240
4. Irland 240
5. Österreich 240
6. Weitere Mitgliedstaaten 240
7. Zusammenfassung und Bewertung 240
V. ERGEBNIS UND AUSBLICK 240
THESENARTIGE ZUSAMMENFASSUNG 240
Literaturverzeichnis 240

Abkürzungsverzeichnis

Für die nicht im nachfolgenden Abkürzungsverzeichnis erläuterten Abkürzungen wird verwiesen auf *Hildebert Kirchner*, Abkürzungsverzeichnis der Rechtssprache, 4. Auflage, Berlin u. a., 1993.

A.a.O.	Am angegebenen Ort
ABl. bzw. ABlEG	Amtsblatt der Europäischen Gemeinschaften
AgrarR	Agrarrecht
AJDA	Actualités Juridiques de Droit Administratif
AKP-Staaten	Staaten Afrikas, der Karibik und des Pazifiks (Mitgliedstaaten der Lomé-Abkommen)
All E.R.	All England Reports
ALR	Administrative Law Review
AO	Abgabenordnung
AWD	Außenwirtschaftsdienst
CA	Court of Appeal
CC	Conseil Constitutionnel
CDE	Cahiers de droit européen
CE	Conseil d´Etat
CLJ	The Cambridge Law Journal
CMLRep.	Common Market Law Reports
CMLRev.	Common Market Law Review
Ds.	Departementsserien
ECA	European Communities Act
ECU	European Currency Unit
EGKS	Europäische Gemeinschaft für Kohle und Stahl
EGKSV	Vertrag zur Gründung der Europäischen Gemeinschaft für Kohle und Stahl
EGV	Vertrag zur Gründung der Europäischen Gemeinschaft
ELR	European Law Review
EMRK	Europäische Menschenrechts-Konvention
ERPL	European Review of Public Law
EuG	Europäisches Gericht erster Instanz
EuGH	Gerichtshof der Europäischen Gemeinschaften
EuGRZ	Europäische Grundrechtszeitschrift
EuR	Europarecht
EUV	Vertrag über die Europäische Union

EuZW	Zeitschrift für Europäisches Wirtschaftsrecht
EWG	Europäische Wirtschaftsgemeinschaft
EWGV	Vertrag zur Gründung der europäischen Wirtschaftsgemeinschaft
EWR	Europäischer Wirtschaftsraum
EWS	Europäisches Wirtschafts- und Steuerrecht
Fn.	Fußnote
GA	Generalanwalt
GATS	Allgemeines Abkommen über Handel mit Dienstleistungen (General Agreement on Trade in Services)
GATT	Allgemeines Zoll- und Handelsabkommen (General Agreement on Tariffs and Trade)
GewA	Gewerbearchiv
HL	House of Lords
ICLQ	International and Comparative Law Quarterly
IR	Irish Reports
J.	(Mr.) Justice/Judge
LJ.	Lord Justice
LQR	The Law Quarterly Review
Ltd.	Limited
m. w. N.	mit weiteren Nachweisen
MB	Moniteur Belge
MJ	Maastricht Journal of European and Comparative Law
QB	Law Reports, Queen's Bench
RdA	Recht der Arbeit
RDE	Rivista di diritto europeo
RDP	Revue du Droit public et de la Science politique en France et à l'étranger
REDI	Revista Española de Derecho Internacional
RFDA	Revue Française de Droit Administratif
RIE	Revista De Instituciones Europeas
RIW	Recht der Internationalen Wirtschaft
RMC	Revue du Marché Commun (et de l'Union Européenne)
Rn.	Randnummer
Rs.	Rechtssache
RTDE	Revue Trimestrielle de droit européen
Slg.	Sammlung der Rechtsprechung des Gerichtshofes der Europäischen Gemeinschaft und des Gerichts erster Instanz
Tz.	Textziffer

UPR	Umwelt- und Planungsrecht
verb.	Verbundene
VerfO	Verfahrensordnung
VfGH	Österreichischer Verfassungsgerichtshof
VfSlg.	Amtliche Sammlung des Erkenntnisse und Beschlüsse des Verfassungsgerichtshofes
VVDStRL	Veröffentlichungen der Vereinigung Deutscher Staatsrechtslehrer
WTO	Welthandelsorganisation
ZÖR	Zeitschrift für öffentliches Recht

Einleitung

I. *Der Charakter der Europäischen Union als „Rechtsgemeinschaft" vor dem Hintergrund der neuen Europäischen Verfassung*

Am 18. 6. 2004 wurde auf der Konferenz des Europäischen Rates in Brüssel eine gemeinsame Verfassung für Europa[1] verabschiedet. Noch im Dezember 2003 waren entsprechende Verhandlungen ergebnislos abgebrochen worden.[2] Daraufhin geäußerte Befürchtungen, die europäische Integration sei an ihrem Endpunkt angekommen, müssen heute als voreilig und überzogen eingestuft werden.

Die Einigung über die Europäische Verfassung stellt zweifellos den bedeutendsten Integrationsschritt seit Abschluss der Römischen Verträge dar. Angesichts der bevorstehenden aufwändigen Ratifizierungsprozesse kann es jedoch noch mehrere Jahre dauern, bis die Verfassung tatsächlich in Kraft tritt.[3] Neben dem weiteren Fahrplan der Europäischen Idee ist daher auch die Frage nach dem *aktuellen* Integrationsstand der Europäischen Union[4] weiterhin von Interesse.

In der europarechtlichen Literatur ebenso wie durch den Europäischen Gerichtshof wird häufig der Charakter der Union als Rechtsgemeinschaft hervorgehoben.[5] Diese

---

[1] Der „Vertrag über eine Verfassung für Europa" wurde am 29. 10. 2004 in Rom formell unterzeichnet. Der vollständige Text der Verfassung ist unter www.europa.eu.int/constitution/constitution_de.htm zu finden. Er geht zurück auf einen Entwurf des *Europäischen Konvents* („Entwurf eines Vertrags über eine Verfassung für Europa, vom Europäischen Konvent im Konsensverfahren angenommen am 13. Juni und 10. Juli 2003, dem Präsidenten des Europäischen Rates in Rom überreicht am 18. Juli 2003"), der speziell zur Erarbeitung einer europäischen Verfassung durch den Europäischen Rat von Laeken im Dezember 2001 eingesetzt wurde.

[2] Vgl. etwa die Schlagzeile in der *Süddeutschen Zeitung* vom 15. 12. 2003 (S. 1): „EU-Gipfel gescheitert"; schärfer die *Welt am Sonntag* vom 14. 12. 2003 (S. 1): „EU-Gipfel endet im Fiasko".

[3] Nach der formellen Unterzeichnung des Verfassungstexts ist der Entwurf durch jeden Mitgliedstaat nach der in seiner Verfassung vorgesehenen Vorgehensweise zu ratifizieren. Mehrere Mitgliedstaaten haben Referenden angekündigt; in manchen EU-Ländern ist deren Ausgang mit Blick auf bestehende Zweifel an der Europäischen Idee in Teilen der Bevölkerung offen. Das In-Kraft-Treten der Verfassung ist für den 1. 11. 2006 vorgesehen, wenn sie bis dahin von allen Mitgliedstaaten ratifiziert worden ist, vgl. Art. IV-447 Abs. 2 des Verfassungsentwurfs.

[4] Die institutionelle Unterscheidung zwischen „Europäischer Union" und „Europäischer Gemeinschaft" und das Verhältnis zwischen Unions- und Gemeinschaftsrecht spielt für die vorliegende Arbeit keine Rolle. (Vgl. dazu etwa *Schroeder*, Gemeinschaftsrechtssystem, 2002, S. 33 ff.) Die Verwendung der Begriffe „(Europäische) Union", „(Europäische) Gemeinschaft(en)", „Unionsrecht", „Gemeinschaftsrecht" usw. erfolgt deshalb ohne inhaltliche Festlegung in dieser Hinsicht, sondern in Wahrnehmung eines terminologischen Spielraums.

[5] Vgl. etwa *Hallstein*, Die Europäische Gemeinschaft, 5. Aufl. 1979; *Zuleeg*, NJW 1994, 545 ff.; *ders.*, VVDStRL Bd. 53 (1994), S. 154 (195); *Everling*, JZ 2000, 217 (217); EuGH, Urteil v. 23. 4. 1986 (Rs. 294/83), Slg. 1986, 1339 (1365, Tz. 23) – *Les Verts*; EuGH, Gutachten v. 14. 12. 1991 (Gutachten 1/91), Slg. 1991, I-6079 (6102, Tz. 21) – *EWR I*.

Bezeichnung wird nicht nur in einem positiven, deskriptiven Sinne verwendet,[6] sondern sie dient auch – in einem einschränkenden Sinne – zur Betonung eines grundlegenden Unterschieds zwischen dem Gemeinschaftsrechtssystem und den Rechtsordnungen der Mitgliedstaaten: die Europäische Union ist *nur* eine *Rechts*gemeinschaft.[7] Auf Grund der mangelnden Staatsqualität der EU kommt dem Recht in einer solchen Gemeinschaft ein überragender Stellenwert zu. Das Recht ist nicht nur Integrationsfaktor, sondern das konstitutive Element der Gemeinschaftsordnung schlechthin. Der Unterschied zwischen der Gemeinschaft und den Mitgliedstaaten in diesem Zusammenhang wurde besonders prägnant von *Hirsch* formuliert: „Nähme man der Bundesrepublik ihr Grundgesetz, sie würde, wenn auch mehr schlecht als recht, weiterbestehen; nähme man den Europäischen Gemeinschaften die sie konstituierenden Verträge, sie würden aufhören zu existieren."[8] Im Gegensatz zu den Mitgliedstaaten fehlt der Europäischen Gemeinschaft das Fundament eines Staatsvolkes im materiellem Sinn.[9] Einem Volk kommt jedoch zumindest[10] die Funktion zu, die tatsächliche Geltung der an seine Adresse gerichteten Rechtsordnung im Sinne ihrer *freiwilligen* Akzeptanz zu bewirken. Dazu gehört der Gewinn eines Bewusstseins, dass es sich bei dieser Rechtsordnung um etwas selbst Gegebenes und nichts von Fremden Oktroyiertes handelt.[11] Vor diesem Hintergrund lässt sich die Funktion einer gemeinsamen Verfassung der Mitgliedstaaten verdeutlichen: Eine Europäische Verfassung würde zur Entwicklung eines europäischen Bewusstseins, einer kollektiven Identität im Sinne eines Verfassungspatriotismus[12] beitragen;[13] dadurch könnte dem Recht in seiner Funktion als Integrationsinstrument ein soziologischer Faktor zur Seite gestellt werden. Dies würde wiederum die innere Stabilität der Europäischen Union und die Identifikation mit ihr steigern, so dass sich diese weg von einer bloßen Rechtsgemeinschaft hin zu einer auch politisch akzeptierten Union entwickeln könnte.

Nachdem davon ausgegangen werden muss, dass das In-Kraft-Treten der Europäischen Verfassung noch einige Zeit in Anspruch nimmt, bleibt es weiterhin in erster Linie Aufgabe des Rechts, die Europäische Integration voranzutreiben. Seiner integra-

---

[6] Dazu insbes. *Hallstein*, Der unvollendete Bundesstaat, 1969, S. 33, der die EWG in dreifacher Hinsicht als Phänomen des Rechts begreift: als Schöpfung des Rechts, als Rechtsquelle und als Rechtsordnung. Eingehend dazu auch *Steinberger*, VVDStRL Bd. 50 (1991), S. 9 (24-39).

[7] *Hirsch*, NJW 2000, 1817 (1819).

[8] *Hirsch*, a.a.O.

[9] Zu dieser Fragestellung unter Berücksichtigung der unterschiedlichen „Volksbegriffe" – auch unter Einbeziehung von außerrechtlichen Bedeutungsinhalten – ausführlich *Augustin*, Das Volk in der EU, 2000, S. 29 ff.

[10] Nach der wohl herrschenden „Drei-Elementen-Lehre" (dazu eingehend *Jellinek*, Allgemeine Staatslehre, 3. Aufl. 1914, S. 394 ff.; *Doehring*, Allgemeine Staatslehre, 2. Aufl. 2000, Rn. 39 ff.) ist das Staatsvolk – neben dem Staatsgebiet und der Staatsgewalt – zudem ein konstituierendes Element eines Staates im Sinne der Allgemeinen Staatslehre. Auf diese Funktion wird hier bewusst nicht rekurriert, um damit kein Präjudiz über das offiziell noch nicht festgelegte – und hier ebenfalls nicht zu entscheidende – politische Endziel der Europäischen Integration zu fällen.

[11] Vgl. *Augustin*, Das Volk in der EU, 2000, S. 199 f.

[12] Dazu *Sternberger*, Verfassungspatriotismus, 1982, S. 7.

[13] Ausgespart werden soll hier die umstrittene Frage, ob ein Volk notwendig ist, um eine demokratische Verfassung zu schaffen (dagegen *Augustin*, Das Volk in der EU, 2000, S. 377 ff.). Jedenfalls schafft umgekehrt eine demokratische Verfassung ein „Volk" im politischen Sinn, vgl. *Gusy*, EuR 2001, 464 (465 f.).

tiven Funktion vermag das Gemeinschaftsrecht jedoch nur nachzukommen, wenn es in allen Mitgliedstaaten einheitlich ausgelegt und angewandt wird. Konsequenterweise betont der Europäische Gerichtshof in ständiger Rechtsprechung das „Leitprinzip“[14] der Gemeinschaft, den Grundsatz der Einheitlichkeit des Gemeinschaftsrechts.[15] Zur Herstellung der Rechtseinheit steht der Gemeinschaft zum einen das gesamte Handlungsinstrumentarium des Art. 249 EGV[16] zur Verfügung. In Betracht kommt dabei vor allem ein gesetzgeberisches Tätigwerden in Form von Verordnungen, die allgemein, verbindlich und unmittelbar gelten (vgl. Art. 249 Abs. 2 EGV), sowie der Erlass von Richtlinien, die von den Mitgliedstaaten umzusetzen und hinsichtlich des zu erreichenden Ziels verbindlich sind. Zum anderen, und dies ist im Rahmen dieser Abhandlung von größerem Interesse, sieht sich der Europäische Gerichtshof seit jeher selbst dazu veranlasst, durch seine Rechtsprechung die einheitliche Anwendung des Gemeinschaftsrechts sicherzustellen.

II. Der vorläufige Rechtsschutz als ein besonderer Anwendungsfall der Einwirkungen des Europarechts auf das nationale Recht

In Wahrnehmung dieser Aufgabe, die sich dogmatisch in dem Auftrag zur „Wahrung des Rechts“ in Art. 220 Abs. 1 EGV verankern lässt, haben die Gemeinschaftsgerichte ein weit gefächertes System von Einwirkungen des Europarechts[17] auf das nationale Recht entwickelt.[18] In diesem Zusammenhang wird häufig von der „Europäisierung“ des Rechts der Mitgliedstaaten gesprochen, innerhalb derer als Einwirkungsadressat

---

[14] *Hatje*, Gemeinschaftsrechtliche Steuerung der Wirtschaftsverwaltung, 1998, S. 35 ff.

[15] Ständige Rechtsprechung seit EuGH, Urteil v. 15. 6. 1964 (Rs. 6/64), Slg. 1964, 1251 (1269 f., Tz. 9) – *Costa/E.N.E.L.* Das Einheitlichkeitsprinzip wird dabei meist mit dem Vorrangprinzip zu einer Wirkungseinheit verbunden, vgl. *von Danwitz*, Verwaltungsrechtliches System, 1996, S. 118 f. Dass es sich dabei um ein „Grunderfordernis der gemeinschaftsrechtlichen Rechtsordnung“ (so der EuGH selbst in dem Urteil v. 21. 2. 1991 [verb. Rs. C-143/88 u. C-92/89], Slg. 1991, I-415 (542, Tz. 26) – *Süderdithmarschen*) handelt, wird auch in den im Zweiten Teil der Arbeit näher zu betrachtenden Judikaten des Gerichtshofes deutlich zum Ausdruck kommen.

[16] Die vom EuGH verwendete neue Zitierweise für Artikel in der Fassung nach In Kraft Treten des Amsterdamer Vertrages („EU“ für „EUV“ und „EG“ für „EGV“ usw.), vgl. Pressemitteilung des EuGH vom 30. 7. 1999 (Nr. 57/99), NJW 2000, 52, ist in wissenschaftlichen Arbeiten (noch) nicht allgemein anerkannt. Ihr wird deshalb nicht gefolgt.

[17] „Europarecht“ wird hier in einem engen Sinne als das Recht der Europäischen Union bzw. der Europäischen Gemeinschaft verstanden (vgl. zum Begriff des „Europarechts“ auch *Streinz*, Europarecht, 5. Aufl. 2001, Rn. 1). Ausgespart werden sollen im Rahmen dieser Arbeit die Einflüsse etwa der Europäischen Menschenrechtskonvention (EMRK) auf das nationale Recht, vgl. dazu nur *Schwarze*, NVwZ 2000, 241 (242 ff.); *von Danwitz*, Verwaltungsrechtliches System, 1996, S. 306 f. (zum einstweiligen Rechtsschutz im System der EMRK). Angemerkt sei jedoch, dass die EMRK durchaus erheblichen Einfluss auf das Gemeinschaftsrecht selbst, insbes. bei der Entwicklung der Gemeinschaftsgrundrechte durch den EuGH, genommen hat; dazu näher *Streinz*, a.a.O., Rn. 360 f.

[18] Allgemein – ohne Beschränkung auf *judikative* Einwirkungen – zur „Omnipräsenz des Europarechts“ unter Auflistung einzelner Rechtsgebiete, die eine Europäisierung erfahren haben, vgl. *Schoch*, JZ 1995, 109 (109 f.).

das nationale Verwaltungsrecht[19] mit Blick auf Umfang und Intensität der Beeinflussung eine herausragende Stellung einnimmt.[20] Als ein besonderes Anwendungsfeld der verwaltungsrechtlichen Europäisierung lässt sich der vorläufige verwaltungsgerichtliche Rechtsschutz ausmachen, dem das Untersuchungsinteresse dieser Arbeit gewidmet ist. Der vorläufige Rechtsschutz eignet sich in besonderem Maße zur Darstellung des Systems der Einwirkungen. Denn hierbei handelt es sich nicht nur um einen Bereich des nationalen Rechts, der mit am stärksten vom Gemeinschaftsrecht beeinflusst worden ist.[21] Zu diesem Themenkreis lassen sich darüber hinaus in den Entwicklungslinien der Gemeinschaftsrechtsprechung unterschiedliche Intensitätsgrade der Einflussnahme nachweisen. Deshalb stellt sich die Modifikation des einstweiligen Rechtsschutzes im Besonderen gleichsam als verkleinertes Abbild der Einwirkungsmethodik im Allgemeinen dar. Schließlich bietet sich der verwaltungsgerichtliche vorläufige Rechtsschutz auch angesichts seiner Bedeutung im nationalen Rechtsschutzsystem als Untersuchungsgegenstand an. Denn Verfahren des Eilrechtsschutzes haben in der gerichtlichen Praxis mittlerweile einen qualitativen und quantitativen Stellenwert erlangt, der auf vielen Sachgebieten denjenigen des Hauptsacheverfahrens erreicht oder sogar übertrifft.[22] Maßgebliche Ursache für diese Entwicklung ist die mitunter ausufernde Dauer von Hauptsacheverfahren,[23] die im Hinblick auf Art. 6 Abs. 1 EMRK teilweise als bedenklich empfunden wird.[24]

III. Die Bedeutung des Vorabentscheidungsverfahrens im Europäisierungsprozess

Die Europäisierung des nationalen Eilrechtsschutzes ist, wie die des nationalen Verwaltungsrechts überhaupt, weniger durch legislative Akte,[25] sondern vor allem durch

---

[19] „Verwaltungsrecht" ist in diesem Zusammenhang umfassend unter Einschluss des allgemeinen – materiellen – Verwaltungsrechts, des Verwaltungsverfahrensrechts und des Verwaltungsprozessrechts zu verstehen.

[20] Vgl. aus der umfangreichen und kaum zu überblickenden Literatur zu diesem Fragenkomplex nur *Schmidt-Aßmann*, Zur Europäisierung des allgemeinen Verwaltungsrechts, in: Festschrift für Lerche, 1993, S. 513 ff; *Classen*, Europäisierung der Verwaltungsgerichtsbarkeit, 1996; *Schwarze*, Verwaltungsrecht unter europäischem Einfluss, 1996; *Ehlers*, Europäisierung des Verwaltungsprozeßrechts, 1999, sowie *Schoch*, in: *Schoch/Schmidt-Aßmann/Pietzner*, VwGO, 2003, § 80 Rn. 19 (Fn. 63), m. w. N.

[21] So etwa der Befund von *Schwarze*, in: *ders.*, Verwaltungsrecht unter europäischem Einfluß, 1996, S. 789 (812).

[22] Vgl. *Ehlers*, Europäisierung des Verwaltungsprozeßrechts, 1999, S. 125; *Schoch*, DVBl. 1997, 289 (290). Zum faktischen Bedeutungszuwachs des vorläufigen Rechtsschutzes siehe auch *ders.*, in: *Schoch/Schmidt-Aßmann/Pietzner*, VwGO, 2003, Vorb § 80 Rn. 2 f.

[23] Zahlenangaben zur Verfahrensdauer z. B. bei *Stelkens*, in: Festschrift für *Redeker*, 1993, S. 313 (322 ff.).

[24] Vgl. zum Problem der Verfahrensdauer und dem Einfluss von Art. 6 Abs. 1 EMRK hierauf *Schmidt-Aßmann*, in: *Maunz/Dürig*, GG, 2003, Art. 19 Abs. 4 Rn. 262; *ders.*, in: *Schoch/Schmidt-Aßmann/Pietzner*, VwGO, 2003, Einleitung Rn. 141 f.

[25] Als Beispiel für die Vergemeinschaftlichung des Eilrechtsschutzes durch europäische Rechtsakte lässt sich Art. 244 des Zollkodex anführen (VO 2913/92 des Rates v. 12. 10. 1992 zur Festlegung des

Kooperation zwischen den europäischen und mitgliedstaatlichen Gerichten im Rahmen des Vorabentscheidungsverfahrens nach Art. 234 EGV bewirkt worden.[26] Dieser Verfahrensart kommt im Einwirkungsprozess eine tragende Rolle zu. Denn bei dem durch jede vereinheitlichende Rechtsprechung des Gerichtshofes verfolgten Ziel der Sicherstellung der Einheitlichkeit des Gemeinschaftsrechts handelt es sich zugleich um die primäre Funktion des Vorabentscheidungsverfahrens.[27] Die Bedeutung des Vorlageverfahrens kommt auch darin zum Ausdruck, dass vier der fünf Grundsatzentscheidungen des Europäischen Gerichtshofes zur Frage der Gewährung von Eilrechtsschutz durch nationale Gerichte im Rahmen dieser Verfahrensart ergingen. Obwohl sich nationale Gerichtsbarkeit und Gemeinschaftsgerichtsbarkeit im Vorabentscheidungsverfahren berühren, ist es unstrittig, dass der Europäische Gerichtshof keine Befugnis besitzt, selbst Maßnahmen des einstweiligen Rechtsschutzes zu gewähren.[28] Denn bei dem Vorlageverfahren handelt es sich dem Wesen nach um ein nicht-kontradiktorisches Zwischenverfahren. Die Herrschaft über das Gesamtverfahren verbleibt bei dem vorlegenden Gericht bzw. den Parteien des Ausgangsrechtsstreits.[29]

IV. Gang der Untersuchung

Trotz der fehlenden Möglichkeit des Europäischen Gerichtshofes zum Erlass von Eilmaßnahmen im Rahmen des Vorabentscheidungsverfahrens soll das System des einstweiligen Rechtsschutzes auf Gemeinschaftsebene in einem ersten Teil untersucht werden. Diese Darstellung ist nicht nur aus rechtsvergleichender Motivation von Interesse, sondern auch und gerade, weil sich der Gerichtshof bei seiner Vereinheitlichungsrechtsprechung an dem Gemeinschaftsmaßstab orientieren sollte.

Das Spannungsfeld zwischen dem Gemeinschaftsrecht und dem Recht der Mitgliedstaaten auf dem Gebiet des vorläufigen Rechtsschutzes ist sodann Gegenstand des Zweiten Teils der Arbeit. Hierbei ist das Einwirkungssystem des Gemeinschaftsrechts ausführlich nachzuzeichnen. Da, wie erwähnt, die Europäisierung in diesem Bereich maßgeblich durch Richterrecht erfolgte, sollen die fünf Leitentscheidungen des Europäischen Gerichtshofes bei der Durchleuchtung der Problematik ganz im Mittelpunkt stehen. Im Rahmen dieser Untersuchung werden sich Fragestellungen erheben, die nicht nur speziell den vorläufigen Rechtsschutz betreffen, sondern allgemein an der Nahtstelle zwischen Gemeinschaftsrecht und nationalem Recht anzusiedeln sind. So

---

Zollkodex der Gemeinschaften, ABl. 1992 L 302/1 ff., zuletzt geändert durch VO 2700/00 v. 19. 12. 2000, ABl. 2000 L 311/17 ff.). Hierzu *Ehlers/Pünder*, EuR 1997, 74 ff.

[26] *Schwarze*, NVwZ 2000, 241 (241).

[27] EuGH, Urteil v. 16. 1. 1974 (Rs. 166/73), Slg. 1974, 33 (38, Tz. 2) – *Rheinmühlen*; *Middeke*, in: *Rengeling/Middeke/Gellermann*, Rechtsschutz in der EU, 2. Aufl. 2003, § 10 Rn. 6. Insgesamt stellen Vorabentscheidungsverfahren mittlerweile knapp die Hälfte aller beim Gerichtshof anhängig gemachten Verfahren dar (2002: 216 von 477; 2001: 237 von 504; 2000: 224 von 503), vgl. Jahresbericht des EuGH 2002, S. 175.

[28] *Gehrmann*, Vorläufiger Rechtsschutz, 1994, S. 113 ff.; *Wagner*, Einstweiliger Rechtsschutz gegen Mitgliedstaaten, 1994, S. 34 ff.; *Lehr*, Einstweiliger Rechtsschutz und EU, 1997, S. 570 f.

[29] *Middeke*, in: *Rengeling/Middeke/Gellermann*, Rechtsschutz in der EU, 2. Aufl. 2003, § 10 Rn. 11.

wird insbesondere auf die Problematik der Kollision zwischen materiellem Gemeinschaftsrecht und nationalem Vollzugsrecht (sog. indirekte Kollisionen) einzugehen sein. Nähere Betrachtung verdient ebenfalls die häufig gestellte Frage nach den Grenzen der Rechtsfortbildungszuständigkeit des Gerichtshofes. Denn der Europäische Gerichtshof hat auf dem Boden einer von mangelnder Finalität geprägten, auf Wandel angelegten Rechtsordnung zu judizieren.[30] Deshalb legt er seiner Rechtsprechungstätigkeit eine gewisse „Dynamik" zu Grunde. Es ist es kaum verwunderlich, wenn er auf Grund dessen regelmäßig mit dem Vorwurf der Überschreitung seiner Jurisdiktionskompetenzen konfrontiert wird.

Da die näher zu betrachtenden Judikate teilweise eine dem subjektiven Rechtsschutz zuwiderlaufende Schutzrichtung verfolgen, wird sich im Rahmen der Untersuchung des Einwirkungssystems auch die Frage nach dem Stellenwert des Individualrechtsschutzes im Gemeinschaftsrecht allgemein sowie im Rahmen des Eilrechtsschutzes im Besonderen stellen.

Demgegenüber wird auf die im Rahmen eines Themas der vorliegenden Art nahe liegende Aufgabenstellung einer rechtsvergleichenden Untersuchung der mitgliedstaatlichen verwaltungsprozessualen Eilrechtssysteme verzichtet. In dieser Hinsicht wurde bereits umfangreiche Forschungsarbeit geleistet,[31] der hier nichts hinzugefügt werden soll. Rechtsvergleichende Ausführungen finden daher nur punktuell an Stellen statt, wo es zur Verdeutlichung und Hervorhebung der Besonderheiten des Gemeinschaftsrechts, sowie zur Erläuterung der Herkunft dieser Besonderheiten geboten erscheint.

Im dritten und letzten Teil soll schließlich die Perspektive gewechselt und die Einwirkungsproblematik aus Sicht des deutschen Verfassungsrechts beleuchtet werden. Im Unterschied zum vorhergehenden Teil soll es nun nicht um das Spannungsfeld zwischen Europarecht und nationalem *Verwaltungs*recht, sondern um die Frage gehen, ob und inwiefern der nationale Eilrechtsschutz in den Konflikt zwischen Gemeinschaftsrecht und *Verfassungs*recht gerät. Die Modifizierung des Gewährleistungsmaßstabs des verwaltungsprozessualen vorläufigen Rechtsschutzes wirft insbesondere verfassungsrechtliche Implikationen im Hinblick auf Art. 19 Abs. 4 GG auf. Darüber hinaus und abschließend soll die Problematik der Europäisierung des mitgliedstaatlichen Eilrechtsschutzes in einen größeren Zusammenhang gestellt und der allgemeinen Fragestellung nachgegangen werden, ob Verfassungsrecht überhaupt als Prüfungsmaßstab für Gemeinschaftsrecht in Betracht kommt.

---

[30] Vgl. *Dänzer-Vanotti*, BB 1991, 1015 (1016).

[31] Vgl. dazu insbes. die ausführlichen Darstellungen der „Länderberichte" bei *Lehr*, Einstweiliger Rechtsschutz und EU, 1997, S. 434 ff.; ferner *Gehrmann*, Vorläufiger Rechtsschutz, 1994, S. 38 ff.; *Haibach*, Gemeinschaftsrecht und vorläufiger Rechtsschutz, 1994, S. 65 ff.; *von Fragstein*, Einwirkungen des EG-Rechts, 1997, S. 33 ff.

Erster Teil: Vorläufiger Rechtsschutz im Gemeinschaftsrecht

A. Einführung: Die Rechtsprechungszuständigkeiten innerhalb der vertikalen Kompetenzverteilung

Grundsätzlich sind aus Sicht der Unionsbürger[32] zwei Möglichkeiten denkbar, in Fällen mit Gemeinschaftsrechtsbezug vorläufigen Rechtsschutz zu erlangen. Zum einen steht der Weg über die Gemeinschaftsgerichtsbarkeit zum Europäischen Gerichtshof bzw. zum Gericht erster Instanz offen. Zum anderen kann sich der Einzelne an die Gerichtsbarkeit seines Mitgliedstaats wenden. Diese beiden Möglichkeiten stehen nicht in einem Exklusivitätsverhältnis zueinander, sondern können sich durchaus überschneiden, so dass der Rechtsschutz Suchende ggf. *beide* Wege bestreiten kann. Die Eröffnung der jeweiligen Gerichtsbarkeit hängt maßgeblich von der zu Grunde liegenden Art des Vollzugs des Gemeinschaftsrechts ab. Im Rahmen des sog. direkten, also gemeinschaftseigenen Vollzugs sind regelmäßig die Gemeinschaftsgerichte zur Gewährung von (einstweiligem) Rechtsschutz berufen. Regelfall des Vollzugs des Gemeinschaftsrechts ist jedoch der sog. indirekte, d. h. der mitgliedstaatliche Vollzug.[33] Danach obliegt die Vollziehung der gemeinschaftsrechtlichen Rechtsakte den mitgliedstaatlichen Organen, regelmäßig unter Anwendung des nationalen Verfahrensrechts. Wendet sich ein Unionsbürger nun gegen einen nationalen Vollzugsakt, so ist naturgemäß der Rechtsweg zu den nationalen Gerichten eröffnet. Dennoch ist es nicht Gewinn bringend, die „Faustformel" aufzustellen, dass die Zuständigkeiten für Hauptsache- und vorläufiges Verfahren in Fällen des indirekten Vollzugs des Gemeinschaftsrechts bei den mitgliedstaatlichen Gerichten, in Fällen des direkten Vollzugs hingegen bei dem Gericht erster Instanz und dem Europäischen Gerichtshof liegen.[34] Denn im Rahmen des indirekten Vollzugs kann sich der Rechtsschutzführer auch unmittelbar gegen den Rechtsakt der Gemeinschaft selbst wenden,[35] um damit dem nationalen Vollzugakt die Grundlage zu entziehen. Daher lässt sich folgende Enteilung vornehmen: Im Rahmen des gemeinschaftseigenen Vollzugs wird einstweiliger Rechts-

[32] Hierunter sind zum einen die Bürger der Mitgliedstaaten als natürliche Personen, aber auch private juristische Personen, also Unternehmen zu verstehen.

[33] *Scheuing*, in: *Hoffmann-Riem/Schmidt-Aßmann*, Innovation und Flexibilität des Verwaltungshandelns, 1994, S. 289 (294). Die Bezeichnung „indirekter Vollzug" wird teilweise als problematisch empfunden, da auch unmittelbar anwendbares Gemeinschaftsrecht „direkt vollzogen wird". Daher differenzieren *Schweitzer/Hummer*, Europarecht, 5. Aufl. 1996, Rn. 424 ff., zwischen gemeinschaftsunmittelbarer, unmittelbarer und mittelbarer mitgliedstaatlicher Vollziehung. Näher zu den Arten des Vollzugs von Gemeinschaftsrecht vgl. unten Zweiter Teil, B. III. 3. c) bb) (1) (S. 102 f.).

[34] So aber *Wiehe*, Effektiver vorläufiger Rechtsschutz, 2000, S. 72.

[35] Freilich ist eine solche Vorgehensweise nur unter sehr eingeschränkten Voraussetzungen möglich, vgl. Art. 230 Abs. 4 EGV.

schutz durch die Gemeinschaftsgerichte, im Rahmen des indirekten Vollzugs durch die Gemeinschafts- und durch die nationale Gerichtsbarkeit gewährt.

Die vorstehenden Ausführungen dürfen jedoch nicht in dem Sinne missverstanden werden, dass es etwa parallele Zuständigkeiten dergestalt geben würde, dass sowohl die Gemeinschaftsgerichte wie die nationalen Gerichte zur Entscheidung über denselben Streitgegenstand berufen wären. Je nach Antrag des Rechtsschutzführers und dem danach gezogenen Streitgegenstand führt das Rechtsschutzbegehren entweder vor ein Gemeinschaftsgericht oder ein mitgliedstaatliches Gericht. Die Zuständigkeit des Europäischen Gerichtshofes (ebenso wie die des Gerichts erster Instanz) bestimmt sich nach dem Prinzip der begrenzten Ermächtigung, Art. 5 Abs. 1 EGV, und umfasst nur die im EG-Vertrag[36] enumerativ aufgeführten Verfahrensarten.[37] Aus dem Umkehrschluss des Art. 240 EGV („soweit keine Zuständigkeit des Gerichtshofes [...] besteht") folgt, dass die Zuständigkeit der Gemeinschaftsgerichte in vertikaler Hinsicht eine ausschließliche ist.[38] Auf Grund der Akzessorietät des einstweiligen Rechtsschutzes zum Hauptsacheverfahren[39] ist daher statt nach der oben formulierten Faustformel die Eröffnung der jeweiligen Gerichtsbarkeit in Abhängigkeit der jeweiligen Hauptsache zu bestimmen.[40] Für den Rechtsschutz beim indirekten Vollzug gilt daher Folgendes: Im Rahmen von Direktklagen gewährt die Gemeinschaftsgerichtsbarkeit selbst einstweiligen Rechtsschutz, im Rahmen von indirekten Klagen sind die nationalen Gerichte für die Gewährung vorläufiger Maßnahmen zuständig.[41]

Der einstweilige Rechtsschutz vor den nationalen Gerichten im Rahmen des indirekten Vollzugs ist Gegenstand des Zweiten Teils dieser Arbeit. Im Folgenden soll die Ausgestaltung des Eilrechtsschutzes innerhalb der Gemeinschaftsgerichtsbarkeit, also im Rahmen des direkten Vollzugs bzw. bei „Direktklagen" im Rahmen des mitgliedstaatlichen Vollzugs, dargestellt werden.

B. Formen des gemeinschaftsrechtlichen einstweiligen Rechtsschutzes und normative Grundlagen

Normative Grundlagen des gemeinschaftsrechtlichen Eilrechtsschutzes im Primärrecht sind insbesondere Art. 242, Art. 243 sowie Art. 256 Abs. 4 EGV.[42] Weitere Bestimmungen über die Gewährung einstweiliger Maßnahmen, insbesondere die nähere Aus-

[36] Sowie in Vorschriften, die auf dessen Grundlage erlassenen wurden, etwa Übereinkommen nach Art. 293 EGV.

[37] Vgl. *Krück*, in: *Groeben/Thiesing/Ehlermann*, EG-Vertrag, 5. Aufl. 1997, Art. 164 EGV Rn. 1.

[38] *Krück*, a.a.O., Art. 183 EGV Rn. 3.

[39] Dazu ausführlich unten Erster Teil, E. I. 1. (S. 15 ff.).

[40] Das räumt schließlich unter Zugrundelegung eines juristisch-methodischen Ansatzes auch *Wiehe*, Effektiver vorläufiger Rechtsschutz, 2000, S. 73, ein.

[41] So die Einstufung von *Lehr*, Einstweiliger Rechtsschutz und EU, 1997, S. 51.

[42] Der vorläufige Rechtsschutz innerhalb der Europäischen Atomgemeinschaft (EAGV), geregelt in den Art. 157, 158, 164 Abs. 3 S. 2 EAGV und inhaltlich den Vorschriften des EG-Vertrages entsprechend, soll im Rahmen dieser Arbeit mangels Relevanz für die nachfolgenden Untersuchungen außer Betracht bleiben. Der einstweilige Rechtsschutz innerhalb des Vertrages über die Gründung der Europäischen Gemeinschaft für Kohle und Stahl (EGKS) hat mit dessen Ablauf am 23. Juli 2003 seine Existenz verloren.

gestaltung der dafür erforderlichen Voraussetzungen, finden sich im Sekundärrecht, insbesondere in den Verfahrensordnungen der Gemeinschaftsgerichte[43] (Art. 83 ff. VerfO EuGH, Art. 104 ff. VerfO EuG), aber auch in dem Protokoll über die Satzung des Gerichtshofes (Art. 39 und 60 Satzung EuGH).[44]

Der EG-Vertrag unterscheidet im Grundsatz zwischen einstweiligem Rechtsschutz nach den Art. 242 S. 2 bzw. Art. 243 EGV einerseits und Art. 256 Abs. 4 EGV andererseits. Art. 256 Abs. 4 EGV regelt die Aussetzung der Zwangsvollstreckung von Rats- und Kommissionsentscheidungen durch den Gerichtshof, die eine Geldleistungspflicht auferlegen, sowie über Art. 244 EGV auch die Aussetzung der Vollstreckung von Urteilen des Gerichtshofes. Dass es sich auch bei Art. 256 Abs. 4 EGV um eine Form des vorläufigen Rechtsschutzes handelt, legt zwar nicht bereits der Wortlaut nahe. Doch ergibt sich dies zum einen aus der Tatsache, dass die Aussetzung der Vollstreckung ebenso wie die Vollzugsaussetzung nach Art. 242 S. 2 EGV nur vorläufigen Charakter hat.[45] Zum anderen bezeichnet Art. 89 Abs. 2 VerfO EuGH die Aussetzung der Zwangsvollstreckung ausdrücklich als einstweilige Anordnung. Die besondere Bedeutung des Art. 256 Abs. 4 EGV wird in den Fällen deutlich, in denen es für einen Antrag auf Suspendierung der Durchführung der angefochtenen Handlung zu spät ist.[46] Ist dagegen bereits eine Vollzugsaussetzung nach Art. 242 S. 2 EGV getroffen worden, wird davon auch die Zwangsvollstreckung umfasst. Für einen Antrag nach Art. 256 Abs. 4 EGV ist dann kein Raum mehr, der Leistungsanordnung mangelt es an der Vollstreckbarkeit.[47]

Art. 242 S. 2 EGV stellt sich systematisch als Sonderfall des Art. 243 EGV dar, wie die Überschrift des Dritten Titels, Erstes Kapitel der Verfahrensordnung des Gerichtshofes („Aussetzung des Vollzugs [...] und sonstige einstweilige Anordnungen") zeigt.

Die Möglichkeit, über Art. 242 S. 2 EGV die Aussetzung der Vollziehung von Gemeinschaftshandlungen sowie über Art. 243 EGV den Erlass einstweiliger Anordnungen zu erlangen, entspricht auch der Unterscheidung im deutschen Recht nach der VwGO (vgl. §§ 80, 80a VwGO einerseits, § 123 VwGO andererseits). Der wesentliche Unterschied zwischen den beiden Rechtsordnungen ist, dass Rechtsbehelfen nach Gemeinschaftsrecht ganz nach Tradition des französischen Verwaltungsrechts[48] keine aufschiebende Wirkung zukommt, vgl. Art. 242 S. 1 EGV. Demgegenüber ordnet § 80 Abs. 1 VwGO die aufschiebende Wirkung von Widerspruch und Anfechtungsklage an.

---

[43] Bei den nach Art. 245 Abs. 3 EGV erlassenen Verfahrensordnungen handelt es sich trotz ihres „verordnungsnahen" Charakters um Rechtsakte *sui generis*, weil Verordnungen i. S. v. § 249 Abs. 2 EGV nur vom Rat und der Kommission erlassen werden dürfen, vgl. *Krück*, in: *Groeben/Thiesing/Ehlermann*, EG-Vertrag, 5. Aufl. 1997, Art. 188 EGV Rn. 10.

[44] Die neue „Satzung des Gerichtshofs" (ABl. 2001 C 80/53 ff.) haben die 15 Mitgliedstaaten in einem Protokoll zum Vertrag von Nizza, der am 1. 2. 2003 in Kraft getreten ist, festgelegt. Damit wurde die Satzung sowohl für die EU, die EG und die EAG einheitlich formuliert und die vormals getrennten Regelungen der EG- und EAG-Satzung aufgehoben (vgl. Art. 7 des Vertrages von Nizza).

[45] *Krück*, in: *Groeben/Thiesing/Ehlermann*, EG-Vertrag, 5. Aufl. 1997, Art. 185, 186 EGV Rn. 2.

[46] *Wegener*, in: *Rengeling/Middeke/Gellermann*, Rechtsschutz in der EU, 2. Aufl. 2003, § 19 Rn. 6.

[47] Über diese allgemeinen Hinweise zum Verhältnis zu Art. 242, 243 EGV hinaus soll auch die Vorschrift des Art. 256 EGV im Rahmen dieser Arbeit ausgeblendet bleiben. Eingehend zu Art. 256 Abs. 4 EGV *Wiehe*, Effektiver vorläufiger Rechtsschutz, 2000, S. 76 ff.

[48] Vgl. *Schwarze*, DVBl. 1988, 1037 (1038).

C. Ausschluss des Suspensiveffekts, Art. 242 S. 1 EGV

Art. 242 S. 1 EGV ordnet den Ausschluss der aufschiebenden Wirkung in Anfechtungssachen an, wenn im Rahmen von Art. 230 EGV oder im Rahmen der auf Grund von Art. 236 EGV erlassenen dienstrechtlichen Bestimmungen die Nichtigerklärung von Maßnahmen eines Gemeinschaftsorgans begehrt wird. Danach bleibt der Kläger weiterhin verpflichtet die Gebote und Verbote, die sich aus der angefochtenen Maßnahme ergeben, zu befolgen.[49] Ebenso bleibt das betreffende Gemeinschaftsorgan berechtigt, die zwangsweise Durchsetzung der Maßnahme zu betreiben. Der Grund dafür, dass das Gemeinschaftsrecht grundsätzlich von der sofortigen Vollziehbarkeit der Gemeinschaftshandlungen der Gemeinschaft ausgeht,[50] ist zum einen die Tatsache, dass die Automatik des Suspensiveffekts als deutsche Besonderheit ohnehin die große Ausnahme in den Verwaltungsordnungen der Mitgliedstaaten darstellt.[51] Zum anderen kommt hierin das Selbstverständnis des französischen Verwaltungssystems zum Ausdruck, welches generell in prägendem Maße Einfluss auf das Verwaltungsrecht der Gemeinschaft genommen hat.[52] Im Gegensatz zur deutschen Verwaltungsgerichtsbarkeit, deren primäre Aufgabe in dem Individualrechtsschutz gegen die Verwaltung liegt, ist die Grundkonzeption des französischen Verständnisses die objektive Rechtmäßigkeitskontrolle und damit zusammenhängend die Überwachung der Funktionsfähigkeit der Verwaltung.[53]

Nach einer Auffassung soll Art. 242 S. 1 EGV nicht nur für Anfechtungsklagen, sondern auch für alle anderen Rechtsbehelfe wie Untätigkeitsklagen (Art. 232 EGV), Schadensersatzklagen (Art. 235, 288 Abs. 2 EGV) sowie für Klagen wegen Vertragsverletzung (Art. 226, 227 EGV) gelten. In diesen Fällen habe der Ausschluss des Suspensiveffekts jedoch nur deklaratorische Bedeutung, eine Aussetzung der Vollziehung nach Art. 242 S. 2 EGV könne nicht begehrt werden.[54] Richtigerweise ist jedoch im Rahmen der letztgenannten Verfahren generell von einer Unanwendbarkeit des Art. 242 S. 1 EGV auszugehen. Ein Antrag auf Aussetzung der Vollziehung gemäß Art. 242 S. 2 EGV kann nur in den Fällen gestellt werden, in denen der Betroffene gegen einen vollstreckbaren Akt eines Gemeinschaftsorgans vorgehen will. Wo es an einem vollstreckbaren Akt fehlt, wie z. B. bei Untätigkeitsklagen, ist ein Antrag nach Art. 242 S. 2 EGV nicht statthaft.[55] Dann ist aber auch nicht ersichtlich, weshalb es

---

[49] *Krück*, in: *Groeben/Thiesing/Ehlermann*, EG-Vertrag, 5. Aufl. 1997, Art. 185, 186 EGV Rn. 5; *Schwarze*, in: *ders.*, EU-Kommentar, Art. 242 EGV Rn. 2.

[50] Vgl. aber Art. 157 S. 1 i. V. m. Art. 18 Abs. 2 bzw. 83 Abs. 2 UAbs. 2 S. 1 EAGV, wonach diesen bestimmten Klagen ausnahmsweise aufschiebende Wirkung zukommt.

[51] Vgl. *Schoch*, in: *Schoch/Schmidt-Aßmann/Pietzner*, VwGO, 2003, Vorb § 80 Rn. 24.

[52] Allgemein zur Vorbildfunktion des französischen Verwaltungsrechts für das Gemeinschaftsrecht vgl. *Becker*, Einfluss des französischen Verwaltungsrechts, 1963, S. 1 ff., und zusammenfassend S. 139 f.

[53] Vgl. dazu *Schwarze*, DVBl. 1988, 1037 (1038); *ders.*, Europäisches Verwaltungsrecht, Bd. 1, 1988, S. 109; *Woehrling*, NVwZ 1985, 21 (23).

[54] So *Krück*, in: *Groeben/Thiesing/Ehlermann*, EG-Vertrag, 5. Aufl. 1997, Art. 185, 186 EGV Rn. 6.

[55] A. A. *Waelbroeck u. a.*, Commentaire Mégret, 2. Aufl. 1993, Art. 185, S. 395, wo Art. 242 S. 2 EGV scheinbar im Rahmen aller Klagearten für anwendbar gehalten wird.

eines nur klarstellenden Ausschlusses der aufschiebenden Wirkung durch Art. 242 S. 1 EGV bedürfen soll. Dasselbe muss auch für Schadensersatzklagen nach Art. 235 i. V. m. Art. 288 Abs. 2 EGV gelten,[56] wenngleich der Europäische Gerichtshof sich – soweit ersichtlich – hierzu noch nicht geäußert hat. Durch die aufschiebende Wirkung soll der Kläger nur gegen die Beeinträchtigung einer materiellen Rechtsposition geschützt werden. Sie ist jedoch nicht in der Lage, ihm eine Ausweitung oder Verbesserung seiner Rechtsposition zu verschaffen. Hierfür kommt allein einstweiliger Rechtsschutz nach Art. 243 EGV in Betracht.[57]

D. Abgrenzung Vollzugsaussetzung (Art. 242 S. 2 EGV) und einstweilige Anordnung (Art. 243 EGV)

Nach den bisherigen Feststellungen liegt also der Anwendungsbereich der Vollzugsaussetzung nach Art. 242 S. 2 EGV bei Anfechtungssachen, der des Art. 243 EGV bei den übrigen Klagen. Dies entspricht im Grunde auch der Abgrenzung der Anwendungsbereiche von §§ 80, 80a und § 123 VwGO im deutschen Verwaltungsprozessrecht. Die Abgrenzung erfolgt jedoch nicht völlig deckungsgleich. Unterschiede bestehen zum Teil in Fällen, wo nach deutschem Recht nach Ablehnung eines Antrags in der Hauptsache eine Verpflichtungsklage statthaft ist und damit einstweiliger Rechtsschutz nach § 123 VwGO gewährt wird. Auf Grund der Tatsache, dass Verpflichtungsentscheidungen dem Gemeinschaftsrecht, ganz nach französischem Vorbild,[58] fremd sind, kommt es bei der Abgrenzung zu Abweichungen im Verhältnis zur deutschen Regelung:

Grundsätzlich kann gegen die Ablehnung eines Antrags nicht im Wege des Art. 242 S. 2 EGV vorgegangen werden. Dies entspricht der oben[59] getroffenen Feststellung, dass die Vollzugsaussetzung den Kläger nur in seinem materiellen Rechtsbestand schützt; die Aussetzung des Vollzugs wäre aber nicht gleichbedeutend mit der Stattgabe des Antrags. Etwas anderes gilt jedoch in Fällen, in denen die Entscheidung eines Gemeinschaftsorgans eine bereits innegehabte Rechtsposition des Antragsstellers verändert.[60] Wenn beispielsweise ein Antrag gestellt wird, einen bisher innegehabten Rechtszustand beizubehalten, bedeutet dessen Ablehnung unweigerlich eine Veränderung der Rechtsposition. Nach der deutschen Systematik wäre eine Sicherungsverfü-

---

[56] *Joliet*, RDE 1992, 253 (260), *Pastor/Van Ginderachter*, El Procedimiento de medidas cautelares, 1993, S. 27.

[57] Diese Konsequenz zieht freilich auch die Gegenansicht, so dass die Anwendungsbereiche von Art. 242 S. 2 und Art. 243 EGV nicht zweifelhaft sind.

[58] Vgl. *Koch*, Verwaltungsrechtsschutz in Frankreich, 1998, S. 186 ff.

[59] Vgl. soeben Erster Teil, C. (S. 10 f.).

[60] EuGH, Beschluss v. 23. 3. 1988 (Rs. 76/88 R), Slg. 1988, 1741 ff. – *La Terza*: Die Antragstellerin wandte sich als Beamtin der Bibliothek des Gerichtshofes gegen die Ablehnung ihres Antrags, auch weiterhin nur halbtags arbeiten zu müssen. Der Gerichtshof gab ihrem Antrag nach Art. 242 S. 2 (ex-Art. 185 S. 2) EGV, der gegen die ablehnende Entscheidung der Verwaltung des Gerichtshofes gerichtet war, statt. Zur Begründung führte er an, dass die Antragstellerin bei Ablehnung des Antrags ganztags hätte arbeiten müssen; dies hätte zu einer Veränderung ihrer bisher innegehabten Rechtsstellung geführt.

gung nach § 123 VwGO zur Beibehaltung des *status quo* richtiger einstweiliger Rechtsbehelf. Der Gerichtshof lässt hingegen in einem solchen Fall einen Antrag nach Art. 242 S. 2 EGV gegen die ablehnende Entscheidung zu, um zu verhindern, dass die sofortige Vollziehbarkeit der Entscheidung die Rechtsposition der Antragstellerin verändert.[61]

Dennoch lässt sich im Ergebnis der Grundsatz aufrecht erhalten, dass Art. 242 S. 2 EGV im Rahmen von Nichtigkeitsklagen nach Art. 230 und Art. 236 EGV zur Anwendung kommt.

Demgegenüber ist Art. 243 EGV der richtige einstweilige Rechtsbehelf im Rahmen von Klagen, die keine Anfechtungssachen nach Art. 230 bzw. Art. 236 EGV zum Gegenstand haben, also im Rahmen von Untätigkeits-, Schadensersatz- oder Feststellungsklagen.[62] Diese Feststellung bedarf allerdings näherer Präzisierung. Der Hauptanwendungsbereich des Art. 243 EGV aus Sicht der Praxis ist der Erlass einstweiliger Anordnungen gegen Mitgliedstaaten im Rahmen von Vertragsverletzungsverfahren nach Art. 226 und 227 EGV.[63] Solche Anordnungen haben nicht nur sichernden Charakter zur Bewahrung des *status quo*, sondern gehen häufig darüber hinaus, indem sie dem jeweiligen Mitgliedstaat bis ins Detail vorgeben, wie bestimmte Maßnahmen einstweilen durchzuführen sind.[64] Der Europäische Gerichtshof hat seine Befugnis zum Erlass solcher Maßnahmen im Rahmen von Vertragsverletzungsverfahren zu keinem Zeitpunkt angezweifelt.[65]

Problematisch ist allerdings die Reichweite der Befugnis nach Art. 243 EGV im Rahmen von Untätigkeits- und Nichtigkeitsklagen. Zweifel ergeben sich, wenn die Untätigkeit eines Gemeinschaftsorgans geltend gemacht oder wenn mit einer Nichtigkeitsklage gegen die Ablehnung eines Antrags auf Vornahme einer Handlung vorgegangen wird. Nachdem der Gerichtshof in solchen Konstellationen die Anwendung von Art. 242 S. 2 EGV ablehnt,[66] stellt sich die Frage, ob der Antragsteller über

[61] Vgl. EuGH, a.a.O., (1745).

[62] *Krück*, in: *Groeben/Thiesing/Ehlermann*, EG-Vertrag, 5. Aufl. 1997, Art. 185, 186 EGV Rn. 4.

[63] *Lehr*, Einstweiliger Rechtsschutz und EU, 1997, S. 58.

[64] Vgl. *Kaessner*, Der einstweilige Rechtsschutz im Europarecht, 1996, S. 55.

[65] Ständige Rechtsprechung seit EuGH, Beschluss v. 21. 5. 1977 (Rs. 31/77 R u. 53/77 R), Slg. 1977, 921 ff. – *Kommission/Vereinigtes Königreich*. Vgl. auch EuGH, Beschluss v. 27. 9. 1988 (Rs. 194/88 R), Slg. 1988, 5647 ff. – *Kommission/Italien*; EuGH, Beschluss v. 12. 7. 1990 (Rs. C-195/90 R), Slg. 1990, I-3351 ff. – *Kommission/Deutschland*. Eine solche Befugnis des Gerichtshofes wurde teilweise mit dem Argument angezweifelt, das Hauptsacheurteil enthalte lediglich eine nicht vollstreckungsfähige Feststellung; über Art. 243 EGV dürfe keine im Verhältnis zur Hauptsache weiter gehende Verpflichtung ausgesprochen werden, vgl. etwa die Schlussanträge von GA *Mayras* zu EuGH, Beschluss v. 21. 5. 1977 (Rs. 31/77 R u. 53/77 R), Slg. 1977, 921 (928 ff., 934 ff.) – *Kommission/Vereinigtes Königreich*. Vgl. auch die ausführliche Darstellung der Problematik bei *Wagner*, Einstweiliger Rechtsschutz gegen Mitgliedstaaten, 1994, S. 24 ff; *Gehrmann*, Vorläufiger Rechtsschutz, 1994, S. 73 ff. Die Gegenauffassung ist mit Hinweis auf die Regelung des Art. 228 EGV abzulehnen. Trotz des Feststellungscharakters des Hauptsacheurteils ergibt sich aus dieser Vorschrift die Pflicht zur Aufhebung des Verstoßes. Somit kann eine solche Verpflichtung auch über Art. 243 EGV ausgesprochen werden. Ähnlich *Wagner*, a.a.O., S. 30 f.

[66] Abgesehen von der Sonderkonstellation, die der Rechtssache „La Terza" zu Grunde gelegen hat, vgl. oben Fn. 60.

Art. 243 EGV eine Verpflichtung der Exekutive (insbesondere der Kommission) auf Erlass der begehrten Handlung erreichen kann.

Ein solches Begehren stößt in zweifacher Hinsicht auf Bedenken. Auf Grund der Konnexität des einstweiligen Rechtsschutzes zur Hauptsache kann dem Antragsteller im Eilverfahren grundsätzlich nicht mehr zugesprochen werden als durch die Entscheidung zur Hauptsache.[67] Sowohl die Nichtigkeits- wie die Untätigkeitsentscheidung sind aber auf eine *Feststellung* (der Nichtigkeit bzw. Untätigkeit) beschränkt; eine Verpflichtungsklage ist dem Gemeinschaftsrecht, in Anlehnung an das französische Vorbild,[68] fremd. Der zweite Einwand resultiert aus dem grundsätzlichen Verhältnis zwischen rechtsprechender und exekutivischer Gewalt innerhalb der Gemeinschaft. Wiederum entsprechend der französischen Tradition[69] sind die Gemeinschaftsgerichte grundsätzlich nicht befugt, in den Kompetenzbereich der mit Exekutivaufgaben betrauten anderen Gemeinschaftsorgane einzugreifen, indem sie einstweilige Maßnahmen erlassen, die im Ergebnis Regelungen gleichkommen, welche in den Zuständigkeitsbereich der anderen EG-Organe fallen.[70] Diesen Überlegungen folgend, wird im gemeinschaftsrechtlichen Schrifttum die Möglichkeit zum Erlass von einstweiligen Maßnahmen mit verpflichtender oder regelnder Wirkung teilweise abgelehnt.[71]

Nach einer früheren Entscheidung des Gerichtshofes widerspräche es „dem vertraglich vorgesehenen Gleichgewicht zwischen den Organen, wenn der Richter im Verfahren wegen einstweiliger Anordnung anstelle der Kommission eine Aufgabe wahrnähme, für die unter Kontrolle des Gerichtshofes in erster Linie diese zuständig ist."[72] Allerdings ist die Rechtsprechung in dieser Hinsicht zum Teil erheblichen Schwankungen unterlegen; die Gemeinschaftsgerichte haben immer wieder verpflichtende Anordnungen von unterschiedlicher Intensität erlassen.[73]

---

[67] Vgl. EuG, Beschluss v. 14. 12. 1993 (Rs. T-543/93 R), Slg. 1993, II-1409 (1420) – *Gestevisión Telecinco*; EuG, Beschluss v. 2. 12. 1994 (Rs. T-322/94), Slg. 1994, II-1159 (1173). *Schneider*, DÖV 1990, 924 (924); *Wegener*, in: *Rengeling/Middeke/Gellermann*, Rechtsschutz in der EU, 2. Aufl. 2003, § 20 Rn. 9.

[68] Vgl. *Koch*, Verwaltungsrechtsschutz in Frankreich, 1998, S. 186 (vgl. schon oben Fn. 58).

[69] Vgl. *Schwarze*, NVwZ 1996, 22 (28 f.). Zu neueren Entwicklungen zum französischen einstweiligen Rechtsschutz in Vornahmensachen, insbes. auf dem Gesetz vom 8. 2. 1995 (dazu ausführlich *Chabanol*, AJDA 1995, 388[393 ff.]) beruhend, vgl. wiederum *Koch*, a.a.O., S. 186 ff.

[70] Vgl. hierzu ausführlich *Kaessner*, Der einstweilige Rechtsschutz im Europarecht, 1996, S. 33 ff. Die daraus folgende Zurückhaltung beim Erlass regelnder Anordnungen, die einem EG-Organ ein bestimmtes Verhalten aufgeben, fand Niederschlag etwa in EuG, Beschluss v. 8. 10. 1993 (Rs. T-709/93), Slg. 1993, II-1013 (1021) – *Branco*; EuG, Beschluss v. 14. 12. 1993 (Rs. T-543/93 R), Slg. 1993, II-1409 (1419 f.) – *Gestevisión Telecino*; EuG, Beschluss v. 2. 10. 1997 (Rs. T-213/97 R), Slg. 1997, II-1609 (1626 f.) – *Eurocoton*.

[71] Vgl. etwa *Koenig/Zeiss*, JZ 1997, 461 (462 u. 463, Fn. 18); *Ehlers*, Europäisierung des Verwaltungsprozeßrechts, 1999, S. 133. Siehe dazu auch *Lehr*, Einstweiliger Rechtsschutz und EU, 1997, S. 60 f. u. S. 559.

[72] So EuGH, Beschluss v. 22. 10. 1975 (Rs. 109/75 R), Slg. 1975, 1193 (1202, Tz. 8) – *National Carbonising Company/Kommission*. Vgl. auch schon die Rspr. in den vorangegangenen Fn.

[73] Vgl. z. B. EuGH, Beschluss v. 16. 3. 1974 (Rs. 160, 161 u. 170/73 R), Slg. 1974, 281 (284) – *Cadsky*; EuGH, Beschluss v. 8. 4. 1987 (Rs. 65/87 R), Slg. 1987, 1691 (1699) – *Pfizer/Kommission*; EuG, Beschluss v. 23. 11. 1990 (Rs. T-45/90 R), Slg. 1990, II-705 (715) – *Speybrouck/Parlament*. Siehe dazu auch *Wiehe*, Effektiver vorläufiger Rechtsschutz, 2000, S. 135.

In der Entscheidung „T. Port“ vom 26. 11. 1996[74] hatte der Gerichtshof erneut Gelegenheit, zu diesem Fragenkreis Stellung zu nehmen. Entgegen der Auffassung von Generalanwalt *Elmer*[75] sprach er sich ausdrücklich und relativ unproblematisch für die Zulässigkeit von einstweiligen Anordnungen mit verpflichtender Wirkung im Rahmen von Untätigkeits- und Nichtigkeitsklagen aus. In den hierfür maßgeblichen Urteilsgründen führte er aus:

> „Im Rahmen dieser Untätigkeitsklagen könnte das Gemeinschaftsgericht (...) einstweilige Anordnungen nach Art. 186 EGV treffen. Diese Bestimmung ist allgemein formuliert und sieht keine Ausnahme für bestimmte Verfahren vor. (...) Zudem kann der Gerichtshof nach ständiger Rechtsprechung (...) im Rahmen von Feststellungsklagen einstweilige Anordnungen erlassen.“[76]

Die ständige Rechtsprechung, auf die der Gerichtshof Bezug nimmt, betrifft vorläufige Anordnungen im Rahmen von Vertragsverletzungsverfahren, in welchen er den Erlass von einstweiligen Anordnungen seit jeher als unproblematisch empfindet.[77] Nach dem Urteil in der Rechtssache „T. Port“ ist damit davon auszugehen, dass der Erlass von einstweiligen Anordnungen mit verpflichtender Wirkung gegenüber der Exekutive in sämtlichen Verfahrensarten zulässig ist.[78]

Mit diesem Befund bleibt abschließend noch festzustellen, dass Rechtsschutz Suchende, die insbesondere im Rahmen von Nichtigkeitsklagen neben einer Vollzugsaussetzung weitere positive Regelungen verfolgen, die Anträge nach Art. 242 S. 2 und Art. 243 EGV auch kombinieren können.[79]

E. Voraussetzungen für die Aussetzung des Vollzugs und den Erlass einstweiliger Anordnungen

Da das Verfahren der Vollzugsaussetzung nach Art. 242 S. 2 EGV und für den Erlass einstweiliger Anordnungen nach Art. 243 EGV einheitlich in den Art. 83 bis 90 VerfO EuGH bzw. Art. 104 bis 110 VerfO EuG geregelt ist, sind die Voraussetzungen der beiden Rechtsbehelfe im Wesentlichen dieselben. Hierin manifestiert sich die

---

[74] EuGH, Urteil v. 26. 11. 1996 (Rs. C-68/95), Slg. 1996, I-6065 ff. – *T. Port.* Auf diese Entscheidung wird im nächsten Teil der Arbeit, auch unter anderen Gesichtspunkten, noch ausführlich zurückzukommen sein, vgl. Zweiter Teil, D. (S. 179 ff.).

[75] Dazu vgl. die Schlussanträge zu EuGH, a.a.O., 6065 (6068, 6086, Tz. 52).

[76] EuGH, a.a.O., 6065 (6105, Tz. 60).

[77] Vgl. bereits oben den Text zu Fn. 65. Zu dieser Problematik, auch mit Auseinandersetzung der angeführten Einwände, ausführlich im Rahmen der Bewertung der Rechtssache „T. Port“ unten Zweiter Teil, D. IV. 3. c) (S. 196 ff.).

[78] So schon vor Ergehen der „T. Port“-Entscheidung *Ehle*, AWD 1994, 39 (40); *Pastor/Ginderachter*, RTDE 1989, 561 (613 f.). Die Rechtsprechung begrüßend *Wiehe*, Effektiver vorläufiger Rechtsschutz, 2000, S. 138.

[79] Vgl. EuGH, Beschluss v. 6. 7. 1993 (Rs. C-257/93 R), Slg. 1993, I-3917 (3920, Tz. 2) – *van Parijs*; EuG, Beschluss v. 1. 8. 1991 (T-52/91 R), Slg. 1991, II-689 (691, Tz. 2) – *Carine Smets*. Vgl. auch *Wegener*, in: *Rengeling/Middeke/Gellermann*, Rechtsschutz in der EU, 2. Aufl. 2003, § 19 Rn. 7 u. § 20 Rn. 3. Lediglich hinsichtlich desselben Antragsgegenstandes schließen sich die beiden Arten des vorläufigen Rechtsschutzes aus.

Konzeption des Eilrechtsschutzes in der Gemeinschaftsgerichtsbarkeit: Es handelt sich dabei um einen einheitlichen Tatbestand, innerhalb dessen Art. 242 S. 2 EGV nur einen Spezialfall von Art. 243 EGV darstellt.[80] Die Prüfung lässt sich systematisch wie bei jedem Rechtsbehelfsverfahren in Zulässigkeit und Begründetheit untergliedern, wenngleich es unterschiedliche Auffassungen darüber gibt, ob einzelne Prüfungspunkte dem Bereich der Zulässigkeit oder der Begründetheit zuzuordnen sind.[81] Dieser Umstand ist allerdings ohne weitere Bedeutung, zumal die Gemeinschaftsgerichte selbst meist auf eine Unterscheidung zwischen Zulässigkeit und Begründetheit verzichten.[82]

I. Zulässigkeit des Antrags

Bei der Prüfung der Zulässigkeitsvoraussetzungen ist keine zwingend logische Reihenfolge vorgeschrieben. Die Gemeinschaftsgerichte können die Reihenfolge im Hinblick auf die Besonderheiten des Einzelfalls frei bestimmen, weil ihnen keine Vorschrift des Gemeinschaftsrechts ein feststehendes Prüfungsschema für die Beurteilung der Erforderlichkeit einer vorläufigen Entscheidung vorschreibt.[83] Gelöst von der Betrachtung des Einzelfalls bietet sich folgende Prüfungsreihenfolge an: Anhängigkeit der Hauptsache, Zuständigkeit, Antragsgegenstand, Antragsbefugnis, Antragsfrist, Rechtsschutzinteresse, Präjudizverbot sowie keine offensichtliche Unzulässigkeit der Hauptsache.

1. Anhängigkeit der Hauptsache (Akzessorietätsgrundsatz)

Die Beantragung von vorläufigem Rechtsschutz ist nur zulässig, wenn die jeweilige Hauptsacheklage anhängig gemacht wurde. Dies ergibt sich bereits aus dem Primärrecht („angefochtene" Handlung, vgl. Art. 242 S. 2 EGV, „anhängigen Sachen", vgl. Art. 243 EGV), aber auch den Verfahrensordnungen der Gemeinschaftsgerichte (vgl.

---

[80] Vgl. *Wegener*, a.a.O., § 19 Rn. 7; Schwarze, in: *ders.*, EU-Kommentar, 2000, Art. 242 EGV Rn. 3; *Krück*, in: *Groeben/Thiesing/Ehlermann*, EG-Vertrag, 5. Aufl. 1997, Art. 185, 186 Rn. 1. Vgl. auch GA *Elmer* in den Schlussanträgen zu EuGH, Urteil v. 9. 11. 1995 (Rs. C-465/93), Slg. 1995, I-3761 (3773 f., Tz. 19) – *Atlanta*. Vgl. dagegen zur „Zweispurigkeit" des vorläufigen Rechtsschutzes mit den institutionellen „Basiselementen" der aufschiebenden Wirkung und der einstweiligen Anordnung *Schoch*, in: *Schoch/Schmidt-Aßmann/Pietzner*, VwGO, 2003, Vorb § 80 Rn. 40 ff.

[81] So verstehen etwa *Wagner*, Einstweiliger Rechtsschutz gegen Mitgliedstaaten, 1994, S. 45 f., und *Lehr*, Einstweiliger Rechtsschutz und EU, 1997, S. 71 ff., das Verbot der Vorwegnahme der Hauptsache als Zulässigkeitsvoraussetzung, während es für *Kaessner*, Der einstweilige Rechtsschutz im Europarecht, 1996, S. 19 ff., 98 ff., und *Wiehe*, Effektiver vorläufiger Rechtsschutz, 2000, S. 159 ff., 166 ff., ein Element der Begründetheit darstellt.

[82] *Wagner*, Einstweiliger Rechtsschutz gegen Mitgliedstaaten, 1994, S. 42, weist darauf hin, dass dieser Umstand wohl darauf zurückzuführen sei, dass die Zulässigkeitsvoraussetzungen in aller Regel keine besonderen Probleme aufwerfen. Vgl. auch *Klinke*, Gerichtshof der Europäischen Gemeinschaften, 1989, Rn. 265. Eine Unterscheidung von Zulässigkeit und Begründetheit findet sich etwa in EuGH, Beschluss v. 1. 2. 1984 (Rs. 1/84 R), Slg. 1984, 423 (427 ff.) – *Ilford*; EuG, Beschluss v. 3. 3. 1997 (Rs. T-6/97 R), Slg. 1997, II-291 (302 ff.) – *Comafrica*.

[83] So ausdrücklich EuGH, Beschluss v. 12. 7. 1996 (Rs. C-180/96 R), Slg. 1996, I-3903 (3923, Tz. 45) – *Vereinigtes Königreich/Kommission*; EuGH, Beschluss v. 10. 9. 1997 (Rs. C-248/97 P[R]), Slg. 1997, I-4729 (4739, Tz. 17) – *Ferrao*.

Art. 83 § 1 VerfO EuGH, Art. 104 § 1 VerfO EuG). In diesen Vorschriften dokumentiert sich das Aufeinander-Angewiesen-Sein von Eil- und Hauptsacheverfahren, das sich rechtstechnisch mit dem Grundsatz der Akzessorietät beschreiben lässt.

a) Bedeutung und Ausformung des Akzessorietätsgrundsatzes

Der Akzessorietätsgrundsatz ist ein Prinzip, das über die konkrete Betrachtung des gemeinschaftsrechtlichen Eilrechtsschutzes hinaus einem jeden einstweiligen Verfahren in mehr oder minder strenger Ausprägung zu Grunde liegt. Als wesentliches Strukturmerkmal des einstweiligen Rechtsschutzes ist es Ausdruck des Umstandes, dass sämtliche vorläufige Maßnahmen nicht im „luftleeren" Raum ergehen, sondern in Voraussicht und Erwartung einer endgültigen Entscheidung, nämlich des Urteils im Hauptsacheverfahren.[84]

Im Gemeinschaftsrecht ist der Grundsatz sehr streng ausgeformt: Die Anhängigkeit der Hauptsache ist zwingende Voraussetzung für die Zulässigkeit des einstweiligen Rechtsschutzes. In dieser Hinsicht gehen die gemeinschaftlichen Regelungen wiederum mit der Rechtstradition romanisch geprägter Verwaltungsrechtsordnungen (insbesondere der französischen)[85] einher. Demgegenüber ist der Eilrechtsschutz etwa im deutschen Verwaltungsprozessrecht eingeschränkt akzessorisch und kann auch vor Einlegung des Rechtsbehelfs zur Hauptsache begehrt werden.[86] Es liegt auf der Hand, dass die deutsche Regelung im Hinblick auf den Individualrechtsschutz auch in dieser Beziehung[87] am rechtsschutzfreundlichsten ausgestaltet ist.

Die Konkretisierung des Akzessorietätsprinzips in dem Kriterium der Anhängigkeit der Hauptsacheklage als spezielle Zulässigkeitsvoraussetzung für einstweilige Maßnahmen lässt sich als *formelle* Wirkung des Grundsatzes bezeichnen. Damit sind jedoch noch nicht alle Wirkungen beschrieben. Das Prinzip aktualisiert sich auch in zahlreichen weiteren Merkmalen des einstweiligen Rechtsschutzes, wie etwa bei der Bestimmung des Anwendungsbereichs von einstweiligen Anordnungen,[88] bei der Prüfung der weiteren Zulässigkeitsvoraussetzungen (wie bei der Gerichtszuständigkeit oder beim Präjudizverbot) sowie bei der Festlegung der Reichweite der Entscheidung. Letztere Einflüsse lassen sich als *materielle* Wirkungen des Akzessorietätsgrundsatzes verstehen.[89] Auf die jeweilige Determinierung des Prinzips wird daher bei der Darstellung der betreffenden Punkte zurückzukommen sein.

---

[84] *Lehr*, Einstweiliger Rechtsschutz und EU, 1997, S. 18.

[85] Vgl. dazu aus den „Länderberichten" bei *Lehr*, a.a.O., etwa S. 438 (Frankreich), S. 463 (Belgien), S. 477 (Italien), S. 484 (Niederlande), S. 494 (Spanien).

[86] So ausdrücklich die Regelungen in § 80 Abs. 5 S. 3 VwGO für Anträge auf Wiederherstellung der aufschiebenden Wirkung sowie in § 123 VwGO für Anträge auf einstweilige Anordnungen.

[87] Ebenso schon oben im Hinblick auf den automatischen Eintritt des Suspensiveffekts mit Rechtsbehelfseinlegung Erster Teil, B. (S. 8 f.).

[88] Vgl. dazu oben Erster Teil, D. (S. 11 ff.).

[89] Ähnlich *Wiehe*, Effektiver vorläufiger Rechtsschutz, 2000, S. 124, der aber die *materielle* Akzessorietät eingeschränkt als fehlende offensichtliche Unzulässigkeit der Klage bei der betreffenden Voraussetzung begreift.

b) Zeitpunkt der Anhängigkeit der Hauptsache

Die Konzeption der strengen Ausformung des Akzessorietätsgrundsatzes im Gemeinschaftsrecht enthält noch keine Aussage über den genauen Zeitpunkt der Anhängigkeit des Hauptsacheverfahrens. Denkbar ist, entweder auf den Eingang des Antrags auf einstweiligen Rechtsschutz bei Gericht[90] oder auf den Zeitpunkt der Entscheidung abzustellen. Aus Sicht des Individualrechtsschutzes ist sicherlich der zweite Weg der vorzugswürdigere, zumal das Abfassen der Klageschrift im Gemeinschaftsrecht mit erheblichem Zeitaufwand verbunden sein kann.[91] Dies würde dem Gedanken der Eilbedürftigkeit des vorläufigen Rechtsschutzes zuwiderlaufen. Besondere Bedeutung erfährt der Gedanke der Verzögerung auch bei Vertragsverletzungsverfahren nach Art. 226 bzw. Art. 227 EGV, denen ein Vorverfahren vorgeschaltet ist. Das ausnahmslose Festhalten am Vorliegen einer Klageschrift könnte in Einzelfällen den Kläger von der Beantragung einstweiligen Rechtsschutzes abhalten und den Rechtsschutz damit faktisch unmöglich machen.[92]

Dennoch ist mit dem Wortlaut der Art. 242 S. 2, 243 EGV sowie der Art. 83 §§ 1, 2 VerfO EuGH und Art. 104 VerfO EuG, die eindeutig einen bereits anhängigen Rechtsstreit für die Beantragung von einstweiligen Maßnahmen voraussetzen, von der Antragstellung als maßgeblichem Zeitpunkt für die Anhängigkeit der Hauptsacheklage auszugehen. Danach muss die Klageschrift spätestens gleichzeitig mit dem Antrag auf einstweiligen Rechtsschutz bei Gericht eingehen.[93] Das Erfordernis der Anhängigkeit hat nicht zuletzt den Zweck, die Gemeinschaftsgerichte vor ausufernden Antragstellungen auf Erlangung einstweiligen Rechtsschutzes ohne ernsthafte Klageabsicht zu bewahren.[94] Der einstweilige Rechtsschutz soll aber in Verbindung mit und in Abhängigkeit von dem Hauptsacheverfahren erfolgen und nicht dieses ersetzen. Zudem kann es bei Zugrundelegung der gegenteiligen Auffassung zu Rechtsunsicherheiten kommen, da der Erfolg des Antrags mit davon abhinge, wann das Gericht über ihn entscheidet.[95]

[90] Das ist der Tag des Eingangs der Antragsschrift in der Kanzlei des Gerichts, vgl. Art. 83 § 3 i. V. m. Art. 37 § 3 S. 2 VerfO EuGH bzw. Art. 104 Abs. 3 i. V. m. Art. 43 § 3 S. 2 VerfO EuG.

[91] Auf diesen Umstand hinweisend *Ehle*, AWD 1994, 39 (40); *Kaessner*, Der einstweilige Rechtsschutz im Europarecht, 1996, S. 23 f.

[92] Vgl. *Smit/Herzog*, EEC, 1992, 185.04, 185.06. Die Auffassung, ein Antrag auf Vollzugsaussetzung setze keine anhängige Klage voraus, weil die Verfahrensordnung nicht den EG-Vertrag einschränken könne, vgl. a.a.O., ist angesichts des eindeutigen Wortlauts auch der vertraglichen Bestimmung unverständlich, vgl. dazu auch *Kaessner*, a.a.O., S. 22.

[93] Vgl. *von Winterfeld*, NJW 1988, 1409 (1413); *Gehrmann*, Vorläufiger Rechtsschutz, 1994, S. 13 ff.; *Lehr*, Einstweiliger Rechtsschutz und EU, 1997, S. 69; *Krück*, in: *Groeben/Thiesing/Ehlermann*, EG-Vertrag, 5. Aufl. 1997, Art. 185, 186 EGV Rn. 17; *Wägenbaur*, EuZW 1996, 327 (328). Ungenau *Wiehe*, Effektiver vorläufiger Rechtsschutz, 2000, S. 120: Antragstellung „spätestens gleichzeitig mit der Hauptsacheklage". Aus Sicht des einstweiligen Rechtsschutzes darf der Antrag *frühestens* gleichzeitig mit der Hauptsacheklage gestellt werden.

[94] Vgl. *Gehrmann*, Vorläufiger Rechtsschutz, 1994, S. 14.

[95] So *Wiehe*, Effektiver vorläufiger Rechtsschutz, 2000, S. 120.

2. Zuständigkeit

Die Zuständigkeit zur Gewährung einstweiligen Rechtsschutzes richtet sich nach Maßgabe der vertraglich festgelegten Zuständigkeiten zur Hauptsache. Auch in dieser Voraussetzung aktualisiert sich damit der Akzessorietätsgrundsatz. Die Gemeinschaftsgerichte dürfen im summarischen Verfahren nur entscheiden, wenn sie nach den einschlägigen Bestimmungen im Hauptsacheverfahren ebenfalls zuständig sind, was von Amts wegen zu prüfen ist.[96] Im Rahmen des Prüfungsumfangs ist jedoch zu beachten, dass es als Folge der Eilbedürftigkeit keiner abschließenden Prüfung ggf. komplexer Zuständigkeitsfragen bedarf.[97] Eine solche Auffassung würde wegen des damit verbundenen Zeitverlusts dem Wesen des Eilrechtsschutzes widersprechen. Nach Auffassung des Gerichtshofes ist es deshalb ausreichend, dass mit hinreichender Wahrscheinlichkeit festgestellt werden kann, dass im Verfahren zur Hauptsache eine, wenn auch nur teilweise Zuständigkeitsgrundlage gegeben ist.[98] Wird allerdings die offensichtliche Unzulässigkeit der Hauptsacheklage geltend gemacht, so hält der Gerichtshof es für erforderlich, festzustellen, ob Anhaltspunkte vorliegen, die den vorläufigen Schluss zulassen, dass die Klage zulässig ist.[99] Kommt man zum Ergebnis, die Klage sei offensichtlich unzulässig, so ist es angemessen, den Erlass einstweiliger Maßnahmen abzulehnen. Dies ist insbesondere der Fall, wenn sich der Kläger, wie bei einer Verordnung oder Richtlinie, gegen eine Handlung mit allgemeiner Geltung wendet.[100] Die Prüfung der Zulässigkeit der Klage im Übrigen erfolgt dagegen erst in der Hauptsache, um dieser nicht vorzugreifen.[101]

Diese Differenzierung im Prüfungsmaßstab hinsichtlich der Zuständigkeit – hinreichende Wahrscheinlichkeit des Bestehens einer Zuständigkeitsgrundlage – sowie der übrigen Zulässigkeit – Zurückweisung nur bei offensichtlicher Unzulässigkeit – erklärt sich daraus, dass die Zuständigkeitsfrage eine absolute Schranke für das Tätigwerden des Gerichtshofes, auch im Eilverfahren, darstellt.[102]

a) Funktionelle Zuständigkeit

Die funktionelle Zuständigkeitsverteilung zwischen Europäischem Gerichtshof und dem Gericht erster Instanz im Eilverfahren erfolgt ebenfalls ausgehend von dem Akzessorietätsgrundsatz. Daraus folgt, dass hierfür wiederum die Zuständigkeitsabgren-

---

[96] Zur Zuständigkeitsverteilung zwischen Gemeinschaft und den Mitgliedstaaten vgl. oben Erster Teil, A. (S. 7 f.).

[97] Ausführlich zur Frage von Zuständigkeitszweifeln im vorläufigen Verfahren und der dabei anzusetzenden Prüfungsintensität *Wiehe*, Effektiver vorläufiger Rechtsschutz, 2000, S. 85 ff.

[98] EuGH, Beschluss v. 5. 8. 1983 (Rs. 118/83 R), Slg. 1983, 2583 (2595, Tz. 37) – *CMC/Kommission.*

[99] EuGH, Beschluss v. 16. 10. 1986 (Rs. 221/86 R), Slg. 1986, 2969 (2975) – *Fraktion der Europäischen Rechten/Parlament.*

[100] Vgl. EuGH, Beschluss v. 13. 7. 1988 (Rs. 160/88 R), Slg. 1988, 4121 (4128) – *Fédération européenne de la santé animale/Rat.*

[101] EuGH, Beschluss v. 8. 4. 1987 (Rs. 65/87 R), Slg. 1987, 1691 (1696) – *Pfizer/Kommission.*

[102] Vgl. *Grabitz*, in: *Grabitz/Hilf*, EU, 1999, Art. 185 EGV Rn. 11.

zung in der Hauptsache entscheidend ist. Entsprechend bestimmen die Art. 104 ff. VerfO EuG, dass das Gericht erster Instanz im Eilverfahren zuständig ist, wenn ein Hauptsacheverfahren vor ihm anhängig ist. Die Zuständigkeit des Gerichts erster Instanz in der Hauptsache ergibt sich aus Art. 225 EGV.[103] Danach ist es grundsätzlich für sämtliche Streitigkeiten zwischen natürlichen oder juristischen Personen und den Gemeinschaftsorganen zuständig, während Direktklagen der Mitgliedstaaten, der Gemeinschaftsorgane und der Europäischen Zentralbank (vgl. Art. 225 Abs. 1 EGV i. V. m. Art. 51 Satzung EuGH) sowie grundsätzlich auch Vertragsverletzungsverfahren[104] dem Europäischen Gerichtshof vorbehalten bleiben.[105] In der vollständigen Verlagerung des Individualrechtsschutzes vom Europäischen Gerichtshof auf das Gericht erster Instanz kommt das Bestreben zum Ausdruck, den Europäischen Gerichtshof mehr und mehr als reines Verfassungs- und Rechtsmittelgericht auszugestalten.[106]

Nach dieser eindeutigen, keine Zweifel bergenden Zuständigkeitsverteilung zwischen Europäischem Gerichtshof und Gericht erster Instanz sind darauf bezogene Fehler bei der Antragstellung kaum denkbar. Sollte der Antrag dennoch vor dem falschen Gericht gestellt werden, wird die Sache gemäß Art. 54 Abs. 1 und 2 Satzung EuGH an die zuständige Instanz verwiesen.[107]

b) Gerichtsinterne Zuständigkeit

Art. 39 Abs. 1 Satzung EuGH bestimmt, dass gerichtsintern grundsätzlich der Präsident des Gerichtshofes über Anträge auf einstweilige Maßnahmen entscheidet. Allerdings kann er gemäß Art. 85 Abs. 1 VerfO EuGH diese Entscheidung dem Gerichtshof übertragen. In aller Regel entscheidet der Präsident jedoch selbst, die Übertragung beschränkt sich im Grunde auf hochpolitische Vertragsverletzungsverfahren.[108]

In Verfahren vor dem Gericht erster Instanz entscheidet der Präsident des Gerichts, vgl. Art. 105 § 2 Abs. 2. Die früher mögliche Übertragung der Entscheidung an die mit der Hauptsache befasste Kammer oder an das Plenum besteht nicht mehr;[109] eine abweichende interne Zuständigkeit kann sich nur noch im Falle der Abwesenheit oder der Verhinderung des Präsidenten ergeben, Art. 106 VerfO EuG.

[103] Durch den Vertrag von Nizza wurde der mehrfach geänderte Ratsbeschluss zur Errichtung eines Gerichts erster Instanz der Europäischen Gemeinschaften (88/591/EGKS, EWG, Euratom) v. 24. 10. 1988, ABl. 1988 L 319/1 ff. aufgehoben und die Zuständigkeit des Gerichts erster Instanz in Art. 225 EGV neu geregelt.

[104] Mit dem Vertrag von Nizza wurde auch eine Übertragung von Zuständigkeiten im Rahmen von Vorabentscheidungen für besondere Sachgebiete auf das Gerichts erster Instanz ermöglicht, vgl. Art. 225 Abs. 3 EGV. Dazu ist aber eine besondere Regelung in der Satzung des Gerichtshofes notwendig.

[105] *Rengeling*, in: *Rengeling/Middeke/Gellermann*, Rechtsschutz in der EU, 2. Aufl. 2003, § 3 Rn. 5 f.

[106] *Rengeling/Middeke*, a.a.O., § 1 Rn. 9.

[107] Vgl. auch EuG, Beschluss v. 18. 8. 1995 (Rs. T-146/95 R), Slg. 1995, II-2255 (2258, Tz. 3) – *Bernardi/Parlament*.

[108] So *Lehr*, Einstweiliger Rechtsschutz und EU, 1997, S. 66.

[109] Aufgehoben durch Änderung vom 21. 5. 2003, ABl. 2003 L 147/22.

3. Antragsgegenstand

Im Rahmen einer Vollzugsaussetzung nach Art. 242 S. 2 EGV können alle belastenden Maßnahmen der Gemeinschaftsorgane, die rechtliche Wirkungen erzeugen können, Antragsgegenstand sein.[110] Zu nennen sind hierbei sämtliche Handlungen des Rates und der Kommission, die Gegenstand einer Nichtigkeitsklage im Sinne von Art. 230 EGV sein können, darüber hinaus auch dienstrechtliche Verfügungen der Gemeinschaftsorgane.[111] In Betracht kommen schließlich auch Entscheidungen des Gerichts erster Instanz,[112] jedoch nicht im Falle der Klageabweisung.[113]

Gegenstand von Anträgen nach Art. 243 EGV können demgegenüber alle Gebote und Verbote sein, die auf die Erhaltung bereits bestehender Rechtspositionen oder auf die Begründung neuer Rechtspositionen des Antragstellers abzielen.[114]

Auf Grund der Konnexität zur Hauptsache darf mit einem Antrag auf Aussetzung der Vollziehung oder mit einem Antrag auf Erlass einer einstweiligen Anordnung nicht etwas anderes oder mehr gefordert werden, als in der Hauptsache zugesprochen werden könnte.[115] Wie bereits bei der Festlegung der Anwendungsbereiche von Art. 242 S. 2 und Art. 243 EGV festgestellt,[116] handhaben die Gemeinschaftsgerichte die Konnexitätsvorgabe jedoch nicht allzu streng.[117] Auf der anderen Seite dürfen im Verfahren des vorläufigen Rechtsschutzes keine Anträge gestellt werden, die gleichzeitig Gegenstand des Hauptverfahrens sind.[118] Dies folgt aus der Tatsache, dass eine einstweilige Maßnahme der Entscheidung in der Hauptsache nicht vorgreifen darf, vgl. Art. 86 § 4 VerfO EuGH. Dieses Präjudizverbot wird jedoch allgemein erst dann als verletzt angesehen, wenn der Antrag im Eilverfahren mit dem Klageantrag identisch ist, so dass sich wegen der schon formellen Gleichartigkeit eine Präjudizierung der Hauptsache aufdrängt.[119]

---

[110] EuGH, 26. 6. 180 (Rs. 136/79 R), Slg. 1980, 2033 (2058) – *National Panasonic/Kommission.*

[111] *Grabitz*, in: *Grabitz/Hilf*, EU, 1999, Art. 185 EGV Rn. 13.

[112] Vgl. EuGH, Beschluss v. 31. 1. 1991 (Rs. C-345/90 P-R), Slg. 1991, I-231 (237, Tz. 25) – *Parlament/Hanning.*

[113] In diesem Fall kann nur gegen die Vollstreckung selbst vorgegangen werden, vgl. *Joliet*, RDE 1992, 253 (254, Fn. 2).

[114] Vgl. EuGH, Beschluss v. 5. 8. 1983 (Rs. 118/83 R), Slg. 1983, 2583 (2595) - *CMC/Komission*; EuGH, Beschluss v. 17. 1. 1980 (Rs. 792/79 R) - Slg. 1980, 119 (129) - *Camera Care Ltd/Kommission.*

[115] Vgl. EuG, Beschluss v. 14. 12. 1993 (Rs. T-543/93 R), Slg. 1993, II-1409 (1420) – *Gestevisión Telecinco*; EuG, Beschluss v. 2. 12. 1994 (Rs. T-322/94), Slg. 1994, II-1159 (1173). *Schneider*, DÖV 1990, 924 (924); *Wegener*, in: *Rengeling/Middeke/Gellermann*, Rechtsschutz in der EU, 2. Aufl. 2003, § 20 Rn. 9.

[116] Vgl. oben Erster Teil, D. (S. 11 ff.).

[117] So auch die Einschätzung von *Wiehe*, Effektiver vorläufiger Rechtsschutz, 2000, S. 131.

[118] *Gehrmann*, Vorläufiger Rechtsschutz, 1994, S. 17.

[119] Vgl. *Grabitz*, in: *Grabitz/Hilf*, EU, 1999, Art. 185 EGV Rn. 15 und Art. 186 Rn. 7; EuGH, Verfügung v. 25. 6. 1963 (Rs. 19 u. 65/63 R), Slg. 1965, 770 – *Prakash/Kommission*; EuGH, Beschluss v. 5. 12. 1979 (Rs. 794/79 R), Slg. 1979, 3635 (3637 f.) – *B./Parlament*; EuGH, Beschluss v. 21. 8. 1981 (Rs. 232/81 R), Slg. 1981, 2193 (2200) – *Agricola Comerciale Olio S.r.l./Kommission.* Zum Vorwegnahmeverbot allgemein vgl. unten Erster Teil, E. I. 7. (S. 23 f.).

4. Antragsbefugnis

Als Ausfluss des Akzessorietätsgrundsatzes ist derjenige im Verfahren des einstweiligen Rechtsschutzes antragsbefugt, der auch im Hauptverfahren klagebefugt ist. Dabei gilt grundsätzlich, dass die Betroffenen nur zum Schutz der eigenen Interessen vorgehen können, nicht aber zum Schutz von Interessen Dritter.[120] Eine Ausnahme besteht zu Gunsten der privilegierten[121] Antragsteller, die Gemeinschaftsorgane und Mitgliedstaaten, die z. B. in Vertragsverletzungsverfahren auch im Interesse der eigenen Staatsangehörigen oder der Gemeinschaftsbürger entsprechende Anträge stellen können.[122]

Sofern sich der Antrag gegen einen allgemein geltenden Gemeinschaftsakt richtet (vgl. Art. 230 Abs. 4 und Art. 232 Abs. 3 EGV)[123], muss ein nicht privilegierter Antragsteller eine unmittelbare und individuelle Betroffenheit geltend machen.[124] Das Kriterium der *individuellen* Betroffenheit sieht der Gerichtshof in einem solchen Fall als erfüllt an, wenn die Maßnahme den Kläger „wegen bestimmter persönlicher Eigenschaften oder besonderer, ihn aus dem Kreis aller übrigen Personen heraushebender Umstände berührt und ihn daher in ähnlicher Weise individualisiert wie den Adressaten" einer Entscheidung.[125] Für eine *unmittelbare* Betroffenheit ist regelmäßig erforderlich, dass es eines mitgliedstaatlichen Vollzugsaktes entweder nicht mehr bedarf oder aber das Ermessen des Mitgliedstaates so weit eingeschränkt ist, dass sich seine Handlung auf den technischen Vollzug beschränkt.[126]

Streithelfer im Hauptsacheverfahren sind im Verfahren zum Eilrechtsschutz nur antragsbefugt, wenn sie gerade hierfür ein eigenes Rechtsschutzinteresse geltend ma-

---

[120] EuGH, Verfügung v. 4. 5. 1964 (Rs. 12 u. 29/64), Slg. 1965, 182 (184) – *Ley/Kommission*; EuGH, Beschluss v. 25. 2. 1975 (Rs. 22/75 R), Slg. 1975, 277 (278) – *Küster/Europäisches Parlament.*

[121] Zur Unterscheidung zwischen privilegierten und nicht privilegierten Klägern vgl. *Gündisch*, Rechtsschutz in der EG, 1994, S. 80 f.

[122] Vgl. EuGH, Beschluss v. 4. 3. 1982 (Rs. 42/82 R) – Slg. 1982, 841 – *Kommission/Frankreich*; EuGH, Beschluss v. 20. 9. 1983 (Rs. 171/83 R), Slg. 1983, 2621 – *Kommission/Frankreich*; EuGH, Beschluss v. 25. 10. 1985 (Rs. 293/85 R), Slg. 1985, 3521 (3528) – *Kommission/Belgien*; EuGH, Beschluss v. 28. 9. 1990 (Rs. C-195/90 R), Slg. 1990, I-2715, 3331 – *Kommission/Deutschland.*

[123] Zu Art. 232 Abs. 3 EGV hat der EuGH wiederholt entschieden, dass darin die gleiche Art der Betroffenheit durch den (hypothetischen) Rechtsakt wie in Art. 230 Abs. 4 gefordert wird, vgl. EuGH, Urteil v. 18. 11. 1970 (Rs. 15/70), Slg. 1970, 975 (979, Tz. 5/7) – *Chevalley/Kommission*; EuGH, Urteil v. 26. 11. 1996 (Rs. C-68/95), Slg. 1996, I-6065 (6105, Tz. 59.) – *T. Port.*

[124] EuGH, Beschluss v. 1. 2. 1984 (Rs. 1/84 R), Slg. 1984, 423 (427) – *Ilford/Kommission*; EuGH, Beschluss v. 13. 7. 1988 (Rs. 160/88 R), Slg. 1988, 4121 (4128) – *Fédération européenne de la santé animale/Rat*; *Schwarze*, in: *ders.*, EU-Kommentar, 2000, Art. 242 EGV Rn. 12.

[125] EuGH, Urteil v. 15. 7. 1963 (Rs. 25/62), Slg. 1963, 213 (238) – *Plaumann*; EuGH, Urteil v. 18. 5. 1994 (Rs. C-309/89), Slg. 1994, I-1853 (1885 f.) – *Cordoniu SA*. Vgl. auch *Wenig*, in: *Grabitz/Hilf*, EU, 1999, Art. 173 EGV Rn. 54 ff.

[126] Vgl. EuGH, Urteil v. 5. 5. 1998 (Rs. C-386/96 P), Slg. 1998, I-2309 (2330, Tz. 43 f.) – *Dreyfus/Kommission*; *Schwarze*, in: *ders.*, EU-Kommentar, 2000, Art. 230 EGV Rn. 35. Zu den Kriterien der individuellen und unmittelbaren Betroffenheit vgl. auch unten Zweiter Teil, D. IV. 3. b) bb) (S. 192 ff.).

chen können oder zu den privilegierten Klägern gehören;[127] andernfalls bleibt ihre Mitwirkung auf das Hauptverfahren beschränkt.

5. Antragsfrist

Die Beantragung einstweiliger Maßnahmen ist zwar nicht formell fristgebunden. Allerdings ergibt sich wiederum aus dem Grundsatz der Akzessorietät und der – darauf beruhenden – Regelung des Art. 83 § 1 VerfO EuGH, dass solche Anträge erst ab der ordnungsgemäßen (vgl. Art. 83 § 3 i. V. m. Art. 37, 38 VerfO EuGH bzw. Art. 104 § 3 i. V. m. Art. 43, 44 VerfO EuG) Erhebung der Klage in der Hauptsache zulässig sind.[128] Nicht mehr zulässig ist der Antrag, wenn klar ist, dass die Wirkung der einstweiligen Maßnahme nicht mehr vor Erlass der Hauptsacheentscheidung eintreten kann.[129] Während des Hauptverfahrens steht es grundsätzlich zur freien Disposition des Betroffenen, ob, wie oft und in welchem Verfahrensabschnitt er den Erlass einstweiliger Anträge beantragt. Sollte er sich diesbezüglich jedoch allzu zögerlich verhalten, läuft er Gefahr, dass der Gerichtshof die Eilbedürftigkeit des Antrags verneint.[130]

6. Rechtsschutzinteresse

Ein Bedürfnis des Antragsstellers an Eilrechtsschutz besteht nicht, wenn die einstweilige Maßnahme zur Sicherung seines Rechtsbestandes weder geeignet noch erforderlich ist. An der Geeignetheit fehlt es, wenn die Maßnahme aus tatsächlichen Gründen nicht mehr getroffen werden kann, etwa weil der angefochtene Rechtsakt bereits vollzogen wurde[131] oder wieder aufgehoben bzw. geändert worden ist,[132] bevor die vorläufige Maßnahme erlassen wurde. Die Erforderlichkeit ist zu verneinen, wenn die Entscheidung zur Hauptsache bereits ergangen ist oder unmittelbar bevorsteht.[133] Ebenso ist eine einstweilige Anordnung nicht erforderlich, mit der einem Mitgliedstaat aufgegeben werden soll, einen bereits durch Urteil des Gerichtshofes festgestellten Ver-

---

[127] EuGH, Beschluss v. 14. 3. 1973 (Rs. 6 u. 7/73 R), Slg. 1973, 357 (358) – *Istituto Chemioterapico Italiano Spa/Kommission*; EuGH, Beschluss v. 17. 1. 1980 (Rs. 792/79 R), Slg. 1980, 119 (129, Tz. 8) – *Camera Care Ltd./Kommission*. Vgl. dazu auch *Wegener*, in: *Rengeling/Middeke/Gellermann*, Rechtsschutz in der EU, 2. Aufl. 2003, § 19 Rn. 15.

[128] Vgl. schon oben die Ausführungen bei der Frage der Anhängigkeit der Hauptsache Erster Teil, E. I. 1. b) (S. 17).

[129] Vgl. EuGH, Beschluss v. 29. 9. 1982 (Rs. 229 u. 228/82 R), Slg. 1982, 3091 (3098, Tz. 4) – *Ford/Kommission*; *Borchardt*, in: *Lenz/Borchardt*, EUV/EGV, 3. Aufl. 2003, Art. 242, 243 Rn. 13.

[130] Vgl. *Lehr*, Einstweiliger Rechtsschutz und EU, 1997, S. 69.

[131] EuGH, Beschluss v. 22. 5. 1978 (Rs. 92/78 R), Slg. 1978, 1129 (1136) – *Simmenthal/Kommission*.

[132] EuGH, Beschluss v. 21. 3. 1972 (Rs. 6/72 R), Slg. 1972, 157 (159) – *Europemballage/Kommission*; EuGH, Beschluss v. 23. 2. 1990 (Rs. C-385/89 R), Slg. 1990, I-561 – *Griechenland/Kommission*.

[133] Vgl. *Gehrmann*, Vorläufiger Rechtsschutz, 1994, S. 19.

tragsverstoß unverzüglich einzustellen, weil sich diese Verpflichtung bereits aus dem Urteil selbst ergibt.[134]

Es bleibt anzumerken, dass die Voraussetzung des Rechtsschutzbedürfnisses kaum mehr eigenständige Bedeutung besitzt, da der Gerichtshof bei Fehlen der Geeignetheit regelmäßig einen tauglichen Antragsgegenstand verneint bzw. das Kriterium der Erforderlichkeit materiell dem Prüfungspunkt der Dringlichkeit im Rahmen der Begründetheit zuordnet.[135]

7. Verbot der Vorwegnahme der Hauptsache

Nach Art. 86 § 4 VerfO EuGH, Art. 107 § 4 VerfO EuG greift der Beschluss über den vorläufigen Rechtsschutz der Hauptsache nicht vor. Das Merkmal der Vorläufigkeit stellt ebenso wie der Akzessorietätsgrundsatz ein Strukturmerkmal des einstweiligen Rechtsschutzes dar[136] und erlangt auf Grund des vorgegebenen Inhalts von Aussetzungsentscheidungen in aller Regel nur bei einstweiligen Anordnungen nach Art. 243 EGV Bedeutung. Der Europäische Gerichtshof versteht das Verbot, die Hauptsache vorwegzunehmen, in einem doppelten Sinne. Das vorläufige Verfahren darf weder bereits über strittige Rechts- oder Tatsachenfragen entscheiden noch darf es im Vorhinein die später zu treffende Sachentscheidung wirkungslos machen.[137]

Der erste Aspekt, der dem traditionellen französischen Verständnis[138] des Vorwegnahmeverbots entspricht, ist dann verletzt, wenn mit dem vorläufigen Verfahren über eine ernsthaft umstrittene Recht- oder Sachlage entschieden wird.[139] Dementsprechend stellt sich das Vorwegnahmeverbot bei eindeutigen Rechts- oder Tatsachenlagen nicht als Problem dar. Die zweite Ausprägung des Präjudizverbots entspricht dem deutschen Verständnis[140] dieses Kriteriums und beschreibt das Verbot, bereits mit der einstweiligen Maßnahme etwas zu gewähren, was der Antragsteller nur im Hauptsacheverfahren erreichen könnte.[141] Dabei spielt es grundsätzlich keine Rolle, ob sich dieses Ergebnis

---

[134] EuGH, Beschluss v. 28. 3. 1980 (Rs. 24 u. 97/80 R), Slg. 1980, 1319 (1333) – *Kommission/Frankreich*.

[135] Vgl. insbesondere EuGH, Beschluss v. 29. 9, 1982 (Rs. 229 u. 228/82 R), Slg. 1982, 3091 (3098) – *Ford/Kommission*.

[136] Vgl. *Lehr*, Einstweiliger Rechtsschutz und EU, 1997, S. 20 ff.

[137] EuGH, Beschluss v. 20. 7. 1981 (Rs. 206/81 R), Slg. 1981, 2187 (2190) – *Alvarez/Parlament*; EuGH, Beschluss v.12. 7. 1996 (Rs. C-120/94 R), Slg. 1996, I-3903 (3923) – *Vereinigtes Königreich/Kommission*; EuGH, Beschluss v. 21. 3. 1997 (Rs. C-110/97 R), Slg. 1997, I-1795 (1804) – *Niederlande/Rat*.

[138] Vgl. *Frier*, AJDA 1980, 67 (68 ff.); *Etien*, RDP 1988, 743 (747).

[139] Vgl. nur EuGH, Beschluss v. 21. 3. 1997 (Rs. C-110/97 R), Slg. 1997, I-1795 (1806) – *Niederlande/Rat*; EuG, Beschluss v. 17. 2. 1995 (Rs. T-308/94 R), Slg. 1995, II-267 (283) – *Cascades*.

[140] Vgl. *Kopp/Schenke*, VwGO, 13. Aufl. 2003, § 123 Rn. 13; *Finkelnburg/Jank*, Vorläufiger Rechtsschutz, 4. Aufl. 1998, Rn. 202 ff. Siehe auch *Schoch*, in: *Schoch/Schmidt-Aßmann/Pietzner*, VwGO, 2003, § 123 Rn. 141, mit zahlreichen Nachweisen aus der deutschen Rspr.

[141] Vgl. zu dieser Konstellation etwa EuGH, Beschluss v. 20. 7. 1981 (Rs. 206/81 R), Slg. 1981, 2187 (2190) – *Alvarez/Parlament*; EuGH, Beschluss v. 15. 10. 1976 (Rs. 91/76 R), Slg. 1976, 1563 (1564) – *De Lacroix/Gerichtshof*. Die vom Gerichtshof aufgestellte Formel wurde treffend als Synthese aus dem französischen und dem deutschen Verständnis des Vorwegnahmeverbots bezeichnet, vgl. *Lehr*, Einstweiliger Rechtsschutz und EU, 1997, S. 72.

nach der Hauptsacheentscheidung wieder revidieren ließe – so etwa bei auf die Zahlung einer Geldsumme gerichteten Eilverfahren im Rahmen von Schadensersatzklagen[142] – oder ob es unumkehrbar wäre.[143]

Nach neueren Entwicklungen in der Rechtsprechung der Gemeinschaftsgerichte gilt das Vorwegnahmeverbot jedoch nicht ausnahmslos. So hat das Gericht erster Instanz die Formel aufgestellt, eine Ausnahme von der Vorläufigkeit könne in Betracht gezogen werden, „wenn erstens das Vorbringen des Antragstellers zur Begründung seines Antrags prima facie besonders gut fundiert erscheint und wenn zweitens die Dringlichkeit unbestreitbar ist."[144] Ohne den genauen Inhalt dieser Formel zu hinterfragen,[145] liegt es auf der Hand, dass es sich hierbei um strenge Anforderungen handelt, die kaum zu erfüllen sind. Ein Vergleich mit dem deutschen Recht zu dieser Frage offenbart auch hier erhebliche Diskrepanzen zwischen beiden Rechtsordnungen. Im Rahmen von § 123 VwGO werden auf Grund des Gebots effektiven Rechtsschutzes aus Art. 19 Abs. 4 GG ebenfalls Ausnahmen vom Präjudizverbot zugelassen. Im Unterschied zur Praxis auf der Gemeinschaftsebene sind die Durchbrechungen dieses Prinzips in der deutschen Rechtsprechungswirklichkeit quantitativ so umfangreich, dass die Bezeichnung „Ausnahme" dem Phänomen kaum mehr gerecht wird.[146] Hierin kommt erneut der unterschiedliche Stellenwert des Individualrechtsschutzes im Gemeinschaftsrecht und im deutschen Verwaltungsprozessrecht zum Ausdruck.

8. Keine offensichtliche Unzulässigkeit der Hauptsacheklage

Als Ausfluss des Präjudizverbots ist die Zulässigkeit der Hauptsacheklage grundsätzlich keine Zulässigkeitsvoraussetzung für den vorläufigen Rechtsschutz.[147] Damit soll u. a. verhindert werden, dass das einstweilige Rechtsschutzverfahren bei schwierigen Zulässigkeitsfragen dazu missbraucht wird, vorab eine Klärung dieser Probleme zu

---

[142] So etwa EuGH, Beschluss v. 28. 3. 1980 (Rs. 24 u. 97/80 R), Slg. 1980, 1319 (1333) – *Kommission/Frankreich*; EuG, Beschluss v. 29. 6. 1996 (Rs. T-179/96 R), Slg. 1996, II-1641 (1653 f.) – *Antonissen*.

[143] Vgl. EuGH, Beschluss v. 28. 5. 1975 (Rs. 44/75 R), Slg. 1975, 637 (641) – *Könecke*; EuGH, Beschluss v. 13. 12. 1984 (Rs. 278/84 R), Slg. 1984, 4341 (4347) – *Währungsausgleichsbeträge*.

[144] EuG, Beschluss v. 21. 3. 1997 (Rs. T-179/96 R), Slg. 1997, II-425 (438) – *Antonissen*; EuG, Beschluss v. 15. 7. 1997 (Rs. T-179/97 R), Slg. 1997, II-1297 (1311 f.) – *Niederländische Antillen*.

[145] Dazu näher *Wiehe*, Effektiver vorläufiger Rechtsschutz, 2000, S. 160 f.

[146] Als „prozessuale Legende" wurde das Vorwegnahmeverbot dementsprechend bereits 1960 von *Quaritsch*, VerwArch Bd. 51 (1960), S. 342 (349), tituliert. Für eine Verabschiedung dieses „unerhört zählebigen Dogma" spricht sich auch *Schoch*, Vorläufiger Rechtsschutz und Risikoverteilung, 1988, S. 1402 u. 1411, aus. Vgl. zu den „Ausnahmen" vom Präjudizverbot den nach Sachgebieten aufgegliederten Überblick bei *Kopp/Schenke*, VwGO, 13. Aufl. 2003, § 123 Rn. 14 ff.

[147] Vgl. EuGH, Beschluss v. 30. 11. 1972 (Rs. 75/72 R), Slg. 1972, 1201 (1203) – *Perinciolo/Rat*; EuGH, Beschluss v. 8. 4. 1987 (Rs. 65/87 R), Slg. 1987, 1691 (1696) – *Pfizer/Kommission*; EuG, Beschluss v. 6. 12. 1996 (Rs. T-115/96 R), Slg. 1996, II-1655 (1660) – *Stadt Mainz/Kommission*; EuG, Beschluss v. 26. 2. 1997 (Rs. T-191/96 R), Slg. 1997, II-211 (220) – *Cas Succhi di Frutta/Kommission*; EuG, Beschluss v. 2. 3. 1998 (Rs. T-310/97 R), Slg. 1998, II-455 (467, Tz. 30) – *Niederländische Antillen/Rat*; EuG, Beschluss v. 8. 8. 2002 (Rs. T-155/02 R), Slg. 2002, II-3239 (3249, Tz. 18) – *VVG International/Kommission*.

Lasten des eigentlichen Hauptsacheverfahrens zu erzwingen.[148] Gleichwohl ist die Frage der Zulässigkeit in Evidenzfällen von Bedeutung: Bei offensichtlicher Unzulässigkeit der Klage wird einstweiliger Rechtsschutz verweigert.[149] Offensichtlich ist die Unzulässigkeit allerdings nur dann, wenn die Klage dem ersten Anschein nach keine Merkmale aufweist, die mit einer gewissen Wahrscheinlichkeit den Schluss zulassen, dass sie zulässig ist.[150] Lediglich bei der Frage der Zuständigkeit wird der insofern strengere Maßstab der „hinreichenden Wahrscheinlichkeit" einer Zuständigkeitsgrundlage gefordert.[151]

II. Begründetheit des Antrags

1. Systematik der Begründetheit

Der EG-Vertrag selbst enthält nur sehr vage Formulierungen der materiellen Begründetheitsvoraussetzungen. So ist gemäß Art. 242 S. 2 EGV die angefochtene Handlung dann auszusetzen, wenn der Gerichtshof „dies den Umständen nach für *nötig* hält." Art. 243 EGV spricht von den „*erforderlichen* einstweiligen Anordnungen." Konkreter formuliert sind Art. 83 § 2 VerfO EuGH und Art. 104 § 2 VerfO EuG, wo von *Dringlichkeit* und *Notwendigkeit* der beantragten Handlung sowie von deren *Glaubhaftmachung* in tatsächlicher und rechtlicher Hinsicht die Rede ist. Hinter den Kriterien der Dringlichkeit und der Notwendigkeit verbergen sich indes die systemprägenden Begründetheitsvoraussetzungen der Gewährung einstweiligen Rechtsschutzes eines jeden Rechtssystems.[152] Es ist dies zum einen das Merkmal des *„periculum in mora"*, also die Gefahr einer Verzögerung im Kriterium der Dringlichkeit. Hinter dieser Voraussetzung verbirgt sich inhaltlich die Frage, ob die einstweilige Maßnahme zur Abwendung eines schweren und nicht wieder gutzumachenden Schadens auf Seiten des Antragstellers erforderlich ist. Zum anderen verbirgt sich hinter dem Kriterium der Notwendigkeit das Merkmal des *„fumus boni iuris"*, welches inhaltlich die summarische Prüfung der Erfolgsaussichten der Hauptsache umschreibt. Schließlich ist als

---

[148] *Wegener*, in: *Rengeling/Middeke/Gellermann*, Rechtsschutz in der EU, 2. Aufl. 2003, § 20 Rn. 3.

[149] EuGH, Beschluss v. 16. 10. 1986 (Rs. 221/86 R), Slg. 1986, 2969 (2975) – *Fraktion der Europäischen Rechten/Parlament*; EuGH, Beschluss v. 13. 7. 1988 (Rs. 160/88 R), Slg. 4121 (4128) – *Fedesa/Rat*; EuG, Beschluss v. 26. 2. 1997 (T-191/96 R), Slg. 1997, II-211 (220) – *Cas Succhi di Frutta/Kommission*; EuG, Beschluss v. 26. 9. 1997 (Rs. T-183/97 R), Slg. 1997, II-1473 (1487) – *Micheli/Kommission*; EuG, Beschluss v. 8. 8. 2002 (Rs. T-155/02 R), Slg. 2002, II-3239 (3249, Tz. 19) – *VVG International/Kommission.*

[150] EuGH, Beschluss v. 27. 6. 1991 (C-117/91 R), Slg. 1991, I-3353 (3357) – *Bosman/Kommission*; EuG, Beschluss v. 26. 2. 1997 (T-191/96 R), Slg. 1997, II-211 (220) – *Cas Succhi di Frutta/Kommission*; EuGH, Beschluss v. 12. 10. 2000 (Rs. C-300/00 P [R]), Slg. 2000, I-8797 (8813, Tz. 34) – *Federacion de Cofradias de Pescadoresde Guipúzcoa/Rat*; EuG, Beschluss v. 26. 1. 2001 (Rs. T-353/00), Slg. 2001, II-125 (148, Tz. 58) – *Le Pen/Parlament.*

[151] Vgl. oben Erster Teil, E. I. 2. (S. 18 f.).

[152] Vgl. dazu im Rahmen der Darstellung der allgemeinen Lehren zum einstweiligen Rechtsschutz *Lehr*, Einstweiliger Rechtsschutz und EU, 1997, S. 23 ff.

drittes prägendes Begründetheitsmerkmal die Interessenabwägung zu nennen. Unter diesem Prüfungspunkt, der nicht explizit in den Verfahrensordnungen genannt wird, stellt der Europäische Gerichtshof die dem Antragsteller im Einzelfall bei Ablehnung seines Antrags drohenden Schäden den Nachteilen gegenüber, die dem Antragsgegner oder Dritten bei Aussetzung des Vollzugs der angefochtenen Maßnahme oder durch den Erlass der beantragten Maßnahme entstehen.[153]

Systematisch wird die Interessenabwägung meist als Unterpunkt des Kriteriums der Dringlichkeit gesehen.[154] Eigenständige Bedeutung kommt ihr aber insbesondere dann zu, wenn die Interessen Dritter oder Gemeinschaftsinteressen berührt werden, ferner rechtsgebietsspezifisch im Anti-Dumpingrecht und im Rahmen der öffentlichen Auftragsvergabe, schließlich in Vertragsverletzungsverfahren.[155] In diesen Fällen wird die Abwägung der kollidierenden Interessen auch vom Gerichtshof häufig in einem eigenständigen Prüfungspunkt durchgeführt.[156] Aus Gründen der systematischen Einheitlichkeit wird hier die Interessenabwägung generell als eigenständiger Prüfungspunkt verstanden.[157]

Sind die angesprochenen Voraussetzungen erfüllt, so gewähren die Gemeinschaftsgerichte vorläufigen Rechtsschutz. Die Entscheidung darüber ist keine Ermessensentscheidung;[158] die Formulierung „kann" in Art. 242 S. 2 und 243 EGV bezeichnet lediglich eine Kompetenzzuweisung.[159] Faktisch sind die Gemeinschaftsrichter angesichts der tatbestandlichen Weite der einzelnen Begründetheitsvoraussetzungen jedoch bei der Rechtsschutzgewährung weitgehend frei.

Bei der Handhabung der einzelnen Begründetheitskriterien zeigen sich die Gemeinschaftsgerichte flexibel. In den Anfangsjahren der Gemeinschaft herrschte zwar die Auffassung, dass vorrangig erst die Dringlichkeit der einstweiligen Maßnahme bejaht werden müsse, bevor auf Fragen der materiellen Rechtslage eingegangen werden dürfe.[160] Hieraus entstand jedoch keine zwingende Prüfungsreihenfolge; insbeson-

---

[153] EuGH, Beschluss v. 19. 7. 1995 (Rs. C-149/95 P[R]), Slg. 1995, I-2165 (2184 ff.) – *Kommission/Atlantic Container Line*; EuGH, Beschluss v. 12. 7. 1996 (Rs. C-180/96 R), Slg. 1996, I-3903 (3935; Tz. 90-93) – *Vereinigtes Königreich/Kommission*; EuG, Beschluss v. 21. 3. 1997 (Rs. T-41/97 R), Slg. 1997, II-447 (462) – *Antillean Rice Mills*.

[154] Vgl. auch *Gehrmann*, Vorläufiger Rechtsschutz, 1994, S. 26 ff.; *Kaessner*, Der einstweilige Rechtsschutz im Europarecht, 1996, S. 190 ff.; *Wiehe*, Effektiver vorläufiger Rechtsschutz, 2000, S. 156.

[155] Vgl. dazu *Lehr*, Einstweiliger Rechtsschutz und EU, 1997, S. 89, m. w. N.

[156] Vgl. etwa EuGH, Beschluss v. 18. 10. 1985 (Rs. 250/85 R), Slg. 1985, 3459 (3364, Tz. 17) – *Brother Industries/Rat*; EuGH, Beschluss v. 25. 10. 1985 (Rs. 293/85 R); Slg. 1985, 3521 (3529, Tz. 24) – *Kommission/Belgien*; EuGH, Beschluss v. 11. 3. 1994 (Rs. C-6/94 R), Slg. 1994, I-867 (873, Tz. 15) – *Descom/Rat*.

[157] Wie hier *Lenz/Borchardt*, EUV/EGV, 3. Aufl. 2003, Art. 242, 243 Rn. 25; *Pastor/van Ginderachter*, RTDE 1989, S. 561 (610); *Lehr*, Einstweiliger Rechtsschutz und EU, 1997, S. 88 ff.

[158] A. A. *Geiger*, EUV/EGV, 4. Aufl. 2004, Art. 242 EGV Rn. 9. Insofern unterscheidet sich die Gemeinschaftsrechtsordnung von ihrem französischen Vorbild, wo die Gewährung einstweiligen Rechtsschutzes als Ermessensentscheidung ausgestaltet ist, vgl. *Schwarze*, DVBl. 1997, 1037 (1044).

[159] *Kaessner*, Der einstweilige Rechtsschutz im Europarecht, 1996, S. 99.

[160] Vgl. etwa EuGH, Verfügung v. 26. 6. 1959 (Rs. 31/59 R), Slg. 1960, 217 (221) – *Tubificio di Brescia/Hohe Behörde*; EuGH, Verfügung v. 20. 10. 1959 (Rs. 43-45/59), Slg. 1960, 1019 (1023) – *Lachmüller*.

dere bei ablehnenden Entscheidungen wird meist das Kriterium zuerst geprüft, das zur Ablehnung des Antrags führt.[161]

2. Dringlichkeit der beantragten Maßnahme

Die Gemeinschaftsgerichte prüfen also unter dem Kriterium der Dringlichkeit i. S. v. Art. 83 § 2 VerfO EuGH und Art. 104 § 2 VerfO EuG den Gedanken des *„periculum in mora"*, d. h. die Erforderlichkeit der einstweiligen Maßnahme für die Abwendung eines schweren und nicht wieder gutzumachenden Schadens beim Antragsteller.[162] Unter den Schadensbegriff fallen dabei alle materiellen und immateriellen[163] Nachteile, die der Antragsteller an seinem Vermögen oder sonstigen rechtlich geschützten Gütern erleiden könnte.[164]

a) Verhältnis zwischen Schwere und Irreversibilität des Schadens

Näherer Erörterung bedarf das Verhältnis der beiden Attribute „schwer" und „nicht wieder gutzumachend" zueinander. Teilweise wird vertreten, dass es sich dabei nur um *ein* den Schaden näher konkretisierendes Kriterium handele.[165] Diese Auffassung stützt sich auf einzelne Entscheidungen der Gemeinschaftsgerichte, wonach der Schaden

---

[161] Dabei handelt es sich zumeist um die Voraussetzung der Dringlichkeit, vgl. *Kaessner*, Der einstweilige Rechtsschutz im Europarecht, 1996, S. 101 f., m. w. N. Aus der neueren Rechtsprechung vgl. EuG, Beschluss v. 12. 7. 2002 (Rs. T-163/02 R), Slg. 2002, II-3221 (3236, Tz. 36) – *Montan Gesellschaft Voss/Kommission*. *Kaessner*, a.a.O., S. 102 f., will in den „letzten Jahren" – also vor 1996, dem Erscheinungsjahr seiner Abhandlung – die Tendenz in der Gemeinschaftsrechtsprechung ausgemacht haben, im Rahmen von *stattgebenden* Entscheidungen zuerst die Frage der Notwendigkeit und anschließend die der Dringlichkeit zu prüfen. Diese Tendenz bestätigend etwa EuG, Beschluss v. 26. 1. 2001 (Rs. T-353/00), Slg. 2001, II-125 (148, Tz. 58) – *Le Pen/Parlament*; EuG, Beschluss v. 26. 10. 2001 (Rs. T-184/01 R), Slg. 2001, II-3193 (3227 ff.; 3240 ff.) – *IMS Health/Kommission*.

[162] EuGH, Beschluss v. 16. 12. 1980 (Rs. 258/80 R), Slg. 1980, 3867 (3876) – *Rumi/Kommission*; EuGH, Beschluss v.18. 11. 1999 (Rs. C-329/99 P[R]), Slg. 1999, I-8343 (8372, Tz. 94) – *Pfizer Animal Health/Rat*; EuGH, Beschluss v. 11. 4. 2001 (Rs. C-471/00 P[R]), Slg. 2001, I-2865 (2902, Tz. 107) – *Kommission/Cambridge Healthcare Supplies*; EuG, Beschluss v. 26. 10. 2001 (Rs. T-184/01 R), Slg. 2001, II-3193 (3245, Tz. 116) – *IMS Health/Kommission*; EuG, Beschluss v. 27. 2. 2002 (Rs. T-132/01 R), Slg. 2002, II-777 (793, Tz. 44) – *Euroalliages/Kommission*.

[163] Teilweise wurde bezweifelt, dass immaterielle Nachteile den Schadensbegriff erfüllen, so etwa *Lasok*, The European Court of Justice, 1984, S. 164; GA *Capotorti* in den Schlussanträgen zu EuGH, Beschluss v. 28. 3. 1980 (verb. Rs. 24 u. 97/80 R), Slg. 1980, 1319 (1342) – *Kommission/Frankreich*. Die Rechtsprechung ist insofern eindeutig, allenfalls lässt sich bei solchen Schäden eine gewisse Zurückhaltung bei der Gewährung von einstweiligen Maßnahmen konstatieren, so die Einschätzung von *Wägenbaur*, EuZW 1996, 327 (331).

[164] EuGH, Beschluss v. 28. 8. 1978 (Rs. 166/78 R), Slg. 1978, 1745 (1747) – *Italien/Rat*; EuGH, Beschluss v. 19. 7. 1983 (Rs. 120/83 R), Slg. 1983, 2573 (2580) – *Raznoimport/Kommission*; EuGH, Beschluss v. 2. 7. 1980 (Rs. 129/80 R), Slg. 1980, 2135 (2139 f.) – *Turner/Kommission*. Vgl. auch *Grabitz*, in: *Grabitz/Hilf*, EU, 1999, Art. 185 EGV Rn. 20; *Krück*, in: *Groeben/Thiesing/Ehlermann*, EG-Vertrag, 5. Aufl. 1997, Art. 185, 186 EGV Rn. 21.

[165] *Pastor/Van Ginderachter*, RTDE 1989, 561 (601 ff.); *Lasok*, The European Court of Justice, 1984, S. 270 ff.; *Lehr*, Einstweiliger Rechtsschutz und EU, 1997, S. 77 f.

dann schwer sei, wenn er nicht wieder gutgemacht werden könne.[166] Eine Abhängigkeit der Schwere eines Schadens von dessen Irreversibilität ist in der Tat nicht zu leugnen; häufig wird ein Schaden schwer sein, wenn er unumkehrbar ist. Unabhängig davon ist die Schwere des Schadens gegeben, wenn die Interessen des Antragstellers nicht nur unerheblich beeinträchtigt werden.[167] Danach erhält der Aspekt der Schadensintensität eine eigenständige Bedeutung, wenn etwa ein irreparabler, aber unerheblicher Schaden im Raume steht. Aus der Tatsache, dass die Rechtsprechung die beiden Kriterien zumeist in einem Atemzug nennt und bei der Subsumtion häufig nur auf das eine oder das andere eingeht, darf deshalb nicht auf die Verschmelzung zu einer Voraussetzung geschlossen werden.[168]

b) Schwere des Schadens

Bei der Beurteilung der Schwere der Beeinträchtigung sind die Art und die Schwere des Rechtsverstoßes sowie seine konkreten nachteiligen Auswirkungen auf das Vermögen oder die sonstigen rechtlich geschützten Güter des Antragstellers heranzuziehen.[169] Zeitlicher Bezugspunkt hierfür – ebenso für die Frage der Irreparabilität – ist das Urteil im Hauptsacheverfahren.[170] Als wesentliche Beeinträchtigungen von Interessen des Antragstellers anerkannt sind etwa negative Folgen für Gesundheit, Familie, Ehre und Ansehen,[171] ferner in wettbewerbsrechtlichen Streitigkeiten nachteilige Auswirkungen auf den Geschäftsbetrieb eines Unternehmens.[172] Für die Bejahung einer wesentlichen Beeinträchtigung reicht es nicht, wenn Nachteile nur noch kurze Zeit andauern, so dass die Eilmaßnahme dem Antragsteller einen bloß unerheblichen Vorteil verschaffen könnte.[173] Ferner wird eine verzögerte Antragsstellung als Indiz dafür

[166] EuGH, Beschluss v. 17. 12. 1984 (Rs. 258/84 R), Slg. 1984, 4357 (4361) – *Nippon*; EuGH, Beschluss v. 26. 4. 1989 (Rs. 32/89 R), Slg. 1989, 984 (990) – *Griechenland/Kommission*; EuGH, Beschluss v. 23. 5. 1990 (Rs. C-51 u. 59/90), Slg. 1990, I-2167 (2173) – *Cosmos-Tank*; EuGH, Beschluss v. 18. 10. 1991 (Rs. C-213/91 R), Slg. 1991, I-5109 (5117) – *Abertal*.

[167] Vgl. etwa EuGH, Beschluss v. 17. 1. 1980 (Rs. 809/79 R), Slg. 1980, 139 (149) – *Pardini*. Dem Kriterium der „Schwere" des Schadens kommt damit lediglich die Funktion eines „Bagatellvorbehalts" (so *Wiehe*, Effektiver vorläufiger Rechtsschutz, 2000, S. 155) bzw. eines „Vorfilters" (so *Kaessner*, Der einstweilige Rechtsschutz im Europarecht, 1996, S. 157) zu.

[168] So richtig *Kaessner*, Der einstweilige Rechtsschutz im Europarecht, 1996, S. 151. Ein Wandel der Rechtsprechung ist jedenfalls dahin gehend zu konstatieren, dass der Gerichtshof in früheren Entscheidungen entweder eine besondere „Schwere" des Schadens *oder* aber dessen „Unumkehrbarkeit" gefordert hat, wohingegen heute das *kumulative* Vorliegen der beiden Kriterien verlangt wird, vgl. etwa EuGH, Verfügung v. 26. 6. 1959 (Rs. 31/59 R), Slg. 1960, 217 (221) – *Tubificio di Brescia/Hohe Behörde* –, einerseits und EuGH, Verfügung v. 31. 8. 1962 (Rs. 25/62 R), Slg. 1963, 271 (275) – *Plaumann/Kommission* –, andererseits.

[169] *Krück*, in: *Groeben/Thiesing/Ehlermann*, EG-Vertrag, 5. Aufl. 1997, Art. 185, 186 EGV Rn. 23.

[170] EuGH, Verfügung v. 28. 11. 1966 (Rs. 29/66 R), Slg. 1967, 325 (328) – *Gutman/Kommission*. Vgl. auch *Kaessner*, Der einstweilige Rechtsschutz im Europarecht, 1996, S. 159.

[171] Vgl. dazu *Gehrmann*, Vorläufiger Rechtsschutz, 1994, S. 23.

[172] EuGH, Beschluss v. 18. 8. 1971 (Rs. 45/71 R), 1971, 791 (793, 795) – *GEMA/Kommission*; EuGH, Beschluss v. 20. 9. 1983 (Rs. 171/83 R), Slg. 1983, 2621 (2631) – *Kommission/Frankreich*.

[173] EuGH, Beschluss v. 12. 7. 1983 (Rs. 114/83 R), Slg. 1983, 2315 (2320) – *Société d'initiatives et de coopération agricole/Kommission*.

gewertet, dass dem geltend gemachten Rechtsschutzbegehren die Dringlichkeit fehlt.[174] Dasselbe gilt für den Fall, dass sich der Antragsgegner bereit erklärt, die angefochtene Maßnahme vorerst nicht durchzuführen.[175]

c) Irreversibilität des Schadens

aa) Ausschluss durch die Gewährung von Sekundärrechtsschutz?

Das Kriterium der Irreversibilität des Schadens wurde von den Gemeinschaftsgerichten – soweit ersichtlich – noch nicht explizit definiert. In diesem Zusammenhang stellt sich die Frage, wie es zu beurteilen ist, wenn nachträglich die Möglichkeit besteht, Schadensersatz in Geld zu leisten. Ist der drohende Schaden rein finanzieller Art, so ist grundsätzlich nicht von einer fehlenden Wiedergutmachungsmöglichkeit auszugehen.[176] So ist auch die Rechtsprechung der Ansicht, dass ein nicht wieder gutzumachender Schaden nicht vorliegt, wenn sich zwar der drohende Schaden auf Grund der nicht gewährten Anordnung realisiert hat, dieser Schaden aber *a posteriori*, d. h. das Obsiegen des Klägers im Hauptsachverfahren unterstellt, durch die Gewährung eines Schadensersatzanspruches wieder ausgeglichen werden kann.[177]Etwas anderes gilt allerdings, wenn der nachträgliche Ersatzanspruch im Einzelfall nicht in der Lage ist, den entstehenden Schaden tatsächlich wieder auszugleichen. Dies ist nach der Rechtsprechung etwa dann der Fall, wenn der Antragsteller ohne die einstweilige Maßnahme in seiner Existenz gefährdet wäre.[178]

Wenn ein rein finanzieller Schaden droht, gleichen sich Primär- und Sekundärrechtsschutz. Dies ist der Grund, warum die Möglichkeit der nachträglichen Schadensersatzleistung die Irreparabilität eines solchen Schadens grundsätzlich ausschließt. Drohen dagegen zugleich Marktfreiheiten und Grundrechte des Antragstellers, wie etwa sein Eigentumsrecht, verletzt zu werden, so lässt eine Kompensationsmöglichkeit in Geld die Irreparabilität nicht entfallen. In dogmatischer Hinsicht zeigt sich in dieser

---

[174] EuGH, Beschluss v. 21. 12. 1976 (Rs. 61/76 R II), Slg. 1976, 2075 (2077) – *Geist/Kommission*. Vgl. auch *Kaessner*, Der einstweilige Rechtsschutz im Europarecht, 1996, S. 162 f.

[175] EuGH, Beschluss v. 27. 3. 1979 (Rs. 31/79 R), Slg. 1979, 1077 (1079) – *Montereau/Kommission*; EuGH, Beschluss v. 6. 4. 1982 (Rs. 89/82 R), Slg. 1982, 1323 – *Wölker/Kommission*.

[176] EuGH, Beschluss v. 11. 4. 2001 (Rs. 471/00 P[R]), Slg. 2001, I-2865 (2903, Tz. 113) – *Kommission/Cambridge Healthcare Supplies*; EuG, Beschluss v. 26. 10. 2001 (Rs. T-184/01 R), Slg. 2001, II-3193 (3247, Tz. 119) – *IMS Health/Kommission*; *Borchardt*, CMLRev. 1985, 203 (216); *Wegener*, in: *Rengeling/Middeke/Gellermann*, Rechtsschutz in der EU, 2. Aufl. 2003, § 19 Rn. 26 u. § 20 Rn. 17; *Wagner*, Einstweiliger Rechtsschutz gegen Mitgliedstaaten, 1994, S. 63; *Lehr*, Einstweiliger Rechtsschutz und EU, 1997, S. 78.

[177] EuGH, Verfügung v. 12. 12. 1968 (Rs. 27/68), Slg. 1969, 274 (275) – *Renckens*; EuG, Beschluss v. 3. 3. 1997 (Rs. T-6/97), Slg. 1997, II-291 (310 f.) – *Comafrica und Dole*; EuG, Beschluss v. 8. 10. 1997 (Rs. T-229/97 R), Slg. 1997, II-1649 (1663) – *CEFS*.

[178] Vgl. z. B. EuGH, Beschluss v. 22. 5. 1978 (Rs. 92/78 R), Slg. 1978, 1129 (1136) – *Simmenthal/Kommission*; EuGH, Beschluss v. 19. 12. 1990 (Rs. C-358/90 R), Slg. 1990, I-4887 (4894) – *Compagnia italiana alcool*; EuG, Beschluss v. 7. 7. 1994 (Rs. T-185/94 R), Slg. 1994, II-519 (527 ff.) – *Geotronics*; EuG, Beschluss v. 27. 2. 2002 (Rs. T-132/01 R), Slg. 2002, II-777 (796, Tz. 53) – *Euroalliages/Kommission*.

unterschiedlichen Beurteilung, dass sich das Gemeinschaftsrecht im Rahmen des einstweiligen Rechtsschutzes nicht mit Sekundärrechtsschutz im Sinne eines „Dulde und liquidiere!" begnügt, sondern durchaus Primärrechtsschutz gewährt.[179]

bb) Rechtsgebietsspezifische Besonderheiten

Bei der Beurteilung, ob ein Schaden irreparabel ist, legen die Gemeinschaftsgerichte insgesamt einen strengen Maßstab an. Dabei fällt auf, dass rechtsbereichsspezifische Besonderheiten[180] bestehen. So ist es für Antragssteller in Wettbewerbssachen regelmäßig einfacher, den Gerichtshof von der Dringlichkeit der begehrten Maßnahme zu überzeugen, als etwa in Beamtensachen. Dies liegt vor allem daran, dass in wettbewerbsrechtlichen Konstellationen häufig erhebliche wirtschaftliche Werte auf dem Spiel stehen; im Falle des Obsiegens des Antragstellers in der Hauptsache können diese rückwirkend nicht mehr ausgeglichen werden.[181] Bei solchen Konstellationen handelt es sich um typische Fälle, in denen der drohende Schaden nicht (nur) finanzieller Natur ist. Häufig liegen dabei Eingriffe in die grundrechtlich verfestigte wirtschaftliche Betätigung vor, oder es bestehen so massive Eingriffe in den Geschäftsbetrieb, dass ohne einstweilige Anordnungen die Stufe zur Existenzgefährdung erreicht werden würde. In Beamtensachen dagegen stellen die Gerichte wesentlich höhere Anforderungen an den Schaden. Hier muss der Beamte als Antragsteller – neben seiner allgemeinen Beweislast für den Nachweis des Schadens – belegen, dass die Gewährung der einstweiligen Maßnahme der Gemeinschaftsbürokratie keinen Schaden zufügt.[182] In der Praxis tritt jedoch das persönliche Interesse des Beamten regelmäßig hinter das Interesse seiner Anstellungsbehörde an dem ordnungsgemäßen Funktionsgang der Diensttätigkeit zurück.[183]

Im Rahmen von Vertragsverletzungen ist wiederum ein „großzügigerer" Umgang des Gerichtshofes mit dem Schadensbegriff festzustellen. Die geringeren Nachweispflichten für die Kommission erklären sich dadurch, dass in solchen Verfahren regelmäßig Gemeinschaftsinteressen betroffen sind.[184] Hinzu kommt, dass Vertragsverletzungsverfahren häufig eine politische Komponente haben und deshalb weniger finanzielle Schäden im Vordergrund stehen als ggf. der politische (Flur-)Schaden für das europäische Aufbauwerk schlechthin.[185]

---

[179] So auch *Lehr*, Einstweiliger Rechtsschutz und EU, 1997, S. 78.

[180] Vgl. etwa die rechtsgebietsspezifische Darstellung bei *Wägenbaur*, EuZW 1996, 327 (331).

[181] Vgl. *Pastor/Van Ginderachter*, El Procedimiento de medidas cautelares, 1993, S. 104, mit Nachweisen zu den einzelnen Schadenskonstellationen.

[182] Vgl. *Pastor/Van Ginderachter*, a.a.O., S. 116.

[183] Vgl. EuGH, Beschluss v. 15. 3. 1988 (Rs. 63/88 R), Slg. 1988, 1659 (1666, Tz. 28) – *Maindiaux/Wirtschafts- und Sozialausschuss*. Zur Interessenabwägung allgemein vgl. unten Erster Teil, E. II. 4. (S. 33 ff.).

[184] *Lehr*, Einstweiliger Rechtsschutz und EU, 1997, S. 83.

[185] Vgl. *Gray*, ELR 1979, 80 (102). Sind die drohenden Nachteile jedoch allein politischer Natur, kann das Vorliegen eines „Schadens" jedoch nicht angenommen werden, so richtig *Wagner*, Einstweiliger Rechtsschutz gegen Mitgliedstaaten, 1994, S. 61.

d) Weitere Aspekte der Dringlichkeitsprüfung

An die Besonderheiten bei Vertragsverletzungsverfahren knüpft die Frage an, inwiefern Drittschäden im Rahmen der Dringlichkeit geltend gemacht werden können. Grundsätzlich kann sich der Antragsteller nur auf ihm selbst drohende Schäden berufen. So hat auch der Gerichtshof ausgeführt, dass vor allem in Eilverfahren gegen ein Gemeinschaftsorgan Schäden, die Dritte im Falle der Ablehnung des Antrags erleiden, nicht berücksichtigt werden können.[186] In Vertragsverletzungsverfahren jedoch berücksichtigt die Kommission neben Schäden, die der Gemeinschaft insgesamt drohen, regelmäßig auch die Interessen von Mitgliedstaaten und Unionsbürgern, insbesondere auch jene der Bürger des antragsgegnerischen Staates.[187] Diese Besonderheit findet ihren Grund darin, dass die Kommission als Hüterin der Verträge nicht nur die Gemeinschaftsinteressen vertritt, sondern für den Schutz aller Unionssubjekte zuständig ist. Aus ähnlichem Grunde kann ein Mitgliedstaat, der Antragsteller ist, solche Schäden anführen, die bestimmten Zweigen seiner Wirtschaft drohen.[188]

Bei der Beurteilung der Beeinträchtigung ist nach der Rechtsprechung des Gerichtshofes auch ein etwaiges mitwirkendes Verschulden des Antragstellers zu berücksichtigen. So muss dieser glaubhaft machen[189], dass ihm die Schadensabwendung oder -begrenzung durch geeignete Maßnahmen nicht möglich war.[190]

Schließlich bleibt noch darauf hinzuweisen, dass die Gemeinschaftsgerichte mitunter die Frage der Dringlichkeit in Beziehung setzen mit dem sogleich darzustellenden Kriterium des *fumus boni iuris*. So sollen die Anforderungen an die Schwere des Schadens sinken, wenn ein Obsiegen des Antragstellers in der Hauptsache offenkundig ist.[191] Dies gilt allerdings nur ausnahmsweise in sehr eindeutigen Fällen. Daraus kann nicht etwa geschlossen werden, dass die Anforderungen an den drohenden Schaden gleichsam „stufenlos“ in Abhängigkeit zu steigenden Erfolgsaussichten in der Hauptsache sinken.[192]

3. Notwendigkeit der beantragten Maßnahme

Neben der Dringlichkeit der begehrten Anordnung ist als weitere sachliche Voraussetzung das Merkmal der Notwendigkeit zu prüfen, vgl. Art. 83 Abs. 2 VerfO EuGH,

---

[186] EuGH, Beschluss v. 25. 2. 1975 (Rs. 22/75 R), Slg. 1975, 277 (278) – *Küster/Europäisches Parlament*.

[187] Vgl. *Wagner*, Einstweiliger Rechtsschutz gegen Mitgliedstaaten, 1994, S. 59 f.; *Gehrmann*, Vorläufiger Rechtsschutz, 1994, S. 83.

[188] Vgl. etwa EuGH, Beschluss v. 29. 6. 1993 (Rs. C-280/93 R), Slg. 1993, I-3667 (3677) – *Deutschland/Rat*.

[189] Zur Frage des Beweismaßes im vorläufigen Rechtsschutz unten Erster Teil, E. II. 5. (S. 35 ff.).

[190] EuGH, Beschluss v. 19. 7. 1983 (Rs. 120/83 R), Slg. 1983, 2573 (2580, Tz. 14) – *Raznoimport/Kommission*; *Borchardt*, in: *Lenz/Borchardt*, EUV/EGV, 3. Aufl. 2003, Art. 242, 243 Rn. 22.

[191] Dabei wird teilweise sogar völlig auf eine Dringlichkeitsprüfung verzichtet, vgl. EuGH, Beschluss v. 7. 7. 1981 (verb. Rs. 60 u. 190/81 R), Slg. 1981, 1857 (1862) – *IBM/Kommission*; EuGH, Beschluss v. 26. 3. 1987 (Rs. 46/87 R), Slg. 1987, 1549 (1554) – *Hoechst*.

[192] Ähnlich *Kaessner*, Der einstweilige Rechtsschutz im Europarecht, 1996, S. 125; *Wiehe*, Effektiver vorläufiger Rechtsschutz, 2000, S. 154.

Art. 104 VerfO EuG. Im Rahmen der Notwendigkeit, die eine Umschreibung des allgemeinen Begründetheitsmerkmals *„fumus boni iuris"* bedeutet, untersucht der Gerichtshof in einem summarischen Verfahren die Erfolgsaussichten der Hauptsache. Den Begriff des *„fumus boni iuris"* verwenden die Gemeinschaftsgerichte häufig selbst.[193]

Welchen inhaltlichen Maßstab der Gerichtshof an die Erfolgsaussichten stellt, lässt sich seiner Jurisdiktion nicht eindeutig entnehmen.[194] Insbesondere in den frühen Judikaten forderte der Gerichtshof eine starke Vermutung für die Begründetheit (bzw. die offensichtliche Begründetheit) der Hauptsache.[195] In der Folgezeit wurden die Anforderungen mitunter erheblich abgesenkt. Zumeist begnügen sich die Gemeinschaftsgerichte heute damit, dass dem Antrag „nicht dem ersten Anschein nach jede Rechtfertigung fehlt"[196] bzw. dass das Vorbringen nicht als „offensichtlich unbegründet"[197] oder nicht „völlig unbegründet"[198] erscheint.[199] Dabei wird die Hauptsacheklage schon dann für nicht offensichtlich unbegründet gehalten, wenn die materielle Rechtslage ernsthafte Rechtsfragen aufwirft, die einer eingehenden Prüfung bedürfen.[200] Diese Vielfalt der Begrifflichkeiten ist auf die nationalen Rechtstraditionen zurückzuführen, in denen es erhebliche Unterschiede bei den Anforderungen des *fumus* gibt.[201]

Manchen Beobachtungen zufolge ist die Rechtsprechung zum *fumus boni iuris* je nach Verfahrensart und -beteiligten uneinheitlich. So soll für einstweilige Anordnungen nach Art. 243 EGV ein strengerer Maßstab gelten als für Vollzugsaussetzungen nach Art. 242 S. 2 EGV.[202] Dies soll insbesondere dann gelten, wenn im Verfahren nach Art. 243 EGV der Antragsgegner ein Gemeinschaftsorgan und der Antragsteller

---

[193] Insbesondere in neueren Entscheidungen, vgl. etwa EuGH, Beschluss v. 27. 9. 1988 (Rs. 194/88 R), Slg. 1988, 5647 (5650) – *Kommission/Italien*; EuGH, Beschluss v. 29. 6. 1994 (Rs. C-120/94 R), Slg. 1994, I-3037 (3055) – *Vereinigtes Königreich/Kommission*; EuG, Beschluss v. 26. 1. 2001 (Rs. T-353/00), Slg. 2001, II-125 (151) – *Le Pen/Parlament*.

[194] Eine ausführliche Darstellung und Bewertung der Entwicklung der Rechtsprechung findet sich bei *Kaessner*, Der einstweilige Rechtsschutz im Europarecht, 1996, S. 111 ff.

[195] Vgl. etwa EuGH, Verfügung v. 20. 10. 1959 (Rs. 43-45/1959 R), Slg. 1969, 1019 (1024) – *Lachmüller/Kommission*; EuGH, Verfügung v. 25. 6. 1963 (Rs. 19 u. 65/63 R), Slg. 1965, 770 (772) – *Prakash/Kommission*; EuGH, Verfügung v. 17. 7. 1963 (Rs. 68/63 R), Slg. 1965, 822 (825) – *Luhleich/Kommission*.

[196] Vgl. EuGH, Beschluss v. 29. 6. 1993 (Rs. C-280/93 R), Slg. 1993, I-3667 (3676) – *Deutschland/Rat*.

[197] Seit EuGH, Beschluss v. 16. 1. 1975 (Rs. 3/75 R), Slg. 1975, 1 (6) – *Johnson & First Brown/ Kommission*; EuGH, Beschluss v. 22. 10. 1975 (Rs. 109/75 R), Slg. 1975, 1193 (1202) – *National Carbonising Company/Kommission*.

[198] Etwa EuG, Beschluss v. 26. 1. 2001 (Rs. T-353/00), Slg. 2001, II-125 (154, Tz. 84) – *Le Pen/ Parlament*.

[199] Zu weiteren Formulierungen vgl. *Jacobs*, in: *Bernhardt*, Interim Measures, 1994, S. 37 (49 f.).

[200] EuGH, Beschluss v. 29. 6. 1993 (Rs. C-280/93 R), Slg. 1993, I-3667 (3676) – *Deutschland/Rat*; EuGH, Beschluss v. 16. 7. 1993 (Rs. C-296/93 R), Slg. 1993, I-4181 (4187) – *Frankreich/Kommission*; EuGH, Beschluss v. 19. 7. 1995 (Rs. C-149/95 P[R]), Slg. 1995, I-2165 (2184 ff.) – *Kommission/ Atlantic Container Line*.

[201] So *Tesauro*, in: Festschrift für Diéz de Velasco, 1994, S. 1241 (1245).

[202] So etwa *Thalhammer*, Die einstweilige Anordnung im deutschen und europäischen Kartellverfahrensrecht, 1986, S. 293; *Schneider*, DÖV 1990, 924 (924); *Lehr*, Einstweiliger Rechtsschutz und EU, 1997, S. 87. Anders jedoch *Kaessner*, Der einstweilige Rechtsschutz im Europarecht, 1996, S. 116 f., wonach in beiden Verfahrensarten derselbe Maßstab gelten soll.

ein Mitgliedstaat oder ein Unionsbürger ist.[203] Steht jedoch eine Grundsatzfrage im Raum, mit der der Gerichtshof noch nicht befasst war, so sollen die Anforderungen wiederum sinken.[204] Ähnliches soll gelten, wenn im Rahmen eines Vertragsverletzungsverfahrens ein Rechtsakt eines Mitgliedstaats beurteilt wird und dieser Rechtsakt gegen Gemeinschaftsinteressen verstößt.[205] Diese Beobachtungen stützen sich allerdings auf einzelne Entscheidungen, die sich nicht zu einem System formen lassen. Sie sind letztlich lediglich Ausdruck der von den Gemeinschaftsgerichten praktizierten Kasuistik und reflektieren die Schwankungsbreite ihrer Rechtsprechung. Als Tendenz, die naturgemäß nicht frei von Ausnahmen ist, lässt sich nur ausmachen, dass die Anforderungen an die *fumus*-Prüfung so stark abgesunken sind, dass ein vorläufiger Antrag nur in Evidenzfällen an diesem Punkt scheitert.[206] Der Grund hierfür mag in der Tatsache liegen, dass die Gemeinschaftsgerichte unter allen Umständen eine Vorwegnahme der Hauptsache vermeiden wollen.[207] Dementsprechend werden weitaus höhere Anforderungen an die Erfolgsaussichten der Hauptsache gestellt, wenn durch die einstweilige Maßnahme ein unumkehrbares Ergebnis geschaffen würde und damit faktisch die Hauptsache vorweggenommen werden würde.[208]

Zusammenfassend bleibt festzuhalten, dass die Gemeinschaftsgerichte eine *prima facie*-Überprüfung der Erfolgssaussichten in der Hauptsache vornehmen und es regelmäßig ausreichen lassen, wenn diese nicht offensichtlich unbegründet ist. Die endgültige Prüfung bleibt dem Verfahren zur Hauptsache vorbehalten.[209]

4. Interessenabwägung

Neben den beiden Hauptvoraussetzungen der Begründetheit – Dringlichkeit und Notwendigkeit – nehmen die Gemeinschaftsgerichte meist noch eine Interessenabwägung vor.[210] Der Grund für den Bestand dieser weiteren Voraussetzung liegt vornehmlich

---

[203] So jedenfalls EuGH, Beschluss v. 16. 12. 1980 (Rs. 258/80 R), Slg. 3867 (3876, Tz. 9) – *Rumi/Kommission*: Zulässigkeit einstweiliger Anordnungen im Zusammenhang mit generell-abstrakten Rechtsakten „nur in Ausnahmefällen". Vgl. auch EuGH, Beschluss v. 17. 3. 1986 (Rs. 23/86 R), Slg. 1986, 1085 (1099 f.).

[204] So *Lehr*, Einstweiliger Rechtsschutz und EU, 1997, S. 87 f. (Fn. 208), unter Hinweis auf EuGH, Beschluss v. 31. 1. 1991 (Rs. C-345/90 P-R), Slg. 1991, I-231 (238) – *Parlament/Hanning*.

[205] Vgl. EuGH, Beschluss v. 28. 6. 1990 (Rs. C 195/90 R), Slg. 1990, I-2715 (2719) – *Kommission/Deutschland*.

[206] Hiermit korrespondiert auch der Befund, dass die weitaus größere Zahl der Anträge mit der Prüfung der Dringlichkeit steht und fällt, vgl. oben Fn. 160. Nach den Beobachtungen von *Lehr*, Einstweiliger Rechtsschutz und EU, 1997, S. 86, sollen sich die Anforderungen an den *fumus boni iuris* bei einer „überwiegenden Wahrscheinlichkeit" im Sinne einer starken Vermutung des Obsiegens in der Hauptsache einzupendeln scheinen. Wie hier *Wiehe*, Effektiver vorläufiger Rechtsschutz, 2000, S. 152 (Fn. 637).

[207] Vgl. *Kaessner*, Der einstweilige Rechtsschutz im Europarecht, 1996, S. 119 f.

[208] Dazu bereits oben Erster Teil, E. I. 7. (S. 23 f.).

[209] Insgesamt ist eine statistisch belegbare zunehmende Offenheit der Gemeinschaftsgerichte bei der Gewährung von vorläufigem Rechtsschutz festzustellen, vgl. *Joliet*, RDE 1992, 253 (283 f.).

[210] EuGH, Beschluss v. 23. 1. 2001 (Rs. C-445/00 R), Slg. 2001, I-1461 (1488, Tz. 73) – *Österreich/Rat*; EuG, Beschluss v. 26. 10. 2001 (Rs. T-184/01 R), Slg. 2001, II-3193 (3216, Tz. 47) – *IMS Health/Kommission*.

darin, dass bei der Gewährung einstweiligen Rechtsschutzes nicht die Klärung von Rechtsfragen im Vordergrund steht und eine endgültige und verbindliche Entscheidung getroffen wird, sondern nur ein einstweiliger, auf einer Prognoseentscheidung über Fakten beruhender Interessenausgleich gefunden werden soll. Da auf Grund der gebotenen Eile und des nur vorläufigen Charakters der einstweiligen Maßnahme ein gewisses „Restrisiko" einer Fehlentscheidung verbleibt und daraus Schäden resultieren können, ist es notwendig, mögliche Konsequenzen der Entscheidung abzuschätzen und die widerstreitenden Positionen im Abwägungswege in einen Ausgleich zu bringen. Im Rahmen dieser Abwägung werden die dem Antragsteller im Einzelfall bei Ablehnung seines Eilantrags drohenden Schäden den Nachteilen gegenüber gestellt, die dem Antragsgegner oder Dritten bei Aussetzung des Vollzugs der angefochtenen Maßnahme oder durch den Erlass der beantragten einstweiligen Anordnung entstehen könnten.[211]

In zweiseitigen Rechtsverhältnissen kommt der Interessenabwägung im Wesentlichen die Bedeutung zu, das im Rahmen der Dringlichkeit und Notwendigkeit gefundene Ergebnis zu untermauern.[212] In dreiseitigen Rechtsverhältnissen, wenn also Interessen von am Verfahren unbeteiligten Personen oder Gemeinschaftsinteressen (mit)betroffen sind, hat die Abwägung letztlich eine noch höhere Bedeutung. Da Dritte, abgesehen vom Fall der Intervention, regelmäßig keinen Einfluss auf das Verfahren nehmen können und auch nicht angehört werden, müssen sich die Gemeinschaftsgerichte von sich aus um eine Wahrung der Drittinteressen bemühen.[213]

Die Gewichtung der widerstreitenden Nachteile erfolgt nach dem Verhältnismäßigkeitsgrundsatz.[214] Dieses Prinzip wendet der Gerichtshof nicht explizit an, es wird aber den Entscheidungen regelmäßig zu Grunde gelegt.[215] Bei der Bewertung der dem Antragsgegner drohenden Nachteile stellt sich die Frage, welcher Maßstab im Vergleich zu dem drohenden Schaden des Antragstellers anzulegen ist. Es fällt auf, dass die Gemeinschaftsgerichte nicht etwa, wie man meinen könnte, beiden Seiten gleiches Gewicht zukommen lassen, mit der Folge, dass eine einstweilige Anordnung (erst) dann nicht zu gewähren ist, wenn dem Antragsgegner ebenfalls ein schwerer und irreparabler Schaden droht.[216] Es scheint vielmehr so zu sein, dass an die Nachteile für den

---

[211] Vgl. etwa EuGH, Beschluss v. 16. 1. 1975 (Rs. 3/75 R), Slg. 1975, 1 (6) – *Johnston & Firth Brown/Kommission*; EuGH, Beschluss v. 19. 7. 1995 (Rs. C-149/95 P[R], Slg. 1995, I-2165 (2184 ff.) – *Kommission/Atlantic Container Line*; EuG, Beschluss v. 21. 3. 1997, (Rs. T-41/97 R), Slg. 1997, II-447 (462) – *Antillean Rice Mills*. Ungenau insoweit *Wagner*, Einstweiliger Rechtsschutz gegen Mitgliedstaaten, 1994, S. 67, der behauptet, der Gerichtshof stelle den potentiellen Nachteilen, die dem Antragsgegner oder Dritten drohen, die Vorteile gegenüber, die dem Antragsteller aus der Gewährung der einstweiligen Maßnahme erwachsen.

[212] Vgl. *Borchardt*, CMLRev. 1985, 203 (221); *Wagner*, Einstweiliger Rechtsschutz gegen Mitgliedstaaten, 1994, S. 67 (Fn. 217).

[213] Vgl. *Grabitz*, in: *Grabitz/Hilf*, EU, 1999, Art. 185 EGV Rn. 26.

[214] Vgl. *Wägenbaur*, EuZW 1996, 327 (332). *Wagner*, Einstweiliger Rechtsschutz gegen Mitgliedstaaten, 1994, S. 69 f., ist hingegen der Auffassung, der Verhältnismäßigkeitsgrundsatz sei mangels einer Lücke in Art. 83 § 2 VerfO EuGH nicht anwendbar.

[215] *Schneider*, DÖV 1990, 924 (926). Siehe dazu auch *Kaessner*, Der einstweilige Rechtsschutz im Europarecht, 1996, S. 209 ff.

[216] So aber offenbar *Wagner*, Einstweiliger Rechtsschutz gegen Mitgliedstaaten, 1994, S. 69. Differenzierend *Kaessner*, Der einstweilige Rechtsschutz im Europarecht, 1996, S. 202 f., der die Tendenz

Antragsgegner geringere Anforderungen gestellt werden. Konsequenz hieraus ist, dass eine einstweilige Anordnung bereits dann nicht gewährt werden kann, wenn nennenswerte, also mehr als nur unerhebliche Nachteile für den Antragsgegner, jedenfalls aber für Dritte, zu entstehen drohen.[217] Generell versuchen die Gerichte die widerstreitenden Positionen in einen Ausgleich zu bringen, indem sie die Eilmaßnahmen über die Anknüpfung von Bedingungen und Auflagen[218] flexibel gestalten.[219]

Die vorstehenden Ausführungen belegen jedenfalls, dass der Gemeinschaftsrichter über das Kriterium der Interessenabwägung über einen nicht unerheblichen Gestaltungsspielraum beim Erlass von einstweiligen Maßnahmen verfügt, der ihm ein hohes Maß an Einzelfallgerechtigkeit ermöglicht.[220]

5. Glaubhaftmachung von Dringlichkeit und Notwendigkeit der beantragten Maßnahme

Art. 83 § 2 VerfO EuGH und Art. 104 § 2 VerfO EuG verlangen die Glaubhaftmachung der Notwendigkeit in tatsächlicher und rechtlicher Hinsicht. Hinsichtlich der Dringlichkeit sprechen die Vorschriften von der Anführung von „Umständen, aus denen sich die Dringlichkeit ergibt." Hieraus folgt zunächst, dass dem Antragsteller die Beweislast zufällt. Ob sich darüber hinaus hinter den verschiedenen Formulierungen ein Unterschied im Beweismaß verbirgt, wird nicht einheitlich beurteilt.

Einigkeit besteht jedenfalls hinsichtlich des Kriteriums der Notwendigkeit. Dem Begriff der Glaubhaftmachung ist ein spezifisch gemeinschaftsrechtlicher Inhalt beigelegt, der im Sinne einer abgeschwächten Beweispflicht zu verstehen ist.[221] Im Unterschied zu § 294 ZPO, der eine Beweiserleichterung lediglich hinsichtlich der rechtsbegründenden Tatsachen zulässt, hinsichtlich der rechtlichen Würdigung jedoch nichts an der vollen richterlichen Prüfungspflicht ändert,[222] wollen die Fassungen der Art. 83 § 2 VerfO EuGH und Art. 104 § 2 VerfO EuG gerade auch die rechtliche Würdigung erleichtern.[223] Hinsichtlich des Beweismaßes fordert Glaubhaftmachung grundsätzlich

---

ausgemacht haben möchte, dass auf Seiten des Antragsgegners ebenfalls ein schwerer und irreparabler Schaden, hingegen Dritten lediglich ein schwerer Schaden drohen muss, um den Erlass der einstweiligen Maßnahme zu verhindern.

[217] Vgl. etwa EuGH, Beschluss v. 13. 3. 1987 (Rs. 45/87 R), Slg. 1987, 1369 (1387) – *Kommission/Irland*. Diese Einschätzung teilen auch *Pastor/Van Ginderachter*, El Procedimiento de medidas cautelares, 1993, S. 116; *Lehr*, Einstweiliger Rechtsschutz und EU, 1997, S. 90.

[218] So besteht insbesondere die Möglichkeit zur Anordnung einer Sicherheitsleistung, vgl. Art. 86 § 2VerfO EuGH bzw. Art. 107 § 2 VerfO EuG.

[219] So *Gehrmann*, Vorläufiger Rechtsschutz, 1994, S. 27,

[220] Vgl. *Wägenbaur*, EuZW 1996, 327 (332).

[221] *Grabitz*, in: *Grabitz/Hilf*, EU, 1999, Art. 185 EGV Rn. 29; *Gehrmann*, Vorläufiger Rechtsschutz, 1994, S. 30.

[222] Vgl. *Hartmann*, in: *Baumbach* (Begr.), ZPO, 61. Aufl. 2003, § 294 Rn. 1.

[223] So *Kaessner*, Der einstweilige Rechtsschutz im Europarecht, 1996, S. 123 f., unter Hinweis auf die Fassungen der Art. 83 § 2 VerfO EuGH und Art. 104 § 2 VerfO EuG in anderen Sprachen (etwa: *"[...] the grounds of fact and of law showing prima facie justification for the granting of the provisional measure requested [...]"* bzw. *«[...] les moyens de fait et de droit justifiant à première vue l'octroi de la mésure provisoire à laquelle elles concluent»*). *Kaessner* ist der Auffassung, die deutsche Fassung sei verunglückt, a.a.O., S. 122.

die Darlegung einer überwiegenden Wahrscheinlichkeit der Richtigkeit des Sachvortrags.[224] Indes ist hierin keine feststehende Definition zu sehen;[225] das exakte Beweismaß ist im konkreten Fall auch in Abhängigkeit des materiellen Rechts zu bestimmen. Da die neuere Gemeinschaftsrechtsprechung es im Rahmen der Notwendigkeit bereits ausreichen lässt, dass die Hauptsacheklage „nicht offensichtlich unbegründet" ist, sich also mit einer *prima facie*-Begründetheit zufrieden gibt,[226] kann aus der Perspektive des Beweismaßes hier nicht von einer überwiegenden Wahrscheinlichkeit gesprochen werden.[227]

Beim Kriterium der Dringlichkeit sprechen die genannten Vorschriften nicht wörtlich von Glaubhaftmachung; deshalb wird hieraus teilweise gefolgert, dass insoweit das allgemeine Beweismaß der vollen richterlichen Überzeugung gilt.[228] Die Rechtsprechung war früher insoweit uneinheitlich.[229] Neuere Entscheidungen sprechen zwar immer wieder davon, es sei Sache der Partei, die sich auf einen Schaden berufe, dessen Vorliegen „zu beweisen". In dieser Formulierung ist jedoch primär die Beweislastverteilung angesprochen, denn regelmäßig wird weiter ausgeführt, dass es genüge, wenn der Schaden „mit einem hinreichenden Grad von Wahrscheinlichkeit vorhersehbar"[230] sei. Im Übrigen ist es mit dem summarischen Charakter sowie der Eilbedürftigkeit des vorläufigen Verfahrens schwer zu vereinbaren, vollen Beweis für das Vorliegen der die Dringlichkeit begründenden Umstände zu verlangen. Deshalb genügt auch hinsichtlich des Merkmals des *periculum in mora* die Glaubhaftmachung,[231] hierbei allerdings mit dem „üblichen" Beweismaß der überwiegenden Wahrscheinlichkeit.

Die Beweisführung kann unter Hinzuziehung sämtlicher Beweismittel erfolgen; eine Begrenzung auf bestimmte Mittel der Glaubhaftmachung erfolgt in den Verfahrensordnungen nicht. Daneben kann auch im Einzelfall eine bloße Erklärung genügen,

---

[224] Vgl. *Schwarze*, in: *ders.*, EU-Kommentar, 2000, Art. 242 EGV Rn. 23; *Kaessner*, a.a.O., S. 124.

[225] So ebenfalls im deutschen Recht, vgl. *Greger*, in: *Zöller* (Begr.), ZPO, 23. Aufl. 2002, § 294 Rn. 6.

[226] Vgl. dazu oben Erster Teil, E. II. 3. (S. 31 ff.).

[227] Eine scharfe Trennung zwischen Beweismaß und materieller Voraussetzungen ist nicht immer möglich. Ähnlich *Wagner*, Einstweiliger Rechtsschutz gegen Mitgliedstaaten, 1994, S. 56 f.; vgl. auch *Lehr*, Einstweiliger Rechtsschutz und EU, 1997, S. 91 (Fn. 255). *Lehr* kommt allerdings bereits im Rahmen der Darstellung des Kriteriums der Notwendigkeit zum Ergebnis, dass der Gerichtshof tendenziell eine „überwiegende Wahrscheinlichkeit" des Obsiegens in der Hauptsache fordere.

[228] So *Klinke*, Gerichtshof der Europäischen Gemeinschaften, 1989, Rn. 280 (insbes. Fn. 274); *Lehr*, Einstweiliger Rechtsschutz und EU, 1997, S. 92.

[229] Vgl. einerseits EuGH, Beschluss v. 12. 7. 1990 (Rs. C-195/90 R), Slg. 1990, I-3351 (3362, Tz. 40). – *Kommission/Deutschland*: „ (...) die Kommission (...) nachgewiesen hat, dass die Gefahr eines schweren und nicht wiedergutzumachenden Schadens besteht." Andererseits lassen sich auch Entscheidungen finden, in denen nur die Glaubhaftmachung der Dringlichkeit verlangt wird, vgl. EuGH, Beschluss v. 20. 9. 1993 (Rs. 171/83 R), Slg. 1983, 2621 (2629, Tz. 17) – *Kommission/Frankreich*; EuGH, Beschluss v. 27. 9. 1988 (Rs. 194/88 R), Slg. 5647 (5653; Tz. 17) – *Kommission/Italien*.

[230] Etwa EuGH, Beschluss v. 14. 12. 1999 (C-335/99 P[R]), Slg. 1999, I-8705 (8729, Tz. 67) – *HFB/Kommission*; EuGH, Beschluss v. 11. 4. 2001 (Rs. C-471/00 P[R]), Slg. 2001, I-2865 (2902, Tz. 108) – *Kommission/Cambridge Healthcare Supplies*; EuG, Beschluss v. 26. 10. 2001 (Rs. T-184/01 R), Slg. 2001, II-3193 (3245, Tz. 116) – *IMS Health/Kommission*.

[231] So auch *Wagner*, Einstweiliger Rechtsschutz gegen Mitgliedstaaten, 1994, S. 65 f.; *Krück*, in: *Groeben/Thiesing/Ehlermann*, EG-Vertrag, 5. Aufl. 1997, Art. 185, 186 EGV Rn. 29; *Kaessner*, Der einstweilige Rechtsschutz im Europarecht, 1996, S. 138 f.

wenn sie in sich lückenlos ist und der Beweis ihrer Richtigkeit angeboten wird.[232] Gemäß Art. 84 § 2 Abs. 1 VerfO EuGH bzw. Art. 105 § 2 Abs. 1 VerfO EuG können die Präsidenten des Gerichtshofes bzw. des Gerichts erster Instanz auch eine Beweisaufnahme anordnen.

F. Ergebnis und Bewertung

Die vorstehenden Ausführungen[233] haben die streng akzessorische Ausprägung des einstweiligen Rechtsschutzes im Gemeinschaftsrecht aufgezeigt. Im Rahmen der Begründetheit finden sich die systemprägenden Begründetheitsmerkmale aus den allgemeinen Lehren des einstweiligen Rechtsschutzes wieder, also die Kriterien des *periculum in mora*, des *fumus boni iuris* und der Interessenabwägung. Während die Gemeinschaftsgerichte bei der Geltendmachung der Erfolgsaussichten der Hauptsache tendenziell – freilich nicht ohne teils erhebliche Schwankungen – die Anforderungen nach und nach abgesenkt haben, sind im Rahmen der Dringlichkeit weiterhin hohe Hürden zu überwinden. Über das Korrektiv der Interessenabwägung haben die Gemeinschaftsrichter die Möglichkeit, der Einzelfallgerechtigkeit nachzugehen.

Wie aufgezeigt,[234] folgt die Ausgestaltung des Eilrechtsschutzes stark dem französischen Vorbild. Diese Ausrichtung schlägt sich auch und gerade im Stellenwert des Individualrechtsschutzes nieder. Diesbezüglich bleibt das Gemeinschaftsrecht hinter den Gewährleistungen nach deutschem Recht zurück, was sich allgemein mit der Systemfunktion des einstweiligen Rechtsschutzes im Europarecht erklären lässt. Nach Auffassung der Gemeinschaftsgerichte soll der Erlass einstweiliger Maßnahmen davor schützen, dass dem Endurteil die praktische Wirksamkeit genommen und es dadurch sinnlos gemacht wird.[235] Im Unterschied dazu ist als Schutzzweck des Eilrechtsschutzes im deutschen Recht die Effektivität der Durchsetzung der Rechte des Einzelnen anerkannt.[236] Hierdurch soll jedoch nicht der Eindruck erweckt werden, dass dem Gemeinschaftsrecht der Individualrechtsschutz nicht am Herzen läge. So formuliert auch die Gemeinschaftsrechtsprechung, der Anspruch auf einen umfassenden und effektiven Rechtsschutz verlange, „dass dem Einzelnen vorläufiger Rechtsschutz gewährt

[232] Vgl. EuGH, Urteil v. 4. 4. 1960 (Rs. 31/59), Slg. 1960, 158 (221) – *Tubificio di Brescia/Hohe Behörde.*

[233] Auf eine Auseinandersetzung mit Fragen zum Gang des Verfahrens, der Aufhebung und Abänderung der Entscheidung, der Möglichkeit von Auflagen und Bedingungen, insbes. Sicherleistungen, sowie zu Rechtsmitteln etc. wurde verzichtet. Vgl. dazu näher *Wägenbaur*, EuZW 1996, 327 (333 ff.); *Kaessner*, Der einstweilige Rechtsschutz im Europarecht, 1996, S. 237 ff.; *Lehr*, Einstweiliger Rechtsschutz und EU, 1997, S. 97 ff.

[234] Vgl. oben den Text zu den Fn. 48, 52, 70, 85, 138.

[235] Vgl. EuGH, Beschluss v. 17. 5. 1991 (Rs. C-313/90 R), Slg. 1991, I-2557 (2564) – *CIRFS*; EuGH, Beschluss v. 15. 4. 1998 (Rs. C-43/98 P[R]), Slg. 1998, I-1815 (1829) – *Camar*; EuG, Beschluss v. 29. 11. 1996 (Rs. T-179/96 R), Slg. 1996, II-1641 (1653) – *Antonissen*; EuG, Beschluss v. 3. 3. 1998 (Rs. T-610/97 R), Slg. 1998, II-487 (506) – *Carlsen*.

[236] Hierbei handelt es sich zwar um keine *spezifische* Funktion des Eilrechtsschutzes. Als Funktion des deutschen Verwaltungsprozesses allgemein (dazu *Schmidt-Aßmann*, in: *Schoch/Schmidt-Aßmann/Pietzner*, VwGO, 2003, Einleitung Rn. 21, 167) erfährt sie aber *auch* im Verfahren des einstweiligen Rechtsschutzes Bedeutung, vgl. *Schoch*, a.a.O., Vorb § 80 Rn. 33.

werden [könne], wenn dies für die volle Wirksamkeit der künftigen Entscheidung erforderlich [sei]."[237] Diese Formulierung verdeutlicht aber gerade, dass die Rechtsschutzeffektivität zur Effektivität der Hauptsacheentscheidung, wenn nicht in einer Subordinations-, so zumindest in einer Abhängigkeitsbeziehung steht.[238]

Dieser Befund schlägt sich beispielsweise auch bei der Frage der Vorläufigkeit der Entscheidung nieder. Während die Gemeinschaftsgerichte dem Verbot der Vorwegnahme der Hauptsache einen überragenden Stellenwert zumessen, lässt sich nach der deutschen Rechtslage nicht einmal mehr von einem Regel-Ausnahme-Verhältnis zwischen der Beachtung des Präjudizverbotes und dessen Durchbrechung sprechen.[239]

Die Kehrseite der ausgeprägten Betonung des Individualschutzes im deutschen Eilrechtsschutz ist das Phänomen der „Flucht in den einstweiligen Rechtsschutz"[240]. Dieser Terminus steht für eine Entwicklung, in der sich die Entfernung des vorläufigen Rechtsschutzes von der ursprünglichen Systemfunktion der Offenhaltung der Hauptsacheentscheidung hin zu einem Ersatz für das Hauptsacheverfahren widerspiegelt. Gerade mit Blick auf die Gewährung zahlreicher Ausnahmen vom Präjudizverbot ist eine gesteigerte Attraktivität des einstweiligen Rechtsschutzes festzustellen. Folge hiervon ist, dass Eilmaßnahmen nicht mehr unterstützend zum Hauptsacheverfahren, sondern als Ersatz dafür begehrt werden.[241]

Indessen bleibt in diesem Zusammenhang anzumerken, dass in keinem weiteren Mitgliedstaat die individuelle Rechtsstellung des Einzelnen – und diese Aussage gilt über den Bereich des Eilrechtsschutzes hinaus – so extensiv ausgeprägt ist wie in der deutschen Verwaltungsrechtsordnung.[242] Vor diesem Hintergrund relativiert sich die vorwiegend von deutschen Literaturstimmen immer wieder vorgebrachte Sorge um den Individualrechtsschutz der Unionsbürger.[243] Die im Verhältnis zum deutschen Schutzstandard abgesenkte Gewährleistung erscheint als im Zuge der Integration kompromissbedingt und damit auch als eine zwangsläufige Konsequenz der Vereinheitlichung.[244]

---

[237] EuGH, Beschluss v. 3. 5. 1996 (Rs. C-399/95 R), Slg. 1996, I-2441 (2456) – *Deutschland/Kommission*; EuGH, Beschluss v. 29. 1. 1997 (Rs. C-393/96 P[R]), Slg. 1997, I-441 (456) – *Antonissen*.

[238] Ähnlich *von Danwitz*, Verwaltungsrechtliches System, 1996, S. 310, der dem Europäischen Gerichtshof attestiert, dass er zur Durchsetzung seiner eigenen integrationspolitischen Zielvorstellungen bereit sei, die Effektivität des Rechtsschutzes der Unionsbürger als ein Rechtsgut von durchaus nachrangiger Bedeutung anzusehen. Für einen Funktionswandel des gemeinschaftsrechtlichen Eilrechtsschutzes im Hinblick auf die Rechtsschutzgarantie und einer darauf beruhenden Fortentwicklung der Rechtsprechung im Sinne eines „individualrechtsschutzorientierten Prüfungskonzepts" spricht sich *Wiehe*, Effektiver vorläufiger Rechtsschutz, 2000, S. 108 ff. u. 162 ff., aus.

[239] Vgl. dazu oben Erster Teil, E. I. 7. (S. 23 f.).

[240] Dazu eingehend *Lehr*, Einstweiliger Rechtsschutz und EU, 1997, S. 43 ff.

[241] Vgl. *Schoch*, in: *Schoch/Schmidt-Aßmann/Pietzner*, VwGO, 2003, Vorb § 80 Rn. 2 f.; *Redeker*, NVwZ 1992, 713 (714).

[242] Wiewohl das Phänomen der „Flucht in den einstweiligen Rechtsschutz" kein spezifisch deutsches ist, vgl. die Nachweise bei *Lehr*, a.a.O., S. 44.

[243] Diese Sorge wurde insbesondere im Zusammenhang mit der im Zweiten Teil darzustellenden Europäisierung des nationalen vorläufigen Rechtsschutzes vorgebracht. An dieser Stelle sei nur *Schoch*, in: *Schoch/Schmidt-Aßmann/Pietzner*, VwGO, 2003, Vorb § 80 Rn. 30, als einer der Hauptkritiker dieser Tendenz genannt.

[244] Vgl. *Schwarze*, in: Festschrift für Börner, 1992, S. 389 (400 f.).

Diese im Rahmen des einstweiligen Rechtsschutzes vor den *Gemeinschafts*gerichten gewonnene Erkenntnis gilt es ebenfalls im sogleich darzustellenden Teil über den vorläufigen Rechtsschutz im Rahmen des mitgliedstaatlichen Vollzugs vor *nationalen* Gerichten zu berücksichtigen.

Zweiter Teil: Die Einwirkungen der Rechtsprechung des Europäischen Gerichtshofes auf den einstweiligen Rechtsschutz nationaler Gerichte

Nachdem in dem vorangegangenen Teil die Wesenszüge des vorläufigen Rechtsschutzes in der Gemeinschaftsgerichtsbarkeit nach den Art. 242 S. 2, 243 EGV dargestellt wurden, soll nun auf den Eilrechtsschutz im Rahmen des indirekten Vollzugs von Gemeinschaftsrecht vor nationalen Gerichten eingegangen werden. Das dabei zur Anwendung kommende nationale Recht ist mittlerweile erheblichen Einwirkungen durch das Europarecht ausgesetzt. Die Ausgestaltung dieser Einwirkungen erfolgte in mehreren Entwicklungslinien durch die Rechtsprechung des Europäischen Gerichtshofes, die im Folgenden nachgezeichnet werden sollen.

Die Modifikation des nationalen vorläufigen Rechtsschutzes ist lediglich ein Anwendungsfall der übergeordneten Fragestellung der Einwirkung des Gemeinschaftsrechts auf das Recht der Mitgliedstaaten. Der Begriff der „Einwirkung" suggeriert dabei eine einseitige Einflussnahme der einen Rechtsordnung auf die andere. Bei genauerer Betrachtung sind die beiden Rechtskreise „in vielfältiger Weise aufeinander bezogen, miteinander verschränkt und wechselseitigen Einwirkungen geöffnet."[245] Die nachfolgenden Untersuchungen werden belegen, dass das Recht der Mitgliedstaaten das Gemeinschaftsrecht nicht nur im Allgemeinen determinieren kann, sondern dass entsprechende Rückkopplungen auch und gerade auf dem Gebiet des einstweiligen Rechtsschutzes zu beobachten sind.

A. Einführung: Von „Factortame" zu „T. Port"

Die Entwicklung der Einwirkungen des Europarechts auf den nationalen vorläufigen Rechtsschutz vollzog sich in fünf wegweisenden Entscheidungen.[246] Die dabei zu Grunde liegenden Sachverhalte spielten bis auf eine Ausnahme sämtlich im deutschen

[245] So das BVerfG in seinem „Solange II"-Beschluss v. 22. 10. 1986 (2 BvR 197/83), BVerfGE 73, 339 (368). Ausführlich zu den Verschränkungen der beiden Rechtsordnungen vgl. etwa *Rengeling*, VVDStRL Bd. 53 (1994), S. 202 ff; *Zuleeg*, VVDStRL Bd. 53 (1994), S. 154 ff.; *ders.*, NJW 2000, 2846 (2489 f.).

[246] *Hauser*, VBLBW 2000, 377 (378), spricht von *sechs* Leitentscheidungen. Das Urteil „Emesa Sugar (Freezone) NV/Aruba" vom 8. 2. 2000 (Rs. C-17/98), Slg. 2000, I-675 ff., hat jedoch bei weitem nicht den Stellenwert wie die sogleich zu erörternden Entscheidungen. Der EuGH hat darin lediglich für eine spezielle Konstellation (in der es um den Erlass einer einstweiligen Anordnung gegenüber einem nicht zur Gemeinschaft gehörenden Hoheitsträger eines überseeischen Gebiets i. S. v. Art. 299 EGV durch ein nationales Gericht ging) die Befugnis zum Erlass einstweiliger Maßnahmen unter Hinweis auf die in seinem Urteil in der Rechtssache „Süderdithmarschen" (dazu ausführlich unten Zweiter Teil, C. I. [S. 126 ff.]) aufgestellten Voraussetzungen bejaht.

Rechtskreis. Die erste Leitentscheidung, die Rechtssache „Factortame",[247] erging bereits am 19. 6. 1990 und betraf eine spezielle Problematik des britischen *Case Law*. In der Sache ging es um die Zulässigkeit der Gewährung einstweiligen Rechtsschutzes in einer Konstellation, in der das nationale Recht solche Maßnahmen gar nicht vorsah bzw. diese Maßnahmen sogar gegen nationales Verfassungsrecht verstoßen hätten.

Dem Fall „Tafelwein"[248], der zweiten grundlegenden Entscheidung, lag ein Sachverhalt aus dem deutschen Rechtsraum zu Grunde. Das Urteil vom 10. 7. 1990 beschäftigte sich mit einer Fragestellung des Vollzugs von auf Gemeinschaftsrecht beruhenden Verwaltungsakten. Die Problematik des Falles betraf konkret den Widerstreit zwischen dem Grundsatz aufschiebender Wirkung, einem zentralen Prinzip der Verwaltungsgerichtsordnung, und der Verpflichtung der Mitgliedstaaten zur effektiven Vollziehung des Gemeinschaftsrechts.

Dieser Entscheidung schlossen sich die Judikate in den Verfahren „Zuckerfabrik Süderdithmarschen"[249] vom 21. 2. 1991 und „Atlanta Fruchthandelsgesellschaft"[250] vom 9. 11. 1995 an. Während sich die Entscheidung „Tafelwein" im Ergebnis noch *gegen* den Bürger richtete, stand nunmehr der *Schutz* der Unionsbürger *vor* Gemeinschaftsrecht im Vordergrund. Dabei wurde erneut, wie schon in der Rechtssache „Factortame", die Frage der Zulässigkeit einstweiligen Rechtsschutzes aufgeworfen. Anders als dort sollte der Europäische Gerichtshof nun auch zur Frage der Voraussetzungen für die Gewährung von Eilrechtsschutz Stellung nehmen. Die Rechtssache „Süderdithmarschen" betraf dabei einen Antrag auf Vollzugsaussetzung nach § 69 Abs. 3 FGO,[251] während es in der Entscheidung „Atlanta" um einen Antrag auf Gewährung einer einstweiligen Anordnung nach § 123 VwGO ging.

Den vorläufigen Abschluss der Rechtsprechung des Europäischen Gerichtshofes bildet das Urteil im Verfahren „T. Port"[252] vom 26. 11. 1996. Zentrale Problematik dieser Entscheidung war die Zulässigkeit einstweiligen Rechtsschutzes bei vorausgegangener Untätigkeit eines Gemeinschaftsorgans.

Die Rechtssachen „Atlanta" und „T. Port" sind auch auf Grund ihres materiellen Hintergrundes von Interesse, da den beiden Entscheidungen die Gemeinsame Marktorganisation für Bananen[253] zu Grunde lag. Diese Marktorganisation war lange Zeit ein Streitpunkt sowohl zwischen der Bundesrepublik Deutschland und der Europäischen Union wie auch zwischen Letzterer und der Welthandelsorganisation (WTO). Dementsprechend gab es zahlreiche gerichtliche Auseinandersetzungen darüber auf nationaler und europäischer Ebene, und schließlich auch auf der Ebene der WTO-

---

[247] EuGH, Urteil v. 19. 6. 1990 (Rs. C-213/89), Slg. 1990, I-2433 ff. – *Factortame*.

[248] EuGH, Urteil v. 10. 7. 1990 (Rs. C-217/88), Slg. 1990, I-2879 ff. – *Kommission/Deutschland (Tafelwein)*.

[249] EuGH, Urteil v. 21. 2. 1991 (verb. Rs. C-143/88 u. C-92/89), Slg. 1991, I-415 ff. – *Süderdithmarschen*.

[250] EuGH, Urteil v. 9. 11. 1995 (Rs. C-465/93), Slg. 1995, I-3761 ff. – *Atlanta*.

[251] § 69 Abs. 3 FGO ist die Parallelnorm zu § 80 Abs. 5 VwGO für das finanzgerichtliche Verfahren. Vergleichbare Regelungen enthalten auch innerhalb der Sozialgerichtsbarkeit die § 97 Abs. 2, 3, 4 und 5 S. 2 SGG.

[252] EuGH, Urteil v. 26. 11. 1996 (Rs. C-68/95), Slg. 1996, I-6065 ff. – *T. Port*.

[253] VO des Rates 404/93, ABl. 1993 L 47/1 ff., geändert durch die VOen des Rates 1637/98, ABl. 1998 L 210/28 ff. und 2362/98, ABl. 1998 L 293/32 ff.

Gerichtsbarkeit.[254] Wie noch ausführlich zu zeigen sein wird, ist die verfassungsrechtliche Dimension der Bananenmarktordnung aus deutscher Sicht von nicht geringerer Bedeutung als die gemeinschaftsrechtliche, weswegen sie – so wurde es häufig beschrieben[255] – zu einem ernsthaften Test für das Verhältnis zwischen Bundesverfassungsgericht und Europäischem Gerichtshof werden sollte.[256]

B. Einwirkung auf den nationalen einstweiligen Rechtsschutz zum Zweck der Durchsetzung des Gemeinschaftsrechts

Die ersten beiden Grundsatzentscheidungen, die Rechtssachen „Factortame" und „Tafelwein", liegen aus Sicht des Gemeinschaftsrechts auf einer Linie. Ihre Gemeinsamkeit besteht darin, dass sie beide dazu bestimmt waren, objektiv dem Gemeinschaftsrecht zu seiner Durchsetzung gegenüber entgegenstehendem nationalen Recht zu verhelfen. Sie stehen damit beide „im Dienste" des Gemeinschaftsrechts. Aus Sicht des Individualrechtsschutzes verfolgen sie hingegen eine konträre Grundrichtung, wie noch zu zeigen sein wird.

Die beiden Judikate stehen beispielhaft für die grundsätzliche Problematik der Kollision zwischen Gemeinschaftsrecht und dem Recht der Mitgliedstaaten. Damit zusammenhängenden Fragestellungen soll in einem eigenen Themenkomplex umfassend nachgegangen werden. Zuvor sollen die Hintergründe und die zu Grunde liegenden Sachverhalte der Entscheidungen dargestellt sowie die jeweilige Begründung des Europäischen Gerichtshofes näher beleuchtet und bewertet werden.

I. Verpflichtung und Befugnis zur Gewährung einstweiligen Rechtsschutzes – die Rechtssache „Factortame"

Der Entscheidung des Europäischen Gerichtshofes vom 19. 6. 1990[257] lag ein Rechtsstreit zu Grunde, der zwischen dem *Secretary of State for Transport*, dem britischen Verkehrsministerium, auf der einen Seite und der *Factortame Ltd.* sowie weiteren Gesellschaften auf der anderen Seite geführt wurde. Diese Gesellschaften waren zwar dem Recht des Vereinigten Königreichs unterworfen; die in das Verfahren miteinbezogenen Geschäftsführer und Anteilseigner waren aber zum größten Teil spanische Staatsangehörige. In der Sache ging es um eine Streitigkeit im Zusammenhang mit der Zuteilung von Fischereikontingenten auf Grundlage des britischen Rechts. Bevor der

---

[254] Siehe den ausführlichen Überblick über die Rechtsprechung bei *Mayer*, Kompetenzüberschreitung und Letztentscheidung, 2000, S. 122 (Fn. 290), dem nur noch der „Bananenmarkt"-Beschluss des BVerfG hinzugefügt werden muss, vgl. BVerfG, Beschluss v. 7. 6. 2000 (2 BvL 1/97), BVerfGE 102, 147 ff. (dazu eingehend unten Dritter Teil, B. II. 2. (S. 228 ff.).

[255] So *Huber*, EuZW 1997, 517 (512).Vgl. auch *Sandner*, DVBl. 1998, 262 (267), der das „T. Port"-Urteil als den „Ernstfall i. S. der Solange II-Formel" bezeichnet hat, und den Titel des Beitrags von *Stein*, EuZW 1998, 261 ff.: „Bananen-Split"? – Entzweien sich das BVerfG und EuGH über den Bananenstreit?

[256] Dazu näher im Dritten Teil der Arbeit (S. 205 ff.).

[257] EuGH, Urteil v. 19. 6. 1990 (Rs. C-213/89), Slg. 1990, I-2433 ff. – *Factortame*.

Sachverhalt näher dargestellt wird, sollen zunächst zum besseren Verständnis die Hintergründe der Gemeinsamen Fischereipolitik der Gemeinschaft erläutert werden.

1. Hintergründe des Sachverhalts

Ausgangspunkt der Gemeinsamen Fischereipolitik der Gemeinschaft war zunächst der Grundsatz des gleichen Zugangs aller Mitgliedstaaten zu den gemeinschaftlichen Fischereigründen in Art. 2 der VO des Rates 2141/70 über die Einführung einer gemeinsamen Strukturpolitik für die Fischwirtschaft[258]. Nachdem sich in den siebziger Jahren zunehmend die Erkenntnis durchgesetzt hatte, dass dieser Grundsatz zu einer Überfischung zu führen drohte, wurde 1983 ein Fischereiregime verabschiedet, welches die Fischereibestände zu sichern versprach. Durch die entsprechende Verordnung[259] wurde der o. g. Grundsatz letztendlich durch ein Quotensystem[260] abgelöst. Anknüpfungspunkt für die Teilhabe an den jeweiligen nationalen Fangquoten war fortan grundsätzlich die Flagge, unter der ein Fischereischiff fährt. Das bedeutet, dass sich jedes Land sämtliche Fangmengen auf die nationale Quote anrechnen lassen musste, welche von Schiffen unter seiner Flagge erzielt wurden.[261]

Im Vereinigten Königreich waren im *Merchant Shipping Act* (Seehandelsgesetz) von 1894 die Voraussetzungen für eine Eintragung von Fischereischiffen in das nationale Schiffsregister festgelegt. Danach war es für ausländische Interessengruppen relativ einfach, Eintragungen in das britische Schiffsregister herbeizuführen und daraufhin unter britischer Flagge die britischen Quoten „auszuplündern". Diese Praxis des *quota hopping* („Quotenspringens")[262] wurde insbesondere von Fischereiunternehmen aus Spanien, einem Mitgliedstaat mit einer großen Fischfangflotte, wahrgenommen. Um dieser Praxis entgegenzutreten, wurden der *Merchant Shipping Act 1894* durch den *Merchant Shipping Act 1988* und den darauf beruhenden *Merchant Shipping Regulations 1988* geändert und die Voraussetzungen für eine Eintragung in das Schiffsregister verschärft.[263]

[258] ABl. 1970 L 236/1 ff., geändert durch VO des Rates 101/76, ABl. 1976 L 20/19 ff.

[259] VO des Rates 170/83 zur Einführung einer gemeinschaftlichen Regelung für die Erhaltung und die Bewirtschaftung der Fischereiressourcen, ABl. 1983 L 24/1 ff.; hierzu *Magliveras*, ICLQ 1990, 899 (900 ff.).

[260] Art. 4 der VO des Rates 170/83; Einzelheiten bei *Steiling*, Seefischereirecht der EU, 1989, S. 158 ff.

[261] Ende 1992 wurde die VO 170/83 durch eine neue Grundverordnung, die VO (EWG) 3760/92 zur Einführung einer gemeinschaftlichen Regelung für die Fischerei und Aquakultur, ABl. 1992 L 389/1 ff., ersetzt. Mit Wirkung zum 1. 1. 2003 wurde die Gemeinsame Fischereipolitik mit der Verabschiedung der neuen GrundVO 2371/2002, ABl. 2002 L 358/59 ff., grundlegend reformiert, vgl. umfassend zu den aktuellen Regelungen der GFP *van Rijn*, in: *Groeben/Schwarze*, EUV/EGV, 6. Aufl. 2003, nach Art. 38 EG Rn. 1 ff.

[262] Dazu ausführlich *Churchill*, CMLRev. 1990, 209 ff.; *Schneider*, Fischereipolitik der EU, 1988, S. 96 f.; *Liebert*, Europäische Integration und nationales Recht, 1995, S. 18 ff.

[263] In *Section 14* des Gesetzes von 1988 wurde die Eintragung eines Schiffes nunmehr von den Fragen abhängig gemacht, ob es rechtlich sowie zumindest zu 75 % wirtschaftlich in britischem Eigentum steht, ob es vom Vereinigten Königreich aus operiert und sein Einsatz von dort aus geleitet und überwacht wird, und ob sein Charterer, Manager oder Betreiber eine „berechtigte" Person oder Gesellschaft ist.

Nachdem nunmehr diese strengeren Vorgaben von den spanischen Gesellschaftern nicht mehr erfüllt werden konnten, wurde ihnen eine Aufnahme in das neue Schiffsregister unmöglich gemacht.

2. Sachverhalt

Von der skizzierten Problematik waren auch die *Factortame Ltd.* sowie weitere dem britischen Gesellschaftsrecht unterstehende Fischfanggesellschaften betroffen. Die fraglichen Gesellschaften waren Eigentümer oder Betreiber von 95 Fischereifahrzeugen, deren Gesellschafter überwiegend spanische Staatsangehörige waren. Die Gesellschaften waren ursprünglich zum Teil in Spanien registriert und fuhren unter spanischer Flagge. Sie wurden aber ab 1980 nach und nach unter den Voraussetzungen des *Merchant Shipping Act 1894* in das britische Schiffregister eingetragen.

Die Fischereifahrzeuge der betroffenen Gesellschaften erfüllten nunmehr nach der Gesetzesänderung zumindest eine Eintragungsvoraussetzung nicht mehr, so dass ihnen zum 1. 4. 1989 der Fischfang untersagt wurde.

Die betroffenen Gesellschaften beantragten am 16. 12. 1988 in einem Verfahren auf gerichtliche Überprüfung *("judicial review")* beim *High Court of Justice, Queen's Bench Division* u. a. die Feststellung, Teil II des Gesetzes von 1988 sei mit dem Gemeinschaftsrecht (namentlich mit den Art. 43 ff., 12, 294 [ex-Art. 52 ff., 7, 221] EGV) unvereinbar. Ferner beantragten sie den Erlass einstweiliger Anordnungen *("interlocutory injunction")* für den gesamten Zeitraum bis zum Erlass einer rechtskräftigen Entscheidung über ihren Antrag auf gerichtliche Überprüfung. Dabei machten sie geltend, dass die sich abzeichnende Vorlage an den Europäischen Gerichtshof angesichts der langen Verfahrensdauer nur sinnvoll sei, wenn zuvor ihre Rechte im Wege einer *interlocutory injunction* gewahrt werden würden.

Der *Divisional Court* der *Queen's Bench Division* gab am 10. 3. 1989[264] dem begehrten Eilantrag statt und setzte die Anwendung der *Section 14* des *Merchant Shipping Act 1988* gegenüber den Antragstellern aus. Außerdem legte er dem Europäischen Gerichtshof die aufgeworfenen gemeinschaftsrechtlichen Fragen zur Vorabentscheidung nach Art. 234 (ex-Art. 177) EGV vor.

Auf Beschwerde des *Secretary of State* hob der *Court of Appeal* am 22. 3. 1989[265] die Entscheidung des *Divisional Court* mit der Begründung wieder auf, dass nach britischem Recht Gerichte die Anwendung von Gesetzen nicht einstweilen aussetzen dürften.

Nachdem die klagenden Gesellschaften Beschwerde eingelegt hatten, erließ das *House of Lords* am 18. 5. 1989 ein Urteil.[266] Darin wurde die Entscheidung der Vorinstanz insoweit bestätigt, als die nationalen Gerichte nach britischem Recht nicht befugt seien, in Rechtsstreitigkeiten wie dem Ausgangsfall einstweilige Anordnungen zu

---

[264] *Regina v. Secretary of State for Transport, ex parte Factortame Ltd. and Others*, CMLRep. (2) 1989, 353 (357 ff.).

[265] Hierzu und zum Urteil des *Divisional Court* siehe *Regina v. Secretary of State for Transport, ex parte Factortame Ltd. and Others*, CMLRep. (2) 1989, 353 (392 ff.).

[266] *Regina v. Secretary of State for Transport, ex parte Factortame Ltd. and Others*, CMLRep. (3) 1989, 1 ff.

erlassen. Dem stehe vor allem der alte Grundsatz des *Common Law* entgegen, wonach gegen die Krone, d. h. gegen die Regierung, keine einstweilige Anordnung ergehen dürfe. Ferner bestünde eine Vermutung der Vereinbarkeit nationaler Gesetze mit dem Gemeinschaftsrecht, solange nicht über das Gegenteil entschieden sei. Jedoch stellte sich dem *House of Lords* die Frage, ob sich nicht eine entsprechende Verpflichtung bzw. Befugnis aus dem Gemeinschaftsrecht ergeben könnte. Dadurch sah sich das *House of Lords* veranlasst, das Verfahren auszusetzen und dem Europäischen Gerichtshof diese Frage gemäß Art. 234 (ex-Art. 177) EGV zur Vorabentscheidung vorzulegen.[267] In dem Vorlagebeschluss vom 18. 5. 1989 stellte das höchste Gericht des Vereinigten Königreichs dem Gerichtshof zwei Fragen:[268]

Mit der ersten Frage wollte das *House of Lords* wissen, ob ein nationales Gericht nach dem Gemeinschaftsrecht verpflichtet bzw. befugt sei, zum Schutz gemeinschaftsrechtlicher Rechtspositionen einstweiligen Rechtsschutz zu gewähren. Im Rahmen dieser Frage unterstellte das *House of Lords*, dass eine nationale Maßnahme – *Section 14* des *Merchant Shipping Act 1988* – die geltend gemachten gemeinschaftsrechtlichen Rechte entzöge; das nationale Gericht habe aber nach nationalem Recht keine Befugnis, die Anwendung dieser Maßnahme bis zum Erlass einer Vorabentscheidung durch den Europäischen Gerichtshof auszusetzen. Das *House of Lords* legte weiter dar, dass gewichtige Gründe sowohl für als auch gegen das Bestehen der geltend gemachten Rechte sprächen; ferner halte es die fragliche nationale Maßnahme für mit dem Gemeinschaftsrecht vereinbar, wenn und solange sie nicht für damit unvereinbar erklärt worden sei.

Mit der zweiten Frage wollte das Gericht die genauen Kriterien erfahren für den Fall, dass der Gerichtshof nicht eine Verpflichtung, jedoch eine Befugnis zur Gewährung einstweiligen Rechtsschutzes bejahe.

3. Problematik nach britischem Verfassungsrecht

In der Rechtssache „Factortame" trat damit zum ersten Mal das Spannungsfeld zwischen Gemeinschaftsrecht und nationalem vorläufigem Rechtsschutz deutlich zu Tage. Zum besseren Verständnis der Tragweite der Entscheidung auch und gerade für den Rechtskreis des Vereinigten Königreichs soll zunächst die Problematik des Falles unter Betrachtung von britischem Verfassungsrecht beleuchtet werden. Die Probleme,

---

[267] Erwähnt sei noch, dass den Antragstellern der Umstand zu Hilfe kam, dass auf Antrag der Kommission am 4. 8. 1989 ein Vertragsverletzungsverfahren (Rs. C-246/89) gegen das Vereinigte Königreich wegen Verstoßes der *Section 14* des *Merchant Shipping Act 1988* gegen des EG-Vertrag eingeleitet wurde. In diesem Verfahren erließ der Präsident des Gerichtshofes mit Beschluss vom 10. 10. 1989 (Rs. 246/89 R), Slg. 1989, 3125, eine einstweilige Anordnung gemäß Art. 243 (ex-Art. 186) EGV, um den Rechtsmittelführern des Ausgangsverfahrens zumindest vorübergehend die Wiederaufnahme ihrer Fischereitätigkeit zu ermöglichen und sie damit vor nicht wieder gutzumachenden Schäden zu bewahren. Hierauf erließ die Regierung des Vereinigten Königreichs eine Regierungsverordnung (*Merchant Shipping Act 1988 [Amendmet] Order 1989*), wodurch der Kreis der „berechtigten Personen" um die Bürger anderer EG-Staaten erweitert wurde. Vgl. hierzu ausführlich *Liebert*, Europäische Integration und nationales Recht, 1995, S. 77 ff.

[268] Vgl. dazu EuGH, Urteil v. 19. 6. 1990 (Rs. C-213/89), Slg. 1990, I-2433 (2471) – *Factortame*.

die sich letztlich nach Auffassung der beteiligten britischen Gerichte bei einer Stattgabe des Antrags stellten, lassen sich wie folgt zusammenfassen:

Zunächst erachtete der *Divisional Court* die Souveränität des britischen Parlaments (*"Sovereignty of Parliament"*) als problematisch für die einstweilige Rechtsschutzgewährung (obschon er sich hierüber im Ergebnis hinwegsetzen konnte). Das *House of Lords* hingegen betrachtete vor allem das Argument der Immunität der Krone als Haupthindernis, welches in dem *Crown Proceedings Act 1947* niedergelegt war. Schließlich bedeutete noch eine Vermutung des britischen Rechts ein Problem: Nationale Gesetze gelten so lange als mit dem Gemeinschaftsrecht vereinbar, solange nicht über das Gegenteil entschieden ist.

Im Folgenden sollen die angeführten Bedenken näher betrachtet und auf ihre Stichhaltigkeit hin überprüft werden.

a) Problematik der Sovereignty of Parliament

aa) Erläuterung der Souveränität des Parlaments im Vereinigten Königreich

Das Prinzip der Parlamentssouveränität in Großbritannien besteht aus verschiedenen Komponenten. Es lässt sich in positiver, negativer sowie in zeitlicher Hinsicht abgrenzen.[269]

In positiver Hinsicht ist damit die gesamte innere Souveränität im Sinne einer umfassenden Verfassungs- und Gesetzgebungskompetenz unter Einschluss der Kompetenz-Kompetenz zu verstehen.[270] Diese liegt nach britischem Verfassungsrecht beim Parlament, worunter die am Gesetzgebungsprozess beteiligten Verfassungsorgane, also das *House of Lords*, das *House of Commons* und die Königin,[271] zu verstehen sind. In zeitlicher Hinsicht beschränkt sich die Souveränität auf die jeweilige Legislaturperiode, um nicht die Souveränität von nachfolgenden Parlamenten zu beeinträchtigen.[272] Für das Verständnis der „Factortame"-Problematik ist vor allem die negative Komponente von Bedeutung; dadurch wird das Verhältnis des Parlaments als Gesetzgebungsorgan zu den anderen Gewalten, insbesondere zur Judikative, beschrieben. Danach sind, ausgehend von einem sehr strikten Verständnis des Gewaltenteilungsgrundsatzes, die Gerichte dem Parlament in dem Sinne untergeordnet, dass sie die Gültigkeit eines Parlamentsgesetzes bei der Rechtsanwendung nicht in Frage stellen kön-

[269] Vgl. *Lehr*, Einstweiliger Rechtsschutz und Europäische Union, 1997, S. 114. Siehe zum Folgenden auch *Rajani*, Geltung und Anwendung des Gemeinschaftsrechts, 2000, S. 72, sowie das für das moderne Verfassungsverständnis im Vereinigten Königreich wegweisende Werk von *Dicey*, Introduction to the Law of the Constitution, 10. Aufl. 1959, insbes. S. 39 f. (1. Auflage 1885!).

[270] *Ipsen*, Völkerrecht, 3. Aufl. 1990, § 23 Rn. 4.

[271] Diese Trias von gesetzgebenden Verfassungsorganen wird auch als *"The Queen in Parliament"* (bzw. im ursprünglich historischen Sinne *"The King in Parliament"*) bezeichnet, vgl. *Rajani*, Geltung und Anwendung des Gemeinschaftsrechts, 2000, S. 62 u. 64.

[272] *Bradley*, in: *Jowell/Oliver*, The Changing Constitution, 4. Aufl. 2000, S. 33: *"No Parliament can bind its successors."*

nen.[273] Nur das Parlament selbst soll zur Aufhebung früherer Gesetzgebungsakte befugt sein. Die Pflicht der Gerichte liegt – im Gegenteil – darin, dem Willen des Gesetzgebers durch ihre Rechtsprechung Ausdruck zu verleihen und uneingeschränkte Geltung zu verschaffen.

bb) Einfluss des Europarechts

Mit dem Beitritt Großbritanniens zu den Europäischen Gemeinschaften führte der Gedanke der absoluten Souveränität des Parlaments zu Schwierigkeiten im Verhältnis zum Gemeinschaftsrecht. Es liegt auf der Hand, dass der Grundsatz der Parlamentssouveränität in einem so umfassend verstandenen Sinne und das Vorrangprinzip des Gemeinschaftsrechts nicht ohne weiteres miteinander vereinbar waren. Denn wie sollten die englischen Gerichte dem Gemeinschaftsrecht zu uneingeschränkter Geltung bzw. Wirkung verhelfen, wenn sie nicht befugt waren, dazu in Widerspruch stehende nationale Gesetze nicht anzuwenden?

Gleichwohl war die Regierung der Ansicht, dass die Mitgliedschaft in den Europäischen Gemeinschaften die Parlamentssouveränität nicht in Frage stellte. Der Vorrang des Gemeinschaftsrechts wurde nämlich anerkannt durch den *European Communities Act 1972 (ECA)*[274]. Durch *Section 2 (1)*[275] des Gesetzes wurde allen unmittelbar anwendbaren Bestimmungen des Gemeinschaftsrechts im Vereinigten Königreich rechtliche Wirksamkeit verliehen, und zwar unabhängig davon, ob diese vor oder nach dem Beitritt erlassen wurden. In *Section 2 (4)* wurde im Wege der Bezugnahme auf *Subsection 1* ausdrücklich der Vorrang unmittelbar anwendbaren Gemeinschaftsrechts angeordnet.[276] Damit kam es zu einer rechtstechnischen Verzahnung zwischen dem Vorrangprinzip und der Parlamentssouveränität. Die Legislative stand unter dem ausdrücklichen Vorbehalt des Gemeinschaftsrechts; durch den *ECA* war sie gehalten, unmittelbar anwendbarem Gemeinschaftsrecht Vorrang einzuräumen. In *Section 3 (1)* wurde schließlich festgelegt, dass vor den nationalen Gerichten auftretende Streitigkeiten mit Gemeinschaftsbezug in Übereinstimmung mit der Rechtsprechung des Europäischen Gerichtshofes entschieden werden müssen. In Ermangelung einschlägiger Rechtsprechung müssen die Streitigkeiten dem Gerichtshof gemäß Art. 234 (ex-Art. 177) EGV vorgelegt und dann unter Berücksichtigung seiner Rechtsauffassung entschieden werden. Durch diese Vorschrift wurde die Anwendung des Vorrangprinzips auch für den Bereich der Judikative festgesetzt.

---

[273] Vgl. *Aragonés*, Fordham International Law Journal, 1990-91, 778 (779), m. w. N. aus der engl. Lit.

[274] Ausführlich zum *ECA Collins*, EC Law in the UK, 4. Aufl. 1990, S. 44 ff.; *Craig/de Búrca*, EU Law, 3. Aufl. 2002, S. 302 ff.

[275] *Section 2 (1)* bestimmt: *"All such rights, powers, liabilities, obligations and restrictions from time to time created or arising by or under the Treaties, as in accordance with the Treaties are without further enactment to be given legal effect or used in the United Kingdom shall be recognised and available in law, and be enforced, allowed and followed accordingly: and the expression "enforceable Community right" and similar expressions shall be read as referring to one to which this subsection applies."*

[276] *Subsection 4: "Any (...) Act of Parliament (...) passed or to be passed (...) shall be construed and shall have effect subject to the foregoing provisions of this section."*

Damit schien das Verhältnis zwischen dem Gemeinschaftsrecht und dem nationalen Recht des Vereinigten Königreichs zunächst geklärt zu sein. Problematisch war jedoch, dass dieser Mechanismus nur als Anleitung dafür dienen konnte, wie die einzelnen Gewalten dem Gemeinschaftsrecht idealerweise zu seiner Wirksamkeit zu verhelfen hätten. Er besagte jedoch nichts darüber, wie das Spannungsfeld zwischen Gemeinschaftsrecht und nationalem Recht zu lösen ist, *wenn* es zu einer Kollision kommt, wenn also jemand die Gemeinschaftswidrigkeit eines nationalen Gesetzes geltend macht, welches später als der *ECA* erlassen worden ist. Genau diese Konstellation trat in der „Factortame"-Problematik ein. Die Gerichte sahen sich mit der Frage konfrontiert, ob der *Merchant Shipping Act 1988* als zeitlich späteres, ansonsten im selben Range stehendes Gesetz dem *ECA* von 1972 vorgehen würde, mit der Konsequenz der Nichtbeachtung des Vorrangs des Gemeinschaftsrechts. Anders und als Frage formuliert: Waren die Gerichte gehalten, der Verpflichtung aus *Section 3 (1) ECA* nachzukommen und dem Gemeinschaftsrecht Vorrang einzuräumen, oder war es Ausfluss der Parlamentssouveränität, den *Merchant Shipping Act 1988* als späterem Parlamentsgesetz vor *Section 2* und *3 ECA* zu beachten?

Zu dieser Frage gab es bis zu den Entscheidungen in der Rechtssache „Factortame" im Vereinigten Königreich keine ausdrückliche Rechtsprechung. Dies lag letztlich daran, dass die englischen Gerichte seit jeher *Section 2 (4)* des *ECA* und damit dem Gemeinschaftsrecht dadurch Geltung verschafft haben, dass sie die nationalen Gesetze gemeinschaftskonform ausgelegt haben und dabei häufig bis an die Grenzen der Auslegungsmöglichkeiten gegangen sind.[277] Dies erklärt auch, warum es so lange gedauert hat, bis ein so nahe liegendes Problemfeld wie die Kollision von Gemeinschaftsrecht und nationalem Recht entscheidungserheblich wurde. Der Rechtssache „Factortame" war jedoch angesichts des eindeutigen Gesetzeswortlauts mit Auslegungsgrundsätzen nicht mehr nachzukommen.

Die ganz herrschende Auffassung in der britischen Fachliteratur[278] differenzierte bei der Beantwortung dieser Frage nach dem Willen des Parlaments: Wurde ein Parlamentsgesetz irrtümlich und unbewusst mit gemeinschaftswidrigem Inhalt erlassen *(implied repeal)*, so sollte *Section 2 (4)* i. V. m. *2 (1)* vorgehen und damit im Endeffekt Gemeinschaftsrecht zur Anwendung kommen.[279] Die Gerichte sollten dabei befugt sein, das nationale Gesetz nicht anzuwenden, um dem Gemeinschaftsrecht zu seiner Wirkung zu verhelfen. Anders verhielt es sich dagegen, wenn das Parlament ausdrücklich und bewusst darauf abzielte, mit dem nationalen Gesetz die innerstaatliche Wirkung der *Section 2 (4)* i. V. m. *2 (1)* aufzuheben oder zu begrenzen. Würde der Parla-

[277] Vgl. *Mayer*, Kompetenzüberschreitung und Letztentscheidung, 2000, S. 196 f.; *Craig*, in: *Slaughter/Stone Sweet/Weiler*, The European Court and National Courts, 1998, S. 199. *Rajani*, Geltung und Anwendung des Gemeinschaftsrechts, 2000, S. 157 f., spricht von „Mitteln der Konfliktvermeidung statt der Konfliktbewältigung", wodurch dem Vorrang des Gemeinschaftsrechts Geltung verschafft worden sei. Teilweise wurden zur Erreichung der Gemeinschaftskonformität gar dem Gesetzestext einzelne Wörter hinzugefügt, vgl. *Pickstone v. Freemans PLC*, (1988) 2 All E.R. 803, *HL*; vgl. hierzu *Collins*, EC Law in the UK, 4. Aufl. 1990, S. 36 ff.

[278] Vgl. *Tatham*, EuR 1993, 188 (195); *Hartley*, Foundations of EC Law, 3. Aufl. 1994, S. 263; *Bradley*, in: *Jowell/Oliver*, The Changing Constitution, 4. Aufl. 2000, S. 43; *Collins*, EC Law in the UK, 4. Aufl. 1990, S. 28, m. w. N.

[279] *Collins*, a.a.O., S. 39 f.

mentswille ausdrücklich und mit dieser Zielsetzung kundgetan *(expressed repeal)*, so sollte es Ausfluss der – wenn auch durch den *ECA* reduzierten – Parlamentssouveränität sein, dass die Gerichte diese Willensäußerung zu beachten hätten und die Anwendung des gemeinschaftswidrigen nationalen Gesetzes nicht verweigern dürften.[280] Das Parlament wäre allenfalls – aus gemeinschaftsrechtlicher Sicht – verpflichtet, den Rechtsakt von sich aus aufzuheben; bis dahin bliebe es jedoch nach traditioneller britischer Auffassung die Pflicht der Gerichte, das Gesetz anzuwenden.

Wenngleich also durch den *ECA 1972* der Vorrang des Gemeinschaftsrechts auch vor späteren Gesetzen des Vereinigten Königreichs grundsätzlich anerkannt war, sollte es Folge der absolut verstandenen Parlamentssouveränität sein, dass sich der Gesetzgeber durch einen bewussten *actus contrarius* von den Verpflichtungen des *ECA* hätte lösen und damit dem Gemeinschaftsrecht den Vorrang verweigern können.[281] Nur am Rande sei angemerkt, dass ein solcher Fall im Vereinigten Königreich nie vorgekommen war und letzten Endes den Verbleib in der Gemeinschaft in Frage gestellt hätte.[282]

Von einer solchen Absicht des britischen Parlaments konnte denn auch im Falle des *Merchant Shipping Act 1988* nicht ausgegangen werden.[283] Das Vereinigte Königreich ging vielmehr selbst von der Gemeinschaftskonformität des Gesetzes aus.[284] Bei Zugrundelegung des dargestellten Verständnisses zur Lösung von Kollisionen zwischen Gemeinschaftsrecht und nationalem Recht lag eine Verletzung der *Sovereignty of Parliament* demnach nicht vor.

cc) Auffassung der britischen Gerichte

Zu einem abweichenden Ergebnis kam auch der *Divisional Court* nicht. Das Gericht sah zwar die Problematik der Parlamentssouveränität, entschloss sich allerdings, unter Berufung auf das „Simmenthal II"-Urteil[285] des Europäischen Gerichtshofes, dem Gemeinschaftsrecht Vorrang einzuräumen.[286] Dies war insofern auffällig, als er sich nicht auf die einschlägigen Vorschriften des *ECA* berief, sondern den Vorrang unmittelbar aus der Rechtsprechung des Europäischen Gerichtshofes ableitete. Das Gericht legte damit eine sehr proeuropäische Sichtweise an den Tag.

Anders beurteilte diese Frage der *Court of Appeal*. Das Berufungsgericht verschaffte der Parlamentssouveränität in diesem Fall Geltung, indem es von der Unanwendbarkeit der Vorrangregel ausging. Als Begründung stellte es auf den Umstand ab,

---

[280] Vgl. *Lord Denning* im *obiter dictum* zum Urteil *Macarthys Ltd. v. Smith* v. 19. 7. 1979, (1979) 3 All E.R., 325 (329). Dazu und zum bewussten bzw. irrtümlichen Abweichen des Parlamentswillens von einem vorhergehenden Gemeinschaftsrechtsakt vgl. auch *Rajani*, Geltung und Anwendung des Gemeinschaftsrechts, 2000, S. 141 ff.

[281] Vgl. *Wade/Bradley*, Constitutional and Administrative Law, 11. Aufl. 1993, S. 146. Vgl. auch *Mayer*, Kompetenzüberschreitung und Letztentscheidung, 2000, S. 199.

[282] So auch *Tatham*, EuR 1993, 188 (196).

[283] Ebenso *Wade/Bradley*, Constitutional and Administrative Law, 11. Aufl. 1993, S. 149.

[284] Vgl. die Äußerungen von Regierungsseite vor dem Gerichtshof im Sitzungsbericht zu EuGH, Urteil v. 19. 6. 1990 (Rs. C-213/89), Slg. 1990, I-2433 (2439 ff.) – *Factortame*.

[285] EuGH, Urteil v. 9. 3. 1978 (Rs. 106/77), Slg. 1978, 629 ff. – *Simmenthal II;* siehe dazu Zweiter Teil, B. I. 5. b) bb) (1) (S. 56 f.).

[286] CMLRep. (2) 1989, 353 (373), *QB*, *per Neill LJ*.

dass die gemeinschaftsrechtlichen Rechtspositionen lediglich geltend gemacht, jedoch noch nicht festgestellt waren. Das Gericht war der Auffassung, dass es weder in den Gemeinschaftsverträgen noch im *ECA* und ebenso wenig in der Rechtsprechung des Europäischen Gerichtshofes einen Rechtssatz gebe, wonach lediglich behaupteten, aber noch nicht endgültig festgestellten gemeinschaftlichen Rechtspositionen Vorrang einzuräumen sei;[287] die Unsicherheit über das Bestehen dieser Rechte sollte etwaige Dispositionen im nationalen Recht nicht rechtfertigen können.[288] Hiernach käme eine Aussetzung des *Merchant Shipping Act 1988* erst in Betracht, nachdem der Gerichtshof seine Gemeinschaftswidrigkeit festgestellt hat. Mit dieser Betrachtungsweise hat der *Court of Appeal* jedoch gerade das Wesen des einstweiligen Rechtsschutzes verkannt, bei dem es typischerweise um noch nicht endgültig feststehende Rechtspositionen geht.[289]

Das *House of Lords* schließlich hat sich nicht explizit zu diesem Problemkreis geäußert. Die Ablehnung der Aussetzung des *Merchant Shipping Act 1988* ist deswegen jedoch nicht in dem Sinne zu interpretieren, dass das Gericht dadurch indirekt den Grundsatz der Parlamentssouveränität vor den Grundsatz des Vorrangs des Gemeinschaftsrechts stellte und damit etwa von einem *bewussten* Abweichen des Parlaments vom *ECA* ausging.[290] Aus der Tatsache, dass die Problematik der Parlamentssouveränität bereits vom *Divisional Court* aufgeworfen wurde und sich das *House of Lords* hierzu nicht weiter äußerte, ist eher zu schließen, dass das oberste Gericht darin keinen Hinderungsgrund für die beantragte Aussetzungsentscheidung sah. Andernfalls hätte es ja nahe gelegen, darauf einzugehen, um die eigene Entscheidung noch „sattelfester" zu machen. Das Gericht sah sich vielmehr aus einem anderen Grund an einer positiven Entscheidung zu Gunsten der Antragsteller gehindert, nämlich auf Grund des Grundsatzes der Immunität der Krone.

b) Problematik der Immunität der Krone

Wenngleich die britischen Gerichte also – mit Ausnahme des *Court of Appeal* – richtigerweise in der Parlamentssouveränität keinen Hinderungsgrund für den Erlass der begehrten Aussetzungsentscheidung sahen, so wog ein weiterer althergebrachter Grundsatz des *Case Law* viel schwerer. Die Immunität der Krone gegen einstweilige Anordnungen stellte für das *House of Lords* letztlich das entscheidende Hindernis für die Gewährung der beantragten Aussetzungsentscheidung dar.

Das Prinzip der Immunität der Krone[291] gründete auf *Section 21 (1)* und *(2) Crown Proceedings Act 1947*. Danach konnte gegen die Krone keine *injunction*, d. h. eine

[287] CMLRep. (2) 1989, 392 (404), *CA, per Bingham LJ.*

[288] Vgl. CMLRep. (2) 1989, 353 (355).

[289] Vgl. dazu unten Zweiter Teil, B. I. 5. b) bb) (3) (S. 58 f.).

[290] So aber offenbar *Gehrmann*, Vorläufiger Rechtsschutz, 1994, S. 128; richtig dagegen *Lehr*, Einstweiliger Rechtsschutz und EU, 1997, S. 123 f.; *Rajani*, Geltung und Anwendung des Gemeinschaftsrechts, 2000, S. 175.

[291] Zum Begriff der Krone vgl. *Lehr*, Einstweiliger Rechtsschutz und EU, 1997, S. 124 (Fn. 82). Dazu gehören insbesondere die Ministerien der Regierung in London und die ihnen nachgeordneten Behörden.

Anordnung, eine bestimmte Handlung vorzunehmen oder zu unterlassen, erlassen werden, gleichgültig, ob nur vorläufig oder endgültig. Es war allenfalls möglich, eine sog. *declaration* zu erwirken, was in etwa einem Feststellungsurteil entspricht. Durch diese Form der Entscheidung wurde durchaus ein gewisser Rechtsschutz des Bürgers ermöglicht, da davon auszugehen war, dass die Verwaltung die Gerichtsentscheidung respektieren würde, auch wenn sie lediglich Feststellungscharakter hatte.[292]

Aber selbst durch eine *declaration* konnten nach überwiegender Auffassung[293] nur bereits *feststehende* Rechte festgestellt werden; eine *interlocutory declaration* im Sinne einer lediglich vorläufigen Feststellung war dagegen nicht möglich.[294] Das Wesen eines vorläufigen Rechtsschutzbegehrens ist aber, dass der Bestand der geltend gemachten Rechtspositionen gerade offen ist. Damit war für den Bürger gegen die Krone in Fällen, in denen seine Rechte gerichtlich noch nicht festgestellt waren, kein einstweiliger Rechtsschutz möglich.

Zum Zeitpunkt der Entscheidung der Rechtssache „Factortame" durch das *House of Lords* war diese Auffassung unter den britischen Gerichten jedoch nicht mehr unumstritten. Es lagen dem obersten Gericht bereits zwei Entscheidungen der *Queen's Bench Division* von 1986[295] und des *Court of Appeal* von 1989[296] vor, in denen die Auffassung vertreten wurde, dass auch gegen die Krone einstweilige Maßnahmen zulässig sein sollten. Diese Änderung der Rechtsprechung führten die Untergerichte durch ein neues Verständnis der einschlägigen Vorschriften des *Crown Proceedings Act 1947* herbei, was wiederum auf das reformierte Verfahren des *judicial review* und den *Supreme Court Act 1981* zurückgeführt wurde.[297] Nach der neuartigen Auslegung durch die Instanzrichter sollten einstweilige Maßnahmen gegen die Krone nunmehr sowohl in Form der *interlocutory injunction* wie auch der *interlocutory declaration* möglich und zulässig sein.

Das *House of Lords*, das mit der Rechtssache „Factortame" zum ersten Mal Gelegenheit bekam, zu dem neuen Verständnis der Vorschriften des *Crown Proceedings Act 1947* Stellung zu nehmen, schloss sich der Auslegung durch die Untergerichte allerdings nicht an.[298] Es blieb bei der traditionellen Auffassung, wonach einstweilige Maßnahmen, sei es im Wege einer *injunction* oder einer *declaration*, gegen die Krone nicht zulässig seien.[299]

---

[292] Vgl. *Wade/Forsyth*, Administrative Law, 7. Aufl. 1994, S. 593.

[293] Ausführlich zu dieser Problematik *Lehr*, Einstweiliger Rechtsschutz und EU, 1997, S. 125 ff.

[294] *Wade/Bradley*, Constitutional and Administrative Law, 11. Aufl. 1993, S. 752.

[295] Sog. *Herbage's case*, (1986) 3 All E.R., 209 ff., *QB, per Hodgson J.*

[296] Sog. *SKF-case*, (1989) 2 All E.R., 113 ff., *CA*.

[297] Vgl. zum Gedankengang und dem Verständnis der maßgeblichen Vorschriften des *Crown Proceeding Act 1947* und des *Supreme Court Act 1981* in den vorgenannten Fällen die Ausführungen bei *Lehr*, Einstweiliger Rechtsschutz und EU, 1997, S. 127 ff.

[298] Es stützte seine abweichende Auffassung im Wesentlichen darauf, dass eine historische und wörtliche Auslegung des *Section 31* des *Supreme Court Act 1981* eine einstweilige Anordnung gegen die Krone nicht zuließ und daher eine gegenteilige Auslegung dieser Vorschrift nur bei einer ausdrücklichen Änderung des Wortlauts angenommen werden dürfe, vgl. *Hanna*, LQR 1990, 2 (6 ff.); *Lewis*, CLJ 1989, 347 (349).

[299] Mittlerweile hat das *House of Lords* seine Rechtsprechung zu dieser Frage auch in nationalen Fällen geändert, vgl. *M. v. Home Office*, (1993) 3 All E.R., 537 ff., *HL*. Dabei es klar gestellt hat, dass einstweilige Maßnahmen nur in Ausnahmefällen Erfolg versprächen, vgl. (1993) 3 All E.R. 537

c) *Argument der Vereinbarkeitsvermutung nationalen Rechts mit dem Gemeinschaftsrecht*

Das zweite nationale Hindernis, das einer positiven Entscheidung zu Gunsten der Antragsteller entgegenstand, war die Vermutung der Vereinbarkeit britischen Rechts mit dem Gemeinschaftsrecht. Diesem Grundsatz zufolge ist jeder nationale Rechtsakt so lange als gültig anzusehen und damit von den Gerichten anzuwenden, solange von dem Europäischen Gerichtshof nichts Gegenteiliges entschieden wird. Dieses Argument des *House of Lords* steht spiegelbildlich zu dem Gedankengang des *Court of Appeal*, wonach es keinen Rechtssatz gebe, dass lediglich *potentiellen* gemeinschaftlichen Rechtspositionen Vorrang vor nationalen Gesetzen einzuräumen sei.[300] Systematisch hatte der *Court of Appeal* diesen Gedanken als Stütze verwendet, um der Parlamentssouveränität Geltung zu verschaffen. Das *House of Lords* sah in der Vereinbarkeitsvermutung ein eigenständiges Hindernis für die Gewährung einstweiligen Rechtsschutzes. Es liegt auf der Hand, dass sich auch die nationale Regel der Vereinbarkeitsvermutung in einem absoluten Verständnis nicht mit dem Wesen des einstweiligen Rechtsschutzes vertrug.[301]

4. Entscheidung des Europäischen Gerichtshofes

Auf die vorgelegten Fragen judizierte der Gerichtshof am 19. 6. 1990 im Tenor wie folgt:

> „Das Gemeinschaftsrecht ist dahin auszulegen, daß ein nationales Gericht, das in einem bei ihm anhängigen, das Gemeinschaftsrecht betreffenden Rechtsstreit zu der Auffassung gelangt, dem Erlaß einstweiliger Anordnungen stehe nur eine Vorschrift des nationalen Rechts entgegen, diese Vorschrift nicht anwenden darf.“[302]

In den Urteilsgründen stellte der Gerichtshof zur Begründung seiner Auffassung auf drei rechtliche Gesichtspunkte ab:

Zum einen wies er unter Bezugnahme auf das „Simmenthal II“-Urteil auf den Grundsatz vom Vorrang des Gemeinschaftsrechts hin: Nationale Vorschriften, die Vertragsbestimmungen oder unmittelbar geltenden Rechtsakten der Gemeinschaft entgegenstünden, würden ohne weiteres ihre Anwendbarkeit verlieren.[303] Außerdem müssten unmittelbar geltende Bestimmungen des Gemeinschaftsrechts ihre volle Wirkung einheitlich in sämtlichen Mitgliedstaaten entfalten können. Diese volle Wirksamkeit wäre abgeschwächt, wenn nationales Recht ein innerstaatliches Gericht daran

---

(564 f.). Interessanterweise hat das *House of Lords* dabei nicht auf die „Factortame“-Entscheidung des EuGH rekurriert, sondern ausdrücklich seine Rechtsauffassung in der Rs. „Factortame“ als rechtsfehlerhaft bezeichnet, a.a.O., (560 ff.).

[300] Vgl. bereits oben Zweiter Teil, B. I. 3. a) cc) (S. 50 f.).

[301] Dazu ausführlicher unter Zweiter Teil, B. I. 5. b) cc) (1) (S. 60 f.).

[302] Hierzu und zur folgenden Urteilsbegründung: EuGH, Urteil v. 19. 6. 1990 (Rs. C-213/89), Slg. 1990, I-2433 (2466 ff.) – *Factortame*.

[303] EuGH, a.a.O., Tz. 18.

hindern könnte, zum Schutz gemeinschaftlicher Rechte einstweilige Anordnungen zu erlassen. Daher dürfe ein Gericht eine Vorschrift des nationalen Rechts nicht anwenden, wenn diese dem Erlass einstweiliger Anordnungen entgegenstünde.[304]

Zweitens hätten die innerstaatlichen Gerichte auf Grund ihrer Mitwirkungspflicht aus Art. 10 (ex-Art. 5) EGV den Rechtsschutz zu gewähren, der sich für den Einzelnen aus der unmittelbaren Wirkung des Gemeinschaftsrechts ergebe.[305]

Schließlich würde die praktische Wirksamkeit des durch Art. 177 EGV geschaffenen Systems beeinträchtigt, wenn ein nationales Gericht in Fällen wie dem Ausgangsfall keine einstweiligen Maßnahmen erlassen könnte.[306]

5. Erläuterung der Entscheidung

Vor der Auseinandersetzung mit dem Inhalt der Entscheidung, in der auf die drei Hauptargumente des Europäischen Gerichtshofes näher eingegangen wird, sollen zunächst einige Anmerkungen in methodischer und stilistischer Hinsicht gemacht werden.

a) Anmerkungen zu Methode und Stil der Entscheidung

Besonders auffällig ist angesichts der relativ komplexen verfassungsrechtlichen Problematik des nationalen Rechts, mit welcher Kürze und scheinbaren Unbekümmertheit der Europäische Gerichtshof die Vorlagefrage beantwortet und die Entscheidung begründet hat. Hierbei handelt es sich um einen Vorwurf, dem sich der Gerichtshof gerade durch deutsche Literaturstimmen häufig ausgesetzt sieht.[307] Dahinter steckt wohl der Umstand, dass man hierzulande von der Ausführlichkeit und der dogmatischen Präzision der Urteilsbegründungen nationaler Gerichte, insbesondere solcher des Bundesverfassungsgerichts, „verwöhnt" zu sein scheint. Indes ist zum Stil der Urteilsbegründungen zu sagen, dass der Gerichtshof häufig lediglich die großen Leitlinien seiner Entscheidungen darlegt.[308] Zur näheren Begründung und Interpretation ist auch auf die Ausführungen der Generalanwälte[309] zurückzugreifen,[310] die funktionell ebenfalls dem

---

[304] EuGH, a.a.O., Tz. 21.

[305] EuGH, a.a.O., Tz. 19. Der Gerichtshof beruft sich dabei auf seine Urteile vom 10. 7. 1980 (Rs. 811/79), Slg. 1980, 2545 ff. – *Ariete* –, und (Rs. 826/79), Slg. 1980, 2559 ff. – *Mireco*.

[306] EuGH, a.a.O., Tz. 22.

[307] Vgl. z. B. *Streinz*, Europarecht, 5. Aufl. 2001, Rn. 501; *Dänzer-Vanotti*, RIW 1992, 733 (740); *Schweitzer/Hummer*, Europarecht, 5. Aufl. 1996, Rn. 455.

[308] Der Stil des Gerichtshofes verzichtet hingegen auf die Herstellung und die argumentative Aufbereitung eines rational nachvollziehbaren Begründungszusammenhangs mit dem Ziel der Überzeugungsbildung bei den Rechtsunterworfenen, vgl. *von Danwitz*, Verwaltungsrechtliches System, 1996, S. 152 f.

[309] Vgl. zu Stellung und Funktion der Generalanwälte Art. 222 EGV. Ausführlich zur Institution des Generalanwalts auch in historischer und rechtsvergleichender Sicht *Pichler*, Der Generalanwalt beim EuGH, 1983. Vgl. auch EuGH, Beschluss v. 4. 2. 2000 (Rs. C-17/98), Slg. 2000, I-665 (671 f, Tz. 10 ff.) – *Emesa Sugar (Freezone) NV/Aruba* –, wo der Gerichtshof zum ersten Mal grundsätzliche Ausführungen zur Funktion und Rolle des Generalanwalts gemacht hat.

Gerichtshof angehören und deren rechtlicher Würdigung in den Schlussanträgen der Gerichtshof als Spruchkörper zumeist folgt.[311] Nur so lässt sich ein vollständiges Bild der Entscheidungen des Gerichtshofes gewinnen.

Bei der konkreten Beantwortung der gestellten Fragen überrascht, dass sich der Gerichtshof nicht im Sinne einer *Verpflichtung* oder *Befugnis* zum einstweiligen Schutz der geltend gemachten Gemeinschaftsrechte geäußert hat. Generalanwalt *Tesauro* hatte sich in seinem Entscheidungsvorschlag ausdrücklich für eine solche *Pflicht* ausgesprochen.[312] Hierzu ist anzumerken, dass der Gerichtshof die Vorlagefrage gedanklich umformuliert und abstrakter bzw. allgemeiner beantwortet hat. Dies ist zulässig und vereinbar mit dem Zweck des Vorabentscheidungsurteils, das lediglich abstrakt eine Rechtsfrage beantworten will, die Anwendung auf den konkreten Fall sowie die Auslegung des nationalen Rechts hingegen dem Vorlagegericht überlässt.[313]

b) Argument des Vorrangprinzips und des Gebots der einheitlichen und gleichzeitigen Anwendung des Gemeinschaftsrechts in allen Mitgliedstaaten

aa) Die gemeinschaftsrechtliche Begründung des Vorrangprinzips

Der Europäische Gerichtshof begründet die Außerachtlassung der nationalen Verfahrensvorschrift, d. h. den Grundsatz der Immunität der Krone, zunächst relativ unproblematisch mit dem Vorrang des Gemeinschaftsrechts und rekurriert dabei auf das „Simmenthal II"-Urteil vom 9. 3. 1978.[314] Der Vorrang des Gemeinschaftsrechts gegenüber entgegenstehendem nationalen Recht ist mittlerweile in sämtlichen Mitglied-

---

[310] Vgl. *Adam*, Die Kontrolldichte-Konzeption des EuGH und deutscher Gerichte, 1993, S. 25. Dies gilt jedenfalls für die Fälle, in denen der Gerichtshof in Übereinstimmung mit den Schlussanträgen judiziert, vgl. *Nolte*, Beurteilungsspielräume im Kartellrecht, 1997, S. 53. Kritisch zur Funktion der Schlussanträge als „Auslegungshilfe" *von Danwitz*, Verwaltungsrechtliches System, 1996, S. 154 ff.

[311] *Streinz*, Europarecht, 5. Aufl. 2001, Rn. 328: Abweichung unter 15 %; *Pichler*, Der Generalanwalt beim EuGH, 1983, S. 118: 11,2 % für den Zeitraum von 1970–1980.

[312] Schlussanträge zu EuGH, Urteil v. 19. 6. 1990 (Rs. C-213/89), Slg. 1990, Slg. 1990, I-2433 (2450 ff., 2465) – *Factortame*.

[313] Vgl. *Hackspiel*, in: *Rengeling/Middeke/Gellermann*, Rechtsschutz in der EU, 2. Aufl. 2003, § 10 Rn. 74; *Wohlfahrt*, in: *Grabitz/Hilf*, EU, 1999, Art. 177 EGV Rn. 31 f. Für das formale Unterlassen der Beantwortung der zweiten Vorlagefrage nach den *Kriterien* für den vorläufigen Rechtsschutz wurde der Gerichtshof ebenfalls kritisiert (vgl. *Simon*, Journal du droit international 1991, 447 [450]; *Simon/Barav*, RMC 1990, 591 [594, 596 f.]; *Le Mire*, AJDA 1990, 832 [836]; siehe dazu auch *Oliver*, CMLRev. 1992, 7 [17]). Generalanwalt *Tesauro* hatte sich für eine Ableitung der Voraussetzungen aus den nationalen Rechtsordnungen ausgesprochen, wobei die gemeinschaftsrechtlichen Schranken des Diskriminierungsverbotes und des Effektivitätsgebotes zu beachten seien (vgl. die Schlussanträge zu EuGH, Urteil v. 19. 6. 1990 [Rs. C-213/89], Slg. 1990Slg. 1990, I-2433 [2450 ff., 2465] – *Factortame*). Näher zu diesem Kritikpunkt *Wiehe*, Effektiver vorläufiger Rechtsschutz, 2000, S. 185; *Röben*, Einwirkungen der EuGH-Rechtsprechung, 1998, S. 166; *Lehr*, Einstweiliger Rechtsschutz und EU, 1997, S. 144. Unerklärlich ist die Anmerkung von *Schroeder*, Gemeinschaftsrechtssystem, 2002, S. 449 (Fn. 701), das *House of Lords* hätte nicht nach den Voraussetzungen, sondern nur nach dem „*Ob*" der Gewährung einstweiligen Rechtsschutzes gefragt.

[314] EuGH, Urteil v. 9. 3. 1978 (Rs. 106/77), Slg. 1978, 629 (643 ff.) – *Simmenthal II*.

staaten anerkannt,[315] und geht – aus gemeinschaftsrechtlicher Perspektive – auf die in diesem Zusammenhang grundlegende Entscheidung „Costa/E.N.E.L“ vom 15. 6. 1964[316] zurück. Hierin hatte der Gerichtshof ausgeführt, dass dem vom Vertrag geschaffenen und somit aus eigener Rechtsquelle fließenden Recht wegen dieser seiner Eigenständigkeit keine wie immer gearteten innerstaatlichen Rechtsvorschriften vorgehen könnten, wenn ihm nicht sein Charakter als Gemeinschaftsrecht aberkannt und wenn nicht die Rechtsgrundlage der Gemeinschaft selbst in Frage gestellt werden soll.[317] Der Vorrang des Gemeinschaftsrechts ist nicht unmittelbar in den Gemeinschaftsverträgen geregelt; allerdings stützt der Gerichtshof ihn zum einen auf Art. 10 Abs. 2 (ex-Art. 5 Abs.2) EGV, wonach es eine Gefahr für die Verwirklichung der Vertragsziele bedeuten und dem Verbot des Art. 12 (ex-Art. 6)[318] EGV widersprechende Diskriminierungen zur Folge haben würde, wenn das Gemeinschaftsrecht je nach der nachträglichen innerstaatlichen Gesetzgebung von einem Staat zum anderen verschiedene Geltung haben könnte.[319] Zum anderen verweist der Gerichtshof auf die Rechtsnatur und Wirkung einer Verordnung in Art. 249 (ex-Art. 189) EGV; diese Bestimmung wäre ohne Bedeutung, wenn die Mitgliedstaaten sie durch nationale Gesetzgebungsakte einseitig ihrer Wirkung berauben könnten.[320]

bb) Wirkung des Vorranggrundsatzes

(1) Der Vorrang des Gemeinschaftsrechts als *Anwendungs*vorrang

Diesen allgemeinen Feststellungen zu Natur und Vorrang des Gemeinschaftsrechts gegenüber nationalem Recht jedweder Rangstufe hat der Gerichtshof in der „Simmenthal II“-Entscheidung präzisierende Ausführungen zur Wirkung des Vorrangs hinzugefügt. Danach müssen die unmittelbar geltenden Bestimmungen des Gemeinschaftsrechts ihre volle Wirkung *einheitlich* in sämtlichen Mitgliedstaaten vom Zeitpunkt ihres In-Kraft-Tretens an und während der gesamten Dauer ihrer Gültigkeit entfalten.[321] Weiterhin hat der Vorranggrundsatz zur Folge, dass allein durch das In-Kraft-Treten von unmittelbar anwendbarem Gemeinschaftsrecht jede entgegenstehende Bestimmung des nationalen Rechts ohne weiteres unanwendbar wird; ebenso wird ein wirk-

---

[315] Vgl. *Streinz*, Europarecht, 5. Aufl. 2001, Rn. 179. Zur nationalen Blickrichtung und der zusammenhängenden Problematik von Vorbehalten des Verfassungsrechts ausführlich unten Dritter Teil, B. (S. 215 ff.), rechtsvergleichend Dritter Teil, B. IV. (247 ff.).

[316] EuGH, Urteil v. 15. 6. 1964 (Rs. 6/64), Slg. 1964, 1251 ff. – *Costa/E.N.E.L.*

[317] Vgl. EuGH, a.a.O., Tz. 12.

[318] Zum Zeitpunkt des Ergehens der „Costa/E.N.E.L.“-Entscheidung Art. 7 EWGV.

[319] Vgl. EuGH, a.a.O., Tz. 9. Aus dieser Formulierung geht eindeutig auch der Vorrang gegenüber *späterem* nationalem Recht hervor, was in Bezug auf die oben Zweiter Teil, B. I. 3. a) (S. 47 ff.), erläuterte Problematik der Parlamentssouveränität von Bedeutung ist.

[320] Vgl. EuGH, a.a.O., Tz. 11. In der Literatur wird teilweise auf Art. 234 EGV als dogmatische Grundlage für den Vorrang des Gemeinschaftsrechts abgestellt, vgl. *Frank*, ZÖR Bd. 55 (2000), S. 1 (13 ff.).

[321] EuGH, Urteil v. 9. 3. 1978 (Rs. 106/77), Slg. 1978, 629 (643 f., Tz. 14/16) – *Simmenthal II.*

sames Zustandekommen[322] neuer staatlicher Gesetzgebungsakte verhindert, wenn diese mit Gemeinschaftsnormen unvereinbar wären.[323] Aus dieser Formulierung („unanwendbar wird") ergibt sich, dass auch der Europäische Gerichtshof von einem Anwendungs-[324] und keinem Geltungsvorrang[325] ausgeht. Das nationale Recht wird also nicht unwirksam; lediglich seine Anwendbarkeit ist im jeweiligen Kollisionsfall ausgeschlossen. Im Übrigen spricht der Gerichtshof auch im Tenor des „Factortame"-Urteils davon, dass das nationale Gericht die entgegenstehende Vorschrift des nationalen Rechts „nicht *anwenden* darf."[326]

(2) Der Vorranggrundsatz und das Prinzip der einheitlichen Wirkung des Gemeinschaftsrechts

Im Zusammenhang mit der Erwähnung des Vorranggrundsatzes verweist der Gerichtshof in der Begründung des „Factortame"-Urteils auch auf den Grundsatz der einheitlichen Wirkung des Gemeinschaftsrechts. Es handelt sich hierbei zwar um zwei eigenständige Grundsätze des Gemeinschaftsrechts. Jedoch stehen sie in einem komplementären Verhältnis[327] dergestalt zueinander, dass die Einheitlichkeit des Gemeinschaftsrechts das *Ziel* vorgibt, während der Vorranggrundsatz das *Instrument* für dessen Erreichung darstellt.

Dieser Befund verdeutlicht, dass es sich beim Vorranggrundsatz um eine Kollisionsregel handelt.[328] Wo Gemeinschaftsrecht und nationales Recht auf einen Sachverhalt unterschiedliche, im Ergebnis miteinander unvereinbare Rechtsfolgen anordnen,

---

[322] Diese Formulierung wurde teilweise dahin gedeutet, der EuGH habe eine gemeinschaftswidrige *lex posterior* als inexistent qualifiziert, vgl. *Frank*, ZÖR Bd. 55 (2000), S. 1 (32); so wohl auch *Streinz*, Europarecht, 5. Aufl. 2001, Rn. 197. Nach richtiger Auffassung meint der EuGH damit lediglich, dass die fehlende Anwendbarkeit nicht erst ausdrücklich durch ein besonders legitimiertes innerstaatliches Organ festgestellt werden muss, vgl. *Kadelbach*, Allgemeines Verwaltungsrecht unter europäischem Einfluss, 1999, S. 57; *Niedobitek*, VerwArch Bd. 92 (2001), S. 58 (63 f.). Ausdrücklich die Folge der Inexistenz einer später ergangenen innerstaatlichen Vorschrift verneinend nunmehr EuGH, Urteil v. 22. 10. 1998 (verb. Rs. C-10/97 bis C-22/97), Slg. 1998, I-6307 (6333, Tz. 21) – *IN.CO.GE'90*.

[323] EuGH, Urteil v. 9. 3. 1978 (Rs. 106/77), Slg. 1978, 629 (644, Tz. 17/18) – *Simmenthal II*.

[324] Die Lehre vom Anwendungsvorrang geht zurück auf *Zuleeg*, Das Recht der EG im innerstaatlichen Bereich, 1969, der erstmals trennt zwischen der Geltung einer Norm, die unangetastet bleibe, und ihrer Anwendbarkeit im konkreten Fall, welche nur im Kollisionsfall ausgeschlossen sein soll, vgl. a.a.O., S. 137.

[325] Die Lehre vom Geltungsvorrang, die auf *Grabitz*, Gemeinschaftsrecht bricht nationales Recht, 1966, insb. S. 98 ff. zurückzuführen ist, konnte sich nicht durchsetzen, vgl. *Niedobitek*, VerwArch Bd. 92 (2001), S. 58 (62). *Niedobitek*, a.a.O. (66), kommt zum Ergebnis, dass sich Anwendungs- und Geltungsvorrang bis auf einen formalen Unterschied praktisch gleichen, so dass die Wirkung des Anwendungsvorrangs mit der These „Gemeinschaftsrecht bricht nationales Recht" umschrieben werden könne. Zu diesem Ergebnis gelangt auch *Streinz*, in: Festschrift für Söllner, 2000, S. 1139 (1149).

[326] Vgl. EuGH, Urteil v. 19. 6. 1990 (Rs. C-213/89), Slg. 1990, I-2433 (2475) – *Factortame* [Hervorhebung durch den Verfasser]. Deutlich im Sinne des *Anwendungs*vorrangs jetzt auch EuGH, Urteil v. 22. 10. 1998 (verb. Rs. C-10/97 bis C-22/97), Slg. 1998, I-6307 (6333, Tz. 21) – *IN.CO.GE'90*.

[327] Zum Verhältnis dieser beiden Grundsätze zueinander ausführlich *Lehr*, Einstweiliger Rechtsschutz und EU, 1997, S. 235 ff.

[328] Vgl. *Hatje*, in: *Schwarze*, EU-Kommentar, 2000, Art. 10 EGV Rn. 20.

greift das Vorrangprinzip ein, um die einheitliche Anwendung und Wirkung des Gemeinschaftsrechts in den Mitgliedstaaten herzustellen. Die Problematik um die Kollision zwischen Gemeinschaftsrecht und nationalem Verfahrensrecht ist indes weitaus komplexer als diese Feststellung anmutet. Daher wird darauf in einem größeren Zusammenhang zurückzukommen sein.[329] Dabei wird auch zu thematisieren sein, ob der Gerichtshof in der „Factortame"-Entscheidung zu Recht auf den Vorranggrundsatz als Kollisionsbereinigungsinstrument abgestellt hat.[330]

(3) Die Rechtssache „Factortame" als eine neue „Fallgruppe" des Vorrangs?

Bezüglich der Wirkung des Vorrangprinzips wurde behauptet, die „Factortame"-Entscheidung bedeute eine Weiterentwicklung dahin gehend, dass das „klassische" Vorrangprinzip nunmehr auch den Vorrang von vorläufig interpretiertem Gemeinschaftsrecht vor nationalem Recht umfasse.[331] Diese Feststellung ist missverständlich. Richtig ist zwar, dass sich der Europäische Gerichtshof erstmals zur Anwendung des Vorrangprinzips in einem mitgliedstaatlichen Verfahren des vorläufigen Rechtsschutzes äußerte. Darin erschöpft sich jedoch der Wert dieser Aussage schon. Die Anwendung des Vorrangprinzips auch im Bereich des vorläufigen Rechtsschutzes bedeutet keinen sachlich-qualitativen Unterschied im Vergleich zur Anwendung, wie sie im „Simmenthal II"-Urteil zum Ausdruck kommt. Dass es in dieser Entscheidung um den Schutz *verbindlich festgestellter* Gemeinschaftsrechte ging, während die zu schützenden gemeinschaftlichen Rechtspositionen in der Rechtssache „Factortame" noch *nicht verbindlich* durch den Europäischen Gerichtshof festgestellt waren,[332] stellt lediglich ein Scheinproblem dar.[333]

Zum einen gehört es zum Wesen des einstweiligen Rechtsschutzes, dass hinsichtlich der materiellen Rechtslage keine endgültige Gewissheit besteht. Dieser Ungewissheit wird durch materielle Voraussetzungen (*„periculum in mora", „fumus boni iuris")*[334] Rechnung getragen, anhand derer die zur Rechtsanwendung berufenen Gerichte zu entscheiden haben, ob ein geltend gemachtes Recht einstweilen zu schützen ist oder nicht. Zum anderen ist bei genauerer Betrachtung der Umstand, dass lediglich *geltend gemachte* Rechtspositionen im Raume stehen, gar nicht der unmittelbare Gegenstand der Vorrangwirkung in der „Factortame"-Konstellation. Es geht nicht etwa darum, dass nach der Entscheidung des Europäischen Gerichtshofes nun dem Bestand nach unsichere Rechte Vorrang genießen sollen, sondern darum, dass das in Frage stehende (objektive) Gemeinschaftsrecht aus Art. 43 ff., 12, 294 (ex-Art. 52 ff., 7, 221)

329 Vgl. unter Zweiter Teil, B. III. (S. 85 ff.).

330 Dazu unten Zweiter Teil, B. III. 3. c) dd) (S. 114 ff.) und 4. (S. 122 ff.).

331 *Gehrmann*, Vorläufiger Rechtsschutz, 1994, S. 135.

332 Darauf weisen *Simon/Barav*, RMC 1990, 491 (495), und *Gehrmann*, Vorläufiger Rechtsschutz, 1994, S. 133, hin.

333 Der *Court of Appeal* hatte hierin jedoch einen entscheidenden Gesichtspunkt gesehen, um der Parlamentssouveränität Geltung zu verschaffen, vgl. oben Zweiter Teil, B. I. 3. a) cc) (S. 50 f.).

334 Zu den Begründetheitsvoraussetzungen des einstweiligen Rechtsschutzes im Gemeinschaftsrecht vgl. oben Erster Teil, E. II. 2. und 3. (S. 27 ff. und 31 ff.). Zur Maßgeblichkeit dieser Kriterien für Verfahren vor nationalen Gerichten siehe unten Zweiter Teil, C. III. 2 a) aa) und bb) (S. 160 ff.).

EGV in *jedem* Verfahren vor nationalen Gerichten Vorrang vor entgegenstehendem nationalen Recht erfährt. Bei den genannten Vorschriften handelt es sich um unmittelbar anwendbares[335] Gemeinschaftsrecht,[336] das für den Einzelnen subjektive Rechte begründet – dies ist nicht zweifelhaft und wurde im „Factortame"-Streit auch von keiner Seite bestritten. Die Unsicherheit, ob die genannten Rechte gerade auch den Antragstellern zustehen, gehört zu den Besonderheiten eines vorläufigen Verfahrens und ist – wie soeben festgestellt – anhand der spezifischen materiellen Voraussetzungen für diese Verfahrensart zu bewerten.

Aus Sicht des Gemeinschaftsrechts ging es in der Rechtssache „Factortame" also um den Vorrang des *objektiven* Gemeinschaftsrechts (Art. 43 ff., 12, 294 [ex-Art. 52 ff., 7, 221] EGV), welches durch eine mitgliedstaatliche Norm – die Immunität der Krone – in seinem Vollzug gehemmt war. Insofern unterscheiden sich die Konstellationen „Simmenthal II" und „Factortame" nicht; dass sich der Europäische Gerichtshof an seinem „Simmenthal II"-Urteil orientierte, ist somit konsequent.[337] Damit lag auch der Rechtssache „Factortame" ein „normaler" Anwendungsfall des Vorrangprinzips zu Grunde. Der Umstand, dass noch nicht verbindlich feststehende Rechtsposition in Streit standen, stellt nicht etwa eine weitere „Fallgruppe" der Vorrangwirkung dar.[338]

cc) Auswirkung auf das Recht des Vereinigten Königreichs

Nach der Konzeption des Vorrangsgrundsatzes als *Anwendungs*vorrang haben die britischen Gerichte das Prinzip der Immunität der Krone bei der Gewährung einstweiligen Rechtsschutzes außer Acht zu lassen. Diese Konsequenz gilt für sämtliche nationale Vorschriften, die in der Lage wären, die Durchsetzung der geltend gemachten Rechte zu vereiteln.

---

[335] Die unmittelbare Anwendbarkeit des EG-Rechts ist Voraussetzung der Vorrangwirkung; nur dann vermag der Grundsatz als Kollisionsregel seine verdrängende Wirkung entfalten. Zwar fehlt bislang eine ausdrückliche Aussage des EuGH zu dieser Feststellung, ihre Richtigkeit ergibt sich jedoch daraus, dass der EuGH vor der Anwendung der Vorrangregel die unmittelbare Anwendbarkeit der in Frage stehenden Gemeinschaftsnorm prüft, vgl. etwa Urteil v. 26. 1. 1999 (Rs. C-18/95), Slg. 1999, I-345 (394, Tz. 55 f.) – *Terhoeve*. Aus der Lit. vgl. *Ipsen*, Europäisches Gemeinschaftsrecht, 1972, S. 259; *Sacksofsky*, in: *von Danwitz u. a.*, Auf dem Wege zu einer Europäischen Staatlichkeit, 1993, S. 91 (94); *Hutka*, Gemeinschaftsbezogene Prüfungs- und Verwerfungskompetenz, 1997, S. 72; *Frank*, ZÖR Bd. 55 (2000), S. 1 (21).

[336] EuGH, Urteil v. 21. 6. 1974 (Rs. 2/74), Slg. 1974, 631 (652, Tz. 29/31) – *Reyners* –, für Art. 43 EGV. Art. 12 und 294 EGV sind gegenüber Art. 43 EGV subsidiär.

[337] Damit ist aber noch nicht geklärt, ob die Anwendung des Vorranggrundsatzes aus kollisionsrechtlicher Sicht geboten war, vgl. schon oben den Text zu Fn. 330. Zu dieser Frage ausführlich unten Zweiter Teil, B. III. 3. c) dd) (S. 114 ff.) und 4. (S. 122 ff.).

[338] Insofern sind die Ausführungen von *Gehrmann*, Vorläufiger Rechtsschutz, 1994, S. 133 ff., etwas missverständlich.

(1) Zur Frage der Vereinbarkeitsvermutung britischer Gesetze mit dem Gemeinschaftsrecht

Es stellt sich die Frage, ob auch die nationale Regel der Vereinbarkeitsvermutung britischer Gesetze mit dem Gemeinschaftsrecht „Opfer" des Vorranggrundsatzes ist. Die Anwendung des Vorrangprinzips als Kollisionsregel setzt das tatsächliche Bestehen einer Kollisionslage, also ein Auseinanderfallen zwischen gemeinschaftlicher und nationaler Rechtsgewährleistung, voraus. Demgegenüber besteht kein Raum für die Anwendung des Vorranggrundsatzes, wenn sich das Vereinbarkeitsargument als von vornherein in der Sache nicht stichhaltig erweist bzw. im Ergebnis gar nicht zu einer Kollision mit Gemeinschaftsrecht führt. Der Europäische Gerichtshof ist auf diesen Einwand des *House of Lords* nicht explizit eingegangen,[339] scheint ihn also auch seiner Vorrangargumentation unterstellt zu haben.

Zwar ist das Bestehen einer Vermutung für die Rechtmäßigkeit eines jeden von einem Parlament verabschiedeten Rechtsaktes nicht von der Hand zu weisen. Allerdings gilt eine solche Vermutung auch für Gemeinschaftsrechtsakte,[340] erst recht für das gemeinschaftliche Primärrecht. Das hat zur Folge, dass ebenso eine Vermutung für das Bestehen subjektiver Rechte existiert, wenn solche in Rechtshandlungen oder im Primärrecht der Gemeinschaft festgelegt sind. Damit streitet eine Vermutung, d. h. der Rechtsschein der Anwendbarkeit, für beide Normen, sowohl die höherrangige gemeinschaftsrechtliche wie die nachrangige nationale. Diese Rechtsscheinskonkurrenz kann nicht dergestalt aufgelöst werden, dass einseitig der einen Norm, schon gar nicht der nachrangigen nationalen Norm, der Vorzug gegeben wird, indem die Möglichkeit des einstweiligen Rechtsschutzes *per se* ausgeschlossen wird. Denn es steht nicht etwa eine Rechtmäßigkeits*fiktion* in Rede, sondern eben nur eine *Vermutung*, die in einem Verfahren der gerichtlichen Überprüfung widerlegt werden kann. Da nun aber in den vielschichtigen und komplexen Zusammenhängen moderner Rechtsordnungen die Zeitpunkte der physiologischen *Entstehung* eines Rechts und dessen endgültiger *Feststellung* nicht zusammenfallen, verdeutlicht die Widerlegbarkeit der Vermutung geradezu die Notwendigkeit einstweiligen Rechtsschutzes.[341] Es ist eine ureigene Funktion des vorläufigen Rechtsschutzes, der Gefahr entgegenzuwirken, dass die gerichtliche Feststellung des Rechts für seinen Inhaber zu spät kommt und er einen nicht wieder gutzumachenden Schaden erleidet.[342] Die Rechtscheinskonkurrenz zwischen der Rechtmäßigkeit des *Merchant Shipping Act 1988* und dem Bestehen der gemeinschaftsrechtlichen Rechtspositionen ist deshalb nicht pragmatisch einseitig zu lösen,

---

[339] Allerdings ist der Gerichtshof auch nicht auf den Einwand der „Immunität der Krone" ausdrücklich eingegangen, sondern spricht allgemein von einer „Vorschrift des nationalen Rechts" (EuGH, Urteil v. 19. 6. 1990 [Rs. C-213/89], Slg. 1990, Slg. 1990, I-2433 (2474, Tz. 21) – *Factortame*.

[340] Eine Gültigkeitsvermutung für Gemeinschaftsrecht hat der EuGH ausdrücklich im Urteil v. 13. 2. 1979 (Rs. 101/78), Slg. 1979, 623 (636) – *Granaria BV* –, anerkannt.

[341] Vgl. GA *Tesauro* in den Schlussanträgen zu EuGH, Urteil v. 19. 6. 1990 (Rs. C-213/89), Slg. 1990, I-2433 (2450 ff., 2458, Tz. 20) – *Factortame*.

[342] Die Offenhaltung des Hauptsacheverfahrens (Sicherungsfunktion) ist die primäre spezifische Funktion des Eilrechtsschutzes, vgl. *Schoch*, in: *Schoch/Schmidt-Aßmann/Pietzner*, VwGO, 2003, Vorb § 80 Rn. 34. Vgl. auch *Erichsen/Klenke*, DÖV 1976, 833 (839); *Leipold*, Grundlagen des einstweiligen Rechtsschutzes, 1971, S. 186 f.

indem etwa die Möglichkeit einstweiligen Rechtsschutzes grundsätzlich ausgeschlossen wird – das Gemeinschaftsrecht selbst enthält ja auch die Möglichkeit der Vollzugsaussetzung in Art. 242 S. 2 EGV[343] –, sondern auf der Ebene der materiellen Voraussetzungen. Das bedeutet, dass es wiederum eine Frage der materiellen Kriterien *periculum in mora* und *fumus boni iuris* sowie des notwendigen Beweismaßes bei deren Geltendmachung ist, ob vorläufiger Rechtsschutz zu gewähren ist oder nicht.

In seinen Schlussanträgen weist der Generalanwalt noch auf einen weiteren Gesichtspunkt hin, der zur Zurückweisung des Vereinbarkeitsvermutungseinwandes führt. Die Gerichte können auf Grund des Vorrangs des Gemeinschaftsrechts nationalen Gesetzen *endgültig* die Anwendung versagen. Daher müssen sie *per argumentum de maiore ad minus* auch zur vorläufigen Untersagung berechtigt sein.[344]

Es zeigt sich also, dass die Vermutung der Vereinbarkeit britischer Gesetze mit Gemeinschaftsrecht zwar gemeinschaftsrechtlich nicht zu beanstanden ist. Allerdings steht dieses Prinzip der Zulässigkeit einstweiligen Rechtsschutzes nicht entgegen, sondern belegt vielmehr dessen Notwendigkeit. In der Sache erweist sich dieser Einwand damit als nicht stichhaltig; deshalb bedarf es auch keiner Verdrängung dieser Regel durch das Vorrangprinzip.

(2) Schaffung eines neuen Rechtsbehelfs vor nationalen Gerichten?

Dem Europäischen Gerichtshof wurde vorgehalten, mit der Entscheidung Rechtsschutzmöglichkeiten für den Einzelnen geschaffen zu haben, die vorher nicht existierten; damit würde er sich zu seiner eigenen Rechtsprechung in der Rechtssache „Butterfahrten" in Widerspruch setzen.[345] Dort hatte der Gerichtshof entschieden, dass der EG-Vertrag zusätzlich zu den Rechtsbehelfen des nationalen Rechts keine neue Klagemöglichkeiten vor den nationalen Gerichten schaffen wollte, um Gemeinschaftsrecht zu wahren.[346] Zwar steht nach der Entscheidung des Gerichtshofes fest, dass einstweilige Verfahren in Fällen mit Gemeinschaftsbezug auch in den Staaten durchzuführen sind, in denen solche Verfahren für bestimmte Sachbereiche nicht vorgesehen sind.[347] Hierin ist aber keine Modifizierung der o. g. Aussage zu sehen,[348] da diese nicht auf bestimmte *Sachbereiche* beschränkt war. Dem englischen Recht war die Gewährung einstweiligen Rechtsschutzes auf Grundlage der materiellen Kriterien *periculum in mora* und *fumus boni iuris* nicht unbekannt,[349] das Institut war lediglich in Konstellationen der konkreten Art – vorläufige Maßnahme gegen die Krone – nicht anwendbar.

---

[343] Hierauf weist wiederum auch GA *Tesauro* in seinen Schlussanträgen hin, vgl. EuGH, Urteil v. 19. 6. 1990 (Rs. C-213/89), Slg. 1990, I-2433 (2450 ff., 2462, Tz. 27) – *Factortame*.

[344] Vgl. GA *Tesauro*, a.a.O., 2460 (Tz. 24).

[345] Vgl. *Toth*, CMLRev. 1990, 573 (586); *Curtin*, CMLRev. 1990, 709 (736); ähnlich *Craig/de Búrca*, EU Law, 3. Aufl. 2002, S. 237 ff.

[346] EuGH, Urteil v. 7. 7. 1981 (Rs. 158/80), Slg. 1981, 1805 (1838, Tz. 44) – *Butterfahrten*.

[347] Vgl. *Wiehe*, Effektiver vorläufiger Rechtsschutz, 2000, S. 184; *Ress*, JuS 1992, 985 (986).

[348] So aber *Wiehe*, a.a.O., (Fn. 757). Richtig dagegen *Gehrmann*, Vorläufiger Rechtsschutz, 1994, S. 139.

[349] Vgl. GA *Tesauro* in den Schlussanträgen zu EuGH, Urteil v. 19. 6. 1990 (Rs. C-213/89), Slg. 1990, I-2433 (2450 ff., 2463) – *Factortame*.

Durch die Entscheidung des Gerichtshofes wurde die Anwendbarkeit dieses Instituts nun auf eine dafür nicht vorgesehene Fallkonstellation ausgedehnt.[350]

c) Argument der Rechtsschutzgewährung

Als zweites Argument für die Verdrängung der nationalen Verfahrensvorschrift führt der Gerichtshof die Pflicht der innerstaatlichen Gerichte zur Gewährung des aus der unmittelbaren Wirkung des Gemeinschaftsrechts folgenden (notwendigen) Rechtsschutzes. Diese Verpflichtung wird – ebenso wie teilweise der Vorrang des Gemeinschaftsrechts selbst – auf die Mitwirkungspflicht der Mitgliedstaaten aus Art. 10 (ex-Art. 5) EGV gegründet. Auf der einen Seite *verbietet* Art. 10 EGV also den Mitgliedstaaten, dem Gemeinschaftsrecht widersprechende Vorschriften zu erlassen, um damit dessen Vorrang zu gewährleisten. Andererseits *gebietet* die Vorschrift ein positives Tätigwerden der nationalen Gerichte, um damit die unmittelbare Wirkung des Gemeinschaftsrechts zu sichern.[351]

Der Pflicht zur Rechtsschutzgewährung durch die nationalen Gerichte liegen zwei Gewährleistungsziele zu Grunde. Zum einen soll in objektivrechtlicher Hinsicht das Gemeinschaftsrecht in den Mitgliedstaaten durchgesetzt werden, zum anderen hat der Gerichtshof auch den subjektiven Rechtsschutz der Unionsbürger im Auge. Eine noch stärkere Betonung erfährt der Individualrechtsschutz durch das letzte, sogleich darzustellende Argument.

d) Argument der praktischen Wirksamkeit (effet utile) des durch Art. 234 (ex-Art. 177) EGV geschaffenen Rechtsschutzsystems

Am Ende seiner Urteilsbegründung untermauert der Europäische Gerichtshof sein Ergebnis noch mit dem das gesamte Gemeinschaftsrecht bestimmenden Grundsatz der praktischen Wirksamkeit *(effet utile)*. Wenngleich dieses Prinzip in seinem rechtlichen Gehalt und seiner Dogmatik noch immer nicht präzise geklärt ist,[352] so lassen sich im Wesentlichen zwei Hauptfunktionen ausmachen. In einem *objektivrechtlichen* Sinne kommt dem *effet utile* zum einen Bedeutung als Auslegungsgrundsatz des Gemeinschaftsrechts zu; zum anderen stellt es eine Kollisionsregel bzw. eine Methode zur Durchsetzung des Gemeinschaftsrechts gegenüber nationalem Recht dar (insofern besteht eine nahe „Verwandtschaft" zum Vorrangprinzip). In einem *individualschützenden* Sinne steht das Effektivitätsgebot gleichsam „auf Seiten" des Bürgers und geht insoweit im Grundsatz des effektiven Rechtsschutzes auf.[353]

---

[350] *Gehrmann*, Vorläufiger Rechtsschutz, 1994, S. 139.

[351] Ein Überblick über die Handlungs- und Unterlassungspflichten der Mitgliedstaaten aus Art. 10 EGV gibt *Hatje*, in: *Schwarze*, EU-Kommentar, 2000, Art. 10 EGV Rn. 12 ff.

[352] Im Detail ist hier vieles umstritten, vgl. zum Versuch einer Inhaltsbestimmung unten Zweiter Teil, B. III. 3. c) cc) (2) (S. 108 ff.). Ausführlich zum *effet utile* auch *Streinz*, in: Festschrift für Everling, 1995, S. 1491 ff.

[353] Näher zu der objektivrechtlichen und individualschützenden Komponente wiederum unten Zweiter Teil, B. III. 3. c) cc) (2) (a) und (b) (S. 109 ff.).

Nach Auffassung des Europäischen Gerichtshofes gebietet es die praktische Wirksamkeit des durch Art. 234 (ex-Art. 177) EGV geschaffenen Systems, dass ein nationales Gericht im Rahmen eines Vorabentscheidungsverfahrens einstweiligen Rechtsschutz gewährt, bis es auf Grundlage der Entscheidung des Gerichtshofes seine eigene Entscheidung erlässt.[354] Diese Feststellung gewinnt an Kontur, wenn man die Funktion des Vorabentscheidungsverfahrens betrachtet.[355] Primäres Ziel dieser Verfahrensart ist es, eine einheitliche Auslegung und Anwendung des Gemeinschaftsrechts in sämtlichen Mitgliedstaaten zu gewährleisten.[356] Daneben hat das Vorabentscheidungsverfahren jedoch auch Bedeutung für den Individualrechtsschutz.[357] Auf diese zweite Funktion zielt der Gerichtshof mit seiner Aussage ersichtlich ab; es geht ihm um die *Effektivität* des Rechtsschutzes, und zwar im Sinne eines *zeitlich* effektiven Rechtsschutzes.[358]

Das Argument der praktischen Wirksamkeit in dem hier verwandten Sinne hängt sachlich mit dem zweiten Argument – der Verpflichtung zur Rechtsschutzgewährung – zusammen. Während der Gerichtshof auf Grund der Mitwirkungspflicht aus Art. 10 Abs. 2 EGV die Pflicht zur Rechtsschutzgewährung überhaupt (mithin das „Ob“ des Rechtsschutzes) begründet, leitet er aus dem System des Art. 234 EGV das „Wie“ (*effektiver* Rechtsschutz) ab. Mit beiden Argumenten betont der Gerichtshof demnach den Individualrechtsschutz.

Das Urteil ist aus Sicht des Unionsbürgers, der um den Schutz und die Durchsetzung seiner subjektiven Rechte bemüht ist, sehr zu begrüßen. So rechtsschutzfreundlich die Entscheidung auf den ersten Blick erscheinen mag, sie relativiert sich jedoch bei einer näheren Betrachtung des Verhältnisses des Individualrechtsschutzes zum Anspruch des Gemeinschaftsrechts auf einheitliche Wirkung in den Mitgliedstaaten. Die Einheitlichkeit des Gemeinschaftsrechts und der Individualrechtsschutz befanden sich nämlich in der Rechtssache „Factortame“ nicht im Widerstreit, sondern standen „auf gleicher Seite“, da die zu schützenden subjektiven Rechte *Gemeinschafts*rechte waren.[359] Mit anderen Worten: Es ging nicht etwa um Rechtsschutz *gegen* Gemeinschaftsrecht, sondern um vorläufigen Schutz *des* (subjektiven) Gemeinschaftsrechts. Aus diesem Grund war die Heranziehung des Individualrechtsschutzes als Argument für die

---

[354] Vgl. EuGH, Urteil v. 19. 6. 1990 (Rs. C-213/89), Slg. 1990, I-2433 (2474, Tz. 23) – *Factortame*.

[355] Dazu ausführlich etwa *Dauses*, Vorabentscheidungsverfahren, 2. Aufl. 1995, S. 43 ff.

[356] Vgl. EuGH, Urteil v. 16. 1. 1974 (Rs. 166/73), Slg. 1974, 33 (38, Tz. 2) – *Rheinmühlen*; EuGH, Urteil v. 24. 5. 1977 (Rs. 107/76), Slg. 1977, 957 (972, Tz. 5) – *Hoffmann-La Roche*.

[357] *Schwarze*, in: *ders.*, EU-Kommentar, 2000, Art. 234 EGV Rn. 4; *Dauses*, Vorabentscheidungsverfahren, 2. Aufl. 1995, S. 48 f. Die individualschützende Funktion des Art. 234 EGV wird umso deutlicher mit Blick auf die eingeschränkte Klagebefugnis im Rahmen von Nichtigkeitsklagen, vgl. Art. 230 Abs. 4 EGV. Natürliche und juristische Personen können regelmäßig nur im Rahmen von nationalen Verfahren inzident die Gültigkeit von Gemeinschaftshandlungen bestreiten und diese Frage dann über Art. 234 EGV vor den EuGH bringen.

[358] Die objektive Funktion des Vorabentscheidungsverfahrens, die Sicherung der Einheitlichkeit des Gemeinschaftsrechts, kommt in der „Factortame“-Entscheidung natürlich ebenfalls zur Geltung. Diese Erwägung hat der Gerichtshof jedoch gelöst vom Vorabentscheidungsverfahren als eigenständiges Argument für die Zulässigkeit der Gewährung einstweiligen Rechtsschutzes verwendet, vgl. dazu oben Zweiter Teil, B. I. 5. b) (S. 55 ff.).

[359] In diese Richtung argumentiert auch *Wiehe*, Effektiver vorläufiger Rechtsschutz, 2000, S. 184.

Zurückdrängung des nationalen Verfahrensrechts nicht Selbstzweck, sondern diente (zumindest auch) dem eigentlichen Anliegen des Europäischen Gerichtshofes, nämlich der Sicherstellung der Wirkung des Gemeinschaftsrechts.[360] In Konsequenz dessen wurde gegenüber dem Gerichtshof auch der Vorwurf erhoben, er instrumentalisiere den Individualrechtsschutz zu Gunsten des Gemeinschaftsinteresses.[361] Dieser Vorwurf wird umso verständlicher, wenn man die zweite Grundsatzentscheidung zum einstweiligen Rechtsschutz durch nationale Gerichte, die Rechtssache „Tafelwein", mit heranzieht. Darin waren der Individualrechtsschutz und die einheitliche Wirkung des Gemeinschaftsrechts gegenläufige Prinzipien. In dieser noch zu erörternden Entscheidung hat der Gerichtshof den Individualrechtsschutz denn auch mit keinem Wort erwähnt.[362]

6. Ergebnis

Mit der Entscheidung in der Rechtssache „Factortame" hat der Europäische Gerichtshof klargestellt, dass einstweilige Anordnungen gegen die Verwaltung auch in denjenigen Rechtsordnungen zulässig sind, die dieses Institut für solche Fallgestaltungen nicht vorsehen. Dasselbe gilt für Mitgliedstaaten, in denen der Gewährung solcher Maßnahmen eine Vorschrift des nationalen Rechts entgegensteht.[363] So musste in der Rechtsordnung des Vereinigten Königreichs der althergebrachte Grundsatz des *Case Law* von der Immunität der Krone zurücktreten. Dagegen stellt das Urteil keinen Konflikt mit dem Dogma von der absoluten Rechtsherrschaft des britischen Parlaments dar.

Dass der Gerichtshof erstmals den Vorranggrundsatz auf den Bereich des vorläufigen Rechtsschutzes angewandt hat und die zu Grunde liegenden subjektiven Gemeinschaftsrechte noch nicht verbindlich feststanden, stellt keine Besonderheit im Vergleich zu den bisherigen Anwendungsfällen des Prinzips dar. Allerdings ist damit noch nicht entschieden, ob seine Heranziehung aus kollisionsrechtlicher Sicht zutreffend war.[364]

Offen geblieben ist nach der Entscheidung des Gerichtshofes auch, unter welchen Voraussetzungen die Gewährung von Maßnahmen des einstweiligen Rechtsschutzes zu erfolgen hat. Die Antwort auf diese Frage sollte jedoch wenig später in der Rechtssache „Süderdithmarschen" nachgereicht werden.[365]

Aus der Sicht des Unionsbürgers stellt sich das Urteil als sehr rechtsschutzfreundlich dar. Da die durchzusetzenden Rechte *Gemeinschafts*rechte waren, fiel es dem Gerichtshof leicht, das Argument der Rechtsschutzgewährung für den Zweck der Durch-

---

[360] Das Individualrechtsschutzprinzip in der „Factortame"-Entscheidung hervorhebend *Röben*, Einwirkungen der EuGH-Rechtsprechung, 1998, S. 166 f.

[361] Vgl. hier nur *von Danwitz*, DÖV 1996, 481 (486). Im Ergebnis, also nach Darstellung der weiteren Entwicklung zum einstweiligen Rechtsschutz durch nationale Gerichte, wird sich heraus stellen, dass dieser Vorwurf nicht haltbar ist, vgl. dazu unten Zweiter Teil, C. III. 1. a) aa) (S. 137 f.).

[362] Näher dazu unten Zweiter Teil, B. II. 4. f) (S. 82 f.).

[363] Ähnlich *Ress*, JuS 1992, 985 (986).

[364] Dazu unten Zweiter Teil, B. III. 3. c) dd) (S. 114 ff.) und 4. (S. 122 ff.).

[365] EuGH, Urteil v. 21. 2. 1991 (verb. Rs. C-143/88 u. C-92/89), Slg. 1991, I-415 ff. – *Süderdithmarschen*. Siehe dazu unten Zweiter Teil, C. I. (S. 126 ff.).

setzung des Gemeinschaftsrechts in Anspruch zu nehmen. Von besonderem Interesse wird sein, den Stellenwert des Individualrechtsschutzes zu untersuchen, wenn das subjektive Recht und das Gemeinschaftsrecht gegenläufige Prinzipien sind, so wie in dem sogleich dazustellenden Fall.[366]

II. Verpflichtung zur Durchsetzung des Gemeinschaftsrechts – der Fall „Tafelweindestillation"

Das zweite wegweisende Urteil des Europäischen Gerichtshofes in der Geschichte der Beeinflussung nationalen vorläufigen Rechtsschutzes durch europarechtliche Determinanten ist die Entscheidung zur obligatorischen Destillation von Tafelwein vom 10. 6. 1990.[367] Während im Fall „Factortame" das englische Verwaltungsprozessrecht betroffen war, stand nunmehr die deutsche Regelung des § 80 VwGO auf dem Prüfstand der Luxemburger Richter. Materiell-rechtlich ging es wie in der Rechtssache „Factortame" um Agrarrecht.

[366] Abschließend soll noch auf die Umsetzung des Urteils in der Rechtsprechung des Vereinigten Königreichs und den Fortgang der „Factortame"-Sache eingegangen werden. Bereits kurze Zeit nach Ergehen des Vorabentscheidungsurteils gewährte das *House of Lords* am 9. 7. 1990 (*Factortame Ltd. v. Secretary of State [No 2]*, [1991] 1 All E.R., 106 ff., *HL, per Lord Goff*) den Klägern die begehrte einstweilige Anordnung gegen die Krone. Da der EuGH keine Voraussetzungen für die Gewährung vorläufigen Rechtsschutzes vorgab (dies sollte erst in der „Süderdithmarschen"-Entscheidung kurze Zeit später erfolgen, vgl. unten Zweiter Teil, C. I. 2. b) [S. 129 f.]), entnahm das *House of Lords* die Voraussetzungen dem nationalen Recht. Diese ergaben sich insbesondere aus den in der „American Cyanamid"-Entscheidung (*American Cyanamid Co. v. Ethicon Ltd*,. [1975] 1 All E.R., 504 ff., *HL, per Lord Diplock*) niedergelegten Richtlinien (siehe dazu näher *Rajani*, Geltung und Anwendung des Gemeinschaftsrechts, 2000, S. 169 [Fn. 37]; *Liebert*, Europäische Integration und nationales Recht, 1995, S. 85 ff.). In die Entscheidung flossen auch zwei Urteile des EuGH ein, aus denen sich die Gemeinschaftswidrigkeit der Nationalitäts-, Aufenthalts- und Wohnortserfordernisse des *Merchant Shipping Act 1988* ergab (EuGH, Urteil v. 14. 12. 1989 [Rs. C-3/87], Slg. 1989, I-4459 [4507] – *Agegate*; EuGH, Urteil v. 14. 12. 1989 [Rs. C-216/87], Slg. 1989, I-4509 [4550 f.] – *Jaderow*).

Mittlerweile ist auch in rein nationalen Fällen die Möglichkeit von einstweiligen Anordnungen gegen die Krone anerkannt worden (vgl. dazu bereits oben Fn. 299). Zur weiteren Entwicklung der britischen Rechtsprechung in der Post-*Factortame*-Ära ausführlich *Rajani*, a.a.O., S. 177 ff.

Auch auf der Gemeinschaftsebene ging der „Factortame"-Streit weiter. In einem weiteren nationalen Verfahren begehrten die Kläger Schadensersatz für den Schaden, den sie in dem Zeitraum vom 1. 4. 1989, an dem das neue Registrierungssystem in Kraft trat, bis zur Modifizierung der Registrierungserfordernisse am 2. 11. 1989 erlitten hatten. Auch dieses Verfahren gelangte nach einer Vorlage des *Divisional Court* zum Europäischen Gerichtshof. Das hierauf ergangene Urteil (EuGH, Urteil v. 5. 3. 1996 [verb. Rs. C-46/93 u. C-48/93], Slg. 1996, I-1029 ff. – *Brasserie du Pêcheur & Factortame III*) hat in einem anderen rechtlichen Zusammenhang Berühmtheit erlangt, nämlich bei der Herausbildung des gemeinschaftsrechtlichen Staatshaftungsinstituts. Darin hat der Gerichtshof in Anlehnung an sein Grundsatzurteil in der Rechtssache „Francovich" (EuGH, Urteil v. 19. 11. 1991 [verb. Rs. C-6/90 u. C-9/90], Slg. 1991, I-5357 ff.) bestimmte Voraussetzungen für die Haftung eines Mitgliedstaates auf Grund eines Verstoßes gegen gemeinschaftliches Primärrecht aufgestellt.

[367] EuGH, Urteil v. 10. 7. 1990 (Rs. C-217/88), Slg. 1990, I-2879 ff. – *Kommission/Deutschland („Tafelwein")*.

1. Hintergründe

Auch bei der Darstellung des „Tafelwein“-Falles soll zunächst zum besseren Verständnis des Sachverhaltes auf die Hintergründe der Weindestillationsproblematik eingegangen werden.

Ausgangspunkt der Problematik ist die Tatsache, dass auf dem Agrarsektor in der Europäischen Union für viele landwirtschaftliche Produkte eine Überversorgung besteht. Dies gilt namentlich auch für die Produktion von Tafelwein. Die gemeinsame Marktorganisation für Wein[368], die Teil der Agrarpolitik der Europäischen Union gemäß Art. 33 ff. EGV ist, bestimmte in Art. 41 Abs. 1 der Rats-VO Nr. 337/79[369], dass die Kommission in Weinwirtschaftsjahren, in denen die produzierte Menge an Tafelwein den gewöhnlichen, gemeinschaftsweiten Jahresbedarf an Wein um mehr als fünf Monate überstieg, die Zwangsdestillation[370] einer bestimmten Gesamtmenge anordnen durfte. Dadurch sollte einerseits der Überproduktion an Tafelwein und einem damit verbundenen Preisverfall entgegengetreten werden. Neben den Erzeugern wurden durch die Destillation andererseits auch die Verbraucher geschützt, weil schlechtere Qualitätsstufen zur Destillation gebracht wurden und bessere dem Markt zugeführt wurden.[371] Aus der Gesamtmenge an Tafelwein wurde dann die auf die einzelnen Weinanbaugebiete entfallende Menge ermittelt.

Die Anordnung der Destillation erfolgte durch eine auf die genannte Rats-VO gestützte Verordnung der Kommission. Der Erlass der entsprechenden Heranziehungsbescheide zur Destillation und deren Überwachung oblag jedoch den Mitgliedstaaten, weil die Gemeinschaft auf diesem Gebiet über keinen eigenen Verwaltungsunterbau verfügte. Dementsprechend wurden die Mitgliedstaaten durch Art. 64 Abs. 1 S. 1 der VO Nr. 337/79 verpflichtet, „die notwendigen Maßnahmen [zu treffen], um die Einhaltung der Gemeinschaftsvorschriften auf dem Weinsektor zu gewährleisten“.

Erwähnenswert in diesem Zusammenhang ist noch Art. 6 Abs. 1 der VO Nr. 337/79, wonach die Erzeuger der Verpflichtung zur Destillation auch nachkommen mussten, wenn ihnen verschiedene in der Verordnung vorgesehene Interventionsmaßnahmen[372] (insbesondere Beihilfen für die private Lagerhaltung, vgl. Art. 7 u. 8 VO Nr. 337/79) zugute kommen sollten.

---

[368] Die aktuelle Fassung ergibt sich aus der VO Nr. 1493/99, ABl. 1999 L 179/1 ff. Hierdurch wurde die VO Nr. 822/87, ABl. 1987 L 84/1 ff., welche wiederum auf die hier in Rede stehende VO Nr. 337/79, ABl. 1979 L 54/1 ff., zurückgeht, grundlegend reformiert und vereinfacht. Das europäische Weinrecht war gekennzeichnet durch ein kompliziertes Geflecht an Rechtsvorschriften, vgl. *Pagenkopf*, NVwZ 1993, 216 (220 f.). Für die Zwecke der Falldarstellung wird weiter auf die zum Zeitpunkt der Entstehung des Streitfalles maßgebliche VO Nr. 337/79 abgestellt. Zur geltenden Fassung der Weinmarktorganisation vgl. *Hix*, in: *Schwarze*, EU-Kommentar, 2000, Art. 34 EGV Rn. 41 f.

[369] Vgl. Art. 39 der VO Nr. 822/87, a.a.O. Durch die Art 27 ff. der VO Nr. 1493/99, a.a.O., wurden die Destillationsregelungen umfassend reformiert; zur Rechtslage vor der Reform siehe EuGH, Urteil v. 29. 10. 1998 (Rs. C-375/96), Slg. 1998, I-6629 ff. – *Zaninotto*.

[370] Destillation ist die Verarbeitung des Tafelweins zu Branntwein.

[371] Zu den Zielsetzungen der Zwangsdestillation vgl. *Rohde*, Vorläufiger Rechtsschutz, 1998, S. 17.

[372] Zur Zielsetzung von Interventionsmaßnahmen *Tiedemann*, EuR 1979, 393 ff.

2. Sachverhalt

Um den großen Überschüssen an Tafelwein aus dem Vorjahr entgegenzuwirken, ordnete die Kommission zu Beginn des Weinwirtschaftsjahres 1984/85 mit den Verordnungen Nr. 147/85[373] Nr. 148/85[374] vom 18. 1. 1985, gestützt auf Art. 41 VO Nr. 337/79, die Destillation von 12 Millionen hl Tafelwein an. Davon sollten 68322 hl, insgesamt 0,57 % der Gesamtmenge, auf den deutschen Weinmarkt entfallen. In Vollzug dieser Verordnungen erließen die zuständigen deutschen Behörden 614 Bescheide gegenüber deutschen Weinerzeugern, durch die die zu destillierenden Tafelweinmengen festgesetzt wurden.

Gegen 506 dieser Bescheide wurden Widersprüche mit der Begründung eingelegt, dass die Kriterien, nach denen die zu destillierende Menge aufgeteilt wurde, zu Diskriminierungen zwischen den Erzeugern führten. Nachdem die deutschen Behörden die sofortige Vollziehung nicht anordneten und dementsprechend auch nicht von den in den §§ 6-18 VwVG festgesetzten Zwangsmitteln Gebrauch machen konnten, wurde der Wein unter dem Schutz der aufschiebenden Wirkung (§ 80 Abs. 1 S. 1 VwGO) verkauft. Die Destillierungsaktion verfehlte damit für den deutschen Markt ihren Zweck (statt der vorgesehenen 68.322 hl wurden 9140 hl Wein, also lediglich ca. 13 % der Gesamtmenge, tatsächlich destilliert).

Daraufhin leitete die Kommission gegen die Bundesrepublik Deutschland ein Vertragsverletzungsverfahren nach Art. 226 EGV ein. Es wurde der Vorwurf erhoben, die Bundesrepublik habe durch das Unterlassen der Anordnung der sofortigen Vollziehung der Bescheide gemäß § 80 Abs. 2 S. 1 Nr. 4 VwGO gegen Gemeinschaftsrecht verstoßen. Die Bundesrepublik vertrat in ihrer Äußerung gemäß Art. 226 Abs. 1 2. HS im Wesentlichen die Auffassung, dass für die Anordnung solcher Maßnahme keine Rechtsgrundlage bestanden habe. Am 2. 8. 1988 erhob die Kommission gemäß Art. 226 Abs. 2 EGV Klage gegen die Bundesrepublik.

3. Entscheidung des Europäischen Gerichtshofes

Mit Urteil vom 10. 7. 1990 stellte der Europäische Gerichtshof fest, dass

> „die Bundesrepublik Deutschland (...) dadurch gegen ihre Verpflichtungen aus Art. 5 EWGV und Art. 64 Abs. 1 der Verordnung (EWG) Nr. 337/79 des Rates vom 5. 2. 1978 über die gemeinsame Marktorganisation für Wein verstoßen [hat], daß sie beschlossen hat, die sofortige Vollziehung der Bescheide über die Heranziehung zur obligatorischen Destillation im Weinwirtschaftsjahr 1984/85 nicht anzuordnen und gegenüber den Erzeugern, die sich geweigert hatten, Tafelwein zur obligatorischen Destillation zu liefern, die im deutschen Recht vorgesehenen Zwangsmittel nicht einzusetzen."[375]

[373] VO der Kommission, ABl. 1985 L 16/25.

[374] VO der Kommission, ABl. 1985 L 16/32.

[375] Hierzu und zur folgenden Urteilsbegründung: EuGH, Urteil v. 10. 7. 1990 (Rs. C-217/88), Slg. 1990, I-2879 (2899 ff.) – *Tafelwein*.

In der Urteilsbegründung setzte sich der Europäische Gerichtshof systematisch sehr anschaulich mit den sechs Haupteinwänden der deutschen Regierung auseinander und wies diese nacheinander zurück. Für den hier interessierenden Bereich der Einwirkungen des Gemeinschaftsrechts auf das nationale Verfahrensrecht sind die prozessualen Argumente der Bundesrepublik, nämlich die fehlende gemeinschaftsrechtliche Verpflichtung zum Einsatz nationaler Zwangsmittel sowie die ernsthaften Bedenken gegen die Anordnung des Sofortvollzugs der Heranziehungsbescheide, am bedeutsamsten.

a) Zum Einwand der fehlenden Verpflichtung der Mitgliedstaaten nationale Zwangsmittel einzusetzen

Die Behauptung, die Mitgliedstaaten seien nicht verpflichtet, nationale Zwangsmittel einzusetzen, um die Durchführung von Maßnahmen der obligatorischen Destillation sicherzustellen, stützte die deutsche Regierung im Wesentlichen darauf, dass Art. 64 Abs. 1 der Verordnung Nr. 337/79 keine geeignete Rechtsgrundlage für nationale Zwangsmittel darstelle.

Hierzu stellte der Gerichtshof fest, dass eine Verpflichtung zum Einsatz nationaler Zwangsmittel zwar nicht ausdrücklich aus der Vorschrift folge. Eine solche ergebe sich jedoch daraus, dass die Vorschrift den Mitgliedstaaten die Pflicht auferlege, die notwendigen, d. h. sowohl gesetzgeberischen Maßnahmen wie Einzelfallregelungen zu treffen, um die Einhaltung der Gemeinschaftsvorschriften auf dem Weinsektor zu gewährleisten. Dies soll unabhängig davon gelten, ob diese Maßnahmen im nationalen Recht bereits vorgesehen seien oder noch eingeführt werden müssten.[376]

b) Zum Einwand, es sei Sache der Mitgliedstaaten zu bestimmen, durch welche Maßnahmen die Beachtung der Gemeinschaftsvorschriften am besten zu gewährleisten sei

Gewichtiger ist der Einwand der deutschen Regierung, es sei Sache der Mitgliedstaaten zu bestimmen, durch welche Maßnahmen die Beachtung der Gemeinschaftsvorschriften am besten zu gewährleisten sei; nach deutschem Recht hätten ernsthafte Bedenken gegen die Anordnung der sofortigen Vollziehung der Bescheide über die Heranziehung zur obligatorischen Destillation bestanden, weil die Voraussetzungen zum Erlass einer Anordnung der sofortigen Vollziehung nach § 80 Abs. 2 S. 1 Nr. 4 VwGO nicht vorgelegen hätten. Dem trat der Gerichtshof in zweierlei Hinsicht entgegen:

---

[376] EuGH, a.a.O., Tz. 14, 16. Gegen die Verpflichtung zum Einsatz nationaler Zwangsmittel wurde seitens der Bundesregierung auch Art. 6 Abs. 1 VO Nr. 337/79 ins Feld geführt, worin besondere, daher abschließende Sanktionen für die Nichterfüllung der Destillationsverpflichtung vorgesehen seien. Hierzu hat der EuGH ausgeführt, Art. 6 Abs. 1 besitze schon keinen Sanktionscharakter, weil darin nur eine Voraussetzung für die Durchführung bestimmter Interventionsmaßnahmen geregelt sei. Aber selbst wenn man die Vorschrift als besondere Sanktionsregelung verstehen würde, könne nicht davon ausgegangen werden, dass der Gemeinschaftsgesetzgeber dadurch den Einsatz nationaler Zwangsmittel ausschließen hätte wollen, vgl. Tz. 18, 19 des Urteils.

Das mit der obligatorischen Destillation verfolgte Ziel könne nur erreicht werden, wenn die Mitgliedstaaten die erforderlichen Maßnahmen innerhalb einer – von der Kommission im Wege einer tertiärrechtlichen Durchführungsverordnung festgelegten – bestimmten Frist durchführten. Nach Art. 64 Abs. 1 hätten die Mitgliedstaaten die Pflicht, alle dazu erforderlichen Maßnahmen zu ergreifen. Dazu gehöre auch die Beseitigung der durch die Einlegung von Rechtsbehelfen erlangten aufschiebenden Wirkung im Wege der Anordnung der sofortigen Vollziehbarkeit der Heranziehungsbescheide.[377]

Zum Hinweis, die Voraussetzungen für den Erlass von Anordnungen der sofortigen Vollziehbarkeit seien nicht erfüllt, führte der Gerichtshof aus, dass es für einen Mitgliedstaat nicht statthaft sei, sich auf Bestimmungen, Übungen oder Umstände seiner internen Rechtsordnung zu berufen, um die Nichtbeachtung seiner gemeinschaftsrechtlichen Verpflichtungen zu rechtfertigen.[378]

Um das mit der Zwangsdestillation verbundenen Ziel, die Stabilisierung des Tafelwein-Marktes, zu erreichen, bemühte der Gerichtshof also ersichtlich – ohne die beiden Prinzipien beim Namen zu nennen – zum einen den Grundsatz des *effet utile* und zum anderen den Grundsatz vom Vorrang des Gemeinschaftsrechts.

c) Zum Einwand der faktischen Unmöglichkeit der Anordnung des Sofortvollzugs

Mit Blick auf die Argumentation des Europäischen Gerichtshofes ist noch ein weiterer Einwand der deutschen Regierung von Interesse. Die Bundesregierung hatte geltend gemacht, dass die Anordnung der sofortigen Vollziehung der Heranziehungsbescheide zur Destillation in rein tatsächlicher Hinsicht ins Leere gegangen wäre, weil bei den deutschen Erzeugern nur geringe Tafelweinmengen vorhanden gewesen seien und der Ankauf von Wein bei Erzeugern in anderen Mitgliedstaaten kaum in Betracht gekommen sei.

Falls ein Mitgliedstaat, so der Gerichtshof zu diesem Argument, bei der Erfüllung seiner Verpflichtungen aus einer Verordnung der Kommission[379] auf Schwierigkeiten stoße, habe er diese Probleme der Kommission zu unterbreiten und ihr dabei geeignete Lösungen vorzuschlagen. Die Bundesrepublik Deutschland habe gegen ihre Pflicht aus Art. 10 (ex-Art. 5) EGV verstoßen, indem sie, statt nach einer einvernehmlichen Lösung zu suchen, einseitig auf die weitere Durchführung der Maßnahmen zur Zwangsdestillation verzichtet habe.[380]

---

[377] EuGH, a.a.O., Tz. 25.

[378] EuGH, a.a.O., Tz. 26. Der Gerichtshof zitiert ein Urteil v. 21. 2. 1990 (Rs. C-74/89), Slg. 1990, I-491 (491) – *Kommission/Belgien*.

[379] Die näheren Modalitäten der Destillation waren namentlich in den Kommissionsverordnungen Nr. 147 u. 148/85, ABl. 1985 L 16/25 u. 32, festgelegt.

[380] EuGH, Urteil v. 10. 7. 1990 (Rs. C-217/88), Slg. 1990, I-2879 (2907 f., Tz. 33) – *Tafelwein*. Zu den weiteren, hier weniger interessierenden Einwänden der Bundesregierung – im Hinblick auf Art. 61 Abs. 2 VO Nr. 337/79, die mögliche Anfechtung von Vollzugsanordnungen vor deutschen Gerichten sowie die Unverhältnismäßigkeit des mit solchen Anordnungen verbundenen Verwaltungsaufwandes – vgl. Tz. 21-23, 28 u. 30 des Urteils.

d) Fazit

Zusammenfassend lässt sich also festhalten, dass der Europäische Gerichtshof im Wesentlichen drei rechtliche Gesichtspunkte aufgeführt hat, welche die Pflicht der Bundesrepublik Deutschland zur Anordnung der sofortigen Vollziehbarkeit der Heranziehungsbescheide zur Zwangsdestillation untermauern sollten: die Effektivität des Gemeinschaftsrechts *(effet utile)*, den Grundsatz vom Vorrang des Gemeinschaftsrechts sowie die Pflicht zur loyalen Zusammenarbeit aus Art. 10 EGV.

4. Würdigung der Entscheidung

a) Gegenüberstellung der Begründungen in den Urteilen „Factortame" und „Tafelwein"

Ein Vergleich der Begründungsstrukturen in den Entscheidungen „Factortame" und „Tafelwein", die zeitlich unmittelbar aufeinander folgend (19. 6. und 10. 7. 1990) ergingen, verdeutlicht die Parallelität der beiden Rechtssachen zu Grunde liegenden Konstellationen.

In beiden Fällen ist der Vorranggrundsatz die tragende Säule der Entscheidung und hätte als Argument für sich bereits ausgereicht, um die Entscheidung zu stützen.

Der Gerichtshof rekurriert aber in beiden Rechtssachen auch auf die Mitwirkungspflicht der Mitgliedstaaten aus Art. 10 EGV. Im Fall „Factortame" folgt aus dieser Pflicht, dass die nationalen Gerichte den aus der unmittelbaren Wirkung des Gemeinschaftsrechts folgenden notwendigen Rechtsschutz gewährleisten müssen – *in concreto* also auch einstweilige Maßnahmen gegen die britische Krone zulassen müssen. In der Rechtssache „Tafelwein" hätte die Bundesrepublik Deutschland auf Grund Art. 10 EGV dem Destillationsgebot des Art. 64 Abs. 1 VO Nr. 337/79 zur Durchsetzung verhelfen müssen.

Schließlich dient in beiden Fällen das Effektivitätsprinzip im weiteren Sinne als Urteilsstütze. Im „Tafelwein"-Fall weist der Gerichtshof auf die Notwendigkeit der *fristgerechten* Durchführung der Destillationsmaßnahmen, um das dahinter stehende Ziel zu erreichen.[381] In der Rechtssache „Factortame" betont er die praktische Wirksamkeit des in Art. 234 EGV enthaltenen Rechtsschutzsystems. In beiden Fällen standen der Durchsetzung des Gemeinschaftsrechts Vorschriften bzw. Prinzipien des nationalen Rechts entgegen, einmal das Prinzip der Immunität der Krone, das andere Mal der Grundsatz der aufschiebenden Wirkung (Art. 80 Abs. 1 VwGO).

---

[381] EuGH, a.a.O., Tz. 25.

b) Realisierung des Vorrangs der gemeinschaftsrechtlichen Regelung durch den Europäischen Gerichtshof

Beide Prinzipien haben sich also in den jeweiligen Fällen als mit dem Gemeinschaftsrecht nicht vereinbar erwiesen und mussten zurücktreten. Dieses „Zurücktreten" realisierte der Gerichtshof jedoch in seinen Urteilen unterschiedlich. In der Rechtssache „Factortame" erklärte er die entgegenstehende Vorschrift des nationalen Rechts für unanwendbar. Dagegen wendete er sich in der Rechtssache „Tafelwein" nicht unmittelbar gegen die Regelung der aufschiebenden Wirkung, sondern stellte lediglich die Pflicht auf, Gemeinschaftsrecht vollziehende Bescheide durch die Anordnung der sofortigen Vollziehbarkeit und den Einsatz der vorgesehenen Zwangsmittel durchzusetzen. Die aufschiebende Wirkung wurde somit nur mittelbar moniert.

Dies lässt sich darauf zurückführen, dass der Gerichtshof lediglich auf die Durchsetzung des Gemeinschaftsrechts *im Ergebnis* abzielt, die Wahl des Mittels jedoch dem nationalen Recht überlässt. Da das deutsche Recht mit der Anordnung der sofortigen Vollziehbarkeit selber die Methode bereithält, um die aufschiebende Wirkung zu beseitigen, konnte sich der Gerichtshof damit begnügen, eine Pflicht zum Einsatz dieser Maßnahme zu begründen. In der „Factortame"-Konstellation hingegen war ein solch „schonender" Eingriff in das nationale Recht nicht möglich, weil der Grundsatz der Immunität der Krone der einstweiligen Rechtsschutzgewährung von vornherein entgegenstand. Gemeinschaftsrechtlich gebotener nationaler Rechtsschutz konnte damit nur bei einer völligen Verdrängung dieses Prinzips erlangt werden.

Freilich sind die Unterschiede in beiden Konstellationen geringer, als diese Feststellungen es vermuten lassen. Folge der Pflicht zur unbedingten Anordnung der sofortigen Vollziehbarkeit ist auch, dass materiell- oder verfahrensrechtliche Hindernisse, die solchen Anordnungen entgegenstehen, etwa das Ermessen in § 80 Abs. 2 S. 1 Nr. 4 VwGO, in ihrer Anwendbarkeit ebenfalls verdrängt werden.[382] Dennoch enthält das gewählte Vorgehen des Gerichtshofes eine gewisse Signalwirkung dergestalt, dass er bemüht zu sein scheint, Eingriffe in die mitgliedstaatliche Verfahrensautonomie[383] auf das notwendige Maß zu reduzieren.

c) Bestehen einer Kollisionslage

Wenn bisher von einer Verdrängung des nationalen Rechts über die Anwendung des Vorranggrundsatzes gesprochen wurde, so ist darin das tatsächliche Bestehen einer Kollisionslage impliziert. Ein Kollisionsfall bestand aber nur, wenn – entsprechend den Einwänden der Bundesregierung – das deutsche Recht Anordnungen der sofortigen Vollziehbarkeit in der vom Europäischen Gerichtshof geforderten Weise tatsächlich nicht zuließ. Der Gerichtshof selbst formulierte die Anwendung des Vorranggrundsatzes ebenfalls unter dieser Hypothese („Selbst wenn man annimmt, daß diese

---

[382] Zum Einfluss der Entscheidung auf das Ermessen in § 80 Abs. 2 S. 1 Nr. 4 VwGO näher sogleich unter Zweiter Teil, B. II. 4. c) aa) (2) (b) (S. 76 ff.).

[383] Dazu näher unten Zweiter Teil, B. III. 3. c) bb) (1) (S. 102 ff.).

Auffassung zutrifft“[384]). Es muss also untersucht werden, ob die materiellen Vorgaben der VO Nr. 337/79 durch das deutsche Vollzugsrecht durchgesetzt werden konnten.

Die Anwendung des deutschen Rechts hat dabei nach allen anerkannten Auslegungsmethoden, inklusive der Methode der gemeinschaftskonformen Auslegung,[385] zu erfolgen. Die gemeinschaftskonforme Auslegung, die sich insbesondere aus Art. 10 EGV ergibt[386] und der sowohl die mitgliedstaatlichen Gerichte wie auch die Exekutive verpflichtet sind,[387] steht methodisch vor der Anwendung des Vorranggrundsatzes, weil dadurch gerade der Konflikt, der die Anwendung des Vorrangprinzips erforderlich macht, vermieden werden kann.[388] Hierin verdeutlicht sich zugleich die tragende Rolle des Prinzips zur Vermeidung von Reibungsverlusten zwischen Rechtsordnungen,[389] die zwar parallel und eigenständig nebeneinander bestehen, aber denselben territorialen Geltungsraum beanspruchen. Die gemeinschaftskonforme Auslegung erfordert eine Auslegung des nationalen Rechts im Lichte des Wortlauts und des Zwecks des Gemeinschaftsrechts, um dessen Ziele zu erreichen.[390] Unter mehreren zur Verfügung stehenden Auslegungsmöglichkeiten ist diejenige zu wählen, die der Zielsetzung der entsprechenden Gemeinschaftsregelung am ehesten gerecht wird.

Erst nach Beurteilung der Rechtslage nach deutschem Recht kann somit festgestellt werden, ob im Fall „Tafelwein“ tatsächlich ein Kollisionsproblem vorlag, mit der Folge, dass die Entscheidung des Gerichtshofes als Modifizierung des nationalen Rechts verstanden werden muss,[391] oder ob das von ihm geforderte Ergebnis nicht ohnehin in rechtmäßiger Weise allein nach nationalem Recht zu erreichen gewesen wäre. Letzterenfalls würde die Bedeutung der Entscheidung nicht über die bloße Feststellung eines Rechtsverstoßes hinausreichen.

---

[384] EuGH, Urteil v. 10. 7. 1990 (Rs. C-217/88), Slg. 1990, I-2879 (2906, Tz. 26) – *Tafelwein*. Dieses Vorgehen ist auch folgerichtig, weil dem EuGH nach Art. 220 EGV lediglich die Befugnis zukommt, das Gemeinschaftsrecht auszulegen, nicht jedoch das nationale Recht.

[385] Vgl. zur *richtlinien*konformen Auslegung EuGH, Urteil v. 10. 4. 1984 (Rs. 14/83), Slg. 1984, 1891 (1909) – *v. Colson u. Kamann*; EuGH, Urteil v. 10. 4. 1984 (Rs. 79/83), Slg. 1984, 1921 (1942) – *Harz*; EuGH, Urteil v. 15. 5. 1986 (Rs. 222/84), Slg. 1986, 1651 (1690) – *Johnston*; EuGH, Urteil v. 20. 9. 1988 (Rs. 31/87), Slg. 1988, 4635 (4662) – *Beentjes*; EuGH, Urteil v. 7. 11. 1989 (Rs. 125/88), Slg. 1989, 3533 (3546) – *Nijman*; EuGH, Urteil v. 13. 11. 1990 (Rs. C-106/89), Slg. 1990, I-4135 (4159) – *Marleasing*. Bei der richtlinienkonformen Auslegung handelt es sich um einen Unterfall der gemeinschaftskonformen Auslegung, nach der auch Verordnungen und das Primärrecht Maßstab für die Auslegung des nationalen Rechts sind, vgl. *Jarass*, EuR 1991, 211 (223); *Salzwedel*, UPR 1989, 41 (42).

[386] Für die richtlinienkonforme Auslegung zusätzlich i. V. m. Art. 249 Abs. 3 EGV vgl. *Hatje*, in: *Schwarze*, EU-Kommentar, 2000, Art. 10 EGV Rn. 27.

[387] EuGH, Urteil v. 10. 4. 1984 (Rs. 14/83), Slg. 1984, 1891 (1909) – *v. Colson u. Kamann*.

[388] Vgl. *Rohde*, Vorläufiger Rechtsschutz, 1998, S. 98.

[389] Ähnlich *Klein*, Der Staat Bd. 33 (1994), S. 39 (45).

[390] Grundlegend für Richtlinien EuGH, Urteil v. 10. 4. 1984 (Rs. 14/83), Slg. 1984, 1891 (1909, Tz. 26, 28) – *v. Colson u. Kamann*.

[391] Auch für diesen Fall bleibt die Zulässigkeit der Anwendung des Vorranggrundsatzes aus *kollisionsrechtlicher* Sicht, ebenso wie schon bei der Würdigung der Rechtssache „Factortame“, vgl. oben Zweiter Teil, B. I. 5. b) bb) (S. 56 ff.), und Fn. 337, an dieser Stelle offen. Dazu eingehend unten Zweiter Teil, B. III. 3. c) dd) (S. 114 ff.) und 4. (S. 122 ff.).

aa) Rechtslage nach deutschem Verwaltungsprozessrecht

Die sofortige Vollziehbarkeit der Heranziehungsbescheide zur Zwangsdestillation konnte sich nur aus § 80 Abs. 2 S. 1 VwGO ergeben, nachdem den eingelegten Widersprüchen der Betroffenen gemäß dem Grundsatz des § 80 Abs. 1 VwGO aufschiebende Wirkung zukam. Die Nr. 1 (öffentliche Abgaben und Kosten) sowie die Nr. 2 (unaufschiebbare Maßnahmen von Polizeivollzugsbeamten) waren dabei thematisch schon nicht einschlägig, so dass die aufschiebende Wirkung der Widersprüche allein nach Nr. 3 und Nr. 4 des § 80 Abs. 2 S. 1 VwGO hätte entfallen können.

(1) Sofortvollzug nach § 80 Abs. 2 S. 1 Nr. 3 VwGO

Eine sofortige Vollziehbarkeit der Bescheide nach der 1. Alt dieser Vorschrift („in anderen durch Bundesgesetz vorgeschriebenen Fällen") käme nur in Betracht, wenn die Weinmarktordnung, auf der die Bescheide beruhen, als ein „andere[r] durch Bundesgesetz"[392] vorgeschriebener Fall verstanden werden kann. Unter einem Bundesgesetz im Sinne dieser Vorschrift ist grundsätzlich nur ein *formelles*, d. h. ein vom deutschen Parlament erlassenes Gesetz zu verstehen; der Ausschluss der aufschiebenden Wirkung durch eine Rechtsverordnung genügt nicht.[393] Dieser Anforderung werden die einschlägigen Bestimmungen der Weinmarktordnung nicht gerecht.

Daran ändert auch nichts, dass der Begriff „Bundesrecht" in § 137 Abs. 1 VwGO auch Gemeinschaftsrecht umfasst.[394] Denn im Rahmen des Revisionsrechts geht es darum, bundesweit geltende Normen von nur landesweit geltenden Normen zu unterscheiden.[395] Die Systematik des § 137 Abs. 1 VwGO ist deshalb nicht auf § 80 Abs. 2 S. 1 Nr. 3 VwGO übertragbar, zumal der Begriff „Bundes*gesetz*" enger als „Bundesrecht" zu verstehen ist.[396]

Denkbar wäre weiterhin, bei dem nach Art. 23 Abs. 1 (bzw. vormals Art. 24 Abs. 1) i. V. m. Art. 59 Abs. 2 S. 1 GG erlassenen deutschen Zustimmungsgesetz zu den Römischen Verträgen anzusetzen. Es ließe sich vertreten, das Zustimmungsgesetz i. V. m. den einschlägigen Vorschriften der Weinmarktordnung würden bundesrechtlich den Vorrang des Gemeinschaftsrechts und damit korrelierend die unbedingte – also ohne eine mögliche Hemmung durch das Eintreten einer aufschiebenden Wir-

---

[392] Eine sehr ausführliche Begriffsbestimmung unter Heranziehung der „klassischen" Auslegungsmethoden nach Wortlaut, Systematik, Historie sowie Sinn und Zweck (vgl. dazu *Fikentscher*, Methoden des Rechts IV, 1977, S. 356 ff.) findet sich bei *Rohde*, Vorläufiger Rechtsschutz, 1998, S. 82 ff.

[393] *Schmidt*, in: *Eyermann*, VwGO, 11. Aufl. 2000, § 80 Rn. 28; *Schoch*, in: *Schoch/Schmidt-Aßmann/Pietzner*, VwGO, 2003, § 80 Rn. 126.

[394] Vgl. BVerwGE 35, 277 (278); BVerfG, Beschluss v. 22. 12. 1992 (2 BvR 557/88), NVwZ 1993, 883 (883 f.), für § 118 Abs. 1 S. 1 FGO, der § 137 Abs. 1 Nr. 1 VwGO entspricht. Siehe dazu auch *Gellermann*, in: *Rengeling/Middeke/Gellermann*, Rechtsschutz in der EU, 2. Aufl. 2003, § 36 Rn. 73.

[395] Vgl. BVerwGE, a.a.O. Insoweit kritisch zum Begriff „Bundesrecht" *Petzold*, NVwZ 1999, 151 (152). *Rohde*, Vorläufiger Rechtsschutz, 1998, S. 85 (Fn. 434), weist darauf hin, dass die Formulierung „bundesweit geltendes Recht" besser wäre.

[396] Vgl. *Rohde*, a.a.O., S. 85.

kung – Verpflichtung zur Destillation anordnen.[397] Der Umstand, dass das Zustimmungsgesetz vor In-Kraft-Treten der Verwaltungsgerichtsordnung erlassen wurde, steht diesem Gedankengang nicht entgegen. Denn § 80 Abs. 2 S. 1 Nr. 3 VwGO betrifft nicht nur der Verwaltungsgerichtsordnung zeitlich nachfolgende Bundesgesetze.[398] Gleichwohl würde ein solches Verständnis die Grenzen der Auslegung von § 80 Abs. 2 S. 1 Nr. 3 VwGO überschreiten. Es ist anerkannt, dass abgesehen vom Wortlaut der Norm bereits aus Gründen der Rechtssicherheit das Gesetz *selbst* das Entfallen der aufschiebenden Wirkung eindeutig, unmittelbar und ausdrücklich anordnen muss.[399]

Nach einer weiteren Auslegung ist der Begriff „Bundesgesetz" nur in negativer, abgrenzender Hinsicht zu verstehen. Danach soll lediglich *Landes*recht nicht als Ermächtigungsgrundlage für die Anordnung der sofortigen Vollziehung ausreichen. Vorschriften, die Vorrang vor formellen Gesetzen genießen – wie eben das Gemeinschaftsrecht –, sollen dagegen nicht von vornherein ausgeschlossen sein.[400] Auch dieser Ansatz ist jedoch mit dem soeben genannten Argument, dass das Gesetz *selbst* den Fortfall der aufschiebenden Wirkung anordnen muss, abzulehnen.

Schließlich ist auch in materiell-rechtlicher Hinsicht ein Fortfall der aufschiebenden Wirkung auf Grund der Weinmarktordnung nicht zu begründen. Daraus ergibt sich nämlich allein das unbedingte Destillationsgebot, es wird jedoch keine Aussage über Vollzugsfragen bzw. den einstweiligen Rechtsschutz getroffen.[401]

Eine gemeinschaftsfreundliche Auslegung des § 80 Abs. 2 S. 1 Nr. 3 VwGO dergestalt, dass sich die sofortige Vollziehbarkeit der Destillationsbescheide aus der Weinmarktordnung selbst hätte ergeben können, ist im Ergebnis nicht möglich.[402] Denn auch das Gebot der gemeinschaftskonformen Auslegung findet seine äußerste Grenze im Wortlaut der jeweils auszulegenden Vorschrift.[403]

---

[397] Vgl. *Lehr*, Einstweiliger Rechtsschutz und EU, 1997, S. 153; *Rohde*, a.a.O., S. 87, der § 80 Abs. 2 S. 1 Nr. 3 VwGO bei diesem Gedankengang als „dynamische Verweisung" begreift.

[398] BayVGH BayVBl. 1988, 372 (372); *Kopp/Schenke*, VwGO, 13. Aufl. 2003, § 80 Rn. 65; *Schoch*, in: *Schoch/Schmidt-Aßmann/Pietzner*, VwGO, 2003, § 80 Rn. 126; a. A. *Lehr*, Einstweiliger Rechtsschutz und EU, 1997, S. 154; *Schenke*, GewA 1968, 221 (223).

[399] BayVGH NJW 1977, 166 (166); *Jarass*, NVwZ 1987, 95 (98); *Vedder*, EWS 1991, 10 (14). Vgl. auch *Gellermann*, in: *Rengeling/Middeke/Gellermann*, Rechtsschutz in der EU, 2. Aufl. 2003, § 36 Rn. 73, unter Hinweis auf die überragende Bedeutung der Rechtsschutzgarantie des Art. 19 Abs. 4 GG.

[400] Diesen Gedanken aufwerfend *Gehrmann*, Vorläufiger Rechtsschutz, 1994, S. 174. Zwar ist mittlerweile durch das 6. VwGOÄndG vom 1. 11. 1996 in § 80 Abs. 2 S. 1 Nr. 3, *2. Alt.* VwGO der landesrechtliche Ausschluss der aufschiebenden Wirkung ausdrücklich zugelassen. Dies galt jedoch nicht – abgesehen von der Ausnahme nach § 187 Abs. 3 VwGO a. F. auf dem Gebiet des Verwaltungsvollstreckungsrechts – z. Z. der „Tafelwein"-Entscheidung.

[401] So *Lehr*, Einstweiliger Rechtsschutz und EU, 1997, S. 154.

[402] So auch *Gehrmann*, Vorläufiger Rechtsschutz, 1994, S. 175; *Haibach*, Gemeinschaftsrecht und vorläufiger Rechtsschutz, 1994, S. 131; *Lehr*, Einstweiliger Rechtsschutz und EU, 1997, S. 152 ff.; *Rohde*, Vorläufiger Rechtsschutz, 1998, S. 103; *Schoch*, in: *Schoch/Schmidt-Aßmann/Pietzner*, VwGO, 2003, § 80 Rn. 58; *Vedder*, EWS 1991, 10 (14).

[403] Vgl. *Nettesheim*, AöR Bd. 119 (1994), S. 261 (275); *Klein*, Der Staat Bd. 33 (1994), S. 39 (46).

(2) Anordnung der sofortigen Vollziehung nach § 80 Abs. 2 S. 1 Nr. 4 VwGO

Die Anordnung der sofortigen Vollziehbarkeit nach § 80 Abs. 2 S. 1 Nr. 4 VwGO ist zulässig, wenn sie im öffentlichen Interesse steht.[404] Anknüpfungspunkte für die Befolgung der im „Tafelwein"-Urteil begründeten Pflicht sind zum einen die Voraussetzung des „besonderen öffentlichen Interesses" auf der Tatbestandsseite der Norm sowie das Ermessen auf der Rechtsfolgenseite.

(a) „Besonderes öffentliches Interesse"

Nach allgemeinem Verständnis muss das „besondere Interesse" im Sinne dieser Norm wesentlich über das allgemeine öffentliche Interesse am Vollzug eines Verwaltungsakts hinausgehen.[405] Darüber hinaus muss es von seiner Gewichtigkeit das Rechtsschutzinteresse des Bürgers überwiegen.[406] Bei dem „besonderen öffentlichen Interesse" handelt es sich um einen unbestimmten Rechtsbegriff, so dass diese Umstände von der Behörde im Rahmen einer Abwägung festzustellen sind. An dieser Stelle setzte der Einwand der Bundesregierung an, wonach ein Überwiegen des öffentlichen Interesses auf Grund der zu befürchtenden Irreparabilität der Schäden bei den Betroffenen nicht hätte festgestellt werden können.[407]

Für das besondere öffentliche Vollzugsinteresse sind verschiedene Fallgruppen anerkannt.[408] Die tatbestandliche Weite des Begriffs bietet Raum für eine europarechtskonforme Auslegung dahin gehend, dass hierunter auch Gemeinschaftsinteressen fallen können.[409] Aus Art. 10 EGV folgt die Pflicht nationaler Behörden, dem Rechtsschutzinteresse des Bürgers die Interessen der Gemeinschaft gegenüberzustellen, wie sie auch und gerade in der Weinmarktordnung zum Ausdruck kommen. Das Gewicht der gemeinschaftlichen Interessen ergibt sich dabei aus dem Gemeinschaftsrecht selbst. Da in der Weinmarktordnung von einem unbedingten Destillationsgebot die Rede ist, lässt sich eine grundsätzliche Höhergewichtung des Gemeinschaftsrechts im „Tafelwein"-Sachverhalt unschwer begründen.

---

[404] Die Alternative des überwiegenden Interesses eines Beteiligten ist hier nicht von Relevanz.

[405] BVerfG, Beschluss v. 18. 7. 1973 (1 BvR 23, 155/73), BVerfGE 35, 382 (402); BVerfG, Beschluss v. 16. 7. 1974 (1 BvR 75/74), BVerfGE 38, 52 (58); BVerfG, Beschluss v. 12. 9. 1995 (2 BvR 1179/95), NVwZ 1996, 58 (59); *Schoch*, in: *Schoch/Schmidt-Aßmann/Pietzner*, VwGO, 2003, § 80 Rn. 144; *Kopp/Schenke*, VwGO, 13. Aufl. 2003, § 80 Rn. 92; *Schmidt*, in: *Eyermann*, VwGO, 11. Aufl. 2000, § 80 Rn. 35.

[406] *Rohde*, Vorläufiger Rechtsschutz, 1998, S. 105.

[407] Insoweit den Schlussanträgen von GA *Jacobs* zu EuGH, Urteil v. 10. 7. 1990 (Rs. C-217/88), Slg. 1990, I-2879 (2889 ff., Tz. 27) – *Tafelwein* –, entnommen.

[408] Vgl. etwa die Aufzählung bei *Schoch*, in: *Schoch/Schmidt-Aßmann/Pietzner*, VwGO, 2003, § 80 Rn. 149 ff. Die für das Verwaltungsrecht bewährte Methode der Fallgruppenbildung (so *Schoch*, a.a.O., Rn. 146) ermöglicht die notwendigen bereichsspezifischen Differenzierungen; dies ausdrücklich hervorhebend HessVGH NVwZ-RR 1993, 412 (413).

[409] Vgl. *Triantafyllou*, NVwZ 1992, 129 (132); *Rengeling*, VVDStRL Bd. 53 (1994), S. 202 (229); *Klein*, in: *Starck*, Rechtsvereinheitlichung, 1992, S. 117 (138); *Scheuing*, in: *Hoffmann-Riem/Schmidt-Aßmann*, Innovation und Flexibilität des Verwaltungshandelns, 1994, S. 289 (343).

Problematisch ist allerdings, dass der Gerichtshof die unbedingte und ausnahmslose Anordnung der sofortigen Vollziehbarkeit fordert und damit das Gemeinschaftsinteresse *a priori* vor das Interesse des Rechtsschutz Suchenden stellt. Für eine Abwägung im *Einzelfall* bliebe so kein Raum mehr. Indessen ist es nicht ungewöhnlich, dass es auf der Tatbestandsebene in einem Teilbereich auf Grund der Zielsetzung einer Norm – *in concreto* die tragende Bedeutung der Destillation zur Stabilisierung des Weinmarktes – im Ergebnis zu einem durchgehenden Überwiegen des öffentlichen Interesses kommt.[410] Denn auf der Rechtsfolgenebene sieht § 80 Abs. 2 S. 1 Nr. 4 VwGO ein behördliches Ermessen vor, das als Korrektiv grundsätzlich für die Berücksichtigung der Besonderheiten des Einzelfalls Raum bietet. Damit erweist sich eine gemeinschaftskonforme Auslegung zumindest des Begriffs des öffentlichen Interesses in der Weise als möglich, wie sie vom Europäischen Gerichtshof im „Tafelwein"-Urteil gefordert wird.[411]

(b) Ermessen

Das Problem ist jedoch damit nur scheinbar gelöst. Der Europäische Gerichtshof verlangt nämlich nicht nur eine grundsätzliche Höhergewichtung der Gemeinschaftsinteressen auf der Tatbestandebene, sondern die Bevorzugung des der Weinmarktordnung zu Grunde liegenden Gemeinschaftsinteresses *im Ergebnis*. Damit „schlägt" die Forderung der *ausnahmslosen* und *kategorischen* Sofortvollzugsanordnung der Destillation auf die Rechtsfolgenebene „durch". Es bleibt daher zu untersuchen, ob § 80 Abs. 2 S. 1 Nr. 4 VwGO auch in diesem Punkt einer gemeinschaftsfreundlichen Auslegung in dem vom Europäischen Gerichtshof vorgegebenen Sinne zugänglich ist.

(aa) Gebot der gemeinschaftskonformen Ermessensausübung

Die grundsätzliche gemeinschaftskonforme Ausübung des Ermessens ist mittlerweile als eine Selbstverständlichkeit des Europäischen Verwaltungsrechts anerkannt.[412] Daher besteht auch kein Zweifel, dass unter mehreren in Betracht kommenden Entscheidungsvarianten die gemeinschaftsfreundlichere zu wählen ist. Die Forderung des „Tafelwein"-Urteils geht allerdings weiter. Danach gibt es nur eine rechtmäßige Entscheidung beim Vollzug des Destillationsgebots, nämlich die unbedingte Anordnung der sofortigen Vollziehung im Sinne eines *a priori* feststehenden Ergebnisses, bei dem kein Raum für den einer Ermessensentscheidung zu Grunde liegenden Abwägungsvorgang besteht. Es ist zweifelhaft, ob sich ein solches Ergebnis *allein* durch eine ge-

---

[410] Nichts anderes wird durch die Entwicklung einer Typologie erreicht, vgl. soeben Fn. 408. Dadurch werden einerseits die notwendigen bereichsspezifischen Differenzierungen ermöglicht; andererseits wird innerhalb desselben Bereichs eine gleichmäßige Verwaltungsübung sichergestellt.

[411] Ebenso *Gellermann*, in: *Rengeling/Middeke/Gellermann*, Rechtsschutz in der EU, 2. Aufl. 2003, § 36 Rn.74. A. A. *Vedder*, EWS 1991, 10 (14), der allerdings insoweit nicht ausreichend zwischen dem öffentlichen Interesse auf Tatbestandsebene und dem behördlichen Ermessen differenziert.

[412] Vgl. nur *von Bogdandy*, in: *Grabitz/Hilf*, EU, 2003, Art. 10 EGV Rn. 47, m. w. N. aus der Rspr. des EuGH.

meinschaftsfreundliche Auslegung des Ermessens in § 80 Abs. 2 S. 1 Nr. 4 VwGO erzielen lässt.

(bb) „Ermessensreduzierung auf Null"

Denkbar ist, dies über die Rechtsfigur der „Ermessensreduzierung auf Null" zu bewerkstelligen.[413] Eine Ermessensreduzierung auf Null ist anzunehmen, wenn von sämtlichen der Verwaltung offen stehenden Handlungsmöglichkeiten alle bis auf eine ermessensfehlerhaft und somit rechtswidrig sind.[414] Ein typischer Anwendungsfall der Ermessensreduzierung ist dabei die Überlagerung der Ermessensnorm durch höherrangiges Recht.[415] Gerade wenn gewichtige Interessen der Gemeinschaft auf dem Spiel stehen, wird sich regelmäßig die Entscheidung auf der Rechtsfolgenseite in Richtung zwingender Anordnung des Sofortvollzugs verdichten. Dies ist typischerweise bei wirtschaftsrechtlichen Sachverhalten der Fall, wo kurzfristig und effektiv auf Marktereignisse reagiert werden muss – so auch in der hier vorliegenden „Tafelwein"-Konstellation.

Problematisch ist allerdings, dass auch im Falle der Reduzierung auf Null die Entscheidung eine Ermessensentscheidung bleibt. Auch einer solchen Entscheidung geht zwingend ein Abwägungsvorgang voraus,[416] wenn er auch nur dazu dienen mag, die rechtswidrigen Handlungsvarianten auszuscheiden. Hierin liegt der Unterschied zu einer gebundenen Entscheidung, bei der das Ergebnis der behördlichen Entscheidung – für den Fall, dass die handlungsbegründenden Tatbestandsvoraussetzungen vorliegen – *von vornherein* feststeht. Der Europäische Gerichtshof hingegen fordert statt der grundsätzlichen Automatik des Suspensiveffekts – gleichsam spiegelbildlich – eine Automatik der Anordnung der sofortigen Vollziehbarkeit in Sachverhalten wie dem des „Tafelwein"-Falles.[417] Dabei geht er von einer *generellen* Verpflichtung zur Anordnung bei Sachverhalten der vorliegenden Art aus, eine Ermessensreduzierung auf Null kann sich jedoch nur auf den jeweiligen Einzelfall beziehen.[418] Eine solche Automatik, bei der das Ergebnis der behördlichen Entscheidung *a priori* feststeht und keinerlei Raum für einen Abwägungsprozess lässt, ist deshalb mit dem Charakter einer Ermessensnorm nicht vereinbar.[419]

---

[413] *Gehrmann*, Vorläufiger Rechtsschutz, 1994, S. 178 f.; *Lehr*, Einstweiliger Rechtsschutz und EU, 1997, S. 156 f.; *Rohde*, Vorläufiger Rechtsschutz, 1998, S. 109; *Triantafyllou*, NVwZ 1992, 129 (133); *Schoch*, in: *Schoch/Schmidt-Aßmann/Pietzner*, VwGO, 2003, § 80 Rn. 165, der jedoch die Ermessensreduzierung auf Null als Folge der Vorrangwirkung begreift; hier geht es jedoch darum, mit Hilfe dieser Rechtsfigur die Anwendung des Vorrangprinzips gerade zu vermeiden.

[414] Vgl. nur *Maurer*, AllgVerwR, 14. Auflage 2002, § 7 Rn. 24.

[415] *Maurer*, a.a.O., Rn. 25; *Obermayer*, VwVfG, 3. Aufl. 1999, § 40 Rn. 50; *Gern*, DVBl.1987, 1194 (1198).

[416] Vgl. *Lehr*, Einstweiliger Rechtsschutz und EU, 1997, S. 157.

[417] Vgl. *Gehrmann*, Vorläufiger Rechtsschutz, 1994, S. 176 f.

[418] *Haibach*, Gemeinschaftsrecht und vorläufiger Rechtsschutz, 1994, S. 133; *Lehr*, Einstweiliger Rechtsschutz und EU, 1997, S. 157; *Wilke*, in: Gedächtnisschrift für Grabitz, 1995, S. 905 (910).

[419] So auch *Lehr*, Einstweiliger Rechtsschutz und EU, 1997, S. 157; *Rohde*, Vorläufiger Rechtsschutz, 1998, S. 109.

(cc) Anordnung der sofortigen Vollziehbarkeit als Ausnahme

Hinzu kommt noch ein weiterer Aspekt: Die Anordnung der sofortigen Vollziehbarkeit ist nach dem System des § 80 VwGO als Ausnahme konzipiert. Den Regelfall stellt der Eintritt der aufschiebenden Wirkung eines Rechtsbehelfs gemäß § 80 Abs. 1 VwGO dar. Wenn es nun, wie durch die Entscheidung des Gerichtshofes vorgesehen, zu einer Umkehrung dieses Verhältnisses[420] für einen gesamten materiellen Bereich kommt, ohne dabei die Möglichkeit zu haben, den Besonderheiten des Einzelfalls gerecht zu werden, so überschreitet ein solches Verständnis sowohl die Grenzen der Auslegung wie auch die *ratio legis* der Norm.[421]

(c) Fazit

Das mit der „Tafelwein"-Entscheidung geforderte Ergebnis kann also durch eine gemeinschaftskonforme Auslegung des § 80 Abs. 2 S. 1 Nr. 4 VwGO nicht erreicht werden,[422] die – generell! geforderte – Anordnung der sofortigen Vollziehbarkeit mithin auf diese Norm nicht gestützt werden.

Damit steht fest, dass das vom Europäischen Gerichtshof geforderte Ergebnis nach deutschem Verwaltungs(prozess)recht allein nicht zu erlangen war, sondern nur gemeinschaftsrechtlich herbeigeführt werden konnte.

(3) Gerichtliche Aussetzung nach § 80 Abs. 5 VwGO

Der Vollständigkeit halber soll noch auf den Einwand der deutschen Regierung bezüglich des Verhaltens der deutschen Verwaltungsgerichte eingegangen und dabei untersucht werden, wie deren Entscheidungen aus allein verwaltungsprozessualer Sicht im Falle eines Antrags nach § 80 Abs. 5 VwGO ausgesehen hätten.

Im Rahmen des Verfahrens nach § 80 Abs. 5 VwGO trifft das Gericht eine eigene und originäre Ermessensentscheidung;[423] es findet keine Überprüfung der Ausübung des behördlichen Ermessens statt. Allerdings wird die Anordnung der sofortigen Voll-

[420] Zu der verfassungsrechtlichen Dimension dieser Fragestellung vgl. unten Dritter Teil, A. II. 2. (S. 209 ff.).

[421] Vgl. *Rohde*, Vorläufiger Rechtsschutz, 1998, S. 109.

[422] So im Ergebnis auch *Gehrmann*, Vorläufiger Rechtsschutz, 1994, S. 180; *Lehr*, Einstweiliger Rechtsschutz und EU, 1997, S. 159; *Rohde*, Vorläufiger Rechtsschutz, 1998, S. 109 f.; *Classen*, Europäisierung der Verwaltungsgerichtsbarkeit, 1996, S. 113; *Vedder*, EWS 1991, 10 (15); *Haibach*, Gemeinschaftsrecht und vorläufiger Rechtsschutz, 1994, S. 133, bezeichnet eine gemeinschaftskonforme Auslegung als „problematisch"; *Triantafyllou*, NVwZ 1992, 129 (133); *Gellermann*, in: *Rengeling/Middeke/Gellermann*, Rechtsschutz in der EU, 2. Aufl. 2003, § 36 Rn. 74 f., sowie *Schoch*, in: *Schoch/Schmidt-Aßmann/Pietzner*, VwGO, 2003, § 80 Rn. 58, halten sie i. Erg. für durchführbar.

[423] BayVGH NVwZ 1983, 413 (414); *Kopp/Schenke*, VwGO, 13. Aufl. 2003, § 80 Rn. 146; *Schoch*, in: *Schoch/Schmidt-Aßmann/Pietzner*, VwGO, 2003, Vorb § 80 Rn. 65, mit zahlreichen Nachweisen aus Lit. und Rspr.

ziehbarkeit nach § 80 Abs. 2 S. 1 Nr. 4 VwGO auf formelle Rechtsfehler überprüft.[424] Dazu gehören insbesondere die Einhaltung des Begründungserfordernisses nach § 80 Abs. 3 VwGO sowie die Überprüfung der Entscheidung auf Rechtsfehler, die außerhalb des eigentlichen Abwägungsvorgangs liegen. Hierunter fällt auch die richtige Anwendung des Instituts der „Ermessensreduzierung auf Null".

Hätten also die Behörden ihr Ermessen in der vom Europäischen Gerichtshof vorgesehenen Art und Weise ausgeübt, also unter Verstoß gegen nationales Recht, so hätte dieser „Fehler" auch auf das gerichtliche Verfahren durchgeschlagen. Die mit Anträgen nach § 80 Abs. 5 VwGO befassten Verwaltungsgerichte hätten die Anordnung der sofortigen Vollziehung auf Grundlage von ausschließlich deutschem Recht aufgehoben und die aufschiebende Wirkung wieder hergestellt. Eine gemeinschaftskonforme Auslegung des § 80 Abs. 5 VwGO dergestalt, dass die Gerichte in der Lage wären, dem unbedingten Destillationsgebot *generell* Geltung zu verschaffen, ist auch hier nicht möglich. Konkret würde das nämlich bedeuten, dass die Verwaltungsgerichte Anträge nach § 80 Abs. 5 VwGO pauschal zurückweisen müssten.[425] Dann bliebe aber kein Raum mehr für eine *eigene* Entscheidung, erst recht nicht für eine abweichende von jener der Behörde. Bei der Ermessensentscheidung des Gerichts gelten aber die gleichen Grundsätze wie für die Verwaltung im Rahmen von § 80 Abs. 2 S. 1 Nr. 4 VwGO,[426] d. h. auch hier muss eine Abwägung *im Einzelfall* möglich bleiben.

Die Durchsetzung des unbedingten Destillationsgebots auf Grund der Weinmarktordnung war damit auch nicht im gerichtlichen Verfahren zu gewährleisten.[427]

bb) Zwischenergebnis

Es zeigt sich, dass das deutsche Recht keine Instrumente bereithielt, um die Durchsetzung der Weinmarktordnung in der vom Europäischen Gerichtshof gewünschten Art und Weise zu ermöglichen. Eine gemeinschaftsfreundliche Auslegung der maßgeblichen Bestimmungen des § 80 VwGO mit dem Ziel, dem Gemeinschaftsrecht im notwendigen Umfang Geltung zu verschaffen, war nicht möglich. Damit ist zugleich nachgewiesen, dass im „Tafelwein"-Rechtsstreit tatsächlich ein Normenkollisions-

---

[424] *Pietzner/Ronellenfitsch*, Das Assessorexamen im Öffentlichen Recht, 10. Aufl. 2000, § 58 Rn. 16; *Kopp/Schenke*, VwGO, 13. Aufl. 2003, § 80 Rn. 148.

[425] Nicht ausgeschlossen ist freilich eine Aufhebung der sofortigen Vollziehung bei offensichtlicher Rechtswidrigkeit auf Grund von Rechtswidrigkeitsgründen, die ihre Grundlage nicht im Gemeinschaftsrecht haben. Insofern missverständlich *Lehr*, Einstweiliger Rechtsschutz und EU, 1997, S. 160 (Fn. 254), der von einem praktisch vollständigen Ausschluss der einstweiliger Rechtsschutzmöglichkeiten ausgeht.

[426] *Lehr*, a.a.O. (Fn. 253).

[427] So im Ergebnis *Lehr*, Einstweiliger Rechtsschutz und EU, 1997, S. 160; *Vedder*, EWS 1991, 10 (14); *Engel*, Die Verwaltung Bd. 25 (1992), S. 437 (440); *Schwarze*, in: Festschrift für Börner, 1992, S. 389 (399). A. A. (entsprechend seiner Auffassung zu § 80 Abs. 2 S. 1 Nr. 4 VwGO) *Triantafyllou*, NVwZ 1992, 129 (133). *Gehrmann*, Vorläufiger Rechtsschutz, 1994, S. 181 f., hält eine gemeinschaftskonforme Auslegung des § 80 Abs. 5 VwGO (im Unterschied zu § 80 Abs. 2 S. 1 Nr. 4 VwGO) für möglich, allerdings erst unter Einbeziehung des „Süderdithmarschen"-Urteils. Dazu siehe unten Zweiter Teil, C. I. (S. 126 ff.).

problem vorlag und die Vorgaben der Weinmarktordnung nur unter Modifikation des nationalen Rechts umzusetzen waren.

d) Tragweite der Entscheidung im Hinblick auf das deutsche Verwaltungs(prozess)recht

Die Folge der nach Auffassung des Europäischen Gerichtshofes gebotenen Anwendung des Vorranggrundsatzes ist die Pflicht nationaler Behörden zur unbedingten Anordnung der sofortigen Vollziehbarkeit von Verwaltungsakten, welche die Zwangsdestillation von Tafelwein fordern. Hinsichtlich seiner Breitenwirkung scheint das Urteil des Gerichtshofes jedoch häufig überschätzt zu werden. Manche Autoren verstehen die Entscheidung offenbar dahin, dass nunmehr generell Verwaltungsakte, die Gemeinschaftsrecht vollziehen, für sofort vollziehbar erklärt werden müssten bzw. dass dies zumindest im Regelfall so erfolgen müsse.[428] Hierbei handelt es sich jedoch um ein Fehlverständnis der Entscheidung. Der Europäische Gerichtshof hat nämlich keineswegs die sofortige Vollziehbarkeit von auf Gemeinschaftsrecht beruhenden Verwaltungsakten allgemein und schlechthin gefordert. Er hat die Entscheidung vielmehr unter Einbeziehung des materiellen Rechts getroffen. Dabei hat er ausdrücklich auf das mit der materiellen Regelung verfolgte Ziel abgestellt, das nur erreicht werden könne, wenn die entsprechenden Maßnahmen fristgerecht durchgeführt würden.[429] Mit anderen Worten: Die Frage der Pflicht zur Anordnung des Sofortvollzugs ist mit Blick auf die Effektivität der zu vollziehenden materiellen Regelung zu beantworten. Die in Vollzug der Weinmarktordnung erforderliche Zwangsdestillation war dringlich in dem Sinne, dass bei verspäteter Durchsetzung das Ziel der Preisstabilität auf dem Weinsektor nicht im geforderten Umfang sichergestellt werden konnte. Jedoch ist nicht jede gemeinschaftsrechtliche Vollzugskonstellation vom Gedanken besonderer Eilbedürftigkeit geprägt. Häufig mag es dem Gemeinschaftsrecht genügen, *dass* seine Vollziehung sichergestellt ist, ohne dass ein besonderer Zeitpunkt von Bedeutung ist. In solchen Fällen ist nicht davon auszugehen, dass der Europäische Gerichtshof ebenfalls eine unbedingte Anordnung der sofortigen Vollziehung entsprechender Bescheide fordern würde.[430]

---

[428] So etwa *Lehr*, Einstweiliger Rechtsschutz und EU, 1997, S. 168: Die „nationalen Behörden [sind] künftig verpflichtet (...), den Sofortvollzug von auf Gemeinschaftsrecht beruhenden Verwaltungsakten im Rahmen des § 80 Abs. 2 anzuordnen“; *Redeker/von Oertzen*, VwGO, 13. Aufl. 2000, § 80 Rn. 3b. Vgl. auch *Ukrow*, Rechtsfortbildung, 1995, S. 255 ff. (insbes. Fn. 78); *Schmitt Glaeser/Horn*, Verwaltungsprozessrecht, 15. Aufl. 2000, Rn. 245a; sehr weit gehend auch *Schoch*, JZ 1995, 109 (114), wonach gemeinschaftsrechtlich ein exzessives Gebrauchmachen von der sofortigen Vollziehbarkeitsanordnung gemäß § 80 Abs. 2 S. 1 Nr. 4 VwGO geboten sein soll. Der Eindruck der Überschätzung des Urteils ergibt sich auch aus dem Umstand, dass nach seinem Ergehen von mehreren Autoren für eine Neufassung des § 80 Abs. 2 GG plädiert wurde, vgl. dazu sogleich unter e).

[429] EuGH, Urteil v. 10. 7. 1990 (Rs. C-217/88), Slg. 1990, I-2879 (2905, Tz. 25.) – *Tafelwein.*

[430] Die reduzierte Tragweite des Urteils richtig einschätzend auch *Buck*, Europäisierung des verwaltungsgerichtlichen vorläufigen Rechtsschutzes, 2000, S. 155 ff.; *Puttler*, in: *Sodan/Ziekow*, VwGO, 2003, § 80 Rn. 13; *Schmidt*, in: *Eyermann*, VwGO, 11. Aufl. 2000, § 80 Rn. 2; *Tomuschat*, in: Festschrift für Redeker, 1993, S. 273 (289).

Die beschränkte Tragweite des „Tafelwein"-Urteils kommt auch darin zum Ausdruck, dass seither keine weiteren Entscheidungen der Gemeinschaftsgerichte zur Frage des Sofortvollzugs von Gemeinschaftsrecht vollziehenden Verwaltungsakten ergangen sind. Dies lässt den Rückschluss zu, dass es sich dabei um eine Entscheidung in einer besonderen Konstellation handelt, die nicht ohne weiteres auf andere Sachverhalte übertragen werden kann.

Nach diesen Ausführungen soll die Reichweite des Urteils allerdings auch nicht unterschätzt werden. Sofern anderen Gemeinschaftsregelungen hinsichtlich ihrer Vollzugsbedürftigkeit ein vergleichbares Maß an Dringlichkeit innewohnt, so sind die Grundsätze der „Tafelwein"-Entscheidung ohne weiteres darauf zu übertragen.

e) Anpassung des § 80 Abs. 2 VwGO?

Das „Tafelwein"-Urteil wurde im deutschen Schrifttum zum Anlass genommen, eine Neuregelung des § 80 Abs. 2 VwGO zu fordern. So wird teilweise die Erweiterung des Ausnahmekataloges in § 80 Abs. 2 S. 1 VwGO um eine weitere Ziffer befürwortet, wonach die aufschiebende Wirkung bei Verwaltungsakten, die Gemeinschaftsrecht vollziehen, entfallen soll.[431] Weiter geht der Vorschlag von *Triantafyllou*, der sich aus Gründen der europaweiten Vereinheitlichung für eine generelle Abschaffung des automatischen Eintritts des Suspensiveffekts auch im deutschen Recht ausspricht.[432]

Aus Gründen der Rechtsklarheit mögen solche Überlegungen zu befürworten sein. Das gegenwärtige Nebeneinander von Gemeinschaftsrecht und nationalem Vollzugsrecht bei der Frage des Erlasses von sofortigen Vollzugsanordnungen birgt nicht zu unterschätzende Unsicherheiten für die mit der Anwendung von Gemeinschaftsrecht betrauten Institutionen. Aus Sicht der nationalen Behörden stellt sich die Frage, ob die zu vollziehende Gemeinschaftsvorschrift eine besondere Dringlichkeit in sich trägt. Bei der Rechtsanwendung kann die Gefahr offen zu Tage treten, dass verschiedene Behörden diesen Umstand unterschiedlich einschätzen, gerade wenn es noch keine einschlägige Rechtsprechung der Gemeinschaftsgerichtsbarkeit gibt. Hinzu kommt das Problem, dass es nationalen Behörden nicht möglich ist, eine verbindliche Auslegung durch den Europäischen Gerichtshof im Wege einer Vorlage zu erlangen, wie es etwa für Gerichte nach Art. 234 Abs. 2 EGV der Fall ist.[433] Die vielfach propagierte Einheitlichkeit des Gemeinschaftsrechts wäre erneut gefährdet.

[431] So *Gehrmann*, Vorläufiger Rechtsschutz, 1994, S. 180, 185; *Vedder*, EWS 1991, 10 (17); *Haibach*, Gemeinschaftsrecht und vorläufiger Rechtsschutz, 1994, S. 133. (An anderer Stelle seiner Arbeit – a.a.O., S. 203 f. – spricht er sich für eine Umkehr des Regel-Ausnahme-Verhältnisses von Suspensiveffekt und sofortiger Vollziehung aus, indem er vorschlägt, § 80 Abs. 1 VwGO dahin gehend zu ändern, dass Widerspruch und Anfechtungsklage keine aufschiebende Wirkung haben. In Abs. 2 soll die Zulässigkeit der Festlegung der aufschiebenden Wirkung durch Bundesgesetz geregelt sein.) Vgl. auch *ders.*, DÖV 1996, 60 (65). Ausführlich zur Frage des § 80 Abs. 2 VwGO *de lege ferenda* auch *Rohde*, Vorläufiger Rechtsschutz, 1998, S. 175 ff.

[432] *Triantafyllou*, NVwZ 1992, 129 (133 f.), obwohl der Autor eine europarechtskonforme Auslegung der geltenden Fassung von § 80 VwGO für möglich hält, vgl. bereits oben Fn. 422.

[433] In diesem Zusammenhang wurde durchaus nachvollziehbar auf die Problematik hingewiesen, dass zwar auch Verwaltungsbehörden, selbst solche der kommunalen Ebene (EuGH, Urteil v. 22. 6. 1989 [Rs. 103/88], Slg. 1989, 1839 [1871] – *Costanzo/Stadt Mailand*), vorrangiges Gemein-

Angesichts der beschränkten Tragweite[434] des „Tafelwein"-Urteils ist eine Anpassung des § 80 Abs. 2 GG jedoch nicht zwingend erforderlich. Zwar ist zutreffend, dass nun je nachdem, ob der Vollzug eines auf EG-Recht oder auf nationalem Recht beruhenden Verwaltungsakts in Rede steht, unterschiedliche Entscheidungsmaßstäbe gelten können.[435] Dieser Umstand bedeutet jedoch lediglich eine weitere Facette der Rechtsanwendung, der sich nationale Behörden und Gerichte stellen müssen. Im Übrigen stellt sich das Problem der Automatik des Suspensiveffekts nur als ein Anwendungsfall in einem wesentlich umfassenderen Komplex von Friktionen zwischen materiellem Gemeinschaftsrecht und den Regeln des deutschen Verfahrensrechts.[436] Legislative Maßnahmen müssten daher viel grundsätzlicher ansetzen, damit tatsächlich ein Gewinn an Rechtsklarheit und -bestimmtheit zu erzielen ist.[437]

f) Zur Frage des Individualrechtsschutzes

Wegen der Fokussierung des Europäischen Gerichtshofes auf die Effektivität der Durchsetzung des Gemeinschaftsrechts war die Entscheidung zwar in dieser Richtung zu erwarten. Dennoch gilt es zu erkennen, dass mit der Zurückdrängung des Instituts der aufschiebenden Wirkung ein Bereich des nationalen Rechts beschnitten wurde, der dem Individualrechtsschutz zu dienen bestimmt ist. Angesichts der Betonung des Stellenwerts des Rechtsschutzprinzips in der Rechtssache „Factortame"[438] und der Tatsache, dass dieses auch ein Element des Gemeinschaftsrechtssystems darstellt,[439] überrascht es, dass der Gerichtshof in der Entscheidung „Tafelwein" mit keinem Wort die gegenläufigen Interessen der Unionsbürger an effektivem vorläufigem Rechtsschutz erwähnt hat. Diese scheinbare Besonderheit lässt sich damit erklären, dass das Rechtsschutzprinzip in der „Factortame"-Sache gleichsam „auf Seiten" der Gemeinschaft stand und dazu dienen sollte, gemeinschaftlich begründete Rechte auf der mitgliedstaatlichen Ebene durchzusetzen. In der Rechtssache „Tafelwein" hingegen war der individuelle vorläufige Rechtsschutz auf Grund seiner starken Ausprägung im deutschen Recht „gegen" das Gemeinschaftsrecht gerichtet.

---

schaftsrecht unter Außerachtlassung staatlichen Rechts anzuwenden hätten. Es sei unklar, wie sie dieser Pflicht nachkommen sollen, wenn sie Zweifelsfragen nicht dem Gerichtshof vorlegen können, vgl. *Krück*, in: *Groeben/Thiesing/Ehlermann*, EG-Vertrag, 5. Aufl. 1997, Art. 177 EGV Rn. 48. Allerdings ist der Vertragswortlaut insoweit eindeutig. I. Ü. würde eine Vorlagebefugnis für Verwaltungsbehörden eine Vorlageflut beim EuGH auslösen, was in prozessökonomischen Hinsicht nicht zu befürworten ist, vgl. *Gehrmann*, Vorläufiger Rechtsschutz, 1994, S. 186 f.

[434] Siehe soeben unter d).

[435] Dazu *Schoch*, in: *Schoch/Schmidt-Aßmann/Pietzner*, VwGO, 2003, Vorb § 80 Rn. 29.

[436] Hierzu gehören auch die Schwierigkeiten bei der Anwendung des § 48 VwVfG im Rahmen der Rückforderung von gemeinschaftswidrigen Beihilfen. Vgl. aus der kaum zu überblickenden Literatur zu diesem Themenkomplex nur *Leiner*, Staatsbürgerschaften und EG-vertragliches Beihilfeverbot, 2002; *Sinnaeve*, Die Rückforderung gemeinschaftswidriger nationaler Beihilfen, 1997.

[437] In diese Richtung geht auch die insoweit zutreffende Argumentation von *Rohde*, Vorläufiger Rechtsschutz, 1998, S. 179 f.

[438] Vgl. dazu oben Zweiter Teil, B. I. 5. d) (S. 62 ff.).

[439] Seit EuGH, Urteil v. 15. 5. 1986 (Rs. 222/84), Slg. 1986, 1651 (1682, Tz. 18 f.) – *Johnston* –, ausdrücklich anerkannt. Vgl. dazu unten, Zweiter Teil, B. III. 3. c) cc) (2) (b) (S. 110).

Es drängt sich somit der Eindruck auf, dass der Gerichtshof dieses Prinzip nur zu Gunsten des Gemeinschaftsrechts, nicht jedoch zum Schutze *vor* Gemeinschaftsrecht heranzieht. Vor diesem Hintergrund aktualisiert sich an dieser Stelle der bereits zitierte[440] Vorwurf, der Individualrechtsschutz würde zu Gunsten von Gemeinschaftsinteressen instrumentalisiert.[441] Soweit man ausschließlich die Rechtssache „Tafelwein" als Maßstab heranzieht, sieht sich der Europäische Gerichtshof diesem Vorwurf zu Recht ausgesetzt. Denn der Gerichtshof hat dieser Entscheidung, in der erstmals das Spannungsverhältnis zwischen dem Grundsatz der einheitlichen Anwendung des Gemeinschaftsrechts und dem vorläufigen Rechtsschutz deutlich zu Tage trat,[442] Ersterem allzu pragmatisch und einseitig den Vorzug gegeben, obwohl das Rechtsschutzprinzip, wie erwähnt, ebenfalls Teil des Gemeinschaftsrechts ist.

Allerdings gilt es zu beachten, dass das „Tafelwein"-Urteil lediglich eine Etappe der Beeinflussung des nationalen einstweiligen Rechtsschutzes durch europarechtliche Determinanten darstellt. Um diesen Vorwurf endgültig bewerten zu können, ist es notwendig das gesamte Rechtsschutzsystem zu betrachten. Bereits an dieser Stelle sei darauf hingewiesen, dass der Gerichtshof bei dem in der Rechtssache „Tafelwein" zum Ausdruck kommenden Verständnis der subjektiven Rechte nicht stehen geblieben ist, sondern im weiteren Verlauf seiner Jurisdiktion den Individualrechtsschutz stärker hervorgehoben hat. Dies gilt insbesondere für den hier näher interessierenden Bereich des Individualrechtsschutzes auf dem Gebiet des einstweiligen Rechtsschutzes,[443] aber auch auf materieller Ebene[444] im Sinne der Einräumung von gemeinschaftsrechtlich begründeten Klagebefugnissen.[445]

---

[440] Siehe oben Zweiter Teil, B. I. 5. d) (S. 62 ff.).

[441] Vgl. *Schmidt-Aßmann*, DVBl. 1993, 924 (934); *Hansmann*, in: *Breuer u. a.*, EG-Umweltschutzrichtlinien, 1992, S. 21 (25 f.); *von Danwitz*, DÖV 1996, 481 (484); *ders.*, VerwArch Bd. 84 (1993), S. 73 (87); *Wiehe*, Effektiver Vorläufiger Rechtsschutz, 2000, S. 40; differenzierend *Everling*, NVwZ 1993, 209 (215): „Es ist (...) verständlich, dass versucht wird, den Bürger zur Überwachung [der Durchsetzung des Gemeinschaftsrechts – Einfügung des Verfassers] zu aktivieren."; vgl. auch *Schoch*, DVBl. 1997, 289 (293).

[442] So auch *Wiehe*, Effektiver vorläufiger Rechtsschutz, 2000, S. 186.

[443] Hierzu sei auf die nachfolgend zu besprechenden Entscheidungen „Süderdithmarschen" und „Atlanta" verwiesen. Vgl. insbes. unten Zweiter Teil, C. III. 1. a) aa) (1) (S. 137 f.).

[444] Insbesondere im Umweltrecht, vgl. EuGH, Urteil v. 28. 2. 1991 (Rs. C-131/88), Slg. 1991, I-825 (867, Tz. 7) – *Kommission/Deutschland (Grundwasser)*; EuGH, Urteil v. 30. 5. 1991 (Rs. C-361/88), Slg. 1991, I-2567 (2601, Tz. 16) – *Kommission/Deutschland (Schwefeldioxid)*; EuGH, Urteil v. 30. 5. 1991 (Rs. C-59/89), Slg. 1991, I-2607 (2631, Tz. 19) – *Kommission/Deutschland (Blei)*; EuGH, Urteil v. 17. 10. 1991 (Rs. C-58/89), Slg. 1991, I-4983 (5023, Tz. 14) – *Kommission/Deutschland (Oberflächenwasser)*, aber auch im öffentlichen Auftragswesen, im Bereich der Gleichberechtigung von Männern und Frauen sowie zu einzelnen Verfahrensvorschriften, vgl. zum Ganzen *Classen*, VerwArch Bd. 88 (1997), S. 645 ff.; *von Danwitz*, Verwaltungsrechtliches System, 1996, S. 230 ff.

[445] Dementsprechend kommt *Classen*, a.a.O., (677), zum Ergebnis, dass der Vorwurf der Instrumentalisierung der subjektiven Rechte im Hinblick auf den gesamten Rechtsschutz vor dem EuGH nicht haltbar sei.

5. Ergebnis

Der Grundsatz der aufschiebenden Wirkung als Folge der Rechtsbehelfseinlegung (§ 80 Abs. 1 VwGO) erwies sich als Hindernis für die Durchsetzung der gemeinschaftsrechtlichen Destillationsverpflichtung nach der Weinmarktordnung. In der Rechtssache „Tafelwein" formulierte der Europäische Gerichtshof dementsprechend eine Pflicht für die deutschen Behörden zur Anordnung der sofortigen Vollziehbarkeit von Bescheiden über die Heranziehung zur Zwangsdestillation.

Aus diesem Urteil folgt nunmehr allgemein die Pflicht nationaler Behörden, in Konstellationen nach Art der „Tafelwein"-Rechtssache die sofortige Vollziehbarkeit von auf Gemeinschaftsrecht beruhenden Bescheiden anzuordnen. Dagegen kann der Entscheidung nicht entnommen werden, dass dies für *alle* Fälle gelten soll, in denen Gemeinschaftsrecht vollzogen wird. Eine entsprechende Verpflichtung bemisst sich nach dem Effektivitätsanspruch der durchzusetzenden Gemeinschaftsnorm. Das bedeutet, dass dem materiellen Gemeinschaftsrecht eine besondere Vollzugsdringlichkeit innewohnen muss, um die Anordnung der sofortigen Vollziehung erzwingen zu können.

Mit dieser Entscheidung wurde zwar der deutsche vorläufige Rechtsschutz verkürzt.[446] Der Stellenwert des Individualrechtsschutzes im System des Gemeinschaftsrechts bleibt nach dem „Tafelwein"-Urteil jedoch offen: Während das Rechtsschutzprinzip in der Rechtssache „Factortame" noch ganz im Vordergrund stand, wurde es nun, da es sich mit dem Uniformitätsprinzip im Widerstreit befand, mit keinem Wort erwähnt. Eine Klärung sollten erst die nachfolgenden Entscheidungen „Süderdithmarschen" und „Atlanta" bringen.[447]

Der Europäische Gerichtshof rekurrierte zur Begründung seiner Auffassung im Wesentlichen, wie schon in der Rechtssache „Factortame", auf den Vorrang des Gemeinschaftsrechts. Da § 80 Abs. 2 VwGO einer gemeinschaftskonformen Auslegung zur Erreichung des vom Gerichtshof geforderten Zieles nicht zugänglich war, bestand zwar tatsächlich eine Kollisionslage. Ob die Auflösung solcher Kollisionen über die Anwendung der Vorrangregel Art materiell richtig ist, musste jedoch bislang – ebenso wie schon bei der Darstellung der Rechtssache „Factortame" – offen bleiben.[448]

Der Problematik um die Auflösung von Kollisionen soll deshalb im nachfolgenden Abschnitt umfassend nachgegangen werden.

---

[446] Wie dieser Umstand im Hinblick auf Art. 19 Abs. 4 GG zu bewerten ist, bleibt einer späteren Untersuchung vorbehalten. Dazu unten Dritter Teil, A. (S. 206 ff.).

[447] EuGH, Urteil v. 21. 2. 1991 (verb. Rs. C-143/88 u. C-92/89), Slg. 1991, I-415 ff. – *Süderdithmarschen*; EuGH, Urteil v. 9. 11. 1995 (Rs. C-465/93), Slg. 1995, I-3761 ff. – *Atlanta*. Vgl. insbes. unten Zweiter Teil, C. III. 1. a) aa) (1) (S. 137 f.).

[448] Vgl. oben Zweiter Teil, B. I. 5. b) bb) (S. 56 ff.), und Fn. 337 sowie Fn. 391. Zu dieser Frage näher unten Zweiter Teil, B. III. 3. c) dd) (S. 114 ff.) und 4. (S. 122 ff.).

III. Auflösung der Kollision zwischen Gemeinschaftsrecht und nationalem Recht

Die bisherige Untersuchung der Rechtssachen „Factortame“ und „Tafelwein“ hat deutlich bestehende Diskrepanzen zwischen Gemeinschaftsrecht und nationalem Recht auf dem Gebiet des einstweiligen Rechtsschutzes aufgezeigt. In beiden Fällen ging es um die einheitliche Anwendung des Gemeinschaftsrechts auf nationaler Ebene. Das eine Mal war der vorläufige Rechtsschutz im nationalen Recht aus Sicht des Gemeinschaftsrechts zu restriktiv ausgeprägt, um diesem zu seiner innerstaatlichen Wirkung zu verhelfen. Der Einfluss des Gemeinschaftsrechts führte dazu, dass der den einstweiligen Rechtsschutz des Vereinigten Königreichs beschränkende nationale Verfassungsgrundsatz der Immunität der Krone unanwendbar wurde. Das andere Mal wurde der national zu stark ausgeprägte vorläufige Rechtsschutz – die Automatik des Suspensiveffekts mit Rechtsbehelfseinlegung – auf das gemeinschaftsrechtlich gebotene Maß reduziert, indem eine Pflicht zur Anordnung der sofortigen Vollziehung aufgestellt wurde.

Solche Kollisionen sind typisch für zwei Rechtsordnungen, die zwar grundsätzlich unabhängig nebeneinander stehen, aber dennoch denselben territorialen Geltungsraum beanspruchen und infolgedessen „in vielfältiger Weise aufeinander bezogen, miteinander verschränkt und wechselseitigen Einwirkungen geöffnet sind“[449]. Der vorläufige Rechtsschutz ist dabei nur ein Beispielsfall für dieses Phänomen. Das eigentliche Problem ist in einen viel größeren Zusammenhang zu stellen; es tritt entlang der gesamten „Nahtstelle“ zwischen dem Gemeinschaftsrecht und dem nationalen Vollzugsrecht auf.[450]

In neuerer Zeit werden zunehmend Stimmen laut, die sich dafür aussprechen, die Kollisionsproblematik nicht von vornherein negativ zu besetzen. Im Vordergrund solle nicht der Konflikt zwischen EG-Recht und nationalem Recht stehen; vielmehr es sei sachgerechter, den Aspekt des Zusammenwirkens der beiden Rechtsordnungen zu betonen.[451] Das Verhältnis des Gemeinschaftsrechts zum Recht der Mitgliedstaaten sei nicht auf Konfrontation, sondern auf gegenseitige Beeinflussung angelegt; es sollte deshalb weniger in Kollisions- als vielmehr in Verzahnungskategorien gedacht werden.[452] Kollisionen seien nichts „Pathologisches“[453], keine programmwidrigen Störungen der „friedlichen Koexistenz“ von Gemeinschaftsrecht und nationalem Recht, sondern konstitutiver Bestandteil des Gemeinschaftssystems und Ausdruck einer sich gesund entwickelnden Gemeinschaftsrechtsordnung.[454]

Wenngleich es in der Tat gerechtfertigt erscheint, aus einem integrationsfreundlichen Blickwinkel in erster Linie die Hilfestellung der nationalen Rechtsordnungen beim Vollzug des materiellen Gemeinschaftsrechts zu akzentuieren, ändert dies nichts

---

[449] So das BVerfG in seinem „Solange II“-Beschluss v. 22. 10. 1986 (2 BvR 197/83), BVerfGE 73, 339 (368).

[450] So *Lehr*, Einstweiliger Rechtsschutz und EU, 1997, S. 170.

[451] Vgl. *Götz*, EuR 1986, 29 (29 f.).

[452] So *Brenner*, Der Gestaltungsauftrag der Verwaltung in der Europäischen Union, 1996, S. 264.

[453] *Kadelbach*, Allgemeines Verwaltungsrecht unter europäischem Einfluss, 1999, S. 23.

[454] *Niedobitek*, VerwArch Bd. 92 (2001), S. 58 (60).

an der Tatsache, dass Kollisionen eine Problemstellung aufwerfen, die einer Lösung bedarf. Wenn zwei Normen auf einen Sachverhalt anwendbar sind und bei ihrer Anwendung zu verschiedenen, miteinander unvereinbaren Rechtsfolgen führen,[455] so benötigt der Rechtsanwender eine Kollisionsnorm, um das anwendbare Recht bestimmen zu können. Bei der rechtlichen Behandlung von Kollisionen werden in der gemeinschaftlichen Rechtsprechung und Literatur zum Teil unterschiedliche Ansätze vertreten. Bevor darauf eingegangen wird, soll zunächst eine terminologische Einordnung der Problematik vorgenommen werden.

1. Grundsätzliche Unterscheidung: Direkte – indirekte Kollision

Im europarechtlichen Schrifttum wird üblicherweise zwischen direkten und indirekten Kollisionen von Gemeinschaftsrecht und nationalem Recht unterschieden.[456]

Eine direkte Kollision liegt vor, wenn nationale und gemeinschaftsrechtliche Normen desselben Regelungsbereichs sich in der Rechtsfolge widersprechen.[457] Dabei macht es keinen Unterschied, ob jeweils materielle oder jeweils verfahrensrechtliche Rechtssätze aufeinander treffen.

Von einer indirekten Kollision[458] ist dagegen auszugehen, wenn eine nationale Regelung, die nach der Kompetenzverteilung des EG-Vertrags im Bereich der mitgliedstaatlichen Befugnisse liegt, in ihren Wirkungen und rechtlichen Reflexen mit Normen des Gemeinschaftsrechts, die Bestandteil anderer Regelungsbereiche sind, kollidiert.[459] Typischerweise ist hierunter das Zusammentreffen eines materiellen Rechtssatzes des Gemeinschaftsrechts mit nationalem allgemeinen Verwaltungs-, Verfahrens- und Pro-

---

[455] So die Definition einer Normenkollision des BVerfG, Beschluss v. 29. 1. 1974 (2 BvN 1/69), BVerfGE 36, 342 (363), wie sie Art. 31 GG voraussetzt. Vgl. auch *Larenz/Canaris*, Methodenlehre, 3. Aufl. 1995, S. 250; *Burgi*, DVBl. 1995, 772 (774); *Jamrath*, Normenkontrolle, 1993, S. 78 f. Dieser Begriff ist nicht spezifisch verfassungsrechtlicher, sondern rechtslogischer Natur, vgl. *Schilling*, Rang und Geltung von Normen, 1994, S. 379, so dass es durchaus auch auf das hier interessierende Verhältnis zwischen EG-Recht und nationalem Recht übertragen werden kann.

[456] Die Unterscheidung geht zurück auf die insofern grundlegenden Beiträge von *Komendera*, Normenkonflikte, 1974, S. 3, 143 ff., und *Huthmacher*, Der Vorrang des Gemeinschaftsrechts bei indirekten Kollisionen, 1985, insbes. S. 134 ff. Vgl. auch *von Danwitz*, Verwaltungsrechtliches System, 1996, S. 115 f.; *Kadelbach*, Allgemeines Verwaltungsrecht unter europäischem Einfluss, 1999, S. 26 f., 31 ff.

[457] *Huthmacher*, a.a.O., S. 134; *Weber*, EuR 1986, 1 (3); *Beutler/Bieber/Pipkorn/Streil*, EU, 5. Aufl. 2001, S. 94, sprechen von einem „materiellen Konfliktfall".

[458] Teilweise auch als „mittelbare" Kollisionen tituliert, vgl. *Wiehe*, Effektiver vorläufiger Rechtsschutz, 2000, S. 39 f. *Frank*, ZÖR Bd. 55 (2000), S. 1 (22, Fn. 89), verwendet die Bezeichnung „mittelbare" Kollision hingegen für diejenigen Fälle, in denen nationales Recht und *nicht unmittelbar anwendbares* Gemeinschaftsrecht in Konflikt stehen. Diese Fallgruppe wird von *Rajani*, Geltung und Anwendung des Gemeinschaftsrechts, 2000, S. 36, wiederum – ebenso wie die hier in Frage stehende Kategorie – als „indirekte" Kollision bezeichnet. Zur Vermeidung von Missverständnissen soll im Rahmen dieser Untersuchung für das im Folgenden darzustellende Phänomen ausschließlich der Begriff der „indirekten" Kollision gebraucht werden.

[459] Grundlegend *Komendera*, Normenkonflikte, 1974, S. 141; *Huthmacher*, a.a.O., S. 137. Vgl. auch *Weber*, EuR 1986, 1 (3); *Lehr*, Einstweiliger Rechtsschutz und EU, 1997, S. 173; *Stern*, JuS 1998, 769 (773).

zessrecht zu verstehen.[460] Der Konflikt tritt nicht bei der Frage der Rechtsgewährung auf, wie es bei direkten Kollisionen der Fall ist, sondern im Verhältnis zwischen gemeinschaftsrechtlicher Rechtsgewährung und mitgliedstaatlicher Rechtsrealisierung.[461]

Der Unterschied zwischen beiden Kollisionskategorien sei kurz anhand der Situation in der Rechtssache „Factortame" illustriert. Zwischen dem britischen Seehandelsgesetz *(Merchant Shipping Act)* in der Fassung von 1988[462] und den Art. 43 ff., 12, 294 EGV lag eine direkte Kollision vor, weil die nach dem Seehandelsgesetz gewährleistete Niederlassungsfreiheit der spanischen Fischereigesellschaften nicht dem Umfang der Gewährleistung nach dem EG-Vertrag entsprach. Durch die jeweiligen materiellen Regelungen *desselben Regelungsbereichs* wurden unterschiedliche Rechtsfolgen vorgesehen. Nach Gemeinschaftsrecht war der Fischereibetrieb unter britischer Flagge zulässig, nach britischem Recht nicht. Im Unterschied dazu lag zwischen dem Prinzip der Immunität der Krone und dem aus Art. 43 ff., 12, 294 EGV folgenden Recht der Kläger eine indirekte Kollision vor. Das materielle Gemeinschaftsrecht konnte durch das britische Verfahrensrecht – Normen *verschiedener Regelungsbereiche* – im Verfahren des einstweiligen Rechtsschutzes nicht realisiert werden. Zusammenfassend lässt sich sagen, dass bei einer direkten Kollision das nationale Recht die gemeinschaftsrechtliche Rechtsposition *als solche negiert*, während es bei einer indirekten Kollision die gemeinschaftsrechtliche Rechtsposition – gewissermaßen „durch die Hintertür" – *sabotiert.*[463]

Indirekte Kollisionen haben ihre Ursache darin, dass die Gemeinschaft ihr materielles Recht typischerweise nicht selbst vollzieht, sondern auf die Mithilfe der nationalen Behörden und des nationalen Verfahrensrechts angewiesen ist (sog. indirekter oder mitgliedstaatlicher Vollzug durch nationale Organe)[464]. Der Europäische Gerichtshof erklärt deshalb in ständiger Rechtsprechung, dass es in Ermangelung einer gemeinschaftsrechtlichen Regelung Sache der Mitgliedstaaten sei, die zuständigen Gerichte zu bestimmen und das Verfahren auszugestalten, mit denen der Schutz der gemeinschaftlich gewährten Rechte gewährleistet wird.[465] Anders als auf der dezentralen Ebene, wo ein lang anhaltender Entwicklungsprozess in Rechtsprechung, Lehre und Verwaltungspraxis zu einer weiter gehenden Abstimmung zwischen Verfahrensrecht und materiellem Verwaltungsrecht geführt hat,[466] ist eine solche Kongruenz zwischen dem nationalen Vollzugsrecht und dem materiellen Gemeinschaftsrecht gerade nicht vorhanden. Diese Divergenz wird noch durch den Umstand verschärft, dass sich die nationalen Verfahrensordnungen zum Teil erheblich voneinander unterscheiden; dadurch wird ein noch größeres Gefahrenpotential für die einheitliche Anwendung des Gemeinschaftsrechts geschaffen. Es liegt auf der Hand, dass „indirekte Kollisionen"

[460] Vgl. *von Danwitz*, Verwaltungsrechtliches System, 1996, S. 115.
[461] *Niedobitek*, VerwArch Bd. 92 (2001), S. 58 (74).
[462] Vgl. dazu oben Zweiter Teil, B. I. 1. und 2. (S. 44 ff.).
[463] *Niedobitek*, VerwArch Bd. 92 (2001), S. 58 (76).
[464] *Scheuing*, in: *Hoffmann-Riem/Schmidt-Aßmann*, Innovation und Flexibilität des Verwaltungshandelns, 1994, S. 289 (294). Näher zu den Arten des Gemeinschaftsrechtsvollzugs vgl. unten Zweiter Teil, B. III. 3. c) bb) (1) (S. 102 f.).
[465] Vgl. nur EuGH, Urteil v. 14. 12. 1995 (verb. Rs. C-430/93 u. C-431/93), Slg. 1995, I-4705 (4737, Tz. 17) – *Van Schijndel und van Veen*.
[466] Dazu *Lehr*, Einstweiliger Rechtsschutz und EU, 1997, S. 176 f.

eines der Haupthindernisse für die Einheitlichkeit des Gemeinschaftsrechts darstellen.[467]

Die Differenzierung zwischen direkten und indirekten Kollisionen kann als weitgehend anerkannt gelten, wenngleich es unterschiedliche Auffassungen darüber gibt, ob dadurch ein Gewinn für die *Auflösung* von Kollisionen zu erzielen ist.[468] Teilweise wird gegen die Unterscheidung vorgebracht, sie sei praktisch schwer durchführbar und deshalb wenig sinnvoll.[469] Ungeachtet ihrer rechtlichen Behandlung und des tatsächlichen Nutzens für die Problemlösung sollte an der Unterscheidung festgehalten werden, weil sie für das Verständnis des Zusammenwirkens zwischen Gemeinschaftsrecht und nationalem Recht bedeutsam ist.[470] Im Übrigen dient sie der Eingrenzung des Untersuchungsgegenstandes;[471] dadurch können eine Reihe von Sachverhalten aus der eigentlichen Problematik, die nur die indirekten Kollisionen betrifft,[472] herausgenommen werden.

2. Einordnung der Ausgangsfälle

Während die Einstufung des maßgeblichen Aspekts der „Factortame"-Problematik – Rechtsstellung der Kläger aus Art. 43 ff., 12, 294 EGV und Prinzip der Immunität der Krone – als indirekte Kollision kein Problem bereitete, gestaltet sich die Zuordnung der „Tafelwein"-Konstellation zu einer der Kollisionskategorien als schwieriger:

So vertritt *Haibach* die Auffassung – ohne sich jedoch näher mit der exakten Einordnung zu beschäftigen –, der Problematik habe ein Fall der direkten Kollision zu Grunde gelegen. *Haibach* stützt seine Ansicht auf die Auffassung des Europäischen Gerichtshofes, wonach Art. 64 Abs. 1[473] der Weinmarktordnung unmittelbar die Verpflichtung zur Anordnung der sofortigen Vollziehung entnommen werden könne. Somit kollidierten zwei Rechtssätze, die demselben Regelungsgebiet angehörten. Aus diesem Grund habe sich die Lösung des Falles schon aus dem Vorrangprinzip ergeben können.[474]

---

[467] So auch *Lehr*, a.a.O., S. 178.

[468] Für *Zuleeg*, VVDStRL Bd. 53 (1994), S. 154 (161, Fn. 31 a. E.), ist die Unterscheidung im Rahmen seiner Studie „nicht erheblich". *Henrichs*, EuGRZ 1990, 413 (421), verwendet zwar den Begriff der „indirekten Kollision", hält ihn aber nicht für besonders weiter führend.

[469] Vgl. z. B. *Barnstedt*, Durchführung der Gemeinsamen Marktorganisationen, 1988, S. 198 ff., insbes. S. 199.

[470] *Rohde*, Vorläufiger Rechtsschutz, S. 124, der zwar diesen Umstand hervorhebt, im Ergebnis die Einteilung aber auch als nicht weiterführend einstuft. Vgl. auch *Niedobitek*, VerwArch Bd. 92 (2001), S. 58 (76).

[471] Vgl. *Huthmacher*, Der Vorrang des Gemeinschaftsrechts bei indirekten Kollisionen, 1985, S. 139 f., der selbst einräumt, dass die Unterscheidung der beiden Kollisionskategorien, je nach Interpretation und Auslegung der Gemeinschaftsnorm relativ ist.

[472] Hingegen sind direkte Kollisionen wegen ihrer Offensichtlichkeit, dazu sogleich unter 3., von weitaus geringerem wissenschaftlichen Interesse.

[473] Zur Erinnerung der Wortlaut des Art. 64 Abs. 1: „Die Mitgliedstaaten treffen die notwendigen Maßnahmen, um die Einhaltung der Gemeinschaftsvorschriften auf dem Weinsektor zu gewährleisten. (...)".

[474] *Haibach*, Gemeinschaftsrecht und vorläufiger Rechtsschutz, 1994, S. 11 f.

Jedoch verbietet es sich, die Einordnung der Problematik allein anhand der Aussage und der Auffassung des Europäischen Gerichtshofes vorzunehmen. Die Entscheidung der Frage hängt davon ab, ob man Art. 64 Abs. 1 der VO als materiell-rechtliche Norm oder eher als Vollzugsnorm charakterisiert. Materielles Recht umfasst solche Vorschriften, die das Recht als solches ordnen, die also die Stellung, die Rechte und Pflichten und das Verhalten der Rechtssubjekten im Rechtsverkehr regeln.[475] Formelles Recht, also Verfahrensrecht, soll die Feststellung und Durchsetzung des materiellen Rechts ermöglichen.[476] Legt man diese Definitionen zu Grunde, so lässt sich feststellen, dass Art. 64 Abs. 1 VO für sich genommen und unmittelbar keine Rechte oder Pflichten normiert, die Rechtssubjekten zugeordnet werden. Folgerichtig läge eine Einordnung als Verfahrensnorm nahe. Eine konkrete Regelung über die Art und Weise der Durchsetzung der in der Weinmarktordnung begründeten Pflichten, mithin die Regelung des Verfahrens, ist darin jedoch ebenso wenig normiert. Inhaltlich enthält die Norm lediglich eine Aufforderung an die Mitgliedstaaten, dem Gemeinschaftsrecht, speziell den Vorschriften auf dem Weinsektor, zur Durchsetzung zu verhelfen. Es wird also nicht mehr und nicht weniger als die allgemeine Mitwirkungspflicht der Mitgliedstaaten aus Art. 10 EGV für einen speziellen Anwendungsbereich konkretisiert. Eine genaue Einordnung der Vorschrift in einen der beiden Bereiche des materiellen oder des Verfahrensrechts scheint also nicht möglich zu sein.

Indes ist es auch zu kurz gegriffen, die Vorschrift allein und gelöst vom Gesamtzusammenhang zu beurteilen. Bei Schwierigkeiten der exakten Zuordnung einer Vorschrift ist es vielmehr erforderlich, den gesamten Regelungskomplex zu betrachten. Art. 64 Abs. 1 VO Nr. 337/79 ist eingebettet in einen umfangreichen materiell-rechtlichen Normenbestand. Nun ist es nicht ausgeschlossen, dass in einem geschlossenen materiell-rechtlichen Regelungskomplex zugleich auch verfahrensrechtliche Regelungen getroffen werden. Dies geschieht insbesondere in solchen Fällen, in denen die Besonderheit des zu regelnden materiellen Rechtsbereichs verfahrensmäßig eine Abweichung von den Regelungen des allgemeinen Verfahrensrechts erfordert.[477] Im vorliegenden Fall ist allerdings festzustellen, dass Art. 64 Abs. 1 in vollzugsrechtlicher Hinsicht keine eigenständige Regelung trifft, sondern eher als unselbständiger Annex einer materiell-rechtlichen Regelung lediglich einen allgemeinen Grundsatz des EU-Rechts (nämlich denjenigen aus Art. 10 EGV) wiederholt. Wäre die Vorschrift nicht in der Verordnung enthalten, würde sich dieselbe Verpflichtung der Mitgliedstaaten unmittelbar aus Art. 10 EGV ergeben.[478] Zur genauen Einordnung der Kollisionsart sind somit auf der einen Seite das *(materiell-rechtliche)* unbedingte Destillationsgebot der auf Art. 41 VO Nr. 337/79 beruhenden entsprechenden Kommissionsverordnungen[479] und auf der anderen Seite die Regelung des § 80 Abs. 1 VwGO zu betrachten, bei der es sich unzweifelhaft um eine Vollzugsnorm handelt. Nach den eingangs vorgenom-

[475] *Badura*, Staatsrecht, 3. Aufl. 2003, H Rn. 33.

[476] *Horn*, Einführung in die Rechtswissenschaft und Rechtsphilosophie, 2. Aufl. 2001, Rn. 44.

[477] Aus dem innerstaatlichen Recht lässt sich als Beispiel hierfür etwa die verfahrensrechtliche Regelung des § 212a BauGB anführen, die als Ausnahme von § 80 Abs. 1 VwGO in einen materiellen Normenbestand des Baurechts eingebettet ist.

[478] So auch *Rohde*, Vorläufiger Rechtsschutz, 1998, S. 121.

[479] Vgl. oben Zweiter Teil, B. II. 2. (S. 67).

menen Begriffsbestimmungen ist folglich von einer indirekten Normenkollision auszugehen.[480]

3. Rechtliche Behandlung der einzelnen Kollisionsarten

Ungeachtet der gerade aufgezeigten Schwierigkeiten bei der Abgrenzung[481] der verschiedenen Kollisionsarten besteht Einigkeit dahin gehend, dass direkte Kollisionen ohne weiteres über die Vorrangregel aufzulösen sind.[482] Wenn also Normen des tatbestandlich selben Regelungsbereichs ganz oder teilweise unterschiedliche Rechtsfolgen vorsehen, so ist von einem Anwendungsvorrang[483] der gemeinschaftsrechtlichen Norm auszugehen. Direkte Kollisionen sind der ureigene Anwendungsfall für den Vorranggrundsatz.

Weitaus problematischer und dementsprechend Gegenstand kontroverser Diskussionen ist im europarechtlichen Schrifttum die Bereinigung von Konflikten zwischen Normen unterschiedlicher Regelungsbereiche, also von indirekten Kollisionen. Dabei ist insbesondere die Frage von Interesse, ob und inwieweit auch hierzu das Vorrangprinzip fruchtbar gemacht werden kann.

a) Auffassungen im gemeinschaftsrechtlichen Schrifttum

In dieser Frage wurden in den letzten Jahrzehnten zahlreiche Ansätze entwickelt. Die Gemeinsamkeit der Überlegungen liegt darin, dass der Vorranggrundsatz nicht in der Absolutheit zur Anwendung kommen soll wie bei den direkten Kollisionen. Denn nur bei diesen steht die Existenz der konkreten Gemeinschaftsregelung unmittelbar auf dem Spiel, so dass der Anwendungsvorrang des Gemeinschaftsrechts hier unverkürzt zur Geltung kommen muss.[484]

aa) Die Auffassungen von *Zuleeg, Komendera* und *Huthmacher*

Bereits 1969 stellte *Zuleeg* den Vorrang des Gemeinschaftsrechts, der für alle Arten von Kollisionen gelten sollte, unter den Vorbehalt der Funktionsfähigkeit der Gemein-

---

[480] Ebenso *Lehr*, Einstweiliger Rechtsschutz und EU, 1997, S. 174; *Gehrmann*, Vorläufiger Rechtsschutz, 1994, S. 145; zweifelnd, im Ergebnis wohl zu einer indirekten Kollision tendierend, *Rohde*, Vorläufiger Rechtsschutz, 1998, S. 120 f.

[481] Siehe hierzu auch *Huthmacher*, Der Vorrang des Gemeinschaftsrechts bei indirekten Kollisionen, 1985, S. 135 ff.

[482] *Haibach*, Gemeinschaftsrecht und vorläufiger Rechtsschutz, 1994, S. 11 f.; *Rajani*, Geltung und Anwendung des Gemeinschaftsrechts, 2000, S. 41.

[483] Dazu näher oben Zweiter Teil, B. I. 5. b) aa) und bb) (S. 55 ff.).

[484] So *von Danwitz*, Verwaltungsrechtliches System, 1996, S. 115. *Von Danwitz* weist in diesem Zusammenhang auf den Umstand hin, dass bereits die Begriffsbildung (indirekte *Kollision*) problematisch sei, weil eine Normenkollision im eigentlichen Sinne gerade nicht vorliege, a.a.O., (Fn. 159). Ähnlich *Lehr*, Einstweiliger Rechtsschutz und EU, 1997, S. 271 f., der den Begriff der „Vollzugshemmung" bevorzugt.

schaft.[485] Danach kommt dem Gemeinschaftsrecht nur Vorrang zu, solange es vom Schutzzweck der Funktionsfähigkeit getragen ist.

In der Folgezeit beschäftigten sich grundlegend *Komendera* und *Huthmacher*, auf die auch die Unterscheidung zwischen direkten und indirekten Kollisionen zurückgeht,[486] mit der Problematik. *Komendera* griff das Funktionssicherungsprinzip ebenfalls auf. Zentrale Aussage seiner Auffassung ist, dass der Vorrang einer Rechtsordnung anhand einer Interessenabwägung herausgefunden werden soll. Als Kriterien innerhalb der Abwägung seien der Funktionsfähigkeit der Gemeinschaft bestimmte staatliche Interessen, wie z. B. wichtige Polizei- und Wirtschaftsinteressen, gegenüberzustellen.[487] Bei indirekten Kollisionen sei das Regel-Ausnahme-Verhältnis dergestalt ausgeprägt, dass das nationale Recht in der Regel bestandsfest sei.[488] Dem Gemeinschaftsrecht soll jedoch dann über den Vorranggrundsatz zur Durchsetzung verholfen werden, wenn durch die Anwendung des nationalen Rechts die Funktionsfähigkeit der Gemeinschaft beeinträchtigt wäre; ferner dann, wenn die einschlägigen staatlichen Interessen nur unwesentlich berührt wären.[489]

Auch *Huthmacher* ging bei der Problematik der indirekten Kollisionen von einem Lösungsweg aus, der seinen Ansatzpunkt im Vorrangprinzip findet.[490] Jedoch entwickelte er bestimmte Kriterien, bei deren Vorliegen er die Geltung einer nationalen Norm zuließ:[491] Der nationalen Norm müsse die Aufgabe zukommen, bestehende Regelungslücken des Gemeinschaftsrechts zu schließen (Lückenschließungsfunktion). Dabei müsse sie mit den europäischen Regelungszielen übereinstimmen (Zielkonformität), wie sie vor allem in den Zielen des Vertragswerkes und den allgemeinen Rechtsgrundsätzen der Mitgliedstaaten zum Ausdruck kämen. Zweitens dürfe durch die nationale Norm kein gänzlicher Ausschluss der Durchsetzung des unmittelbar anwendbaren Gemeinschaftsrechts gegeben sein (Mindestwirkung des Gemeinschaftsrechts). Schließlich dürfe die nationale Norm als Ausfluss des Diskriminierungsverbots nicht ungünstiger ausgestaltet sein als bei entsprechenden Sachverhalten, die nur innerstaatliches Recht beträfen.

bb) Die Auffassung von *Lehr*

Auch neuere Theorien verzichten auf einen klaren, einseitigen Vorrang einer Rechtsordnung und versuchen ein Ergebnis im Wege der Abwägung von Interessen der Gemeinschaft und den nationalen Rechtsordnungen zu finden. So begreift *Lehr* bei der

---

[485] *Zuleeg*, Das Recht der EG im innerstaatlichen Bereich, 1969, S. 136 ff. Das Funktionssicherungsprinzip geht zurück auf *Ipsen*, Beiheft ZHR 1965, 1 (21); *ders.*, Europäisches Gemeinschaftsrecht, 1972, S. 280 ff.

[486] Vgl. bereits oben Fn. 456.

[487] *Komendera*, Normenkonflikte, 1974, S. 155 ff. und S. 179 f.

[488] *Komendera*, a.a.O., S. 176 f.

[489] *Komendera*, a.a.O., S. 184.

[490] *Huthmacher*, Der Vorrang des Gemeinschaftsrechts bei indirekten Kollisionen, 1985, S. 160.

[491] Zum Folgenden *Huthmacher*, a.a.O., S. 201.

Herausbildung seines „kompetenziellen Abwägungsmodells“[492] jede Modifikation nationalen Verfahrensrechts zu Gunsten der einheitlichen Anwendung des Gemeinschaftsrechts als Eingriff in die mitgliedstaatliche Verfahrensautonomie, die der Rechtfertigung durch den (gemeinschaftsrechtlichen) Grundsatz der Verhältnismäßigkeit bedürfe. Art. 10 Abs. 2 EGV, der insoweit den Grundsatz der Gemeinschaftstreue kodifiziere, soll dabei als Kompetenzausübungsschranke die mitgliedstaatliche Verfahrensautonomie beschränken.[493] *Lehr* gelangt schließlich zum Ergebnis, dass bei der im Rahmen der Verhältnismäßigkeit i. e. S.[494] stattfindenden Gesamtabwägung auch die *für* den Unionsbürger streitenden allgemeinen Rechtsgrundsätze, wie die Grundsätze effektiven Rechtsschutzes und des Vertrauensschutzes, miteinzustellen seien. Auf diesem Wege könne einer zunehmenden Aushöhlung der nationalen Verfahrensautonomie entgegengetreten werden, so dass die Herausbildung eines „eingriffsfesten Kernbereichs nationaler Verfahrensautonomie“ ermöglicht werde.[495]

cc) Der Ansatz von *Rhode*

(1) Darstellung der Auffassung

Einen in dogmatischer Hinsicht scheinbar anderen Ansatz verfolgt *Rohde*, indem er statt Abgrenzung Ausgleich fordert.[496] Ein Problem der Abgrenzungstheorien sieht er darin, dass in die Abgrenzung viele Rechtsgedanken und -institute einflössen,[497] die alle selbst weit davon entfernt seien, exakt zu sein. Zwar, so nimmt *Rohde* vorweg, würde auch ein Ausgleich keine exakten Abgrenzungsergebnisse bringen; das sei aber auch nicht unbedingt das Ziel. Durch den Kollisionsausgleich möchte er feststellen, inwiefern die Systeme und Inhalte des nationalen und des Gemeinschaftsrechts voneinander divergierten, welche von ihnen deckungsgleich oder ähnlich seien, welche Rechtsinstitute des nationalen Rechts im Falle einer Kollision betroffen seien und in welchem Umfang sie betroffen seien.[498] In den Ausgleich sollen verschiedene Prinzipien und Rechtsregeln des Gemeinschaftsrechts auf der einen Seite und des nationalen

---

[492] *Lehr*, Einstweiliger Rechtsschutz und EU, 1997, S. 285 ff., 616. *Lehr* hält den Begriff „indirekte Kollisionen“ vom Wortsinn her für nicht zutreffend und spricht sich dafür aus, ihn durch den Begriff der „Vollzugshemmung“ zu ersetzen, vgl. a.a.O., S. 271 f. (siehe bereits oben Fn. 484).

[493] *Lehr*, a.a.O., S. 288 f.

[494] Die Prüfung des gemeinschaftsrechtlichen Verhältnismäßigkeitsgrundsatzes ähnelt sehr derjenigen nach deutschem Recht. Lehrbuchartig, unter Aufgliederung in die Teilgrundsätze der Geeignetheit, Erforderlichkeit und Angemessenheit, prüft der EuGH das Prinzip im Urteil v. 11. 7. 1989 (Rs. 265/87), Slg. 1989, 2237 (2269, Tz. 21) – *Schräder*. Ebenso EuGH, Urteil v. 26. 6. 1990 (Rs. C-8/89), Slg. 1990, I-2515 (2532 f., Tz. 10 – *Zardi*. Aus der Lit. vgl. etwa *Schiller*, RIW 1983, 928 (929); *Nicolaysen*, Europarecht I, 2. Aufl. 2002, S. 141 ff.; *Kischel*, EuR 2000, 380 (383 f.), der auch einen Vergleich des Prinzips nach deutschem und Gemeinschaftsrecht anstellt, a.a.O., S. 390 ff.

[495] So *Lehr*, Einstweiliger Rechtsschutz und EU, 1997, S. 340, 616.

[496] Hierzu und zum Folgenden *Rohde*, Vorläufiger Rechtsschutz, 1998, S. 128 ff.

[497] Vgl. etwa die bei *Hilf*, in: *Schwarze*, Europäisches Verwaltungsrecht im Werden, 1982, S. 77 ff. und 83 ff.; *Streinz*, in: *Schweitzer* (Hrsg.), Europäisches Verwaltungsrecht, 1991, S. 267 f.; *Zuleeg*, VVDStRL Bd. 53 (1994), S. 154 (184 ff.), genannten Prinzipien.

[498] *Rohde*, Vorläufiger Rechtsschutz, 1998, S. 129.

Rechts auf der anderen Seite einfließen. Auf der gemeinschaftsrechtlichen Seite betont *Rohde* die Funktionsfähigkeit der Gemeinschaft, die Pflicht der Mitgliedstaaten zur Zusammenarbeit aus Art. 10 EGV, die Gemeinschaftsgrundrechte, allgemeine Rechtsgrundsätze im Übrigen, das Diskriminierungsverbot, den Grundsatz der einheitlichen Anwendung, den *effet utile*, den Wirksamkeitsgrad des Gemeinschaftsrechts, die Kohärenz des Rechtsschutzsystems sowie das Verbot der Neutralisierung von Gemeinschaftsvorschriften. Als nationale Ausgleichsprinzipien führt er die Bedeutung der nationalen Norm für die Identität der Verfassungsordnung, ihre Stützung durch allgemeine Rechtsgrundsätze des Grundgesetzes, nationale Grundrechte, allgemeine Rechtsgrundsätze des Verwaltungsrechts sowie das Subsidiaritätsprinzip nach Art. 5 EGV an. Bei der praktischen Durchführung des Ausgleichs soll das Gemeinschaftsrecht gewichtiger sein; an den mitgliedstaatlichen Behörden, die als „die maßgeblichen Akteure des Gemeinschaftsrechts" bezeichnet werden, läge es aber, ihre eigenen Rechtsgrundsätze so weit wie möglich im Gemeinschaftsrecht „unterzubringen".[499] Von besonderer Bedeutung soll der Wirksamkeitsgrad der Gemeinschaftsrechtsnorm bei Anwendung einer hemmenden nationalen Norm sein (0-100 %): Je größer die Verwirklichung des Gemeinschaftsrechts sei, desto eher könne es die Anwendung einer nationalen Norm hinnehmen.[500]

(2) Bewertung von *Rhodes* Ansatz

Letztlich geht es aber auch bei diesem Modell um nichts anderes als um eine Abwägung der betroffenen Interessen auf den verschiedenen Seiten. Die Feststellung, dass eine gemeinschaftsrechtliche Regelung umso weiter in das nationale Recht hineinreichen könne, je näher sie dem nationalen Recht konzeptionell und inhaltlich sei,[501] bedeutet keinen Gewinn für die Lösung des Problems, sondern beschreibt es vielmehr. Dieser Befund ist eher im Vorfeld des Problems anzusiedeln, wo es im Wege der Auslegung der maßgeblichen gemeinschaftsrechtlichen und nationalen Normen darum geht festzustellen, ob überhaupt eine Kollision vorliegt. Wenn die gemeinschaftsrechtliche Norm der nationalen konzeptionell und inhaltlich nahe ist, wird regelmäßig schon keine Kollision vorliegen. Wenn auf der einen Seite der Wert von Kollisionstheorien damit bezweifelt wird, dass in die Abwägung viele Rechtsgedanken und -institute einflössen, die alle selbst weit davon entfernt seien, exakt zu sein, so stellt sich der favorisierte Ausgleich anhand derselben Prinzipien nicht weniger als „juristischer Kuhhandel" zwischen dem nationalen Recht und dem Gemeinschaftsrecht dar. *Rohde* selbst räumt ein, dass seine Methode keine exakten Abgrenzungsergebnisse bringt.[502] Damit stellt er seine Vorgehensweise aber selbst in Frage. Wenngleich es tatsächlich nicht erforderlich erscheint, dass eine Kollisionslösung allgemein gültige Ergebnisse liefert, so muss zumindest im konkreten Einzelfall der rechtsanwendenden Institution das anzuwendende Recht verlässlich bewusst sein.

---

499 *Rohde*, a.a.O., S. 129 f., 136 und zusammenfassend auf S. 182.
500 *Rohde*, a.a.O., S. 139.
501 *Rohde*, a.a.O., S. 129.
502 *Rohde*, a.a.O., S. 129.

Dieses Dilemma zeigt sich auch bei der Anwendung seines Modells auf den „Tafelwein"-Fall. *Rohde* gelangt zu dem Ergebnis, dass weder aus Sicht des Gemeinschaftsrechts noch aus der des nationalen Rechts der Vorrang des Gemeinschaftsrechts aufzuweichen sei, weil der Umsetzungsgrad der VO 337/79 nur 13 % gewesen sei, während 87 % der Adressaten von dem Destillationsgebot auf Grund der aufschiebenden Wirkung des § 80 Abs. 1 VwGO gar nicht erreicht worden seien.[503] Die Feststellung des „Wirksamkeitsgrades des Gemeinschaftsrechts" in der vorgenommenen Art und Weise ist jedoch nur *ex post* möglich, wenn klar ist, wie sich die einzelnen Adressaten in der Summe verhalten haben. Tatsächlich geht es doch um die Frage, wie sich nationale Behörden oder Gerichte im jeweiligen Einzelfall verhalten *sollen*. Welches Recht sollen sie anwenden? Bereits zum Zeitpunkt *ex ante* muss feststehen, wie eine Kollision aufzulösen ist. Zu diesem Zeitpunkt ist aber der Wirksamkeitsgrad des Gemeinschaftsrechts in dem von *Rohde* zu Grunde gelegten Verständnis noch gar nicht abschätzbar.

dd) Zwischenergebnis

Als Fazit lässt sich festhalten, dass die näher aufgeführten Literaturauffassungen sämtlich die uneingeschränkte Anwendung des Vorranggrundsatzes zur Auflösung von indirekten Kollisionen ablehnen. Trotz der Verschiedenartigkeit der Lösungsansätze lässt sich immerhin als kleinster gemeinsamer Nenner die Durchführung einer Interessenabwägung zwischen den Belangen des Gemeinschaftsrechts und denen des mitgliedstaatlichen Verfahrensrechts herausarbeiten.

Im gemeinschaftsrechtlichen Schrifttum werden noch zahlreiche weitere Ansätze zur Kollisionsbehandlung vertreten,[504] die sich teilweise nur im Detail von den dargestellten Auffassungen unterscheiden. Ihnen soll hier nicht weiter nachgegangen werden.[505]

b) Auffassung des Europäischen Gerichtshofes

Einen äußerlich scheinbar anderen Weg geht der Europäische Gerichtshof bei der Auflösung von indirekten Kollisionen. Zunächst sei allerdings darauf hingewiesen, dass der Gerichtshof die Unterscheidung zwischen direkten und indirekten Kollisionen in terminologischer Hinsicht nicht trifft. Konstellationen, die von der Literatur den direk-

[503] *Rohde*, a.a.O., S. 139.

[504] Vgl. *Furrer*, Sperrwirkung, 1994, S. 122 ff., der die Anwendbarkeit einer nationalen Norm anhand von fünf Kriterien beurteilt; ferner das „Auslegungsmodell" von *Götz*, EuR 1986, 29 (45), und *Barnstedt*, Durchführung der Gemeinsamen Marktorganisationen, 1988, S. 213 ff.; das „Anpassungsmodell" nach *Schumacher*, DB 1970, 1010 (1015), sowie die Lösungsansätze von *Aubin*, Die Haftung der EWG, 1982, S. 47 ff., und *Schrimpf*, Die ergänzende Anwendung des nationalen Rechts, 1983, insbes. S. 96 ff., 109 ff. sowie zusammenfassend S. 122 und 193 ff.

[505] Kritische Auseinandersetzungen der verschiedenen Ansätze zur Auflösung von Kollisionen finden sich bei *Rohde*, Vorläufiger Rechtsschutz, 1998, S. 117 ff., und *Lehr*, Einstweiliger Rechtsschutz und EU, 1997, S. 249 ff. Vgl. auch *Buck*, Europäisierung des verwaltungsgerichtlichen vorläufigen Rechtsschutzes, 2000, S. 129 ff.

ten Kollisionen zugewiesen werden, werden aber auch von ihm ohne weiteres über die Vorrangregel gelöst.[506]

Auch ohne sprachliche Differenzierung und Einordnung erkennt der Europäische Gerichtshof das Institut der indirekten Kollision der Sache nach an.[507] Jedoch hat sich in seiner Jurisdiktion keiner der erwähnten Ansätze des europarechtlichen Schrifttums zur Kollisionsbereinigung niedergeschlagen. Stattdessen hat der Gerichtshof eigenständige Merkmale entwickelt. Seit 1976 formuliert er in ständiger Rechtsprechung,[508] dass zwar die Ausgestaltung des Verfahrens für die Klagen, die den Rechtsschutz der Bürger gewährleisten sollen, Sache der innerstaatlichen Rechtsordnungen sei. Dem nationalen Verwaltungsverfahrens- und Verwaltungsprozessrecht seien jedoch beim Vollzug von Gemeinschaftsrecht zwei gemeinschaftsrechtliche Schranken gesetzt: Zum einen dürften die Bedingungen, unter denen Rechtsschutz erteilt werde, nicht ungünstiger gestaltet werden als für vergleichbare Klagen, die das innerstaatliche Recht betreffen würden *(Diskriminierungsverbot* bzw. *Äquivalenzgebot*[509]*)*. Zum anderen dürften die nationalen Verfahrensregeln und Fristen die Verfolgung von Rechten, die ihre Grundlage im Gemeinschaftsrecht fänden, nicht praktisch unmöglich machen *(Effektivitätsgebot)*. Als besonders einprägsam wurde eine Formulierung in der Grundsatzentscheidung „Deutsche Milchkontor" aufgenommen:[510]

> „Soweit das Gemeinschaftsrecht einschließlich der allgemeinen gemeinschaftsrechtlichen Grundsätze hierfür keine gemeinsamen Vorschriften enthält, gehen die nationalen Behörden bei dieser Durchführung der Gemeinschaftsregelungen nach den formellen und materiellen Bestimmungen des nationalen Rechts vor, (...)."[511]

Es bleibt jedoch anzumerken, dass der Gerichtshof diese Kriterien nicht strikt anwendet, sondern durchaus auch in Fällen indirekter Kollisionen gelegentlich und zuneh-

---

[506] Ständige Rechtsprechung seit EuGH, Urteil v. 15. 7. 1964 (Rs. 6/64), Slg. 1964, 1251 ff. – *Costa/E.N.E.L.*

[507] *Frank*, ZÖR Bd. 55 (2000), S. 1 (33).

[508] Seit EuGH, Urteile v. 16. 12. 1976 (Rs. 33/76), Slg. 1976, 1989 (1998, Tz. 5) – *Rewe* –, und (Rs. 45/76), Slg. 1976, 2043 (2053, Tz. 11/18) – *Comet*; vgl. auch EuGH, Urteil v. 6. 5. 1982 (verb. Rs. 146, 192, 193/81), Slg. 1982, 1503 (1534 f., Tz. 29) – *BayWa*; präzisierend und zusammenfassend: EuGH, Urteil v. 21. 9. 1983 (verb. Rs. 205-215/82), Slg. 1983, 2633 (2666, Tz. 22 f.) – *Deutsche Milchkontor*; EuGH, Urteil v. 9. 11. 1983 (Rs. 109/82), Slg. 1983, 3595 (3612, Tz. 12) – *San Giorgio*. Aus der jüngeren Rspr. EuGH, Urteil v. 10. 7. 1997 (Rs. C-261/95), Slg. 1997, I-4025 (4046, Tz. 27) – *Palmisani*; EuGH, Urteil v. 15. 9. 1998 (Rs. C-231/96), Slg. 1998, I-4951 (4990, Tz. 34) – *Edis*; EuGH, Urteil v. 17. 11. 1998 (Rs. C-228/96), Slg. 1998, I-7141 (7173, Tz. 18) – *Aprile*; EuGH, Urteil v. 1. 12. 1998 (Rs. C-326/96), Slg. 1998, I-7835 (7869 f., Tz. 37 ff.) – *Levez*; EuGH, Urteil v. 9. 2. 1999 (Rs. 343/96), Slg. 1999, I-579 (611, Tz. 25) – *Dilexport*; EuGH, Urteil v. 9. 10. 2001 (verb. Rs. C-80/99 bis C-82/99), Slg. 2001, I-7211 (7252, Tz. 55, 61) – *Flemmer u. a.* Zuletzt EuGH, Urteil v. 24. 9. 2002 (Rs. C-255/00), Slg. 2002, I-8003 (8026, Tz. 33) – *Grundig Italiana*.

[509] Zur Bezeichnung „Äquivalenzgebot" bzw. „Äquivalenzprinzip" siehe unten Zweiter Teil, B. III. 3. b) aa) (S. 96 f.).

[510] *Weber*, BayVBl. 1984, 321 (324), spricht hier plakativ von der „Soweit"-Formel, wohl in Anlehnung an die „Solange"-Formel des BVerfG; ebenso *von Danwitz*, DVBl. 1998, 421 (422). *Hilf*, in: *Schwarze*, Europäisches Verwaltungsrecht im Werden, 1982, S. 67 (79 f.), spricht von einer „Solange-Rechtsprechung" des EuGH. Gegen diese Begrifflichkeit *Everling*, DVBl. 1983, 649 (655 Fn. 58).

[511] EuGH, Urteil v. 21. 9. 1983 (Rs. 205-215/82), Slg. 1983, 2633 (2665, Tz. 17) – *Deutsche Milchkontor*.

mend unmittelbar auf den Vorranggrundsatz zurückgreift.[512] In dieser Vorgehensweise liegt formal betrachtet nur scheinbar eine Ungenauigkeit. Da der Europäische Gerichtshof die grundsätzliche Einteilung in verschieden Kollisionsarten nicht vornimmt, kann ihm auch nicht der Vorwurf gemacht werden, er behandele gleichgelagerte Fälle unterschiedlich. Hinzu kommt, dass die Doppelschranke des Äquivalenzprinzips sowie des Effektivitätsgebots einerseits und der Vorranggrundsatz andererseits keine wesensmäßig unterschiedlichen Prinzipien darstellen, sondern dass sich – im Gegenteil – eine nahe Verwandtschaft zwischen ihnen in der Wirkungsweise als Kollisionsregeln konstatieren lässt. Für diesen Befund streitet auch die dogmatische Grundlage der beiden Schranken, die teilweise unmittelbar im Vorranggrundsatz gesehen wird.[513] Auch wenn man sich der Gegenauffassung anschließt, wonach die Mitwirkungspflicht nach Art. 10 EGV als normativer Ansatzpunkt heranzuziehen ist,[514] bleibt die Nähe zum Vorrangprinzip offensichtlich. Denn Letzteres resultiert nach Auffassung des Europäischen Gerichtshofes zumindest auch aus Art. 10 EGV.[515]

Ob die Anwendung des Vorrangrundsatzes zur Auflösung indirekter Kollisionen letztlich als materiell richtig eingestuft werden kann, ist durch diese Erkenntnis noch nicht entschieden.[516] Immerhin kann man dem Gerichtshof in diesem Punkt nicht den Vorwurf machen, seine Rechtsprechung sei inkonsequent.

Die beiden gemeinschaftsrechtlichen Schranken sollen im Folgenden näher betrachtet werden.

aa) Grundsatz des Diskriminierungsverbots (Äquivalenzprinzip)

Nach der in den Rechtssachen „Rewe“ und „Comet“ gewählten Formulierung dürfen gemeinschaftsrechtliche Sachverhalte „nicht ungünstiger“[517] behandelt werden als vergleichbare Fälle mit rein nationalem Charakter. Bei dieser inhaltlichen Ausgestaltung des Diskriminierungsverbots ist der Europäische Gerichtshof nicht stehen geblieben. In seinem Urteil „Milchkontor“ hat er diese Schranke dahin gehend präzisiert, dass das

---

[512] So auch die Deutung von *Lehr*, Einstweiliger Rechtsschutz und EU, 1997, S. 260; *Rohde*, Vorläufiger Rechtsschutz, 1998, S. 122; *Rajani*, Geltung und Anwendung des Gemeinschaftsrechts, 2000, S. 49.

[513] *Wiehe*, Effektiver vorläufiger Rechtsschutz, 2000, S. 40; *Huthmacher*, Der Vorrang des Gemeinschaftsrechts bei indirekten Kollisionen, 1985, zusammenfassend auf S. 200 ff.

[514] Vgl. *Zuleeg*, in: *Groeben/Schwarze*, EUV/EGV, 6. Aufl. 2003, Art. 10 Rn. 6; *Lehr*, Einstweiliger Rechtsschutz und EU, 1997, S. 251 (Fn. 400). Nach Meinung von *von Danwitz*, Verwaltungsrechtliches System, 1996, S. 347 f., ist Art. 10 EGV zwar thematisch betroffen, insgesamt aber zu konturlos, um als dogmatische Grundlage fungieren zu können. Stattdessen spricht er sich im Hinblick auf das Äquivalenzgebot für eine Gesamtanalogie zu den allgemeinen und besonderen Diskriminierungsverboten im EG-Vertrag und bzgl. des Effektivitätsgebots für den allgemeinen Grundsatz der Funktionssicherung des Gemeinschaftsrechts als normative Anknüpfungspunkte aus.

[515] EuGH, Urteil v. 15. 6. 1964 (Rs. 6/64), Slg. 1964, 1251 (1269 f., Tz. 9) – *Costa/E.N.E.L.* Siehe dazu bereits oben Zweiter Teil, B. I. 5. b) aa) (S. 55 f.).

[516] Dazu unten Zweiter Teil, B. III. 3. c) dd) (S. 114 ff.).

[517] EuGH, Urteil v. 16. 12. 1976 (Rs. 33/76), Slg. 1976, 1989 (1998, Tz. 5) – *Rewe* –, und (Rs. 45/76), Slg. 1976, 2043 (2053, Tz. 11/18) – *Comet*.

nationale Recht „ohne Unterschied“[518] zu den Verfahren angewandt werden muss, in denen gleichartige, aber rein innerstaatliche Sachverhalte betreffende Streitsachen entschieden werden. Hiernach ist also nicht nur eine Schlechterstellung, sondern auch eine Bevorzugung gemeinschaftsrechtlicher Sachverhalte – gemeinschaftsrechtlich! – verboten.[519] Bei genauer Betrachtung stellt sich damit das Diskriminierungsverbot weiter gehend als Äquivalenzgebot dar. Der Europäische Gerichtshof trägt der Ungenauigkeit[520] des Terminus „Diskriminierungsverbot“ seit 1997 Rechnung, indem er seither selbst vom „Äquivalenzgrundsatz“ bzw. „Äquivalenzprinzip“ spricht.[521]

Problematisch ist die Reichweite des Diskriminierungsverbots im Hinblick auf die Einheitlichkeit der Anwendung des Gemeinschaftsrechts. Das Kriterium fordert nicht die Anwendung der allgemein günstigsten Regelung des nationalen Rechts auf gemeinschaftsrechtlich determinierte Fälle.[522] Sein Schutz erschöpft sich allein in der Vermeidung von Ungleichbehandlungen zwischen Sachverhalten des nationalen Rechts und solchen mit Gemeinschaftsbezug. Indes ist sehr fraglich, ob von den nationalen Rechtsordnungen tatsächlich eine Gefahr von Ungleichbehandlungen von erheblichem Gewicht für das Gemeinschaftsrecht droht oder ob nicht bereits innerstaatliche Mechanismen (etwa die innerstaatlichen Gleichheitsgrundsätze) diesen Schutz gewährleisten. Jedenfalls kann der eigentlichen Gefahr für die einheitliche Anwendung, nämlich den Unterschieden innerhalb der nationalen Rechtsordnungen, durch diese Kautele kaum begegnet werden. Wegen des rein nationalen Vergleichsmaßstabs werden die in den Mitgliedstaaten bestehenden Unterschiede von dem Diskriminierungsverbot übernommen.[523]

Das Diskriminierungsverbot erweist sich damit aus Sicht des nationalen Rechts als weniger eingriffsintensiv; andererseits steht dadurch seine Geeignetheit zur Auflösung indirekter Kollisionen in Frage.[524]

Indes ist die Geeignetheit der Methode, die der Gerichtshof bei der Kollisionsbereinigung anwendet, nicht allein am Kriterium des Diskriminierungsverbots zu messen. In die Beurteilung ist konsequenterweise auch die zweite Schranke, das Effektivitätsgebot, einzubeziehen.

---

[518] Vgl. EuGH, Urteil v. 21. 9. 1983 (verb. Rs. 205-215/82), Slg. 1983, 2633 (2666; Tz. 23 u. 32) – *Deutsche Milchkontor*. Aus der jüngeren Rspr. EuGH, Urteil v. 9. 10. 2001 (verb. Rs. C-80/99 bis C-82/99), Slg. 2001, 7211 (7253, Tz. 61) – *Flemmer u. a.*

[519] Vgl. *Scheuing*, EuR 1985, 229 (237 f.); *Lehr*, Einstweiliger Rechtsschutz und EU, 1997, S. 256 (Fn. 427).

[520] Vgl. *Streinz*, JZ 2002, 240 (243).

[521] Vgl. EuGH, Urteil v. 10. 7. 1997 (Rs. C-261/95), Slg. 1997, I-4025 (4046, Tz. 27) – *Palmisani*; EuGH, Urteil v. 15. 9. 1998 (Rs. C-231/96), Slg. 1998, I-4951 (4990, Tz. 34, 36) – *Edis*; EuGH, Urteil v. 1. 12. 1998 (Rs. C-326/96), Slg. 1998, I-7835 (7870, Tz. 41 ff.) – *Levez*; EuGH, Urteil v. 9. 2. 1999 (Rs. 343/96), Slg. 1999, I-579 (611, Tz. 25) – *Dilexport*.

[522] *Von Bogdandy*, in: *Grabitz/Hilf*, EU, 2003, Art. 10 EGV Rn. 45.

[523] *Streinz*, Europarecht, 5. Aufl. 2001, Rn. 486.

[524] Von einer geringen praktischen Relevanz dieses Prinzips spricht auch *Frank*, ZÖR Bd. 55 (2000), S. 1 (40, Fn. 174). Auch von Seiten des EuGH blieben gehaltvolle Stellungnahmen dazu vereinzelt, vgl. etwa Urteil v. 15. 9. 1998 (Rs. C-231/96), Slg. 1998, I-4951 (4991, Tz. 36 ff.) – *Edis* –, sowie Urteil v. 1. 12. 1998 (Rs. C-326/96), Slg. 1998, I-7835 (7870, Tz. 41 ff.) – *Levez* –, beide m. w. N.

bb) Grundsatz des Effektivitätsgebots

Ebenso wie das Diskriminierungsverbot hat der Gerichtshof die Schranke des Effektivitätsgebots im Laufe seiner Rechtsprechung mit wechselndem Inhalt versehen. Im ursprünglichen Sinne der „Rewe"- und „Comet"-Entscheidungen[525] durften nationale Verfahrensregeln die Verfolgung gemeinschaftlicher Rechte nicht „praktisch unmöglich" machen; das Kriterium war also als Vereitelungsverbot ausgestaltet. In der Folgezeit wurde der „praktischen Unmöglichkeit" der Begriff der „übermäßigen Erschwerung" als Surrogat zur Seite gestellt. Damit fand eine Verschärfung der nationalen Vorgaben dergestalt statt, dass nationale Regeln nicht erst gegen Gemeinschaftsrecht verstießen, wenn sie dessen Durchsetzung „unmöglich machten", sondern bereits dann, wenn sie die Verfolgung von gemeinschaftlichen Rechten „übermäßig erschwerten"[526].

In der Entscheidung „BayWa" brachte der Europäische Gerichtshof die Formel der „Tragweite und Wirksamkeit des Gemeinschaftsrechts", die nicht beeinträchtigt werden dürfe, ins Spiel.[527] Präzisierend formulierte der Gerichtshof im „Milchkontor"-Urteil, dass eine Beeinträchtigung der Tragweite und Wirksamkeit des Gemeinschaftsrechts *vor allem* gegeben sei, wenn die Anwendung des nationalen Rechts die Durchsetzung des Gemeinschaftsrechts praktisch unmöglich machen würde.[528] Danach schien das Kriterium der „praktischen Unmöglichkeit" ein Unterfall der Beeinträchtigung von „Tragweite und Wirksamkeit" des Gemeinschaftsrechts zu sein. In neueren Entscheidungen hat der Gerichtshof entweder nur den Begriff der „praktischen Unmöglichkeit" oder die „Tragweite"-Formel gebraucht,[529] so dass davon ausgegangen werden muss, dass den beiden Formulierungen die gleiche inhaltliche Bedeutung zukommt.[530] Dementsprechend ist also die Anwendung bzw. Durchsetzung des Gemeinschaftsrechts „praktisch unmöglich", wenn die Anwendung einer nationalen Verfahrensvorschrift die „Tragweite und Wirksamkeit" des Gemeinschaftsrechts beeinträchtigt.

---

[525] EuGH, Urteil v. 16. 12. 1976 (Rs. 33/76), Slg. 1976, 1989 (1998, Tz. 5) – *Rewe* –, und (Rs. 45/76), Slg. 1976, 2043 (2053, Tz. 11/18) – *Comet.*

[526] Soweit ersichtlich seit EuGH, Urteil v. 9. 11. 1983 (Rs. 109/82), Slg. 1983, 3595 (3613, Tz. 14) – *San Giorgio*. In Tz. 12 desselben Urteils hatte der EuGH den Zusatz der „übermäßigen Erschwerung" noch weggelassen.

[527] EuGH, Urteil v. 6. 5. 1982 (verb. Rs. 142, 192 u. 193/81), Slg. 1982, 1503 (1534 f., Tz. 29) – *BayWa.*

[528] Vgl. EuGH, Urteil v. 21. 9. 1983 (Rs. 205-215/82), Slg. 1983, 2633 (2666, Tz. 22) – *Deutsche Milchkontor.*

[529] Vgl. EuGH, Urteil v. 15. 9. 1998 (Rs. C-231/96), Slg. 1998, I-4951 (4991, Tz. 34 ff.) – *Edis* –, einerseits und EuGH, Urteil v. 9. 10. 2001 (verb. Rs. C-80/99 bis C-82/99), Slg. 2001, I-7211 (7252, Tz. 55) – *Flemmer* –, andererseits.

[530] So auch *Lehr*, Einstweiliger Rechtsschutz und EU, 1997, S. 252. *Mögele*, BayVBl. 1993, 552 (556) spricht vom „Diskriminierungsverbot" und „Tragweite-Gebot", ohne den Begriff der praktischen Unmöglichkeit zu erwähnen. Diese Einschätzung ergibt sich auch aus der Urteilssystematik des EuGH selbst. In dem Urteil *Flemmer*, a.a.O., Tz. 55, verweist der Gerichtshof nebeneinander auf die Entscheidungen „BayWa", wo er nur die „Tragweite"-Formel angeführt, und „Deutsche Milchkontor", wo er beide Begriffe erwähnt hat.

Schließlich ging der Europäische Gerichtshof dazu über, mit Hilfe dieses Kriteriums für eine positive Ausgestaltung des nationalen Rechts zu sorgen. Als besonders eindringlich ist in diesem Zusammenhang die Entwicklung der gemeinschaftsrechtlichen Staatshaftung durch den Gerichtshof zu nennen.[531] Das Effektivitätsgebot sollte also nicht bloß mehr zur Unanwendbarkeit einzelner nationaler Vorschriften führen. Zunehmend wurde es sogar als Grundlage zur richterlichen Schaffung neuartiger Rechtsinstitute inklusive originärer gemeinschaftsrechtlicher Voraussetzungen angesehen.[532] Von der ursprünglichen bewussten „Konfliktvermeidungsstrategie"[533] beginnend mit den Rechtssachen „Rewe" und „Comet" ist der Gerichtshof nach und nach abgerückt; er hat das Kriterium der „praktischen Unmöglichkeit" von einem Vereitelungsverbot über ein Beeinträchtigungsverbot bis hin zu einem positiv ausgerichteten Effektivitätsgebot fortentwickelt.[534]

Anders als beim Diskriminierungsverbot ist infolgedessen bei der Schranke des Effektivitätsgebots eine ungleich stärkere Eingriffstiefe in das nationale Recht festzustellen. Von einem gemeinschaftsfreundlichen Standpunkt her mag man hinter diesem Umstand eine besondere Flexibilität des Gemeinschaftsrechts sehen. Aus Sicht des nationalen Rechts und der mit Rechtsanwendung betrauten nationalen Institutionen verbirgt sich dahinter jedoch ein beträchtlicher Rechtsunsicherheitsfaktor, womit auch weiter gehende Bedenken, insbesondere solche kompetenzrechtlicher Natur, verbunden sind.

cc) Zwischenergebnis

Der Europäische Gerichtshof geht bei indirekten Kollisionen grundsätzlich von der Anwendung des nationalen (Verfahrens-)Rechts aus. Dieses unterwirft er jedoch den beiden gemeinschaftsrechtlichen Kautelen des Effektivitätsgebots und des Äquivalenzprinzips. Ausnahmsweise soll es über das Vorrangprinzip zu einer völligen Verdrängung des kollidierenden nationalen Rechts kommen.

c) Bewertung

Angesichts der langen Tradition der Rechtsprechung des Europäischen Gerichtshofes zur Problematik um indirekte Kollisionen lässt sich in dieser Frage durchaus von der

[531] EuGH, Urteil v. 19. 11. 1991 (verb. Rs. C-6/90 u. C-9/90), Slg. 1991, I-5357 (5415 f., Tz. 41-43) – *Francovich*; EuGH, Urteil v. 5. 3. 1996 (verb. Rs. C-46/93 u. C-48/93), Slg. 1996, I-1029 (1153 f., Tz. 67-74) – *Brasserie du Pêcheur & Factortame III*; EuGH, Urteil v. 26. 3. 1996 (Rs. C-392/93), Slg. 1996, I-1631 ff. – *British Telecommunications*; EuGH, Urteil v. 23. 5.1996 (Rs. C-5/94), Slg. 1996, I-2553 (2614, Tz. 31) – *Hedley Lomas*; EuGH, Urteil v. 8. 19. 1996, (verb. Rs. C-178/94, C-179/94, C-188/94 bis C-190/94), Slg. 1996, I-4845 (4890, Tz. 72 f.) – *Dillenkofer*.

[532] Vgl. *von Danwitz*, DVBl. 1998, 420 (425).

[533] So *von Danwitz*, a.a.O., (424).

[534] *Gellermann*, in: *Rengeling/Middeke/Gellermann*, Rechtsschutz in der EU, 2. Aufl. 2003, § 34 Rn. 35, 42; *Schoch*, NVwZ 1999, 457 (460 f.).

Herausbildung europäischen Richterrechts[535] sprechen. Die Rechtswirklichkeit hat dem Bedarf an Theorienbildung damit nach und nach den Boden entzogen. Deshalb soll der Diskussion an dieser Stelle keine weitere Theorie hinzugefügt werden. Von Interesse ist vielmehr, die bestehenden Auffassungen auf gemeinsame Grundlinien zu untersuchen und die konkrete Vorgehensweise bei der Kollisionsauflösung systematisch darzustellen.

aa) Gegenüberstellung der Auffassungen in Rechtsprechung und Schrifttum

Den verschiedenen Auffassungen in der europarechtlichen Literatur ist das Bestreben gemeinsam, Gemeinschaftsrecht und nationales Recht harmonischer aufeinander abzustimmen; dabei soll vermieden werden, dass diese Abstimmung pragmatisch und einseitig zu Lasten des nationalen Rechts erfolgt. In dieser Intention manifestiert sich ein Gedanke, der letztlich allen föderalen Systemen eigen ist: Es geht um die Sicherung eines widerspruchsfreien Zusammenwirken des aus verschiedenen Quellen sprudelnden Rechts.[536] Als kleinster gemeinsamer Nenner der einzelnen Literaturauffassungen ließ sich herausarbeiten, dass der Widerstreit zwischen Gemeinschaftsrecht und nationalem Recht bei indirekten Kollisionen über eine Interessenabwägung zu bereinigen ist.[537] Auf Seiten des Gemeinschaftsrechts steht der Anspruch des Gemeinschaftsrechts auf einheitliche Geltung und effektive Durchsetzung in allen Mitgliedstaaten, auf der Seite des nationalen Rechts die grundsätzliche Zuständigkeit der EU-Staaten zur Regelung ihrer Gerichts- und Verwaltungsverfahren (Grundsatz der nationalen Verfahrensautonomie).[538]

Der Gedanke der Abwägung zwischen den widerstreitenden Positionen liegt auch der Vorgehensweise des Europäischen Gerichtshofes bei der Kollisionsbewältigung zu Grunde. Zwar wird dies von ihm so nicht formuliert; die Anwendung der Schranken der Effektivität und Nichtdiskriminierung stellt in der Sache jedoch nichts anderes dar. Dies ist insbesondere in dem Umstand zu erkennen, dass die beiden Kriterien – je nach Gefährdung der Einheitlichkeit des Gemeinschaftsrechts – mit wechselndem Inhalt versehen worden sind. Der Gerichtshof hat die Begriffe der „praktischen Unmöglichkeit" (bzw. der „übermäßigen Erschwerung" oder „Beeinträchtigung der Tragweite und Wirksamkeit") sowie der „nicht ungünstigeren Ausgestaltung" des nationalen Rechts (bzw. dessen Anwendung „ohne Unterschied") seit jeher als unbestimmte Rechtsbegriffe verstanden und ihren Inhalt nach und nach ausgefüllt. Je nach Sachver-

---

[535] Allgemein zum Richterrecht auf der Ebene der Gemeinschaft *Borchardt*, in: Gedächtnisschrift für Grabitz, 1995, S. 29 ff.; *Stein*, in: Festschrift Heidelberg, 1986, S. 619 ff.

[536] Vgl. *Kirchhof*, JZ 1998, 965 (966), speziell für das Verhältnis zwischen Gemeinschaftsrecht und nationalem Recht.

[537] Siehe oben Zweiter Teil, B. III. 3. a) (S. 90 ff.).

[538] Zum Grundsatz der nationalen Verfahrensautonomie sogleich unter bb) (1) (S. 102 f.). Von einer Abwägung geht auch *Schroeder*, Gemeinschaftsrechtssystem, 2002, S. 423 f., aus. Allerdings soll auf der einen Seite nicht die nationale Verfahrensautonomie stehen – die Existenz eines solchen Grundsatzes lehnt er ab, vgl. a.a.O., S. 425 –, sondern ein allgemeiner Grundsatz des Gemeinschaftsrechts, in dem sich Verfahrensregelungen der Mitgliedstaaten wiederfinden. Diesem Grundsatz stellt er das gemeinschaftsrechtlich Effektivitätsprinzip gegenüber. Damit findet für *Schroeder* eine Kollision allein auf der Gemeinschaftsebene statt.

halt hat er dabei verstärkt auf das eine oder das andere Kriterium zurückgegriffen.[539] In den meisten Fällen war es für den Gerichtshof ausreichend, dem Gemeinschaftsrecht nur soviel „Vorrang" einzuräumen, wie durch die beiden Merkmale des Effektivitätsgebots und des Diskriminierungsverbots verwirklicht werden konnte – im Übrigen konnte es bei der Anwendung des nationalen Rechts bleiben. Damit ist allerdings nicht gesagt, dass diese beiden Schranken in jedem Einzelfall denknotwendig in der Lage sind, dem Gemeinschaftsrecht im erforderlichen Maße zu seiner Verwirklichung zu verhelfen. Es mag Konstellationen geben, in denen es aus Sicht der gemeinschaftsrechtlichen Zielsetzung nicht genügt, nur die Anwendung des nationalen Rechts gemeinschaftsrechtlich zu begrenzen, sondern in denen darüber hinaus eine weiter gehende Einwirkung erforderlich ist, ggf. bis hin zu einer völligen Verdrängung des nationalen Rechts in einzelnen Bereichen. Dieses Ergebnis, das der Gerichtshof über die Anwendung des Vorranggrundsatzes bewerkstelligt haben will,[540] steht dem Gedanken einer Abwägung nicht entgegen. Resultat einer solchen Vorgehensweise kann durchaus die vollständige Bevorzugung der einen Seite sein, wenn sich keine beide Positionen schonende Schnittmenge bilden lässt.

Es zeigt sich also, dass die Positionen des gemeinschaftsrechtlichen Schrifttums und der Rechtsprechung im Wesentlichen auf derselben Linie liegen. Der Gedanke der Abwägung als entscheidender Gesichtspunkt bei der Kollisionsauflösung ist auch kaum angreifbar. Entscheidend bei der Erarbeitung einer Lösung des Kollisionsproblems muss sein, dass es nicht bereits im Ausgangspunkt zu einem einseitigen, pauschalen Vorrang des Gemeinschaftsrechts[541] kommt, sondern dass sich das Einwirken des Europarechts, in welchem Umfang auch immer, als Folge eines Abwägungsprozesses[542] darstellt.

Bevor zur Auflösung der Spannungslage bei indirekten Kollisionen, also zur Durchführung der Abwägung, näher Stellung genommen wird, soll zunächst auf die widerstreitenden Positionen eingegangen werden. Dem Prinzip der nationalen Verfahrensautonomie steht der Anspruch des Gemeinschaftsrechts auf einheitliche Anwendung gegenüber.

---

[539] So die Beobachtung von *Wiehe*, Effektiver vorläufiger Rechtsschutz, 2000, S. 37, m. w. N.

[540] Zweiter Teil, B. III. 3. b) (S. 94 ff.).

[541] Ein Vorrang des nationalen Rechts kommt von vornherein nicht in Betracht, da es dem Belieben des jeweiligen Mitgliedstaats überlassen wäre, ob das Gemeinschaftsrecht zur Wirkung gelangt oder nicht, vgl. *Niedobitek*, VerwArch Bd. 92 (2001), S. 58 (60).

[542] Vgl. *Rodríguez Iglesias*, EuGRZ 1997, 289 (295); *von Danwitz*, Verwaltungsrechtliches System, 1996, S. 114.

bb) Die widerstreitenden Positionen: Grundsatz der nationalen Verfahrensautonomie einerseits und Grundsatz der einheitlichen Anwendung des Gemeinschaftsrechts andererseits

(1) Der Grundsatz der nationalen Verfahrensautonomie

Da die Gemeinschaft bis auf wenige Ausnahmen[543] über keine eigenen Vollzugsorgane verfügt, sind im Regelfall[544] die innerstaatlichen Organe zur Vollziehung des materiellen Gemeinschaftsrechts berufen (sog. indirekter[545] oder mitgliedstaatlicher Vollzug). Sofern das Gemeinschaftsrecht selbst keine Regelungen bereithält,[546] wenden die nationalen Organe nationales Verfahrens- und Prozessrecht an. Diese grundsätzliche Zuständigkeit der Mitgliedstaaten wird mit dem „Grundsatz der institutionellen und verfahrensmäßigen Autonomie“[547] umschrieben. Das Prinzip schließt sowohl die Organisationsgewalt, also die Ausgestaltung des Verwaltungs- und Gerichtsaufbaus inklusive die Bestimmung der jeweils zuständigen Vollzugsstelle (*institutionelle* Autonomie), wie auch die Festlegung und Ausgestaltung des jeweils zur Anwendung kommenden Verfahrensrechts (*verfahrensmäßige* Autonomie) ein.[548] Von größerem Interesse für die nachfolgenden Untersuchungen ist der zweite Aspekt.

---

[543] Vgl. etwa den Vollzug durch die Kommission im Bereich des Kartell- oder Beihilferechts (sog. gemeinschaftseigener oder direkter Vollzug).

[544] Dass der mitgliedstaatliche Vollzug nicht lediglich als Provisorium, sondern als dauerhafter Regelfall konzipiert ist, ergibt sich nicht zuletzt aus der in die Schlussakte zum Vertrag von Amsterdam aufgenommenen *(43.) Erklärung zum Protokoll über die Anwendung der Grundsätze der Subsidiarität und der Verhältnismäßigkeit*: „Die Hohen Vertragsparteien bekräftigen zum einen die der Schlußakte zum Vertrag über die Europäische Union beigefügte Erklärung zur Anwendung des Gemeinschaftsrechts und zum anderen die Schlußfolgerungen des Europäischen Rates von Essen, wonach die administrative Durchführung des Gemeinschaftsrechts grundsätzlich Sache der Mitgliedstaaten bleibt. Die Aufsichts-, Kontroll- und Durchführungsbefugnisse der Gemeinschaftsorgane nach den Artikeln 145 und 155 des Vertrags zur Gründung der Europäischen Gemeinschaft bleiben hiervon unberührt.“ Demgegenüber wird betont, dass Rechtsetzungskompetenzen auch Rechtsakte auf dem Gebiet des Verwaltungs-, Verwaltungsverfahrens- und Prozessrechts zuließen, vgl. *von Bogdandy*, in: *Grabitz/Hilf*, EU, 2003, Art. 10 EGV Rn. 43. Dazu unten Zweiter Teil, C. III. 1. b) bb) (3) (a) (S. 148 f.).

[545] Die Bezeichnung „indirekter Vollzug“ wird teilweise als problematisch empfunden, da auch unmittelbar anwendbares Gemeinschaftsrecht „direkt vollzogen wird“. Daher differenzieren *Schweitzer/Hummer*, Europarecht, 5. Aufl. 1996, Rn. 424 ff., zwischen gemeinschaftsunmittelbarer, unmittelbarer und mittelbarer mitgliedstaatlicher Vollziehung.

[546] Einen Fall des mitgliedstaatlichen Vollzugs unter Anwendung von *gemeinschaftsrechtlichem* Vollzugsrecht stellt der verfahrensrechtliche Teil des Zollkodex dar (VO 2913/92 des Rates v. 12. 10. 1992 zur Festlegung des Zollkodex der Gemeinschaften, ABl. 1992 L 302/1 ff., zuletzt geändert durch VO 2700/00 v. 19. 12. 2000, ABl. 2000 L 311/17 ff.).

[547] Begriffsprägend, soweit ersichtlich, *Rengeling*, in: Gedächtnisschrift für Sasse, Bd. I, 1981, S. 197 (198 f.). Bei der Herausarbeitung des Grundsatzes hat sich insbesondere die französische Literatur verdient gemacht, vgl. schon *Kovar*, in: *ders.*, Les recours des individus, 1978, S. 245 (248); *Simon*, Le système juridique communautaire, 2. Aufl. 1998, Rn. 81 ff.: «autonomie institutionnelle et procédurale».

[548] Vgl. *Rodríguez Iglesias*, EuGRZ 1997, 289 (289).

Bisweilen wird bezweifelt, ob den Mitgliedstaaten tatsächlich eine Verfahrensautonomie in dem eben beschriebenen Sinne zukommt.[549] Diese Stimmen gehen von der Rechtswirklichkeit aus und haben in erster Linie die mittlerweile tief greifenden Einwirkungen des Gemeinschaftsrechts auf das nationale Verfahrens- und Prozessrecht im Auge, wie sie insbesondere durch die Rechtsprechung des Europäischen Gerichtshofes vorangetrieben wurden. Geht man allerdings bei der Betrachtung der Problematik von der grundsätzlichen vertikalen Kompetenzverteilung zwischen der Gemeinschaft und den Mitgliedstaaten aus – und dies ist zwingende Voraussetzung, wenn man eben diese Rechtsprechung bewerten möchte –, so lässt sich die Existenz der mitgliedstaatlichen Verfahrensautonomie schlechterdings nicht bezweifeln.[550] Diese ist nämlich bereits Folge des Prinzips der begrenzten Ermächtigung (Art. 5 Abs. 1 EGV) – im Primärrecht der Gemeinschaft lassen sich keine expliziten und allgemeinen Kompetenztitel für die Regelung des nationalen Verfahrensrechts finden –[551] sowie des Subsidiaritätsprinzips.[552] Eine andere Frage ist es, wie viel angesichts der weit reichenden Einwirkungen des Gemeinschaftsrechts faktisch davon noch übrig ist und ob die Bezeichnung „Autonomie" infolgedessen terminologisch heute noch gerechtfertigt ist.[553] Wenn man jedoch den Begriff der „Autonomie" nicht von vornherein im Sinne einer *unveränderbaren* Befugnis der Mitgliedstaaten zur Regelung der Durchführung des Gemeinschaftsrechts versteht,[554] spricht nichts gegen die entsprechende Bezeichnung des Grundsatzes.

[549] Vgl. *Niedobitek*, VerwArch Bd. 92 (2001), S. 58 (75); *Frank*, ZÖR Bd. 55 (2000), S. 1 (36, Fn. 36); *Schroeder*, Gemeinschaftsrechtssystem, 2002, S. 392 ff; *von Bogdandy*, in: *Grabitz/Hilf*, EU, 2003, Art. 10 EGV Rn. 43.

[550] Wenngleich der EuGH die Begrifflichkeit als solche nicht verwendet. Vgl. allerdings die Formulierung in den Schlussanträgen von GA *Jacobs* zu EuGH, Urteil v. 14. 12. 1995 (verb. Rs. C-430/93 u. C-431/93), Slg. 1995, I-4705 (4713, Tz. 18) – *van Schijndel u. a. Schroeder*, Gemeinschaftsrechtssystem, 2002, S. 390 f., will der Gemeinschaft nicht von vornherein die Kompetenz zur Regelung der Durchführung des Gemeinschaftsrechts absprechen. Unter Berufung auf das Verfassungsrecht der USA weist er darauf hin, dass in föderalen Systemen Durchführungskompetenzen auch an die Gesetzgebungskompetenz der zuständigen Ebene gekoppelt sein können. Vgl. dazu auch *Kakouris*, CMLRev. 1997, 1389 (1395 f.); *Classen*, Die Verwaltung Bd. 31 (1998), S. 307 (331).

[551] Vgl. dazu *von Danwitz*, DVBl. 1998, 420 (430).

[552] Der Grundsatz der mitgliedstaatlichen Verfahrensautonomie war indessen schon vor der formellen Proklamation des Subsidiaritätsprinzips in Art. 5 Abs. 2 (ex-Art. 3 b Abs. 2) EGV anerkannt, vgl. *Rodríguez* Iglesias, EuGRZ 1997, 289 (289).

[553] Vgl. dazu *Kahl*, in: *Calliess/Ruffert*, EUV und EGV, 2. Aufl. 2002, Art. 10 EGV Rn. 24, der dafür plädiert, schlichter und weniger irreführend vom „Grundsatz der Anwendung nationaler Verfahrens- und Prozessordnungen" zu sprechen.

[554] *Schroeder*, Gemeinschaftsrechtssystem, 2002, S. 392, ist der Auffassung, der Begriff suggeriere ein eben solches unveränderbares Recht.

(2) Der Grundsatz der einheitlichen Anwendung des Gemeinschaftsrechts (Uniformitätsprinzip)

Der Grundsatz der einheitlichen Anwendung des Gemeinschaftsrechts,[555] wonach alle Normen des Gemeinschaftsrechts im gesamten Gemeinschaftsgebiet einheitlich ausgelegt und angewendet werden sollen,[556] ist im Rahmen der hier interessierenden Problematik der funktionelle Widersacher der nationalen Verfahrensautonomie.

(a) Dogmatische Grundlage des Uniformitätsprinzips

Das Prinzip wurde bislang in verschiedenen gemeinschaftsrechtlichen Normen dogmatisch verortet Der Europäische Gerichtshof stützte es ursprünglich – wie den Vorranggrundsatz – auf das Funktionssicherungsprinzip[557], das Diskriminierungsverbot des Art. 12 EGV sowie auf die Mitwirkungspflicht des Art. 10 Abs. 2 EGV.[558] Als dogmatische Grundlage wurde weiterhin der Gleichheitsgedanke angeführt, aus dem sich eine Forderung nach gleichem Recht für alle Rechtssubjekte des EG-Vertrags ergeben soll.[559] Heute wird man davon ausgehen müssen, dass das Prinzip gelöst von der jeweils anzuwendenden gemeinschaftsrechtlichen Norm eine normative Verselbständigung erfahren hat.[560] Bei einer genauen Betrachtung ist in normtheoretischer Hinsicht die Existenz dieses Grundsatzes auf einer der positiv-rechtlichen Anordnung vorgeschalteten Ebene zu suchen. Die einheitliche Anwendung des Rechts ist nämlich keine Folge einer besonderen normativen Anordnung, sondern ein Wesenszug des Rechts selbst. Wesentliches Merkmal einer Norm ist ihre Allgemeinverbindlichkeit. Denn eine Regelung erfährt nur Respekt, wenn sie im gesamten Geltungsraum, für den sie konzipiert ist, für alle Adressaten gleichermaßen zur Anwendung kommt und gleichermaßen verbindlich ist.[561] Stünde die Anwendung des Gemeinschaftsrechts zur Disposition der mitgliedstaatlichen Instanzen, so bestünde die Gefahr, dass es seine Rechtsverbindlichkeit und damit seinen Charakter als *Gemeinschafts*recht verliert.[562] Die Bedeutung des Grundsatzes der Einheitlichkeit wurde auch vom Europäischen Gerichtshof im Zusammenhang mit der Entwicklung der beiden Schranken zur Begrenzung des nationalen Verfahrensrechts betont: Die Funktion des Effektivitätsgebots und des Diskriminierungsverbots liegt darin, den „Erfordernissen der einheitlichen

[555] Dazu ausführlich *Nettesheim*, in: Gedächtnisschrift für Grabitz, 1995, S. 447 ff.; *von Danwitz*, Verwaltungsrechtliches System, 1996, S. 118 ff.; *Schroeder*, Gemeinschaftsrechtssystem, 2002, S. 426 ff.

[556] *Schroeder*, a.a.O., S. 427.

[557] Der geistige Vater dieses Prinzips ist *Ipsen*, vgl. Beiheft ZHR 1965, 1 (21); *ders.*, Europäisches Gemeinschaftsrecht, 1972, S. 280 ff.

[558] EuGH, Urteil v. 15. 6. 1964 (Rs. 6/64), Slg. 1964, 1251 (1269 f., Tz. 9) – *Costa/E.N.E.L.*

[559] Vgl. *Oppermann*, Europarecht, 2. Aufl. 1999, Rn. 534; *Nettesheim*, in: Gedächtnisschrift für Grabitz, 1995, S. 447 (448 ff.).

[560] Vgl. *von Danwitz*, Verwaltungsrechtliches System, 1996, S. 120.

[561] Vgl. für das Gemeinschaftsrecht *von Bogdandy*, in: *Grabitz/Hilf*, EU, 2003, Art. 10 EGV Rn. 7.

[562] Ähnlich *Lehr*, Einstweiliger Rechtsschutz und EU, 1997, S. 233 f.

Anwendung des Gemeinschaftsrechts“ Rechnung zu tragen, die „notwendig ist, um zu vermeiden, daß die Wirtschaftsteilnehmer ungerecht behandelt werden“[563].

(b) Rechtlicher Gehalt des Einheitlichkeitsgebots

Die eingangs vorgenommene Definition, wonach alle Normen des Gemeinschaftsrechts im gesamten Gemeinschaftsgebiet einheitlich ausgelegt und angewendet werden sollen, bedarf der inhaltlichen Präzisierung. Einheitlichkeit in diesem Sinne bedeutet, dass das Gemeinschaftsrecht gleichbedeutend, gleichbleibend und gleichermaßen verbindlich sein muss.[564]

Hinter dem Aspekt „gleichbedeutend“ verbirgt sich, dass das Gemeinschaftsrecht von allen zur Anwendung berufenen Institutionen identisch ausgelegt und angewendet werden muss. Zur Umsetzung dieses Gebots kommt in verfahrensrechtlicher Hinsicht dem Vorabentscheidungsverfahren nach Art. 234 EGV überragende Bedeutung zu.[565] Die Forderung nach „gleichbleibender“ Anwendung zielt auf den Umstand ab, dass die Mitgliedstaaten alle Maßnahmen zu unterlassen haben, die auf eine Aufhebung oder Änderung des Gemeinschaftsrechts hinwirken. Dieses Gebot wird rechtstechnisch durch den Vorranggrundsatz abgesichert,[566] wonach jede dem Gemeinschaftsrecht entgegenstehende nationale Bestimmung jedweden Ranges und unabhängig vom Zeitpunkt ihres Erlasses unanwendbar ist.[567] Die Bedeutung des Kriteriums der „gleichen Verbindlichkeit“ liegt etwa in der Frage, ob die Mitgliedstaaten eine Befugnis haben, Gemeinschaftsrecht auf seine Rechtmäßigkeit zu überprüfen und ggf. für ungültig zu erklären. Gemeinschaftsrecht ist nicht überall gleich verbindlich, wenn einzelne Mitgliedstaaten etwa unterschiedliche verfassungsrechtliche Schranken für die seine Anwendbarkeit Geltung vorsehen. Aus idealtypischer Sicht des Gemeinschaftsrechts ist deshalb von der Unzulässigkeit jedweder nationaler Vorbehalte auszugehen.[568]

---

[563] EuGH, Urteil v. 21. 9. 1983 (verb. Rs. 205-215/82), Slg. 1983, 2633 (2665, Tz. 17) – *Deutsche Milchkontor*.

[564] Hierzu und zum Folgenden ausführlich *Constantinesco*, Recht der EU I, 1977, S. 660 ff.

[565] Vgl. EuGH, Urteil v. 16. 1. 1974 (Rs. 166/73), Slg. 1974, 33 (38, Tz. 2) – *Rheinmühlen*: Art. 234 EGV „ist von entscheidender Bedeutung dafür, daß das vom Vertrag geschaffene Recht wirklich gemeinsames Recht bleibt; er soll gewährleisten, daß dieses Recht in allen Mitgliedstaaten der Gemeinschaft immer die gleiche Wirkung hat.“

[566] An dieser Stelle wird das Verhältnis zwischen Vorranggrundsatz und Uniformitätsprinzip deutlich. Das Prinzip der Einheitlichkeit als Zielvorgabe bedarf zu seiner Erreichung des Vorranggrundsatzes als Instrument, vgl. schon oben Zweiter Teil, B. I. 5. b) bb) (S. 56 ff.). Allgemein zum teilweise gewandelten Verhältnis dieser beiden Prinzipien zueinander *Lehr*, Einstweiliger Rechtsschutz und EU, 1997, S. 235 ff.

[567] Ständige Rechtsprechung, vgl. EuGH, Urteil v. 15. 6. 1964 (Rs. 6/64), Slg. 1964, 1251 (1269 f., Tz. 9) – *Costa/E.N.E.L*; EuGH, Urteil v. 17. 12. 1970 (Rs. 11/70), Slg. 1970, 1125 (1135) – *Internationale Handelsgesellschaft*; EuGH, Urteil v. 9. 3. 1978 (Rs. 106/77), Slg. 1978, 629 (643 f., Tz. 14/16) – *Simmenthal II*.

[568] Dieser Aspekt stellt sich aus Sicht der Mitgliedstaaten weitaus problematischer dar. Darauf wird noch ausführlich im nächsten Teil der Arbeit einzugehen sein, vgl. unten Dritter Teil, B. (S. 215 ff.).

(c) Grenzen des Uniformitätsprinzips

Wenngleich die vorstehenden Ausführungen nahe legen, dass das Gebot der Einheitlichkeit ein schlechthin unverzichtbares Konstitutionsprinzip der Gemeinschaftsrechtsordnung[569] ist, bleibt der Vorbehalt, dass es sich dabei um keinen grenzenlosen Anspruch der Gemeinschaft handelt. Auch über die Fälle hinaus, in denen der Vertrag selbst bestimmte Ungleichheiten in Kauf nimmt – etwa durch Richtlinien, die Gestaltungsspielräume offen lassen bzw. die sich nur an bestimmte Mitgliedstaaten richten,[570] durch Schutz- und Notstandsklauseln[571] bzw. durch Formen verstärkter Zusammenarbeit zwischen einzelnen Mitgliedstaaten[572] – handelt es sich dabei um eine Zielvorgabe unter Bewahrung der Pluralität und Identität der Regionen und der Mitgliedstaaten.[573] Dementsprechend kann nur die Beseitigung der Europa trennenden Schranken, d. h. die Verwirklichung einer „Einheit in Ungleichheit“[574], nicht hingegen eine umfassende Vereinheitlichung unterschiedlicher Rechtsvorschriften als das Integrationsziel der Rechtseinheit anerkannt werden.[575] Von einem solchen Verständnis geht auch der Gerichtshof aus, wenn er formuliert, dass „die Vorschriften der Gemeinschaftsverordnungen (...) im gesamten Gebiet der Gemeinschaft so weit wie möglich die gleiche Wirkung entfalten [sollen]“[576].

(3) Fazit

Die Gegenüberstellung der beiden Prinzipien verdeutlicht die zwischen ihnen bestehende Spannungslage. Diese Spannungslage macht das Wesen von indirekten Kollisionen aus. Die Gefährdung für die Einheitlichkeit des Gemeinschaftsrechts resultiert aus der Unterschiedlichkeit und der Vielfältigkeit der nationalen Verwaltungsrechtsordnungen sowie der Tatsache, dass die Durchführung des Europarechts immer noch überwiegend dezentral erfolgt. Solange die Gemeinschaft ihre Rechtsakte nicht selbst vollzieht und über kein eigenes Vollzugsrecht verfügt, ist sie auf die Anwendung des nationalen Rechts angewiesen. Jede Bemühung, gemeinschaftsrechtliche Sachverhalte gemeinschaftsweit einheitlich zu vollziehen, führt damit bei unterschiedlichen Ausgestaltungen unweigerlich zu Eingriffen in eine nationale Verfahrensrechtsordnung. Dass das nationale Recht Einflüssen des Gemeinschaftsrechts offen stehen muss, steht daher außer Frage. Gegenstand der nachfolgenden Überlegungen muss deshalb sein, in wel-

---

[569] So *von Danwitz*, Verwaltungsrechtliches System, 1996, S. 120.

[570] *Von Danwitz*, a.a.O., S. 121.

[571] Vgl. etwa die Regelungen in Art. 36 Abs. 2, 76, 95 Abs. 4 EGV mit Zustimmung der Gemeinschaftsorgane bzw. Art. 30, 39 Abs. 3, 46 Abs. 1, 55 i. V. m. Art. 46 Abs. 1, 296 und 297 ohne deren Zustimmung; vgl. dazu *Schweitzer/Hummer*, Europarecht, 5. Aufl. 1996, Rn. 1009 ff.

[572] Vgl. Art. 11 EGV; dazu *Schroeder*, Gemeinschaftsrechtssystem, 2002, S. 432.

[573] Dieser Gedanke kommt etwa in Art. 136 Abs. 2 EGV zum Ausdruck, wo von der Erhaltung der „Vielfalt der einzelstaatlichen Gepflogenheiten“ die Rede ist.

[574] So *Isensee*, in: *Bohr*, Föderalismus – Demokratische Struktur für Deutschland und Europa, 1992, S. 139 ff.

[575] Vgl. *Lenz*, EuGRZ 1993, 57 (61).

[576] EuGH, Urteil v. 14. 1. 1981 (Rs. 819/79), Slg. 1981, 21 (35, Tz. 10) – *Deutschland/Kommission*.

chem Umfang sich das Recht der Mitgliedstaaten öffnen muss und wie der angesprochene Widerstreit in einen für beide Seiten angemessenen Ausgleich zu bringen ist.

cc) Auflösung der Spannungslage: Abwägung zwischen den widerstreitenden Positionen

Der von weiten Teilen der Literatur und der Sache nach auch vom Europäischen Gerichtshof propagierte Gedankengang einer Interessenabwägung zwischen den betroffenen mitgliedstaatlichen und gemeinschaftlichen Positionen wird auch der hier befürworteten Vorgehensweise zur Auflösung indirekter Kollisionen zu Grunde gelegt.

(1) Begründung des Abwägungserfordernisses aus dem Wesen indirekter Kollisionen

Die These, eine indirekte Kollisionslage nur über eine derartige Abwägung auflösen zu können, lässt sich aus dem Wesen solcher Spannungslagen erklären:

Im Unterschied zu direkten Kollisionskonstellationen, wo auf Grund der Rechtsfolgenalternativität verschiedener Normen, die *denselben* Lebenssachverhalt regeln, nur eine pragmatische und einseitige Lösung in Betracht kommt,[577] erweisen sich die Friktionen zwischen Gemeinschaftsrecht und nationalem Recht bei indirekten Kollisionen als nicht gewollte Reflexe der Normenanwendung, mithin als Effektivitätseinbußen.[578] Hier würde die Anwendung des nationalen Rechts nicht wie bei direkten Kollisionen die Gemeinschaftsnorm in ihrer Existenz in Frage stellen.[579] Die materielle europäische Regelung ist lediglich in ihrem Vollzug gehindert. Dementsprechend geht es bei indirekten Kollisionen nicht von vornherein um die Verdrängung des nationalen Rechts über die Anwendung des Vorrangprinzips als Kollisionsregel; es geht vielmehr um die Einwirkungen und die Umwandlungen, die das Gemeinschaftsrecht auf die spezifischen Ausprägungen des mitgliedstaatlichen Verwaltungsrechts ausübt,[580] um den eigenen effektiven Vollzug sicherzustellen. Anders formuliert geht es bei indirekten Kollisionen nicht um die Frage, welche Rechtsordnung bei sich widersprechenden Rechtsfolgenanordnungen – von Normen, die denselben Regelungsbereich betreffen – vorgeht, sondern darum, wie die Zielsetzung einer materiellen Norm hinreichend effektiv mit Normen einer anderen Rechtsordnung durchgesetzt werden kann.

Hierin verdeutlicht sich erneut: Indirekte Kollisionen beschreiben nicht ausschließlich eine Konfliktsituation; sie reflektieren zugleich das „Aufeinander-Angewiesen-Sein"[581] von europäischem und nationalem Recht. Es liegt nahe, dass dieses Zusam-

[577] Wenn man so will, kann der Anwendungsvorrang des Gemeinschaftsrechts statt eines Geltungsvorrangs, wie er beispielsweise im föderativen Gefüge zwischen Bundes- und Landesrecht zum Ausdruck kommt, vgl. Art. 31 GG, als maximales „Entgegenkommen" des Gemeinschaftsrechts zu Gunsten der nationalen Rechtsordnungen betrachtet werden.

[578] *Frank*, ZÖR Bd. 55 (2000), S. 1 (33).

[579] Vgl. *von Danwitz*, Verwaltungsrechtliches System, 1996, S. 116.

[580] Vgl. *von Danwitz*, a.a.O., S. 115 f.

[581] Vgl. schon oben Zweiter Teil, B. III. (S. 85 f.).

menspiel nicht *per se* über eine Verdrängung der einen Seite am besten zu gewährleisten ist; vielmehr ist im Rahmen einer Abwägung[582] ein möglichst schonender Ausgleich zwischen den Positionen mit dem Ziel ihrer Optimierung anzustreben. Diese Vorgehensweise entspricht dem Prinzip der praktischen Konkordanz.

Für die konkrete Vorgehensweise bei der Kollisionsauflösung bedeutet dieser Befund Folgendes: Grundsätzlich kommt beim indirekten Vollzug von Gemeinschaftsrecht nationales Verfahrensrecht zur Anwendung. Dies entspricht der vertikalen Kompetenzverteilung zwischen den Mitgliedstaaten und der Europäischen Union. Der uneingeschränkten Anwendung des nationalen Rechts sind jedoch Grenzen gesetzt, wenn es nicht in der Lage ist, das mit der materiellen gemeinschaftsrechtlichen Regelung verfolgte Ziel *effektiv* zu erreichen.

(2) Der Grundsatz der Effektivität als maßgebliche Determinante der Abwägung

Der Grundsatz der Effektivität erweist sich als zentrales Prinzip zur Lösung der Kollisionsproblematik. Seine besondere Bedeutung kommt bereits in terminologischer Hinsicht in der Charakterisierung indirekter Kollisionen als „Effektivitätseinbußen" zum Ausdruck. Bisher konnten unterschiedliche Erscheinungsformen dieses Rechtsgrundsatzes ausgemacht werden: Als materielles Prinzip soll es zum einen dem Gemeinschaftsrecht dazu verhelfen, nationales Recht zu verdrängen.[583] In dieser Ausprägung stellt es gleichsam den Geltungsgrund für das Prinzip der einheitlichen Anwendung des Gemeinschaftsrechts dar: Nur in allen Mitgliedstaaten einheitlich angewandtes Recht kann wirklich effektiv sein. Zum anderen kommt dem Effektivitätsprinzip die Rolle zu, als Schranke für das nationale Recht dem Gemeinschaftsrecht auch tatsächlich zur Durchsetzung zu verhelfen.[584]

Ganz allgemein lässt sich sagen, dass der Effektivitätsgrundsatz ein das gesamte Europarecht bestimmender Grundsatz ist, der in unterschiedlichen, bisweilen nicht immer scharf abgrenzbaren Erscheinungsformen auftritt.[585] Weil sich das Ausmaß des Eindringens des Europarechts in die nationalen Verfahrensautonomien, jedenfalls aus Sicht des Gemeinschaftsrechts, nur am eigenen Anspruch auf effektive Durchsetzung in den Mitgliedstaaten orientieren kann, wird das gemeinschaftsrechtliche Effektivitätsgebot neben dem Anwendungsvorrang als Schlüsselinstitut der zunehmenden Dynamik der gemeinschaftsrechtlichen Einwirkung auf das nationale Verwaltungsverfahrens- und Prozessrecht bezeichnet.[586]

Auf Grund seiner Maßgeblichkeit bei der Auflösung von indirekten Kollisionen ist es an dieser Stelle geboten, eine Kategorisierung zu versuchen. Damit wird es auch

---

[582] So auch *Rodríguez Iglesias*, EuGRZ 1997, 289 (295).

[583] So etwa als Argument der praktischen Wirksamkeit des Systems des Art. 234 EGV, um den britischen Grundsatz der Immunität der Krone in der Rechtssache „Factortame" zu verdrängen, vgl. näher oben Zweiter Teil, B. I. 5. d) (S. 62 ff.).

[584] So insbesondere nach Auffassung des EuGH, vgl. näher oben Zweiter Teil, B. III. 3. b) bb) (S. 98 f.).

[585] *Schmidt-Aßmann*, DVBl. 1993, 924 (931).

[586] Vgl. *Schmidt-Aßmann*, a.a.O., (930). Zur speziellen Bedeutung des Vorrangprinzips im Rahmen von indirekten Kollisionen vgl. unten Zweiter Teil, C. III. 3. c) dd) (S. 114 ff.).

möglich sein, den rechtlichen Gehalt der hier interessierenden Bedeutungsform zu ermitteln. Bei all den Schwierigkeiten und Unsicherheiten, die sich ergeben bei dem Versuch, die mannigfaltigen Ausprägungen des Prinzips in eine Ordnung zu bringen, lassen sich zwei Grundkategorien ausmachen: Je nach Blickrichtung und Zielsetzung ist zwischen einer objektivrechtlichen und einer individualschützenden Ausrichtung des Effektivitätsprinzips zu unterscheiden.

(a) Objektivrechtliche Seite

Im Rahmen der objektivrechtlichen Ausprägung wird teilweise unterschieden[587] zwischen dem Effektivitätsgebot, wie es der Europäische Gerichtshof im oben[588] beschriebenen Sinne einer europarechtlichen Schranke für die Anwendung des nationalen Rechts versteht, und dem Grundsatz des *effet utile*[589], d. h. der praktischen Wirksamkeit des Gemeinschaftsrechts als allgemeinem Auslegungsgrundsatz. Dieser Auffassung zufolge soll das Prinzip des *effet utile* allein auf Sachverhalte innerhalb der Gemeinschaftsordnung anzuwenden sein, während das Effektivitätsgebot an die Mitgliedstaaten adressiert ist. Zusammengenommen sollen der *effet utile* und das so verstandene Effektivitätsgebot das gemeinschaftsrechtliche Effektivitätsprinzip im weiteren Sinne bilden.[590]

Indes ist zweifelhaft, ob die Grenzziehung in der vorgenommenen Weise tatsächlich zutreffend ist. An der grundsätzlichen Unterscheidung ist zwar richtig, dass der *effet utile* und das Effektivitätsgebot im Ursprung verschiedene Zielsetzungen im Auge gehabt haben: Auslegung des Gemeinschaftsrechts im Allgemeinen einerseits, Schranke für die Anwendung des nationalen Rechts andererseits. Allerdings waren die beiden Grundsätze bereits nach der engen Konzeption des Effektivitätsgebots in den „Rewe"- und „Comet"-Entscheidungen[591] keine sich ausschließenden, konträren Teilprinzipien. Auch nach dem damaligen Verständnis diente das Effektivitätsgebot der Durchsetzung und damit der praktischen Wirksamkeit des Gemeinschaftsrechts. Mittlerweile wird dem Effektivitätsgebot ein sehr extensives Verständnis zu Grunde gelegt: Das Gemeinschaftsrecht soll in der Lage sein, das nationale Recht nicht nur zu begrenzen, sondern auch positiv zu modifizieren und zu gestalten.[592] Insgesamt muss man davon ausgehen, dass das Effektivitätsprinzip im engeren Sinne in funktioneller Hinsicht als Methode zur Durchsetzung des Gemeinschaftsrechts weitgehend im Grundsatz des *effet utile* aufgeht; insoweit stellt es eine besondere Ausprägung desselben dar.[593] Auf

[587] *Wiehe*, Effektiver Vorläufiger Rechtsschutz, S. 40 (Fn. 130).

[588] Siehe Zweiter Teil, B. III. 3. b) bb) (S. 98 f.).

[589] Nach dieser traditionellen Auslegungsmaxime, die dem Völkerrecht entstammt, sind Verträge so auszulegen, dass ihren Bestimmungen eine optimale reale Wirksamkeit zukommt, vgl. *Ipsen*, Europäisches Gemeinschaftsrecht, 1972, S. 280; *Oppermann*, Europarecht, 2. Aufl. 1999, Rn. 529. Allgemein zum *effet utile* vgl. nur *Streinz*, in: Festschrift für Everling, 1995, S. 1491 ff.

[590] *Wiehe*, Effektiver vorläufiger Rechtsschutz, 2000, S. 40 (Fn. 130).

[591] EuGH, Urteil v. 16. 12. 1976 (Rs. 33/76), Slg. 1976, 1989 (1998, Tz. 5) – *Rewe* –, und (Rs. 45/76), Slg. 1976, 2043 (2053, Tz. 11/18) – *Comet*.

[592] Dazu näher unten Zweiter Teil, B. III. 3. c) cc) (3) (S. 113 f.).

[593] Vgl. *Schmidt-Aßmann*, DVBl. 1993, 924 (931), der die Maxime des *effet utile* als Ausgangspunkt des Effektivitätsgebots bezeichnet.

der anderen Seite geht es aber auch weit über das Prinzip des *effet utile* hinaus. In dieser Funktion kann es als eine Art „Optimierungsgebot“ verstanden werden, demzufolge alle Gerichts- und Verwaltungsorgane der Mitgliedstaaten die Wahrscheinlichkeit zu minimieren haben, dass ein gemeinschaftswidriger Zustand entsteht bzw. fortbesteht.[594]

Der Grundsatz des *effet utile* und das Effektivitätsgebot i. e. S. sind demnach keine Gegenpole auf der objektivrechtlichen Seite des Effektivitätsprinzips i. w. S., sondern Ausprägungen desselben Oberprinzips, die in die gleiche Richtung gehen, weil sie dem objektiven Gemeinschaftsrecht dienen. Das Effektivitätsgebot i. e. S. lässt sich als *konkrete* Ausgestaltung der *allgemeinen* Auslegungsregel des *effet utile* verstehen, wobei es zunehmend eine gewisse Eigendynamik entwickelt hat, indem es mittlerweile als selbständiges Argument für die positive Aus- bzw. Umgestaltung (etwa im Bereich der gemeinschaftsrechtlichen Staatshaftung) des nationalen Rechts herangezogen wird.

Wie sich sogleich herausstellen wird, erfährt das Effektivitätsgebot i. e. S. auch Bedeutung im Rahmen der individualschützenden Ausprägung des Effektivitätsprinzips i. w. S.

(b) Bedeutung der individualschützenden Komponente

Hinter der individualschützenden Komponente des Grundsatzes der Effektivität (im weitesten Sinne) verbirgt sich das Prinzip des effektiven Rechtsschutzes als (Grund-)Recht der einzelnen Marktteilnehmer. Der Grundsatz des effektiven Rechtsschutzes stellt einen materiellen Rechtssatz dar, und zwar sowohl auf Gemeinschaftsebene wie auch in den nationalen Rechtsordnungen. Auf der europarechtlichen Ebene ist er als allgemeiner Grundsatz des Gemeinschaftsrechts[595] mit primärrechtlichem Rang anerkannt.[596] In diesem Zusammenhang bedeutet Effektivität in einem normbestimmenden und -begrenzenden Sinne die Vorgabe an das formelle und materielle Recht, die subjektiven Rechte zu schützen und durchzusetzen. Neben dem Anspruch des Einzelnen auf generellen Schutz seiner individuell vom Gemeinschaftsrecht verliehenen Rechte[597] verbirgt sich dahinter insbesondere ein Anspruch auf *umfassenden* und – im qualitativen Sinne – *effektiven* Rechtsschutz.[598]

---

[594] So *Schmidt-Aßmann*, ebenda.

[595] Teilweise wird das Prinzip vom effektiven Rechtsschutz als „Grundsatz des Vertrages“ eingestuft, vgl. *Tonne*, Effektiver Rechtsschutz, 1997, S. 312 ff. Zur Unterscheidung von „allgemeinen Rechtsgrundsätzen“ und „Grundsätzen des Vertrages“ vgl. näher unten Zweiter Teil, C. III. 1. b) bb) (3) (d) (aa) (S. 154 f.). Diese Differenzierung i. Erg. ablehnend *Wiehe*, Effektiver vorläufiger Rechtsschutz, 2000, S. 44 ff.

[596] Grundlegend EuGH, Urteil v. 15. 5. 1986 (Rs. 222/84), Slg. 1986, 1651 (1682, Tz. 18 f.) – *Johnston*; seither st. Rspr., vgl. EuGH, Urteil v. 15. 10. 1987 (Rs. 222/86), Slg. 1987, 4097 (4117, Tz. 14 f.) – *Heylens*; EuGH, Urteil v. 7. 5. 1991 (Rs. C-340/89), Slg. I-1991, 2357 (2385, Tz. 22) – *Vlassopoulou*; EuGH, Urteil v. 7. 5. 1992 (Rs. C-104/91), Slg. I-1992, 3003 (3029, Tz. 15) – *Borrell*; EuGH, Urteil v. 3. 12.1992 (Rs. C-97/91), Slg. I-1992, 6313 (6334, Tz. 14) – *Borelli*; EuGH, Urteil v. 31. 3. 1993, (Rs. C-19/92), Slg. I-1993, 1663 (1698, Tz. 40) – *Kraus*; EuGH, Urteil v. 17. 9. 1997 (Rs. C-54/96), Slg. I-1997, 4961 (4996, Tz. 40) – *Dorsch*.

[597] Vgl. etwa die Formulierung in EuGH, Urteil v. 15. 10. 1987 (Rs. 222/86), Slg. 1987, 4097 (4117, Tz. 14 f.) – *Heylens*; EuGH, Urteil v. 31. 3. 1993, (Rs. C-19/92), Slg. I-1993, 1663 (1698,

(c) *Verhältnis zwischen objektiver und individualschützender Komponente*

Objektivrechtliche und individualschützende Komponente sind keine inhaltlichen Gegenpole, sondern Ansätze auf verschiedenen Ebenen. Dies gilt insbesondere für das Verhältnis zwischen dem Effektivitätsgebot i. e. S. und dem Grundsatz des effektiven Rechtsschutzes. Beim Rechtsschutzprinzip handelt es sich um einen materiellen Rechtssatz, beim Effektivitätsgebot i. e. S. (ebenso wie beim Äquivalenzprinzip) hingegen um eine bloße Methode, mit Hilfe derer das Gemeinschaftsrecht sich im Falle von indirekten Kollisionen gegenüber dem nationalen Recht durchzusetzen vermag.[599] Die Anwendung des Effektivitätsgebots i. e. S. setzt also den Befund einer indirekten Kollisionslage voraus. Bevor ein solcher getroffen werden kann, müssen die Aussagen der jeweiligen Rechtsordnungen im Wege der Auslegung (ggf. unter Einbeziehung des *effet utile* als *Auslegungsregel*) ermittelt werden.[600] Das (gemeinschaftsrechtliche) Prinzip des effektiven Rechtsschutzes, ggf. in Verbindung mit sonstigem materiellem Gemeinschaftsrecht, dient der Ermittlung der Aussage des Gemeinschaftsrechts zu einem konkreten Sachverhalt.[601] Erst wenn nach der Feststellung der Aussagen des nationalen Rechts eine indirekte Kollision vorliegt, können das Effektivitätsgebot i. e. S. und das Äquivalenzprinzip der Bereinigung der Konfliktsituation dienen.

Die oben vorgenommene Zuordnung zur objektivrechtlichen Komponente des Effektivitätsprinzips i. w. S. hat auch nicht zur Folge, dass das Effektivitätsgebot i. e. S. nicht zu Gunsten der Individualrechte streiten kann. Jedoch ist die subjektive Rechtsstellung des Einzelnen nicht *primärer* Schutzzweck der beiden Grundsätze; sie dienen vielmehr final dem Schutz des gesamten Gemeinschaftsrechts an sich. Wo das Gemeinschaftsrecht in Gestalt von subjektiven Rechten auftritt,[602] verhelfen die Kautelen des Effektivitäts- und Äquivalenzprinzips auch dem Individualrechtsschutz zum Durchbruch. Die subjektive Rechtsstellung des Einzelnen wird demnach nur in ihrer Eigenschaft als Teilmenge des objektiven Rechts relevant.[603] Die Erklärung für diesen

Tz. 40) – *Kraus*. Hieraus wird deutlich, dass der EuGH den Rechtsschutzgrundsatz nicht nur im Sinne einer institutionellen Garantie einer EG-Gerichtsbarkeit, sondern als eine echte Individualrechtsschutzgarantie versteht.

[598] Ausführlich zu den Attributen „umfassend" und „effektiv" *Wiehe*, Effektiver vorläufiger Rechtsschutz, 2000, S. 62 ff.

[599] Vgl. oben Zweiter Teil, B. III. 3. b) bb) (S. 98 f.).

[600] Dass die Auslegung der zur Anwendung kommenden Normen der Kollisionsauflösung vorgeht, ist Ausdruck der Rechtslogik. Sie ist systematisch bereits der Ebene der Inhaltsbestimmung von Normen zuzuordnen und dient somit der Kollisionsvermeidung und nicht der Kollisionsauflösung. Ganz in diesem Sinne hat *Zuleeg* in seinem Referat auf der Staatsrechtslehrertagung 1994, VVDStRL Bd. 53 (1994), S. 154 ff., den Fokus eher auf die *Vermeidung* von Kollisionen denn deren Auflösung gelegt.

[601] *Wiehe*, Effektiver vorläufiger Rechtsschutz, 2000, S. 51.

[602] Vgl. etwa die Entscheidungen des EuGH zum Institut der gemeinschaftsrechtlichen Staatshaftung (oben Fn. 531).

[603] *Wiehe*, Effektiver vorläufiger Rechtsschutz, 2000, S. 40. Aus diesem Befund wird auch deutlich, dass subjektiv-rechtlicher Schutz und objektivrechtlicher Schutz keine Gegensätze bilden. Auch subjektive Rechte sind Teil der objektiven Rechtordnung; sie stehen auch in einem objektiv ausgerichteten Rechtsschutzmodell, wie es der Gemeinschaftsrechtordnung zu Grunde liegt, unter Schutz. Vgl. dazu *Wiehe*, a.a.O., S. 35; *Schmidt-Aßmann*, in: *Maunz/Dürig*, GG, 2003, Art. 19 Abs. 4 Rn. 9; *Lorenz*, Der Rechtsschutz des Bürgers, 1973, S. 130.

Befund mag letztlich in der eigenen Sichtweise des Gerichtshofes von der Gemeinschaftsrechtsordnung, die stark von dem französischen Verwaltungsrechtsverständnis geprägt ist,[604] zu suchen sein. Danach ist – jedenfalls aus historischer Sicht – die vornehmliche Aufgabe des Verwaltungsrechts der Schutz und die Durchsetzung der objektiven Rechtsordnung.[605] Erst in zweiter Linie soll das Verwaltungsrecht dem Individualrechtsschutz dienen.

Den Stellenwert des Individualrechtsschutzes in einem objektiv ausgerichteten Rechtsschutzmodell hat auch die nähere Betrachtung der bisher behandelten Grundsatzentscheidungen zum einstweiligen Rechtsschutz vor Augen geführt. In der Rechtssache „Tafelwein" stand die Durchsetzung des objektiven Gemeinschaftsrechts im Vordergrund; der subjektive Rechtsschutz – in dieser Konstellation auf der nationalen Ebene stärker ausgeprägt als im Gemeinschaftsrecht – war für den Gerichtshof kein Thema.[606] In der Rechtssache „Factortame" hingegen konnte sich das subjektive (Gemeinschafts-)Recht – Schutz des Fischereirechts im Verfahren des einstweiligen Rechtsschutzes auch *gegen* die britische Krone – durchsetzen.[607]

(d) Zwischenergebnis

Der Versuch, die einzelnen Ausprägungen des Effektivitätsgrundsatzes im weiteren Sinne in eine Übersicht zu bringen, hat ergeben, dass keine klar voneinander abgrenzbaren Kategorien auszumachen sind. Es ist eher von verschiedenen Bereichen auszugehen, die miteinander verschränkt sind und sich gegenseitig bedingen können.

Bei der Auflösung von indirekten Kollisionen kommt das Effektivitätsprinzip, ggf. in Verbindung mit dem Äquivalenzgebot, regelmäßig als Schranke für die Geltung des nationalen Rechts zur Anwendung. Das entspricht nach der vorgenommenen Einstufung derjenigen Ausprägung, die innerhalb der objektivrechtlichen Komponente als Effektivitätsgebot in engeren Sinne bezeichnet wurde. Je nach konkretem Sachverhalt kann zugleich auch die individualschützende Komponente betroffen sein; dann nämlich, wenn wie in der Rechtssache „Factortame" das durchzusetzende Gemeinschaftsrecht in Form von subjektiven Rechten auftritt. Gegebenenfalls muss im Vorfeld der Kollisionsauflösung über den *effet utile* als Auslegungsregel die genaue Aussage des Gemeinschaftsrechts ermittelt werden, um überhaupt eine Kollision feststellen zu können.

Diese Zusammenfassung belegt, dass das Prinzip der Effektivität im Zusammenhang mit indirekten Kollisionen in sämtlichen Ausprägungsformen Bedeutung erlangen kann.

---

[604] Allgemein zur Vorbildfunktion des französischen Verwaltungsrechts für das Gemeinschaftsrecht vgl. *Becker*, Der Einfluss des französischen Verwaltungsrechts, 1963, S. 1 ff.

[605] *Schwarze*, Europäisches Verwaltungsrecht, Bd. 1, 1988, S. 109.

[606] Siehe dazu oben Zweiter Teil, B. II. 4. f) (S. 82 f.). Dass der Individualrechtsschutz durchaus auch „gegen" Gemeinschaftsrecht wirken kann, werden die Rechtssachen „Süderdithmarschen" und „Atlanta" belegen, vgl. unten Zweiter Teil, C. III. 1. a) aa) (1) (S. 137 f.).

[607] Vgl. oben Zweiter Teil, B. I. 5. d) (S. 62 ff.).

(3) Folge der Abwägung: System abgestufter Einwirkungen auf das nationale Recht

Folge der Abwägung zwischen den widerstreitenden Positionen unter Beachtung des Effektivitätsprinzips sind Modifikationen des nationalen Verfahrensrechts. Diese Modifikationen können unterschiedlich ausgestaltet bzw. unterschiedlich intensiv sein:

Einerseits kann es ausreichen, die Anwendung des nationalen Rechts lediglich zu begrenzen, indem etwa einzelnen Vorschriften eines Regelungskomplexes die Anwendung versagt wird (so z. B. die Zurückdrängung des Vertrauensschutzes und des behördlichen Ermessens oder die Nichtanwendung einzelner Fristbestimmungen[608]) oder sogar gesamte Rechtsinstitute verdrängt werden (etwa das Prinzip der Immunität der Krone in der Rechtssache „Factortame"). Diese Art der Einwirkung kann man als *negative Einwirkung*, also Einwirkung in einem ausschließlich begrenzenden Sinne, bezeichnen.

Auf der anderen Seite kann es erforderlich sein, dass an die Stelle einer nationalen Vorschrift eine Regelung des Gemeinschaftsrechts tritt.[609] Dies ist der Fall, wenn das „verbleibende" Verfahrensrecht den Effektivitätsanforderungen der Gemeinschaftsregelung nach wie vor nicht genügt, bzw. wenn es im mitgliedstaatlichen Vergleich zu unterschiedlich ausgeprägt ist, um dem Gemeinschaftsrecht in der notwendigen Einheitlichkeit zur Durchsetzung zu verhelfen. Diese Konstellation lässt sich als *positive Einwirkung* bezeichnen.[610] Es liegt auf der Hand, dass durch diese Art von Einwirkungen die nationale Verfahrensautonomie viel stärker tangiert ist als bei negativen Einwirkungen. Da es gerade ein konstituierender Wesenszug des indirekten Vollzugs ist, dass die Mitgliedstaaten ihr Verfahrensrecht selbst regeln, dürfen Einwirkungen in diesen Rechtsbereich nicht Selbstzweck sein und auf Grund einer – verkannten – Kompetenzwahrnehmung erfolgen; sie können sich allenfalls als Reflex der Verfolgung des Anspruchs des materiellen Gemeinschaftsrechts auf effektive Durchsetzung und uniforme Geltung in den Mitgliedstaaten darstellen. Die Kompetenzproblematik stellt sich in verschärfter Weise bei positiven Einwirkungen; zu diesem Fragenkom-

---

[608] So insbes. bei der Anwendung des § 48 VwVfG in Fällen der Rückforderung gemeinschaftswidrig gewährter Beihilfen, vgl. aus der umfangreichen Judikatur EuGH, Urteil v. 21. 9. 1983 (verb. Rs. 205-215/82), Slg. 1983, 2633 (2667 ff., Tz. 27-33) – *Deutsche Milchkontor*; EuGH, Urteil v. 2. 2. 1989 (Rs. 94/87), Slg. 1989, 175 (192, Tz. 12) – *Kommission/Deutschland (Alcan I)*; EuGH, Urteil v. 20. 9. 1990 (Rs. C-5/89), Slg. 1990, I-3437 (3457 f., Tz. 14, 17 ff.) – *BUG-Alutechnik*; EuGH, Urteil v. 20. 3. 1997 (Rs. C-24/95), Slg. 1997, I-1591 (1617 ff., Tz. 27 ff. – *Alcan II*; EuGH, Urteil v. 16. 7. 1998 (Rs. C-298/96), Slg. 1998, I-4767 (4794, Tz. 36 f.) – *Oelmühle*. An dieser Stelle bleibt anzumerken, dass in solchen Sachverhalten keineswegs jeglicher Vertrauensschutz ausgeschlossen wird, denn dabei handelt es sich auch um ein *gemeinschaftsrechtliches* Prinzip. Die *Schutzwürdigkeit* des Vertrauens wird jedoch maßgeblich vom Gemeinschaftsrecht determiniert, vgl. dazu *Streinz*, Europarecht, 5. Aufl. 2001, Rn. 491; *von Danwitz*, Verwaltungsrechtliches System, 1996, S. 287 ff.

[609] Zu Konstellationen dieser Art vgl. die nachfolgend darzustellenden Fälle „Süderdithmarschen" und „Atlanta" (unten Zweiter Teil, C. I. und II. [S. 126 ff. und 130 ff.]). Zu dieser Kategorie gehören auch die Entscheidungen zum gemeinschaftsrechtlichen Staatshaftungsanspruch (vgl. oben Fn. 531).

[610] Zu dem unterschiedlichen Grad der Intensität von Einwirkungen vgl. auch *Rengeling*, in: VVDStRL Bd. 53 (1994), S. 202 (220); *von Danwitz*, Verwaltungsrechtliches System, 1996, S. 368 ff.

plex wird deshalb bei der Darstellung der weiteren Grundsatzurteile zum einstweiligen Rechtsschutz einzugehen sein.[611]

(4) Zwischenergebnis

Die vorstehenden Ausführungen zeigen auf, dass es beim indirekten Vollzug von Gemeinschaftsrecht zu einem „Perspektivenwechsel" kommt, sobald eine indirekte Kollision auftritt. Die – im Grundsatz uneingeschränkte – Anwendung des nationalen Verfahrensrechts bestimmt sich nunmehr aus der Blickrichtung des Gemeinschaftsrechts. Je nach der geforderten Effektivität der zu vollziehenden materiellen Gemeinschaftsregelung richten sich Tiefe und Intensität der Einwirkung auf das nationale Recht und daraus resultierend dessen Anwendbarkeit im Kollisionsfall. Als funktionelle Methoden der Durchsetzung des Gemeinschaftsrechts kommen insbesondere die vom Europäischen Gerichtshof statuierten Prinzipien der Gleichwertigkeit und Effektivität in Betracht, wobei Ersteres dem Effektivitätsgebot *in puncto* Geeignetheit zur Kollisionsauflösung nachsteht.[612]

dd) Anwendung des Vorranggrundsatzes bei indirekten Kollisionen

Klärungsbedürftig ist noch die bislang offen gebliebene Frage, wie die Vorgehensweise des Europäischen Gerichtshofes bei der Auflösung indirekter Kollisionen, also die Anwendung des Vorrangprinzips,[613] materiell zu bewerten ist.[614] Ob sich der Vorranggrundsatz auf dogmatisch überzeugende Art und Weise tatsächlich für die Problemlösung fruchtbar machen lässt, ist aus dem Wesen solcher Kollisionen zu beantworten.

Der Vorranggrundsatz kommt grundsätzlich als Kollisionsregel zur Anwendung, wenn sich nationales Recht und Gemeinschaftsrecht bei der Anwendung auf einen bestimmten Lebenssachverhalt in ihren Rechtsfolgen widersprechen. Als Folge der Anwendung des Vorrangprinzips muss das nationale Recht zurücktreten.[615] Den unmittelbaren Anwendungsbereich des Vorranggrundsatzes stellen also direkte Kollisionen

[611] Dazu ausführlich unten Zweiter Teil, C. III. 1. b) bb) (3) und (4) (S. 148 ff. und 156 f.). An dieser Stelle sei angemerkt, dass „positive Einwirkungen" im soeben beschriebenen Sinne nicht zwingend eine Ausprägung von indirekten Kollisionen sein müssen, sondern allgemein die Einwirkungstiefe des Gemeinschaftsrechts in das nationale Recht umschreiben. Indirekte Kollisionen müssen damit keineswegs die intensivste Einwirkungsform des Gemeinschaftsrechts darstellen. So wird sich herausstellen, dass in den nachfolgend darzustellenden Rechtssachen „Süderdithmarschen" und „Atlanta" jeweils direkte Kollisionen vorlagen, dazu näher unten Zweiter Teil, C. III. 1. a) bb) und c) (S. 139 und 158 f.).

[612] Siehe oben Zweiter Teil, B. III. 3. b) aa) (S. 96 f.).

[613] Vgl. oben Zweiter Teil, B. I. 4. (S. 53 f.) und 5. b) bb) (S. 56 ff.), sowie Fn. 337 (Rechtssache „Factortame"); ferner Fn. 391 und Zweiter Teil, B. II. 5. (S. 82) (Rechtssache „Tafelwein"); schließlich Zweiter Teil, B. III. 3. b) (S. 94 ff.).

[614] Im Rahmen der ersten Einschätzung wurde diese Vorgehensweise jedenfalls nicht als inkonsequent bewertet, da der EuGH auf die grundsätzliche Unterteilung in direkte und indirekte Kollisionen verzichtet, vgl. oben Zweiter Teil, B. III. 3. b) (S. 94 ff.). Ihre materielle Richtigkeit wurde bislang jedoch offen gelassen.

[615] *Anwendungs-* und kein Geltungsvorrang, vgl. oben Zweiter Teil, B. I. 5. b) bb) (1) (S. 56 f.).

dar; nur in solchen Fällen steht die konkrete Gemeinschaftsregelung auf dem Spiel.[616] Dagegen gibt es bei indirekten Kollisionen keinen Rechtfolgenwiderspruch. Die sie kennzeichnenden Effektivitätseinbußen[617] bzw. Hemmnisse[618] beim Vollzug des Gemeinschaftsrechts beschreiben keine echten Kollisionslagen im Sinne einer Normenkonkurrenz, sondern lediglich eine Nichtkompatibilität von Regelungen, die unterschiedliche Regelungsbereiche betreffen. Daher kommt ein Anwendungsvorrang im Sinne wirklicher Normverdrängung von vornherein nicht in Betracht.[619]

(1) Zusammenhang zwischen Vorrang und Effektivitätsgebot

Dieser Befund lässt sich anzweifeln, wenn man bei der Betrachtung des Kollisionsgegenstandes die Perspektive ändert. Als Widersacher der nationalen Vollzugsnorm lässt sich theoretisch nicht nur die jeweils zu vollziehende materiell-rechtliche gemeinschaftliche Regelung betrachten, sondern auch das Effektivitätsprinzip an sich. Denn Gegenstand von Kollisionen können naturgemäß nicht nur geschriebene, sondern auch ungeschriebene Normen sein. Da bei indirekten Kollisionen die Effektivität der materiellen Gemeinschaftsvorschrift behindert ist, lässt sich behaupten, es liege zugleich eine Kollision zwischen der nationalen Vollzugsnorm und dem gemeinschaftsrechtlichen Effektivitätsprinzip vor. Diesem Gedankengang zufolge besteht bei jeder indirekten Kollision letztlich stets auch eine direkte, wenn auch nicht so leicht erkennbare Kollisionslage.[620] Damit ließe sich die Anwendung des Vorranggrundsatzes gleichsam „durch die Hintertür" in Betracht ziehen. Weiter gehende Folge davon wäre die Nichtanwendbarkeit der nationalen Vollzugsnorm *a priori* und ohne Abwägungsvorgang.

Diese Gedankenführung stößt jedoch in mehrfacher Hinsicht auf Bedenken. Zwar existiert ein Anspruch des Gemeinschaftsrechts auf effektive Geltung in den Mitgliedstaaten. Wenn nun eine nationale Norm diese Effektivität beeinträchtigt, scheint formal eine Kollision mit dem Effektivitätsprinzip vorzuliegen. Damit Letzteres aber am Vorrang des Gemeinschaftsrechts teilhaben kann, müsste es selbst unmittelbar anwendbar sein, was sehr umstritten ist.[621] Das Effektivitätsprinzip hat für sich genom-

---

[616] *Von Danwitz*, Verwaltungsrechtliches System, 1996, S. 115.

[617] Vgl. *Frank*, ZÖR Bd. 55 (2000), S. 1 (33).

[618] *Lehr*, Einstweiliger Rechtsschutz und EU, 1997, S. 271 f., verwendet daher von vornherein den Begriff der „Vollzugshemmung" statt den der „indirekten Kollision", vgl. schon oben Fn. 484.

[619] Ähnlich *von Danwitz*, Verwaltungsrechtliches System, 1996, S. 115, der zutreffend betont, dass die Funktion mitgliedstaatlicher Rechtsvorschriften, etwa als Ermächtigungsgrundlage eines Verwaltungsakts, unverzichtbar ist. Dies trifft auch im „Tafelwein"-Fall zu: § 80 Abs. 2 S. 1 Nr. 4 VwGO wird noch als Rechtsgrundlage für die Anordnung der sofortigen Vollziehbarkeit benötigt. Für *Schroeder*, Gemeinschaftsrechtssystem, 2002, S. 423 ff., stellen sich indirekte Kollisionen von vornherein nicht als Vorrangproblem dar, weil er in solchen Konstellationen von einer Kollision allein auf Gemeinschaftsebene ausgeht, vgl. schon oben Fn. 538.

[620] So ausdrücklich *Niedobitek*, VerwArch Bd. 92 (2001), S. 58 (76). Von einem Widerspruch von Normen des nationalen Rechts mit dem Effektivitätsprinzip geht auch *Schroeder*, Gemeinschaftsrechtssystem, 2002, S. 397, aus.

[621] Bejahend etwa *Hatje*, in: *Schwarze*, EU-Kommentar, 2000, Art. 10 EGV Rn. 17; *ders.*, Gemeinschaftsrechtliche Steuerung der Wirtschaftsverwaltung, 1998. Ablehnend *Classen*, JZ 1997, 724

men keinen eindeutig konturierten, allgemein feststehenden rechtlichen Gehalt. Ihm fehlt die für eine unmittelbare Anwendbarkeit erforderliche Präzision.[622] Deshalb bedarf es der Aktualisierung und Konkretisierung durch eine dahinter stehende materiell-rechtliche Norm. Erst wenn die inhaltliche Aussage und der rechtliche Gehalt der materiellen Regelung feststehen, lässt sich beurteilen, wie sie *effektiv* zu vollziehen ist. Deshalb ist auch die Frage der unmittelbaren Anwendbarkeit des Effektivitätsprinzips nur in Anlehnung an die dahinter stehende Norm zu beurteilen.[623] Andernfalls würde man über den Umweg des Effektivitätsprinzips – welches ja für sämtliches Gemeinschaftsrecht gilt – zur unmittelbaren Anwendbarkeit einer jeden Gemeinschaftsnorm gelangen. Dies würde nicht nur einen Wertungswiderspruch darstellen, sondern wäre auch rechtsstaatlich bedenklich.[624] Dem Effektivitätsprinzip ist somit allenfalls über die zu konkretisierende Norm unmittelbare Anwendbarkeit beizumessen.

Abgesehen von dem eben getroffenen Befund ist das Effektivitätsprinzip allerdings schon als Anknüpfungspunkt in der Kollisionsproblematik untauglich. Würde man es selbst statt der zu Grunde liegenden materiellen Regelung als Kollisionsgegenstand der nationalen Vollzugsnorm gegenüberstellen, würde die gesamte dogmatische Figur der indirekten Kollisionen verwässert. Nach der oben vorgenommenen Kategorisierung[625] kommt das Effektivitätsgebot (im engeren Sinne) – ebenso wie das Äquivalenzgebot – im Rahmen von indirekten Kollisionen regelmäßig als funktionelle Methode zur Durchsetzung des Gemeinschaftsrechts gegenüber nationalem Recht zur Anwendung.[626] Das Prinzip ist damit selbst eine Kollisions*regel* und kein Kollisions*gegenstand*.

Zusammenfassend lässt sich also festhalten, dass eine unmittelbare Anwendung des Vorranggrundsatzes als Kollisionsregel zur Auflösung von indirekten Kollisionen auch über den Grundsatz der Effektivität als Anknüpfungspunkt nicht in Betracht kommt.

(2) Unterscheidung von Regel und Prinzip

Trotz des gerade konstatierten Ergebnisses kann man dem Vorranggrundsatz nicht jede Relevanz für die Fragestellung von indirekten Kollisionen absprechen. Er kann zwar nicht als Kollisionsregel herangezogen werden; als solche fungieren Effektivitätsgebot (i. e. S.) und Äquivalenzprinzip. Allerdings stellt der Vorranggrundsatz den Anwendungsgrund für das Gemeinschaftsrecht dar, auf Grund dessen es berechtigt ist, das nationale Recht zu beeinflussen und zu modifizieren. Bei indirekten Kollisionen geht es nämlich um die Einwirkungen und Umwandlungen, die das Gemeinschaftsrecht *kraft Vorrang* auf die spezifischen Ausprägungen des mitgliedstaatlichen Verwal-

---

(725).; *Frank*, ZÖR Bd. 55 (2000), S. 1 (38 ff.). Die unmittelbare Anwendbarkeit ist Voraussetzung für die Vorrangwirkung, vgl. oben Fn. 335.

[622] *Classen*, JZ 1997, 724 (725).

[623] Vgl. *Frank*, ZÖR Bd. 55 (2000), S. 1 (38), der diesen Umstand mit der „Effektivität des Effektivitätsprinzips" beschreibt.

[624] Ähnlich *Classen*, JZ 1997, 724 (725).

[625] Siehe soeben unter Zweiter Teil, B. III. 3. c) cc) (2) (a) bis (c) (S. 109 ff.).

[626] Vgl. *Wiehe*, Effektiver vorläufiger Rechtsschutz, 2000, S. 51.

tungsrechts ausübt.[627] Anders formuliert stellt der Vorranggrundsatz bei indirekten Kollision nicht die *Methode* der Kollisionsauflösung dar, sondern bedeutet lediglich deren Ausgangspunkt. Auf seiner Geltung beruht der Umstand, dass im Abwägungsergebnis die gemeinschaftsrechtliche Seite regelmäßig bevorzugt wird. Während also die Nichtgeltung einer nationalen Norm bei direkten Kollisionen unmittelbare Folge des Vorrangprinzips ist, ist dies (bzw. ihre eingeschränkte Geltung) bei indirekten Kollisionen lediglich mittelbare Folge.

Die unterschiedliche Wirkungsweise des Vorranggrundsatzes bei direkten und indirekten Kollisionen lässt sich aus dogmatischer Perspektive mit der Unterscheidung zwischen dem Charakter einer Bestimmung als Regel oder als Prinzip illustrieren. Nach dieser Unterscheidung, die vor allem für die Grundrechtstheorie fruchtbar gemacht wurde,[628] stellen Regeln unmittelbar Gründe für die richterliche Entscheidung, Prinzipien hingegen nur Rechtfertigungen für die Gründe einer Entscheidung dar.[629] Während also Regeln für sich genommen als Gründe einer Entscheidung ausreichen, tragen Prinzipien lediglich als *ratio legis* die Rechtsfolgenbestimmung im Einzelfall und können erst durch ein ableitungsfähiges System zum unmittelbaren Entscheidungsgrund werden.[630] Mit anderen Worten: Die Anwendung einer Regel führt zu einer eindeutigen und allgemeinen, d. h. von den Besonderheiten des Einzelfalls gelösten Rechtsfolge, während ein Rechtsprinzip erst nach Abwägung mit anderen Prinzipien eine Entscheidung zulässt.[631]

Übertragen auf den Vorranggrundsatz[632] bedeuten diese Überlegungen Folgendes: Im Falle von direkten Kollisionen kommt der Grundsatz als Kollisions*regel* im normenhierarchischen Sinne zur Anwendung. Eindeutige Rechtsfolge davon ist die Nichtanwendung des nationalen Rechts. Liegt eine indirekte Kollision vor, so ist nicht der normative Kern des Vorrangs als zwingende Regel betroffen, sondern allenfalls der Gehalt eines Rechtsprinzips.[633] Als Folge hiervon stellt sich die Aufgabe einer einzelfallbezogenen Abwägung[634] zwischen den betroffenen Prinzipien des Gemeinschaftsrechts und des nationalen Rechts, die an der Herstellung praktischer Konkordanz zu

[627] So *von Danwitz*, a.a.O., S. 115 f.

[628] *Alexy*, Theorie der Grundrechte, 1985, S. 71 ff. Zur grundsätzlichen Unterscheidung von Regeln und Prinzipien vgl. *Esser*, Grundsatz und Norm in der richterlichen Fortbildung, 4. Aufl. 1990, S. 39 ff.; *Larenz*, Richtiges Recht, 1979, S. 24 f. Im angelsächsischen Recht maßgeblich geprägt von *Dworkin*, Bürgerrechte ernstgenommen, 1984, S. 21 ff., 68 ff.

[629] *Von Danwitz*, Verwaltungsrechtliches System, 1996, S. 114.

[630] Dazu eingehend *Esser*, Grundsatz und Norm in der richterlichen Fortbildung, 4. Aufl. 1990, S. 51 f.

[631] Vgl. dazu *Alexy*, Theorie der Grundrechte, 1985, S. 117 ff; *Schilling*, EuR 1994, 50 (61).

[632] Die Unterscheidung zwischen Regeln und Prinzipien eignet sich im besonderen Maße gerade für das Verständnis und die Konturierung ungeschriebener Rechtsgrundsätze wie den Grundsätzen der unmittelbaren Wirkung oder dem Vorrang des Gemeinschaftsrechts, vgl. *von Danwitz*, Verwaltungsrechtliches System, 1996, S. 114. Dabei stellt es keine Besonderheit dar, dass ein und dieselbe Norm sich sowohl als Regel wie auch als Prinzip begreifen lässt, vgl. *Schilling*, EuR 1984, 50 (61).

[633] *Von Danwitz*, Verwaltungsrechtliches System, 1996, S. 116.

[634] Eine solche Wirkungsweise des Vorranggrundsatzes ablehnend *Schroeder*, Gemeinschaftsrechtssystem, 2002, S. 386, wonach die Wirkung gegenüber nationalem Recht „bedingungslos und absolut“ sein soll.

orientieren ist.[635] Indirekte Kollisionen lassen sich deshalb auch als Prinzipienkollisionen – im Unterschied zu echten Normenkollisionen – bezeichnen. Damit streitet auch die Dogmatik der Unterscheidung zwischen Regel und Prinzip für den oben[636] getroffenen Befund, dass indirekte Kollisionen über eine Abwägung zwischen den Grundsätzen der einheitlichen und effektiven Anwendung des Gemeinschaftsrechts und der nationalen Verfahrensautonomie aufzulösen sind.

(3) Fazit

Der Vorranggrundsatz kann nicht als Kollisionsregel zur Auflösung von indirekten Kollisionen herangezogen werden. Damit stellt sich die Vorgehensweise des Europäischen Gerichtshofes in den Ausgangsfällen in methodischer Hinsicht als falsch dar. Da es jedoch auch nach Durchführung einer Abwägung zu einem völligen Zurücktreten des widersprechenden nationalen Rechts kommen kann,[637] und sich damit eine der Vorrangwirkung ähnliche Rechtsfolge einstellt, ist nicht zwingend das Ergebnis des Gerichtshofes ebenfalls unrichtig.[638]

ee) Grenzen der Einwirkungen

Wenn bisher das zulässige Maß des Eindringens des Gemeinschaftsrechts in die nationalen Verfahrensautonomien am Grundsatz der Effektivität gemessen worden ist, so liegt es auf der Hand, dass die Einflussnahme des Europarechts nicht grenzenlos sein kann. Einem allzu extensiven Gebrauch des Effektivitätsarguments muss schon deshalb Grenzen gesetzt werden, damit nicht die Strukturen des nationalen Verwaltungsrechts in ihrer Substanz verändert werden sollen.[639] Deswegen wird zutreffend betont, dass es nicht um eine grenzenlose, sondern nur um eine rechtsstaatlich gebundene Effektivitätsvorstellung gehen kann.[640] Normativ kann dieser Gedanke in Art. 10 EGV verankert werden, worin nicht nur die Pflicht der Mitgliedstaaten zur Gemeinschaftstreue ihre Grundlage findet, sondern weiter gehend eine Pflicht zur loyalen Zusammenarbeit zwischen Mitgliedstaaten und Gemeinschaftsorganen geregelt ist, die beiden Seiten auferlegt ist.[641] Daraus resultiert letztlich eine Rücksichtnahmepflicht der Gemeinschaftsorgane, die insbesondere dort wirksam wird, wo Einwirkungen auf das nationale Verwaltungsrecht zu Strukturänderungen führen.[642] Hieraus wird auch die

---

[635] Vgl. *Schilling*, EuR 1994, 59 (61); *von Danwitz*, Verwaltungsrechtliches System, 1996, S. 114.

[636] Siehe oben Zweiter Teil, B. III. 3. c) cc) (1) (S. 107 f.).

[637] Vgl. oben Zweiter Teil, B. III. 3. c) aa) (S. 100 f.).

[638] Hierauf wird sogleich unter Zweiter Teil, B. III. 4. (S. 122 ff.), zurückzukommen sein.

[639] Vgl. *Schmidt-Aßmann*, DVBl. 1993, 924 (931).

[640] *Scheuing*, in: *Hoffmann-Riem/Schmidt-Aßmann*, Innovation und Flexibilität des Verwaltungshandelns, 1994, S. 289 (326); sehr kritisch zu den Effektivitätsvorstellungen des EuGH *Ossenbühl*, DVBl. 1993, 753 (761 f.).

[641] EuGH, Urteil v. 10. 2. 1983 (Rs. 230/81), Slg. 1983, 255 (287; Tz. 37) – *Luxemburg/Parlament*; EuGH, Urteil v. 13. 7. 1990 (Rs. C-2/88), Slg. 1990, I-3365 (3372, Tz. 17) – *Zwartveld*; *von Bogdandy*, in: *Grabitz/Hilf*, EU, 2003, Art. 10 EGV Rn. 79 ff., m. w. N. aus der Rechtsprechung.

[642] *Schmidt-Aßmann*, DVBl. 1993, 924 (932).

Doppelfunktion von Art. 10 EGV deutlich, der einerseits als dogmatische Grundlage[643] des Effektivitätsgebots die Einwirkung des Gemeinschaftsrechts ermöglicht, andererseits diese zugleich begrenzt.

(1) Einwirkungsfester Kernbereich der nationalen Verfahrensautonomie?

Fraglich ist, wie sich die bezeichnete Grenze der Strukturveränderungen auf die jeweilige Eingriffstiefe des Gemeinschaftsrechts in das nationale Verfahrensrecht auswirkt. Das Ergebnis der Abwägung kann im Einzelfall auch die völlige Zurückdrängung des nationalen Rechts sein kann.[644] Ein derartiger vollständiger Durchgriff kann jedoch, sofern in der jeweiligen Kollisionskonstellation von Effektivitätserwägungen getragen, immer nur bereichspezifisch und nicht pauschal für gesamte Regelungsfelder des nationalen Verfahrensrechts erfolgen.

Lehr geht davon aus, dass als Folge des Abwägungsprozesses zwischen dem Uniformitätsprinzip und der nationalen Verfahrensautonomie[645]die Herausbildung eines „eingriffsfesten Kernbereichs nationaler Verfahrensautonomie" möglich sei, der weit diesseits einer reinen sächlich-personalen Ausstattung der Vollzugsbehörden durch die Mitgliedstaaten liege.[646]

Indes ist zweifelhaft, ob sich hinter dieser Bezeichnung tatsächlich ein Begriff mit einem normativen Inhalt verbirgt. Die vollständige Verdrängung des nationalen Rechts als Ergebnis der Abwägung hält auch *Lehr* für möglich.[647] Die Bezeichnung „eingriffsfester Kernbereich" suggeriert jedoch ein unveränderbares Reservat der Mitgliedstaaten beim Vollzug des Gemeinschaftsrechts. Sie soll augenscheinlich eine abgestufte Form der Verfahrensautonomie darstellen, die eben einwirkungsresistent sein soll. Wenn man mit Teilen der Literatur bereits den Begriff der Verfahrensautonomie ablehnt,[648] wird man nicht umhin kommen, *Lehrs* Formulierung ebenfalls zurückzuweisen. Aber auch wenn man entsprechend der hier vertretenen Auffassung an dem Terminus der Verfahrensautonomie festhält, der lediglich den Ausgangspunkt der vertikalen Kompetenzverteilung im Auge hat, ist die Existenz eines „eingriffsfesten Kernbereichs" ebenso als nicht Gewinn bringend abzulehnen. Der Begriff ist nicht etwa in der Lage, die Geltung des nationalen Rechts gegenüber Gemeinschaftsrecht in quantitativer Hinsicht zu beschreiben. Die Tiefe der Einwirkungen in das nationale Recht ist autonom zu bestimmen, und zwar anhand des Effektivitätsanspruchs der jeweiligen materiellen Gemeinschaftsnorm und unter Beachtung des Kompetenzgefüges zwischen Gemeinschaft und den Mitgliedstaaten. Die Grenzen sind dabei im Gemeinschaftsrecht selbst zu suchen und ergeben sich insbesondere aus dem Prinzip der be-

[643] Siehe oben Zweiter Teil, B. III. 3. b) (S. 94 ff.).
[644] Vgl. oben Zweiter Teil, B. III. 3. c) aa) (S. 100 f.).
[645] Die Abwägung nimmt er anhand des gemeinschaftsrechtlichen Verhältnismäßigkeitsgrundsatzes vor, vgl. *Lehr*, Einstweiliger Rechtsschutz und EU, 1997, S. 303 ff. Dazu bereits oben Zweiter Teil, B. III. 3. a) bb) (S. 91 f.).
[646] *Lehr*, a.a.O., S. 340 und zusammenfassend S. 616.
[647] Das zeigt die Anwendung seines „kompetenziellen Abwägungsmodells" auf die Ausgangsfälle, vgl. *Lehr*, a.a.O., S. 325 ff.
[648] Vgl. oben Fn. 549.

grenzten Ermächtigung und dem Subsidiaritätsgrundsatz sowie aus der Rücksichtnahmepflicht aus Art. 10 EGV. Nichts anderes bedeutet die Feststellung, es könne nur um „rechtsstaatlich gebundene Effektivitätsvorstellungen"[649] gehen.

Die Ablehnung eines unveränderlichen mitgliedstaatlichen Verfahrensreservats lässt sich schließlich auch mit der folgenden Kontrollüberlegung rechtfertigen: Auch wenn auf Grund von Effektivitätserwägungen das Ergebnis die gemeinschaftsrechtliche Seite bevorzugt, muss dies den mitgliedstaatlichen Interessen nicht zwangsläufig zuwiderlaufen. In den gemeinschaftsrechtlichen Vorschriften kommen „aggregiert" mitgliedstaatliche Interessen zum Ausdruck, so dass es Letzteren entspricht, wenn dem Gemeinschaftsrecht zu einem hohen Maß an Effektivität verholfen wird und sich nicht auf – wie auch immer formulierte – Eigenstaatlichkeitsvorbehalte berufen wird.[650]

(2) Verbandskompetenz der Europäischen Union

Nach dem bisher Gesagten stellt also die Kompetenz der Union die Grenze für die Einwirkung des Gemeinschaftsrechts in das nationale Vollzugsrecht dar. Hierbei handelt es sich allerdings um die äußerste Grenze, die nicht nur für indirekte, sondern auch für direkte Kollisionslagen Anwendung findet. Der Anwendungsvorrang des Gemeinschaftsrechts bei direkten Kollisionen sowie die Doppelschranke des Effektivitäts- und des Äquivalenzgebots bei indirekten Kollisionen dürfen im Ergebnis nicht zu einer Ausweitung der Verbandskompetenz der Europäischen Union führen.

In weitaus höherem Maße als in den Rechtssachen „Factortame" und „Tafelwein" sollte sich der Gerichtshof in den noch zu besprechenden Rechtssachen „Süderdithmarschen" und „Atlanta" der Kritik einer Kompetenzverletzung ausgesetzt sehen.[651] Dies lässt sich darauf zurückführen, dass die Einwirkungen auf das nationale Recht in diesen Folgesachen eine ungleich höhere Intensität erreichen sollten. Deshalb soll die Untersuchung der Kollisionsproblematik unter kompetenzrechtlichen Gesichtspunkten der späteren Betrachtung vorbehalten bleiben. An dieser Stelle soll der Hinweis genügen, dass auch wenn die Durchführung des Gemeinschaftsrechts grundsätzlich Sache der Mitgliedstaaten ist, die Rechtsetzungskompetenzen für Sachnormen durchaus auch für die Regelung deren Durchführung offen sind.[652] Daher kann man hinsichtlich der Vollzugskompetenzen jedenfalls nicht von einer ausschließlichen Kompetenz der Mitgliedstaaten ausgehen. Einwirkungen, die im Ergebnis ein vollständiges Verdrängen der nationalen Kollisionsnormen zur Folge haben, sind durchaus auch kompetenzrechtlich zulässig, sofern sie lediglich punktuell erfolgen. Die gegenwärtige vertikale Kompetenzverteilung verlangt jedoch, dass bei den Mitgliedstaaten Vollzugsaufgaben von substantiellem Gewicht verbleiben müssen. In diesem Sinne ist die angesprochene Grenze der Strukturveränderungen zu verstehen.

---

[649] *Scheuing*, in: *Hoffmann-Riem/Schmidt-Aßmann*, Innovation und Flexibilität des Verwaltungshandelns, 1994, S. 289 (326).

[650] *Frank*, ZÖR Bd. 55 (2000), S. 1 (10).

[651] Dazu ausführlich unten Zweiter Teil, C. III. 1. b) bb) (S. 144 ff.).

[652] *Von Bogdandy*, in: *Grabitz/Hilf*, EU, 2003, Art. 10 EGV Rn. 43; *Classen*, Die Verwaltung Bd. 31 (1998), S. 307 (331).

Hinsichtlich der Organkompetenz des Europäischen Gerichtshofes ist auf dessen Befugnis zur Rechtsfortbildung hinzuweisen. Die Frage der Kompetenzen ist autonom unter Einbeziehung sämtlicher gemeinschaftsrechtlicher Zuständigkeitsquellen zu beantworten. Nationale Begrifflichkeiten können dabei nur bedingt als Hilfestellungen herangezogen wird.[653]

(3) Fazit

Die Eingriffstiefe des Europarechts in das nationale Verfahrensrecht nur kann bereichsspezifisch für die jeweilige Kollisionskonstellation bestimmt werden. Den Mitgliedstaaten müssen Vollzugsaufgaben von substantiellem Gewicht verbleiben. Ein „eingriffsfester Kernbereich" im Sinne eines unveränderbaren Reservats der Mitgliedstaaten ist abzulehnen. Die Grenzen für den Effektivitätsanspruch des Gemeinschaftsrechts sind Strukturveränderungen des nationalen Vollzugsrechts, die allerdings durch das aktuelle Kompetenzgefüge zwischen Union und Mitgliedstaaten abgesichert werden.

d) Ergebnis zur rechtlichen Behandlung von indirekten Kollisionen

Die Gemeinschaftsgerichte und weite Teile der europarechtlichen Literatur vertreten im Ansatz unterschiedliche Auffassungen zur Auflösung indirekter Kollisionen. Allerdings ist festzustellen, dass sich die einzelnen Meinungen – sowohl innerhalb des Schrifttums als auch im Verhältnis zwischen Literatur und Rechtsprechung – in inhaltlicher Hinsicht nicht wesentlich unterscheiden. Allen vertretenen Richtungen ist gemeinsam, dass eine Kollisionsbereinigung letztlich über eine Abwägung der Interessen zwischen Gemeinschaft und Mitgliedstaaten zu erfolgen hat, was im Wesentlichen eine Gegenüberstellung der Grundsätze der Einheitlichkeit der Anwendung des Gemeinschaftsrechts sowie der nationalen Verfahrensautonomie bedeutet. Der Gerichtshof formuliert zwar den Gedanken der Abwägung nicht, seine Vorgehensweise stellt letztlich aber auch nichts anderes dar.

Die Abwägung ist an der Herstellung praktischer Konkordanz zu orientieren. Allerdings wird sie erheblich determiniert durch den Anspruch der durchzuführenden materiellen Gemeinschaftsnorm auf uniforme und effektive Anwendung in den Mitgliedstaaten. Daraus resultiert ein abgestuftes Einwirkungssystem: Das nationale Recht kann einerseits nur begrenzt bzw. in Teilen verdrängt werden (hier als *negative* Einwirkung bezeichnet). Die Modifikationen können andererseits so weit führen, dass es durch gemeinschaftsrechtliche Tatbestände positiv ersetzt wird (sog. *positive* Einwirkung).

Als Kollisionsregel ist die vom Europäischen Gerichtshof entwickelte Doppelschranke des Effektivitäts- und Äquivalenzgebots regelmäßig praktikabel, die notwen-

---

[653] Zur Befugnis der Rechtsfortbildung und der daraus folgenden Organkompetenz des EuGH sei wiederum auf unten Zweiter Teil, C. III. 1. b) aa) und bb) (1), (2) sowie bb) (4) (S. 143 ff. und 156 f.) verwiesen.

dige Einwirkung zu vermitteln. Dem Äquivalenzprinzip kann jedoch im Vergleich zum Effektivitätsgebot nur eine beschränkte Tauglichkeit zur Kollisionsauflösung attestiert werden; es ist mithin selbst nicht „effektiv".

Dagegen ist die vom Gerichtshof teilweise praktizierte Anwendung der Vorrang*regel* mit dem Wesen von indirekten Kollisionen nicht zu vereinbaren und daher abzulehnen. Der Vorrang des Gemeinschaftsrechts kann jedoch eine mittelbare Wirkung als Rechts*prinzip* entfalten, was im Abwägungs*ergebnis* häufig dazu führt, dass die gemeinschaftsrechtliche Seite bevorzugt wird. Diese Bevorzugung kann sogar so weit gehen, dass es ausnahmsweise zu einer völligen Zurückdrängung des kollidierenden nationalen Rechts kommt. Dies ist auch bei einer an praktischer Konkordanz orientierten Vorgehensweise nicht ungewöhnlich. In solchen Fällen entspricht das Ergebnis durchaus jenem, das der Gerichtshof über die unmittelbare Anwendung des Vorranggrundsatzes zu erreichen sucht.

Die Grenzen der Eingriffstiefe des Gemeinschaftsrechts sind substanzielle Strukturveränderungen des nationalen Verfahrens- und Prozessrechts. Normativ lassen sie sich insbesondere in der Verbandskompetenz der Union und in der Rücksichtnahmepflicht der Gemeinschaftsorgane (Art. 10 EGV) verankern. Jede noch so weit reichende Effektivitätsvorstellung des Gemeinschaftsrechts darf nur unter Beachtung des vertikalen Kompetenzgefüges zwischen Union und den Mitgliedstaaten umgesetzt werden. Auf die Untersuchung der Einwirkungen unter Kompetenzgesichtspunkten wird zurückzukommen sein.[654]

4. Anwendung auf die Ausgangsfälle

Nachdem die rechtliche Behandlung von indirekten Kollisionen auf dogmatisch tragfähigem Fundament erarbeitet wurde, bleibt noch zu klären, wie sich das gefundene Ergebnis bei der Anwendung auf die Ausgangsfälle darstellt. Von besonderem Interesse ist die Frage, ob dem Europäischen Gerichtshof, trotz Ablehnung der Anwendbarkeit des Vorranggrundsatzes, zumindest im *Ergebnis* in der Zurückdrängung des nationalen Rechts beigepflichtet werden kann.

a) Die Rechtssache „Factortame"

In der Rechtsache „Factortame" hemmte der Grundsatz der Immunität der Krone die Vollziehung des Rechts der Kläger aus Art. 43 ff., 12, 294 EGV auf Fischereibetrieb.

Da es sich hierbei um gemeinschaftliches Primärrecht handelt, erfährt der Grundsatz der Einheitlichkeit im Rahmen der Abwägung besonderes Gewicht.[655] Zudem streitet das Prinzip effektiven Rechtsschutzes für die gemeinschaftsrechtliche Seite, da das zu vollziehende Gemeinschaftsrecht in Gestalt subjektiver Rechte auftritt. Ent-

---

[654] Dazu ausführlich unten Zweiter Teil, C. III. 1. b) bb) (S. 144 ff.).

[655] Hierauf weist zutreffend *Lehr*, Einstweiliger Rechtsschutz und EU, 1997, S. 329, im Rahmen der Anwendung seines „kompetenziellen Abwägungsmodells" hin. Dazu näher oben Zweiter Teil, B. III. 3. a) bb) (S. 91 f.).

scheidend ist aber, dass der Grundsatz der Immunität der Krone „im Ganzen" zu der Effektivitätseinbuße des materiellen Gemeinschaftsrechts im vorläufigen Verfahren führt. Die Anwendung der Verfahrensregel der Immunität der Krone macht die Verfolgung der gemeinschaftsrechtlichen Rechtspositionen aus Art. 43 ff., 12, 294 EGV praktisch unmöglich. Eine Mittellösung unter Schonung der nationalen Seite kommt damit nicht in Betracht; das mit dem Gemeinschaftsrecht in Widerstreit stehende na tionale Recht muss in der Rechtssache „Factortame" vollständig zurücktreten.

Damit entspricht das Ergebnis der Abwägung jenem, das der Europäische Gerichtshof über die Anwendung des Vorranggrundsatzes erreicht hatte. Da die vorliegende Kollision den Charakter einer „Endweder-Oder"-Situation besaß, hätte der Gerichtshof das Ergebnis auch unter Anwendung der Schranke des Effektivitätsgebots i. e. S. als Kollisionsregel erzielen können. Dies hätte die dogmatisch sauberere, weil im Grundsatz schonendere, *in casu* jedoch gleich weit reichende Vorgehensweise bedeutet.

b) Die Rechtssache „Tafelwein"

Anders als in der Rechtssache „Factortame" trat das durchzusetzende Gemeinschaftsrecht in der Rechtssache „Tafelwein", *in concreto* die Destillationsverpflichtung aus Art. 41 VO Nr. 337/79 i. V. m. den einschlägigen Kommissionsverordnungen, nicht in Gestalt von primärrechtlichen Normen auf. Damit kam dem Grundsatz der Einheitlichkeit nicht von vornherein übermächtiges Gewicht zu. Allerdings schlug sich der Anspruch auf effektive Durchsetzung der betreffenden Verordnung in einem besonderen zeitlichen Moment nieder: Das mit der Zwangsdestillation verbundene Ziel der Verhinderung eines Preisverfalls für Tafelwein war nur durch eine schnelle Umsetzung zu erreichen. Die in die Abwägung einzubeziehende Position des nationalen Verfahrensrechts, der Grundsatz des *automatisch* eintretenden Suspensiveffekts als Folge der Widerspruchseinlegung, führte zu einer erheblichen Effektivitätseinbuße der gemeinschaftlichen Rechtsposition. Als Beleg hierfür lässt sich insbesondere der *ex post* festgestellte geringe Umsetzungsgrad von lediglich 13 % der zur Destillation veranschlagten Gesamtmenge an Tafelwein anführen.[656]

Damit ergibt sich auch in der „Tafelwein"-Rechtssache eine besondere Gewichtigkeit der gemeinschaftsrechtlichen Abwägungsseite. Die ausstrahlende Wirkung des Vorrangs als Rechts*prinzip* führt nunmehr dazu, dass sich das nationale Recht dem Gemeinschaftsrecht zumindest öffnen muss und Modifikationen erfährt.

Das Ausmaß der Öffnung ist wiederum anhand der Effektivität der zu vollziehenden materiellen Gemeinschaftsnorm zu bestimmen. Dabei ist davon auszugehen, dass der besonderen Dringlichkeit, welche den Maßnahmen der Zwangsdestillation innewohnte, nur nachzukommen war, wenn die entsprechenden Bescheide sofort vollziehbar gewesen wären. Zur Erreichung dieses Ziels waren nach deutschem Verwaltungsprozessrecht in dogmatischer Hinsicht grundsätzlich zwei Wege denkbar: Zum einen wäre die Nichtanwendung des Grundsatzes der aufschiebenden Wirkung (§ 80 Abs. 1 VwGO) in Betracht zu ziehen gewesen, zum anderen die Verpflichtung zur unbeding-

[656] Siehe oben Zweiter Teil, B. II. 2. (S. 67).

ten Anordnung der sofortigen Vollziehbarkeit (§ 80 Abs. 2 S. 1 Nr. 4 VwGO). Der zweite, vom Europäischen Gerichtshof gewählte Weg bedeutet im Vergleich zur ersten Alternative einen schonenderen Eingriff in die nationale Verfahrensautonomie.[657] Aus der Perspektive des Gemeinschaftsrechts wäre unter Effektivitätsgesichtspunkten der unmittelbare Ausschluss der aufschiebenden Wirkung sicher vorzugswürdig gewesen. Denn dadurch wären die Auswirkungen auf das nationale Recht „dinglicher" Art und den Widersprüchen gegen Destillationsbescheide käme von vornherein keine aufschiebende Wirkung zu. Bei dem gewählten Weg hingegen bedarf das Gemeinschaftsrecht der Mitwirkung der nationalen Behörden. Würden diese etwa die Anordnung der sofortigen Vollziehbarkeit unterlassen, so bliebe es nach dem Grundsatz des § 80 Abs. 1 VwGO bei der aufschiebenden Wirkung der Widersprüche.

Es zeigt sich also, dass sich der Europäische Gerichtshof keineswegs für den schärfsten denkbaren Eingriff in die nationale Verfahrensautonomie entschieden, sondern lediglich die Schaffung eines der Effektivität des Gemeinschaftsrechts entsprechenden Zustandes *im Ergebnis* verlangt hat. Hinzu kommt, dass er die Forderung nach unbedingter Anordnung des Sofortvollzugs nicht allgemein für das Gemeinschaftsrecht erhoben hat, sondern nur für die vorliegende spezielle Konstellation.[658] Schließlich ist zu vergegenwärtigen, dass die Automatik des Suspensiveffekts im europäischen Vergleich eine Ausnahme darstellt, so dass nur die *deutsche* Verfahrensautonomie durch die Entscheidung des Gerichtshofes in besonderer Weise betroffen ist. Dagegen sind entsprechende Destillationsbescheide in allen anderen Mitgliedstaaten ohnehin sofort vollziehbar; in ihre Verfahrensautonomie wird damit durch das Urteil schon gar nicht eingegriffen.

Aus alldem folgt, dass sich der Grundsatz der Einheitlichkeit des Gemeinschaftsrechts im Rahmen der Abwägung gegen die nationale Position des automatischen Eintritts der aufschiebenden Wirkung mit Rechtsbehelfseinlegung durchsetzen kann. Der Eingriff in das System des § 80 VwGO ist damit gerechtfertigt. Die gewählte Vorgehensweise, nicht die aufschiebende Wirkung unmittelbar für mit dem Gemeinschaftsrecht unvereinbar zu erklären, sondern lediglich die sofortige Vollziehbarkeit von Destillationsbescheiden zu fordern, entspricht somit dem Prinzip der praktischen Konkordanz.

Insgesamt deckt sich auch im „Tafelwein"-Fall das gefundene Ergebnis mit der Auffassung des Gerichtshofes. Freilich ist die Kritik an seiner Vorgehensweise jedoch insoweit aufrecht zu erhalten, als die Entscheidungsfindung und ihre Begründung auch unter verbaler Betonung der nationalen Verfahrensautonomie hätte erfolgen müssen.

IV. Ergebnis

Die Urteile in den Rechtssachen „Factortame" und „Tafelwein" haben aufgezeigt, wie sich das Gemeinschaftsrecht des nationalen einstweiligen Rechtsschutzes bedient, um seine einheitliche und effektive Wirkung in den Mitgliedstaaten sicherzustellen. In der

[657] Dazu näher oben Zweiter Teil, B. II. 4. b) (S. 71).

[658] Insoweit ist das Urteil teilweise fehlinterpretiert worden, vgl. dazu oben Zweiter Teil, B. II. 4. d) (S. 80 f.).

Instrumentalisierung des Eilrechtsschutzes zum Zwecke der Durchsetzung des Gemeinschaftsrechts gegenüber hemmendem nationalen Vollzugsrecht liegt die Gemeinsamkeit der Entscheidungen. Der Unterschied in den beiden Konstellationen erschließt sich am deutlichsten, wenn man von der Perspektive des Individualrechtsschutzes ausgeht. In der Rechtssache „Factortame" war der nationale einstweilige Rechtsschutz zu schwach ausgeprägt. Er musste deshalb gemeinschaftsrechtlich „nachgebessert" werden. In der Rechtssache „Tafelwein" hingegen musste er auf das gemeinschaftsrechtlich gebotene Maß zurückgeschraubt werden. Angesichts der großen Diskrepanz bei der Verwendung des Rechtsschutzprinzips als Argumentationstopos – im „Factortame"-Fall war es ein tragendes Begründungsprinzip, in der Rechtssache „Tafelwein" wurde es demgegenüber gar nicht erwähnt – haben die Judikate jedoch keine Klärung über den Stellenwert des Individualrechtsschutzes innerhalb des Gemeinschaftsrechts im Allgemeinen und des vorläufigen Rechtsschutzes im Besonderen gebracht.

Beide Sachverhalte bewegen sich im Spannungsfeld zwischen den Grundsätzen der Einheitlichkeit des Gemeinschaftsrechts und der nationalen Verfahrensautonomie. Sie stellen typische Anwendungsfälle der umfassenderen Problematik um sog. indirekte Kollisionen dar; dadurch lässt sich die potentielle Disharmonie zwischen materiellem Gemeinschaftsrecht und nationalem Vollzugsrecht umschreiben. Die Vollzugshemmungen bzw. Effektivitätseinbußen, die solche Kollisionslagen kennzeichnen, sind unter Abwägung der widerstreitenden Positionen aufzulösen, die an der Herstellung praktischer Konkordanz zu orientieren ist. Als funktionelle Methode der Abwägung und damit zugleich als Kollisionsregel kommt insbesondere die vom Europäischen Gerichtshof entwickelte Doppelschranke des Effektivitätsgebots und des Äquivalenzprinzips in Betracht. Dagegen ist die in den beiden Ausgangsfällen durch den Gerichtshof praktizierte Anwendung des Vorranggrundsatzes als Kollisionsregel nicht geeignet, den Besonderheiten solcher Konfliktkategorien gerecht zu werden. Gleichwohl behält der Anwendungsvorrang eine gewisse Bedeutung, indem er eine Ausstrahlungswirkung als Rechts*prinzip* entfaltet. Dies führt innerhalb der Abwägung regelmäßig zu einer Bevorzugung der gemeinschaftsrechtlichen Seite.

C. Einwirkung auf den nationalen einstweiligen Rechtsschutz zum Schutz vor Gemeinschaftsrecht

Mit den im Folgenden näher darzustellenden Grundsatzentscheidungen „Süderdithmarschen" und „Atlanta" markierte der Gerichtshof weitere Eckpunkte des gemeinschaftsrechtlichen einstweiligen Rechtsschutzes vor nationalen Gerichten. Nachdem die bisher behandelten Grundsatzfälle „Factortame" und „Tafelwein" im Dienste des Gemeinschaftsrechts standen, verfolgten diese beiden Judikate aus Sicht des Gemeinschaftsrechts eine gegenläufige Schutzrichtung. Der Europäische Gerichtshof hatte nun nicht mehr primär die Durchsetzung und damit den Schutz des Gemeinschaftsrechts vor Augen, sondern den Schutz *gegen* – möglicherweise rechtswidriges – Gemeinschaftsrecht. Damit sollte der Gerichtshof dem Vorwurf entgegentreten, wonach das Gemeinschaftsrecht die subjektiven Rechte vernachlässige, indem es sie nicht um ihrer selbst Willen schütze, sondern nur als Instrument für die Durchsetzung des objektiven Gemeinschaftsrechts.[659]

Bei der Darstellung der beiden Rechtssachen soll zunächst auf die jeweiligen Hintergründe und Sachverhalte eingegangen werden. Sodann erfolgt die Vorstellung der Entscheidungen selbst, einschließlich der jeweiligen Begründung. Die nähere Diskussion der Judikate findet anschließend gemeinsam statt, weil sie in Bezug auf den deutschen vorläufigen Rechtsschutz als Einheit anzusehen sind – es werden sowohl § 80 VwGO wie § 123 VwGO durch Urteile des Europäischen Gerichtshofes vom Europarecht beeinflusst und modifiziert. Zudem sind die Entscheidungen in ihren Begründungen strukturell weitgehend identisch.

I. Einflussnahme des Europäischen Gerichtshofes auf die Gewährung einstweiligen Rechtsschutzes in Anfechtungssachen – Die Rechtssache „Süderdithmarschen"

Wenige Zeit nach Erlass des Weindestillationsurteils erging am 21. 2. 1991 die nächste bahnbrechende Entscheidung, die zur Fortentwicklung der Europäisierung des nationalen vorläufigen Rechtsschutzes beitrug. Es handelte sich dabei um die Rechtssache „Zuckerfabrik Süderdithmarschen"[660], die wie der Sachverhalt des „Tafelwein"-Falles ebenfalls dem Agrarsektor zuzuordnen ist. Mit dieser Entscheidung in Anfechtungskonstellationen – sowie dem danach darzustellenden Urteil „Atlanta" in Vornahmekonstellationen[661] – sollte der Europäische Gerichtshof die in der Rechtssache „Factortame" verpasste Gelegenheit nutzen und den gemeinschaftsrechtlichen vorläufigen Rechtsschutz vor nationalen Gerichten näher ausgestalten. Das Urteil des Gerichtshofes erging auf zwei Vorabentscheidungsersuchen der Finanzgerichte Hamburg und Düsseldorf.

1. Hintergrund und Sachverhalt

Die gemeinsame Marktorganisation für Zucker (Verordnung Nr. 1785/81 – Grundverordnung)[662], der inhaltliche Hintergrund der Rechtssache „Süderdithmarschen", ist wie die übrigen Marktordnungen auf dem Agrarsektor gekennzeichnet durch eine starke Überproduktion.[663] Wirtschaftspolitische Kernpunkte der Organisation sind der Grundsatz der vollständigen Eigenfinanzierung durch die Erzeuger sowie ein Interventionssystem der Gemeinschaft. Durch das Interventionssystem wird den Erzeugern im

---

[659] Vgl. oben Zweiter Teil, B. I. 5. d) (S. 62 ff.) und II. 4. f) (S. 82 f.).

[660] EuGH, Urteil v. 21. 2. 1991 (verb. Rs. C-143/88 u. C-92/89), Slg. 1991, I-415 ff. – *Süderdithmarschen.*

[661] Dazu unten Zweiter Teil, C. II. (S. 130 ff.).

[662] VO des Rates 1785/81, ABl. 1981 L 177/4 ff. (Grundverordnung), seither mehrfach geändert; aktuelle Fassung: VO des Rates 1260/2001, ABl. 2001 L 178/1 ff.

[663] Hierzu und zum Folgenden vgl. den Sitzungsbericht in EuGH, Urteil v. 21. 2. 1991 (verb. Rs. C-143/88 u. C-92/89), Slg. 1991, I-415 (421 ff.) – *Süderdithmarschen.* Der Hintergrund des Falles ist vereinfacht dargestellt.

Rahmen der Marktordnung Preis und Absatz garantiert. Weil jedoch der Weltmarktpreis für Zucker regelmäßig unterhalb des garantierten Interventionspreises liegt, entstehen der Gemeinschaft erhebliche Aufwendungen. Der Grundsatz der Eigenfinanzierung führt dazu, dass die Aufwendungen der Gemeinschaft über ein System von Tilgungsabgaben auf die Erzeuger, d. h. auf die Produzenten von Zuckerrüben und auf die die Rüben weiterverarbeitenden Zuckerfabriken, umgelegt werden.

Um das nach Ende des Wirtschaftsjahres 1986/87 entstandene Defizit auszugleichen, erließ der Rat am 2. 7. 1987 die Verordnung 1914/87[664], die ebenso wie schon die Grundverordnung auf Art. 37 (ex-Art. 43) EGV gestützt war. Darin wurde die Einführung einer besonderen Tilgungsabgabe für Zucker im Wirtschaftsjahr 1986/87 festgelegt, welche die Verluste der Gemeinschaft im Zuckersektor auffangen sollte. Die Verluste beruhten auf besonders hohen Ausfuhrerstattungen, die die Gemeinschaft während dieses Wirtschaftsjahres zu erbringen hatte, um den Absatz der gemeinschaftlichen Überschussproduktion an Zucker in Drittländern zu sichern. Aus der Verordnung, in Verbindung mit einer weiteren Kommissionsverordnung, errechnete sich die auf den einzelnen Zuckerhersteller entfallende Tilgungsabgabe für das Bezugsjahr 1986/87.

Mit Beschluss vom 31. 3. 1988 ersuchte das Finanzgericht Hamburg den Europäischen Gerichtshof um Vorabentscheidung. Diesem Beschluss lag ein Rechtsstreit zwischen der *Zuckerfabrik Süderdithmarschen AG* und dem Hauptzollamt Itzehoe zu Grunde. In Vollzug der genannten Verordnung erließ das Hauptzollamt am 19. 10. 1987 einen Abgabenbescheid gegen die *Zuckerfabrik Süderdithmarschen AG*, in dem die besondere Tilgungsabgabe in Höhe von nahezu zwei Millionen DM festgesetzt wurde. Der hiergegen eingelegte Einspruch gemäß § 348 AO blieb erfolglos, so dass die Betroffene beim Finanzgericht Hamburg gemäß § 69 Abs. 3 i. V. m. Abs. 2 S. 2 FGO die Aussetzung der Vollziehung des Abgabenbescheids beantragte und Anfechtungsklage gemäß § 40 Abs. 1 1. Alt. FGO erhob. Die Klägerin vertrat die Auffassung, die o. g. Verordnung sei als Rechtsgrundlage für den Abgabenbescheid ungültig. Daraufhin gewährte das Finanzgericht Hamburg mit Beschluss vom 31. 3. 1988 die Vollzugsaussetzung des Abgabenbescheids und legte dem Gerichtshof zwei Fragen zur Vorabentscheidung vor. Die – hier näher interessierende, die prozessuale Seite betreffende – erste Vorlagefrage lautete wie folgt:

> „1a) Ist Art. 189 Abs. 2 EGV dahingehend auszulegen, daß die allgemeine Geltung der Verordnungen in den Mitgliedstaaten die Befugnisse der nationalen Gerichte nicht ausschließt, die Wirksamkeit eines auf einer Verordnung beruhenden Verwaltungsakts im Wege des vorläufigen Rechtsschutzes einstweilen bis zu Entscheidung in der Hauptsache auszusetzen?
>
> 1b) Im Falle der Bejahung der Frage zu 1a): Unter welchen Voraussetzungen können die nationalen Gerichte vorläufigen Rechtsschutz gewähren? Gilt hierfür ein ge-

[664] VO des Rates 1914/87, ABl. 1987 L 183/5 ff.

> meinschaftsrechtlicher Maßstab, gegebenenfalls welcher? Oder richtet sich der vorläufige Rechtsschutz nach nationalem Recht?"[665]

Die zweite Frage betraf die Gültigkeit der fraglichen Verordnung Nr. 1914/87.[666]

2. Entscheidung des Europäischen Gerichtshofes

Zur Frage der grundsätzlichen Zulässigkeit der Vollzugsaussetzung entschied der Gerichtshof mit Urteil vom 21. 2. 1991, dass

> „Art. 189 EGV (...) den nationalen Gerichten nicht die Befugnis [versagt], die Vollziehung eines auf einer Gemeinschaftsverordnung beruhenden nationalen Verwaltungsakts auszusetzen."[667]

Anders als noch im „Factortame"-Urteil nahm der Gerichtshof dieses Mal auch zu den dafür geltenden Voraussetzungen Stellung:

> „Ein nationales Gericht darf die Vollziehung eines auf einer Gemeinschaftsverordnung beruhenden nationalen Verwaltungsakts nur aussetzen, wenn es erhebliche Zweifel an der Gültigkeit der Gemeinschaftsverordnung hat und die Frage dieser Gültigkeit, sofern der Gerichtshof mit ihr noch nicht befaßt ist, diesem selbst vorlegt, wenn die Entscheidung dringlich ist und dem Antragsteller ein schwerer und nicht wiedergutzumachender Schaden droht und wenn das Gericht das Interesse der Gemeinschaft angemessen berücksichtigt."[668]

Was die materielle Fragestellung anbelangt, konnte der Gerichtshof keine Gründe finden, die gegen die Gültigkeit der Verordnung Nr. 1914/87 sprachen.

a) Grundsätzliche Zulässigkeit der Vollzugsaussetzung

Der Europäische Gerichtshof hat sich also ausdrücklich für die Zulässigkeit der Vollzugsaussetzung durch nationale Gerichte entschieden. Zur Begründung führte er zunächst den Grundsatz effektiven Rechtsschutzes an.[669] Unter Berufung auf das Urteil in

[665] EuGH, Urteil v. 21. 2. 1991 (verb. Rs. C-143/88 u. C-92/89), Slg. 1991, I-415 (537, Tz. 5) – *Süderdithmarschen.*

[666] Das mit dem Verfahren der *Zuckerfabrik Süderdithmarschen* vor dem Gerichtshof verbundene Verfahren betraf einen Rechtsstreit vor dem Finanzgericht Düsseldorf, der zwischen dem Hauptzollamt Paderborn und der *Zuckerfabrik Soest* geführt wurde. Auch hierbei ging es um die Festlegung der besonderen Tilgungsabgabe in Höhe von ca. 1,67 Mio. DM durch Bescheid vom 20. 10. 1987. Nachdem der Einspruch der *Zuckerfabrik Soest* erfolglos geblieben war, stellte auch sie einen Antrag auf Aussetzung der Vollziehung und erhob Anfechtungsklage vor dem Finanzgericht Düsseldorf. Das Finanzgericht gab dem Antrag statt und legte dem Europäischen Gerichtshof zur Vorabentscheidung Fragen zur Gültigkeit der entsprechenden Verordnung über die Heranziehung zur Tilgungsabgabe vor.

[667] EuGH, Urteil v. 21. 2. 1991 (verb. Rs. C-143/88 u. C-92/89), Slg. 1991, I-415 (554) – *Süderdithmarschen.*

[668] EuGH, a.a.O.

[669] Ohne dabei das Attribut „effektiv" zu gebrauchen, vgl. EuGH, a.a.O., Tz. 16 f.

der Rechtssache „Foto Frost“[670] führte der Gerichtshof aus, dass das Recht des Bürgers, die Rechtmäßigkeit einer Verordnung vor nationalen Gerichten zu bestreiten, gefährdet wäre, wenn er nicht die Möglichkeit hätte, bis zum Erlass eines Urteils über die Ungültigkeit, wozu allein der Gerichtshof befugt sei, die Aussetzung der Vollziehung zu erreichen.[671]

Diese Erkenntnis untermauerte der Gerichtshof sogleich mit der Kohärenz des Systems des vorläufigen Rechtsschutzes. Hierfür zog er eine Parallele zwischen dem Ersuchen einer Vorabentscheidung nach Art. 234 (ex-Art. 177) EGV und einer Nichtigkeitsklage nach Art. 230 (ex-Art. 173) EGV. Beide Verfahren würden Wege darstellen, eine Kontrolle der Rechtmäßigkeit von Gemeinschaftshandlungen herbeizuführen. Im Falle der Nichtigkeitsklage bestehe nun die Möglichkeit, über Art. 242 (ex-Art. 185) EGV die Suspendierung der Vollziehung durch den Gerichtshof zu erlangen; deshalb müsse dasselbe auch für ein nationales Gericht im Rahmen eines Vorabentscheidungsersuchens gelten.[672]

Schließlich führte der Gerichtshof seine Argumentation aus der Entscheidung in der Rechtssache „Factortame“[673] an. Danach gebiete es auch die praktische Wirksamkeit des Art. 234 (ex-Art. 177) EGV, in einem Verfahren über die Vereinbarkeit eines nationalen Gesetzes mit Gemeinschaftsrecht vorläufigen Rechtsschutz zu gewähren und die Anwendung eines nationalen Gesetzes bis zum Erlass des Urteils durch den Gerichtshof auszusetzen. Der vorläufige Rechtsschutz, den das Gemeinschaftsrecht für den Unionsbürger vorsehe, müsse derselbe sein, unabhängig davon, ob die Vereinbarkeit eines nationalen Gesetzes mit Gemeinschaftsrecht oder die Wirksamkeit abgeleiteten Gemeinschaftsrechts gerügt werde. In beiden Fällen sei nämlich die Rüge auf das Gemeinschaftsrecht selbst gestützt.[674]

b) Zu den Voraussetzungen der Vollzugsaussetzung

Im weiteren Verlauf der Urteilsbegründung nahm der Europäische Gerichtshof zu den Voraussetzungen der Vollzugsaussetzung Stellung. Bei deren Aufstellung griff er wiederum auf das Kohärenzargument zurück: Die Aussetzungsbefugnis der nationalen Gerichte entspreche der Befugnis des Gerichtshofes nach Art. 242 (ex-Art. 185) EGV im Rahmen von Verfahren nach Art. 230 (ex-Art. 173) EGV. Deshalb müssten die Voraussetzungen, die hierfür gälten, dieselben sein, wie sie für den Gerichtshof beim Erlass von einstweiligen Verfügungen bestünden. Im Übrigen sei die einheitliche Anwendung des Gemeinschaftsrechts ein Grunderfordernis der gemeinschaftlichen Rechtsordnung, so dass, obschon das Verfahrensrecht nationales Recht sei, in allen

[670] EuGH, Urteil v. 22. 10. 1987 (Rs. 314/85), Slg. 1987, 4199 (4232, Tz. 20) – *Foto Frost*.

[671] EuGH, Urteil v. 21. 2. 1991 (verb. Rs. C-143/88 u. C-92/89), Slg. 1991, I-415 (541, Tz. 17) – *Süderdithmarschen*.

[672] EuGH, a.a.O., Tz. 18.

[673] EuGH, Urteil v. 19. 6. 1990 (Rs. C-213/89), Slg. 1990, I-2433 (2466, Tz. 22) – *Factortame*.

[674] EuGH, Urteil v. 21. 2. 1991 (verb. Rs. C-143/88 u. C-92/89), Slg. 1991, I-415 (541, Tz. 19, 20) – *Süderdithmarschen*.

Mitgliedstaaten einheitliche Regeln gelten müssten.[675] Namentlich wurden folgende Kriterien aufgestellt:[676]

Das nationale Gericht muss zur Überzeugung gelangen, dass *erhebliche Zweifel an der Gültigkeit* der Gemeinschaftsverordnung bestehen, auf der der angefochtene Verwaltungsakt beruht. Die Aussetzung rechtfertige sich nämlich nur aus der Möglichkeit der Feststellung der Ungültigkeit.

Weiterhin muss es die *Gültigkeitsfrage* dem Gerichtshof *vorlegen* und die Gründe angeben, warum es die Verordnung für ungültig hält. Dabei sei die Aussetzung zeitmäßig zu beschränken bis der Gerichtshof über die Gültigkeit entschieden habe.

Drittens muss die Entscheidung *dringlich* sein und dem Antragsteller ein *schwerer und nicht wieder gutzumachender Schaden* drohen. Dringlichkeit sei dabei nur anzunehmen, wenn der drohende Schaden vor Erlass der Entscheidung über die Gültigkeit der Gemeinschaftshandlung eintreten könne. Ein reiner Geldschaden sei grundsätzlich nicht als irreparabel anzusehen.

Schließlich muss das Gericht das *Interesse der Gemeinschaft* angemessen *berücksichtigen*. Der Gerichtshof verlangt eine Prüfung, ob der fraglichen Verordnung durch die Gewährung einstweiligen Rechtsschutzes nicht jede praktische Wirksamkeit genommen wird, wenn sie nicht sofort angewandt wird. Insbesondere wenn die Vollzugsaussetzung ein finanzielles Risiko für die Gemeinschaft bedeute, müsse das nationale Gericht die Möglichkeit haben, vom Antragsteller hinreichende Sicherheiten zu verlangen, etwa in Form einer Kaution oder einer Hinterlegung.

II. Einflussnahme des Europäischen Gerichtshofes auf die Gewährung einstweiligen Rechtsschutzes in Vornahmesachen – Der Fall „Atlanta Fruchthandelsgesellschaft“

Gegenstand des Urteils „Süderdithmarschen“ waren die Befugnis und die Voraussetzungen einer *Vollzugsaussetzung* von Verwaltungsakten, die auf einer Gemeinschaftsverordnung beruhen. In der Rechtssache „Atlanta“[677] stellte sich nunmehr die Frage nach der Zulässigkeit von *einstweiligen Anordnungen* nach § 123 VwGO im Rahmen des mitgliedstaatlichen Vollzugs.

1. Hintergrund – Die gemeinsame Marktorganisation für Bananen

Sachlicher Hintergrund der „Atlanta“-Entscheidung war die gemeinsame Marktorganisation für Bananen. Diese äußerst umstrittene Marktordnung war Gegenstand langjähriger Streitigkeiten[678] und Auseinandersetzungen auf verschiedenen politischen und

---

[675] EuGH, a.a.O., Tz. 26, 27.

[676] Zu den Voraussetzungen der Aussetzungsentscheidung vgl. EuGH, a.a.O., Tz. 23, 24, 28, 29, 30-32.

[677] EuGH, Urteil v. 9. 11. 1995 (Rs. C-465/93), Slg. 1995, I-3761 ff. – *Atlanta.*

[678] Siehe den ausführlichen Überblick über die Rechtsprechung bei *Mayer*, Kompetenzüberschreitung und Letztentscheidung, 2000, S. 122 (Fn. 290), dem nur noch der „Bananenmarkt“-Beschluss des

juristischen Ebenen und ist erst seit wenigen Jahren aus der aktuellen Tagesdiskussion verschwunden. Soweit für das Verständnis der „Atlanta"-Problematik (sowie für die nächste Grundsatzentscheidung „T. Port") erforderlich, soll nachfolgend in komprimierter Form auf die Entwicklung des „Bananenstreits" eingegangen werden.

Ausgangspunkt der Problematik ist die Ratsverordnung Nr. 404/93 über die Gemeinsame Marktorganisation von Bananen vom 13. 2. 1993, die am 1. 7. 1993 in Kraft getreten ist.[679] Hierdurch wurde massiv regulierend in den bis dahin bestehenden Bananenmarkt eingegriffen. Zum besseren Verständnis soll zunächst der Bananenmarkt vor Geltung der neuen Verordnung[680] skizziert werden.

Der Bananenmarkt in der Gemeinschaft war gekennzeichnet durch eine starke Zersplitterung. Es wurden drei Herkunftsgebiete unterschieden: zum einen die von der Gemeinschaft selbst produzierten Bananen *(Gemeinschaftsbananen)*, im Wesentlichen von den Kanarischen Inseln und den französischen Überseedepartements Guadeloupe und Martinique kommend; sodann die sog. *AKP-Bananen*, die in bestimmten Gebieten Afrikas, der Karibik und dem Pazifischen Raum[681] hergestellt wurden; schließlich die Bananen aus den übrigen Gebieten, sog. *Drittlandsbananen* (auch „Dollarbananen" genannt).

Entsprechend der Herkunft der Bananen waren in der Gemeinschaft die Märkte geregelt. Jene Länder, die eigene Produktionen hatten oder sie aus ehemaligen Kolonien einführten, wie Frankreich, England, Spanien, Griechenland und Portugal, hatten geschlossene Märkte. AKP-Bananen wurden subventioniert und zollfrei eingeführt, Drittlandsbananen durch Kontingentierung und andere Schutzmaßnahmen vom Markt weitgehend ferngehalten. Die anderen Staaten der Gemeinschaft hatten offene Märkte. Die Einfuhr von Drittlandsbananen war mengenmäßig nicht beschränkt; es wurde lediglich der im Rahmen des GATT konsolidierte Zollsatz von 20 % gegenüber Drittländern angewendet. Deutschland hatte auf Grund des Bananenprotokolls[682] eine Sonderstellung, wonach Drittlandsbananen faktisch unbeschränkt und zollfrei eingeführt werden konnten. Der Import von Bananen nach Deutschland beschränkte sich daher fast ausschließlich auf diese Bananen.

Mit Einführung der Bananenmarktordnung[683] sollte dieser Zersplitterung durch die um Vollendung des Binnenmarktes bemühte Gemeinschaft ein Ende gesetzt werden. Dabei waren unterschiedliche Zielkonflikte zu bewältigen. Einerseits sollte gewährleistet sein, dass die Gemeinschaftsbananen zu sowohl für die Erzeuger wie für die Verbraucher angemessenen Preisen abzusetzen waren. Andererseits sollte die seit dem

BVerfG hinzugefügt werden muss, vgl. BVerfG, Beschluss v. 7. 6. 2000 (2 BvL 1/97), BVerfGE 102, 147 ff. (dazu eingehend unten Dritter Teil, B. II. 2. (S. 228 ff.). Vgl. dazu auch *Rabe*, NJW 1996, 1320 ff.; *Besse*, JuS 1996, 396 ff.; *Everling*, CMLRev. 1996, 401 ff.; *Weber*, EuZW 1997, 165 ff.; *Barden*, VBlBW 2000, 425 ff.

[679] VO des Rates 404/93, ABl. 1993 L 47/1 ff., geändert durch die VOen des Rates 1637/98, ABl. 1998 L 210/28 ff. und 2362/98, ABl. 1998 L 293/32 ff.

[680] Vgl. dazu *Rabe*, NJW 1996, 1320 (1320 f.).

[681] Mit den AKP-Staaten hatte die Gemeinschaft das Assoziierungsabkommen von Lomé, ein Entwicklungshilfeabkommen auf der Grundlage der Art. 182-188, geschlossen.

[682] Das Zusatzprotokoll zum EWG-Vertrag wurde zum ersten Durchführungsabkommen über die Assoziierung der überseeischen Länder und Hoheitsgebiete zum 1. 1. 1958 nach Art. 136 EWGV (heute: Art. 187 EGV) vereinbart.

[683] Dazu *Manservisi*, EuZW 1994, 209 ff.

Assoziierungsabkommen von Lomé bestehende Vorzugsbehandlung von AKP-Bananen erhalten bleiben. Schließlich sollten die Einfuhren von Drittlandsbananen so wenig wie möglich behindert werden. Diese miteinander kaum in Ausgleich zu bringenden Ziele wurden von der Bananenmarktordnung wie folgt umgesetzt:

EU-Bananen können frei gehandelt und AKP-Bananen bis zu einer Menge von ca. 858.000 Tonnen zollfrei eingeführt werden. Für die Einfuhr von Drittlandsbananen und nichttraditionellen AKP-Bananen (das sind solche, die jenseits des Kontingents von 858.000 Tonnen liegen) wurde ein Zollkontingent von zunächst zwei Millionen Tonnen festgelegt, welches jährlich angepasst wird. Innerhalb dieses Kontingents beträgt der Zollsatz für nichttraditionelle AKP-Bananen und Drittlandsbananen seit 1999 75,- € pro Tonne; außerhalb des Kontingents wird ein prohibitiv wirkender Zollsatz von 850,- € für Drittlandsbananen und 750,- € für nichttraditionelle AKP-Bananen erhoben. Die Einfuhr für solche Bananen außerhalb des Zollkontingents ist damit für die Marktbeteiligten wirtschaftlich uninteressant.

Zum besseren Verständnis der Problematik ist weiterhin gerade aus deutscher Sicht von Bedeutung, dass Gemeinschafts- und AKP-Bananen mit Drittlandsbananen auf Grund erheblicher Preis- und Qualitätsunterschiede nicht konkurrieren konnten. Vor Geltung der Bananenmarktordnung lag der Anteil des Imports von Drittlandsbananen in die Gemeinschaft bei 60 %. Allein auf Deutschland fielen 50 % des gesamten gemeinschaftsweiten Bananenkonsums. Hieraus erklärt sich die Tatsache, dass die Bananenmarktordnung vor allem von deutscher Seite heftig kritisiert und politisch wie rechtlich bekämpft wurde. Die Frage ihrer Rechtmäßigkeit war Gegenstand von mehreren Verfahren innerhalb der deutschen Finanz- und Verwaltungsgerichtsbarkeit, vor dem Bundesverfassungsgericht sowie – hier von größerem Interesse – dem Europäischen Gerichtshof.[684] Schließlich beschäftigte sich auch die WTO-Gerichtsbarkeit wegen möglicher GATT-Widrigkeit der Bananenmarktordnung mit der Angelegenheit.[685]

2. Sachverhalt

Der Entscheidung des Europäischen Gerichtshofes, die in einem Vorabentscheidungsverfahren erging, lag ein Rechtsstreit zwischen der *Atlanta Fruchthandelsgesellschaft mbH* sowie 17 weiteren Gesellschaften der *Atlanta-Gruppe* (Antragsteller) und dem *Bundesamt für Ernährung und Forstwirtschaft* (Antragsgegner) zu Grunde. Die Antragsteller waren auf dem gesamten Gebiet des Bananengeschäfts von der Einfuhr bis zur Vermarktung von Bananen aus Drittländern tätig.

Nach In-Kraft-Treten der Bananenmarktordnung wurden den Antragstellern für die Zeit vom 1. 7. bis 30. 9. 1993 entsprechend der Gemeinschaftsregelung Einfuhrkontingente für Drittlandsbananen zugeteilt. Da die Antragsteller der Auffassung waren,

---

684 Vgl. die Nachweise in Fn. 678.

685 Die Organe der WTO haben die Bananenmarktordnung für teilweise unvereinbar mit dem GATT und dem GATS erklärt (Auszüge der Entscheidungen in EuZW 1997, 569 und 722). Vgl. dazu *Meier*, EuZW 1997, 566 ff.; *Kuschel*, EuZW 1996, 645 ff. Auch die revidierte, am 1. 1. 1999 in Kraft getretene Fassung der Bananenmarktordnung wurde teilweise vom zuständigen WTO-Panel für WTO-widrig erklärt (teilweise abgedruckt in EuZW 1999, 431 ff.); vgl. dazu auch *Kuschel*, EuZW 1999, 74 ff.

die Verordnung würde ihre Einfuhrmöglichkeiten beschränken, legten sie gegen die Zuteilungsbescheide Widerspruch beim Antragsgegner ein. Nach dessen Erfolglosigkeit erhoben sie Anfechtungsklage beim Verwaltungsgericht Frankfurt a. M. Die Antragsteller rügten insbesondere die Verletzung wesentlicher Verfahrensvorschriften beim Zustandekommen der Verordnung, außerdem die Verletzung der Wettbewerbsfreiheit, des Diskriminierungsverbotes, des Eigentumgrundrechts sowie der Grundsätze des Vertrauensschutzes und der Verhältnismäßigkeit.

Das Gericht teilte die Bedenken der Antragsteller gegen die Gültigkeit der Verordnung und beschloss daher das Verfahren auszusetzen und dem Gerichtshof die Frage der Gültigkeit zur Vorabentscheidung vorzulegen.[686]

Die Antragsteller begehrten weiterhin den Erlass einer einstweiligen Anordnung. Dadurch sollte der Antragsgegner verpflichtet werden, bis zum Erlass des Urteils über die Gültigkeit der Verordnung zusätzliche Einfuhrlizenzen für Drittlandsbananen für das zweite Halbjahr 1993 zu erteilen. Daraufhin erging ein weiterer Beschluss, in dem das Verwaltungsgericht Frankfurt a. M. dem Gerichtshof zwei Fragen zur Vorabentscheidung vorlegte:

> „1) Darf ein nationales Gericht, das erhebliche Zweifel an der Gültigkeit einer Gemeinschaftsverordnung hat und das deshalb die Frage nach der Gültigkeit der Gemeinschaftsverordnung dem EuGH im Wege des Vorabentscheidungsverfahrens vorgelegt hat, für den Zeitraum bis zur Entscheidung des EuGH in Bezug auf einen Verwaltungsakt einer nationalen Behörde, der auf der vorgelegten Gemeinschaftsverordnung beruht, durch Erlaß einer einstweiligen Anordnung eine vorläufige Gestaltung oder Regelung der streitigen Rechtspositionen oder -verhältnisse treffen?
>
> 2) Falls die Frage zu 1) bejaht wird: Unter welchen Voraussetzungen ist in derartigen Fällen ein nationales Gericht befugt, eine einstweilige Anordnung zu erlassen? Ist im Hinblick auf die Voraussetzungen für den Erlaß einer einstweiligen Anordnung zu unterscheiden zwischen einer einstweiligen Anordnung, die auf die Sicherung einer bereits bestehenden Rechtsposition gerichtet ist, und einer einstweiligen Anordnung, die auf die Begründung einer neuen Rechtsposition gerichtet ist?“[687]

In demselben Beschluss wurden den Antragstellern durch einstweilige Anordnung zusätzliche Einfuhrlizenzen für die Monate November und Dezember 1993 zum Zollsatz von 100 ECU/Tonne erteilt. Dies erfolgte jedoch unter der Auflage, dass die Anragsteller von den ihnen für 1994 zustehenden Einfuhrkontingenten zunächst nur beschränkt Gebrauch machten. Hierdurch sollte erreicht werden, dass für den Fall des Unterliegens der Antragsteller in der Hauptsache die für 1993 zusätzlich erteilten Lizenzen auf das Kontingent für 1994 angerechnet werden konnten. Den Erlass dieser einstweiligen Anordnung begründete das Verwaltungsgericht damit, dass eine Ablehnung gegen die Rechtsschutzgarantie des Art. 19 Abs. 4 GG verstoßen würde.

Das Verwaltungsgericht setzte also zwei Vorlageverfahren in Gang: das Erste in der Hauptsache, die Gültigkeit der Bananenmarktordnung betreffend, und das Zweite,

[686] VG Frankfurt a. M., Beschluss v. 1. 12. 1993, EuZW 1994, 157 ff. Vgl. die hierauf ergangene Entscheidung des EuGH, Urteil v. 9. 11. 1995 (Rs. C-466/93), Slg. 1995, I-3799 ff. – *Atlanta II*.

[687] VG Frankfurt a. M., Beschluss v. 1. 12. 1993, EuZW 1994, 160 (160).

hier eigentlich interessierende, bezüglich der Zulässigkeit einstweiligen Rechtsschutzes in Vornahmesachen. Die Vorgehensweise bezüglich dieses zweiten Verfahrens entsprach damit exakt den Vorgaben des Europäischen Gerichtshofes aus dem „Süderdithmarschen"-Urteil, obgleich in jener Konstellation eine Anfechtungssache vorlag. Das Verwaltungsgericht hatte damit praktisch die Entscheidung des Gerichtshofes für Vornahmesachen vorhergesehen und in dem eigenen Verfahren der einstweiligen Rechtsschutzgewährung weitgehend die Voraussetzungen beachtet, die der Gerichtshof erst aufstellen sollte (dazu sogleich).

3. Entscheidung des Europäischen Gerichtshofes

Auf Grund der gerade gewonnenen Erkenntnis war die Entscheidung des Europäischen Gerichtshofes auch nicht überraschend. Sie entspricht im Ergebnis sowie in Struktur und Dogmatik der Begründung weitgehend dem Urteil „Süderdithmarschen", wenngleich der Gerichtshof zu den Voraussetzungen der Rechtsschutzgewährung etwas detaillierter Stellung nahm. Die Vorlagefrage beantwortete er wie folgt:[688]

> „1) Art. 189 EGV ist dahin auszulegen, daß er die Befugnis der nationalen Gerichte nicht ausschließt, in bezug auf einen nationalen Verwaltungsakt, der auf einer Gemeinschaftsverordnung beruht, deren Gültigkeit Gegenstand eines Vorabentscheidungsersuchens ist, einstweilige Anordnungen zur vorläufigen Gestaltung oder Regelung der streitigen Rechtspositionen oder -verhältnisse zu treffen.
>
> 2) Das nationale Gericht darf derartige einstweilige Anordnungen nur erlassen,
> - wenn es *erhebliche Zweifel an der Gültigkeit* der Handlung der Gemeinschaft hat und diese Gültigkeitsfrage, sofern der Gerichtshof mit ihr noch nicht befaßt ist, diesem selbst *vorlegt*;
> - wenn die Entscheidung *dringlich* in dem Sinne ist, daß die einstweiligen Anordnungen erforderlich sind, um zu vermeiden, daß die sie beantragende Partei einen schweren und nicht wiedergutzumachenden Schaden erleidet;
> - wenn es das *Interesse der Gemeinschaft angemessen berücksichtigt* und
> - wenn es bei der Prüfung aller dieser Voraussetzungen die *Entscheidungen des Gerichtshofes oder des Gerichts erster Instanz* über die Rechtmäßigkeit der Verordnung oder einen Beschluss im Verfahren des vorläufigen Rechtsschutzes betreffend gleichartige einstweilige Anordnungen auf Gemeinschaftsebene *beachtet.*"[689]

Der Europäische Gerichtshof bejahte also die Zulässigkeit einstweiliger Anordnungen unter ganz bestimmten, sehr engen Voraussetzungen. Bei der Begründung differenzierte er ebenso wie im Urteil „Süderdithmarschen" zwischen der grundsätzlichen Befugnis zum Erlass einstweiliger Anordnungen sowie den dafür erforderlichen Voraussetzungen.

---

[688] Die Beantwortung der zweiten Frage erfolgte, wie hier dargestellt, spiegelstrichartig.

[689] EuGH, Urteil v. 9. 11. 1995 (Rs. C-465/93), Slg. 1995, I-3761 (3796 f.) – *Atlanta* [Hervorhebungen durch den Verfasser].

a) Grundsätzliche Zulässigkeit des Erlasses einstweiliger Anordnungen

Die allgemeine Zulässigkeit einstweiligen Rechtsschutzes belegte der Europäische Gerichtshof zunächst parallel zum Urteil „Süderdithmarschen" unter Bezugnahme auf die Entscheidungen „Foto Frost" und „Factortame".[690]

Zur Frage des Erlasses positiver einstweiliger Anordnungen führte der Gerichtshof aus, dass der EG-Vertrag im Rahmen einer Nichtigkeitsklage neben einer Vollzugsaussetzung, Art. 242 S. 2 (ex-Art. 185 S. 2) EGV, gerade auch den Erlass positiver Anordnungen gemäß Art. 243 (ex-Art. 186) erlaubt. Somit dürfe es für die nationalen Gerichte hinsichtlich der Zulässigkeit der einstweiligen Rechtsschutzgewährung keinen Unterschied machen, ob der Bürger eine Vollzugsaussetzung oder den Erlass einstweiliger Anordnungen begehre. Insbesondere habe der Erlass einstweiliger Anordnungen seiner Natur nach entgegen den Auffassungen der spanischen und italienischen Regierung keine größeren Auswirkungen auf das Gemeinschaftsrecht als die bloße Aussetzung eines Verwaltungsakts.[691]

b) Zu den Voraussetzungen für den Erlass von einstweiligen Anordnungen

Auch bei der Begründung der Voraussetzungen für den Anordnungserlass rekurrierte der Gerichtshof zunächst auf seine Ausführungen im „Süderdithmarschen"-Urteil. Er stellte fest, dass die darin entwickelten Kriterien für jede Maßnahme des vorläufigen Rechtsschutzes gelten, also auch den Erlass positiver Anordnungen. „Aufgrund des Kontexts der vorliegenden Rechtssache", wie der Gerichtshof selbst formulierte, sah er sich jedoch veranlasst, diese Voraussetzungen zu verdeutlichen.[692]

Zur Voraussetzung „erhebliche Zweifel" führte er aus, dass sich das nationale Gericht nicht mit einer simplen Vorlage zur Überprüfung der Gültigkeit der Verordnung begnügen dürfe. Vielmehr müsse es bereits zum Zeitpunkt des Erlasses der einstweiligen Maßnahme angeben, weshalb es der Auffassung sei, der Gerichtshof müsse die Ungültigkeit der Verordnung feststellen.[693]

Bezüglich der weiteren Voraussetzungen wies der Gerichtshof auch hier auf die Kriterien hin, die für ihn nach Art. 243 (ex-Art. 186) EGV im Rahmen von Klagen nach Art. 230 (ex-Art. 173) EGV gelten. Im Einzelnen schien er in der Urteilsbegründung dazu zunächst nichts Neues zu sagen, weil er im Wesentlichen lediglich die Ausführungen aus dem Urteil „Süderdithmarschen" wiederholte. Allerdings stellte der Gerichtshof zum Ende der Begründung ein – scheinbar neues – Kriterium auf, welches für die befassten nationalen Gerichte eine „qualifizierte Beachtungspflicht"[694] zur Folge hat und auf die bisherigen Voraussetzungen einwirkt: Nach Art. 10 (ex-Art. 5) EGV seien die nationalen Gerichte verpflichtet, Entscheidungen des Gemeinschaftsrichters

[690] EuGH, Urteil v. 9. 11. 1995 (Rs. C-465/93), Slg. 1995, I-3761 (3788 f., Tz. 20 ff.) – *Atlanta*.
[691] EuGH, a.a.O., Tz. 27-29.
[692] EuGH, a.a.O., Tz. 32-34.
[693] EuGH, a.a.O., Tz. 36.
[694] Vgl. unten Zweiter Teil, C. III. 2. c) (S. 174 f.).

über die vor ihnen aufgeworfenen Streitfragen zu beachten.[695] Ein nationales Gericht dürfe keine einstweiligen Maßnahmen erlassen bzw. müsse bereits erlassene Maßnahmen aufheben, sofern der Gerichtshof (bzw. das Gericht erster Instanz) eine Nichtigkeitsklage gegen die fragliche Verordnung als unbegründet abgewiesen habe; dasselbe gelte, wenn er im Rahmen eines Vorabentscheidungsverfahrens nichts festgestellt habe, was die Gültigkeit der Verordnung beeinträchtigen könnte. Eine Einschränkung von diesen Grundsätzen machte der Gerichtshof jedoch für den Fall, dass ganz andere Rechtswidrigkeitsgründe geltend gemacht würden als jene, auf die der Gemeinschaftsrichter seine Entscheidung gestützt habe.

III. Bewertung der Entscheidungen

Die Darstellung der Begründungen belegt die Parallelität der Argumentationsführung in den vorstehenden Urteilen durch den Europäischen Gerichtshof. Der einzige Unterschied in der Rechtssache „Atlanta" im Vergleich zur Rechtssache „Süderdithmarschen", nämlich der Nachweis der Zulässigkeit auch von positiven Anordnungen – im Gegensatz zur bloßen Vollzugsaussetzung in der Rechtssache „Süderdithmarschen" –, zog keinen großen Begründungsaufwand nach sich. Dies lässt sich durch die Tatsache erklären, dass die Vollzugsaussetzung und die Gewährung einstweiliger Anordnungen im Rahmen des direkten Vollzugs nach den Art. 242 S. 2, 243 EVG lediglich als zwei Ausprägungen eines *einheitlichen* Tatbestandes des einstweiligen Rechtsschutzes zu verstehen sind.[696]

Im Folgenden sollen die vom Gerichtshof vorgebrachten Argumente für die Befugnis der nationalen Gerichte zur Gewährung von einstweiligem Rechtsschutz sowie die Aufstellung der dafür erforderlichen Voraussetzungen auf ihre Stichhaltigkeit untersucht werden.

1. Dogmatische Begründung der grundsätzlichen Zulässigkeit einstweiligen Rechtsschutzes sowie der Ableitung der Voraussetzungen aus dem Gemeinschaftsrecht

a) Die vom Europäischen Gerichtshof vorgebrachten Argumente

Wie dargelegt,[697] begründete der Europäische Gerichtshof also die grundsätzliche Befugnis nationaler Gerichte zur Gewährung von einstweiligem Rechtsschutz mit drei Erwägungen – dem Grundsatz effektiven Rechtsschutzes, der Kohärenz des Systems sowie der praktischen Wirksamkeit des Gemeinschaftsrechts. Die Argumente der praktischen Wirksamkeit des Art. 234 EGV und der Rechtsschutzeffektivität hatte der Gerichtshof bereits im Rahmen der „Factortame"-Entscheidung angeführt. Neu ist hinge-

---

[695] Hierzu und zum Folgenden EuGH, Urteil v. 9. 11. 1995 (Rs. C-465/93), Slg. 1995, I-3761 (3794, Tz. 46) – *Atlanta*.

[696] Vgl. oben Erster Teil, E. (S. 14 f.).

[697] Siehe oben Zweiter Teil, C. I. 2. a) (S. 128 f.) und II. 3. a) (S. 135).

gen in diesem Zusammenhang die Kohärenzargumentation, womit er neben der Befugnis zur Gewährung einstweiligen Rechtsschutzes auch die Ableitung der dafür geltenden Voraussetzungen aus dem Maßstab der Art. 242 S. 2 sowie Art. 243 EGV belegte.

aa) Die Argumente der praktischen Wirksamkeit des Art. 234 EGV und des effektiven Rechtsschutzes

Das Rechtsschutzargument sowie das Argument der praktischen Wirksamkeit des Vorabentscheidungsverfahrens hängen, soweit dessen subjektive Schutzrichtung[698] betroffen ist, sachlich zusammen. Diese Erkenntnis wurde bereits bei der Begründung der Zulässigkeit der Gewährung einstweiligen Rechtsschutzes im Rahmen der „Factortame"-Entscheidung gewonnen.[699] Den Unterschied, dass es in der Rechtssache „Factortame" um die Vereinbarkeit nationalen Rechts mit dem Gemeinschaftsrecht ging, während nun die Gültigkeit abgeleiteten Gemeinschaftsrechts in Frage stand, erklärte der Gerichtshof für unbeachtlich, da diese Rüge in beiden Fällen auf Gemeinschaftsrecht selbst gestützt sei.[700] Darin ist in der Tat kein signifikanter Unterschied zu sehen, der eine unterschiedliche Beurteilung hinsichtlich des „Ob" der Gewährung einstweiligen Rechtsschutzes rechtfertigen würde.

(1) Der Stellenwert des Individualrechtsschutzes

Allerdings ist die Bedeutung dieses Unterschiedes keineswegs so gering, wie der Umfang der Begründung es vermuten lässt. Er ist von durchaus erheblicher Relevanz, was den Stellenwert des Individualrechtsschutzes gegenüber dem Prinzip der Einheitlichkeit des Gemeinschaftsrechts anbelangt. Während sich die zu schützenden subjektiven Rechte in der Rechtssache „Factortame" aus dem Gemeinschaftsrecht selbst ergaben und infolgedessen das Prinzip der Einheitlichkeit und der Individualrechtsschutz „auf der gleichen Seite" standen,[701] ging es in der Rechtssache „Süderdithmarschen" (ebenso in der Rechtssache „Atlanta") um den Schutz subjektiver Rechtspositionen *vor* Gemeinschaftsrecht. Die Grundsätze der Einheitlichkeit und des effektiven Rechtsschutzes befanden sich damit in Widerstreit. Aus dieser Perspektive gleicht diese Konstellation jener in der Rechtssache „Tafelwein". Dort hatte der Europäische Gerichtshof jedoch den Individualrechtsschutz mit keinem Wort erwähnt, was ihn dem Vorwurf aussetzte, er instrumentalisiere den Individualrechtsschutz zu Gunsten des Gemeinschafts-

---

[698] Ausführlich zur Funktion und Bedeutung des Vorabentscheidungsverfahrens *Dauses*, Vorabentscheidungsverfahren, 2. Aufl. 1995, S. 43 ff. Vgl. dazu auch *Schwarze*, in: *ders.*, EU-Kommentar, 2000, Art. 234 EGV Rn. 1 ff.

[699] Vgl. oben Zweiter Teil, B. I. 5. c) und d) (S. 62 ff.).

[700] EuGH, Urteil v. 21. 2. 1991 (verb. Rs. C-143/88 u. C-92/89), Slg. 1991, I-415 (541, Tz. 20) – *Süderdithmarschen*.

[701] Siehe dazu oben Zweiter Teil, B. I. 5. d) (S. 62 ff.).

rechts.[702] Diesen Einwand konnte der Gerichtshof nun entkräften, indem er das Rechtsschutzprinzip vor das Einheitlichkeitsgebot stellte.[703] In diesem Zusammenhang ist es umso bemerkenswerter, dass er in der Urteilsbegründung nicht nur den Grundsatz effektiven Rechtsschutzes[704] anführte, sondern zusätzlich auf die praktische Wirksamkeit des Vorabentscheidungssystems rekurrierte, dessen Hauptfunktion ja gerade die Sicherung der Einheitlichkeit des Gemeinschaftsrechts ist.[705] Damit hat der Gerichtshof nachgewiesen, dass er dem Individualrechtsschutz auch innerhalb des Systems des Art. 234 EGV denselben Stellenwert zumisst wie dem Einheitlichkeitsprinzip.

(2) Ableitung der Voraussetzungen für die Gewährung von Eilrechtsschutz aus dem Gemeinschaftsrecht

Die Argumente des effektiven Rechtsschutzes sowie der praktischen Wirksamkeit des Systems des Art. 234 EGV erweisen sich somit als stichhaltig zur Begründung der grundsätzlichen Befugnis nationaler Gerichte zur Gewährung von Eilrechtsschutz. Jedoch können sie für sich betrachtet nicht die Behauptung des Gerichtshofes tragen, die dafür geltenden Voraussetzungen seien aus dem Gemeinschaftsrecht abzuleiten.[706] Effektiver einstweiliger Rechtsschutz kann auch unter Anwendung der nationalen Voraussetzungen gewährt werden.[707] Die soeben konstatierte Preisgabe des Prinzips der Einheitlichkeit des Gemeinschaftsrechts bei der Frage der grundsätzlichen Befugnis mag den Gerichtshof dazu bewogen haben, es auf der Ebene der dafür geltenden Anforderungen kompensatorisch wieder in den Vordergrund zu rücken. Dieser Motivation folgend, formulierte der Gerichtshof denn auch die Gefahr, die er für die einheitliche Anwendung des Gemeinschaftsrechts durch die unterschiedliche Regelung der Kriterien für die Vollzugsaussetzung in den Mitgliedstaaten sah.[708] Ob die Kohärenzargumentation des Gerichtshofes tatsächlich in der Lage ist, die Herleitung der Voraussetzungen aus dem Gemeinschaftsrecht zu stützen, bleibt noch zu untersuchen.[709]

---

[702] So *von Danwitz*, DÖV 1996, 481 (486). Vgl. dazu oben Zweiter Teil, B. II. 4. f) (S. 82 f.); auch schon I. 5. d) (S. 62 ff.).

[703] *Classen*, VerwArch Bd. 88 (1997), S. 645 (677), kommt ebenfalls zum Ergebnis, dass der Vorwurf der Instrumentalisierung der subjektiven Rechte im Hinblick auf den gesamten Rechtsschutz vor dem EuGH nicht haltbar ist.

[704] Dessen Geltung bereits seit EuGH, Urteil v. 15. 5. 1986 (Rs. 222/84), Slg. 1986, 1651 (1682, Tz. 18 f.) – *Johnston* –, auch in der Gemeinschaftsrechtsprechung anerkannt ist. Vgl. dazu näher oben Zweiter Teil, B. III. 3. c) cc) (2) (b) (S. 110).

[705] Vgl. EuGH, Urteil v. 16. 1. 1974 (Rs. 166/73), Slg. 1974, 33 (38, Tz. 2) – *Rheinmühlen*; EuGH, Urteil v. 24. 5. 1977 (Rs. 107/76), Slg. 1977, 957 (972, Tz. 5) – *Hoffmann-La Roche* –, sowie schon oben Zweiter Teil, B. I. 5. d) (S. 62 ff.).

[706] Anzumerken bleibt hierbei, dass der EuGH in den Urteilsgründen diese Argumente tatsächlich nur für die Begründung der grundsätzlichen Befugnis zur Gewährung von Eilrechtsschutz anführt. Die Frage der dafür geltenden Voraussetzungen wird von ihm formal getrennt behandelt.

[707] Dafür haben auch die Antragstellerin, die italienische Republik und die Kommission plädiert, vgl. den Sitzungsbericht zu EuGH, Urteil v. 21. 2. 1991 (verb. Rs. C-143/88 u. C-92/89), Slg. 1991, I-415 (418, 431 ff.) – *Süderdithmarschen*.

[708] EuGH, Urteil v. 21. 2. 1991 (verb. Rs. C-143/88 u. C-92/89), Slg. 1991, I-415 (542, Tz. 25, 26) – *Süderdithmarschen*.

[709] Dazu sogleich unter cc) (S. 139 ff.).

bb) Keine Anwendung des Vorranggrundsatzes

Im Zusammenhang mit der Erwähnung des Einheitlichkeitsgebots fällt auf, dass der Europäische Gerichtshof nicht auf den Vorranggrundsatz zurückgreift,[710] obgleich diese beiden Prinzipien miteinander „verwandt" sind[711] und häufig in einem Atemzug genannt werden. Indessen lässt sich die Herleitung der Voraussetzungen für die Gewährung von Eilrechtsschutz durch nationale Gerichte aus dem Gemeinschaftsrecht nicht auf den Vorranggrundsatz stützen. Denn für die Anwendung dieses Instituts als Kollisionsregel ist das Vorliegen einer Kollisionslage Voraussetzung. Zwar würde es sich bei der Gegenüberstellung der Voraussetzungen der Art. 242 S. 2, 243 EGV einerseits sowie der Kriterien für die Gewährung von vorläufigem Rechtsschutz nach nationalem Recht andererseits nach der oben[712] getroffenen Begriffsbestimmung um eine direkte Kollision handeln; damit wäre die Anwendung der Vorrangregel grundsätzlich denkbar. Ob die Art. 242 S. 2, 243 EGV aber überhaupt als Aussage des Gemeinschaftsrechts herangezogen werden können und infolgedessen mit dem nationalen Recht kollidieren können, ist gerade die hier zu begründende Frage. Erst wenn feststeht, dass die Art. 242 S. 2, 243 EGV in der vorliegenden Konstellation anwendbar sind, kann der Vorranggrundsatz als Instrument zur Kollisionsauflösung Bedeutung erlangen. Mit anderen Worten: Das Problem der vorliegenden Konstellation liegt nicht auf der Kollisionsebene, sondern auf der dazu vorgeschalteten Stufe der Anwendbarkeit des Gemeinschaftsrechts. Die Anwendung der Vorrangregel ist damit nicht die Lösung der vorliegenden Problematik, sondern erst deren Folge, falls die Anwendbarkeit des Gemeinschaftsrechts bejaht werden kann.

cc) Das Argument der Kohärenz des Rechtsschutzsystems

Mit der Kohärenz des Rechtsschutzsystems begründete der Gerichtshof sowohl die grundsätzliche Befugnis wie auch die Herleitung der Voraussetzungen für die Gewährung von einstweiligem Rechtsschutz durch nationale Gerichte.[713] Da die grundsätzliche Befugnis nach den vorstehenden Ausführungen unabhängig von der Stichhaltigkeit dieses Arguments nicht zweifelhaft ist, liegt dessen maßgebliche Bedeutung bei der Begründung der aufgestellten Voraussetzungen. Soweit ersichtlich wurde der Gesichtspunkt der Kohärenz bei der Würdigung der „Süderdithmarschen"-Entscheidung selten kritisch durchleuchtet.[714]

---

[710] Für die Anwendung des Vorranggrundsatzes sprach sich der Rat in seiner Stellungnahme nach Art. 20 EuGH-Satzung aus, vgl. Sitzungsbericht zu EuGH, Urteil v. 21. 2. 1991 (verb. Rs. C-143/88 u. C-92/89), Slg. 1991, I-415 (418, 431) – *Süderdithmarschen*.

[711] Zu dem Verhältnis zwischen Vorranggrundsatz und Uniformitätsprinzip vgl. bereits oben Zweiter Teil, B. I. 5. b) bb) (2) (S. 57 f.).

[712] Siehe oben Zweiter Teil, B. III. 1. (S. 86 ff.).

[713] Vgl. EuGH, Urteil v. 21. 2. 1991 (verb. Rs. C-143/88 u. C-92/89), Slg. 1991, I-415 (541, Tz. 18 u. 27) – *Süderdithmarschen*.

[714] Die Kritik am EuGH setzt zumeist bei der Kompetenzfrage an, vgl. eingehend unten Zweiter Teil, C. III. 1. b) bb) (S. 144 ff.). Das Kohärenzargument in Frage stellend etwa *Lehr*, Einstweiliger Rechtsschutz und EU, 1997, S. 397 ff.

(1) Das Kohärenzargument und die Rechtssache „Foto Frost"

Den Gedanken der Kohärenz des Rechtsschutzsystems führte der Europäische Gerichtshof erstmals in der Rechtssache „Foto Frost"[715] an. Dort wurde das Argument zwar nicht herangezogen, um die Zulässigkeit einstweiligen Rechtsschutzes durch nationale Gericht zu begründen; es wurde vielmehr angeführt als Beleg für die alleinige Befugnis des Gerichtshofes, die Ungültigkeit von Gemeinschaftshandlungen festzustellen. Die Argumentationsstruktur verlief jedoch ähnlich der in der Rechtssache „Süderdithmarschen". Da wie dort ging der Gerichtshof zur Begründung seiner Ergebnisse von seinen Befugnissen im Rahmen einer Nichtigkeitsklage gemäß Art. 230 (ex-Art. 173) EGV aus. Im Fall „Foto Frost" stellte er fest, dass Art. 230 EGV ihm selbst die ausschließliche Befugnis zur Nichtigerklärung einer Gemeinschaftshandlung zuweise; deshalb müsse diese Zuständigkeit auch dann gewahrt bleiben, wenn die Ungültigkeit vor einem nationalen Gericht geltend gemacht werde.[716] In der Rechtssache „Süderdithmarschen" kam der Gerichtshof zum Ergebnis, dass auf Grund seiner Befugnis, im Rahmen eines Verfahrens nach Art. 230 EGV gemäß Art. 242 EGV (ex-Art. 185 EGV) die Vollziehung der angefochtenen Handlung auszusetzen, auch die nationalen Gerichte diese Befugnis haben müssten.[717]

Freilich fällt auf, dass die Argumentation nur im Ausgangspunkt deckungsgleich verläuft. Denn im Ergebnis steht auf der einen Seite, dass auf Grund des Kohärenzarguments die nationalen Gerichte eine bestimmte Befugnis nicht haben: Feststellung der Ungültigkeit einer Gemeinschaftshandlung *allein* durch den Gerichtshof. Auf der anderen Seite sollen wiederum auf Grund des Kohärenzarguments die nationalen Gerichte dieselben Befugnisse haben wie der Gerichtshof: einstweiliger Rechtsschutz *auch* durch die dezentrale Ebene. Allerdings ist darauf hinzuweisen, dass der Gerichtshof für den Bereich des vorläufigen Rechtsschutzes bereits im Urteil „Foto Frost" Raum für mögliche Abweichungen vom Grundsatz der Alleinzuständigkeit zur Ungültigkeitsfeststellung gesehen hatte.[718] Darauf musste er jedoch nicht näher eingehen, weil das vorlegende Gericht, wie er selbst ausführte, diese Frage nicht angesprochen habe.[719]

(2) Die Urteile „Süderdithmarschen" und „Atlanta" als Weiterentwicklung der Rechtssache „Foto Frost"

In den Rechtssachen „Süderdithmarschen" und „Atlanta" bekam der Europäische Gerichtshof schließlich Gelegenheit, sich mit dieser Fragestellung zu beschäftigen. Diese Sachverhalte bedeuten also gerade die in der Rechtssache „Foto Frost" angesprochenen Ausnahmen. Auf den ersten Blick stellt es sich als sehr fragwürdig dar, dass der

---

[715] EuGH, Urteil v. 22. 10. 1987 (Rs. 314/85), Slg. 1987, 4199 (4231, Tz. 16) – *Foto Frost*.

[716] EuGH, a.a.O., Tz. 17.

[717] EuGH, Urteil v. 21. 2. 1991 (verb. Rs. C-143/88 u. C-92/89), Slg. 1991, I-415 (541, Tz. 18) – *Süderdithmarschen*.

[718] Vgl. EuGH, Urteil v. 22. 10. 1987 (Rs. 314/85), Slg. 1987, 4199 (4232, Tz. 19) – *Foto Frost*.

[719] EuGH, a.a.O.

Gerichtshof sowohl den Grundsatz wie auch die Ausnahmen mit demselben Argument begründet: Auf Grund der Kohärenz des Rechtsschutzsystems soll er ausschließlich zuständig sein, die Ungültigkeit von Gemeinschaftsmaßnahmen festzustellen; Ausnahmen hiervon sollen für den Bereich des einstweiligen Rechtsschutzes zulässig sein, weil eben diese Kohärenz es gebiete.

Diese formal widersprüchlich erscheinende Argumentation macht jedoch nicht die Beweisführung unrichtig.[720] Bei genauerem Hinsehen ist durchaus ein materieller Unterschied in der Begründung auszumachen: In der Rechtssache „Foto Frost" spricht der Gerichtshof von der Kohärenz, also dem inneren Zusammenhang, des *vom Vertrag geschaffenen* Rechtsschutzsystems und meint dabei ersichtlich den Zusammenhang zwischen einer Nichtigkeitsklage nach Art. 230 EGV und einem Vorabentscheidungsersuchen gemäß Art. 234 EGV. In der Begründung der Urteile „Süderdithmarschen" und „Atlanta" spricht er von der Kohärenz des Systems des *vorläufigen* Rechtsschutzes. Auch wenn er bei der Entwicklung der Voraussetzungen für die einstweilige Rechtsschutzgewährung wiederum auf seine Befugnisse in dem Verfahren nach Art. 230 EGV verweist, bedeutet das nicht, dass er damit die Kohärenz zwischen dem Verfahren des einstweiligen Rechtsschutzes und dem der Hauptsache meint. Andernfalls würde dieses Argument in der Rechtssache „Atlanta" fehlschlagen, da das Gemeinschaftsrecht keine Verpflichtungsklage kennt und es somit für Art. 243 EGV kein Korrelat als Hauptsacheverfahren gibt.[721] Der Gerichtshof bezieht sich vielmehr auf den Zusammenhang zwischen dem vorläufigen Rechtsschutzsystem *der Gemeinschaft* auf der einen Seite und den Systemen des Eilrechtsschutzes *der Mitgliedstaaten* auf der anderen Seite. In der Entscheidung „Foto Frost" spricht er also von einer „horizontalen" Kohärenz; dagegen argumentiert er in den Rechtssachen „Süderdithmarschen" und „Atlanta" mit einer „vertikalen" Kohärenz.

(3) Stichhaltigkeit des Kohärenzarguments in den Rechtssachen „Süderdithmarschen" und „Atlanta"

Mit diesem Befund steht jedenfalls fest, dass die Argumentation des Europäischen Gerichtshofes keinen inhaltlichen Widerspruch zu seiner Begründung in der Rechtssache „Foto Frost" darstellt. Damit ist aber noch keine Aussage darüber getroffen, ob das Kohärenzargument tatsächlich stichhaltig ist und das in den Urteilen „Süderdithmarschen" und „Atlanta" gefundene Ergebnis auch wirklich tragen kann. Der Gerichtshof wird teilweise kritisiert, soweit er die Befugnis der nationalen Gerichte zur Vollzugsaussetzung aus dem Vergleich mit der eigenen Befugnis zur Vollzugsaussetzung nach Art. 242 EGV im Rahmen von Nichtigkeitsklagen herleitet. Dieser Vergleich sei zwar richtig, was die grundsätzliche Befugnis zur Vollzugsaussetzung anbelange, das

---

[720] So aber *Lehr*, Einstweiliger Rechtsschutz und EU, 1997, S. 398.

[721] An dieser Stelle ist freilich darauf hinzuweisen, dass sich der Gerichtshof auch im Rahmen von Art. 230 EGV zum Erlass einstweiliger Anordnungen berechtigt sieht. Der zulässige Inhalt solcher Anordnungen ist im Einzelnen umstritten, vgl. dazu oben Erster Teil, D. (S. 11 ff.) und unten Zweiter Teil, D. IV. 3. c) (S. 196 ff.).

weiter gehende Ergebnis hinsichtlich der Voraussetzungen indes keineswegs zwingend.[722]

In der Tat ist nicht einzusehen, warum nur auf Grund der Richtigkeit dieser Gegenüberstellung die Voraussetzungen einer Vollzugsaussetzung in einem nationalen Verfahren dem Gemeinschaftsrecht zu entnehmen sein sollen. Denn die Geltung des Maßstabs des Art. 243 EGV für die nationalen Gerichte kann nicht allein damit begründet werden, dass dieser Maßstab für den Gerichtshof gilt.[723] Wenn dieser sich auf die Kohärenz des Rechtsschutzsystems beruft, dann setzt dies bereits ein in sich geschlossenes Rechtsschutzsystem voraus.[724] Ein solches bemüht sich der Gerichtshof jedoch durch diese beiden Entscheidungen erst zu schaffen. Damit ist dem Einwand zuzugeben, dass der Gerichtshof durch seine als Begründung gedachten Ausführungen eher das Problem beschreibt, denn eine tragfähige dogmatische Untermauerung des Ergebnisses liefert.[725]

Es ist also festzustellen, dass die Kohärenz des Rechtsschutzsystems keine (ausreichende) Begründung für die Orientierung der Voraussetzungen der vorläufigen Rechtsschutzgewährung am Gemeinschaftsrecht darstellen kann.

dd) Zwischenergebnis

Die Begründung des Europäischen Gerichtshofes ist nur hinsichtlich der grundsätzlichen Befugnis nationaler Gerichte zur Gewährung einstweiligen Rechtsschutzes stichhaltig. Warum die dafür geltenden Voraussetzungen dem Gemeinschaftsrecht zu entnehmen seien und sich am Maßstab der Art. 242 S. 2, Art. 243 EGV sowie an der eigenen Verfahrensordnung orientieren sollen, konnte der Gerichtshof nicht überzeugend belegen.

b) Rechtfertigung der Vorgehensweise über den Gedanken der Rechtsfortbildung

Indes macht die Fragwürdigkeit der Argumentation das Ergebnis auch nicht *per se* unrichtig. Möglicherweise lassen sich für die Auffassung des Gerichtshofes andere, von ihm selbst nicht berücksichtigte Erwägungen ins Feld führen, die seinen Befund letztlich tragen können.

Die Ableitung der Voraussetzungen aus den Art. 242 S. 2, 243 EGV und aus der eigenen Verfahrensordnung könnte gerechtfertigt sein, wenn sich die Vorgehensweise

---

[722] So *Lehr*, Einstweiliger Rechtsschutz und EU, 1997, S. 399 f.

[723] Vgl. auch *Rohde*, Vorläufiger Rechtsschutz, 1998, S. 223 f., nach dem die Kohärenz zwischen Art. 242 f. und dem vorläufigen Rechtsschutz vor nationalen Gerichten keine Existenzvoraussetzung der Gemeinschaft sei. Gleiche Voraussetzungen auf allen Ebenen seien zwar wünschenswert, aber nicht zwingend.

[724] *Schlemmer-Schulte/Ukrow*, EuR 1992, 81 (90).

[725] *Lehr*, Einstweiliger Rechtsschutz und EU, 1997, S. 400; ähnlich auch *Schoch*, DVBl. 1997, 289 (294).

als zulässige Rechtsschöpfung bzw. Rechtsfortbildung[726] durch den Europäischen Gerichtshof begreifen ließe. Das würde zwar nicht die methodische Vorgehensweise des Gerichtshofes retten, jedoch zumindest zur Akzeptanz seiner Rechtsprechung beitragen. Der Frage der Rechtsfortbildung soll im Folgenden nachgegangen werden. Dabei soll zunächst die grundsätzliche Befugnis des Europäischen Gerichtshofes zur Rechtsfortbildung thematisiert werden, bevor in einem nächsten Schritt näher auf deren Grenzen einzugehen ist.

aa) Grundsätzliche Befugnis des Europäischen Gerichtshofes zur Rechtsfortbildung

Der grundsätzlichen Befugnis des Europäischen Gerichtshofes zur Rechtsfortbildung könnte die allgemeine Kompetenzverteilung des EG-Vertrags entgegenstehen. Nach Art. 94 und Art. 95 EGV steht die Kompetenz zur Rechtsangleichung[727] dem Rat zu. Hiergegen könnte die Zuerkennung einer Rechtsfortbildungskompetenz des Gerichtshofes verstoßen. Indes ist in allen Mitgliedstaaten anerkannt,[728] dass eine Quelle des Rechts neben der Setzung durch das zuständige Legislativorgan auch die richterliche Rechtsfortbildung ist. Dies gilt verstärkt in den Rechtssystemen des *Case Law*, aber auch in den Rechtsordnungen, die auf geschriebenen Rechtsregeln basieren. Daher kann eine Legislativkompetenz von vornherein nicht die gerichtliche Befugnis zur Rechtsfortbildung ausschließen, sondern allenfalls ihre Grenzen determinieren.[729] Dies gilt umso mehr in einem „Verfassungs"system wie dem der Gemeinschaft, das nicht auf einem Primat des Gesetzgebers basiert,[730] sondern über ein institutionelles Gefüge verfügt, das durch eine Verschränkung der Staatsgewalten gekennzeichnet ist.[731] In einem solchen System ist es keineswegs unüblich, dass ein oberstes Gericht auch Legislativfunktionen wahrnimmt.[732]

Dass der Europäische Gerichtshof die Befugnis zur Rechtsfortbildung hat, ist folgerichtig auch allgemein anerkannt und wird im Schrifttum nicht bestritten. Auf diese Kompetenz ist er auch mehr angewiesen als jedes nationale Gericht. Der Gerichtshof

---

[726] Eine Differenzierung zwischen Rechtsfortbildung und Rechtsschöpfung mit dem Ergebnis, dass die Entscheidung Rechtsschöpfung darstelle, trifft *Rohde*, Vorläufiger Rechtsschutz, 1998, S. 163 ff. u. 231 f. Allgemein zum Unterschied zwischen Rechtsfortbildung und Rechtsschöpfung – Letztere, auch *gesetzesübersteigende* Rechtsfortbildung genannt, ist nur unter strengeren Voraussetzungen als die *gesetzesimmanente* Rechtsfortbildung zulässig – siehe *Larenz/Canaris*, Methodenlehre, 3. Aufl. 1995, S. 141 ff., 187; *Stein*, in: Festschrift Heidelberg, 1986, S. 619 (627 ff.).

[727] Hierzu näher unten Zweiter Teil, C. III. 1. b) bb) (3) (b) (S. 149 f.).

[728] Vgl. *Ukrow*, Rechtsfortbildung, 1995, S. 82; *Everling*, JZ 2000, 217 (218).

[729] Zu den Grenzen der Rechtsfortbildung eingehend sogleich unter bb) (S. 144 ff.).

[730] *Schroeder*, Gemeinschaftsrechtssystem, 2002, S. 413 f.

[731] Zum Prinzip des institutionellen Gleichgewichts näher unten Zweiter Teil, D. IV. 3. c) (S. 196 ff., insbes. Fn. 989 u. 991).

[732] Selbst das BVerfG, das nicht nur oberstes Gericht, sondern zugleich Verfassungsorgan ist, verschiebt die Grenze zwischen Gerichtsbarkeit und Gesetzgebung laufend (vgl. *Neuner*, Die Rechtsfindung contra legem, 1992, S. 54 f.), obwohl das Grundgesetz in Art. 20 Abs. 2 GG auch von einer institutionellen Trennung der Staatsgewalten ausgeht. Vgl. dazu auch *Schroeder*, Gemeinschaftsrechtssystem, 2002, S. 414.

hat auf der Grundlage einer offenen, von vornherein auf Wandel angelegten[733] „Verfassung“ zu judizieren und die Rolle eines Integrationsfaktors zu spielen.[734] Auf Grund des Regelungsdefizits des Gemeinschaftsrechts bedarf es zur Sicherung der Funktionsfähigkeit der Gemeinschaft nicht nur der Auslegung, sondern auch der Ergänzung und Ausfüllung der Lücken durch allgemeine Rechtsgrundsätze.[735] Auch das Bundesverfassungsgericht hat hierzu entschieden, dass die Mitgliedstaaten die Gemeinschaft mit einem Gericht ausstatten wollten, „dem Rechtsfindungswege offenstehen sollten, wie sie in jahrhundertelanger gemeineuropäischer Rechtsüberlieferung und Rechtskultur ausgeformt worden sind.“[736]

bb) Grenzen der Rechtsfortbildung

Eine andere Frage ist allerdings, ob der Europäische Gerichtshof die Grenzen der Rechtsfortbildung in den getroffenen Entscheidungen eingehalten hat. Um dies endgültig beurteilen zu können, ist es notwendig, diese Grenzen festzulegen. Hierbei gilt jedoch, dass nicht von genau auszumachenden, starren Grenzen ausgegangen werden kann; die Trennlinie zwischen zulässiger richterlicher Rechtsfortbildung und einer Rechtsschöpfung, die einer Vertragserweiterung gleich kommt und unzulässig ist, ist nicht trennscharf und punktgenau gezogen.[737] Ob sich eine Vorgehensweise eines Gemeinschaftsgerichts noch im Rahmen dessen hält, was als zulässige Rechtsfortbildung anzusehen ist, ist anhand des jeweiligen Einzelfalls zu prüfen. In diesem Sinne hat sich auch das Bundesverfassungsgericht geäußert. In der eben angesprochenen Entscheidung hat es die generellen Grenzen der Reichweite der Gemeinschaftsgewalt ausdrücklich dahinstehen lassen.[738]

(1) Maßstab für die Überprüfung der Zulässigkeit der Rechtsfortbildung

Somit ist es erforderlich, für jeden Rechtsakt der Gemeinschaft, also auch für jedes Urteil des Gerichtshofes, das auf Rechtsfortbildung hinausläuft, den Maßstab festzulegen, anhand dessen die Einhaltung der Grenzen richterlicher Rechtsfortbildung bzw. Rechtsschöpfung überprüft werden kann. Denkbar wäre, diesen Maßstab anhand der Lehren zur Rechtsfortbildung im jeweiligen *nationalen* Recht zu bestimmen.[739] Eine solche Vorgehensweise stößt jedoch auf Bedenken: Dem nationalen Recht lässt sich

---

[733] Dazu *Ophüls*, in: *Kaiser*, Planung I, 1965, S. 229 (232 ff.), der die Gemeinschaftsverträge als „Planungsverfassungen“ betitelt hat, a.a.O., (233).

[734] *Dänzer-Vanotti*, BB 1991, 1015 (1016).

[735] Vgl. *Everling*, in: Festschrift für Karl Carstens, 1984, S. 95 ff. (112).

[736] BVerfG, Beschluss v. 8. 4. 1987 (2 BvR 287/85), BVerfGE 75, 223 (243) – *Kloppenburg*. Zu den historischen Grundlagen des Richterrechts vgl. den rechtsvergleichenden Überblick bei *Everling*, JZ 2000, 217 (218 ff.).

[737] *Hirsch*, NJW 1996, 2457 (2465).

[738] BVerfGE, Beschluss v. 8. 4. 1987 (2 BvR 287/85), BVerfGE 75, 223 (243) – *Kloppenburg*.

[739] So gewinnt insbesondere *Lehr*, Einstweiliger Rechtsschutz und EU, 1997, S. 525, den Eindruck, dass zahlreiche Versuche, die Frage der Rechtsfortbildung durch den EuGH zu beantworten, von einem nationalen Maßstab ausgehen.

auf Grund der Besonderheiten und der Vielfalt der mitgliedstaatlichen Rechtsordnungen kaum ein allgemein gültiger, einheitlicher Maßstab entnehmen. Dies könnte zur Folge haben, dass man je nach nationalem Blickwinkel zum Ergebnis gelangt, die Grenzen seien eingehalten oder der Europäische Gerichtshof hätte *ultra vires* gehandelt. Außerdem würde eine solche Bezugnahme kaum den Eigenarten des Gemeinschaftsrechts gerecht.

Wenn oben[740] festgestellt wurde, dass der Europäische Gerichtshof umso mehr auf die Kompetenz zur Rechtsfortbildung angewiesen ist als nationale Gerichte, dann ist es an dieser Stelle nur konsequent, einen *gemeinschaftsrechtlichen Maßstab* für die Festlegung der Grenzen anzusetzen. Hierfür lässt sich vor allem die größere Lückenhaftigkeit des Gemeinschaftsrechts im Vergleich zu den nationalen Rechtsordnungen anführen, daneben auch der Gedanke der Kompensierung demokratischer Defizite der Gemeinschaft.[741] Die genannten Gesichtspunkte sprechen dafür, es gerade aus Sicht des Gemeinschaftsrechts für zulässig zu erachten, dass der Gerichtshof für sich eine im Ergebnis etwas umfänglichere Befugnis zur Rechtsfortbildung in Anspruch nimmt, als dies etwa nach deutschem Recht zulässig wäre.[742] Auf Grund der im Gemeinschaftsrecht recht unvollkommen durchgeführten Gewaltenteilung[743] kann dieser Befund durchaus auch als Gegengewicht zur ganz überwiegenden exekutivischen Rechtssetzung begriffen werden.[744]

(2) Einhaltung der Grenzen der Rechtsfortbildung

Auch nach dieser Erkenntnis ist es kaum möglich, die – gemeinschaftsrechtlich determinierte – generelle Reichweite der Rechtsfortbildungsbefugnis des Europäischen Gerichtshofes genau zu definieren. Die Grenzen werden teilweise als spätestens dort überschritten erachtet, wo der Gerichtshof anderen Gemeinschaftsorganen vorbehaltene Rechtsangleichung betreibe, ohne dass eine Gefährdung für die Funktionsfähigkeit der Gemeinschaft oder für den Rechtsschutz der Bürger dazu zwinge. Der Gerichtshof dürfe die Rechtsangleichung dabei weder aus dem Plan der Gemeinschaft, insbesondere dem EG-Vertrag, noch aus der „Gesamtrechtsordnung" der Gemeinschaft noch aus den gemeinsamen Rechtsgrundsätzen der Mitgliedstaaten ableiten.[745]

(a) Dem Europäischen Gerichtshof widersprechende Auffassungen

Ausgehend von diesem Maßstab war insbesondere *Dänzer-Vanotti* einer der Hauptkritiker des Europäischen Gerichtshofes bezüglich dessen Vorgehensweise bei der Aufstellung der Voraussetzungen für den Eilrechtsschutz. Der Autor kam im Wesentlichen

---

[740] Soeben unter Zweiter Teil, C. III. 1. b) aa) (S. 143 f.).
[741] Vgl. *Klein*, in: *Starck*, Rechtsvereinheitlichung, 1992, S. 117 (130).
[742] Zur Methodik der Rechtsfortbildung im deutschen Recht eingehend *Larenz/Canaris*, Methodenlehre, 3. Aufl. 1995, S. 187 ff.
[743] Vgl. hierzu *Steinberger*, VVDStRL Bd. 50 (1991), S. 9 (30); siehe auch unten Fn. 991.
[744] Vgl. *Lehr*, Einstweiliger Rechtsschutz und EU, 1997, S. 526.
[745] Vgl. *Dänzer-Vanotti*, BB 1991, 1015 (1017).

zum Ergebnis, dass zum einen das Funktionieren der Gemeinschaft nicht auf dem Spiel stand und, zweitens, dass der Gerichtshof in die Kompetenz des Rates zur Rechtsangleichung aus Art. 94, 95 EGV eingegriffen habe.[746]

Weiterhin wurde gegen die Art und Weise der Rechtsfortbildung eingewendet, der Gerichtshof hätte, anstatt die Voraussetzungen für den vorläufigen Rechtsschutz den Art. 242, 243 EGV und Art. 83 ff. VerfO EuGH zu entnehmen, einen allgemeinen Rechtsgrundsatz aus den Rechtsordnungen der Mitgliedstaaten durch Rechtsvergleichung gewinnen müssen.[747]

Ebenso ist *Schoch* der Auffassung, der Europäische Gerichtshof habe seine Kompetenzen überschritten und unzulässigerweise Rechtspolitik[748] betrieben. Er geht sogar noch weiter und führt an, die Behauptungen des Gerichtshofes lägen infolgedessen jenseits des deutschen Zustimmungsgesetzes zum EG-Vertrag und seien daher für deutsche Gerichte unverbindlich und unbeachtlich.[749] Am schwersten wiegt jedoch sein Einwand, die Europäische Union habe schon gar nicht die Kompetenz, den indirekten Vollzug des Gemeinschaftsrechts und seine gerichtliche Kontrolle (im Eilverfahren) zu kodifizieren. Solle nun aber die Organkompetenz des Gerichtshofes weiter reichen können als die Verbandskompetenz der Union?[750]

(b) Befürworter der Vorgehensweise des Europäischen Gerichtshofes

Die Gegenseite, also die Befürworter der Zulässigkeit des Vorgehens des Europäischen Gerichtshofes, begründet ihren Standpunkt teils damit, dass die „Systembildung“ durch den Gerichtshof vom Rechtsschutzauftrag des Art. 220 EGV gedeckt sei.[751] In den vom Gerichtshof bislang entschiedenen Fällen sollten nur einige allgemeine Regeln für den Vollzug bestimmter, materiell ohnehin von der Europäischen Gemeinschaft geregelter Bereiche aufgestellt werden.[752] Auch wird argumentiert, die entwickelten Grundsätze für den vorläufigen Rechtsschutz beim indirekten Vollzug von Gemeinschaftsrecht seien im Wesentlichen richterrechtliche Konkretisierungen des Art. 234 EGV. Normative Bezugspunkte außerhalb des Art. 234 EGV seien das Prinzip der einheitlichen Geltung gemeinschaftsrechtlicher Pflichten und der Grundsatz des effektiven Schutzes gemeinschaftsrechtlicher Ansprüche.[753]

---

[746] *Dänzer-Vanotti*, a.a.O.; *Schoch*, in: *Schoch/Schmidt-Aßmann/Pietzner*, VwGO, 2003, § 80 Rn. 270 und § 123 Rn. 68.

[747] *Schlemmer-Schulte*, EuZW 1991, 307 (310); *Dänzer-Vanotti*, BB 1991, 1015 (1017). Vgl. auch *Gornig*, JZ 1992, 39 (40); *Rohde*, Vorläufiger Rechtsschutz, 1998, S. 238. Auf diesen Gedanken wird zurückzukommen sein, vgl. unten Zweiter Teil, C. III. 1. b) bb) (3) (e) und (4) (S. 153 ff. und 156 f.).

[748] *Schoch*, DVBl. 1997, 289 (295). So auch *Schlemmer-Schulte*, EuZW 1991, 307 (309 f.); *Gornig*, JZ 1992, 39 (40), *Pagenkopf*, NVwZ 1993, 216 (221).

[749] *Schoch*, in: *Schoch/Schmidt-Aßmann/Pietzner*, VwGO, 2003, Vorb § 80 Rn. 26 ff. und § 80 Rn. 270; *ders*., DVBl. 1997, 289 (293 ff.). Zur Frage von Verfassungsvorbehalten vgl. unten Dritter Teil, B. (S. 215 ff.), speziell zur Schranke der Kompetenzüberschreitung B. II. 2. c) cc) und 3. (S. 234 ff.).

[750] Vgl. *Schoch*, DVBl. 1997, 289 (294).

[751] Vgl. *Classen*, NJW 1995, 2457 (2463).

[752] *Classen*, Die Europäisierung der Verwaltungsgerichtsbarkeit, 1996, S. 184.

[753] *Hatje*, Gemeinschaftsrechtliche Steuerung der Wirtschaftsverwaltung, 1998, S. 335.

(c) Bewertung

Ohne die einzelnen Thesen der Befürworter näher auf ihre Stichhaltigkeit zu durchleuchten,[754] kann festgestellt werden, dass sie jedenfalls nicht in der Lage sind, den Vorwurf der fehlenden Kompetenz der Europäschen Union zu entkräften. Es handelt sich dabei eher um zweckorientierte, rechtspolitisch motivierte Behauptungen als um rechtsdogmatisch tragfähige Begründungen.[755] Der Einwand, die Organkompetenz des Gerichtshofes könne nicht weiter reichen als die Verbandskompetenz der Europäischen Union, kann als solcher damit nicht in Zweifel gezogen werden.[756]

Ausgangspunkt einer dogmatisch tragfähigen Problemlösung muss in jedem Fall die systematisch an erster Stelle stehende Frage der Kompetenz der Union sein. Nur wenn es gelingt nachzuweisen, dass die These der fehlenden Verbandskompetenz nicht zutrifft, lässt sich die Zulässigkeit der Rechtsfortbildung ohne dogmatische Unzulänglichkeiten begründen. In einem weiteren Schritt ist der Frage nachzugehen, ob der Europäische Gerichtshof (zumindest auch) das zuständige Organ innerhalb des Gemeinschaftsverbandes ist, dem die nähere Ausgestaltung des vorläufigen Rechtsschutzes durch nationale Gerichte in Fällen des indirekten Vollzugs obliegt. Im Folgenden ist deshalb der Umfang der Verbandskompetenz der Europäischen Union und der Organkompetenz des Gerichtshofes auf dem Gebiet der Durchführung des Gemeinschaftsrechts[757] näher zu untersuchen.

---

[754] Eine ausführliche Bewertung der in diesem Zusammenhang vorgebrachten Argumente finden sich etwa bei *Rohde*, Vorläufiger Rechtsschutz, S. 234 ff.

[755] So auch *Schoch*, DVBl. 1997, 289 (295).

[756] Die Möglichkeit „überschießender" Organkompetenzen des EuGH erörternd *von Danwitz*, Verwaltungsrechtliches System, 1996, S. 444 ff. In der Sache geht es dabei jedoch um die Frage der Bindungswirkung materiell kompetenzwidriger Entscheidungen des EuGH, vgl. dazu *Klein*, VVDStRL Bd. 50 (1991), S. 56 (66 f.); *Huber*, AöR Bd. 116 (1991), S. 210 (248), und damit um die Frage des Letztentscheidungsrechts bei Kompetenzkonflikten. Zu dieser gerade aus Sicht nationaler Verfassungsvorbehalte bedeutsamen Problematik vgl. ausführlich Dritter Teil, B. III. 2. c) (S. 241 f.). Auch bei Annahme eines Letztentscheidungsrechts des EuGH mutet die daraus folgende Interpretation einer über die Verbandskompetenz hinausgehenden Organkompetenz des Gerichtshofes abenteuerlich an. Es gehört vielmehr zum Selbstverständnis eines obersten Gerichts, dass seine Zuständigkeit auch die „Kompetenz" zum Erlass von Fehlurteilen umfasst.

[757] An dieser Stelle ist eine terminologische Einordnung angebracht (zum Folgenden grundlegend *Zuleeg*, Das Recht der EG im innerstaatlichen Bereich, 1969, S. 47 f.; *ders.*, in: Festschrift für Jaenicke, 1998, S. 899 [910]; vgl. auch *Streinz*, in: *Isensee/Kirchhof*, HbStR Bd. VII, 1992, § 182 Rn. 1 f.; *Rengeling*, Rechtsgrundsätze beim Verwaltungsvollzug, 1977, S. 8 f.): Der Begriff der Durchführung dient als Oberbegriff für die Anwendung und die Ausführung des Gemeinschaftsrechts. Die „Anwendung" soll dabei die Aktualisierung im Einzelfall durch eine Verwaltungsinstanz umfassen. Unter der „Ausführung" des Gemeinschaftsrechts ist seine normative Durchführung durch den Erlass von Normen, gleichgültig, ob dieser durch die Legislative oder die Exekutive erfolgt. An der Durchführung des Europarechts (häufig auch synonym mit „Vollzug" des Gemeinschaftsrechts bezeichnet, vgl. *Streinz*, a.a.O., Rn. 2) sind alle drei Gewalten der Mitgliedstaaten beteiligt (*Streinz*, a.a.O., Rn. 1). Aus kompetenzrechtlicher Sicht gehört auch die Frage des anzuwendenden Verfahrensrechts bei der gerichtlichen Kontrolle der „Durchführung" durch nationale Gerichte zum Problemfeld der Durchführung des Gemeinschaftsrechts im weiteren Sinne.

(3) Verbandskompetenz der Europäischen Union

Ausgangspunkt der Untersuchung der Verbandskompetenz der Europäischen Union ist das in Art. 5 Abs. 1 EGV verankerte Prinzip der begrenzten Ermächtigung. Danach verfügt die Gemeinschaft über keine originären Kompetenzen; sie darf nur im Rahmen der ihr von den Mitgliedstaaten übertragenen Befugnisse tätig werden. Der EG-Vertrag enthält zum einen bereichspezifische Sachkompetenzen. Daneben kommen der Gemeinschaft allgemeine Kompetenzen zur Rechtsangleichung (insbesondere in den Art. 94, 95 EGV) sowie die Generalermächtigung nach Art. 308 EGV zu. Schließlich ist der Frage nachzugehen, ob und inwieweit die Gemeinschaft auch über ungeschriebene Befugnisse verfügt.

(a) Sachkompetenzen der EU

Das Gemeinschaftsrecht enthält keinen Kompetenzkatalog ähnlich dem der Art. 70 ff. GG. Ebenso wenig enthält der EG-Vertrag positive allgemeine Regelungen (etwa vergleichbar jenen des deutschen Verfassungsrechts in den Art. 30, 83 ff. GG für den administrativen Vollzug) über die Verteilung der Kompetenzen zur Durchführung des Gemeinschaftsrechts zwischen der Gemeinschaft und den Mitgliedstaaten.[758] Er enthält lediglich Ermächtigungen bezogen auf bestimmte Sachbereiche, in denen die Gemeinschaft tätig werden darf, ohne dabei zwischen Rechtsetzung und Durchführung zu differenzieren. Innerhalb dieser Regelungsbereiche, also in Anlehnung an die jeweilige Sachkompetenz, finden sich vereinzelt punktuelle und spezifische Vollzugsbefugnisse.[759]

Angesichts dieser fehlenden Differenzierung zwischen Rechtsetzungs- und Vollzugsbefugnissen stellt sich die Frage, ob sich nicht generell aus der entsprechenden Sachbefugnis auch eine Kompetenz zur Regelung von deren Durchführung ableiten lässt.[760] Das Prinzip der begrenzten Ermächtigung steht einem solchen Ansatz nicht von vornherein entgegen, da es nach seinem Wortlaut für jedes Tätigwerden der Gemeinschaft gilt. Ein Vergleich mit den Kompetenzsystemen der USA, Kanadas und Australiens[761] lässt den Schluss zu, dass eine Trennung zwischen Gesetzgebungs- und

---

[758] Vgl. *Schroeder*, Gemeinschaftsrechtssystem, 2002, S. 389.

[759] Vgl. etwa in Art. 85, 86 Abs. 3 EGV (Wettbewerbsrecht), Art. 88 EGV (Beihilfenrecht), Art. 133, 134 (Handelspolitik) und Art. 147 EGV (Verwaltung des Europäischen Sozialfonds aus dem Bereich der Sozialpolitik). Hierbei handelt es sich um Fälle des direkten (gemeinschaftseigenen) Vollzugs, vgl. dazu schon oben Zweiter Teil, B. III. 3. c) bb) (1) (S. 102 f.). In diesem Sinne auch *Oppermann*, Europarecht, 2. Aufl. 1999, Rn. 644: „Sachbezogene Befugnis aus verschiedenen Spezialkompetenzen bestimmte Teilkodifikationen im Verwaltungsrecht vorzunehmen." Eine detaillierte sachgebietsspezifische Untersuchung des Gemeinschaftsrechts auf Verwaltungskompetenzen findet sich bei *Schreiber*, Verwaltungskompetenzen der EG, 1997, S. 70 ff. Vgl. auch *von Danwitz*, Verwaltungsrechtliches System, 1996, S. 431 f.; *von Borries*, in: Festschrift für Everling, 1995, S. 127 (133).

[760] Vgl. zu diesem Ansatz *Schroeder*, Gemeinschaftsrechtssystem, 2002, S. 390 u. 410; *Classen*, Die Verwaltung Bd. 31 (1998), S. 307 (331); *Kakouris*, CMLRev. 1997, 1389 (1395 f.).

[761] In diesen Staaten sind die Durchführungskompetenzen an die Gesetzgebungskompetenzen der zuständigen Systemebene gekoppelt, vgl. *Pietzcker*, in: *Isensee/Kirchhof*, HbStR Bd. IV, 1990, § 99 Rn. 5.

Durchführungsbefugnissen in föderalen Systemen nach dem Vorbild des deutschen Verfassungskonzepts keineswegs zwingend ist.[762] Eine Vorbildfunktion des deutschen Verfassungsrechts in dieser Frage ist auch insofern zweifelhaft, als die Trennung von Legislativ- und Exekutivgewalt im Gemeinschaftssystem nicht so strikt ausgeprägt ist wie nach dem Grundgesetz.[763]

Dennoch ist eine generelle Anlehnung der administrativen und judikativen Durchführungsbefugnis an die jeweilige Sachkompetenz abzulehnen. Dafür spricht bereits, dass sich vereinzelt eben doch Durchführungsregelungen im EG-Vertrag finden. Das legt nahe, dass die Gemeinschaft grundsätzlich nur in den besonders geregelten Fällen ihre Rechtsakte selbst durchführt und damit der gemeinschaftseigene Vollzug die Ausnahme darstellen soll.[764] Auch der Grundsatz der begrenzten Ermächtigung steht einem solchen Verständnis, trotz seines offenen Wortlauts, im Ergebnis doch entgegen. Denn die Union, und das ist der entscheidende Unterschied zu den Verfassungssystemen der USA, Kanadas und Australiens, verfügt nicht über die Zuständigkeit, ihren eigenen Aufgabenkreis festzulegen (Kompetenz-Kompetenz). Die Frage der Existenz von Befugnissen jenseits der positiv festgelegten Ermächtigungen ist daher nur mit Vorsicht und Zurückhaltung zu beantworten.[765]

Eine spezielle Befugnis zur Regelung des mitgliedstaatlichen Verfahrensrechts, wie in den Rechtssachen „Süderdithmarschen“ und „Atlanta“ erfolgt, ist im EG-Vertrag somit nicht enthalten. Auch lassen sich aus den Sachbefugnissen keine generellen Vollzugskompetenzen der Gemeinschaft begründen.

(b) Die Kompetenzen zur Rechtsangleichung (Art. 94 ff. EGV)

Neben den spezifischen Sachkompetenzen verfügt die Gemeinschaft in den Art. 94–97 EGV über Befugnisse zur Rechtsangleichung. Grundsätzlich lassen sich auf Grundlage dieser Vorschriften durchaus auch Vollzugsbefugnisse begründen.[766] Dabei ist auch eine Rechtsvereinheitlichung als intensivste Form der Rechtsangleichung zulässig.[767] Diese Ermächtigungen erfordern jedoch einen Bezug zum Binnenmarkt bzw. zum

---

[762] *Schroeder*, Gemeinschaftsrechtssystem, 2002, S. 390.

[763] Vgl. dazu näher unten Zweiter Teil, D. IV. 3. c) (S. 196 ff., insbes. Fn. 989 u. 991). Auf der Ebene der EU spricht man auch eher vom „Institutionellen Gleichgewicht" als von „Gewaltenteilung".

[764] Vgl. bereits oben Zweiter Teil, B. III. 3. c) bb) (1) (S. 102 f.), sowie die *43. Erklärung zum Protokoll über die Anwendung der Grundsätze der Subsidiarität und der Verhältnismäßigkeit*, abgedruckt oben Fn. 544.

[765] Dazu sogleich unter (d) (S. 151 ff.).

[766] So der EuGH für Art. 95 Abs. 1 (ex-Art. 100 a Abs. 1) EGV in seinem Urteil zur Produktsicherheitsrichtlinie, vgl. EuGH, Urteil v. 9. 8. 1994 (Rs. C-359/92), Slg. 1994, I-3681 (3711 f., Tz. 37) – *Deutschland/Rat*. Zu diesem Urteil vgl. *Gormley*, ELR 1996, 59 ff. Die Frage der Begründung von Vollzugskompetenzen über die Vorschriften zur Rechtsangleichung ist jedoch im gemeinschaftsrechtlichen Schrifttum umstritten. Der Streit dreht sich insbesondere um die Frage, ob auf Grundlage von Art. 95 Abs. 1 EGV die Gemeinschaftsorgane zum Erlass von Einzelfallentscheidungen ermächtigt werden können, da die Norm von Angleichung von Verwaltungs*vorschriften* spricht. Ausführlich zu den in diesem Zusammenhang vorgebrachten Argumenten und i. Erg. mit einer ablehnenden Haltung *Schreiber*, Verwaltungskompetenzen der EG, 1997, S. 128 ff. (insbes. S. 135).

[767] *Schreiber*, a.a.O., S. 125.

Gemeinsamen Markt. Nur wo ein solcher gegeben ist, sind Vollzugskompetenzen denkbar. Dementsprechend können im Rahmen der Angleichung bestimmter materiellrechtlicher Regelungen, die einen solchen Binnenmarktbezug aufweisen, auf Grundlage der Ermächtigungen zur Rechtsangleichung auch Vollzugsbestimmungen erlassen werden. Dagegen lassen sich von dem materiellen Sachbezug gelöste Regelungen des allgemeinen Verwaltungsverfahrens- und Verwaltungsprozessrechts, so wie die Vereinheitlichung des vorläufigen Rechtsschutzes in den Rechtssachen „Süderdithmarschen" und „Atlanta", nicht auf die Art. 94, 95 EGV stützen.[768] Solche Regelungen sind mit Blick auf das Markgeschehen in der Europäischen Union so diffus, dass ein konkreter Zusammenhang zwischen der Ausgestaltung einer bestimmten Verwaltungsrechtsordnung und einem spezifischen Marktverhalten kaum nachweisbar ist.[769]

(c) Die Generalermächtigung nach Art. 308 EGV

Über die Befugnisse zur Rechtsangleichung hinaus verfügt die Gemeinschaft in Art. 308 EGV noch über eine Generalermächtigung zur Rechtssetzung, ohne dass dadurch das Prinzip der begrenzten Ermächtigung durchbrochen wird.[770] Auf Grund ihres offenen Tatbestandes ist die Reichweite dieser Kompetenz zur „Schließung von Vertragslücken"[771] heftig umstritten.[772] Es ist jedenfalls davon auszugehen, dass die Ermächtigung tatbestandlich die Begründung von Vollzugsbefugnissen zu Gunsten der Gemeinschaft grundsätzlich deckt.[773] Jedoch gilt auch für Art. 308 EGV wie schon im Rahmen der Art. 94, 95 EGV, dass auf Grund unzureichender Marktrelevanz keine sachgebietsübergreifende Kodifikation von verwaltungsrechtlichen Grundsätzen für

[768] So i. Erg. auch *Schoch*, DVBl. 1997, 289 (294); ähnlich *Rohde*, Vorläufiger Rechtsschutz, 1998, S. 182 f.

[769] *Von Danwitz*, Verwaltungsrechtliches System, 1996, S. 437; ähnlich *ders.*, DVBl. 1998, 420 (431). Vgl. auch *Schroeder*, Gemeinschaftsrechtssystem, 2002, S. 391 (Fn. 392).

[770] A. A. *Rohde*, Vorläufiger Rechtsschutz, 1998, S. 142, der Art. 308 EGV (ebenso wie die Kompetenzen nach der sog. *implied powers*-Lehre, dazu sogleich unter (d) (aa)) als Durchbrechung des Prinzips der begrenzten Ermächtigung auffasst. So auch *Schweitzer/Hummer*, Europarecht, 5. Aufl. 1996, Rn. 339; *Schima*, Das Subsidiaritätsprinzip im Europäischen Gemeinschaftsrecht, 1994, S. 41. Wie hier *Kraußer*, Das Prinzip begrenzter Ermächtigung, 1991, S. 46; *Grabitz*, in: *Grabitz/Hilf*, EU, 1999, Art. 235 EGV Rn. 1; *Schreiber*, Verwaltungskompetenzen der EG, 1997, S. 148. Ebenso wenig begründet die Vorschrift eine Kompetenz-Kompetenz der Gemeinschaft, vgl. nur *Schreiber*, in: *Schwarze*, EU-Kommentar, 2000, § 308 Rn. 4 (anders noch die inzwischen wohl überholte Auffassung von *von Meibom*, NJW 1968, 2165 [2166]).

[771] So eine häufig wiederkehrende Formulierung, vgl. nur *Streinz*, Europarecht, 5. Aufl. 2001, Rn. 437; Genau genommen haben die Vertragsgeber mit der Vorschrift bereits selbst vorsorglich möglicherweise entstehende Lücken ausgefüllt, vgl. *Schwartz*, in: *Groeben/Thiesing/Ehlermann*, EG-Vertrag, 5. Aufl. 1997, Art. 235 Rn. 32; *Bitterlich*, in: *Lenz/Borchardt*, EUV/EGV, 3. Aufl. 2003, Art. 308 Rn. 4.

[772] Vgl. dazu eingehend wiederum *Schreiber*, Verwaltungskompetenzen der EG, 1997, S. 149 ff. Eine restriktive Auslegung des Art. 308 fordert auch das BVerfG, vgl. Urteil v. 12. 10. 1993 (2 BvR 2134, 2159/92), BVerfGE 89, 155 (210) – *Maastricht*.

[773] *Schreiber*, a.a.O., S. 158; ähnlich *Rohde*, Vorläufiger Rechtsschutz, 1998, S. 156.

den indirekten Verwaltungsvollzug sowie für das Verwaltungsprozessrecht möglich ist.[774]

(d) Ungeschriebene Kompetenzen

Nachdem keine *ausdrückliche* Kompetenzermächtigung für eine umfassende Regelung des Verfahrensrechts mit Wirkung für die Mitgliedstaaten gefunden werden konnte, stellt sich im nächsten Schritt die Frage, ob sich eine Befugnis zum Erlass solcher Regelungen über *ungeschriebene* Kompetenzen begründen lässt. Bei dieser Untersuchung ist der Umstand im Auge zu halten, dass die Gemeinschaft über keine Kompetenz-Kompetenz verfügt. Deshalb ist dafür Sorge zu tragen, dass das Prinzip der begrenzten Ermächtigung nicht ausgehöhlt wird über die Anerkennung von ungeschriebenen Zuständigkeiten; der Europäischen Union dürfen im Ergebnis nicht Befugnisse zukommen, die gerade bewusst von einer Übertragung ausgespart wurden. Mit der gebotenen Zurückhaltung[775] sind ungeschriebene Kompetenzen der Gemeinschaft anzuerkennen, wenn man darunter solche versteht, die nicht ausdrücklich auf die Gemeinschaft übertragen wurden, sondern lediglich konkludent.

(aa) Die implied powers-Lehre

Solch „konkludente" Kompetenzen werden im Gemeinschaftsrecht gemeinhin nach Maßgabe der *implied powers*-Lehre anerkannt,[776] die aus der anglo-amerikanischen Rechtstradition und aus dem internationalen Organisationsrecht stammt.[777] Danach kommen der Gemeinschaft implizite Kompetenzen immer dann zu, wenn eine Regelungsbefugnis zur sinnvollen Erfüllung ihrer Aufgaben notwendig ist und bei deren Fehlen die ausdrücklichen Kompetenzen sinnlos wären oder nicht in vernünftiger oder zweckmäßiger Weise zur Anwendung gelangen könnten.[778] *Implied powers* stellen demnach keine selbständige Rechtsquelle neben dem geschriebenen Text dar, sondern sie ergeben sich im Wege der teleologischen Auslegung der ausdrücklich formulierten Befugnisse.[779]

---

[774] *Schroeder*, Gemeinschaftsrechtssystem, 2002, S. 391 (Fn. 392). So i. Erg. auch *von Danwitz*, Verwaltungsrechtliches System, 1996, S. 441 ff.; *Schwarze*, DVBl. 1996, 881 (886 f.).

[775] Vgl. schon oben Zweiter Teil, C. III. 1. b) bb) (3) (a) (S. 148 f.).

[776] Auch der EuGH arbeitet mit der *implied powers*-Doktrin, ohne diese jedoch beim Namen zu nennen, vgl. EuGH, Urteil v. 15. 7. 1960 (Rs. 20/59), Slg. 1960, 681 (708) – *Italien/Hohe Behörde*; EuGH, Urteil v. 16. 2. 1960 (Rs. 25/59), Slg. 1960, 743 (781) – *Niederlande/Hohe Behörde*; EuGH, Urteil v. 26. 3. 1987 (Rs. 45/86), Slg. 1987, 1493 (1522) – *Kommission/Rat*; EuGH, Urteil v. 7. 7. 1992 (Rs. C-295/90), Slg. 1992, I-4193 (4235) – *Parlament/Rat*.

[777] Vgl. *Köck*, in: Festschrift für Seidl-Hohenveldern, 1988, S. 279 (280).

[778] Vgl. EuGH, Urteil v. 16. 7. 1956 (Rs. 8/55), Slg. 1955/56, 197 (312) – *Fédéchar*; *Oppermann*, Europarecht, 2. Aufl. 1999, Rn. 527; *Lienbacher*, in: *Schwarze*, EU-Kommentar, 2000, Art. 5 EGV Rn. 10.

[779] Vgl. *Nicolaysen*, EuR 1966, 129 (132); *Joswig*, Die implied powers-Lehre, 1996, S. 155. Aus diesem Grund stellen sie auch keine Durchbrechung des Grundsatzes der begrenzten Ermächtigung dar, sondern sind insofern ein Bestandteil der Gemeinschaft i. S. d. Art. 5 Abs. 1 EGV „zugewiesenen

Die Abgrenzung zur Kompetenzvorschrift des Art. 308 EGV ist fließend und kann mitunter schwierig sein. Beide Ermächtigungen sollen die Lückenschließung bestimmter ausdrücklicher Kompetenzen ermöglichen. Auch Befugnisse, die im Rahmen von Art. 308 EGV wahrgenommen werden, müssen, angesichts der fehlenden Kompetenz-Kompetenz der Gemeinschaft, dieser als konkludent zugewiesen betrachtet werden. Der systematische Unterschied der beiden Kompetenzermächtigungen liegt darin, dass *implied powers* von einer ausdrücklich zugewiesenen *Kompetenz* abgeleitet werden, während der Ausgangspunkt für Befugnisse nach Art. 308 EGV die *Vertragsziele* im Rahmen des Gemeinsamen Marktes sind.[780] Geht man von der Definition der *implied powers*-Doktrin aus, ist die Nähe zu den ungeschriebenen Kompetenzen nach deutschem Verfassungsrecht evident: Der Sache nach handelt es sich bei den *implied powers* um Annexkompetenzen bzw. um Kompetenzen kraft Sachzusammenhang[781] im Sinne der in Deutschland gebräuchlichen Begrifflichkeiten.[782]

(bb) Ungeschriebene Verfahrenskompetenzen im EG-Vertrag

Auf Grundlage dieser Überlegungen ist der Frage nachzugehen, ob das Gemeinschaftsrecht ungeschriebene Kompetenzen zur Regelung von allgemeinen Verfahrensvorschriften enthält. Ausgangspunkt dieser Fragestellung sind die im EG-Vertrag enthaltenen Sachkompetenzen. Die Ablehnung der Auffassung, wonach einer Sachkompetenz zur Rechtsetzung auch die Befugnis zum Erlass entsprechender Durchführungsregelungen korrespondiere,[783] steht dabei der Annahme *punktueller* ungeschriebener Vollzugskompetenzen nicht von vornherein entgegen. Abzulehnen ist aus den genannten Gründen lediglich ein entsprechender Automatismus. Jedoch ist davon auszugehen, dass die Sachbefugnisse der Gemeinschaft für die Begründung von Vollzugskompetenzen jedenfalls offen sind, wenngleich dies mit Blick auf den Grundsatz der begrenzten Ermächtigung nur ausnahmsweise in Betracht gezogen werden kann. Für eine solche Annahme müssen deshalb besondere Gründe ins Feld geführt werden können. Diese Gründe müssen es als erforderlich erscheinen lassen, dass der Gemeinschaft neben der Rechtsetzungsbefugnis auch die Zuständigkeit zum Erlass von administrativen und judikativen Durchführungsregelungen zugesprochen wird. Solche Be-

---

Befugnisse" (so richtig *Schreiber*, Verwaltungskompetenzen der EG, 1997, S. 139; anders dagegen *Rohde*, Vorläufiger Rechtsschutz, 1998, S. 142 – dazu bereits oben Fn. 770).

[780] Vgl. *Nicolaysen*, EuR 1966, 129 (132 f.); *Oppermann*, Europarecht, 2. Aufl. 1999, Rn. 527. *Oppermann* zieht daraus den Schluss, die *implied powers*-Kompetenzen seien ein „Art. 308 in Kleinformat".

[781] Zur Unterscheidung der ungeschriebenen Kompetenzen im deutschen Recht vgl. *Degenhart*, in: *Sachs*, GG, 3. Aufl. 2003, Art. 70 Rn. 30 ff. (mit Nachweis der einschlägigen Judikate des BVerfG): Eine Kompetenz kraft Sachzusammenhang wird angenommen, wenn eine ausdrücklich zugewiesene Kompetenz verständigerweise nicht geregelt werden kann, ohne dass gleichzeitig eine andere, nicht ausdrücklich zugewiesene Materie mitgeregelt wird. Als Unterfall davon gehen Annexkompetenzen „in die Tiefe" und übertragen dem Hoheitsträger ausdrücklich zugewiesene Kompetenzmaterien auf die Stadien der Vorbereitung und Durchführung.

[782] *Nicolaysen*, EuR 1966, 129 (131); *Schreiber*, Verwaltungskompetenzen der EG, 1997, S. 138; *Lienbacher*, in: *Schwarze*, EU-Kommentar, 2000, Art. 5 EGV Rn. 10.

[783] Dazu oben Zweiter Teil, C. III. 1. b) bb) (3) (a) (S. 148 f.).

fugnisse würden sich dann als Annexkompetenz bzw. als Kompetenz kraft Sachzusammenhang zur entsprechenden Sachbefugnis darstellen.[784]

Mit diesem Befund ist also danach zu fragen, in welchen Fällen solche ungeschriebenen Vollzugsermächtigungen in Betracht kommen. Der Definition der ungeschriebenen Kompetenzen entsprechend, muss die Erstreckung auf nicht positiv geregelte Bereiche erforderlich sein, um die geschriebenen Befugnisse sinnvoll wahrnehmen zu können. Nach Auffassung von *Ruffert* besitzt die Gemeinschaft eine „Annexkompetenz zur Formulierung effektiver Strukturen der Rechtsdurchsetzung und des Rechtsschutzes“[785]. Indes können einfache Effektivitätserwägungen kaum ausreichen, um kompetenzbegründend zu wirken, zumal wenn das Gemeinschaftsrecht auch von den Mitgliedstaaten effektiv (wenn auch nicht einheitlich) vollzogen werden könnte, so wie in der vorliegenden Konstellation.[786] Daher sind weitere im Gemeinschaftsrecht angelegte Umstände erforderlich, welche die Zuerkennung einer Verfahrenskompetenz zu Gunsten der Gemeinschaft rechtfertigen. Ohne an dieser Stelle einen Katalog solcher Gründe aufzustellen – das wäre mit allgemeiner Geltung auch schwer möglich, angesichts des Ausnahmecharakters von ungeschriebenen Vollzugskompetenzen –, ist davon auszugehen, dass eine entsprechende Kompetenz der Gemeinschaft jedenfalls dann gegeben ist, wenn die getroffene Regelung Ausdruck eines allgemeinen Rechtsgrundsatzes des Gemeinschaftsrechts ist.[787] Denn es versteht sich von selbst, dass die Gemeinschaft zur Positivierung ihrer Rechtsgrundsätze ermächtigt sein muss.

(cc) Zwischenergebnis

Als vorläufiges Ergebnis lässt sich somit festhalten, dass die Gemeinschaft, trotz der notwendigen Zurückhaltung bei der Zuerkennung von ungeschriebenen Kompetenzen, über punktuelle Annexkompetenzen zur Regelung des Verwaltungs- oder Gerichtsverfahrens verfügt, wenn und soweit diese sich als Ausdruck allgemeiner Rechtsgrundsätze der Gemeinschaft darstellen.

(e) Begründung einer punktuellen ungeschriebenen Verfahrenskompetenz aus der jeweiligen Sachkompetenz i. V. m. einem allgemeinen Rechtsgrundsatz

Im Folgenden ist also zu untersuchen, ob ein allgemeiner Rechtsgrundsatz des Gemeinschaftsrechts besteht, der den vom Gerichtshof aufgestellten Voraussetzungen für die Gewährung einstweiligen Rechtsschutzes durch nationale Gerichte entspricht. Systematisch gesehen, verbirgt sich hinter dieser Analyse die Frage, ob sich die Gemeinschaft innerhalb des „Tatbestandes“ ihrer ungeschriebenen Ermächtigung bewegt

---

[784] Für die Ableitung von Durchführungskompetenzen aus der entsprechenden Sachbefugnis auch *von Bogdandy*, in: *Grabitz/Hilf*, EU, 2003, Art. 10 EGV Rn. 43. Vgl. auch *Schroeder*, Gemeinschaftsrechtssystem, 2002, S. 390 u. 410, dessen Auffassung jedoch insgesamt zu weit geht, vgl. oben den Text zu Fn. 762.

[785] *Ruffert*, in: *Calliess/Ruffert*, EUV und EGV, 2. Aufl. 2002, Art. 249 Rn. 36.

[786] Siehe schon oben Zweiter Teil, C. III. 1. a) aa) (2) (S. 138).

[787] Vgl. auch *Schroeder*, Gemeinschaftsrechtssystem, 2002, S. 412 f.

hat.[788] Bevor das Bestehen eines entsprechenden Grundsatzes geklärt wird, soll jedoch zunächst eine terminologische Einordnung der Problematik vorgenommen werden.

(aa) Terminologische Einordnung der „allgemeinen Rechtsgrundsätze"

Im gemeinschaftsrechtlichen Schrifttum wird teilweise unterschieden zwischen „allgemeinen Rechtsgrundsätzen" und „Grundsätzen des Gemeinschaftsrechts".[789] In formaler Hinsicht soll diese Unterscheidung die unterschiedliche „Herkunft" solcher Prinzipien hervorheben. Während die allgemeinen Rechtsgrundsätze, wie sie etwa in Art. 288 Abs. 2 EGV Erwähnung finden, ihre Grundlage in externen Rechtsquellen wie den Rechtsordnungen der Mitgliedstaaten oder der Europäischen Menschenrechtskonvention haben und aus diesen entwickelt werden,[790] sollen die Grundsätze des Gemeinschaftsrechts schon im Ursprung aus dem Gemeinschaftsrecht stammen.[791]

In sachlicher Hinsicht bilden diese Gruppen jedoch keine starren Gegensätze, wie es diese formale Grenzziehung suggeriert.[792] Weder lässt sich bei der Entwicklung der allgemeinen Rechtsgrundsätze aus den Rechtsordnungen der Mitgliedstaaten das Gemeinschaftsrecht völlig ausblenden.[793] Noch ist dieses umgekehrt bei der Herleitung der Grundsätze des Gemeinschaftsrechts als alleinige Erkenntnisquelle heranzuziehen.[794] Verflechtungen ergeben sich daraus, dass sowohl das Gemeinschaftsrecht wie auch die Verfassungen der Mitgliedstaaten auf derselben europäischen Rechtskultur beruhen.[795] Eine strikte Trennung der Rechtsquellen mit der Folge einer klaren Zuordnung zum einen oder anderen Bereich wird kaum möglich sein. Über die Erkenntnis hinaus, dass im Gemeinschaftsrecht geltende Grundsätze tendenziell verschiedenen Ursprungs sein können, bedeutet die begriffliche Einordnung deshalb keinen weiteren Gewinn. Dieses Phänomen wird daher hier, unter Vernachlässigung der einzelnen Ausprägungen, übergreifend mit „(allgemeinen) Rechtsgrundsätzen des Gemeinschaftsrechts" betitelt. Die weiter gehende Spezifikation ergibt sich allein aus dem Kontext der Verwendung.

---

[788] An dieser Stelle setzt mit die Hauptkritik an der Vorgehensweise des EuGH an, indem ihm vorgehalten wird, die Kriterien für die Vollzugsaussetzung an den Art. 242 S. 2, 243 EGV orientiert zu haben, statt sie aus eben solch einem Rechtsgrundsatz abzuleiten, vgl. *Schlemmer-Schulte*, EuZW 1991, 307 (310); *Dänzer-Vanotti*, BB 1991, 1015 (1017). Dazu auch *Gornig*, JZ 1992, 39 (40); *Rohde*, Vorläufiger Rechtsschutz, 1998, S. 238, sowie bereits oben den Text zu Fn. 747.

[789] Vgl. *Lehr*, Einstweiliger Rechtsschutz und EU, 1997, S. 200 ff. Für die zweite Gruppe werden auch Formulierungen wie „Grundsätze des Vertrages" (so *Kahl*, Umweltprinzip, 1993, S. 76 ff.), „spezifisch gemeinschaftsrechtliche Grundsätze" (*Lecheler*, EuGH und Rechtsgrundsätze, 1971, S. 55 und S. 145 ff.) oder „Rechtsgrundsätze der Gemeinschaftsrechtsordnung" (*Rengeling*, Rechtsgrundsätze beim Verwaltungsvollzug, 1977, S. 186) verwendet.

[790] *Lehr*, a.a.O., S. 201.

[791] *Krück*, in: *Groeben/Thiesing/Ehlermann*, EG-Vertrag, 5. Aufl. 1997, Art. 164 Rn. 22.

[792] Ähnlich *Wiehe*, Effektiver vorläufiger Rechtsschutz, 2000, S. 46.

[793] Die entwickelten Grundsätze müssen sich nämlich in die „Struktur und Ziele der Gemeinschaft" einfügen, vgl. dazu sogleich unter (bb).

[794] Vgl. *Bernhardt*, Verfassungsprinzipien, 1987, S. 64 ff.; *Pernice*, Grundrechtsgehalte, 1979, S. 209.

[795] Vgl. *Häberle*, in: *ders.*, Kulturstaatlichkeit und Kulturverfassungsrecht, 1982, S. 1 (53).

Im Rahmen der hier interessierenden Untersuchung stellt sich die Frage, ob sich ein allgemeiner Rechtsgrundsatz des Gemeinschaftsrechts *aus den Rechtsordnungen der Mitgliedstaaten* entwickeln lässt. Damit ließe sich die Anerkennung einer Kompetenz der Gemeinschaft zur Regelung des mitgliedstaatlichen Verfahrens rechtfertigen.

(bb) Bestehen eines allgemeinen Rechtsgrundsatzes des Gemeinschaftsrechts

Die Entwicklung eines allgemeinen Rechtsgrundsatzes der Gemeinschaft aus den Rechtsordnungen der Mitgliedstaaten erfolgt über die Technik der „wertenden Rechtsvergleichung".[796] Dabei sind im Wege eines abgestuften Vorgehens[797] die Aussagen der einzubeziehenden Rechtsquellen, hier also die Rechtsordnungen der Mitgliedstaaten, zu ermitteln und gegenüberzustellen. Sodann sind diese Aussagen an einem für die Unionsbürger hohen Schutzniveau auszurichten. Schließlich sind sie mit den Interessen der Gemeinschaft unter Verfolgung praktischer Konkordanz in Ausgleich zu bringen. Im Ergebnis können unterschiedliche Aussagen der Mitgliedstaaten „geglättet" sowie bestimmte nationale Lösungsmöglichkeiten völlig verabschiedet werden, sofern sie sich nicht „in die Struktur und die Ziele der Gemeinschaft"[798] einfügen.[799]

Auf einen Vergleich der mitgliedstaatlichen Aussagen zum einstweiligen Rechtsschutz wird hier verzichtet. Insofern wurde bereits von *Lehr* ausführliche und wertvolle Arbeit geleistet.[800] Im Ergebnis konnte er das Bestehen eines allgemeinen Rechtsgrundsatzes in mühevoller und akribischer juristischer Kleinarbeit nachweisen, dem hier nichts hinzugefügt werden soll. *Lehr* kam zum Ergebnis, dass der gewonnene Rechtsgrundsatz den Vorgaben der Art. 242 S. 2, 243 EGV i. V. m. Art. 83 ff.

---

[796] Dies entspricht der herrschenden Auffassung (vgl. dazu, auch mit Hinweisen auf abweichende Ansätze, *Lehr*, Einstweiliger Rechtsschutz und EU, 1997, S. 413 ff.) sowie der Vorgehensweise des EuGH, vgl. etwa das Urteil v. 18. 10. 1989 (Rs. 374/87), Slg. 1989, 3283 (3350) – *Orkem* –, wo der Gerichtshof ausdrücklich eine „vergleichende Untersuchung der nationalen Rechtsordnungen" vornimmt. Zu der Unmöglichkeit einer *arithmetisch* verfahrenden Rechtsvergleichung vgl. *Daig*, in: Festschrift für Zweigert, 1981, S. 395 (409). Vgl. auch *Schwarze*, Europäisches Verwaltungsrecht, Bd. 1, 1988, S. 71; *Oppermann*, Europarecht, 2. Aufl. 1999, Rn. 483. Die Vorgehensweise des EuGH wird inzident auch vom BVerfG gebilligt, vgl. BVerfG, Beschluss v. 22. 10. 1986 (2 BvR 197/83), BVerfGE 73, 339 (383 f.) – *Solange II*.

[797] Für die Methodik der Rechtsvergleichung sind die Urteile des EuGH sehr unergiebig, vgl. *von Danwitz*, Verwaltungsrechtliches System, 1996, S. 148 f.; *Lehr*, Einstweiliger Rechtsschutz und EU, 1997, S. 428. Die in den Gründungsjahren des Gerichtshofes über nahezu zwei Seiten dargestellte Rechtsvergleichung in EuGH, Urteil v. 12. 7. 1957 (verb Rs. 7/56 u. 3-7/57), Slg. 1957, 83 (118 f.) – *Algera* –, ist in seiner Entscheidungspraxis an Ausführlichkeit bis heute unübertroffen geblieben, vgl. *von Danwitz*, a.a.O., S. 148. In der europarechtlichen Literatur ist eine dreistufige Prüfung anerkannt, siehe *Klein*, in: *Starck*, Rechtsvereinheitlichung, 1992, S. 132 f.; *Lehr*, a.a.O., S. 428 f.

[798] Vgl. EuGH, Urteil v. 17. 12. 1970 (Rs. 11/70), Slg. 1970, 1125 (1135) – *Internationale Handelsgesellschaft*.

[799] Vgl. *Pauly*, EuR 1998, 242 (255); *Rengeling*, Grundrechtsschutz, 1992, S. 179 ff., 215 ff.

[800] *Lehr* hat im Rahmen von „Länderberichten" die Rechtsordnungen der damaligen zwölf Mitgliedstaaten in den wesentlichen Fragen des einstweiligen Rechtsschutzes gegenübergestellt und miteinander verglichen, vgl. *Lehr*, Einstweiliger Rechtsschutz und EU, 1997, S. 429 ff. und zusammenfassend S. 520 ff.

VerfO EuGH praktisch vollumfänglich entspricht.[801] Er konnte insbesondere nachweisen, dass die Begründetheit einstweiliger Rechtsschutzanträge an den Kriterien der *periculum in mora*, des *fumus boni iuris* und der Interessenabwägung zu messen ist, und dass die Ausgestaltung dieser Kriterien im Rahmen des allgemeinen Rechtsgrundsatzes weitgehend dem Maßstab der Art. 242 S. 2, 243 EGV entspricht. Wie noch zu zeigen sein wird,[802] korrespondieren diesem Maßstab jedoch auch die vom Gerichtshof aufgestellten Voraussetzungen. Daher lassen sie sich in der Tat als Ausdruck eines allgemeinen Rechtsgrundsatzes auffassen.[803]

(e) Zwischenergebnis

Die Untersuchung des gemeinschaftlichen Kompetenzsystems hat ergeben, dass der Europäischen Union als Annex der jeweiligen materiellen Kompetenz (bzw. im Sachzusammenhang mit einer solchen) vereinzelt ungeschriebene Befugnisse im Bereich des indirekten Verwaltungsvollzuges zukommen. Diese können auch allgemeine Regelungen des Verwaltungs- bzw. Gerichtsverfahrensrechts umfassen. Eine solche Befugnis der Gemeinschaft besteht jedenfalls dann, wenn und soweit die getroffene Regelung zugleich Ausdruck eines allgemeinen Rechtsgrundsatzes der Gemeinschaft ist.

Auf Grundlage dieser Erkenntnisse konnte eine Verbandskompetenz der Europäischen Union nachgewiesen werden, wonach diese befugt ist, Voraussetzungen für die Gewährung von Eilrechtsschutz durch nationale Gerichte aufzustellen, so wie in den Rechtssachen „Süderdithmarschen“ und „Atlanta“ geschehen. Denn in der Gemeinschaft existiert ein allgemeiner Rechtsgrundsatz, der mit diesen Kriterien weitgehend identisch ist. Damit lässt sich im Ergebnis tatsächlich von einer „(Annex-)Kompetenz [der Gemeinschaft] zur Formulierung effektiver Strukturen der Rechtsdurchsetzung und des Rechtsschutzes“[804] sprechen.

Bevor ein endgültiges Ergebnis zur Zulässigkeit der Rechtsfortbildung in den Rechtssachen „Süderdithmarschen“ und „Atlanta“ aufgestellt werden kann, ist noch die Frage der Organkompetenz des Gerichtshofes zu beantworten.

(4) Organkompetenz des Europäischen Gerichtshofes

Nach dem Ergebnis der Untersuchungen zur Verbandskompetenz kann letztlich die Frage der Organkompetenz des Europäischen Gerichtshofes für die gewählte Vor-

[801] Den Umfang dieser Übereinstimmung anzweifelnd, im Ergebnis *Lehr* jedoch weitgehend zustimmend, *Wiehe*, Effektiver vorläufiger Rechtsschutz, 2000, S. 197 f. *Rohde*, Vorläufiger Rechtsschutz, 1998, S. 238, erkennt ebenfalls das Bestehen eines allgemeinen Rechtsgrundsatzes an; er ist jedoch der Auffassung, dass ein solcher günstigere Voraussetzungen als die vom EuGH in Anlehnung an Art. 242 S. 2, 243 EGV aufgestellten ergeben würde. So auch *Haibach*, Gemeinschaftsrecht und vorläufiger Rechtsschutz, 1994, S. 69 ff.; *Gehrmann*, Vorläufiger Rechtsschutz, 1994, S. 36 ff.; *von Fragstein*, Einwirkungen des EG-Rechts, 1997, S. 116 ff.

[802] Dazu unten Zweiter Teil, C. III. 2. a) (S. 160 ff.).

[803] So auch *Wiehe*, Effektiver vorläufiger Rechtsschutz, 2000, S. 198.

[804] So *Ruffert*, in: *Calliess/Ruffert*, EUV und EGV, 2. Aufl. 2002, Art. 249 Rn. 36, vgl. bereits oben den Text zu Fn. 785 [Ausklammerung und Einfügung durch den Verfasser].

gehensweise nicht mehr zweifelhaft sein. Der Haupteinwand hiergegen, der Gerichtshof habe in die Rechtsangleichungskompetenz des Rates eingegriffen,[805] ist schon deshalb nicht stichhaltig, weil die Ermächtigungsnormen zur Rechtsangleichung allgemeine Regelungen des Verwaltungs- und Gerichtsverfahrens im indirekten Vollzug mangels konkreter Marktrelevanz nicht zulassen.

Aber selbst wenn sich im Einzelfall ein ausreichender Marktbezug begründen ließe, bestünde dennoch eine Organkompetenz des Gerichtshofes, weil sich die getroffene Regelung (zugleich) als Ausdruck eines allgemeinen Grundsatzes des Gemeinschaftsrechts begreifen lässt. Denn die Befugnis zur Rechtssatzgewinnung über die Technik des wertenden Rechtsvergleichs obliegt dem Gerichtshof, was insofern auch nicht bestritten wird. Dabei spielt es keine Rolle, dass ein anderes Organ, regelmäßig der Rat, grundsätzlich in diesem Bereich rechtsetzungskompetent ist und denselben Rechtssatz hätte erlassen können. In einem solchen Fall ist die Kompetenz des Rates im dem Sinne organkonkurrierend, als sie beim Gerichtshof liegt, soweit und solange er, der Rat, nicht tätig geworden ist.

cc) Ergebnis zur Frage der Rechtsfortbildung

Nachdem auch der Einwand der fehlenden Organkompetenz des Europäischen Gerichtshofes ausgeräumt werden konnte, lässt sich ein Überschreiten der Grenzen der Rechtsfortbildung in den Entscheidungen „Süderdithmarschen" und „Atlanta" nicht feststellen. Damit steht auch fest, dass der Gerichtshof nicht die Gemeinschaftskompetenzen erweitert hat.[806] Die Kritik, der sich das oberste Gemeinschaftsgericht in dieser Frage ausgesetzt sah, erweist sich damit insgesamt als haltlos.

dd) Einschränkung des Befundes hinsichtlich der Vorlagepflicht

Das gefundene Ergebnis ist an dieser Stelle noch mit einer Einschränkung zu versehen. Die bisherige Untersuchung bezog sich auf die vom Europäischen Gerichtshof aufgestellten materiell-rechtlichen Voraussetzungen. Bezüglich der zugleich entwickelten Vorlagepflicht kann nicht auf die vorstehenden Ausführungen zurückgegriffen werden, da ein solches Kriterium in den nationalen Rechtsordnungen nicht enthalten ist. Die Vorlageverpflichtung kann sich naturgemäß nur aus dem Gemeinschaftsrecht selbst ergeben. Daher ist die Argumentationsführung über die allgemeinen Rechtsgrundsätze zum Nachweis der Zulässigkeit der Rechtsfortbildung insoweit nicht geeignet. Auf diese Frage wird deshalb bei der näheren Diskussion der Vorlagepflicht noch zurückzukommen sein.[807]

---

[805] So insbesondere *Dänzer-Vanotti*, BB 1991, 1015 (1017); *Schoch*, in: *Schoch/Schmidt-Aßmann/Pietzner*, VwGO, 2003, § 80 Rn. 270, und § 123 Rn. 68. Vgl. dazu oben den Text zu Fn. 746.

[806] Dass dem EuGH eine solche Befugnis nicht zukomme, wurde auch vom BVerfG angemahnt, vgl. BVerfG, Beschluss v. 8. 4. 1987 (2 BvR 287/85), BVerfGE 75, 223 (243) – *Kloppenburg*.

[807] Dazu unten Zweiter Teil, C. III. 2. b) cc) (S. 172 f.).

c) Fazit und Bewertung

Der Europäische Gerichtshof orientierte die Voraussetzungen für die Aussetzung der Vollziehung sowie für die Gewährung von einstweiligen Anordnungen jedenfalls im Ergebnis in zulässiger Weise am gemeinschaftsrechtlichen vorläufigen Rechtsschutz. Wenngleich das Kohärenzargument als Begründung dafür nicht stichhaltig war, stellte sich die Vorgehensweise des Gerichtshofes schließlich als eine zulässige Rechtsfortbildung dar. Ausgehend von einem gemeinschaftsrechtlichen Maßstab für die Bestimmung der Grenzen der Rechtsfortbildung konnte festgestellt werden, dass sich der Gerichtshof innerhalb des ihm gezogenen Rahmens bewegte. Rechtsfortbildende Rechtsvereinheitlichung ist nämlich durchaus dort noch zulässig, wo sie durch Herausbildung eines insbesondere im Recht der Mitgliedstaaten verwurzelten allgemeinen Rechtsgrundsatzes erfolgt.

Allgemeine Rechtsgrundsätze stellen für einen mitgliedschaftlich strukturierten Verband aus Sachgründen eine besonders adäquate Rechtsquelle dar.[808] Im Gemeinschaftsrecht existiert ein solcher allgemeiner Rechtsgrundsatz. In seiner Ausgestaltung entspricht er weitgehend dem System des gemeinschaftsrechtlichen einstweiligen Rechtsschutzes. Da der Gerichtshof also die im Urteil „Süderdithmarschen" aufgestellten Voraussetzungen ebenfalls aus diesem allgemeinen Rechtsgrundsatz hätte entwickeln können, steht fest, dass er bei der Findung dieses Ergebnisses nicht die Grenzen zulässiger Rechtsfortbildung überschritten hat. Als Vorwurf an den Gerichtshof bleibt der Umstand bestehen, dass er die Rechtfortbildung in methodischer Hinsicht nicht richtig durchgeführt hat. Dies ändert jedoch nichts an der Richtigkeit des *Ergebnisses* und der daraus resultierenden Bindungswirkung.[809]

In der kompetenzbegründenden Wirkung des allgemeinen Rechtsgrundsatzes aktualisiert sich die oben aufgeworfene These der Wechselseitigkeit der Einwirkungen zwischen dem Gemeinschaftsrecht und den mitgliedstaatlichen Rechtsordnungen.[810] Das Einwirkungsphänomen erweist sich damit keineswegs als Einbahnstraße; das Recht der Mitgliedstaaten nimmt nach wie vor auch ein halbes Jahrhundert nach Abschluss der Römischen Verträge prägend Einfluss auf die Gemeinschaftsrechtsordnung.

Folge der durch den Gerichtshof vorgenommenen Vereinheitlichung ist, dass die Gewährung einstweiligen Rechtsschutzes im Rahmen des indirekten Vollzugs nach den gemeinschaftsrechtlichen Vorgaben erfolgt.[811] Die jeweiligen Kriterien des nationalen Rechts werden über die Vorrangregel in ihrer Anwendbarkeit verdrängt. Die kompetenzrechtliche Zulässigkeit der Vereinheitlichung ist indes notwendige Voraus-

---

[808] Vgl. *Klein*, in: *Starck*, Rechtsvereinheitlichung, 1992, S. 131.

[809] Fast schon resignierend wirkt das Eingeständnis der Gegenauffassung, dass nach dem erreichten Stand der Entwicklung kaum zu erwarten sein dürfte, dass sich der EuGH von rechtswissenschaftlichen Analysen von dem eingeschlagenen Weg abbringen lässt, vgl. *Schoch*, VBlBW 1999, 241 (248); *Gellermann*, in: *Rengeling/Middeke/Gellermann*, Rechtsschutz in der EU, 2. Aufl. 2003, § 36 Rn. 69.

[810] Siehe oben Zweiter Teil, vor A. (S. 41). Ausführlich und allgemein zu solchen Wechselwirkungen vgl. *Rengeling*, VVDStRL Bd. 53 (1994), S. 202 ff.

[811] Lediglich die Modalitäten der Antragsstellung sowie der Sachverhaltsfeststellung sind weiter dem nationalen Recht zu entnehmen, so ausdrücklich EuGH, Urteil v. 21. 2. 1991 (verb. Rs. C-143/88 u. C-92/89), Slg. 1991, I-415 (542, Tz. 26) – *Süderdithmarschen*.

setzung der Vorrangwirkung. Denn nur solches Recht, das nach der Kompetenzverteilung zwischen der Gemeinschaft und den Mitgliedstaaten der Setzung durch die Organe der Union zugänglich ist, kann am Vorrang partizipieren.[812]

Aus kollisionsrechtlicher Sicht erwiesen sich die Rechtssachen „Süderdithmarschen“ und „Atlanta“ als weniger problematisch als die Urteile „Factortame“ und „Tafelwein“. Dies mag insofern überraschen, als die Einwirkungstiefe des Gemeinschaftsrechts in die nationalen Verfahrensordnungen in den erstgenannten Fällen stärker ausgeprägt ist. Hierin zeigt sich, dass Konstellationen, die oben als „indirekte Kollisionen“ eingestuft wurden, nicht zwingend die intensivste Einwirkungsform des Europarechts auf das nationale Recht darstellen müssen.[813]

Mit Blick auf die Kritik am Europäischen Gerichtshof bleibt abschließend darauf hinzuweisen, dass die beiden Judikate für die Unionsbürger per Saldo nicht, wie es den Anschein haben könnte, eine Verschlechterung der Rechtsschutzmöglichkeiten bedeuten. Zwar stellen sie insoweit aus Sicht der Gewährleistung nach deutschem Recht in der Tat einen Rückschritt dar. Zum Zeitpunkt ihres Ergehens war jedoch der vorläufige Rechtsschutz in zahlreichen Mitgliedstaaten weitaus schwächer ausgeprägt.[814] Für die Rechtsunterworfenen dieser Staaten ziehen die Entscheidungen des Gerichtshofes eine echte Verbesserung ihrer Rechtsstellung nach sich. Hieraus erklärt sich letztlich, dass die Kritik an der Rechtsprechung des Gerichtshofes fast ausschließlich aus der deutschen Rechtswissenschaft stammt.

2. Zu den Voraussetzungen im Einzelnen

Nachdem der Nachweis geführt wurde, dass der Europäische Gerichtshof bei der Aufstellung der Voraussetzung für die einstweilige Rechtsschutzgewährung zulässigerweise auf das Gemeinschaftsrecht zurückgreifen durfte, ist nun auf den materiellen Gehalt der einzelnen Kriterien näher einzugehen.

In der Entscheidung „Factortame“ hatte der Gerichtshof die Frage noch offen gelassen, unter welchen Voraussetzungen einstweiliger Rechtsschutz durch nationale Gerichte zu gewähren sei. Dementsprechend unterschiedlich fielen im Vorfeld der Rechtssache „Süderdithmarschen“ die Erklärungen der einzelnen Stellen nach Art. 20 EuGH-Satzung zu diesem Punkt aus. Die Kommission ging davon aus, dass die einzelnen Voraussetzungen der Vollzugsaussetzung dem nationalen Recht zu entnehmen

---

[812] Vgl. *Oppermann*, Europarecht, 2. Aufl. 1999, Rn. 468; *Scheuing*, in: *Hoffmann-Riem/Schmidt-Aßmann*, Innovation und Flexibilität des Verwaltungshandelns, 1994, S. 289 (293): „Vorranganspruch kompetenzgemäß ergangenen Gemeinschaftsrechts“; ausführlich hierzu auch *Lehr*, Einstweiliger Rechtsschutz und EU, 1997, S. 275 f. Vgl. demgegenüber den Ansatz von *Schroeder*, Gemeinschaftsrechtssystem, 2002, S. 409 f., der den Vorrang des Gemeinschaftsrechts nicht nur in einem *normhierarchischen*, sondern auch in einem *kompetenzhierarchischen* Sinne versteht. Damit möchte er offenbar auch Kompetenzkonflikte über die Vorrangregel lösen.

[813] Siehe bereits oben Fn. 611.

[814] So etwa Dänemark, Italien und Frankreich, vgl. *Schlemmer-Schulte*, EuZW 1991, 307 (310); *Classen*, NJW 1995, 2457 (2463).

seien.[815] Allerdings sollte dies nur unter den gemeinschaftsrechtlichen Vorbehalten gelten, dass zum einen das nationale Gericht bei seiner Entscheidung das *Gemeinschaftsinteresse* in vollem Umfang zu wahren habe[816]; zweitens müsse zum Zwecke der Wahrung des Entscheidungsmonopols des Gerichtshofes zugleich mit der Aussetzung des Verwaltungsakts die *Vorlage* an diesen erfolgen; schließlich sei auch das *Hauptsacheverfahren* bis zum Erlass des Vorabentscheidungsurteils *auszusetzen*. Damit wies die Kommission den Vorschlag des vorlegenden Finanzgerichts Hamburg zurück, den Maßstab für die Vollzugsaussetzung aus den Art. 185 (jetzt Art. 242) EGV und Art. 83 ff. VerfO EuGH abzuleiten. Der Generalanwalt begnügte sich in seinen Schlussanträgen schlicht mit dem Hinweis, dass das Gericht des Mitgliedstaates an das Gemeinschaftsrecht gebunden sei.[817]

Hinter der losen Aufzählung der einzelnen Kriterien, die im Urteil „Atlanta" sogar spiegelstrichartig vorgenommenen wurde, scheint keine Dogmatik zu stecken. Bei näherer Betrachtung wird sich aber herausstellen, dass sich jedenfalls die materiellen Voraussetzungen durchaus in das System der Art. 83 ff. VerfO EuGH einfügen. Im Rahmen der Untersuchung der einzelnen Kriterien soll auch rechtsvergleichend darauf eingegangen werden, ob und inwieweit sie im System des deutschen öffentlichrechtlichen Eilrechtsschutzes jeweils eine Rolle spielen.

a) Materielle Voraussetzungen

aa) Erhebliche Zweifel an der Gültigkeit der Verordnung

Als erste Voraussetzung fordert der Europäische Gerichtshof „erhebliche Zweifel" an der Gültigkeit der Gemeinschaftsverordnung, auf welcher der Verwaltungsakt beruht. Die Zweifel an der Gültigkeit gehören systematisch zur Beurteilung der Erfolgsaussichten der Hauptsacheklage. In der Terminologie des Gemeinschaftsrechts spiegelt sich hierin das Kriterium der Notwendigkeit, also der *fumus boni iuris*, im Sinne von Art. 83 § 2 VerfO EuGH wider. Das Begründetheitserfordernis der „Notwendigkeit" ist demnach auch ohne explizite Erwähnung in der Urteilsbegründung, neben dem Kriterium der „Dringlichkeit"[818], ein Prüfungspunkt bei der Gewährung einstweiligen Rechtsschutzes durch nationale Gerichte.

In Bezug auf das geltend zu machende Maß verlangt der Europäische Gerichtshof „erhebliche" Zweifel. Darin liegt eine Abweichung in terminologischer Hinsicht von

---

[815] So auch die Antragstellerin des Ausgangsverfahrens sowie die Italienische Republik, vgl. den Sitzungsbericht zu EuGH, Urteil v. 21. 2. 1991 (verb. Rs. C-143/88 u. C-92/89), Slg. 1991, I-415 (418, 431 ff.) – *Süderdithmarschen*. Demgegenüber verneinte allein das Vereinigte Königreich bereits die *Zulässigkeit* der Vollzugsaussetzung, vgl. a.a.O., (430 f.). Diese Haltung mag angesichts des „Factortame"-Urteils überraschen, erklärt sich jedoch aus der zeitlichen Nähe der beiden Urteile: Zum Zeitpunkt des Erlasses der „Factortame"-Entscheidung waren die Stellungnahmen zur Rechtssache „Süderdithmarschen" bereits ergangen.

[816] Dazu näher unten Zweiter Teil, C. III. 2. a) cc) (S. 163 f.).

[817] GA *Lenz* in den Schlussanträgen zu EuGH, Urteil v. 21. 2. 1991 (verb. Rs. C-143/88 u. C-92/89), Slg. 1991, I-415 (477, 491) – *Süderdithmarschen*.

[818] Dazu sogleich unter bb) (S. 162 f.).

der entsprechenden deutschen Regelung in § 69 Abs. 2 S. 2 FGO, wo „ernstliche“ Zweifel gefordert werden. Denselben Maßstab formuliert auch § 80 Abs. 4 S. 3 VwGO, dessen Rechtsgedanke auch auf die gerichtliche Wiederherstellung der aufschiebenden Wirkung nach § 80 Abs. 5 VwGO anzuwenden ist.[819] Während nach der Rechtsprechung des Bundesfinanzhofes im Rahmen von „ernstlichen“ Zweifeln die gleich große Wahrscheinlichkeit von Erfolg und Misserfolg des Rechtsbehelfs in der Hauptsache ausreichen soll,[820] fordert die neuere verwaltungsgerichtliche Rechtsprechung, dass der Erfolg in der Hauptsache wahrscheinlicher als der Misserfolg sein muss.[821]

Die Forderung des Gerichtshofes nach „erheblichen“ Zweifeln an der Gültigkeit der Gemeinschaftshandlung legt ebenfalls einen erhöhten Maßstab nahe. Danach muss die *überwiegende* Wahrscheinlichkeit bestehen, dass der Gerichtshof die angegriffene Verordnung für nichtig erklären wird.[822] Hierfür sprechen auch die präzisierenden Ausführungen des Gerichtshofes in dem Urteil „Atlanta“: Nach seiner Auffassung soll sich das nationale Gericht nicht allein auf die Vorlage der Verordnung beschränken können, sondern zum Zeitpunkt des Erlasses der Maßnahme des vorläufigen Rechtsschutzes angeben müssen, weshalb es meint, dass der Gerichtshof die Ungültigkeit der Verordnung feststellen muss.[823] Hierin wird deutlich, dass der offene Ausgang des Verfahrens zur Beurteilung der Rechtmäßigkeit der Verordnung gerade nicht reicht, um den Erlass einer einstweiligen Maßnahme zu rechtfertigen. Das vorlegende Gericht muss vielmehr mit noch höherer Wahrscheinlichkeit davon ausgehen, dass der Europäische Gerichtshof die Verordnung für ungültig erklären wird.

Der bei der *fumus*-Prüfung anzulegende Maßstab für nationale Gerichte ist damit auf den ersten Blick strenger als der für Verfahren nach den Art. 242, 243 EGV. Das Kriterium der Notwendigkeit bejahen die Gemeinschaftsgerichte regelmäßig schon

[819] Teilweise wird die entsprechende Anwendung im gerichtlichen Verfahren nur für den unmittelbaren Anwendungsbereich der Anforderung von öffentlichen Abgaben und Kosten zugelassen, vgl. *Kopp/Schenke*, VwGO, 13. Aufl. 2003, § 80 Rn. 115 f., 157. Nach überwiegender Auffassung enthält die Vorschrift einen allgemeinen Rechtsgedanken für alle Entscheidungen nach § 80 Abs. 4 oder Abs. 5 VwGO, vgl. *Finkelnburg/Jank*, Vorläufiger Rechtsschutz, 4. Aufl. 1998, Rn. 851; *Puttler*, in: *Sodan/Ziekow*, VwGO, 2003, § 80 Rn. 147; *Schoch*, in: *Schoch/Schmidt-Aßmann/Pietzner*, VwGO, 2003, § 80 Rn. 266, m. w. N. aus der Rspr.

[820] Vgl. insbes. die Entscheidung des Großen Senats des BFH, Beschluss v. 5. 3. 1979 (GrS 5/77), BFHE 127, 140 (145). Siehe dazu auch *Schoch*, in: *Schoch/Schmidt-Aßmann/Pietzner*, VwGO, 2003, § 80 Rn. 194; *Seer*, in: *Tipke/Kruse*, AO/FGO, 2003, § 69 FGO Rn. 89; *Koch*, in: *Gräber*, FGO, 5. Aufl. 2002, § 69 Rn. 86, jeweils m. w. N. aus der Rspr. des BFH.

[821] So *Schoch*, a.a.O., § 80 Rn. 195; *Kuhla/Hüttenbrink*, Der Verwaltungsprozess, 3. Aufl. 2002, J Rn. 98; *Redeker/von Oertzen*, VwGO, 13. Aufl. 2000, § 80 Rn. 36, mit Rechtsprechungsnachweisen. Diese Verschärfung der Anforderungen ablehnend *Wilke*, DVBl. 1984, 1136 ff.; ebenso *Schoch*, a.a.O., Rn. 196 ff.

[822] So auch die Deutung von *Lehr*, Einstweiliger Rechtsschutz und EU, 1997, S. 393. *Rohde*, Vorläufiger Rechtsschutz, 1998, S. 210 f., sieht in der unterschiedlichen Terminologie keine Differenz zwischen deutschem Recht und der EuGH-Rechtsprechung. Nach Auffassung von *Wiehe*, Effektiver vorläufiger Rechtsschutz, 2000, S. 191, ist die Forderung des EuGH nach „erheblichen“ Zweifeln, wodurch die Vermutung zu Gunsten der Rechtmäßigkeit der Verordnung erhöht werde, nicht gerechtfertigt.

[823] EuGH, Urteil v. 9. 11. 1995 (Rs. C-465/93), Slg. 1995, I-3761 (3791, Tz. 36) – *Atlanta*.

dann, wenn die Hauptsacheklage nicht offensichtlich unbegründet ist.[824] Der Grund für diese strengere Prüfungspflicht der nationalen Gerichte mag in der Sorge des Gerichtshofes um die Einheitlichkeit des Gemeinschaftsrechts liegen. Allerdings ist zu beachten, dass die Rechtsprechung zum gemeinschaftsrechtlichen einstweiligen Rechtsschutz generell stark schwankend verlaufen und kasuistisch geprägt ist.[825] Wie soeben festgestellt, ist auch die deutsche Rechtsprechung nicht in allen Gerichtsbarkeiten einheitlich. Aus diesem Grund lassen sich in diesem Punkt zwischen der Rechtslage nach deutschen und nach Europarecht keine größeren Divergenzen konstatieren.[826]

bb) Dringlichkeit der beantragten Entscheidung

Anders als die Voraussetzung des *fumus boni iuris* wird das Kriterium der Dringlichkeit *(periculum in mora)* „beim Namen" genannt. Entsprechend dem Verständnis in Art. 83 § 2 VerfO EuGH soll die Vollzugsaussetzung bzw. die einstweilige Anordnung deshalb vor der Entscheidung in der Hauptsache erlassen werden müssen, damit der Antragsteller keinen schweren und nicht wieder gutzumachenden Schaden erleidet. Erläuternd führt der Gerichtshof aus, dass ein reiner Geldschaden grundsätzlich nicht als irreparabel anzusehen ist. Er lässt jedoch gleich im Anschluss Raum für Abweichungen von dieser Grundregel, indem er dem nationalen Gericht die Pflicht auferlegt, nach den Umständen des Falles selbst zu entscheiden, ob die Irreversibilität des drohenden Schadens gegeben ist.[827] Damit entspricht die Ausgestaltung dieses Kriteriums im Hinblick auf die Unterscheidung von Primär- und Sekundärrechtsschutz ebenfalls der Rechtsprechung zu den Art. 242 S. 2, 243 EGV.[828]

Die Voraussetzung der Dringlichkeit findet sich auch im deutschen Recht wieder, und zwar in dem Merkmal der „unbilligen Härte" in § 69 Abs. 2 S. 2 FGO und in § 80 Abs. 4 S. 3 VwGO. Eine unbillige Härte in diesem Sinne ist anzunehmen, wenn durch die sofortige Vollziehung für den Betroffenen Nachteile entstehen, die über die eigentliche Zahlung hinausgehen und die nicht oder nur schwer wieder gutzumachend sind.[829] Das kann insbesondere der Fall sein, wenn die Zahlung die Insolvenz herbeiführt oder sonst zur Existenzvernichtung führen kann.[830] Ein Unterschied zur Vorgabe durch den Europäischen Gerichtshof liegt darin, dass dieser einen reinen Geldschaden regelmäßig nicht als irreparabel betrachtet, während die deutschen Gerichte diese Einschränkung des Primärrechtsschutzes im Regelfall nicht treffen. Die wohl größte Abweichung der nationalen Regelungen von der „Süderdithmarschen"- und „Atlanta"-

---

[824] Vgl. oben Erster Teil, E. II. 3. (S. 31 ff.).

[825] A.a.O.

[826] So auch *Rohde*, Vorläufiger Rechtsschutz, 1998, S. 211.

[827] EuGH, Urteil v. 21. 2. 1991 (verb. Rs. C-143/88 u. C-92/89), Slg. 1991, I-415 (543, Tz. 29) – *Süderdithmarschen*; EuGH, Urteil v. 9. 11. 1995 (Rs. C-465/93), Slg. 1995, I-3761 (3792 f., Tz. 41) – *Atlanta*.

[828] Vgl. dazu oben Erster Teil, E. II. 2. c) aa) (S. 29 f.).

[829] BFH, Beschluss v. 31. 1. 1967 (VI S 9/66), BFHE 87, 600 (601); BFH, Beschluss v. 19. 4. 1968 (IV B 3/66), BFHE 92, 314 (319); *Seer*, in: *Tipke/Kruse*, AO/FGO, 2003, § 69 FGO Rn. 103; *Schoch*, in: *Schoch/Schmidt-Aßmann/Pietzner*, VwGO, 2003, § 80 Rn. 203.

[830] BayVGH BayVBl. 1988, 727; OVG NW NVwZ 1989, 588 (591).

Rechtsprechung liegt jedoch darin, dass die unbillige Härte einen selbständigen Aussetzungsgrund darstellt.[831] Im Unterschied dazu fordert der Gerichtshof für gemeinschaftsrechtlich geprägte Sachverhalte das *kumulative* Vorliegen von Dringlichkeit *und* Notwendigkeit. Als gemeinsamer Nenner der beiden Rechtskreise lässt sich jedenfalls herausfiltern, dass die beiden prägenden Begründetheitsvoraussetzungen aus den allgemeinen Lehren zum einstweiligen Rechtsschutz[832] *fumus boni iuris* sowie *periculum in mora* da wie dort eine Rolle spielen.[833]

cc) Berücksichtigung der Gemeinschaftsinteressen

Die Pflicht zur Berücksichtigung der Gemeinschaftsinteressen lässt sich dogmatisch ebenfalls ohne weiteres in die allgemeinen Lehren des vorläufigen Rechtsschutzes einordnen.[834] Als systemprägendes Begründetheitsmerkmal gehört nämlich dazu auch die Abwägung der widerstreitenden Interessen. Dieses Merkmal findet sich wieder in der Rechtsprechung zum gemeinschaftsrechtlichen Eilrechtsschutz,[835] aber auch im deutschen Recht etwa in der Formulierung „nicht durch *überwiegende öffentliche Interessen* gebotene Härte" in § 69 Abs. 2 S. 2 FGO sowie in § 80 Abs. 4 S. 3 VwGO. Aber auch außerhalb dieser beiden Vorschriften ist nach Auffassung der deutschen Rechtsprechung Raum für eine Abwägung der widerstreitenden Interessen. Denn die gerichtliche Eilentscheidung ist als Ermessensentscheidung ausgestaltet, innerhalb derer eine umfassende Interessenabwägung zu erfolgen hat.[836] Darin sind die Interessen des Antragstellers ebenso wie die des Antragsgegners und der Allgemeinheit gegeneinander abzuwägen, soweit sie im Rahmen der summarischen Prüfung festgestellt werden können.[837]

Für gemeinschaftsrechtliche Sachverhalte formuliert der Europäische Gerichtshof präzisierend, dass das nationale Gericht die volle Wirkung des Gemeinschaftsrechts sicherzustellen hat und sie bei Zweifeln an der Rechtmäßigkeit der Verordnung nicht

---

[831] Gleichwohl ist der Aussetzungsgrund der „unbilligen Härte" nicht *völlig* gelöst von den „ernstlichen Zweifeln an der Rechtmäßigkeit" zu sehen. Kann der Rechtsbehelf offensichtlich keinen Erfolg haben, sind Zweifel fast oder gänzlich ausgeschlossen, so kommt eine Aussetzung der Vollziehung auch wegen unbilliger Härte nicht in Betracht, vgl. *Seer*, in: *Tipke/Kruse*, AO/FGO, 2003, § 69 FGO Rn. 104 (mit Rechtsprechungsnachweisen).

[832] Vgl. dazu eingehend *Lehr*, Einstweiliger Rechtsschutz und EU, 1997, S. 25 ff.

[833] Unzutreffend ist die Interpretation der EuGH-Rechtsprechung zur Frage der Dringlichkeit von *Rohde*, Vorläufiger Rechtsschutz, 1998, S. 213, und *Ukrow*, Rechtsfortbildung, 1995, S. 262 f. Die beiden Autoren sehen in der Dringlichkeit und dem Drohen eines schweren und nicht wieder gutzumachenden Schadens zwei verschiedene Tatbestandsmerkmale. Nachdem der EuGH jedoch bei der Entwicklung der Voraussetzungen ausdrücklich auf die Art. 242 S. 2, 243 EGV Bezug genommen hat, ist davon auszugehen, dass die Dringlichkeit der Oberbegriff für die Schwere des Schadens und seine Irreversibilität ist. Vgl. dazu auch oben Erster Teil, E. II. 2. (S. 27 ff.).

[834] Hierzu wiederum *Lehr*, Einstweiliger Rechtsschutz und EU, 1997, S. 32 ff.

[835] Vgl. oben Erster Teil, E. II. 4. (S. 33 ff.).

[836] *Redeker/von Oertzen*, VwGO, 13. Aufl. 2000, § 80 Rn. 52; vgl. dazu und zum Stellenwert der Erfolgsaussichten der Hauptsache innerhalb der Interessenabwägung auch *Schoch*, in: *Schoch/Schmidt-Aßmann/Pietzner*, VwGO, 2003, § 80 Rn. 252 ff., der i. Erg. das Verständnis der gerichtlichen Entscheidung als Ermessensentscheidung ablehnt, vgl. a.a.O., Rn. 257 ff.

[837] *Kopp/Schenke*, VwGO, 13. Aufl. 2003, § 80 Rn. 152.

vorschnell außer Anwendung lassen darf. Insbesondere ist zu allererst zu prüfen, ob der Verordnung nicht jede praktische Wirksamkeit genommen wird, wenn sie nicht sofort angewandt wird.[838] Damit gibt er den nationalen Gerichten die Entscheidungsrichtung insoweit vor, als das Gemeinschaftsinteresse regelmäßig vorrangig ist.[839] In dieser starken Bevorzugung des öffentlichen (Gemeinschafts-)Interesses unterscheidet sich die Behandlung von nationalen und auf Gemeinschaftsrecht fußenden Sachverhalten erheblich.

Die Aufstellung dieser Voraussetzung geht auf einen Vorschlag der Kommission zurück,[840] in dem sie erklärt hat, dass der nationale Richter generell den nationalen Interessen kein größeres Gewicht beimessen dürfe als denen der Gemeinschaft. Nach Auffassung des Gerichtshofes in der Entscheidung „Atlanta" sind sowohl die kumulative Wirkung zu beachten, die eintreten würde, wenn zahlreiche Gerichte aus ähnlichen Gründen ebenfalls Maßnahmen des einstweiligen Rechtsschutzes erlassen würden, als auch die Besonderheit der Situation des Antragstellers, die diesen von den übrigen betroffenen Wirtschaftsteilnehmer unterscheidet.[841]

dd) Zwischenergebnis

Die vom Gerichtshof aufgestellten materiellen Voraussetzungen orientieren sich, wenn auch teilweise unter verschiedenen Bezeichnungen, stark an der eigenen Rechtsprechung zum Eilrechtsschutz auf der Gemeinschaftsebene nach Art. 242 S. 2, 243 EGV sowie Art. 83 ff. VerfO EuGH bzw. Art. 104 ff. VerfO EuG. Bezüglich ihres weiteren materiellen Gehalts kann daher uneingeschränkt auf die Erläuterungen zum einstweiligen Rechtsschutz nach Europarecht verwiesen werden.[842]

Auch der Vergleich mit den entsprechenden Regelungen nach deutschem Recht konnte zahlreiche Gemeinsamkeiten aufdecken. Als gemeinsamer Nenner ließ sich herausarbeiten, dass sowohl in den vom Gerichtshof statuierten Kriterien wie auch in den Voraussetzungen nach deutschem Recht die allgemeinen Begründetheitsmerkmale des einstweiligen Rechtsschutzes *fumus boni iuris*, *periculum in mora* und Interessenabwägung verankert sind. Diese Gemeinsamkeit kann jedoch nicht darüber hinwegtäuschen, dass es teilweise erhebliche Unterschiede bei der Ausgestaltung der Voraussetzungen gibt, und dass einstweiliger Rechtsschutz insgesamt nach den gemeinschaftsrechtlichen Voraussetzungen schwieriger zu erlangen ist als nach den deutschen Regelungen.

---

[838] EuGH, Urteil v. 21. 2. 1991 (verb. Rs. C-143/88 u. C-92/89), Slg. 1991, I-415 (543, Tz. 30 f.) – *Süderdithmarschen*; EuGH, Urteil v. 9. 11. 1995 (Rs. C-465/93), Slg. 1995, I-3761 (3793, Tz. 42 f.) – *Atlanta*.

[839] Ähnlich die Einschätzung von *Rohde*, Vorläufiger Rechtsschutz, 1998, S. 213 f.: „Prärogative des Gemeinschaftsrechts".

[840] Vgl. dazu aus dem Sitzungsbericht zu EuGH, Urteil v. 21. 2. 1991 (verb. Rs. C-143/88 u. C-92/89), Slg. 1991, I-415 (418, 446 f.) – *Süderdithmarschen*.

[841] EuGH, Urteil v. 9. 11. 1995 (Rs. C-465/93), Slg. 1995, I-3761 (3793, Tz. 44) – *Atlanta*.

[842] Vgl. dazu ausführlich oben Erster Teil, E. II. (S. 25 ff.).

b) Pflicht zur sofortigen Vorlage

Nach Auseinandersetzung mit den materiellen Vorgaben des Europäischen Gerichtshofes für die Gewährung einstweiligen Rechtsschutzes durch nationale Gerichte soll nun die ebenfalls statuierte Pflicht zur sofortigen Vorlage näher betrachtet werden. Die Besonderheit dieses Kriteriums gegenüber den soeben behandelten materiellen Voraussetzungen liegt darin, dass es sich dabei um eine Pflicht handelt, die unmittelbar aus dem Gemeinschaftsrecht selbst folgt. Im Unterschied dazu sind die übrigen Vorgaben Ausdruck eines aus den Rechtsordnungen der Mitgliedstaaten entwickelten allgemeinen Rechtsgrundsatzes.[843]

Bei der näheren Untersuchung der Pflicht zur sofortigen Vorlage unter Angabe der möglichen Ungültigkeitsgründe stellt sich insbesondere die Frage, wie sich die Rechtsprechung des Gerichtshofes in den Urteilen „Süderdithmarschen“ und „Atlanta“ in das System des Art. 234 EGV einfügt. Nach Art. 234 Abs. 3 EGV ist eine Vorlagepflicht grundsätzlich nur für letztinstanzliche Gerichte im Falle von Auslegungs- oder Gültigkeitszweifeln vorgesehen. Dabei ist nach überwiegender Auffassung und neuerdings auch mit dem Europäischen Gerichtshof eine konkrete Sichtweise zu Grunde zu legen. Von einem letztinstanzlichen Gericht ist danach auszugehen, wenn in der konkreten Verfahrensart kein Rechtsmittel gegeben ist (unabhängig davon, ob es sich dabei um ein instanzabschließendes Gericht handelt oder nicht).[844] Art. 234 Abs. 2 EGV konstituiert dagegen für unterinstanzliche Gerichte lediglich ein Vorlage*recht*. Nach Betrachtung der Vorlagepflicht von der Perspektive des Art. 234 EGV aus ist schließlich noch der oben offen gelassenen Frage der Zulässigkeit der Rechtsfortbildung hinsichtlich dieser Voraussetzung nachzugehen.[845]

---

[843] Vgl. oben Zweiter Teil, C. III. 1. b) bb) (3) (e) (bb) (S. 155 f.).

[844] Mit dem Hinweis, dass alle obersten Gerichte *und* alle Gerichte, deren Entscheidungen nicht mehr mit Rechtsmitteln angegriffen werden können, der Vorlagepflicht unterliegen, vgl. EuGH, Urteil v. 4. 6. 2002 (Rs. C-99/00), Slg. 2002, I-4839 (4885, Tz. 15) – *Kenny Roland Lyckeskog* –, hat sich der Gerichtshof offensichtlich der konkreten Sichtweise angeschlossen, so auch die Deutung von *Borchardt*, in: *Lenz/Borchardt*, EGV/EUV, 3. Auf. 2003, Art. 234 Rn. 41. Vgl. auch *Middeke*, in: *Rengeling/Middeke/Gellermann*, Rechtsschutz in der EU, 2. Aufl. 2003, § 10 Rn. 57; *Stotz*, in: *Rengeling*, Umweltrecht, Bd. 1, 1998, § 45 Rn. 210; *Schwarze*, in: *ders.*, EU-Kommentar, 2000, Art. 234 EGV Rn. 41; *Wegener*, in: *Calliess/Ruffert*, EUV und EGV, 2. Aufl. 2002, Art. 234 Rn. 19. Die abstrakte Betrachtungsweise vertretend *Dauses*, in: *ders.*, Handbuch des EG-Wirtschaftsrechts, 2003, P.II Rn. 94a; *Bleckmann*, Europarecht, 6. Aufl. 1997, Rn. 616; *Pescatore*, BayVBl. 1987, 33 (38).

[845] Vgl. oben Zweiter Teil, C. III. 1. b) dd) (S. 157). Zur Frage der Rechtsfortbildung hinsichtlich der Vorlagepflicht unten cc) (S. 172 f.).

aa) Die Vorlagepflicht und die Rechtssache „Foto Frost"

(1) Aufstellung einer Vorlagepflicht für Instanzgerichte

Ein weites Verständnis des Art. 234 Abs. 2 EGV legte der Europäische Gerichtshof bereits dem mehrfach erwähnten Urteil „Foto Frost"[846] zu Grunde. Schon damals statuierte er entgegen dem Wortlaut der Vorschrift eine Vorlage*pflicht* für nicht letztinstanzliche Gerichte. Zwar war dies nicht eine ausdrückliche Aussage der Entscheidung selbst; jedoch ergibt sich dieses Ergebnis als zwangsläufige, unmittelbare Folge daraus, dass der Gerichtshof in dem Urteil für sich ein Nichtanwendungs- und Verwerfungsmonopol für Gemeinschaftsrecht in Anspruch nahm. Aus der fehlenden Befugnis nationaler Gerichte, Handlungen der Gemeinschaftsorgane für ungültig zu erklären,[847] folgt notgedrungen, dass auch ein nicht letztinstanzliches Gericht *verpflichtet* ist, dem Gerichtshof die Frage der Gültigkeit einer Gemeinschaftshandlung bei Zweifeln hierüber vorzulegen.

(2) Erstreckung der Vorlagepflicht auf den Bereich des einstweiligen Rechtsschutzes

Eine Ausnahme von seinem Verwerfungsmonopol erachtete der Europäische Gerichtshof in derselben Entscheidung für den Bereich des einstweiligen Rechtsschutzes[848] für möglich, ohne jedoch damals auf diese Frage weiter einzugehen. In den Entscheidungen „Süderdithmarschen" und „Atlanta" hatte der Gerichtshof nun ausdrücklich Gelegenheit, von der „Öffnungsklausel" aus dem Urteil „Foto Frost" Gebrauch zu machen. Dementsprechend erkannte er für den Bereich des einstweiligen Rechtsschutzes ein temporäres Verwerfungsrecht im Sinne einer Suspensionsbefugnis zu Gunsten der nationalen Gerichte an. Hieran wurde allerdings eben die Pflicht zur sofortigen Vorlage gekoppelt, und zwar bereits im Eilverfahren und nicht erst im Verfahren zur Hauptsache.

---

[846] EuGH, Urteil v. 22. 10. 1987 (Rs. 314/85), Slg. 1987, 4199 ff. – *Foto Frost*. Vgl. dazu schon oben Zweiter Teil, C. I. 2. a) (S. 128 f.), ferner II. 3. a) (S. 135) sowie insbes. III. 1. a) cc) (1) und (2) (S. 140 f.).

[847] EuGH, a.a.O., Tz. 15.

[848] EuGH, a.a.O., Tz. 19. Vgl. schon oben Zweiter Teil, C. III. 1. a) cc) (1) (S. 140). An dieser Stelle sei ausdrücklich betont, dass die in dem *obiter dictum* angesprochene Ausnahme nicht auf die Vorlagepflicht, sondern auf die alleinige Verwerfungsbefugnis des EuGH bezogen war. Insofern sind die Ausführungen von *Middeke*, in: *Rengeling/Middeke/Gellermann*, Rechtsschutz in der EU, 2. Aufl. 2003, § 10 Rn. 54, ungenau.

(3) Bewertung: Die Vorlagepflicht im Spannungsfeld zwischen dem Grundsatz der Rechtsschutzeffektivität und dem Uniformitätsprinzip

In dieser Vorgehensweise wird deutlich, wie der Europäische Gerichtshof versucht hat, im Spannungsfeld zwischen den Grundsätzen des effektiven Rechtsschutzes (Verwerfungsrecht der nationalen Gerichte) und der einheitlichen Anwendung des Gemeinschaftsrechts einen Ausgleich zu finden. Der „Preis" für die vorläufige Aufgabe des Anspruchs des Gemeinschaftsrechts auf einheitliche Anwendung ist die Pflicht zur sofortigen Vorlage spätestens mit Gewährung der einstweiligen Maßnahme. Dadurch soll die einheitliche Anwendung schnellstmöglich wieder gesichert werden.

Dabei ist es keineswegs so, dass sich die Vorlagepflicht und das Wesen des einstweiligen Rechtsschutzes in der Frage der Eilbedürftigkeit ausschließen.[849] Ebenso wenig besteht durch die Vorlageverpflichtung die Gefahr einer Verzögerung, die in zahlreichen Fällen zu einer Art Rechtsverweigerung führen würde.[850] Diese Einwände wären nur stichhaltig, wenn es auf Grund der Vorlageverpflichtung etwa zu einer Aussetzung des Eilverfahrens kommen müsste. Nach der Entscheidung des Europäischen Gerichtshofes soll dies gerade nicht der Fall sein; die Gewährung der einstweiligen Maßnahme soll schon zeitgleich mit der Vorlage erfolgen können.[851] Im Hinblick auf die Effektivität des Rechtsschutzes spricht nur etwas gegen das Warten, nicht aber gegen die Vorlagepflicht.[852] Aus diesem Grund ist vielmehr vom Gegenteil auszugehen, dass nämlich durch die Anerkennung der vorläufigen Verwerfungsbefugnis die Vorlagepflicht im Hinblick auf das Hauptsacheverfahren zu einer Effektuierung des Rechtsschutzes führen kann. Durch die Vorlage kann es nämlich zu einer frühzeitigen Klärung von entscheidungserheblichen Fragen kommen, was letztlich auch der Prozessökonomie förderlich ist.[853]

(4) Fazit

Als Zwischenresümee ist also festzuhalten, dass sich die Urteile „Süderdithmarschen" und „Atlanta" im Vergleich zur Entscheidung „Foto Frost" einerseits als *Abweichung* darstellen: Befugnis der nationalen Gerichte zur (temporären) Verwerfung von sekundärem Gemeinschaftsrecht. Andererseits bedeuten sie auch eine *Weiterentwicklung*:

---

[849] So noch die Auffassung des GA *Capotorti* in den Schlussanträgen zu EuGH, Urteil v. 24. 5. 1977 (Rs. 107/76), Slg. 1977, 957 (974, 982 f.) – *Hoffmann-La Roche*. Zu dieser Entscheidung näher sogleich unter bb) (S. 168 ff.).

[850] GA *Capotorti*, a.a.O.

[851] In diesem Punkt verkennt *Buck*, Europäisierung des verwaltungsgerichtlichen vorläufigen Rechtsschutzes, 2000, S. 169, die Auffassung des EuGH, indem sie davon ausgeht, das Eilverfahren müsse ausgesetzt werden, damit die Vorabentscheidung auch im Eilverfahren noch berücksichtigt werden könne. Eine solche Vorgehensweise wäre aber gerade nicht mit Prinzip effektiven Rechtsschutzes vereinbar.

[852] So nunmehr richtig GA *Lenz* in den Schlussanträgen zu EuGH, Urteil v. 21. 2. 1991 (verb. Rs. C-143/88 u. C-92/89), Slg. 1991, I-415 (477, 485) – *Süderdithmarschen*.

[853] So auch die Argumentation von GA *Lenz*, a.a.O., (486).

Erstreckung der Vorlagepflicht auch auf den Bereich des einstweiligen Rechtsschutzes.

bb) Die Vorlagepflicht und die Rechtssache „Hoffmann-La Roche“

Die bisherige Beurteilung der Vorlagepflicht entspricht auch der Auffassung des Generalanwalts in den Schlussanträgen zur Rechtssache „Süderdithmarschen“.[854] Der erwähnten „Öffnungsklausel“ in der Entscheidung „Foto Frost“ stellte er aber das Urteil des Europäischen Gerichtshofes in der Rechtssache „Hoffmann-La Roche“[855] gegenüber.[856]

(1) Keine Vorlagepflicht letztinstanzlicher Gerichte im Eilverfahren

In dieser Entscheidung, die zeitlich vor dem Urteil „Foto Frost“ erging, hatte sich der Gerichtshof noch gegen eine Vorlagepflicht *letzt*instanzlicher Gerichte im Eilverfahren ausgesprochen. Dogmatisch betrachtet reduzierte er dadurch Art. 234 Abs. 3 EGV teleologisch.[857] Ob der Gerichtshof mit dieser Feststellung zugleich aussagen wollte, dass hinsichtlich *unter*instanzlicher Gerichte von einer Vorlage*pflicht* auszugehen sei, ist offen. Denkbar ist auch, dass er lediglich die Vorlagefrage beantwortete, die eben ein im Eilverfahren *letzt*instanzliches Gericht betraf, ohne über unterinstanzliche Gerichte eine Aussage zu treffen.

Indes ist nicht davon auszugehen, dass er im Sinne der ersten Interpretationsmöglichkeit judizierte. Eine solche Sichtweise würde nämlich zu einer Umkehrung des Verhältnisses in Art. 234 Abs. 2 und Abs. 3 EGV führen. Näher liegt vielmehr ein Erst-Recht-Schluss: Wenn schon letztinstanzliche Gerichte von der Vorlagepflicht befreit sind, muss dasselbe erst recht für untergeordnete Gerichte gelten. Genau genommen musste der Gerichtshof auch keine Aussage hinsichtlich unterinstanzlicher Gerichte treffen; insoweit verblieb es ja bei der Regelung des Art. 234 Abs. 2 EGV. Lediglich in Bezug auf Abs. 3 der Vorschrift stellt sich die Entscheidung damit als Ausnahme von der Systematik des Art. 234 EGV dar.

Der Gerichtshof verneinte eine Vorlage*pflicht* im Verfahren des einstweiligen Rechtsschutzes für den Fall, dass für jede Partei die Möglichkeit bestehe, die Einleitung eines Hauptsacheverfahren zu erlangen, in dem die Vorlagefrage erneut gestellt werden könne.[858] Die bloße Möglichkeit der Befassung mit der Vorlagefrage im Hauptsacheverfahren, reichte dem Gerichtshof also, um die Vorlagepflicht für letztinstanzliche Gerichte im Eilverfahren abzulehnen. Der Umstand, dass es ggf. zu einem Hauptverfahren gar nicht mehr kommt, ist also wie der Fall zu beurteilen, dass die Be-

---

[854] Siehe die vorstehenden Fußnoten.

[855] EuGH, Urteil v. 24. 5. 1977 (Rs. 107/76), Slg. 1977, 957 ff. – *Hoffmann-La Roche/Centrafarm.*

[856] GA *Lenz* in den Schlussanträgen zu EuGH, Urteil v. 21. 2. 1991 (verb. Rs. C-143/88 u. C-92/89), Slg. 1991, I-415 (477, 484) – *Süderdithmarschen.*

[857] *Mankowski*, JR 1993, 402 (404).

[858] Vgl. EuGH, Urteil v. 24. 5. 1977 (Rs. 107/76), Slg. 1977, 957 (972, Tz. 6) – *Hoffmann-La Roche.*

teiligten im Falle des Art. 234 Abs. 2 EGV auf die Einlegung von Rechtsmitteln verzichten. Der Anspruch des Gemeinschaftsrechts auf einheitliche Anwendung findet naturgemäß eine logische Begrenzung in der Dispositionsmaxime des Prozessrechts.[859]

(2) Die Entscheidungen „Süderdithmarschen" und „Atlanta" als Abkehr von der „Hoffmann-La Roche"-Rechtsprechung?

Die Urteile in den Rechtssachen „Süderdithmarschen" und „Atlanta" scheinen nun mit der Aufstellung einer Vorlage*pflicht* im Eilverfahren für *alle* Gerichte eine Abweichung von dieser Rechtsprechung darzustellen. Ob dies tatsächlich der Fall ist oder ob es sich dabei um eine Entscheidung in einer anderen Konstellation handelt, soll nachfolgend untersucht werden.

Für eine „Abkehr" von der Rechtsprechung „Hoffmann-La Roche" in der „Süderdithmarschen"-Entscheidung sprach sich der Generalanwalt in seinen Schlussanträgen aus.[860] In diesem Sinne interpretierten auch Teile der Literatur das Urteil.[861] Indes ist festzustellen, dass das Urteil „Hoffmann-La Roche" eine Auslegungs- und nicht eine Gültigkeitsfrage[862] betraf, während den Urteilen „Süderdithmarschen" und „Atlanta" eindeutig Ungültigkeitsvorlagen zu Grunde lagen. Es stellt sich nun die Frage, ob dies ein für die Beurteilung wesentlicher Unterschied ist.

(a) Differenzierung zwischen Auslegungs- und Gültigkeitsvorlagen

Bei der Beantwortung dieser Frage ist von dem Zweck der Systematik in Art. 234 Abs. 2 und Abs. 3 EGV auszugehen. Das Ziel der beiden Regelungen, wie der Zweck des Vorabentscheidungsverfahren überhaupt, ist die Förderung und Sicherstellung der einheitlichen Anwendung des Gemeinschaftsrechts.[863] Weil es bei Entscheidungen unterinstanzlicher Gerichte die Möglichkeit der Korrektur von falschen Anwendungen

[859] Diese Rechtsprechung wurde bestätigt in EuGH, Urteil v. 27. 10. 1982 (verb. Rs. 35 und 36/82), Slg. 1982, 3723 ff. – *Morson/Niederländischer Staat*. Zwar ging es in er Rechtssache „Hoffmann-La Roche" um den zivilrechtlichen einstweiligen Rechtsschutz, während die Entscheidung „Morson" den verwaltungsgerichtlichen Eilrechtsschutz betraf. Diesen Unterschied erklärte GA *Slynn* in den Schlussanträgen zu EuGH, a.a.O., (3738, 3740) – *Morson* –, für unbeachtlich.

[860] GA *Lenz* in den Schlussanträgen zu EuGH, Urteil v. 21. 2. 1991 (verb. Rs. C-143/88 u. C-92/89), Slg. 1991, I-415 (477, 489) – *Süderdithmarschen*: „Ich bin mir bewusst, dass ich mich mit diesen Überlegungen nicht im Einklang mit der Haltung des Gerichtshofes (...) in der Rechtssache Hoffmann-La Roche/Centrafarm befinde."

[861] *Mögele*, BayVBl. 1993, 129 (139); *Rohde*, Vorläufiger Rechtsschutz, 1998, S. 212; *Buck*, Europäisierung des verwaltungsgerichtlichen vorläufigen Rechtsschutzes, 2000, S. 178.

[862] Wenngleich der Gerichtshof im Tenor der Rechtssache „Hoffmann-La Roche" von „Auslegungs- oder *Gültigkeits*fragen" [Hervorhebung des Verfassers] spricht. Dazu jedoch weiter unten (innerhalb desselben Gliederungspunktes). In dem diese Entscheidung bestätigenden Urteil v. 27. 10. 1982 (verb. Rs. 35 und 36/82), Slg. 1982, 3723 ff. – *Morson* –, ging es hingegen ausdrücklich um *Auslegungs*zweifel.

[863] Vgl. EuGH, Urteil v. 16. 1. 1974 (Rs. 166/73), Slg. 1974, 33 (38, Tz. 2) – *Rheinmühlen*; EuGH, Urteil v. 24. 5. 1977 (Rs. 107/76), Slg. 1977, 957 (972, Tz. 5) – *Hoffmann-La Roche*. *Middeke*, in: *Rengeling/Middeke/Gellermann*, Rechtsschutz in der EU, 2. Aufl. 2003, § 10 Rn. 6.

des Gemeinschaftsrechts noch durch die nächste(n) Instanz(en) gibt, sieht Art. 234 Abs. 2 EGV lediglich ein fakultatives Vorlage*recht* vor. Im Unterschied dazu ist die Einheitlichkeit der Anwendung des Gemeinschaftsrechts bei Urteilen letztinstanzlicher Gerichte weitaus stärker gefährdet. Hier gibt es eine Korrekturmöglichkeit gerade nicht mehr. Außerdem kommt letztinstanzlichen Entscheidungen eine weitaus stärkere Präzedenzfallwirkung zu als unterinstanzlichen.[864] Aus diesem Grund fordert Art. 234 Abs. 3 EGV zwingend die Vorlage der streitigen Frage an den Europäischen Gerichtshof. Mit dieser Argumentation lässt sich auch die Entscheidung „Hoffmann-La Roche" nachvollziehen: Ebenso wie bei den unterinstanzlichen Gerichten durch die nächste Instanz gibt es bei Entscheidungen im Eilverfahren – so die Auffassung des Gerichtshofes – die Möglichkeit der Korrektur im Verfahren zur Hauptsache; dadurch wird die einheitliche Anwendung des Gemeinschaftsrechts gewährleistet.[865]

Indes ist das Ausmaß der Gefährdung der einheitlichen Anwendung bei Gültigkeitsfragen ein anderes als bei Auslegungsfragen. Während die (vorläufige) Ungültigkeitserklärung eine völlige Außerachtlassung des Gemeinschaftsrechts bedeutet, gilt dies nicht für eine lediglich falsche Auslegung. Zwar kann auch eine fehlerhafte Auslegung die Grenze der Nichtanwendung erreichen.[866] Gleichwohl liegt einer unzutreffenden Auslegung immerhin noch der Wille der Anwendung zu Grunde.[867] Am gewichtigsten ist das Argument, dass im Falle einer Ungültigkeitserklärung die Anwendung der fraglichen Gemeinschaftsmaßnahme zwangsläufig ausgeschlossen ist; umgekehrt stellt diese Folge bei einer Auslegung, die einer Ungültigkeitserklärung gleichkommt, einen eher selten vorkommenden Extremfall dar.[868]

Auf Grund dieses Befundes ist es vorzugswürdig, mit Teilen der Literatur die grundsätzliche Unterscheidung innerhalb von Art. 234 EGV nicht zwischen unterinstanzlichen und letztinstanzlichen Gerichten zu sehen, sondern zwischen Auslegungs- und Gültigkeitsfragen.[869] Demzufolge betreffen die Rechtssache „Hoffmann-La Roche" einerseits und die Rechtssachen „Süderdithmarschen" und „Atlanta" andererseits hinsichtlich der Gefährdung der Anwendung des Gemeinschaftsrechts im Eilverfahren unterschiedliche Konstellationen. Nach diesen Ausführungen ergibt sich als weiteres Zwischenergebnis, dass die Urteile „Süderdithmarschen" und „Atlanta" keine Abkehr von der Entscheidung „Hoffmann-La Roche" darstellen.

---

[864] So auch die Argumentation von GA *Capotorti* in den Schlussanträgen zu EuGH, Urteil v. 24. 5. 1977 (Rs. 107/76), Slg. 1977, 957 (974, 982 f.) – *Hoffmann-La Roche.*

[865] Vgl. EuGH, a.a.O., Tz. 5 – *Hoffmann-La Roche.*

[866] Vgl. GA *Lenz* in den Schlussanträgen zu EuGH, Urteil v. 21. 2. 1991 (verb. Rs. C-143/88 u. C-92/89), Slg. 1991, I-415 (477, 488) – *Süderdithmarschen.*

[867] So GA *Mancini* in den Schlussanträgen zu EuGH, Urteil v. 22. 10. 1987 (Rs. 314/85), Slg. 1987, 4199 (4211, 4218 f.) – *Foto Frost*; vgl. auch *Lehr*, Einstweiliger Rechtsschutz und EU, 1997, S. 592.

[868] Ebenso *Lehr*, a.a.O.

[869] Vgl. *Lehr*, a.a.O., S. 593; *Wiehe*, Effektiver vorläufiger Rechtsschutz, 2000, S. 187 ff., einerseits und S. 205 ff. andererseits.

(b) Der Tenor der Entscheidung „Hoffmann-La Roche"

Problematisch ist jedoch, dass zwar die Rechtssache „Hoffmann-La Roche" lediglich Auslegungsfragen betraf, im Tenor der Entscheidung aber ausdrücklich auch *Gültigkeits*zweifel von der Vorlagepflicht ausgenommen wurden. Angesichts dessen, dass dies in einer Folgeentscheidung, der Rechtssache „Morson",[870] nicht der Fall war, kann man nun entweder darauf schließen, dass dem Europäischen Gerichtshof in „Hoffmann-La Roche" ein Fehler unterlaufen war,[871] oder dass er die Differenzierung zwischen Auslegungs- und Gültigkeitszweifel schlichtweg nicht vorgenommen hatte.

Indes geht der Vorwurf der mangelnden Sorgfalt zu weit. Dem Gerichtshof ist es durchaus erlaubt und es entspricht auch seiner Praxis, seine Entscheidungen nicht allein auf die Beantwortung der gestellten Fragen zu beschränken. So hat er auch in der Rechtssache „Foto Frost" sein Verwerfungsmonopol auf *alle* Gemeinschaftshandlungen erstreckt, obwohl dem Sachverhalt der Vorlage eine Entscheidung der Kommission zu Grunde lag.[872] Deshalb ist eher davon auszugehen, dass der Gerichtshof bei der Entscheidung „Hoffmann-La Roche" das unterschiedliche Gefährdungspotenzial für die einheitliche Anwendung des Gemeinschaftsrechts zwischen Auslegungs- und Gültigkeitszweifel nicht vor Augen hatte und daher undifferenziert judizierte. Dies erklärt auch, warum der Generalanwalt in den Schlussanträgen zu der Rechtssache „Süderdithmarschen" von einer „Abkehr" von der Rechtsprechung „Hoffmann-La Roche" sprach und nicht etwa von einer Entscheidung über einen neuen Sachverhalt.

Nach diesen Erkenntnissen ergibt sich nunmehr, dass die Urteile „Süderdithmarschen" und „Atlanta" für Vorlagen, die *Gültigkeits*zweifel betreffen, doch eine Abweichung von der „Hoffmann-La Roche"-Entscheidung bedeuten; dies gilt jedoch weiterhin nicht für *Auslegungs*vorlagen.[873]

(c) Erstreckung der Vorlagepflicht auf die Fallgruppe der Auslegungszweifel?

Zu einem anderen Ergebnis gelangt man jedoch dann, wenn man davon ausgeht, dass der Europäische Gerichtshof in der „Süderdithmarschen"-Entscheidung die Vorlagepflicht *zugleich* auf Auslegungszweifel erstrecken und damit auch insoweit von der Rechtsprechung „Hoffmann-La Roche" abweichen wollte. Hierfür finden sich jedoch in der Urteilsbegründung keine Andeutungen. Auf Grund der wertungsmäßigen Unterschiede zwischen Auslegungs- und Gültigkeitsfragen ist auch nicht anzunehmen, dass der Entscheidung ein entsprechender Wille zu Grunde lag.

[870] EuGH, Urteil v. 27. 10. 1982 (verb. Rs. 35 und 36/82), Slg. 1982, 3723 ff. – *Morson*.

[871] So etwa *Lehr*, Einstweiliger Rechtsschutz und EU, 1997, S. 593 (Fn. 104), der davon spricht, dass die Erstreckung des Tenors auf Gültigkeitsfragen „*per incuriam*" erfolgt sein müsse.

[872] Vgl. den Tenor der Entscheidung: „Die nationalen Organe sind nicht befugt, selbst die Ungültigkeit von *Handlungen* der Gemeinschaftsorgane festzustellen." [Hervorhebung des Verfassers], in: EuGH, Urteil v. 22. 10. 1987 (Rs. 314/85), Slg. 1987, 4199 – *Foto Frost*.

[873] Ebenso *Wiehe*, Effektiver vorläufiger Rechtsschutz, 2000, S. 191; *Middeke*, in: *Rengeling/Middeke/Gellermann*, Rechtsschutz in der EU, 2. Aufl. 2003, § 10 Rn. 65. Anders dagegen *Lehr*, a.a.O., der in Konsequenz der in der vorstehenden Fn. aufgeführten Auffassung zum Ergebnis gelangt, der Widerspruch zwischen den beiden Entscheidungslinien sei nur ein „scheinbarer".

Diese Interpretation des Urteils teilt auch das Bundesverfassungsgericht: In einem Beschluss vom 29. 11. 1991[874] verneinte es eine Rechtsverletzung eines Beschwerdeführers, der sich gegen eine unterlassene Vorlage der Instanzgerichte an den Europäischen Gerichtshof zum Zwecke der Vorabentscheidung gewendet hatte. Zur Begründung führte das Gericht ausdrücklich die Urteile „Hoffmann-La Roche" und „Morson" an, wonach eine Vorlagepflicht an den Gerichtshof nicht bestehe. Die entschiedene Konstellation bezog sich auch eindeutig auf *Auslegungs*fragen. Zudem erging die Entscheidung zeitlich nach dem „Süderdithmarschen"-Urteil, so dass davon auszugehen ist, dass sich das Bundesverfassungsgericht ganz bewusst gegen eine Anwendung der „Süderdithmarschen"-Vorlagepflicht auf *Auslegungs*fragen entschied.[875]Auch in einer neueren Entscheidung[876] zehn Jahre später ließ das Bundesverfassungsgericht die Frage der Vorlagepflicht in einem Sachverhalt offen, der ebenfalls eine Auslegungsfrage betraf; damit sprach es sich jedenfalls nicht *für* eine solche Pflicht aus.

Es ist also davon auszugehen – und das entspricht auch der Auffassung des Bundesverfassungsgerichts –, dass die „Hoffmann-La Roche"-Rechtsprechung des Europäischen Gerichtshofes für *Auslegungs*vorlagen nach wie vor Aktualität besitzt.

cc) Zulässigkeit der Rechtsfortbildung hinsichtlich der Vorlagepflicht

Wie bereits erwähnt,[877] hat der Europäische Gerichtshof bei der Aufstellung der Vorlagepflicht für unterinstanzliche Gerichte Rechtsfortbildung betrieben. Angesichts des eindeutigen Wortlauts von Art. 234 Abs. 2 EGV kann von einer bloßen Auslegung nicht mehr gesprochen werden. Daher stellt sich auch hier, wie im Hinblick auf die materiell-rechtlichen Voraussetzungen, die Frage nach der Einhaltung der Grenzen der Rechtsfortbildung.

Bedenken gegen die Aufstellung der Vorlageverpflichtung wurden etwa dahin gehend vorgetragen, dass das Gemeinschaftsrecht bei der maßgeblichen Fragestellung angesichts des klaren Wortlauts des Art. 234 EGV keine planwidrige Lücke, sondern allenfalls einen plangemäßen Fehler enthalte.[878] Dazu ist anzumerken, dass der Wortlaut zwar die äußerste Grenze für eine Auslegung darstellt.[879] Bei der Rechtsfortbildung kommt dem Wortlaut allein grundsätzlich keine solch überragend maßgebliche Funktion zu; sie darf lediglich nicht *contra legem* erfolgen.[880] Das bedeutet, dass der Wortlaut nur insofern eine Rolle spielt, als er der mit der Rechtsfortbildung bezweckten Regelung nicht *ausdrücklich* entgegenstehen darf. Anders ausgedrückt kommt dem

---

[874] BVerfG, Beschluss v. 29. 11. 1991 (2 BvR 1642/91), NVwZ 1992, 360 (360).

[875] Indirekt auch BVerfG, Beschluss v. 31. 5. 1990 (2 BvL 12, 13/88, 2 BvR 1436/87), BVerfGE 82, 159 (195 a. E.): Vorlagepflicht des letztinstanzlichen Hauptsachegerichts.

[876] BVerfG, Beschluss v. 10. 5. 2001 (1 BvR 481/01), Rn. 20, http://www.bverfg.de/entscheidungen/frames/2001/5/10/.

[877] Vgl. oben Zweiter Teil, C. III. 1. b) dd) (S. 157).

[878] So *Schlemmer-Schulte*, EuZW 1991, 307 (309 f.).

[879] *Borchardt*, in: Gedächtnisschrift für Grabitz, 1995, S. 29 (37). Ausführlich zum Stellenwert des Wortlauts bei der Abgrenzung zwischen Auslegung und Rechtsfortbildung, auch unter Berücksichtigung weiterer Auffassungen, vgl. *Rohde*, Vorläufiger Rechtsschutz, 1998, S. 161 ff.

[880] Unter engeren Voraussetzungen ist auch eine solche gesetzesübersteigende Rechtsfortbildung zulässig, vgl. schon oben Fn. 726.

Wortlaut eine begrenzende Wirkung nur zu, wenn sich in ihm offenkundig ein eindeutiger, abschließender Wille des Gemeinschaftsgesetzgebers manifestiert, also eine gewollte Regelungslücke im Sinne eines „beredten Schweigens“[881] vorliegt.

Zwar treffen Art. 234 Abs. 2 und Abs. 3 EGV hinsichtlich der Vorlagepflicht deutlich eine Unterscheidung zwischen letztinstanzlichen und unterinstanzlichen Gerichten. Damit ist jedoch nicht gesagt, dass der Gemeinschaftsgesetzgeber seinen Willen abschließend kundgetan hat. Es ist genauso denkbar, dass der Gemeinschaftsgesetzgeber nur den Regelfall vor Augen hatte, und nicht von vornherein alle denkbaren Sachverhaltsbesonderheiten mitregeln konnte und wollte.[882] Aufgabe der Rechtsprechung ist es durchaus, in besonderen Konstellationen Ausnahmen von der positiven Regelung zuzulassen, wenn es der *Telos* und die Systematik des Regelungskomplexes erfordern und erlauben. Es macht gerade das Wesen der Rechtsfortbildung aus, Rechtsregeln aufzustellen, die sich möglicherweise als Abweichung der gesetzlichen Regelung darstellen, sofern dadurch nicht ein ausdrücklicher Wille des Gesetzgebers unterlaufen wird. Eine Ausnahme von einer Regelung stellt deshalb nicht in jedem Fall einen Widerspruch zu ihr dar. Das Wortlautargument kann somit nicht gegen die Aufstellung der Vorlagepflicht als Rechtsfortbildung ins Feld geführt werden.

Auch im Übrigen kann ein Überschreiten der zulässigen Grenzen nicht festgestellt werden. Wenn man die Zulässigkeit der materiellen Voraussetzungen unter Rechtsfortbildungsgesichtspunkten hinnimmt,[883] dann muss man davon ausgehen, dass sich die Aufstellung der Vorlagepflicht in dieses System gut einfügt. Wie herausgearbeitet,[884] stellt sich die Vorlagepflicht als Ausgleich zwischen dem Anspruch des Unionsbürgers auf effektiven Rechtsschutz und dem der Gemeinschaft auf einheitliche Anwendung ihrer Rechtsordnung dar. Dem Europäischen Gerichtshof ist insoweit ein bedachtes Vorgehen zuzusprechen: Er verzichtet temporär auf sein Verwerfungsmonopol, trägt der Einheitlichkeit der Anwendung des Gemeinschaftsrechts jedoch Rechnung, indem er zeitgleich mit der Gewährung des einstweiligen Rechtsschutzes die Vorlage der strittigen Frage fordert. Dadurch kann im Hinblick auf das Hauptsacheverfahren zur frühzeitigen Klärung der Problematik beigetragen werden. Die Vorlagepflicht ist damit sehr gut mit der Funktionsfähigkeit der Gemeinschaft zu rechtfertigen.

dd) Zwischenergebnis

Entsprechend der hier vertretenen grundlegenden Differenzierung innerhalb von Art. 234 EGV zwischen Auslegungs- und Gültigkeitsfragen stellt sich die Systematik von Vorlagerecht und -pflicht im Eilverfahren nach Ergehen der Urteile „Süderdithmarschen“ und „Atlanta“ wie folgt dar: Bei *Zweifeln* über die *Auslegung* von Ge-

---

[881] Vgl. *Dänzer-Vanotti*, in: Festschrift für Everling, 1995, S. 205 (219 f.).

[882] Wenig überzeugend ist jedoch das Argument, die Regelungslücke möge für die Anfangsjahre der Gemeinschaft durchaus als geplantes Schweigen anzusehen sein; nach dem aktuellen Stand der Integration der EG müsse hingegen von einer planwidrigen Lücke ausgegangen werden, vgl. *Wiehe*, Effektiver vorläufiger Rechtsschutz, 2000, S. 199. Maßgeblich für die Beurteilung des Inhalts eines Willens kann allein der Zeitpunkt seiner Äußerung sein.

[883] Soweit ersichtlich wurde die Vorlagepflicht nicht isoliert kritisiert.

[884] Vgl. oben Zweiter Teil, C. III. 2. b) aa) (3) (S. 167).

meinschaftsrecht besteht sowohl für unterinstanzliche wie letztinstanzliche Gerichte lediglich ein Vorlage*recht* (fortbestehende Rechtslage nach dem Urteil „Hoffmann-La Roche"). Im Unterschied dazu besteht bei *Gültigkeitsfragen* für alle Gerichte eine Vorlage*pflicht* (Rechtslage nach den Entscheidungen „Süderdithmarschen" und „Atlanta" in Fortführung des Urteils „Foto Frost").

Die Aufstellung der Vorlagepflicht ist im Hinblick auf die Grenzen zulässiger Rechtsfortbildung ebenso unbedenklich wie die der materiellen Kriterien. Die Vorlagepflicht fügt sich, gleichsam gegenteilig, unter Rechtsschutzgesichtspunkten gut in das System des Art. 234 EGV ein, und bedeutet einen angemessenen Ausgleich zwischen den Prinzipien der Rechtsschutzeffektivität und der Einheitlichkeit des Gemeinschaftsrechts.

c) Beachtungspflicht

Bei der Prüfung der bisher näher betrachteten Voraussetzungen ist das nationale Gericht „verpflichtet, Entscheidungen des Gemeinschaftsrichters über die vor ihm aufgeworfenen Streitfragen zu beachten."[885]

Der Gerichtshof sah sich wohl deshalb dazu veranlasst, diese Pflicht in der Rechtssache „Atlanta" aufzustellen, weil inzwischen mehrfach gegen die Bananenmarktordnung vorgegangen worden war, so auch durch die Bundesrepublik Deutschland im Rahmen einer Nichtigkeitsklage.[886] Der Gerichtshof hatte diese Klagen abgewiesen und die Bananenmarktordnung für gültig erklärt.[887] Nunmehr sollte verhindert werden, dass es durch ein inzidentes Bestreiten der Gültigkeit immer wieder zur Prüfung der Verordnung kommen sollte.[888] Daher sollten in Zukunft nur solche Antragsteller mit ihrem Begehren durchdringen können, die darlegen könnten, sich im Vergleich zu jenen Marktteilnehmern, über deren Sachlage bereits entschieden worden war, in einer besonderen Situation zu befinden.[889]

Wenngleich die Beachtungspflicht *in concreto* erst für die Gewährung von einstweiligen Anordnungen aufgestellt wurde, besteht kein Zweifel, dass sie auch für Anfechtungskonstellationen nach Art des „Süderdithmarschen"-Sachverhalts gilt.[890] Dies ergibt sich aus den Entscheidungsgründen des „Atlanta"-Urteils anführen, wo der Gerichtshof von einer *Verdeutlichung* der in der Rechtssache „Süderdithmarschen" aufgestellten Voraussetzungen spricht.[891]

---

[885] EuGH, Urteil v. 9. 11. 1995 (Rs. C-465/93), Slg. 1995, I-3761 (3794, Tz. 46) – *Atlanta*.

[886] EuGH, Urteil v. 5. 10. 1994 (Rs. C-280/93), Slg. 1994, I-4973 ff. – *Deutschland/Rat*.

[887] Ein Überblick zu den im Zusammenhang mit der Bananenmarktordnung geführten Rechtsstreitigkeiten findet sich bei *Mayer*, Kompetenzüberschreitung und Letztentscheidung, 2000, S. 122 (Fn. 290). Dem ist nur noch der Bananenmarkt"-Beschluss des BVerfG hinzuzufügen, vgl. BVerfG, Beschluss v. 7. 6. 2000 (2 BvL 1/97), BVerfGE 102, 147 ff. (dazu eingehend unten Dritter Teil, B. II. 2. (S. 228 ff.).

[888] Vgl. *Burmeister/Miersch*, EuZW 1995, 840 (841).

[889] Vgl. EuGH, Urteil v. 9. 11. 1995 (Rs. C-465/93), Slg. 1995, I-3761 (3795, Tz. 49) – *Atlanta*.

[890] Ebenso *Lehr*, Einstweiliger Rechtsschutz und EU, 1997, S. 556.

[891] Vgl. EuGH, a.a.O., Tz. 34.

Fraglich ist indes, ob dieser Beachtungspflicht ein eigenständiger Inhalt zukommt und ggf. welcher. An sich ist es selbstverständlich, dass Entscheidungen oberster Gerichte bei nachfolgenden Entscheidungen von Instanzgerichten zu beachten sind.[892] Die Beachtungspflicht aus dem Urteil „Atlanta" geht jedoch über diese faktische Präzedenzwirkung hinaus. Grundsätzlich bedeutet die Missachtung einer höchstrichterlichen Entscheidung – jedenfalls nach deutschem Verständnis – keinen eigenständigen Rechtsverstoß. Das untergerichtliche Urteil ist ggf. materiell unrichtig und läuft Gefahr, auf Grund dessen aufgehoben zu werden. Die vom Gerichtshof aufgestellte Beachtungspflicht stellt dagegen eine *rechtliche* Verpflichtung für den nationalen Richter dar. Die Nichtbeachtung einer Entscheidung des Gerichtshofes oder des Gerichts erster Instanz bedeutet einen Verstoß gegen Gemeinschaftsrecht, und ist damit ein eigenständiger Mangel der nationalen Entscheidung. Deshalb kann man auch von einer „qualifizierten" Beachtungspflicht sprechen.

Die Pflicht *letzt*instanzlicher Gerichte, Entscheidungen des Gerichtshofes zu beachten, hatte dieser bereits in der Rechtssache „CILFIT"[893] aufgestellt. Nunmehr hat er diese Pflicht für *alle* nationalen Gerichte sowie auch für den Bereich des einstweiligen Rechtsschutzes konstatiert. Dogmatisch lässt sich die Pflicht mit der gemeinschaftsrechtlichen Mitwirkungspflicht der nationalen Gerichte aus Art. 10 i. V. m. Art. 220 EGV begründen.[894] Hinsichtlich ihrer Wirkung hat diese Rechtsprechung zur Folge, dass die Urteile des Gemeinschaftsrichters nicht nur *inter partes,* sondern *erga omnes* gelten.[895]

3. Tragweite der Entscheidungen

a) Konstellationen bloßer Auslegungszweifel

Im Rahmen der Diskussion der Vorlagepflicht wurde herausgearbeitet, dass eine Pflicht nationaler Gerichte zur Vorlage an den Europäischen Gerichtshof in einem Verfahren des einstweiligen Rechtsschutzes nur bei Gültigkeits-, nicht jedoch bei Auslegungszweifeln besteht. Es bleibt darauf hinzuweisen, dass im Falle von Auslegungsvorlagen nicht nur keine Vorlagepflicht besteht, sondern naturgemäß auch die übrigen „Süderdithmarschen/Atlanta"-Voraussetzungen nicht gelten. Denn die Reichweite der „Süderditmarschen"-Vorlagepflicht unterscheidet sich nicht von jener der gesamten „Süderdithmarschen"-Doktrin.[896] Damit bleibt es in diesen Fällen bei dem Grundsatz der Anwendung des nationalen Rechts. Freilich ist zu beachten, dass es dabei zu indirekten Kollisionen zwischen dem zu Grunde liegenden materiellen Gemeinschaftsrecht und dem nationalen Vollzugsrecht kommen kann. Die weitere Vorgehensweise

[892] Vgl. *Wohlfahrt*, in: *Grabitz/Hilf*, EU, 1999, Art. 177 EGV Rn. 73; *Rohde*, Vorläufiger Rechtsschutz, 1998, S. 208.

[893] EuGH, Urteil v. 6. 10. 1982 (Rs. 283/81), Slg. 1982, 3415 ff. – *CILFIT.*

[894] *Zuleeg*, in: *Groeben/Schwarze*, EUV/EGV, 6. Aufl. 2003, Art. 10 EG Rn. 5; *Lehr*, Einstweiliger Rechtsschutz und EU, 1997, S. 554.

[895] Vgl. *Rohde*, Vorläufiger Rechtsschutz, 1998, S. 208.

[896] Insoweit unklar *Lehr*, Einstweiliger Rechtsschutz und EU, 1997, S. 531.

richtet sich dann nach den im vorherigen Abschnitt dargestellten Regeln. Die Anwendung der nationalen Grundsätze des vorläufigen Rechtsschutzes hat also insbesondere unter Beachtung der gemeinschaftsrechtlichen Doppelschranke des Effektivitäts- und Äquivalenzgebots zu erfolgen.

Dem Gericht des vorläufigen Verfahrens bleibt es natürlich unbenommen, bei Auslegungszweifeln von seinem fakultativen Vorlagerecht gemäß Art. 234 Abs. 2 EGV Gebrauch zu machen. Für diesen Fall muss es das einstweilige Verfahren nicht aussetzen, sondern kann sofort Eilrechtsschutz gewähren. Das ergibt sich daraus, dass es ja selbst bei Gültigkeitszweifeln entsprechend der „Süderdithmarschen"-Doktrin sofort einstweilige Maßnahmen erlassen kann.[897] Insofern entfaltet die „Süderdithmarschen/Atlanta"-Rechtsprechung auch in Konstellationen bloßer Auslegungszweifel Fernwirkungen.[898]

b) Fälle mit ausschließlich mitgliedstaatlichen Fehlerquellen

Von einer Nichtgeltung der „Süderdithmaschen"-Vorgaben ist auch in Fällen mit rein mitgliedstaatlichen Fehlerquellen auszugehen, wenn etwa die Vollzugsaussetzung auf Grund eines Verstoßes gegen nationale Zuständigkeitsvorschriften oder Begründungspflichten (z. B. § 80 Abs. 2 S. 3 VwGO) begehrt wird. Zwar können auch solche Fallgestaltungen die Einheitlichkeit des Gemeinschaftsrechts gefährden.[899] Dennoch sind solche Situationen ausschließlich eine Sache des nationalen Rechts; für Entscheidungen über das nationale Vollzugsrecht ist der Europäische Gerichtshof nicht zuständig. Auch hier wiederum ist daran zu denken, dass das Gemeinschaftsrecht nicht in seiner Effektivität behindert werden darf, und die Anwendung des nationalen Rechts infolgedessen ggf. durch die Grundsätze der Effektivität und Äquivalenz beeinflusst wird.[900]

c) Andere Konstellationen des indirekten Vollzugs

aa) Entscheidungen i. S. v. Art. 249 Abs. 4 EGV

Da sich die Urteile „Süderdithmarschen" und „Atlanta" ausdrücklich nur auf einstweilige Maßnahmen im Zusammenhang mit Verwaltungsakten beziehen, die auf einer *Gemeinschaftsverordnung* beruhen, stellt sich die Frage, ob sich die darin formulierten Grundsätze auch auf andere Konstellationen des indirekten Vollzugs übertragen lassen. Unproblematisch lässt sich eine Anwendung der Gemeinschaftskriterien auf *Entscheidungen* i. S. v. Art. 249 Abs. 4 EGV begründen, die an Mitgliedstaaten gerichtet werden. Wenn in Vollzug einer solchen Entscheidung ein Verwaltungsakt ergeht, des-

---

[897] Siehe dazu näher oben Zweiter Teil, C. III. 2. b) aa) (S. 166 ff.).

[898] Freilich wird das Gericht aus praktischer Sicht eine Vorlage in solchen Konstellationen eher im Hauptverfahren in Betracht ziehen, weil die Entscheidung des EuGH im Eilverfahren kaum mehr zu berücksichtigen sein würde.

[899] *Wiehe*, Effektiver vorläufiger Rechtsschutz, 2000, S. 231 f.

[900] Ebenso *Wiehe*, a.a.O., S. 232.

sen Aussetzung mit der Begründung begehrt wird, die Entscheidung verstoße gegen eine Gemeinschaftsverordnung oder gegen Primärrecht, so ist diese Situation mit jener vergleichbar, die der Rechtssache „Süderdithmarschen“ zu Grunde lag.[901] Dies wird durch eine spätere Entscheidung des Europäischen Gerichtshofes in der Rechtssache „Krüger“ bestätigt, in der er allgemein von der Aussetzung der „Vollziehung eines *auf einen Gemeinschaftsrechtsakt gestützten* nationalen Verwaltungsakts“[902] sprach und dabei auf sein „Atlanta“-Urteil verwies.

bb) Fälle des mittelbaren mitgliedstaatlichen Vollzugs

Wesentlich problematischer stellt sich die Anwendung der „Süderdithmarschen/Atlanta“-Vorgaben auf Fälle des *mittelbaren* mitgliedstaatlichen Vollzugs dar. Hier wird Gemeinschaftsrecht nicht unmittelbar, sondern das auf seiner Grundlage ergangene nationale Durchführungsrecht vollzogen.[903] Hauptanwendungsfall für diese Art des Vollzugs sind nationale Vorschriften, die zur Umsetzung von Richtlinien gemäß Art. 249 Abs. 3 GG ergangen sind. Wenngleich der Gerichtshof in der soeben zitierten Entscheidung „Krüger“ allgemein von Gemeinschaftsrechtsakten sprach,[904] ist nicht zwingend davon auszugehen, dass er damit auch den Vollzug auf Grundlage einer Richtlinie im Auge hatte. Denn diesem Urteil lag eine Verordnung zu Grunde. Beim mittelbaren mitgliedstaatlichen Vollzug auf Grundlage einer Gemeinschaftsrichtlinie stellt sich die Verzahnung von Gemeinschaftsrecht und nationalem Recht indes wesentlich komplexer dar, so dass unterschiedliche Konstellationen denkbar sind.

Wenn sich ein Rechtsschutz Suchender gegen einen Verwaltungsakt wendet und dabei die Primärrechtswidrigkeit einer Richtlinie geltend macht, ließe sich die Anwendung des nationalen Rechts damit rechtfertigen, dass der Verwaltungsakt auf die mitgliedstaatliche Rechtsgrundlage gestützt sei und diese nicht zwangsläufig dasselbe rechtliche Schicksal teilen müsse wie die Richtlinie.

Auf der anderen Seite ist denkbar, dass der Nichtigkeitsgrund der Richtlinie auf die nationale Rechtsgrundlage durchschlägt. Dies wäre etwa der Fall, wenn die Richtlinie gegen Grundfreiheiten verstieße, welche wiederum selbst die nationale Umsetzungsnorm über den Anwendungsvorrang verdrängen würden.[905] Damit wäre eine Berufung des nationalen Richters auf die mitgliedstaatliche Rechtsgrundlage ausgeschlossen und die Rechtmäßigkeit des Verwaltungsakts hinge allein von der Gültigkeit des Gemeinschaftsrechts ab.[906] Für diesen Fall scheint damit die Anwendung der „Süderdithmarschen“-Doktrin geboten zu sein.

---

[901] So auch *Lehr*, Einstweiliger Rechtsschutz und EU, 1997, S. 532,

[902] EuGH, Urteil v. 17. 6. 1997 (Rs. C-334/95), Slg. 1997, I-4517 (4553, Tz. 47) – *Krüger* [Hervorhebung durch den Verfasser].

[903] Vgl. *Schweitzer/Hummer*, Europarecht, 5. Aufl. 1996, Rn. 428.

[904] Siehe oben Fn. 902.

[905] Zu dieser Konstellation vgl. *Wiehe*, Effektiver vorläufiger Rechtsschutz, 2000, S. 234.

[906] *Wiehe*, a.a.O.

Nach einer anderen Auffassung ist danach zu differenzieren, ob der Richtlinie unmittelbare Wirkung zukommt oder nicht.[907] Insgesamt sind im Zusammenhang mit Richtlinien zahlreiche unterschiedliche Konstellationen denkbar, die verschiedene Lösungsmöglichkeiten als zutreffend erscheinen lassen. Ihnen soll an dieser Stelle nicht weiter nachgegangen werden.[908]

IV. Ergebnis

Mit den Urteilen „Süderdithmarschen“ und „Atlanta“ wurde der einstweilige Rechtsschutz im Rahmen des indirekten Vollzugs weiter europäisiert. Die Grundsatzentscheidungen „Factortame“ und „Tafelwein“ verfolgten insofern noch eine einseitige Schutzrichtung, als die Einwirkungen auf den vorläufigen Rechtsschutz in beiden Fällen der Zweckdienlichkeit des Gemeinschaftsrechts entsprachen. Nunmehr stellte der Europäische Gerichtshof klar, dass die nationalen Gerichte durchaus auch zur Gewährung vorläufigen Rechtsschutzes *gegen* Gemeinschaftsrecht befugt und verpflichtet sind. Durch die Aufstellung konkreter Voraussetzungen für die Vollzugsaussetzung auf Gemeinschaftsrecht beruhender Verwaltungsakte bzw. für den Erlass einstweiliger Anordnungen wurde der gemeinschaftsrechtlich determinierte Eilrechtsschutz zum System ausgebaut.

Die Urteile „Süderdithmarschen“ und „Atlanta“ haben auch den bislang offen gebliebenen Stellenwert der Individualrechte im einstweiligen Rechtsschutzsystem geklärt. Während nach der Entscheidung der Rechtssache „Tafelwein“ die Befürchtung im Raume stand, im Widerstreit zwischen den Prinzipien der Einheitlichkeit des Gemeinschaftsrechts und der Rechtsschutzeffektivität würde Ersteres einseitig bevorzugt, fand der Gerichtshof nun einen angemessenen Ausgleich zwischen diesen Positionen. Das Verwerfungsmonopol der Gemeinschaftsgerichtsbarkeit für gemeinschaftliches Sekundärrecht, das der Einheitlichkeit des Gemeinschaftsrechts dienen soll, wurde zu Gunsten der Effektivität des Rechtsschutzes aufgeweicht, und den nationalen Gerichten wurde eine temporäre Suspensionsbefugnis eingeräumt. Der Preis für die vorläufige Aufgabe des Anspruchs des Gemeinschaftsrechts auf einheitliche Anwendung ist eine Pflicht zur Vorlage an den Gerichtshof spätestens mit Gewährung der einstweiligen Maßnahme. Mit den Entscheidungen „Süderdithmarschen“ und „Atlanta“ wurde der Individualrechtsschutz in Verfahren mit gemeinschaftsrechtlichen Sachverhalten damit erheblich gestärkt. Wenn demgegenüber die aufgestellten Voraussetzungen für den Eilrechtsschutz vereinzelt als der „Sache nach zu eng“ empfunden werden, und die Befürchtung von „empfindlichen Lücken in der (...) gemeinschaftsrechtlich geltenden Rechtsschutzgarantie“[909] geäußert wird, so bedeutet eine solche Einschätzung einen Blick durch eine ausschließlich deutsche Brille.

Die Vereinheitlichung der Kriterien für die Gewährung von Eilrechtsschutz unter Orientierung an einem gemeinschaftsrechtlichen Maßstab stellt im Ergebnis eine zu-

[907] So *Lehr*, Einstweiliger Rechtsschutz und EU, 1997, S. 530 f.

[908] Näher zu diesem Fragenkomplex *Lehr*, a.a.O., S. 530 ff.; *Wiehe*, Effektiver vorläufiger Rechtsschutz, 2000, S. 232 ff.

[909] So insbes. *Schoch*, in: *Schoch/Schmidt-Aßmann/Pietzner*, VwGO, 2003, Vorb § 80 Rn. 30.

lässige Rechtsfortbildung dar. Zwar ist die Anlehnung an Art. 242 f. EGV sowie an die eigene Verfahrensordnung methodisch nicht zutreffend. Auf Grund des Bestehens eines allgemeinen Rechtsgrundsatzes des Gemeinschaftsrechts von weitgehend identischem Inhalt geht jegliche Kritik an der Rechtsprechung des Gerichtshofes insoweit ins Leere.

D. Einstweiliger Rechtsschutz in Untätigkeitsfällen – Der Fall „T. Port"

Der Fall „T. Port"[910] knüpft thematisch an die Entscheidung „Atlanta" an. Auch hier ging es um die Zulässigkeit einer einstweiligen Anordnung im Gefolge der Anwendung der Bananenmarktordnung. Während im Fall „Atlanta" die Frage der grundsätzlichen gemeinschaftsrechtlichen Zulässigkeit einstweiliger Anordnungen im Raume stand, bekam der Europäische Gerichtshof nun Gelegenheit, sich zur Befugnis nationaler Gerichte zum Erlass einstweiliger Maßnahmen in einer ganz speziellen Fallgestaltung zu äußern.

Wie gleich zu zeigen sein wird, brachte diese Entscheidung im Vergleich zu den Rechtssachen „Süderdithmarschen" und „Atlanta" thematisch wenig Neues. Gleichwohl gehört sie zu den bislang am kontroversesten diskutierten Entscheidungen auf dem Gebiet des gemeinschaftsrechtlich determinierten einstweiligen Rechtsschutzes durch nationale Gerichte. Denn das Bundesverfassungsgericht und der Europäische Gerichtshof waren in bestimmten Fragen des Ausgangsverfahrens unterschiedlicher Auffassung.[911] Mit diesem Urteil wurde das seit jeher hinsichtlich der Kompetenzabgrenzung problematische Verhältnis[912] der beiden Gerichte zueinander erneut in den Vordergrund gerückt.

I. Hintergrund

Die Hamburger Bananenimportfirma *T. Port GmbH & Co. KG* bemühte sich ebenso wie die *Atlanta-Gruppe* bei der *Bundesanstalt für Landwirtschaft und Ernährung (BLE)* um die Zuteilung von Einfuhrkontingenten für Drittlandsbananen. In den Rechtsstreitigkeiten,[913] die sie in diesem Zusammenhang führte, berief sie sich allerdings nicht unmittelbar auf die Unwirksamkeit der maßgeblichen Verordnung, sondern machte einen Härtefall geltend, für den die Verordnung offen ist.

Die Möglichkeit, in Härtefällen vom grundsätzlichen Zuteilungskontingent abzuweichen, ist im Wesentlichen in den Art. 16 und 30 i. V. m. Art. 27 VO geregelt. In Art. 16 Abs. 1 wird die jährliche Schätzung der Kommission über den Bananenbedarf in der Gemeinschaft festgelegt. Gemäß Abs. 3 der Vorschrift kann die Schätzung auch im Verlauf des Wirschtaftsjahres beim Vorliegen besonderer Umstände (welche sich

[910] EuGH, Urteil v. 26. 11. 1996 (Rs. C-68/95), Slg. 1996, I-6065 ff. – *T. Port.*

[911] Zu der Entscheidung des BVerfG näher unten Dritter Teil, B. II. 1. (S. 226 ff.).

[912] Auch hierzu näher im nächsten Teil der Arbeit (unten Dritter Teil, B. I. [S. 215 ff.]).

[913] Dazu sogleich unter II.

auf die Produktions- oder Einfuhrbedingungen auswirken) revidiert werden. Art. 30 beschreibt als Aufgabe der Kommission den Erlass von Übergangsmaßnahmen, wodurch Schwierigkeiten beim Übergang von den vor dem Erlass der Bananenmarktordnung geltenden Regelungen zur Marktordnung begegnet werden soll. Die genannten Vorschriften nehmen Bezug auf Art. 27 VO, worin das Verfahren geregelt ist, nach dem die Kommission vorzugehen hat.

Erwähnenswert ist noch Art. 19 Abs. 2 VO, wonach jedem Marktbeteiligten Importbescheinigungen unter Zugrundelegung der Hälfte der in den Jahren 1989 bis 1991 durchschnittlich vermarkteten Menge ausgestellt wurden.

II. Sachverhalt

Die Entscheidung im Fall „T. Port" erging in einem Vorabentscheidungsverfahren auf Vorlage des Verwaltungsgerichtshofes Kassel. Gegenstand der Vorlage waren Fragen nach der Auslegung der Art. 16 und 30 der VO sowie nach der Gültigkeit von Art. 19 der VO. Daneben stellte der Verwaltungsgerichtshof Fragen zu der Auslegung des EG-Vertrages, insbesondere zu der Befugnis nationaler Gerichte, bis zum Erlass einer Härteregelung durch die Kommission vorläufige Maßnahmen zu treffen.

Der Vorlage an den Europäischen Gerichtshof ging eine Reihe von Entscheidungen deutscher Gerichte unterschiedlicher Instanzen voraus. Ein erster Antrag der Klägerin auf Erlass einer einstweiligen Anordnung wurde vom Verwaltungsgericht Frankfurt a. M. mit Beschluss vom 27. 5. 1994 zurückgewiesen.[914] Diese Entscheidung wurde vom Verwaltungsgerichtshof Kassel im Rechtsmittelverfahren bestätigt.[915]

Ebenso wurden ein weiterer Antrag zunächst vom Verwaltungsgericht Frankfurt a. M. (am 8. 12. 1994)[916] und die dagegen erhobene Beschwerde vom Verwaltungsgerichtshof Kassel (am 23. 12. 1994) zurückgewiesen.[917] Hiergegen legte die Klägerin Verfassungsbeschwerde ein, was mit Beschluss vom 25. 1. 1995 zur Aufhebung der Entscheidung des Verwaltungsgerichtshofes durch das Bundesverfassungsgericht[918] führte. Das Bundesverfassungsgericht führte als Begründung an, der Verwaltungsgerichtshof habe nicht berücksichtigt, dass die Verordnung – ungeachtet der Frage ihrer Gültigkeit – angesichts der Art. 16 Abs. 3 und 30 inhaltlich so offen sei, dass besondere Härten bei ihrer Anwendung aufgefangen werden könnten. Als besondere Härte betrachtete das Bundesverfassungsgericht *in casu* den drohenden Konkurs der Klägerin und damit eine mögliche Verletzung der Art. 19 Abs. 4 i. V. m. Art. 14 Abs. 1 GG. Dies habe der Verwaltungsgerichtshof nicht geprüft. Dieser hatte seine ablehnende Entscheidung insbesondere darauf gestützt, dass durch die begehrte vorläufige Maßnahme praktisch das Ergebnis des Hauptsacheverfahrens vorweggenommen und deshalb das Interesse der Gemeinschaft nicht angemessen berücksichtigt worden

[914] AZ 1 G 3906/94.

[915] AZ 8 TG 1721/94.

[916] AZ 1 G 3571/94.

[917] VGH Kassel, Beschluss v. 23. 12. 1994, (Rs. 8 TG 3430/94), EuR 1995, 86 ff.

[918] BVerfG, Beschluss v. 25. 1. 1995 (2 BvR 2689/94 u. 2 BvR 52/95), EuZW 1995, 126.Vgl. dazu *Pache*, EuR 1995, 95 ff. Zu dieser Entscheidung siehe auch ausführlich Dritter Teil, B. II. 1. (S. 226 ff.).

wäre.[919] Der Verwaltungsgerichtshof berief sich dabei auch auf das inzwischen (am 5. 10. 1994) ergangene „Bananenmarkt"-Urteil",[920] in dem der Europäische Gerichtshof die Bananenmarktordnung für mit dem Gemeinschaftsrecht vereinbar erklärt hatte.

Nach der Entscheidung des Bundesverfassungsgerichts gab der Verwaltungsgerichtshof mit Beschluss vom 9. 2. 1995[921] dem Antrag auf einstweilige Anordnung statt und verpflichtete die Beklagte, der Klägerin zusätzliche Einfuhrbescheinigungen für das Jahr 1995 zu erteilen. Wie im Fall „Atlanta" musste sich die Klägerin für den Fall des Unterliegens in der Hauptsache damit einverstanden erklären, dass ihr die Sonderkontingente auf die ihr für die Folgejahre zustehenden Einfuhrkontingente angerechnet werden. Der Verwaltungsgerichtshof vertrat allerdings die Ansicht, die Erteilung zusätzlicher Einfuhrbescheinigungen komme nur in Betracht, wenn die Kommission nach Art. 16 Abs. 3 oder nach Art. 30 i. V. m. Art. 27 VO verpflichtet sei, zusätzliche Kontingente zu eröffnen; ferner dann, wenn sich herausstelle, dass Art. 19 Abs. 2 VO deshalb unwirksam sei, weil er keine Härteregelung enthalte. Daher ersuchte der Verwaltungsgerichtshof den Europäischen Gerichtshof um Vorabentscheidung und stellte ihm die folgenden Vorlagefragen:

„1. Verpflichtet Art. 16 Abs. 3 bzw. Art. 30 Verordnung (EWG) 404/93 des Rates vom 13. 2. 1993 (ABlEG Nr. L 47, S. 1) die Kommission zur Regelung von Härtefällen, die dadurch auftreten, daß Marktbeteiligte der Gruppe A in existentielle Schwierigkeiten geraten, weil sie aufgrund der nach Art. 19 Abs. 2 Verordnung (EWG) Nr. 404/93 zu berücksichtigenden Referenzjahre ein ungewöhnlich niedriges Kontingent zugeteilt erhalten und nicht auf den Markt für AKP- und Gemeinschaftsbananen ausweichen können?

2. Ist Art. 19 Abs. 2 Verordnung (EWG) Nr. 404/93 ungültig, soweit für Härtefälle in der Übergangszeit keine Berücksichtigung anderer Referenzjahre vorgesehen ist?

3. Wenn eine der beiden vorgenannten Fragen bejaht wird: Unter welchen Voraussetzungen ist dann das nationale Gericht befugt, bis zum Erlaß einer Härteregelung bzw. einer Ergänzung des Art. 19 Verordnung (EWG) Nr. 404/93 vorläufig Maßnahmen im Rahmen eines Verfahrens auf Gewährung einstweiligen Rechtsschutzes zu treffen?"[922]

---

[919] VGH Kassel, Beschluss v. 23. 12. 1994, (Rs. 8 TG 3430/94), EuR 1995, 86 (87 f.). In methodischer Hinsicht ist bemerkenswert, dass sich der VGH bei der Prüfung der Voraussetzungen für die begehrte einstweilige Maßnahme an den „Süderdithmarschen"-Kriterien orientierte, diese aber „allenfalls entsprechend" anwenden wollte (das „Atlanta"-Urteil des EuGH war zu diesem Zeitpunkt noch nicht ergangen).

[920] EuGH, Urteil v. 5. 10. 1994 (Rs. C-280/93), Slg. 1994, I-4973 ff. – *Deutschland/Rat.*

[921] VGH Kassel, Beschluss v. 9. 2. 1995 (8 TG 292/95), EuZW 1995, 222 ff.

[922] VGH Kassel, a.a.O. Nach Ergehen des „Atlanta"-Urteils hat der VGH Kassel auf Aufforderung des EuGH, die Notwendigkeit der dritten Frage zu überprüfen, diese Frage mit Beschluss vom 10. 1. 1996 aufrecht erhalten, jedoch wie folgt umformuliert: „Wenn die Frage unter Ziffer 1 bejaht wird: Unter welchen Voraussetzungen ist dann das nationale Gericht befugt, bis zum Erlaß einer Härteregelung gemäß Artikel 16 Absatz 3 bzw. Artikel 30 der Verordnung (EWG) Nr. 404/93 des Rates vom 13. Februar 1993 vorläufige Maßnahmen im Rahmen eines Verfahrens auf Gewährung einstweiligen Rechtsschutzes zu treffen?".

Der Verwaltungsgerichtshof sah sich zwar zur Gewährung vorläufigen Rechtsschutzes, angesichts der durch die Klägerin dargelegten Dringlichkeit und der Entscheidung des Bundesverfassungsgerichts, verpflichtet. Er zweifelte dennoch an der gemeinschaftsrechtlichen Zulässigkeit dieses Vorgehens, zumal zu diesem Zeitpunkt der Europäische Gerichtshof die Rechtssache „Atlanta" noch nicht entschieden hatte. Während im Fall „Atlanta" die grundsätzliche Befugnis nationaler Gerichte zum Erlass einstweiliger Anordnungen in Rede stand, war nun von Interesse, ob dies auch speziell für den Zeitraum bis zum Erlass einer Härteregelung durch die Kommission möglich ist.

III. Entscheidung des Europäischen Gerichtshofes

1. Materiell-rechtliche Fragestellung: Verpflichtung der Kommission zur Regelung von Härtefällen

Der Gerichtshof ist zunächst auf die materiell-rechtliche Problematik der Auslegung von Art. 16 Abs. 3 und 30 VO eingegangen. Dazu führte er aus, dass Art. 16 Abs. 3 die Kommission zwar verpflichten könne, die Bedarfsvorausschätzung, wonach sich die Zuteilung der Zollkontingente richte, zu revidieren; die Einfuhrkontingente könnten dementsprechend geändert werden, wenn sich die Einschätzung des Rates als unrichtig erweisen sollte. Dagegen könnten außergewöhnliche Umstände, die sich auf die Produktions- oder Einfuhrbedingungen von Drittlandsbananen auswirkten, eine Überprüfung des Zollkontingents nach Art. 16 Abs. 3 VO nicht rechtfertigen. Ein Tätigwerden der Kommission könne allerdings Art. 30 VO gebieten, der die Kommission zum Erlass aller für erforderlich erachteten Übergangsmaßnahmen verpflichte. Eine solche Verpflichtung bestehe insbesondere dann, wenn beim Übergang von den nationalen Regelungen zu einer gemeinsamen Marktorganisation die gemeinschaftlich geschützte Grundrechte, etwa das Eigentumsrecht oder das Recht auf freie Berufsausübung, beeinträchtigt würden.[923]

Materiell-rechtlich betrachtet billigte der Gerichtshof also das Vorgehen des Verwaltungsgerichtshofes Kassel.[924]

---

[923] EuGH, Urteil v. 26. 11. 1996 (Rs. C-68/95), Slg. 1996, I-6065 (6098 ff., Tz. 29, 32, 40, 43) – *T. Port.*

[924] Zur Frage der Gültigkeit des Art. 19 Abs. 2 VO konnte sich der EuGH, a.a.O., Tz. 44, anschließend sehr kurz fassen. Mit der Beantwortung der ersten Vorlagefrage und der darin gewonnenen Erkenntnis, dass über Art. 30 VO die Kommission zum Erlass von Übergangsmaßnahmen auch abweichend von Art. 19 Abs. 2 berechtigt und verpflichtet sein kann, sah er ein weiteres Eingehen auf diese Frage als nicht erforderlich an.

2. Prozessuale Frage: Keine Befugnis nationaler Gerichte zur Gewährung vorläufigen Rechtsschutzes

Bei der Beantwortung der prozessualen Fragestellung hat der Gerichtshof zunächst noch einmal die in den Rechtssachen „Zuckerfabrik Süderdithmarschen“[925] und „Atlanta“[926] festgestellte grundsätzliche Befugnis nationaler Gerichte, einstweilige Maßnahmen zu erlassen, bestätigt. Dazu bemühte er erneut die Argumente der Kohärenz und der praktischen Wirksamkeit.[927]

Sodann arbeitete der Gerichtshof den Unterschied zwischen den eben erwähnten Rechtssachen und dem Ausgangsverfahren heraus: In der vorliegenden Fallgestaltung gehe es nicht um den Erlass vorläufiger Maßnahmen im Rahmen des Vollzugs einer als rechtswidrig angefochtenen Gemeinschaftsverordnung, um vorläufigen Rechtsschutz im Hinblick auf Rechte zu gewähren, die dem Einzelnen nach der Gemeinschaftsrechtsordnung zustünden. Vielmehr gehe es darum, den Marktbeteiligten vorläufigen Rechtsschutz zu gewähren, wenn das Bestehen und der Umfang ihrer Rechte auf Grund einer Gemeinschaftsverordnung erst durch einen von der Kommission noch nicht erlassenen Rechtsakt festgestellt werden müssten.[928]

Das Neuartige im Fall „T. Port“ ist also, dass der vorläufige Rechtsschutz dazu dienen soll, die Rechte des Antragstellers *bis* zum Tätigwerden eines Gemeinschaftsorgans zu schützen, bzw. – anders ausgedrückt – dazu dienen soll, *gegen* die Untätigkeit eines Gemeinschaftsorgans vorzugehen.

Der Gerichtshof führte weiter aus, dass es einem nationalen Gericht nicht möglich sei, ihn selbst im Wege einer Vorlage zu ersuchen, durch Vorabentscheidung die Untätigkeit eines Organs festzustellen; dementsprechend seien nationale Gerichte nicht befugt, bis zum Tätigwerden des Organs einstweilige Maßnahmen zu treffen. Die Kontrolle der Untätigkeit falle in die ausschließliche Zuständigkeit der Gemeinschaftsgerichtsbarkeit.[929]

Wie in einem solchen Fall durch vorläufige Maßnahmen Grundrechtsschutz zu erhalten ist, stellte der Gerichtshof sogleich selbst dar: In einer Lage wie im Ausgangsverfahren könnten nur der Europäische Gerichtshof bzw. das Gericht erster Instanz Rechtsschutz gewähren. Der Betroffene müsse sich zunächst an die Kommission wenden und sie ersuchen, im Verfahren nach Art. 27 VO die gebotenen Maßnahmen zu ergreifen, um der im Einzelfall geltend zu machenden Härte zu begegnen. Sollte das Gemeinschaftsorgan untätig bleiben, so bestünde die Möglichkeit der Individual-Untätigkeitsklage nach Art. 232 Abs. 3 EGV (ex-Art. 175 Abs. 3). Im Rahmen dieses Verfahrens könnte das Gemeinschaftsgericht dann einstweilige Maßnahmen nach Art. 243 EGV (ex-Art. 186) treffen.[930]

---

[925] EuGH, Urteil v. 21. 2. 1991 (verb. Rs. C-143/88 u. C-92/89), Slg. 1991, I-415 ff. –*Süderdithmarschen.*

[926] EuGH, Urteil v. 9. 11. 1995 (Rs. C-465/93), Slg. 1995, I-3761 ff. – *Atlanta.*

[927] EuGH, Urteil v. 26. 11. 1996 (Rs. C-68/95), Slg. 1996, I-6065 (6102 f., Tz. 47, 49 f.) – *T. Port.*

[928] EuGH, a.a.O., Tz. 52.

[929] EuGH, a.a.O., Tz. 53.

[930] EuGH, a.a.O., Tz. 54, 57-60.

Im Ergebnis hielt der Gerichtshof zu der hier vorwiegend interessierenden prozessualen Fragstellung fest:

> „Nach dem EG-Vertrag sind die nationalen Gerichte nicht befugt, im Rahmen eines Verfahrens zur Gewährung vorläufigen Rechtsschutzes vorläufige Maßnahmen zu erlassen, bis die Kommission nach Art. 30 Verordnung (EWG) Nr. 404/93 einen Rechtsakt zur Regelung der bei den Marktbeteiligten vorliegenden Härtefälle erlassen hat."[931]

IV. Würdigung der Entscheidung

Im deutschen Schrifttum wurde die Entscheidung in sehr unterschiedlicher Weise aufgenommen. Auffällig ist, dass der Anteil der Kritiker verhältnismäßig höher zu sein scheint als bei den früheren Entscheidungen zum gemeinschaftsrechtlichen einstweiligen Rechtsschutz. Die Zweifel an dem Urteil setzen an vielen unterschiedlichen Punkten an; dennoch fällt auf, dass sich die Kritik insbesondere um die Frage dreht, ob diese Rechtsprechung den Erfordernissen des Art. 19 Abs. 4 GG genügt.[932] Dies ist wohl darauf zurückzuführen, dass sich die verfassungsrechtlichen Implikationen, die durch die Rechtssache „T. Port" hervorgerufen wurden, als massiver darstellen als bei den bisherigen Entscheidungen. Auf diese Frage wird ausführlich im nächsten Teil der Arbeit[933] einzugehen sein. Im Rahmen der Nachbetrachtung an dieser Stelle soll die Entscheidung vor allem aus gemeinschaftsrechtlicher Perspektive durchleuchtet und wiederum auf die Richtigkeit des Ergebnisses und die Schlüssigkeit der Begründung überprüft werden.

Von besonderem Interesse ist dabei die Frage, ob der vom Gerichtshof herausgearbeitete Unterschied zur „Atlanta"-Konstellation tatsächlich so gewichtig ist, um den mitgliedstaatlichen Gerichten die Befugnis zum Erlass einstweiliger Anordnungen absprechen zu können. Ferner stellt sich das Problem, ob die Entscheidung – unabhängig von der Beurteilung im Hinblick auf Art. 19 Abs. 4 GG – den Anforderungen des *gemeinschaftsrechtlichen* effektiven Rechtsschutzpostulats genügt.

1. Unterschied zur Rechtssache „Atlanta"

Dem Gerichtshof wurde zum Vorwurf gemacht, sich mit dem „T. Port"-Urteil in Widerspruch zu seiner eigenen „Atlanta"-Entscheidung gesetzt zu haben. Die *T. Port GmbH & Co. KG* habe ebenso wie die *Atlanta-Gruppe* die Zuteilung weiterer Einfuhr-

---

[931] EuGH, Urteil v. 26. 11. 1996 (Rs. C-68/95), Slg. 1996, I-6065 (6107) – *T. Port.*

[932] Kritisch hierzu *Koenig*, EuZW 1997, 206 ff.; *Koenig/Zeiss*, JZ 1997, 461 ff.; *Ohler/Weiß*, NJW 1997, 2221 ff., mit der Hoffnung, dass es sich bei der Entscheidung um eine „einmalige Entgleisung" durch den EuGH handelt, a.a.O., S. 2222; *Weber*, DÖV 1997, 624 (629); *Sandner*, DVBl. 1998, 262 (266). Dem Urteil im Ergebnis zustimmend *Zuleeg*, NJW 1997, 1201 (1205 f.); *Pernice*, EuZW 1997, 545; *Jannasch*, NVwZ 1999, 495 (498 ff.).

[933] Siehe unten Dritter Teil, A. III. (S. 211 ff.).

kontingente für Bananen beantragt. Die Erwähnung der Härtefallklausel in der Vorlagefrage sei als Unterscheidungsmerkmal zu formal.[934]

Der Umstand, wonach in der Rechtssache „T. Port" noch ein Rechtsakt der Kommission vorauszugehen hatte, in dem das im einstweiligen Verfahren geltend gemachte Recht der Antragstellerin erst festgestellt werden musste, stellt jedoch durchaus einen relevanten Unterschied zum Fall „Atlanta" dar. Denn der Verfahrensgegenstand im Rahmen eines Vorabentscheidungsverfahrens ergibt sich nicht aus dem Antrag des Antragstellers im einstweiligen Rechtsschutzverfahren vor dem nationalen Gericht, sondern allein aus der Formulierung der Vorlagefrage.[935] In der Rechtssache „Atlanta" fragte das Verwaltungsgericht Frankfurt nach der Zulässigkeit einstweiliger Anordnungen für den Fall der – angenommenen – *Ungültigkeit* einer Gemeinschaftsverordnung. Im Unterschied dazu betraf die Vorlagefrage des Verwaltungsgerichtshofes Kassel die Befugnis zur Gewährung von einstweiligem Rechtsschutz bis zum Erlass einer Härtefallregelung ***bei vorausgesetzter Gültigkeit der Verordnung***. Hierin ist nicht nur ein formaler Unterschied durch die Erwähnung der Härteklausel in der Vorlagefrage zu sehen, sondern eine materielle Abweichung. Anders formuliert: Die Rechtssache „Atlanta" betraf die Befugnis der vorläufigen Außerachtlassung von Gemeinschaftsrecht; dagegen ging es in dem Fall „T. Port" darum, noch nicht erlassenes Gemeinschaftsrecht vorläufig zu antizipieren.[936] Im Ergebnis, also nach der konkreten Umsetzung der beiden Urteile des Gerichtshofes, konnten weder die *Atlanta-Gruppe* noch die *T. Port GmbH & Co. KG* mit ihrem einstweiligen Rechtsschutzbegehren vor den nationalen Gerichten durchdringen.

Eine andere und durch diesen Befund noch nicht beantwortete Frage ist es, ob dieser Unterschied tatsächlich eine andere Bewertung im Ergebnis rechtfertigt, oder ob sich durch die „T. Port"-Entscheidung empfindliche Rechtsschutzlücken auftun.[937]

2. Kohärenzargumentation des Europäischen Gerichtshofes

Das Verbot, bis zum Tätigwerden des zuständigen Gemeinschaftsorgans einstweilige Maßnahmen zu treffen, folgert der Europäische Gerichtshof aus der fehlenden Befugnis der nationalen Gerichte, den Gerichtshof im Wege einer Vorlage zu ersuchen, die Untätigkeit des Organs festzustellen. Die Kontrolle der Untätigkeit falle in die ausschließliche Zuständigkeit der Gemeinschaftsgerichtsbarkeit, so dass lediglich der Gerichtshof selbst sowie das Gericht erster Instanz in Sachlagen wie dem Ausgangsverfahren den Betroffenen Rechtsschutz gewähren könnten.[938]

In dieser Formulierung verbirgt sich wieder das Argument der Kohärenz, das der Gerichtshof schon in den Rechtssachen „Süderdithmarschen" und „Atlanta" angeführt

---

934 So *Ohler/Weiß*, NJW 1997, 2221 (2222).

935 *Middeke*, in: *Rengeling/Middeke/Gellermann*, Rechtsschutz in der EU, 2. Aufl. 2003, § 10 Rn. 11.

936 Vgl. *Wiehe*, Effektiver vorläufiger Rechtsschutz, 2000, S. 212.

937 Dazu näher unten Zweiter Teil, D. IV. 3. (S. 190 ff.).

938 EuGH, Urteil v. 26. 11. 1996 (Rs. C-68/95), Slg. 1996, I-6065 (6104, Tz. 53 f.) – *T. Port*.

hat.[939] Bereits die Ausgangsthese der fehlenden Befugnis nationaler Gerichte zu einer Untätigkeitsvorlage wird teilweise bezweifelt;[940] sie soll deshalb näher untersucht werden.

a) Ausgangsthese: Keine Befugnis nationaler Gerichte zur Ungültigkeitsvorlage

aa) Die Auffassung von *Wiehe*

(1) Der genaue Gegenstand einer Ungültigkeitsvorlage

Gemäß Art. 234 Abs. 1 lit. b. EGV sind Gültigkeits- sowie Auslegungsvorlagen betreffend Handlungen der Gemeinschaft zulässig. Nach Auffassung von *Wiehe* handelt es sich im Falle einer Ungültigkeitsvorlage um einen besonderen Fall einer Auslegungsvorlage. Denn bei der Geltendmachung der Untätigkeit eines Gemeinschaftsorgans solle nicht die Untätigkeit als solche ausgelegt werden, sondern die Rechtsvorschrift, die eine Rechtspflicht zum Handeln begründen könnte. Methodisch sei dies gar der einzige Weg, die Rechtswidrigkeit einer Untätigkeit bzw. einer Unterlassung festzustellen. Wenn aber zur Feststellung der rechtswidrigen Untätigkeit eines Gemeinschaftsorgans nichts weiter erforderlich sei als eine Auslegung, so sei aus dem reinen Wortlaut des Art. 234 EGV nicht ersichtlich, warum die mitgliedstaatlichen Gerichte nicht berechtigt sein sollen, eine entsprechende Auslegungsfrage vorzulegen, die auf die Feststellung einer Untätigkeit gerichtet sei.[941]

Dass die Feststellung der Rechtswidrigkeit einer Untätigkeit über die Auslegung der eine Handlungspflicht begründenden Norm zu erfolgen hätte, lässt sich letztlich nicht bestreiten. Eben dies ist auch die Methode, wie sie bei einer Untätigkeitsklage nach Art. 232 EGV angewandt wird, um die Rechtswidrigkeit der Untätigkeit festzustellen.[942]

(2) Mangelnde Bindungswirkung von Urteilen über Untätigkeitsvorlagen?

Des Weiteren beschäftigt sich *Wiehe* mit dem Einwand einer etwaigen mangelnden Bindungswirkung von Auslegungsurteilen über Untätigkeitsvorlagen. Er kommt zum Ergebnis, dass eine solche im Wege einer analogen Anwendung des Art. 233 EGV zu erreichen sei. Hierfür führt er die Parallelität der Verfahren nach Art. 234 und Art. 230 EGV an: Aus Gründen der Rechtssicherheit sei nach der Rechtsprechung des Gerichtshofes im Falle von Vorabentscheidungen, die die Ungültigkeit von Gemein-

---

939 Vgl. zum Argument der Kohärenz des Rechtsschutzsystems in den Rechtssachen „Süderdithmarschen" und „Atlanta" oben Zweiter Teil, C. III. 1. a) cc) (S. 139 ff.).

940 So etwa *Wiehe*, Effektiver vorläufiger Rechtsschutz, 2000, S. 222 ff.

941 So die Argumentation von *Wiehe*, a.a.O., S. 223 f.

942 Vgl. dazu *Burgi*, in: *Rengeling/Middeke/Gellermann*, Rechtsschutz in der EU, 2. Aufl. 2003, § 8 Rn. 49, 51.

schaftsrecht feststellen würden, Art. 233 EGV analog anzuwenden.[943] Da Art. 233 EGV in seinem unmittelbaren Anwendungsbereich allerdings nicht auf Nichtigkeitsurteile nach Art. 230 EGV beschränkt sei, sondern ebenfalls im Rahmen von Untätigkeitsurteilen nach Art. 232 EGV gelte, sei davon auszugehen, dass die Vorschrift auch dann eingreife, wenn durch ein Urteil nach Art. 234 EGV die Untätigkeit eines Gemeinschaftsorgans festgestellt werde.[944]

(3) Furcht vor der Normerlassklage?

Schließlich geht *Wiehe* auf die Befürchtung ein, über die Anerkennung einer Befugnis zur Untätigkeitsvorlage könnte die grundsätzlich unzulässige Normerlassklage Eingang in das gemeinschaftsrechtliche Rechtsschutzsystem finden. Der die Befürchtung auslösende Gedankengang sieht ein Problem darin, dass ein Kläger über den Weg einer Untätigkeitsvorlage möglicherweise eine Sache vor den Europäischen Gerichtshof oder das Gericht erster Instanz bringen könnte, in der er im Wege einer Direktklage nach Art. 232 Abs. 3 EGV mangels individueller und unmittelbarer Betroffenheit nicht klagebefugt wäre.

Wiehe widerlegt nun nicht diesen Gedankengang, sondern erklärt ihn zur logischen Konsequenz des Rechtsschutzsystems. Dazu nimmt er erneut Bezug auf das Zusammenspiel der Art. 230, 232 EGV einerseits und Art. 234 EGV andererseits. *Wiehe* weist darauf hin, dass auch im Rahmen von positiven Gemeinschafts*handlungen*, also beim Normalfall der Gültigkeitsvorlage, die Überprüfung solcher Rechtsakte erlangt werden könne, bezüglich derer der Einzelne im Wege der Direktklage nach Art. 230 Abs. 4 EGV nicht klagebefugt wäre. Daher sei nicht einzusehen, warum die für positive Handlungen eines Organs geltenden Aspekte nicht auch für das spiegelbildliche Gegenstück, das Unterlassen eines Organs, zutreffen sollten.[945]

bb) Bewertung

Im Ergebnis legt Wiehe überzeugend dar, dass tatsächliches vieles für die Zulässigkeit von Untätigkeitsvorlagen spricht. Aus dieser Erkenntnis folgt jedoch keineswegs zwingend ihre tatsächliche Zulässigkeit. Gerade das Hauptargument von *Wiehe*, das Rechtsschutzsystem der Art. 230, 232 und Art. 234 EGV, kann auch gegen seine Auffassung aufgeführt werden. Betrachtet man einerseits die Systematik der Art. 230 und

---

[943] Vgl. EuGH, Urteil v. 19. 10. 1977 (Rs. 117/76 u. 16/77), Slg. 1977, 1753 (1768 ff.) – *Ruckdeschel und Ströh*; EuGH, Urteil v. 15. 10. 1980 (Rs. 145/70), Slg. 1980, 2917 (2946, Tz. 51) – *Roquette Frères*; EuGH, Urteil v. 13. 5. 1981 (Rs. 66/80), Slg. 1981, 1191 (1216, Tz. 16) – *International Chemical Corporation*. Vgl. auch *Streil*, in: *Schwarze*, Der Europäische Gerichtshof als Verfassungsgericht und Rechtsschutzinstanz, 1983, S. 69 (81); *Wohlfahrt*, in: *Grabitz/Hilf*, EU, 1999, Art. 177 EGV Rn. 75; *Middeke*, in: *Rengeling/Middeke/Gellermann*, Rechtsschutz in der EU, 2003, § 10 Rn. 90.

[944] *Wiehe*, Effektiver vorläufiger Rechtsschutz, 2000, S. 224 f.

[945] *Wiehe*, a.a.O., S. 226 f.

232 EGV, die ein und denselben Rechtsbehelf regeln,[946] und andererseits die des Art. 234 EGV, so lässt sich damit ohne weiteres die Vertretbarkeit der vom Gerichtshof eingenommenen Position belegen. Sowohl Art. 230 EGV wie auch Art. 234 EGV dienen der Kontrolle der Rechtmäßigkeit von Gemeinschafts*handlungen*. Im ersten Fall liegt die Antragsbefugnis bei den Mitgliedstaaten, den Gemeinschaftsorganen (Art. 230 Abs. 2, 3 EGV) bzw. unter verschärften Voraussetzungen bei den Unionsbürgern (Art. 230 Abs. 4 EGV), im anderen Fall bei den mitgliedstaatlichen Gerichten (Art. 234 EGV). Für den Kreis der erstgenannten Antragsbefugten erfolgt in Art. 232 EGV eine Gleichstellung von Gemeinschafts*handlungen* mit Unterlassungen bzw. Untätigkeiten. Eine solche Gleichstellung fehlt allerdings für den Bereich des Art. 234 EGV. Das legt den Schluss nahe, dass nationale Gerichte zu einer Vorlage, die auf die Feststellung der Rechtswidrigkeit einer Untätigkeit gerichtet ist, nicht befugt sein sollen.

So schlüssig *Wiehes* Auffassung begründet sein mag, und möglicherweise unter dem Gesichtspunkt effektiven Rechtsschutzes auch vorzugswürdig erscheint,[947] sie ändert nichts an dem Letztbeurteilungsrecht des Europäischen Gerichtshofes bzgl. Untätigkeiten oder Unterlassungen der Gemeinschaftsorgane. Der Entscheidung kann daher jedenfalls in diesem Punkt nicht entgegengehalten werden, sie sei fehlerhaft. Gleichwohl wäre es wünschenswert gewesen, dass der Gerichtshof seine These näher begründet hätte, statt sie einfach nur als Postulat in den Raum zu stellen.

b) Schlussfolgerung: Keine Befugnis nationaler Gerichte zum Erlass einstweiliger Anordnungen

Durch die vorstehenden Ausführungen wurde belegt, dass die These des Europäischen Gerichtshofes, nationale Gerichte hätten keine Befugnis zu Ungültigkeitsvorlagen, jedenfalls nicht als falsch zurückzuweisen ist. Ob der daraus gezogene Schluss des Gerichtshofes, nationale Gerichte seien auf Grund dessen auch nicht berechtigt, einstweilige Maßnahmen bis zum Tätigwerden des zuständigen Gemeinschaftsorgans zu erlassen, zutreffend und zwingend ist, bleibt allerdings noch zu untersuchen.

Zweifel ergeben sich aus dem Umstand, dass dem Gerichtshof auch bei der Gültigkeitskontrolle nach Art. 230 EGV die ausschließliche Zuständigkeit zukommt. Gleichwohl hat der Gerichtshof sein Verwerfungsmonopol in Gültigkeitsfragen für den Bereich des vorläufigen Rechtsschutzes in den Rechtssachen „Süderdithmarschen“ und „Atlanta“ teilweise zurückgenommen und den nationalen Gerichten die Befugnis zur Gewährung vorläufigen Rechtsschutzes eingeräumt. Es stellt sich die Frage, weshalb sich der Gerichtshof veranlasst sah, diesen Weg in Untätigkeitskonstellationen nicht zu gehen.

---

[946] So der EuGH nicht zuletzt in der „T. Port“-Entscheidung, Urteil v. 26. 11. 1996 (Rs. C-68/95), Slg. 1996, I-6065 (6105, Tz. 59); davor schon EuGH, Urteil v. 18. 11. 1970 (Rs. 15/70), Slg. 1970, 975 (979, Tz. 5/7) – *Chevalley/Kommission*. Vgl. auch *Schwarze*, in: *ders.*, EU-Kommentar, 2000, Art. 232 EGV Rn. 1.

[947] Dazu näher unten Zweiter Teil, D. IV. 4. (S. 199 f.).

In den Rechtssachen „Süderdithmarschen“ und „Atlanta“ erschien dem Gerichtshof ein Verweis der Antragsteller auf den Weg der Gemeinschaftsgerichtsbarkeit aus Rechtsschutzgründen (offenbar schon auf Grund der eingeschränkten Antragsbefugnis in Art 230 Abs. 4 EGV) zu ineffektiv. Er hätte den Rechtsschutz Suchenden aufgeben können, eine Nichtigkeitsklage nach Art. 230 EGV zu erheben, im Rahmen derer dann vorläufiger Rechtsschutz nach Art. 242 S. 2, 243 EGV hätte gewährt werden können. Im vorliegenden Fall der Untätigkeit eines Gemeinschaftsorgans hatte er jedoch vor dem Hintergrund der Effektivität des subjektiven Rechtsschutzes keine Bedenken, den Unionsbürger ausschließlich auf den Weg der Gemeinschaftsgerichtsbarkeit zu verweisen. Die Antragsbefugnis ist aber im Rahmen von Untätigkeitsklagen nach Art. 232 EGV für natürliche und juristische Personen genauso eingeschränkt wie bei Nichtigkeitsklagen.

Eine Parallelität der Konstellationen ist also nicht von der Hand zu weisen; allerdings sieht der Gerichtshof tatsächlich einen entscheidenden Unterschied zwischen dem Bestreiten der Gültigkeit einer Handlung sowie der Geltendmachung der Untätigkeit eines Organs. Dieser Unterschied lässt sich aber wie oben nachgewiesen[948] durchaus normativ im EG-Vertrag festmachen. Deshalb ist es schwerlich möglich, dem Gerichtshof den Vorwurf zu machen, der Schluss von der Unzulässigkeit von Untätigkeitsvorlagen auf die fehlende Befugnis nationaler Gerichte zur Gewährung vorläufigen Rechtsschutzes in Untätigkeitsfällen sei unrichtig. Zwingend ist die Schlussfolgerung freilich nicht; ggf. wäre die gegenteilige Auffassung unter Rechtsschutzgesichtspunkten wünschenswerter gewesen.[949]

c) Zwischenergebnis

Die Kohärenzargumentation des Europäischen Gerichtshofes ist also nicht unschlüssig,[950] wenngleich sie auch nicht zwingend ist. Sonderbar ist jedoch der Umstand, dass der Gerichtshof mit derselben Argumentation auch die gegenteilige Position hätte begründen können. Statt auf die Kohärenz zwischen der Befugnis nationaler Gerichte im Rahmen des Vorlageverfahrens und des einstweiligen Rechtsschutzverfahrens abzustellen, hätte er mit der Kohärenz des Rechtsschutzes gegen Gemeinschaftshandlungen allgemein argumentieren müssen. So hätte er unschwer in systematisch und dogmatisch sauberer Art und Weise eine Befugnis nationaler Gerichte zur Gewährung von Eilrechtsschutz in Untätigkeitsfällen begründen können.

---

[948] Soeben unter a) bb).

[949] Dazu näher unten Zweiter Teil, D. IV. 4. (S. 199 f.).

[950] Insofern mit anderem Ergebnis *Wiehe*, Effektiver vorläufiger Rechtsschutz, 2000, S. 228: „das ‚Port‘-Urteil des EuGH ist immanent inkohärent.“

3. Beachtung des gemeinschaftsrechtlichen Prinzips des effektiven Rechtsschutzes

Möglicherweise ist die Entscheidung jedoch aus einem anderen Grund unrichtig. Es drängt sich nämlich die Frage auf, ob der vom Europäischen Gerichtshof propagierte Weg über die Gemeinschaftsgerichtsbarkeit unter Effektivitätsgesichtspunkten einer Rechtsschutzgewährung durch die nationalen Gerichte nach Art der „Süderdithmarschen"- und Atlanta"-Rechtsprechung gleichwertig ist. Zweifelsohne bedeutet die Versagung des Zugangs zu den nationalen Gerichten im Vergleich zur erwähnten Rechtsprechung eine Verkürzung der Rechtsschutzmöglichkeiten in numerischer Hinsicht. Bei Bestreitung der Gültigkeit einer Gemeinschaftshandlung steht dem Rechtsschutz Suchenden sowohl der Rechtsweg innerhalb der Mitgliedstaaten wie auch der Rechtsschutz auf Gemeinschaftsebene zur Verfügung.[951] Zur Geltendmachung der Untätigkeit von Gemeinschaftsorganen sollen nach dem „T. Port"-Urteil allein der Europäische Gerichtshof und das Gericht erster Instanz zuständig sein. Ob damit jedoch zugleich eine materielle Einbuße an Rechtsschutz verbunden ist, kann erst nach Beurteilung des vom Gerichtshof vorgeschlagenen Weges festgestellt werden.

a) Ersuchen an die Kommission im Verfahren nach Art. 27 Bananenmarktordnung

Als einen ersten Schritt fordert der Gerichtshof, ein Ersuchen an die Kommission zu richten, worin der Erlass der entsprechenden Maßnahme begehrt wird – in der vorliegenden Konstellation also die Kommission im Verfahren nach Art. 27 VO zum Erlass einer Härtefallregelung gemäß Art. 30 VO zu bewegen. Art. 27 VO schreibt für die Bananenmarktordnung das sog. Verwaltungsausschussverfahren fest und ermächtigt die Kommission auf diesem Weg zum Erlass „unmittelbar geltender Maßnahmen". Dieses Verfahren kann der betreffende Mitgliedstaat anstrengen, ggf. auf Veranlassung durch den betroffenen Marktbeteiligten, aber auch Letzterer unmittelbar bei Geltendmachung einer besonderen Härtelage.[952]

Sollte die Kommission den Erlass einer Härtefallregelung ablehnen, so liegt hierin eine positive Entscheidung, deren Rechtmäßigkeit bzw. Gültigkeit entweder im Wege einer Nichtigkeitsklage nach Art. 230 EGV[953] oder vor den nationalen Gerichten im Wege einer Gültigkeitsvorlage nach Art. 234 EGV untersucht werden kann. Die nationalen Gerichte wären dann nach Maßgabe der „Süderdithmarschen"- und „Atlanta"-Rechtsprechung zur Gewährung vorläufigen Rechtsschutzes berechtigt.

Da also auch der betroffene Marktbeteiligte selbst zur Einleitung des entsprechenden Verfahrens befugt ist und im Falle der Ablehnung bzw. dem Erlass einer anderen als der begehrten Entscheidung vorläufiger Rechtsschutz nach „Süderdithmarschen" bzw. „Atlanta" gewährt wird, kann an dieser Stelle noch nicht von Rechtsschutzdefizi-

---

[951] Näher zu den Rechtsschutzzuständigkeiten im Rahmen des mitgliedstaatlichen Vollzugs oben Erster Teil, A. (S. 7 f.).

[952] Vgl. EuGH, a.a.O., Tz. 56 f.

[953] So auch der EuGH selbst in seiner Entscheidung, a.a.O., Tz. 61.

ten gesprochen werden. Nur für den Fall, dass die Kommission vollständig untätig bleibt, ist die Rechtsschutzfrage weiter offen.

b) Erhebung einer Untätigkeitsklage gemäß Art. 232 EGV

Wenn die Kommission gänzlich untätig bleibt, kann der betreffende Mitgliedstaat Untätigkeitsklage gemäß Art. 232 EGV erheben. Diese Möglichkeit besteht auch für den betroffenen Marktbeteiligten selbst, wenn er eine unmittelbare und individuelle Betroffenheit geltend machen könnte.[954]

aa) Verfahrensgegenstand: Untätigkeit der Kommission oder Untätigkeit der Bundesanstalt für Landwirtschaft und Ernährung *(BLE)*?

An dieser Argumentation setzt die weitere Kritik am Gerichtshof an. Ihm wird entgegengehalten, er stelle fälschlicherweise auf die Untätigkeit der Kommission ab, statt auf die Untätigkeit der *Bundesanstalt für Landwirtschaft und Ernährung (BLE)* zu rekurrieren. Dem hypothetischen Vergleich der vorliegenden Konstellation mit einer Untätigkeitsklage wird entgegengehalten, dass die Klägerin nicht eine abstrakt-generelle Regelung der Kommission gefordert habe, sondern lediglich die Zuteilung eines vorläufigen (konkret-individuellen) Kontingentes durch die *BLE*. Hierbei handele es sich um eine Regelung *bis* zum Erlass einer Härtefallmaßnahme durch die Kommission und nicht um die (abstrakt-generelle) Härtefallregelung selbst. Dementsprechend könne es auch nicht um die Untätigkeit der Kommission, sondern nur um jene der *BLE* gehen. Für Letztere treffe aber die Feststellung des Gerichtshofes, wonach die Kontrolle der Untätigkeit in die ausschließliche Zuständigkeit der Gemeinschaftsgerichtsbarkeit falle, nicht zu.[955]

Auch bei diesem Einwand ist jedoch zu berücksichtigen, dass sich die Entscheidung des Gerichtshofes nur an den an ihn herangetragenen Vorlagefragen orientieren kann.[956] In der Rechtssache „T. Port" betrafen die Vorlagefragen einen Anspruch der Klägerin auf Grund von Europarecht. Das geltend gemachte Recht der Klägerin konnte sich allein aus der Bananenmarktordnung bzw. einer darauf beruhenden Maßnahme der Kommission ergeben. Daher konnte der Gerichtshof aus gemeinschaftsrechtlicher Sicht nur auf die Untätigkeit des betreffenden Gemeinschaftsorgans abstellen. Die Untätigkeit der *BLE* ist im Übrigen lediglich als Folge der Untätigkeit der Kommission zu begreifen. Da das Tätigwerden der *BLE* dem Gesetzmäßigkeitsprinzip des Art. 20 Abs. 3 GG unterliegt, wozu auch die Regelungen des Gemeinschaftsrechts gehören,[957]

---

[954] EuGH, a.a.O., Tz. 58 f.

[955] Zum Ganzen *Koenig*, EuZW 1997, 206 (207); *Koenig/Zeiss*, JZ 1997, 461 (462 f.). Siehe zu dieser Problematik aus der *verfassungsrechtlichen* Perspektive unten Dritter Teil, A. III. (S. 211 ff.).

[956] Wie schon oben unter Zweiter Teil, D. IV. 1. (S. 184 f.).

[957] *Sachs*, in: *ders.*, GG, 3. Aufl. 2003, Art. 20 Rn. 107; *Schmidt-Aßmann*, in: Festschrift für Stern, 1997, S. 745 (754 f.).

war das Handeln der *BLE* unmittelbar an das Tätigwerden der Kommission gekoppelt.[958]

Gleichwohl ist der Kritik insofern beizupflichten, als sie geltend macht, das Argument der ausschließlichen Zuständigkeit der Gemeinschaftsgerichte greife nicht im Hinblick auf die Untätigkeit der *BLE*.[959] Nur war dieser Punkt für den Europäischen Gerichtshof schlichtweg nicht von Bedeutung. Für ihn ging es allein darum, die Untätigkeit der Kommission zu bewerten. Was die Untätigkeit der *BLE* anbelangt, so ist in der Tat der entscheidende Punkt das gemeinschaftsrechtliche Nichtbestehen eines vorläufigen Regelungsanspruchs, solange nicht die Kommission gemeinschaftsrechtliche Härtefallregelungen in Änderung oder Ergänzung der Bananenmarktordnung erlässt.[960] Aus Gründen der Klarheit hätte der Gerichtshof diese Erwägung in das Urteil aufnehmen können; zwingend war das freilich nicht.

Es ist damit notwendig, den vorgeschlagenen Weg im Hinblick auf die Untätigkeit der *Kommission* auf seine Effektivität zu untersuchen. Auf Grund der Konnexität des gemeinschaftsrechtlichen einstweiligen Rechtsschutzes zum Hauptsacheverfahren[961] ist also entsprechend den Ausführungen des Europäischen Gerichtshofes die Erhebung einer Untätigkeitsklage erforderlich, damit vorläufige Maßnahmen nach Art. 242 S. 2, 243 EGV erlassen werden können.

bb) Klagebefugnis

(1) Gegenüberstellung von Art. 232 Abs. 3 und Art. 230 Abs. 4 EGV

Das Gebot effektiven Rechtsschutzes wäre sicher nicht beachtet, wenn allein ein Mitgliedstaat, den der jeweilige Kläger erst befassen müsste, ein solches Verfahren anstrengen könnte. Allerdings sieht Art. 232 Abs. 3 EGV auch eine Klagebefugnis zu Gunsten einzelner Marktbeteiligter vor. In seinem unmittelbaren Anwendungsbereich eröffnet die Vorschrift die Klagemöglichkeit, wenn ein Organ es unterlassen hat, einen anderen Akt als eine Stellungnahme oder Empfehlung an den Betroffenen zu richten. Wie der Gerichtshof selbst in der „T. Port"-Entscheidung feststellt, kann auch ein Einzelner Untätigkeitsklage gegen ein Organ erheben, wenn es einen Rechtsakt unterlassen hat, der zwar nicht ausdrücklich gegen den Betroffenen gerichtet wäre, der diesen aber *unmittelbar* und *individuell* betroffen hätte.[962] Zur Begründung verweist der Europäische Gerichtshof wiederholt[963] auf die Identität der Rechtsbehelfe in Art. 230 und 232 (ex-Art. 173 und 175) EGV: Auf Grund dieser Identität bestehe die Klagebefugnis bei der Untätigkeitsklage (Art. 232 Abs. 3 EGV) im gleichen Umfang wie bei der Nichtigkeitsklage (Art. 230 Abs. 4 EGV); die Möglichkeit des Einzelnen, seine Rechte

---

958 Ähnlich *Wiehe*, Effektiver vorläufiger Rechtsschutz, 2000, S. 212 f.
959 So *Koenig/Zeiss*, JZ 1997, 461 (463).
960 So der insoweit zutreffende Hinweis von *Koenig/Zeiss*, a.a.O.
961 Dazu näher oben Erster Teil, insbes. E. I. 1. (S. 15 ff.).
962 EuGH, Urteil v. 26. 11. 1996 (Rs. C-68/95), Slg. 1996, I-6065 (6104 f., Tz. 58 f.) – *T. Port*.
963 Früher bereits EuGH, Urteil v. 18. 11. 1970 (Rs. 15/70), Slg. 1970, 975 (979, Tz. 5/7) – *Chevalley/Kommission*.

geltend zu machen, dürfe nicht davon abhängen, ob das betreffende Gemeinschaftsorgan tätig geworden oder untätig geblieben sei.[964]

(2) Klagebefugnis der *T. Port GmbH & Co. KG*

Vom tatsächlichen Vorliegen der Klagebefugnis der *T. Port GmbH & Co. KG* scheint der Gerichtshof ohne weiteres auszugehen, jedenfalls finden sich dazu keine näheren Ausführungen. Dies lässt allerdings auch wieder auf den Umstand zurückführen, dass der Gerichtshof in seiner Vorabentscheidung eine abstrakte Rechtsfrage beantwortet und nicht den konkreten Fall entscheidet.

Eine nähere Untersuchung der Situation, in der sich die *T. Port GmbH & Co. KG* befand, vermag zu belegen, dass auch speziell in ihrem Fall von der Existenz einer Klagebefugnis auszugehen war: Der Gerichtshof kommt bei der Beantwortung der materiell-rechtlichen Fragen zum Ergebnis, dass sich das Ermessen der Kommission beim Erlass einer Härteregelung unter bestimmten Umständen zu einer Verpflichtung verdichten kann. Dies soll insbesondere bei einer Beeinträchtigung der auch gemeinschaftsrechtlich geschützten Grundrechte des Eigentums oder der freien Berufsausübung gelten, die beim betroffenen Markteilnehmer zu existenziellen Schwierigkeiten führen.[965] Bei der Wahrnehmung ihrer Verpflichtung hat die Kommission hinsichtlich der Rechtsnatur der Maßnahme eine Entscheidungsprärogative; sie muss nur sicherstellen, dass dem Kläger die notwendige Rechtsstellung, hier die Erteilung zusätzlicher Importlizenzen durch die Härteregelung, eingeräumt wird.[966]

(a) Das Erfordernis einer verbindlich, unmittelbar und individuell wirkenden Maßnahme

Um dem Kläger eine solche Rechtsposition zu vermitteln, kommen nur *verbindliche* unmittelbar wirkende Maßnahmen in Betracht, also Verordnungen und Entscheidungen i. S. v. Art. 249 Abs. 2 bzw. Abs. 4 EGV.[967] Innerhalb dieser beiden Möglichkeiten wirkt aber nur die Entscheidung tatsächlich *individuell*, so dass der Verpflichtung der Kommission auch ein Anspruch des Klägers korrespondiert. Hingegen wäre bei einer Verordnung, die als abstrakt-generelle Maßnahme zu qualifizieren ist,[968] eine indivi-

---

[964] EuGH, Urteil v. 26. 11. 1996 (Rs. C-68/95), Slg. 1996, I-6065 (6105, Tz. 59.) – *T. Port.*

[965] EuGH, a.a.O., Tz. 40, 43.

[966] Vgl. *Wiehe*, Effektiver vorläufiger Rechtsschutz, 2000, S. 219.

[967] Nach Art. 27 Abs. 3 VO Nr. 404/93 erlässt die Kommission „Maßnahmen, die unmittelbar gelten". Vgl. dazu *Ohler/Weiß*, NJW 1997, 2221 (2221). Richtlinien kommen auf Grund der erforderlichen Umsetzung durch die Mitgliedstaaten, vgl. Art. 249 Abs. 3 EGV, als Härteregelungen nicht in Betracht. Ebenso wenig sind mangels Verbindlichkeit Empfehlungen oder Stellungnahmen i. S. v. Art. 249 Abs. 4 EGV taugliche Rechtsakte.

[968] *Oppermann*, Europarecht, 2. Aufl. 1999, Rn. 540; *Schweitzer/Hummer*, Europarecht, 5. Aufl. 1996, Rn. 349. Die Verordnung ist das „europäische Gesetz". Der Begriff des Gesetzes wurde nicht in den Vertrag aufgenommen, weil die Mitgliedstaaten darunter nur formell vom Parlament erlassene Rechtsakte verstanden und dem Parlament auf Gemeinschaftsebene eine solche Rechtsetzungsrolle nicht zukommen sollte, vgl. *Rabe*, Verordnungsrecht, 1963, S. 61.

duelle Betroffenheit grundsätzlich zu verneinen. Vor diesem Hintergrund könnte man die Geeignetheit des vom Gerichtshof vorgegebenen Rechtsschutzwegs im Hinblick auf seine Effektivität bezweifeln.

(b) Härtefallregelung im Wege einer Verordnung nach Art. 249 Abs. 2 EGV

Ausnahmsweise kann aber auch eine Verordnung eine individuelle Betroffenheit hervorrufen; dies gilt dann, wenn beim Kläger ein ihn aus der Menge der Adressaten heraushebender Umstand gegeben ist.[969] Als solch qualifizierendes Moment könnte man die Antragstellung bei der Kommission durch den Kläger sehen, aber möglicherweise auch dessen Konkursreife.[970]

Für die Begründung einer Klagebefugnis der *T. Port GmbH & Co. KG* sind qualifizierende Umstände in diesem Sinne letztlich jedoch nicht entscheidend. Denn es geht nicht darum, einen bereits bestehenden Rechtsakt auf seine Rechtsnatur zu untersuchen;[971] maßgeblich ist vielmehr die Frage, mit welchem Rechtsakt die Untätigkeit des Gemeinschaftsorgans überwunden werden kann. Aus Klägersicht muss es ausreichen, dass zumindest *auch* der Erlass einer individuell wirkenden Maßnahme in Betracht kommt.[972] Es muss sogar weiter gehend darüber nachgedacht werden, ob nicht gerade aus Gründen der Rechtsschutzeffektivität der Erlass einer individuell wirkenden Entscheidung als geeignetere Maßnahme zur Regelung eines Härtefalls zu sehen ist als der Erlass einer Verordnung. Jedenfalls kann man auf Grund dieser Überlegungen kaum das Prinzip des effektiven Rechtsschutzes als verletzt ansehen; vielmehr ist das Prinzip umgekehrt als Determinante bei der Wahl der richtigen Maßnahme zu beachten.[973]

---

[969] Vgl. EuGH, Urteil v. 15. 7. 1963 (Rs. 25/62), Slg. 1963, 211 (224) – *Plaumann*; EuGH, Urteil v. 18. 5. 1994 (Rs. C-309/89), Slg. 1994, I-1853 (1885 f.) – *Cordoniu SA*. Vgl. auch *Streinz*, Europarecht, 5. Aufl. 2001, Rn. 533, 535, 546; *Fischer*, Europarecht, 3. Aufl. 2001, § 8 Rn. 42.

[970] Vgl. *Ohler/Weiß*, NJW 1997, 2221 (2221 f.).

[971] In die falsche Richtung geht daher die Bemerkung von *Ohler/Weiß*, NJW 1997, 2221 (2222), wonach der Hinweis, der Einzelne könne wegen Untätigkeit gegen die Kommission klagen, „überraschen" würde, weil der EuGH den Bananenimporteuren (u. a. auch die *Atlanta-Gruppe*) die Klagebefugnis gegen die Verordnung Nr. 404/93 abgesprochen habe (vgl. dazu EuGH, Beschluss v. 21. 6. 1993 [Rs. C-286/93], EuZW 1993, 486 f., sowie der damit verbundene Antrag auf Vollzugsaussetzung EuGH, Beschluss vom 6. 7. 1993 [Rs. C-286/93 R], EuZW 1993, 487 f. – *Atlanta*; ferner EuGH, Beschluss v. 21. 6. 1993 [Rs. 257/93], Slg. 1993, I-3335 [3341 f., Tz. 9 ff.] – *Van Parijs*). Maßgeblicher Rechtsakt in diesem Zusammenhang ist nicht die Bananenmarktordnung, sondern die (unterlassene) Härteregelung durch die Kommission, so richtig auch *Wiehe*, Effektiver vorläufiger Rechtsschutz, 2000, S. 218.

[972] Ähnlich *Wiehe*, a.a.O., S. 220.

[973] In diesem Zusammenhang wird als weiteres Argument auf die Regelung des Art. 230 Abs. 4 2. Alt. EGV hingewiesen; dadurch soll verhindert werden, dass sich der Gesetzgeber durch die Wahl der Form der Anfechtung seiner Rechtsakte entziehen kann, vgl. *Wiehe*, a.a.O., S. 220. *Wiehes* Vergleich geht zwar in die richtige Richtung, ist aber letztlich ohne weiteren Erkenntnisgewinn, weil in dem angesprochenen Fall einer in die Form einer Verordnung gepackten Entscheidung eine individuelle Betroffenheit ohne weiteres vorliegt. Problematisch kann daher von vornherein nur der Fall sein, in dem die Härteregelung in Form einer „echten" Verordnung geregelt wird.

(c) Härtefallregelung im Wege einer Entscheidung nach Art. 249 Abs. 4 EGV

Allerdings ist auch bei der Wahl einer Entscheidung als Rechtsakt zur Regelung eines Härtefalls eine Konstellation denkbar, in der die *Unmittelbarkeit* der Maßnahme zweifelhaft sein könnte. Adressaten von Entscheidungen können nämlich nicht nur private juristische und natürliche Personen sein, sondern auch die Mitgliedstaaten selbst;[974] in diesem Fall bedarf die Entscheidung noch eines nationalen Umsetzungsaktes, um die gewollte Rechtswirkung tatsächlich erreichen zu können. Teilweise wird vorgebracht, eine Härtefallregelung durch die Kommission in Form einer Entscheidung sei sogar zwingend an die Bundesrepublik Deutschland als Mitgliedstaat zu richten;[975] die Kommission selbst könne keine Einfuhrgenehmigungen an die Mitgliedstaaten erteilen.[976]

Der Hinweis auf die allgemeine Zuständigkeit der Mitgliedstaaten zum Vollzug des Gemeinschaftsrechts kann diese These nicht stützen,[977] sonst wären von vornherein keine Entscheidungen gegenüber Einzelpersonen im Gemeinschaftsrecht möglich. In Sachbereichen, in denen solche Entscheidungen zulässig sind, liegt daher kein mitgliedstaatlicher Vollzug vor; der Erlass der Entscheidung stellt selbst schon den (gemeinschaftseigenen) Vollzug dar. Für eine an die Bundesrepublik Deutschland gerichtete Entscheidung als ausschließlich zulässige Härtefallregelung (abgesehen von einer individuell wirkenden Verordnung) kann daher allenfalls Art. 17 Abs. 1 der Bananenmarktordnung sprechen, wonach Einfuhrbescheinigungen *von den Mitgliedstaaten* erteilt werden. Verstünde man die Härteregelung nach Art. 30 i. V. m. Art. 27 VO aber auch als Ausnahme von dem in Art. 17 Abs. 1 angeordneten mitgliedstaatlichen Vollzug, spräche nichts gegen die Zuteilung von Importlizenzen unmittelbar durch die Kommission.

Letztlich stellen die vorstehenden Ausführungen lediglich Hilfsüberlegungen dar. Denn auch bei der Unterstellung, dass eine *an die Mitgliedstaaten* gerichtete Entscheidung die einzig zulässige Handlungsform einer Härtefallregelung wäre, würde sich an der Unmittelbarkeit der individuellen Betroffenheit für die hier zu beurteilende Konstellation im Ergebnis nichts ändern. Entscheidungen dieser Art können nämlich nach ständiger Rechtsprechung des Gerichtshofes auch gegenüber Einzelnen unmittelbare Wirkungen entfalten.[978] Voraussetzung dafür ist,[979] dass die Entscheidung hinreichend genaue, unbedingte Bestimmungen enthält, die den Mitgliedstaaten keinen Ermessensspielraum überlassen. Außerdem muss die Frist für die Umsetzung der Maßnahme –

---

[974] *Oppermann*, Europarecht, 2. Aufl. 1999, Rn. 569; *Biervert*, in: *Schwarze*, EU-Kommentar, 2000, Art. 249 EGV Rn. 32.

[975] *Wiehe*, Effektiver vorläufiger Rechtsschutz, 2000, S. 219 u. 220.

[976] So *Ohler/Weiß*, NJW 1997, 2221 (2221).

[977] So aber *Wiehe*, Effektiver vorläufiger Rechtsschutz, 2000, S. 219 u. 220 (Fn. 940).

[978] Vgl. EuGH, Urteil v. 1. 7. 1965 (verb. Rs. 106 u. 107/63), Slg. 1965, 547 (555 f.) – *Töpfer*; EuGH, Urteil v. 13. 5. 1971 (Rs. 41-44/70), Slg. 1971, 411 (422, Tz. 16/22) – *Fruit Company/Kommission*; EuGH, Urteil v. 29. 3. 1979 (Rs. 113/77), Slg. 1979, 1185 (1205, Tz. 12) – *Kugellager*; EuGH, Urteil v. 23. 4. 1986 (Rs. 294/83), Slg. 1986, 1339 (1367, Tz. 31) – *Les Verts*. Siehe auch *Biervert*, in: *Schwarze*, EU-Kommentar, 2000, Art. 249 EGV Rn. 35; *Oppermann*, Europarecht, 2. Aufl. 1999, Rn. 568.

[979] EuGH, Urteil v. 6. 10. 1970 (Rs. 9/70), Slg. 1970, 825 (839 f., Tz. 9 f.) – *Leberpfennig*.

falls eine solche vorgesehen ist – ergebnislos verstrichen sein. Eine Härtefallregelung durch die Kommission hätte aber zweifellos einen solch individualisierenden Charakter. Der avisierte Personenkreis wäre anhand bestimmter Merkmale (ggf. einer Konkursgefahr) objektiv bestimmbar. Auch der Umfang der zu gewährenden Importlizenzen müsste bereits durch die Kommissionsentscheidung zumindest determiniert sein,[980] so dass der Umsetzungsakt durch die nationalen Behörden allenfalls mechanischer Natur wäre.

(3) Fazit

Nach alldem wäre ein Kläger, der sich in einer der *T. Port GmbH & Co. KG* vergleichbaren Situation befände, durchaus in der Lage, im Wege der Geltendmachung des Unterlassens einer Entscheidung solcher Qualität eine Klagebefugnis für eine Untätigkeitsklage nachzuweisen.

cc) Zwischenergebnis

Der Erhebung einer Untätigkeitsklage durch die *T. Port GmbH & Co. KG* hätten also keine unüberwindlichen Hindernisse entgegengestanden. Im Rahmen der Klagebefugnis hätte die *KG* einen Anspruch auf Erlass einer unmittelbar und individuell wirkenden Entscheidung (sei es auch nur an die Bundesrepublik Deutschland gerichtet) geltend machen können, da dies zumindest *auch* eine taugliche Härtefallregelung dargestellt hätte. Dass die Kommission ggf. auch durch eine individuell wirkende Verordnung hätte tätig werden können, ist deshalb ohne Einfluss auf die Klagebefugnis der *T. Port GmbH & Co. KG.*

Nach diesem Befund lässt sich auch an dieser Stelle nicht von relevanten Rechtsschutzlücken sprechen.

c) Erlass einstweiliger Anordnungen nach Art. 243 EGV

Nach Erhebung einer Untätigkeitsklage, so der weitere Weg des Europäischen Gerichtshofes, kann das Gemeinschaftsgericht[981] einstweilige Anordnungen gemäß Art. 243 EGV treffen.[982]

In diesem Zusammenhang wurde die Frage aufgeworfen, ob im Hinblick auf das Hauptsacheverfahren überhaupt der Erlass von einstweiligen Anordnungen mit Verpflichtungswirkung zulässig ist.[983] Bezweifelt werden kann dies mit der Erwägung,

---

[980] Vgl. *Wiehe*, Effektiver vorläufiger Rechtsschutz, 2000, S. 221.

[981] Für die Untätigkeitsklage des Unionsbürgers ist das Gericht erster Instanz zuständig, vgl. Art. 225 EGV. Dieses wäre dann auch zur Gewährung einstweiliger Maßnahmen berufen.

[982] EuGH, Urteil v. 26. 11. 1996 (Rs. C-68/95), Slg. 1996, I-6065 (6105, Tz. 60) – *T. Port.*

[983] Vgl. *Jannasch*, NVwZ 1994, 495 (500); im Ergebnis verneinend *Koenig/Zeiss*, JZ 1997, 461 (462 u. 463, Fn. 18); *Koenig/Sander*, Einführung in das EG-Prozessrecht, 1997, Rn. 517; *Ehlers*, Eu-

dass der streng akzessorische einstweilige Rechtsschutz im Gemeinschaftsrecht nicht über den Entscheidungsumfang des Urteils in der Hauptsache hinausgehen dürfe. Dementsprechend hat Generalanwalt *Elmer* in seinen Schlussanträgen darauf hingewiesen, dass der Gerichtshof in der Hauptsache nur feststellen könne, dass die Kommission durch den Nichterlass von Vorschriften über Härtefälle gegen den Vertrag verstoßen habe. Folglich könne er solche Bestimmungen auch nicht als vorläufige Maßnahme erlassen oder deren Erlass der Kommission aufgeben.[984]

Dieser Auffassung schloss sich der Europäische Gerichtshof jedoch nicht an. Er verwies auf den Charakter des Art. 243 (ex-Art. 186) EGV und führte dazu aus, dass die Vorschrift allgemein formuliert sei und keine Ausnahme für irgendwelche Verfahrensarten vorsehe. Im Übrigen könne er in ständiger Rechtsprechung[985] auch bei Feststellungsklagen einstweilige Anordnungen erlassen.[986]

Da ein Untätigkeitsurteil von seiner Wirkung her nichts anderes ist als ein Feststellungsurteil, ist die Übertragung dieser Rechtsprechung auf Untätigkeitsklagen konsequent. Bei einer allzu strengen Handhabung des Akzessorietätsgrundsatzes wären sonst im Rahmen von Untätigkeits- (sowie sonstigen Feststellungs-)klagen systematisch nur *feststellende* einstweilige Anordnungen zulässig. Da aber eine solche einstweilige Maßnahme bereits dem Wesen des einstweiligen Rechtsschutzes fremd ist,[987] wären einstweilige Anordnungen nach Art. 243 EGV überhaupt nicht möglich. Dies kann nicht die Intention eines geschlossenen Rechtsschutzsystems sein, welches den Schutz der Individualrechte im Auge hat.

Auch im Hinblick auf die Tatsache, dass das Gemeinschaftsrecht keine Verpflichtungsklage kennt, ist die Zulässigkeit von einstweiligen Anordnungen mit regelnder bzw. verpflichtender Wirkung nicht ausgeschlossen. Das Fehlen einer Verpflichtungsklage ist auf das dem französischen Recht entstammenden Selbstverständnis der Gemeinschaft zurückzuführen. Danach durfte die Judikative gegenüber der Exekutivgewalt traditionell keine Verpflichtung aussprechen, sondern lediglich eine nachträgliche Kontrolle der Rechtmäßigkeit des Verwaltungshandelns vornehmen.[988] Durch den Ver-

---

ropäisierung des Verwaltungsprozeßrechts, 1999, S. 133. Zu diesem Problemkreis vgl. bereits oben Erster Teil, D. (S. 11 ff.).

[984] Schlussanträge zu EuGH, Urteil v. 26. 11. 1996 (Rs. C-68/95), Slg. 1996, I-6065 (6068, 6086, Tz. 52) – *T. Port*.

[985] Der Gerichtshof verwies selbst auf einen Beschluss v. 21. 5. 1977 (verb. Rs. 31 u. 53/77 R), Slg. 1977, 921, 925) – *Kommission/Vereinigtes Königreich*. Vgl. weiterhin EuGH, Beschluss v. 31. 1. 1992 (Rs. C-272/91 R), Slg. 1992, I-457 (466) – *Kommission/Italien*; EuGH, Beschluss v. 12. 7. 1990 (Rs. C-195/90 R), Slg. 1990, I-3351 (3364) – *Kommission/Deutschland*. Diese „ständige Rechtsprechung“ bezieht sich ausschließlich auf Vertragsverletzungsverfahren gegen Mitgliedstaaten, die ebenfalls durch Feststellungsurteile beendet werden, vgl. Art. 228 EGV.

[986] EuGH, Urteil v. 26. 11. 1996 (Rs. C-68/95), Slg. 1996, I-6065 (6105, Tz. 60) – *T. Port*.

[987] EuG, Beschluss v. 12. 2. 1996 (Rs. T-228/95), Slg. 1996, II-111 (134 f.) – *Lehrfreund*.

[988] *Schwaiger*, Le référé dans la procédure, 1965, S. 207; *Joliet*, RDE 1992, 253 (261). Zu mittlerweile erfolgten Gesetzesänderungen im französischen Recht, die es nicht mehr zulassen, diese These in solcher Absolutheit aufrechtzuerhalten, vgl. *Koch*, Verwaltungsrechtsschutz in Frankreich, 1998, S. 189 ff., 196 ff.

zicht auf ein Verpflichtungsurteil soll ein Übergreifen der Gemeinschaftsgerichte in den Kompetenzbereich eines anderen Organs verhindert werden.[989]

Wenn nun im Rahmen des vorläufigen Rechtsschutzes einstweilige Maßnahmen mit verpflichtender Wirkung auch bei Untätigkeitsklagen zugelassen werden, ist darin kein Übergreifen in den Kompetenzbereich eines anderen Gemeinschaftsorgans zu sehen, sondern ein dem einstweiligen Rechtsschutz eigener Wesenszug. Hierfür streitet auch die Vorschrift des Art. 233 Abs. 1 EGV, wonach das wegen Untätigkeit verurteilte Organ verpflichtet ist, „die sich aus dem Urteil des Gerichtshofes ergebenden Maßnahmen zu ergreifen". Wenngleich sich also die Untätigkeitsklage im Gemeinschaftsrecht nicht wie im deutschen Recht nach § 75 VwGO als Verpflichtungsklage darstellt, so ist faktisch über Art. 233 EGV von einer vergleichbaren Wirkung auszugehen. Denn der maßgebliche Unterschied zwischen Untätigkeits- und Verpflichtungsklage, die Vollstreckbarkeit des Urteils, relativiert sich schnell, wenn „Verpflichtete" eines Feststellungsurteils die Gemeinschaftsorgane sind, deren Rechtstreue nicht anzuzweifeln ist. Wenn nun die Gemeinschaftsgerichte im Rahmen von vorläufigen Verfahren Maßnahmen mit regelnder oder verpflichtender Wirkung erlassen, entspricht dies der Wirkung des Art. 233 EGV bei einer Verurteilung des Gemeinschaftsorgans im Hauptsacheverfahren.[990] Freilich dürfen die Anordnungen im Eilverfahren nicht das institutionelle Gleichgewicht[991] zwischen den Organen stören, d. h. das zuständige Gemeinschaftsgericht darf nicht in den Kompetenzbereich eines anderen Gemeinschaftsorgans eingreifen. Für den konkreten Fall der Härteregelung auf Grund der Bananenmarktordnung bedeutet dies, dass die Härteregelung nicht durch das Gemeinschaftsgericht erlassen werden darf. Der Ausspruch einer solchen Verpflichtung gegenüber der Kommission greift jedoch nicht in deren Zuständigkeitsbereich ein, sondern ist schlicht die Wahrnehmung der Befugnis nach Art. 243 EGV.

Gleichwohl ist zuzugeben, dass sich derartige Entscheidungen naturgemäß im Grenzbereich zwischen judikativen und exekutiven Befugnissen bewegen. Auch im deutschen Recht konkurrieren beim vorläufigen Rechtsschutz die Grundsätze der

---

[989] Hinter diesem Gedanken verbirgt sich das Prinzip des institutionellen Gleichgewichts, wonach eine Verpflichtung der Gemeinschaftsorgane zur loyalen Zusammenarbeit im Rahmen der gegenseitigen Zuständigkeiten besteht. Dazu *Krumbacher*, Vorläufiger Rechtsschutz vor nationalen Gerichten, 1997, S. 167; *Oppermann*, Europarecht, 2. Aufl. 1999, Rn. 370; *Hummer*, in: *Grabitz/Hilf*, EU, 1999, vor Art. 115 EGV Rn. 27. Aus der Rspr. EuGH, Urteil v. 17. 12. 1970 (Rs. 11/70), Slg. 1970, 1125 (1145 f.) – *Internationale Handelsgesellschaft*; EuGH, Urteil v. 29. 10. 1980 (Rs. 138/79), Slg. 1980, 3333 (3360) – *Roquette Frères*; EuGH, Urteil v. 27. 9. 1988 (Rs. 302/87), Slg. 1988, 5615 (5642) – *Parlament/Rat*; EuGH, Urteil v. 13. 12. 1994 (Rs. C-65/93), Slg. 1994, I-643 (667) – *Parlament/Rat*; EuGH, Urteil v. 30. 4. 1996 (Rs. C-58/94), Slg. 1996, I-2169 (2198) – *Niederlande/Rat*.

[990] In diese Richtung geht auch die Argumentation von *Pernice*, EuZW 1997, 545 (545); *Wiehe*, Effektiver vorläufiger Rechtsschutz, 2000, S. 135 ff.

[991] Das Prinzip des institutionellen Gleichgewichts (siehe schon oben Fn. 989) findet auf der dezentralen Ebene der Mitgliedstaaten seine Entsprechung in dem staatsrechtlichen Begriff der Gewaltenteilung. Von Gewaltenteilung lässt sich auf der Gemeinschaftsebene jedenfalls in dem Sinne einer Verteilung der dahinter stehenden Staatsfunktionen auf besondere Organe nicht sprechen. Abgesehen von der judikativen Funktion, die ausschließlich vom Gerichtshof wahrgenommen wird, werden die anderen Staatsfunktionen von mehreren Organen (insbesondere Rat und Kommission) ausgeübt. Vgl. dazu *Hummer*, in: *Grabitz/Hilf*, EU, 1999, vor Art. 115 EGV Rn. 25 ff.; *Oppermann*, Europarecht, 2. Aufl. 1999, Rn. 243.

Rechtsschutzeffektivität und der Gewaltenteilung. Dass ein Gericht im Rahmen eines vorläufigen Verfahrens Verpflichtungen gegenüber der Exekutive ausspricht bzw. selbst entsprechende Maßnahmen erlässt,[992] gehört zum Wesen des Eilrechtsschutzes. Man kann darin entweder eine Einschränkung des Grundsatzes der Gewaltenteilung selbst sehen oder aber schlicht ein Verschieben von dessen Grenzen.

d) Zwischenergebnis

Im Ergebnis lässt sich kein Verstoß gegen das gemeinschaftsrechtliche Prinzip effektiven Rechtsschutzes feststellen. Dieser Befund kann allerdings nicht darüber hinwegtäuschen, dass der Weg zum Rechtsschutzziel sehr aufwändig und umständlich ist. Hinzu kommt, dass der vom Europäischen Gerichtshof aufgezeigte Rechtsschutzweg in Untätigkeitsfällen speziell für die Situation der *T. Port GmbH & Co. KG* als gangbar eingestuft wurde.[993] Auf Grund der relativen Enge der Klagebefugnis ist nicht auszuschließen, dass der Individualrechtsschutz im Einzelfall doch zu kurz kommt. Gegebenenfalls wäre das Verständnis der Klagebefugnis für solche Fälle neu zu definieren.[994] Dennoch ist festzuhalten, dass das Prinzip effektiven Rechtsschutzes im Gemeinschaftsrecht wie im deutschen Recht nicht bestmöglichen, sondern lediglich ausgewogenen Rechtsschutz fordert.[995]

4. Abschließende Bewertung

Die bisherige Betrachtung der „T. Port"-Entscheidung konnte kein Fehlurteil offen legen. Die Argumentation des Europäschen Gerichtshofes war schlüssig und normativ belegbar. Ein Verstoß gegen das gemeinschaftsrechtliche Prinzip des effektiven Rechtsschutzes konnte nicht festgestellt werden. Gleichwohl wurde darauf hingewiesen,[996] dass das gegenteilige Ergebnis aus Rechtsschutzgesichtspunkten möglicherweise wünschenswerter gewesen wäre. Dahinter verbirgt sich nicht nur ein Blick durch eine deutsche Brille auf Grund des hier vorherrschenden hohen Schutzniveaus von Art. 19 Abs. 4 GG. Inwiefern das Urteil mit Art. 19 Abs. 4 GG kollidiert und ob diese Vorschrift überhaupt tauglicher Prüfungsmaßstab für die „T. Port"-Entscheidung sein kann, ist ohnehin noch im nächsten Teil der Arbeit zu untersuchen.[997] Das gefundene Ergebnis war jedoch nicht zwingend. Der Gerichtshof hätte unschwer in systematisch

[992] Dies ist nach deutschem Verwaltungsprozessrecht – im Gegensatz zum Gemeinschaftsrecht – zumindest ausnahmsweise zulässig, wenngleich im Grundsatz umstritten, vgl. dazu *Puttler*, in: *Sodan/Ziekow*, VwGO, 2003, § 123 Rn. 119; *Schoch*, in: *Schoch/Schmidt-Aßmann/Pietzner*, VwGO, 2003, § 123 Rn. 163; *Finkelnburg/Jank*, Vorläufiger Rechtsschutz, 4. Aufl. 1998, Rn. 267.

[993] Hierauf weist *Wiehe*, Effektiver vorläufiger Rechtsschutz, 2000, S. 221, hin.

[994] So *Ohler/Weiß*, NJW 1997, 2221 (2222). Hoffnungsvoll im Hinblick auf den „Erfindungsreichtum" des EuGH auch *Jannasch*, NVwZ 1999, 495 (500).

[995] Vgl. für Art. 19 Abs. 4 GG *Schmidt-Aßmann*, in: *Maunz/Dürig*, GG, 2003, Art. 19 Abs. 4 Rn. 4, mit Nachweisen aus der BVerfG-Rechtsprechung.

[996] Vgl. oben den Text zu den Fn. 947 und 949.

[997] Vgl. dazu Dritter Teil, A. (S. 206 ff.) und B. (S. 215 ff.).

und dogmatisch sauberer Art und Weise eine Befugnis nationaler Gerichte zur vorläufigen Rechtsschutzgewährung in Untätigkeitsfällen begründen können.

Wenngleich die Grenze eines Verstoßes gegen den *gemeinschaftsrechtlichen* Grundsatz des effektiven Rechtsschutzes noch nicht überschritten wurde, so ist unverkennbar, dass die Entscheidung im Hinblick auf die Entscheidungen „Süderdithmarschen" und „Atlanta" für den einstweiligen Individualrechtsschutz einen Rückschritt darstellt.[998] Dieser Rückschritt war aus Gründen der praktischen Wirksamkeit, der Kohärenz und der Einheitlichkeit des Gemeinschaftsrechts vertretbar, aber nicht zwingend. In den Entscheidungen „Süderdithmarschen" und „Atlanta" hatte der Gerichtshof für Gültigkeitsfragen das Zuständigkeitsmonopol der Gemeinschaftsgerichtsbarkeit für den Bereich des Eilrechtsschutzes teilweise zurückgenommen.[999] Warum er in Untätigkeitsfällen weiterhin auf der Zuständigkeit der Gemeinschaftsgerichte in dieser Ausnahmslosigkeit beharrte, wurde nicht klar. Ein wirklich sachlicher Grund für die Differenzierung zwischen Geltendmachung der Nichtigkeit einerseits und der Untätigkeit andererseits ging aus der Entscheidung nicht hervor. Im Gegenteil sprach vieles für eine Gleichbehandlung dieser Fälle und damit für eine Übertragung der „Süderdithmarschen"- und „Atlanta"-Kriterien auf die Fallgruppe der Untätigkeit von Gemeinschaftsorganen.[1000] Selbst der Gerichtshof schien einen wirklichen Unterschied an manchen Stellen nicht vor Augen zu haben, als er formulierte, dass die Möglichkeit für den Einzelnen, seine Rechte geltend zu machen, nicht davon abhängen dürfe, ob das betreffende Gemeinschaftsorgan tätig geworden oder untätig geblieben sei.[1001]

Damit ist der Kritik an der Entscheidung insofern zu folgen, als zu hoffen bleibt, dass es sich bei dieser Entscheidung um eine Ausnahme handelt und der Europäische Gerichtshof die Linie aus diesem Urteil nicht weiter verfolgt. Auf Grund der hier vertretenen Auffassung kann man allerdings nicht von einer „Entgleisung" sprechen,[1002] denn das Urteil ist kein Fehlurteil. Dennoch sollte der Gerichtshof die Tendenz der Urteile „Süderdithmarschen" und „Atlanta" wieder aufnehmen und die Untätigkeitsfälle denselben gemeinschaftsrechtlichen Kautelen unterwerfen.[1003]

---

[998] Ähnlich *Wiehe*, Effektiver vorläufiger Rechtsschutz, 2000, S. 231; *Ohler/Weiß*, NJW 1997, 2221 (2222), mit der Hoffnung auf eine „einmalige Entgleisung". Am weitgehendsten *Sandner*, DVBl. 1998, 262 (267), der das Urteil als den „Ernstfall i. S. der Solange II-Formel" bezeichnet.

[999] EuGH, Urteil v. 21. 2. 1991 (verb. Rs. C-143/88 u. C-92/89), Slg. 1991, I-415 ff. – *Süderdithmarschen* –, und EuGH, Urteil v. 9. 11. 1995 (Rs. C-465/93), Slg. 1995, I-3761 ff. – *Atlanta*. Siehe dazu oben Zweiter Teil, C. I. 2. und II. 3. (S. 128 ff. und 134 ff.).

[1000] So auch *Wiehe*, Effektiver vorläufiger Rechtsschutz, 2000, S. 229 f.

[1001] EuGH, Urteil v. 26. 11. 1996 (Rs. C-68/95), Slg. 1996, I-6065 (6105, Tz. 59) – *T. Port*. Es ist allerdings darauf hinzuweisen, dass der EuGH diese Aussage ausdrücklich für den Bereich der *Gemeinschafts*klagen nach Art. 230 und 232 EGV getroffen hat.

[1002] So aber *Ohler/Weiss*, NJW 1997, 2221 (2222).

[1003] Der Vollständigkeit halber sei noch kurz der Fortgang der „T. Port"-Sache nach der Entscheidung des EuGH erwähnt: Am 27. 2. 1997 hat die *T. Port GmbH & Co. KG* beim EuG Untätigkeitsklage gegen die Kommission erhoben (Rs. T-39/97). Darin beantragte die *KG* die Feststellung, dass die Kommission es rechtswidrig unterlassen habe, die von ihr beantragten einstweiligen Maßnahmen zu erlassen. Nachdem die Kommission am 9. 7. 1997 die beantragte Härtefallregelung abgelehnt hatte, wurde dieser Rechtsstreit in der Hauptsache für erledigt erklärt, vgl. EuG, Beschluss v. 26. 11. 1997 (Rs. T-39/97), Slg. 1997, II-2125 ff. – *T. Port/Kommission*. Zwischenzeitlich, am 12. 9. 1997, hatte die Klägerin gegen die ablehnende Kommissionsentscheidung Nichtigkeitsklage erhoben (Rs. T-251/97). Diese Klage wurde schließlich ebenfalls abgewiesen, vgl. EuG, Urteil v. 28. 3. 2000 (Rs. T-251/97),

E. Abschließende Würdigung des Zweiten Teils und Ausblick

Die Darstellung und Analyse der vorstehenden fünf Grundsatzurteile hat deutlich aufgezeigt, wie der Europäische Gerichtshof den verwaltungsprozessualen vorläufigen Rechtsschutz im Rahmen der indirekten Durchführung des Gemeinschaftsrechts fortwährend zum System ausgebaut hat. Die ersten beiden Entscheidungen, die Rechtsachen „Factortame“ und „Tafelwein“, stellten sich noch als punktuelle, wenn auch teils massive Einwirkungen auf das nationale Vollzugsrecht dar – hier ist insbesondere an die faktische Außerkraftsetzung eines althergebrachten Grundsatzes des britischen Verfassungsrechts zu denken. Später entwickelte der Gerichtshof ein in sich weitgehend geschlossenes, kohärentes Rechtsschutzsystem, indem er in den Urteilen „Süderdithmarschen“ und „Atlanta“ konkrete und abschließend geltende Voraussetzungen für die Eilrechtsschutzgewährung aufstellte. Mit der Entscheidung „T. Port“ wurde dieses schließlich um eine weitere Modalität ergänzt und verfeinert.

Als Ziel dieser Rechtsprechung lässt sich gewiss nicht, wie man vielleicht noch nach der Entscheidung „Tafelwein“ den Eindruck haben konnte, die Eindämmung des vorläufigen Rechtsschutzes ausmachen.[1004] Zwar handelt es sich bei der effektiven (und einheitlichen) Durchsetzung ihres Rechts nach wie vor um ein primäres Ziel der Gemeinschaftsrechtsordnung. Seit Ergehen der „Süderdithmarschen“-Entscheidung stellt der Individualrechtsschutz jedoch auch im Rahmen des vorläufigen Rechtsschutzes nicht mehr lediglich ein Instrument zur Verfolgung der Rechts*durchsetzungs*effektivität dar. Er wurde vielmehr aus jenem Prinzip herausgelöst und auf eine eigenständige, daneben stehende Grundlage angehoben.[1005] Dies ist konsequent, weil die Rechts*schutz*effektivität vom Europäischen Gerichtshof schon vor Geltung der „Süderdithmarschen“-Doktrin als allgemeiner Rechtsgrundsatz des Gemeinschaftsrechts anerkannt worden war.[1006] An dem Befund des nunmehr größeren Stellenwerts des Individualrechtsschutzes ändert auch das Urteil in der Rechtssache „T. Port“ nichts, auch wenn die darin geäußerte Auffassung des Gerichtshofes insoweit wiederum als Rückschritt empfunden werden muss.

Die dargestellte Europäisierung des vorläufigen Rechtsschutzes steht beispielhaft für die Einwirkungen des Gemeinschaftsrechts auf das Verwaltungsrecht allgemein. So ließen sich gerade auch für den Eilrechtsschutz die für das gesamte Einwirkungs-

Slg. 2000, II-1775 ff. – *T. Port/Kommission*. Leider scheiterte die Klage bereits an Formalitäten, so dass dieses Urteil nicht die erhoffte Klärung über die Verpflichtung der Kommission zum Erlass von Härtefallregelungen brachte. Damit waren alle Rechtsschutzversuche der *T. Port GmbH & Co. KG* gegen die Bananenmarktordnung endgültig gescheitert. Zum weiteren Vorgehen der *Atlanta-Gruppe* vgl. unten Dritter Teil, B. II. 2. (S. 228 ff.).

1004 Ebenso *Jannasch*, NVwZ 1999, 495 (500).

1005 Ähnlich *Wiehe*, Effektiver vorläufiger Rechtsschutz, 2000, S. 239, allerdings nicht speziell den vorläufigen Rechtsschutz, sondern allgemein den gerichtlichen Rechtsschutz betreffend. Anders offenbar *Schoch*, JZ 1997, 109 (118), der dem EuGH auf Grund der Strenge der aufgestellten Voraussetzungen unterstellt, die angegriffene Gemeinschaftsverordnung geschont haben zu wollen. Allgemein zum Individualrechtsschutz als Grundlage und Grenze der gerichtlichen Kontrolle unter rechtsvergleichender Betrachtung der deutschen, französischen und europäischen Rechtsordnung *Classen*, Europäisierung der Verwaltungsgerichtsbarkeit, 1996, S. 39 ff.

1006 Seit EuGH, Urteil v. 15. 5. 1986 (Rs. 222/84), Slg. 1986, 1651 (1682, Tz. 18 f.) – *Johnston*.

system typischen Intensitätsabstufungen nachweisen: Teilweise begnügte sich das Gemeinschaftsrecht mit der bloßen *Modifikation* der nationalen Rechtsanwendung (Verpflichtung zur Anordnung des Sofortvollzugs in bestimmten Vollzugskonstellationen). In einem anderen Fall kam es zu einer *Verdrängung* eines bestimmten nationalen Rechtsinstituts (Unanwendbarkeit des Prinzips der Immunität der Krone im englischen Recht). Schließlich forderte es gar die *positive Umgestaltung* nationaler Rechtsinstitute (Aufstellung von genuin gemeinschaftsrechtlichen Voraussetzungen für die Vollzugsaussetzung von Verwaltungsakten und für einstweilige Anordnungen). Damit lässt sich auch für den vorläufigen Rechtsschutz davon sprechen, dass gemeinschaftsrechtliche Vorgaben nicht mehr nur allgemeine Rahmenbedingungen enthalten, die den Mitgliedstaaten einen Spielraum zur eigenständigen Ausgestaltung ihrer Verwaltungsprozessordnungen überlassen, sondern weiter gehend einen unmittelbaren Durchgriff auf das nationale Recht bedeuten.[1007] Mit Recht wird in Anbetracht dessen darauf hingewiesen, dass Verwaltungsrecht heute nicht mehr lediglich konkretisiertes Verfassungsrecht ist, sondern auch konkretisiertes Europarecht darstellt.[1008]

Angesichts der erheblichen, über punktuelle Korrekturen des nationalen Rechts hinausgehenden Steigerung der Intensität der Einwirkungen wird zunehmend ein Paradigmenwechsel im Sinne einer Neuordnung der Kompetenzlage zwischen Europäischer Union und den Mitgliedstaaten gefordert.[1009] Zwar konnte in Bezug auf die Vergemeinschaftlichung des vorläufigen Rechtsschutzes weder ein Verstoß gegen die vertikale Kompetenzverteilung noch gegen das institutionelle Gleichgewicht innerhalb der Gemeinschaftsorgane festgestellt werden. Dennoch ist nicht zu verkennen, dass der Gemeinschaft eine allgemeine Zuständigkeit für die Regelung des nationalen Verfahrens- und Prozessrechts nicht zukommt. Mit Blick auf das konstatierte Ausmaß der Einwirkungen verschwimmen die Grenzen zwischen allgemeiner Regelung und kumulierten punktuellen Einflussnahmen zunehmend. Hinzu kommt, dass die Europäisierung des Verwaltungsrechts, einschließlich des Verwaltungsprozessrechts und innerhalb dessen des einstweiligen Rechtsschutzes, zwar bereits weit fortgeschritten, sicherlich aber noch nicht an ihrem Ende angelangt ist. Zu denken ist dabei etwa an eine mögliche Erstreckung der „Süderdithmarschen"-Doktrin auch auf Auslegungsfälle,[1010] eine Änderung der Rechtsprechung in Untätigkeitskonstellationen sowie eine Einflussnahme auf den vorläufigen Rechtsschutz im mittelbaren mitgliedstaatlichen Vollzug.[1011] Um die weitere Entwicklung in geordneten Bahnen laufen zu lassen und um

[1007] Vgl. *von Danwitz*, Verwaltungsrechtliches System, 1996, S. 428.

[1008] Siehe insbes. *Lehr*, der diesen Befund in Anlehnung an die bekannte Formulierung von *Werner*, DVBl. 1959, 527 (527), als These an den Ausgangspunkt seiner Arbeit stellt (*ders.*, Einstweiliger Rechtsschutz und EU, 1997, S. 1 f.). Vgl. auch *Jannasch*, NVwZ 1999, 495 (502).

[1009] So *Schwarze*, NVwZ 2000, 241 (252); *Schoch*, JZ 1995, 109 (122); vgl. auch *von Danwitz*, Verwaltungsrechtliches System, 1996, S. 481.

[1010] Zwar wurde im Rahmen der Analyse des Urteils dessen originäre Reichweite auf Gültigkeitszweifel beschränkt, vgl. oben Zweiter Teil, C. III. 2. b) bb) (2) (c) (S. 171 f.). Vor dem Hintergrund der effektiven Rechtsdurchsetzung ist aber durchaus denkbar, dass sich der EuGH entschließt, Auslegungsfragen derselben rechtlichen Behandlung zu unterwerfen wie der von Gültigkeitsfragen.

[1011] Außerhalb des verwaltungsgerichtlichen einstweiligen Rechtsschutzes ist insbesondere an eine Einbeziehung des zivilrechtlichen Eilrechtsschutzes in den Europäisierungsprozess in naher Zukunft zu denken, vgl. auch *Lehr*, Einstweiliger Rechtsschutz und EU, 1997, S. 542; *Oliver*, CMLRev. 1992, 7 (26).

insbesondere die Kompetenzzweifel zu reduzieren, die auf Grund der heute auf dem Gebiet des Verwaltungsprozessrechts vielfach bestehenden Gemengelagen und Wechselbeziehungen zwischen staatlichem und europäischem Recht[1012] zwangsläufig und vermehrt auftreten, ist ein präzise positiv formulierter Kompetenzkatalog mit einer klaren Abgrenzung zwischen Gemeinschafts- und mitgliedstaatlichen Zuständigkeiten in der Tat zu befürworten. *De lege lata* sollten es sich jedoch die Gemeinschaftsgerichte zur Aufgabe machen, die Akzeptanz von Europäisierungstendenzen zu erhöhen, indem sie bei ihrer Rechtsprechung vermehrt auf den Grundsatz der nationalen Verfahrensautonomie als Argumentationstopos rekurrieren. Damit könnten sie deutlicher als bisher zu erkennen geben, dass sie die vertikale Kompetenzverteilung auf dem Gebiet des Verwaltungsrechts durchaus ernst nehmen.

[1012] *Schwarze*, NVwZ 1999, 241 (251).

Dritter Teil: Verfassungsrechtliche Implikationen

Im vorherigen Teil wurde die Entwicklung der Einwirkungen des Gemeinschaftsrechts auf den nationalen einstweiligen Rechtsschutz im Rahmen des mitgliedstaatlichen Vollzugs nachgezeichnet und analysiert. Nunmehr soll die Perspektive gewechselt und die Rechtsprechung des Europäischen Gerichtshofes aus Sicht des nationalen Rechts betrachtet werden.

Diese Rechtsprechung sah sich von deutscher Seite mitunter heftiger Kritik ausgesetzt. An dieser Stelle sind diejenigen Einwände von Interesse, die mit deutschem Verfassungsrecht argumentierten. Es geht also um die Frage, ob und inwieweit der vorläufige Rechtsschutz auch in das Spannungsfeld zwischen Gemeinschaftsrecht und nationalem *Verfassungs*recht gerät, und nicht nur ein Anwendungsfall des Widerstreits zwischen Europarecht und nationalem *Verfahrens*recht ist.

Zum einen wurde immer wieder die deutsche Rechtsschutzgarantie des Art. 19 Abs. 4 GG ins Spiel gebracht, häufig eher unter Verwendung von vernebelnden Formulierungen[1013] als unter Findung klarer Ergebnisse. Es ist deshalb zu untersuchen, ob das Eindringen des Gemeinschaftsrechts in das System des deutschen Eilrechtsschutzes tatsächlich verfassungsrechtliche Dimension im Hinblick auf Art. 19 Abs. 4 GG besitzt.

Zum anderen ging die Kritik teilweise so weit, dass dem Gerichtshof nachgesagt wurde, seine Kompetenz überschritten zu haben, und dass seine Rechtsprechung auf Grund dessen im deutschen Rechtsraum unverbindlich und unbeachtlich sei.[1014] Dieser Einwand betrifft das generelle Verhältnis zwischen Gemeinschaftsrecht und nationalem Recht. Die Problematik der Einwirkung auf den einstweiligen Rechtsschutz soll deshalb anschließend in einen größeren Zusammenhang gestellt und der allgemeinen Fragestellung nachgegangen werden, ob Verfassungsrecht überhaupt als Prüfungsmaßstab für Gemeinschaftsrecht in Betracht kommt. Dabei wird insbesondere zu untersuchen sein, welche Mechanismen das Grundgesetz bereithält, um sich einem allzu intensiven Eindringen des Europarechts entgegenzustellen, und welche Voraussetzungen ggf. hierfür gelten.

Das materielle Verhältnis zwischen Gemeinschaftsrecht und nationalem Recht findet seine Entsprechung in der formalen Problematik der Kompetenzabgrenzung zwischen dem Europäischen Gerichtshof und dem Bundesverfassungsgericht. Neben der Problematik etwaiger nationaler Schranken des Grundgesetzes wird deshalb auch die

---

[1013] Vgl. etwa *Puttler*, in: *Sodan/Ziekow*, VwGO, 2003, § 123 Rn. 26: „Die *T. Port*-Rechtsprechung (...) kann zu einem *Konflikt mit der verfassungsrechtlichen Rechtsschutzgarantie des Art. 19 Abs. 4 GG* führen." [Hervorhebung im Original]; *Sandner*, DVBl. 1998, 262 (266): Das „T. Port"-Urteil „gibt zu massiven Bedenken Anlass"; *Weber*, DÖV 1997, 624 (629): Ob „dem Individuum tatsächlich ausreichender Rechtsschutz gewährt wird, lässt sich mit Fug und Recht bezweifeln".

[1014] Vgl. insbes. *Schoch*, in: *Schoch/Schmidt-Aßmann/Pietzner*, VwGO, 2003, § 80 Rn. 270; *ders.*, VBlBW 1999, 241 (248); *ders.*, DVBl. 1997, 289 (295); *Dänzer-Vanotti*, BB 1991, 1015 (1017 f.). Vgl. auch *Sandner*, DVBl. 1998, 262 (265 f.): „Ernstfall i. S. der Solange II-Formel".

Frage des Letztentscheidungsrechts über die Anwendung von Rechtsakten der Gemeinschaft in der Bundesrepublik Deutschland zu klären sein.

A. Vereinbarkeit der Rechtsprechung des Europäischen Gerichtshofes mit dem effektiven Rechtsschutzprinzip nach Art. 19 Abs. 4 GG

Gegenstand der nachfolgenden Untersuchungen soll also zunächst die im vorhergehenden Teil mehrfach aufgeworfene Frage[1015] sein, wie die Rechtsprechung des Europäischen Gerichtshofes im Hinblick auf die Anforderungen des Grundsatzes effektiven Rechtsschutzes nach Art. 19 Abs. 4 GG zu bewerten ist – unabhängig davon, ob und inwiefern Art. 19 Abs. 4 GG überhaupt als Prüfungsmaßstab für Gemeinschaftshandlungen in Bertacht kommen kann.

Die an Art. 19 Abs. 4 GG aufgehängte Kritik wurde insbesondere im Gefolge der Entscheidungen „Tafelwein“ und „T. Port“ geäußert. Dies lässt sich darauf zurückführen, dass diese Urteile im Vergleich zu der davor bestehenden Rechtslage aus Sicht des Individualrechtsschutzes als Rückschritt empfunden wurden. Die rechtsschutzfreundlicheren Entscheidungen „Süderdithmarschen“ und „Atlanta“ wurden dagegen unter diesem Blickwinkel kaum beanstandet,[1016] obwohl darin im Vergleich zum deutschen Recht schärfere Voraussetzungen für die Vollzugsaussetzung bzw. die Gewährung einstweiliger Anordnungen aufgestellt wurden. Deshalb soll im Folgenden in sachlicher Hinsicht die Untersuchung des Art. 19 Abs. 4 GG auf die Frage der aufschiebenden Wirkung sowie auf die Gewährleistung im Falle von Untätigkeitsfällen nach Art der „T. Port“-Konstellation beschränkt werden.

I. Grundsätzliche Gewährleistung von einstweiligem Rechtsschutz durch Art. 19 Abs. 4 GG

Die grundsätzliche Möglichkeit, Eilrechtsschutz zu erlangen, ist durch Art. 19 Abs. 4 GG verfassungsrechtlich vorgegeben. Art. 19 Abs. 4 GG enthält das Gebot *effektiven* richterlichen Rechtsschutzes gegenüber der öffentlichen Gewalt.[1017] „Effektivität“ be-

[1015] Siehe oben im Zweiten Teil die Fn. 446 sowie den Text zu den Fn. 933 u. 997.

[1016] Die Frage der Vereinbarkeit der darin aufgestellten Kriterien mit Art. 19 Abs. 4 GG aufwerfend etwa *Hauser*, VBlBW 2000, 377 (383), der aber relativ unproblematisch zu dem Ergebnis gelangt, Art. 19 Abs. 4 GG sei nicht in seinem Kern tangiert.

[1017] Unter dem Begriff der öffentlichen Gewalt i. S. d. Art. 19 Abs. 4 GG ist nur die vollziehende Gewalt zu verstehen. Auffassungen, die darunter auch die Rechtsprechung fassen wollen (vgl. nur *Huber*, in: *v. Mangoldt/Klein/Starck*, GG, 4. Aufl. 1999, Art. 19 Abs. 4 Rn. 444 ff.; *Krebs*, in: *von Münch/Kunig*, GG I, 5. Aufl. 2000, Art. 19 Rn. 57), trat das BVerfG in seinem Plenarbeschluss v. 30. 4. 2003 (1 PBvU 1/02), BVerfGE 107, 395 (404 ff.) entgegen. Das BVerfG stellte allerdings klar, dass „Rechtsschutz gegen den Richter“ durchaus auch grundgesetzlich gewährleistet ist, und zwar durch den allgemeinen Justizgewährungsanspruch, der aus dem Rechtsstaatprinzip i. V. m. den Grundrechten folgt (BVerfG, a.a.O., [401 ff.]). Insoweit hat der allgemeine Justizgewährungsanspruch also einen weiteren Anwendungsbereich als Art. 19 Abs. 4 GG.

deutet in diesem Zusammenhang, dass der formelle Gesetzgeber bei der Schaffung eines Gerichtswesens gehalten ist, dieses so auszugestalten, dass neben dem bloßen Zugang zu den Gerichten (Rechtswegeröffnung)[1018] auch die *wirksame*[1019] Durchsetzung des materiellen Rechts ermöglicht werden muss. Neben der Gewährung von Rechtsschutz in angemessener Zeit gehört dazu gerade auch die Möglichkeit des vorläufigen Rechtsschutzes[1020] als Instrument, wodurch die Vereitelung materieller Rechte in Fällen verhindert werden soll, in denen Rechtsschutz in der Hauptsache zu spät käme.[1021]

II. Automatik des Suspensiveffekts in § 80 Abs. 1 VwGO

Die verfassungsrechtliche Garantie vorläufigen Rechtsschutzes (mithin dessen „Ob") besagt aber noch nichts darüber, *wie* vorläufiger Rechtsschutz zu gewähren ist. Es ist deshalb der Frage nachzugehen, ob gerade die aufschiebende Wirkung[1022] (genauer: die *Automatik* ihres Eintritts mit Rechtsbehelfseinlegung) verfassungsrechtlich gefordert und gewährleistet ist.[1023]

1. Die Aussage von Art. 19 Abs. 4 GG

Ob also das gemeinschaftsrechtliche Gebot der unbedingten Anordnung des Sofortvollzugs in Konstellationen nach Art des „Tafelwein"-Falles mit Art. 19 Abs. 4 GG kollidieren kann, hängt in erster Linie davon ab, ob die deutsche Garantie des effektiven Rechtsschutzes überhaupt die Automatik der aufschiebenden Wirkung als Folge der Rechtsbehelfseinlegung verfassungsrechtlich gewährleistet. Diese Frage ist in der deutschen Rechtswissenschaft umstritten.

Einigkeit besteht jedenfalls im Ausgangspunkt, dass Art. 19 Abs. 4 GG die aufschiebende Wirkung von Rechtsbehelfen im Verwaltungsprozess „nicht schlechthin"

[1018] Vgl. BVerfG, a.a.O., (401 f.). Insofern enthält Art. 19 Abs. 4 GG die institutionelle Garantie einer Gerichtsbarkeit, vgl. *Schmidt-Aßmann*, in: *Maunz/Dürig*, GG, 2003, Art. 19 Abs. 4 Rn. 14.

[1019] „Wirksamer" Rechtsschutz bedeutet dabei nicht ein höchstmögliches Maß an Rechtsschutz, sondern einen *ausgewogenen* Rechtsschutz, vgl. dazu *Schmidt-Aßmann*, a.a.O., Rn. 4, mit Nachweisen aus der BVerfG-Rechtsprechung. Vgl. auch *Schoch*, Vorläufiger Rechtsschutz und Risikoverteilung, 1988, S. 964.

[1020] Einen Überblick über die Hauptelemente des Wirksamkeitsgebots findet sich bei *Schmidt-Aßmann*, in: *Schoch/Schmidt-Aßmann/Pietzner*, VwGO, 2003, Einleitung Rn. 160 ff.

[1021] Die Offenhaltung des Hauptsacheverfahrens (Sicherungsfunktion) ist die primäre spezifische Funktion des Eilrechtsschutzes, vgl. *Schoch*, in: *Schoch/Schmidt-Aßmann/Pietzner*, VwGO, 2003, Vorb § 80 Rn. 34. Vgl. auch *Erichsen/Klenke*, DÖV 1976, 833 (839); *Leipold*, Grundlagen des einstweiligen Rechtsschutzes, 1971, S. 186 f.

[1022] Zur „Zweispurigkeit" des vorläufigen Rechtsschutzes mit den institutionellen „Basiselementen" der aufschiebenden Wirkung und der einstweiligen Anordnung vgl. *Schoch*, in: *Schoch/Schmidt-Aßmann/Pietzner*, VwGO, 2003, Vorb § 80 Rn. 40 ff.

[1023] An dieser Stelle sei noch einmal darauf hingewiesen, dass diese Rechtsschutzform einer *kraft Gesetzes* eintretenden aufschiebenden Wirkung ein „deutsches Unikat" darstellt, und sonst sowohl dem EG-Recht wie dem Recht der anderen Mitgliedstaaten fremd ist, vgl. schon oben Erster Teil, C. (S. 10 f.).

gewährleistet.[1024] Dennoch hat das Bundesverfassungsgericht bereits frühzeitig die aufschiebende Wirkung als „fundamentalen Grundsatz des öffentlich-rechtlichen Prozesses"[1025] bezeichnet und die „verfassungsrechtliche Bedeutung des Suspensiveffekts verwaltungsprozessualer Rechtsbehelfe"[1026] betont. Hieraus folge – so das Bundesverfassungsgericht – zugleich ein Regel-Ausnahme-Verhältnis zwischen dem Eintritt der aufschiebenden Wirkung kraft Gesetzes (§ 80 Abs. 1 VwGO) und der Anordnung der sofortigen Vollziehung (§ 80 Abs. 2 S. 1 Nr. 4 VwGO) dergestalt, dass eine dieses Verhältnis generell umkehrende Verwaltungspraxis mit der Verfassung nicht vereinbar sei.[1027] Diese Formulierungen des Bundesverfassungsgerichts stützen in der Tat die daraus gezogene Schlussfolgerung, von Verfassungs wegen bestünde ein Rangverhältnis zwischen aufschiebender Wirkung und Anordnung der sofortigen Vollziehung.[1028]

Auf der anderen Seite hat das Bundesverfassungsgericht selbst darauf hingewiesen, dass auch die gerichtliche Anordnung der aufschiebenden Wirkung gemäß § 80 Abs. 5 VwGO eine adäquate Ausprägung des grundgesetzlich garantierten Rechtsschutzes ist.[1029] Dem liegt die Erkenntnis zu Grunde, dass verfassungsrechtlich nicht die Sicherungs*technik*, sondern der Sicherungs*erfolg* entscheidend ist.[1030] Denn die primäre Wirkung des Art. 19 Abs. 4 GG liegt in einem Gesetzgebungsauftrag[1031] zur Schaffung eines *im Ergebnis* effektiven Sicherungsmodells. Art. 19 Abs. 4 GG ist dabei jedes

[1024] So das BVerfG, Beschluss v. 22. 6. 1960 (2 BvR 37/60), BVerfGE 11, 232 (233); BVerfG, Beschluss v. 18. 7. 1073 (1 BvR 23,155/73), BVerfGE 35, 382 (402); BVerfG, Beschluss v. 13. 6. 1979 (1 BvR 699/77), BVerfGE 51, 268 (285).

[1025] BVerfG, Beschluss v. 19. 6. 1973 (1 BvL 39/69 u. 14/72), BVerfGE 35, 263 (272); BVerfG, Beschluss v. 18. 7. 1073 (1 BvR 23,155/73), BVerfGE 35, 382 (402). Vgl. auch BVerfG, Beschluss v. 21. 3. 1985 (2 BvR 1642/83), BVerfGE 69, 220 (227): „Die (...) aufschiebende Wirkung (...) ist eine angemessene, sachgerechte Ausprägung der verfassungsrechtlichen Rechtsschutzgarantie und ein fundamentaler Grundsatz öffentlich-rechtlicher Anfechtungsprozesse."

[1026] BVerfG, Beschluss v. 19. 6. 1973 (1 BvL 39/69 u. 14/72), BVerfGE 35, 263 (274); BVerfG, Beschluss v. 13. 6. 1979 (1 BvR 699/77), BVerfGE 51, 268 (284). Diese soll insbesondere darin liegen, die „Selbstherrlichkeit" der vollziehenden Gewalt gegenüber dem Bürger zu beseitigen, so die bekannte Formulierung des BVerfG, a.a.O. Diese Aufgabe (die Art. 19 Abs. 4 GG generell zukommt) sieht *Schmidt-Aßmann*, in: *Maunz/Dürig*, GG, 2003, Art. 19 Abs. 4 Rn. 1, als erfüllt an; deshalb stellt er die neuen Herausforderungen eines „zeitgerechten Rechtsschutzes" in den Vordergrund, a.a.O., Rn. 2 ff.

[1027] Vgl. BVerfG, Beschluss v. 18. 7. 1073 (1 BvR 23,155/73), BVerfGE 35, 382 (402); BVerfG, Beschluss v. 13. 6. 1979 (1 BvR 699/77), BVerfGE 51, 268 (285).

[1028] Vgl. *Puttler*, in: *Sodan/Ziekow*, VwGO, 2003, § 80 Rn. 8, m. w. N.

[1029] BVerfG, Beschluss v. 19. 6. 1973 (1 BvL 39/69 u. 14/72), BVerfGE 35, 263 (275). Vgl. auch BVerfG, Beschluss v. 13. 6. 1979 (1 BvR 699/77), BVerfGE 51, 268 (285): „Entscheidend ist (...), ob dem Bürger (...) ein verfassungsrechtlich ausreichender effektiver Rechtsschutz gewährt wird, mag dies auch auf andere Weise als durch (automatisch eintretende oder gerichtlich wiederhergestellte) aufschiebende Wirkung seines Rechtsbehelfs geschehen." In dieser Entscheidung ging es im Hinblick auf die Anforderungen des Art. 19 Abs. 4 GG um die Gleichstellung von § 123 VwGO, als zweitem „Basiselement" des Eilrechtsschutzes (vgl. oben Fn. 1022), mit dem Prinzip der aufschiebenden Wirkung.

[1030] *Schmidt-Aßmann*, in: *Maunz/Dürig*, GG, 2003, Art. 19 Abs. 4 Rn. 274, der an dieser Stelle ebenfalls die verfassungsrechtliche Gleichwertigkeit zwischen aufschiebender Wirkung und gerichtlichem Eilrechtsschutz hervorhebt.

[1031] *Lorenz*, in: Festschrift für Menger, 1985, S. 143 (145 ff.); vgl. dazu auch *Wilfinger*, Das Gebot effektiven Rechtsschutzes, 1995, S. 41 f.

verwaltungsprozessuale Mittel recht, sofern nur der geforderte Mindeststandard im Ergebnis erreicht wird.

Vor diesem Hintergrund ist es nicht nachvollziehbar, warum das Bundesverfassungsgericht den Eintritt des Suspensiveffekts *kraft Gesetzes* im soeben beschrieben Sinne so pointiert hervorhebt, zumal es ja selbst die Maßgeblichkeit des Sicherungs*erfolges* anerkennt.[1032] Es ist vielmehr davon auszugehen, dass die Automatik des Eintritts des Suspensiveffekts mit Rechtsbehelfseinlegung lediglich einfachrechtlich gewährleistet wird, und dass es kein *verfassungsrechtlich* vorgegebenes Regel-Ausnahme-Verhältnis zwischen aufschiebender Wirkung und sofortiger Vollziehbarkeit gibt.[1033]

2. Beurteilung der Vorgaben aus dem „Tafelwein"-Fall

Als Folge dieser Erkenntnis ergibt sich, dass die im „Tafelwein"-Urteil aufgestellte Forderung nach unbedingter und genereller Anordnung des Sofortvollzugs keine Kollision mit Art. 19 Abs. 4 GG nach sich zieht. Die gemeinschaftsrechtlich geforderte Verwaltungspraxis mag zwar für den deutschen Rechtsschutz Suchenden nachteiliger sein als die Regelung des § 80 Abs. 2 S. 1 Nr. 4 VwGO. Verfassungsrechtliche Bedenken wirft sie jedoch nach der hier vertretenen Auffassung nicht auf.

Indes kann nicht außer Betracht bleiben, dass die Auffassung des Bundesverfassungsgerichts zur *verfassungsrechtlichen* Gewährleistung der aufschiebenden Wirkung eine andere ist als die hier vertretene und für richtig gehaltene. Immerhin obliegt dem obersten deutschen Gericht als „Hüter der Verfassung"[1034] die letztverbindliche Auslegung des Grundgesetzes,[1035] so dass sich zwar eine andere Auffassung vertreten lässt, eine Außerachtlassung seiner Ansicht sich jedoch verbietet. Es stellt sich daher die Frage, ob das Ergebnis unter Zugrundelegung der Rechtsprechungspraxis des Bundesverfassungsgerichts ein anderes ist. Eine Umkehrung des nach seiner Auffassung von Art. 19 Abs. 4 GG gewährleisteten Regel-Ausnahme-Verhältnisses zwischen aufschiebender Wirkung und Sofortvollzug[1036] nimmt das Bundesverfassungsgericht beispielsweise dann an, wenn die Verwaltung Verwaltungsakte *generell* für sofort vollziehbar

---

[1032] Nur so ist die vorhin in Fn. 1029 zitierte Äußerung zu verstehen.

[1033] So auch *Schmidt-Aßmann*, in: *Maunz/Dürig*, GG, 2003, Art. 19 Abs. 4 Rn. 274. Vgl. auch *Schoch*, in: *Schoch/Schmidt-Aßmann/Pietzner*, VwGO, 2003, Vorb § 80 Rn. 12 f. u. 35, der sich ebenfalls für eine Aufgabe der „Überstrapazierung des Art. 19 Abs. 4 S. 1 GG in Bezug auf § 80 Abs. 1 VwGO" durch das BVerfG ausspricht; *Huber*, in: *v. Mangoldt/Klein/Starck*, GG, 4. Aufl. 1999, Art. 19 Abs. 4 Rn. 485 ff. Art. 19 Abs. 4 GG ist erst verletzt, wenn der Gesetzgeber nicht nur die aufschiebende Wirkung des Rechtsbehelfs ausschließt, sondern auch den Weg zur gerichtlichen Überprüfung des Ausschlusses versperrt, vgl. *Puttler*, in: *Sodan/Ziekow*, VwGO, 2003, § 80 Rn. 8.

[1034] So das Gericht selbst in BVerfG, Urteil v. 20. 3. 1952 (1 BvL 12, 15, 16, 24 28/51), BVerfGE 1, 184 (195 ff.); BVerfG, Urteil v. 30. 6. 1952 (1 BvF 1/52), BVerfGE 1, 396 (408). Zu der Bezeichnung vgl. *Voßkuhle*, in: *v. Mangoldt/Klein/Starck*, GG, 4. Aufl. 2001, Art. 93 Rn. 18 (Fn. 77).

[1035] Vgl. dazu BVerfG, Beschluss v. 1. 3. 1978 (1 BvL 20/77), BVerfGE 48, 40 (45); BVerfG, Beschluss v. 4. 6. 1985 (1 BvL 7/85), BVerfGE 70, 13 (136 f.).

[1036] Vgl. soeben unter 1.

erklären würde.[1037] Da der Europäische Gerichtshof auf den ersten Blick genau eine derartige Verhaltensweise zu fordern scheint, ist der Frage nachzugehen, was das Bundesverfassungsgericht unter dem Begriff „generell" versteht.

Klar dürfte jedenfalls sein, dass das Gericht einen Verstoß gegen Art. 19 Abs. 4 GG nicht erst dann annimmt, wenn *sämtliche* Verwaltungsstellen *aller* Verwaltungsbereiche automatisch den Sofortvollzug aller Verwaltungsakte anordnen würden. Dies ergibt sich aus der Systematik der Urteile selbst, die sich jeweils auf einen speziellen materiell-rechtlichen Bereich bezogen.[1038] Eine so weit gesteckte Grenze würde im Übrigen kaum mehr einen signifikanten materiellen Gewährleitungsgehalt beinhalten. Es ist vielmehr davon auszugehen, dass das Kriterium auf das jeweils einschlägige Rechtsgebiet (also z. B. das Ausländer-, Asyl- oder Beamtenrecht) zu beziehen ist.[1039] Die vom Europäischen Gerichtshof im „Tafelwein"-Urteil geforderte Automatik der Anordnung des Sofortvollzugs ist jedoch nicht in dem Sinne zu verstehen, dass etwa in sämtlichen Konstellationen mit Gemeinschaftsrechtsbezug oder auch nur für Verwaltungsakte auf dem Gebiet des Agrarrechts schlechthin die sofortige Vollziehung anzuordnen sei.[1040] Die Entscheidung des Gerichtshofes bezog sich allein auf die spezielle Konstellation der Weinmarktordnung und innerhalb derer auch nur auf die Bescheide über die Heranziehung zur Zwangsdestillation. Die Notwendigkeit der Anordnung der sofortigen Vollziehung wurde am zu Grunde liegenden materiellen Recht und dessen Anspruch auf effektive Durchsetzung angeknüpft und nicht formal für ein gesamtes Rechtsgebiet festgelegt. Damit bedeutet die vom Gerichtshof geforderte Verwaltungspraxis keine *generelle* Umkehrung des Verhältnisses zwischen aufschiebender Wirkung und Anordnung der sofortigen Vollziehung in dem vom Bundesverfassungsgericht zu Grunde gelegten Verständnis.[1041]

3. Zwischenergebnis

Die vom Europäischen Gerichtshof in der „Tafelwein"-Entscheidung geforderte Verwaltungspraxis stellt selbst unter Zugrundelegung des hohen Maßstabs für Art. 19 Abs. 4 GG, wie er in rein nationalen Konstellationen gilt, kein Verfassungsproblem

[1037] Vgl. BVerfG, Beschluss v. 18. 7. 1973 (1 BvR 23, 155/73), BVerfGE 35, 382 (402); BVerfG, Beschluss v. 13. 6. 1979 (1 BvR 699/77), BVerfGE 51, 268 (285).

[1038] So auch die Deutung von *Lehr*, Einstweiliger Rechtsschutz und EU, 1997, S. 350 (Fn. 24).

[1039] *Lehr*, a.a.O.

[1040] Zu dem in diesem Zusammenhang weitläufigen Missverständnis im Hinblick auf die Breitenwirkung der „Tafelwein"-Entscheidung vgl. bereits oben Zweiter Teil, B. II. 4. d) (S. 80 f.).

[1041] Ähnlich *Puttler*, in: *Sodan/Ziekow*, VwGO, 2003, § 80 Rn. 13. A. A. *Lehr*, Einstweiliger Rechtsschutz und EU, 1997, S. 351. Nicht argumentiert werden kann jedoch, die verfassungsrechtliche Grenze sei hier nicht von Belang, weil es nicht um das Umkehren des Regel-Ausnahme-Verhältnisses durch die Verwaltungspraxis gehe, sondern durch eine gemeinschaftsrechtliche Norm, so *Rohde*, Vorläufiger Rechtsschutz, 1998, S. 93. Denn die Anordnung des Sofortvollzugs ist nicht etwa in der fraglichen Gemeinschaftsnorm des Art. 64 VO Nr. 337/79 ausdrücklich normiert; eine solche Verpflichtung ergibt sich vielmehr aus deren Effektivitätsanspruch. Dieser Anspruch ist aber sehr wohl durch eine Verwaltungspraxis umzusetzen.

dar.[1042] Dies gilt auch, wenn man sich hinsichtlich der Gewährleistung eines Regel-Ausnahme-Verhältnisses zwischen aufschiebender Wirkung und sofortiger Vollziehung der – insoweit strengeren – Auffassung des Bundesverfassungsgerichts anschließt. Damit wirft dieses Urteil des Europäischen Gerichtshofes die Frage der Relativierung des Schutzumfangs von Art. 19 Abs. 4 GG in Fällen des Vollzugs von Gemeinschaftsrecht gar nicht erst auf.[1043]

III. Untätigkeit eines Verwaltungsorgans

Nachdem die Bedenken, die im Gefolge der „Tafelwein"-Entscheidung an den Europäischen Gerichtshof herangetragen wurden, ausgeräumt werden konnten, bleibt zu untersuchen, ob das „T. Port"-Urteil hinter den Anforderungen des Art. 19 Abs. 4 GG zurückbleibt. Dieses Urteil wurde im Hinblick auf den Grundsatz effektiven Rechtsschutzes ungleich härter angegriffen.[1044]

Nach Auffassung des Gerichtshofes kann in der Konstellation der Kommissionsuntätigkeit nur von den Gemeinschaftsgerichten Eilrechtsschutz gewährt werden. Dies wurde zwar letztlich als gangbarer, mithin dem *gemeinschaftsrechtlichen* Gebot effektiven Rechtsschutzes entsprechender Weg eingestuft.[1045] Gleichwohl ist nicht zu verkennen, dass neben der Untätigkeit der Kommission auch die Untätigkeit einer deutschen Behörde, nämlich die der *BLE*, vorlag. Wenngleich diese Untätigkeit gemeinschaftsrechtlich für unbeachtlich erklärt werden konnte, stellt sich die Frage, ob sie aus nationaler Sicht eine rechtserhebliche Maßnahme darstellt und damit als Anknüpfungspunkt für die Rechtsschutzfrage in Betracht kommt.

1. Der richtige Verfahrensgegenstand

Die eigentümliche Schwierigkeit der richtigen Einschätzung einer solchen Konstellation der „doppelten Untätigkeit" resultiert aus dem besonderen Charakter des Vollzugs im Rahmen eines Mehrebenensystems wie dem zwischen der Gemeinschaft und den Mitgliedstaaten. Wenn die eine Ebene für den Normerlass zuständig ist und

---

[1042] Für eine Vereinbarkeit der aus dem „Tafelwein"-Urteil folgenden Vorgaben für das deutsche Recht mit Art. 19 Abs. 4 GG i. Erg. auch *Stern*, JuS 1998, S. 769 (775); *Schmidt-Aßmann*, in: *Maunz/Dürig*, GG, 2003, Art. 19 Abs. 4 Rn. 277; *Huber*, in: *v. Mangoldt/Klein/Starck*, GG, 4. Aufl. 1999, Art. 19 Abs. 4 Rn. 488; *Ehlers*, Europäisierung des Verwaltungsprozeßrechts, 1999, S. 125.

[1043] Anders jedoch *Lehr*, Einstweiliger Rechtsschutz und EU, 1997, S. 351, wonach eine Auffassung wie die des EuGH in einer rein nationalen Konstellation Art. 19 Abs. 4 GG verletzen würde. Unter Zugrundelegung eines für Fälle des Vollzugs von Gemeinschaftsrecht relativierten Maßstabs verneint auch er (a.a.O., S. 366 ff.) letztlich einen Verstoß gegen Art. 19 Abs. 4 GG. Ähnlich auch *Huber* BayVBl. 2001, 577 (584), der zwar eine Beschränkung des effektiven Schutzbereichs des Art. 19 Abs. 4 GG diagnostiziert, darin aber keinen zwangsläufigen Konflikt mit dem vom Grundgesetz geforderten Mindeststandard an Rechtsschutz sieht.

[1044] Einen Verstoß gegen Art. 19 Abs. 4 GG bejahend *Ohler/Weiß*, NJW 1997, 2221 (2222); *Koenig/Zeiss*, JZ 1997, 461 (462); zweifelnd Weber, DÖV 1997, 624 (628 f.); wohl bejahend *Dörr*, in: *Sodan/Ziekow*, VwGO, 2003, EVR Rn. 483.

[1045] Siehe oben Zweiter Teil, D. IV. 3. (S. 190 ff.).

die andere für den Normvollzug, dann stellt sich im Falle der Geltendmachung eines Unterlassens die Frage des richtigen Adressaten. Die Situation wird noch komplizierter, wenn wie hier ein Ineinandergreifen von gemeinschaftlichem und mitgliedstaatlichem Vollzug gegeben ist. Denn der Erlass einer Härteregelung ist als Maßnahme des gemeinschaftseigenen (direkten) Vollzugs der Bananenmarktordnung zu qualifizieren.[1046] Sofern die Härteregelung an die Mitgliedstaaten adressiert werden würde, die dann für die Zuteilung der einzelnen Importlizenzen zuständig wären – im Fall der Bundesrepublik Deutschland durch die *BLE* –, käme eine Maßnahme des indirekten Vollzugs hinzu.[1047]

Für die Ermittlung des zutreffenden Untätigkeitsgegenstandes ergibt dieser Befund Folgendes: Hielte man als zulässige Härteregelung allein eine an den jeweiligen Marktbürger gerichtete Entscheidung für möglich, so wäre das Unterlassen einer solchen durch die Kommission alleiniger Anknüpfungspunkt für ein Rechtsschutzbegehren. In diesem Fall wäre der Rechtsschutz Suchende bei den nationalen Gerichten schlicht an der falschen Adresse. Maßnahmen des gemeinschaftseigenen Vollzugs sind ausschließlich über die Gemeinschaftsgerichtsbarkeit anzugreifen.[1048]

Diese Überlegung dient jedoch lediglich als Arbeitshypothese. Denn die Kommission kann eine Härteregelung zumindest *auch* an die Mitgliedstaaten richten. (Teilweise wird vertreten, dies sei auf Grund der allgemeinen Zuständigkeitsverteilung zwischen den Mitgliedstaaten und der Gemeinschaft gar die *einzig* zulässige Vorgehensweise.[1049]) Dieser Rechtsakt wäre dann durch die *BLE* umzusetzen. Sollte nun die *BLE*, aus welchen Gründen immer, die Umsetzung ablehnen bzw. schlicht unterlassen, so würde dieser Umstand aus nationaler Perspektive einen rechtserheblichen Anknüpfungspunkt für die Rechtsschutzfrage darstellen. Für diesen Fall wären selbstredend die nationalen (Verwaltungs-)Gerichte zur Rechtsschutzgewährung berufen.

Allerdings ist die hier zu beurteilende Konstellation eine andere. In der Rechtssache „T. Port" fehlte es an dem Akt der Kommission, der durch die *BLE* umzusetzen gewesen wäre. Daher ist der gegen die Entscheidung des Gerichtshofes vorgebrachte Einwand, die Klägerin habe im Rahmen des einstweiligen Rechtsschutzes die Zuteilung vorläufiger Einfuhrkontingente *bis* zum Erlass einer Härtefallregelung begehrt und nicht den Erlass der Härteregelung selbst,[1050] zwar insoweit zutreffend, als er das

---

[1046] Dies gilt ungeachtet dessen, ob die Maßnahme als Entscheidung gegenüber dem betroffenen Unternehmen ergeht oder an den Mitgliedstaaten gerichtet wird, der dann zur Umsetzung gegenüber dem einzelnen Marktbeteiligten verpflichtet wäre. Denn der Vollzug des Gemeinschaftsrechts umfasst nicht nur die „Anwendung" des Gemeinschaftsrechts, also die Aktualisierung im konkreten Einzelfall, sondern auch die „Ausführung" durch Normen der Exekutive oder eben an Mitgliedstaaten gerichtete Entscheidungen, die eines weiteren Umsetzungsaktes bedürfen; vgl. zur Terminologie oben Fn. 757.

[1047] Bei dieser Konstellation handelt es sich um ein Beispiel für „Mischverwaltung", vgl. dazu *Scheuing*, in: *Hoffmann-Riem/Schmidt-Aßmann*, Innovation und Flexibilität des Verwaltungshandelns, 1994, S. 289 (332 ff., 334); *Schreiber*, Verwaltungskompetenzen der EG, 1997, S. 40 f.

[1048] Die Einschaltung der nationalen Gerichtsbarkeit könnte allenfalls mit dem Argument erwogen werden, die Rechtsschutzgewährung würde hinter dem als unabdingbar geforderten generellen Maß an Grundrechtsschutz im Sinne der „Solange/Maastricht"-Rechtsprechung zurückbleiben. Dazu eingehend unten Dritter Teil, B. (S. 215 ff.).

[1049] So *Wiehe*, Effektiver vorläufiger Rechtsschutz, 2000, S. 221 f.; *Ohler/Weiß*, NJW 1997, 2221 (2221). Siehe zu diesem Einwand oben Zweiter Teil, D. IV. 3. b) bb) (2) (c)(S. 195 f.).

[1050] *Koenig/Zeiss*, JZ 1997, 461 (462).

Problem beschreibt. Soweit dem Gerichtshof damit eine fehlerhafte Bewertung des Sachverhalts unterstellt wird, greift der Einwand jedoch nicht durch. Denn die Härteregelung durch die Kommission hätte der Klägerin überhaupt erst das subjektive Recht vermittelt, auf das sie ihre einstweilige Anordnung hätte stützen können. Mit anderen Worten: Bis zum Erlass der Härteregelung hatte die Klägerin keinen Anordnungsanspruch.[1051] Eine mögliche Konkursgefahr mag zwar das Bestehen eines Anordnungsgrundes belegen. Sie kann jedoch nicht ein subjektives Recht fingieren, dass der Klägerin auch im Hauptsacheverfahren nicht zustünde. Damit stellt die Untätigkeit der *BLE* auch kein Problem des Art. 19 Abs. 4 GG dar. Die Rechtsschutzgarantie vermag das entsprechende materielle Recht nicht zu vermitteln, sondern setzt es voraus.[1052]

2. Das Argument der ausschließlichen Zuständigkeit der Gemeinschaftsgerichte zur Gewährung von Eilrechtsschutz in Untätigkeitsfällen

Im Lichte dieser Ausführungen ist auch die Feststellung des Gerichtshofes zu verstehen, wonach bis zum Erlass von Härtefallregelungen ausschließlich die Gemeinschaftsgerichte zur Gewährung vorläufigen Rechtsschutzes befugt seien.[1053] Hierdurch spricht der Gerichtshof den Mitgliedstaaten keineswegs die Eröffnung ihrer Gerichtsbarkeit ab, wenn sich wie im Ausgangsverfahren ein Marktbeteiligter an eine nationale Behörde zwecks Zuteilung vorläufiger Importkontingente wendet. Die Untätigkeit der *BLE* ist auch im Falle des fehlenden Erstaktes der Kommission zweifellos tauglicher Angriffspunkt in einem Eilverfahren nach § 123 VwGO. Denn der Verfahrensgegenstand wird durch den Antrag des Klägers bestimmt. Jedoch haben solche Anträge von vornherein keine Aussicht auf Erfolg,[1054] weil der Antragsteller eben keinen Anordnungsanspruch geltend machen kann.

Hieran anknüpfend ist schließlich auch ein weiterer Kritikpunkt zu bewerten, der im Hinblick auf die Inanspruchnahme der ausschließlichen Zuständigkeit zu Gunsten der Gemeinschaftsgerichte an den Gerichtshof herangetragen wurde. So wurde behauptet, der Gerichtshof habe mit der Entscheidung den Grundsatz der EG-rechtlichen Unzulässigkeit von verpflichtenden Regelungsanordnungen nach § 123 VwGO im Rahmen des indirekten Gemeinschaftsrechtsvollzuges aufgestellt.[1055] Dies trifft nur für den Fall zu, dass das Gemeinschaftsrecht dem Antragsteller wie in der Rechtssache

[1051] Dies erkennen letztlich auch *Koenig/Zeiss*, JZ 1997, 461 (463). Dass der Gerichtshof nicht ausdrücklich hierauf abgestellt hat – wie von ihnen a.a.O. weiter eingewandt –, lag schließlich schlicht an der Formulierung der Vorlagefrage durch den VGH Kassel, vgl. bereits oben Zweiter Teil, D. IV. 3. b) (aa) (S. 191 f.).

[1052] Vgl. BVerfG, Beschluss v. 5. 2. 1963 (2 BvR 21/60), BVerfGE 15, 275 (281); *Schmidt-Aßmann*, in: *Maunz/Dürig*, GG, 2003, Art. 19 Abs. 4 Rn. 119.

[1053] EuGH, Urteil v. 26. 11. 1996 (Rs. C-68/95), Slg. 1996, I-6065 (6104, Tz. 53 f.) – *T. Port.*

[1054] Dabei ist es eine Frage von nachrangiger Bedeutung, ob man den Antrag als unbegründet, so *Jannasch*, NVwZ 1999, 495 (499) – jedoch mit Blick auf das Hauptsacheverfahren –, oder, wohl eher zutreffend, als unzulässig auf Grund der bereits fehlenden *Möglichkeit* des Bestehens eines Anordnungsanspruchs einschätzt.

[1055] So wiederum *Koenig/Zeiss*, JZ 1997, 461 (461).

„T. Port" (noch) keine subjektive Rechtsposition vermittelt. Dagegen sind verpflichtende einstweilige Regelungen durchaus für den Fall möglich, dass die Kommission eine Härteregelung erlassen hat und die Untätigkeit (allein) bei der ausführenden nationalen Behörde liegt.

3. Zwischenergebnis

Bei genauer Analyse des Sachverhalts und der sorgfältigen Ermittlung des richtigen Verfahrensgegenstandes lässt sich damit feststellen, dass die Untätigkeit der *BLE* als Anknüpfungspunkt für Zweifel im Hinblick auf Art. 19 Abs. 4 GG ebenfalls nicht in Betracht kommt. Solange die Kommission keine Härteregelung erlassen hat, bedeutet das Abstellen auf die Untätigkeit der nationalen Behörde die Geltendmachung des falschen Verfahrensgegenstandes. Für diesen Zeitraum gewähren die Gemeinschaftsgerichte (ausreichenden) einstweiligen Rechtsschutz. Die Untätigkeit der nationalen Behörde wird erst nach dem Erlass einer Härteregelung relevant. Für diesen Fall wurde die Zuständigkeit bzw. die Befugnis der nationalen Gerichte zur Gewährung von verpflichtenden Eilmaßnahmen durch den Europäischen Gerichtshof nicht bestritten. Eine Verkürzung des effektiven Rechtsschutzes auf dem Gewährleistungsniveau des Art. 19 Abs. 4 GG[1056] kann somit nicht festgestellt werden.

IV. Ergebnis

Die Untersuchung der Entscheidungen „Tafelwein" und „T. Port" aus der Perspektive der grundgesetzlichen Rechtsschutzgarantie nach Art. 19 Abs. 4 GG konnte die Kritik am Europäischen Gerichtshof widerlegen. Wenngleich das von ihm entwickelte System des einstweiligen Rechtsschutzes im Rahmen der mitgliedstaatlichen Durchführung des Gemeinschaftsrechts im Ergebnis hinter den Gewährleistungen des Eilrechtsschutzes nach ausschließlich nationalen Kriterien zurückbleibt, ist eine Verletzung von Art. 19 Abs. 4 GG nicht festzustellen. Dies gilt ungeachtet der sogleich zu erörternden Frage, ob nationales Verfassungsrecht überhaupt Prüfungsmaßstab für Gemeinschaftsrecht sein kann.

[1056] So jedoch im Ergebnis *Koenig/Zeiss*, a.a.O., (463); ähnlich *Dörr*, in: *Sodan/Ziekow*, VwGO, 2003, EVR Rn. 483; zurückhaltender *Puttler*, in: *Sodan/Ziekow*, VwGO, 2003, § 123 Rn. 26. Wie hier, wenngleich vorsichtiger unter Hinweis auf einen durch Art. 23 GG abgeschwächten Maßstab, *Wiehe*, Effektiver vorläufiger Rechtsschutz, 2000, S. 221; ebenso *Schmidt-Aßmann*, in: *Maunz/Dürig*, GG, 2003, Art. 19 Abs. 4 Rn. 277: kein Anlass sich unter Berufung auf Kerngehalte des eigenen Verfassungsrechts über das Urteil des EuGH hinwegzusetzen.

B. Verfassungsrecht als Prüfungsmaßstab für Gemeinschaftsrecht?

Unbeschadet der Ablehnung eines potentiellen Grundrechtsverstoßes im Hinblick auf Art. 19 Abs. 4 GG bei Zugrundelegung eines ausschließlich nationalen Maßstabs stehen noch die Einschätzungen im Raum, welche die Rechtsprechung des Europäischen Gerichtshofes als „ausbrechende“ Rechtsakte qualifizieren und auf Grund dessen deren Verbindlichkeit im deutschen Rechtsraum negieren.[1057] Wenngleich im Zweiten Teil dieser Arbeit ein Überschreiten der Grenzen der Rechtsfortbildungsbefugnis des Gerichtshofes nicht festgestellt werden konnte,[1058] verdient diese Fragestellung auch eine Untersuchung aus verfassungsrechtlicher Perspektive. Denn insoweit wirft die Europäisierung des vorläufigen Rechtsschutzes die übergreifende Problematik des Verhältnisses zwischen Gemeinschaftsrecht und nationalem Verfassungsrecht allgemein auf.

Bei der Kollision zwischen Europarecht und einfachem deutschen Recht sind sich Gerichtshof und Bundesverfassungsgericht einig, dass das nationale Recht im Wege eines Anwendungsvorrangs verdrängt wird. Gegebenenfalls kommen im Falle der sog. indirekten Kollisionen bestimmte, im Zweiten Teil näher herausgearbeitete[1059] Sonderregeln zur Anwendung. In Bezug auf den Konflikt zwischen Gemeinschaftsrecht und deutschem *Verfassungs*recht sind die Positionen von Europäischem Gerichtshof und Bundesverfassungsgericht bekanntlich keineswegs so gleichlautend. Aus Sicht des Gerichtshofes gilt naturgemäß auch hier uneingeschränkt der Anwendungsvorrang.[1060] Das Bundesverfassungsgericht hat hingegen im Laufe seiner „Solange“- und „Maastricht“-Rechtsprechung[1061] für den Anwendungsvorrang des Gemeinschaftsrechts Vorbehalte und Schranken entwickelt. Nachfolgend soll der gegenwärtige Entwicklungsstand der seit jeher problematischen Thematik der Kompetenzabgrenzung zwischen den beiden obersten Gerichten untersucht werden. Eng damit verbundenen ist die Frage, inwiefern deutsches Verfassungsrecht tauglicher Prüfungsmaßstab für Akte der Gemeinschaft sein kann.

I. Von „Solange I“ bis „Maastricht“

1. Darstellung der Entscheidungen

Zur Erarbeitung des aktuellen Diskussionsstandes soll in der gebotenen Kürze die Rechtsprechungslinie des Bundesverfassungsgerichts zur Frage des Verfassungsrechts

---

[1057] Vgl. oben Fn. 1014.

[1058] Siehe oben Zweiter Teil, C. III. 1. b) bb) (S. 144 ff.) und 2. b) cc) (S. 172 f.).

[1059] Dazu ausführlich oben Zweiter Teil, B. III. (S. 85 ff.).

[1060] EuGH, Urteil v. 15. 6. 1964 (Rs. 6/64), Slg. 1964, 1251 (1269 f., Tz. 9) – *Costa/E.N.E.L*; EuGH, Urteil v. 17. 12. 1970 (Rs. 11/70), Slg. 1970, 1125 (1135) – *Internationale Handelsgesellschaft*; EuGH, Urteil v. 9. 3. 1978 (Rs. 106/77), Slg. 1978, 629 (643 f., Tz. 14/16) – *Simmenthal II.*

[1061] Dazu näher unter Dritter Teil, B. I. 1. (S. 215 ff.).

als Prüfungsmaßstab für Gemeinschaftsrecht sowie für gemeinschaftsrechtliche Handlungen skizziert werden. Wenngleich es zum Verhältnis zwischen Gemeinschaftsrecht und deutschem Verfassungsrecht sowie zur rechtlichen Einordnung des Gemeinschaftsrechtssystems überhaupt – und dies ist der grundsätzliche Ausgangspunkt für wie auch immer geartete Kontrollvorbehalte zu Gunsten des Bundesverfassungsgerichts – weitere bedeutsame Entscheidungen gibt,[1062] beschränkt sich der Überblick[1063] auf die Eckpunkte der Entwicklung. Dazu gehören als „Klassiker“ der Bundesverfassungsgerichts-Jurisdiktion die sog. „Solange I“- und „Solange II“-Beschlüsse[1064] sowie das „Maastricht“-Urteil[1065].

In dem „Solange I“-Beschluss vom 29. 5. 1974 gelangte das Bundesverfassungsgericht zu der Erkenntnis, dass auf Grund des bis dahin erreichten Integrationsstandes der Gemeinschaft der Grundrechtsschutz des Gemeinschaftsrechts mit dem des Grundgesetzes nicht vergleichbar sei. Solange, so das Bundesverfassungsgericht, ein entsprechender Fortschritt nicht erreicht sei, sei die Vorlage eines deutschen Fachgerichts im Normenkontrollverfahren nach Art. 100 Abs. 1 GG wegen angenommener Grundrechtswidrigkeit einer Vorschrift des sekundären Gemeinschaftsrechts zulässig und geboten.[1066]

Zum umgekehrten Ergebnis kam das Gericht in seinem „Solange II“-Beschluss vom 22. 10. 1986. Es führte aus, dass es seine Gerichtsbarkeit über die Anwendbarkeit sekundären Gemeinschaftsrechts nicht mehr ausüben und dieses Recht mithin nicht mehr am Maßstab der Grundrechte überprüfen werde, solange die Rechtsprechung des Europäischen Gerichtshofes einen wirksamen Schutz der Grundrechte gegenüber der Hoheitsgewalt der Gemeinschaft gewähre, der dem vom Grundgesetz als unabdingbar gebotenen Grundrechtsschutz im Wesentlichen gleich zu achten sei, zumal den Wesensgehalt der Grundrechte generell verbürge.[1067] Das Bundesverfassungsgericht war also mittlerweile zur Auffassung gelangt, dass der Grundrechtsschutz innerhalb der Gemeinschaft nach Konzeption, Inhalt und Wirkungsweise dem des Grundgesetzes im Wesentlichen gleichkam.[1068] Vorlagen betreffend Normen des sekundären Gemeinschaftsrechts nach Art. 100 Abs. 1 GG – so das Bundesverfassungsgericht weiter – seien deshalb unzulässig.[1069]

An dieser Aussage hielt das Bundesverfassungsgericht auch in seiner „Maastricht“-Entscheidung vom 12. 10. 1993 fest. Allerdings betonte es, dass es weiterhin die Auf-

---

[1062] Hierzu zählen etwa BVerfG, Beschluss v. 9. 6. 1971 (2 BvR 225/69), BVerfGE 31, 145 ff. – *Lütticke*; BVerfG, Beschluss v. 25. 6. 1979 (2 BvL 6/77), BVerfGE 52, 187 ff. – *Vielleicht*; BVerfG, Beschluss v. 23. 6. 1981 (2 BvR 1107, 1124/77 u. 195/79), BVerfGE 58, 1 ff. – *Eurocontrol*; BVerfG, Beschluss v. 8. 4. 1987 (2 BvR 687/85), BVerfGE 75, 223 ff. – *Kloppenburg*.

[1063] Weitere überblicksartige Darstellungen der Rechtsprechung des BVerfG finden sich etwa bei *Mayer*, Kompetenzüberschreitung und Letztentscheidung, 2000, S. 89 ff.; *Schroeder*, Gemeinschaftsrechtssystem, 2002, S. 161 ff.; *Schweitzer/Hummer*, Europarecht, 5. Aufl. 1996, Rn. 854 ff.

[1064] BVerfG, Beschluss v. 29. 5. 1974 (2 BvL 52/71), BVerfGE 37, 271 ff. – *Solange I*; BVerfG, Beschluss v. 22. 10. 1986 (2 BvR 197/83), BVerfGE 73, 339 ff. – *Solange II*.

[1065] BVerfG, Urteil v. 12. 10. 1993 (2 BvR 2134, 2159/92), BVerfGE 89, 155 ff. – *Maastricht*.

[1066] BVerfG, Beschluss v. 29. 5. 1974 (2 BvL 52/71), BVerfGE 37, 271 (285) – *Solange I*.

[1067] BVerfG, Beschluss v. 22. 10. 1986 (2 BvR 197/83), BVerfGE 73, 339 (340 u. 387) – *Solange II*.

[1068] So ausdrücklich BVerfG, a.a.O., (378).

[1069] BVerfG, a.a.O., (340 u. 387).

gabe habe, einen wirksamen Grundrechtsschutz auch gegenüber der Hoheitsgewalt der Europäischen Gemeinschaft[1070] zu gewährleisten.[1071] Bei der Durchführung des Grundrechtsschutzes sah sich das Bundesverfassungsgericht fortan in einem „Kooperationsverhältnis" zum Europäischen Gerichtshof. Der Gerichtshof sollte den Schutz der Grundrechte in jedem Einzelfall für das gesamte Gebiet der Europäischen Gemeinschaft garantieren, während es sich selbst auf die „generelle Gewährleistung der unabdingbaren Grundrechtsstandards" beschränken wollte. Auf diese Weise wollte das Bundesverfassungsgericht den Wesensgehalt der Grundrechte auch gegenüber der Hoheitsgewalt der Gemeinschaft sichern.[1072]

Diese Rechtsprechung zeigt deutlich auf, wie die *Grundrechte* aus nationaler Sicht als Schranke für das Gemeinschaftsrecht wirken können. In der „Maastricht"-Entscheidung wurde jedoch neben den Grundrechten eine zweite nationale Schranke für das Gemeinschaftsrecht formuliert. Das Bundesverfassungsgericht nahm für sich in Anspruch, auch die Einhaltung der Grenzen der *Kompetenzausübung* durch die Gemeinschaft zu überprüfen.[1073] Hierzu führt es aus:[1074]

> „Würden etwa europäische Einrichtungen oder Organe den Unionsvertrag in einer Weise handhaben oder fortbilden, die von dem Vertrag, wie er dem deutschen Zustimmungsgesetz zugrundeliegt, nicht mehr gedeckt wäre, so wären die daraus hervorgehenden Rechtsakte im deutschen Hoheitsbereich nicht verbindlich. Die deutschen Staatsorgane wären aus verfassungsrechtlichen Gründen gehindert, diese Rechtsakte in Deutschland anzuwenden. Dementsprechend prüft das Bundesverfassungsgericht, ob

---

[1070] Im „Maastricht"-Urteil formuliert das BVerfG zum ersten Mal in dieser Deutlichkeit, dass auch die Hoheitsgewalt der Gemeinschaft Verpflichtete der deutschen Grundrechte sein kann. Damit weicht das BVerfG ausdrücklich von der noch im „Eurocontrol"-Beschluss geäußerten Auffassung ab, wonach es nur „Akte der staatlichen, deutschen an das Grundgesetz gebundenen öffentlichen Gewalt" nachprüfen könne, vgl. BVerfG, Beschluss v. 23. 6. 1981 (2 BvR 1107, 1124/77 u. 195/79), BVerfGE 58, 1 (27) – *Eurocontrol*.

[1071] In dieser Feststellung wird teilweise ein Unterschied zur „Solange II"-Entscheidung gesehen, weil das BVerfG nun angeblich seine Prüfungsbefugnis ausdrücklich wieder ausübe, wenn auch in Kooperation mit dem EuGH, vgl. *Grimm*, RdA 1996, 66 (68); *Kirchhoff*, ZfA 1992, 459 (466). Nach richtiger Ansicht ist hierin aber nichts anderes gemeint wie die Kernaussage der „Solange II"-Entscheidung, nämlich der durch das Absinken des Grundrechtsstandards auf Gemeinschaftsebene auflösend bedingte Verzicht der Überprüfung sekundären Gemeinschaftsrechts am Maßstab des Grundgesetzes. Lediglich der Maßstab für dieses Absinken wurde in „Maastricht" konkretisiert – ein in diesem Sinne relevantes Absinken des Grundrechtsstandards soll erst dann vorliegen, wenn ein wirksamer Schutz der Grundrechte *generell* nicht mehr gewährleistet sei. In seinem „Bananenmarkt"-Beschluss sollte das BVerfG die gegenteilige Auffassung ausdrücklich als „Missverständnis des Maastricht-Urteils" bezeichnen, vgl. BVerfG, Beschluss v. 7. 6. 2000 (2 BvL 1/97), BVerfGE 102, 147 (164). Zu dieser Entscheidung ausführlich unten Dritter Teil, B. II. 2. b) (S. 229 f.).

[1072] Vgl. zu diesen Ausführungen BVerfG, Urteil v. 12. 10. 1993 (2 BvR 2134, 2159/92), BVerfGE 89, 155 (174 f.) – *Maastricht*.

[1073] Die Schranke der Wahrung der Kompetenzordnung wurde nicht erstmals in dem „Maastricht"-Urteil aufgestellt, sondern vom BVerfG bereits in dem Beschluss v. 23. 6. 1981 (2 BvR 1107, 1124/77 u. 195/79), BVerfGE 58, 1 (30 f.) – *Eurocontrol* –, und dem Beschluss v. 8. 4. 1987 (2 BvR 687/85), BVerfGE 75, 223 (242) – *Kloppenburg* –, entwickelt.

[1074] BVerfG, Urteil v. 12. 10. 1993 (2 BvR 2134, 2159/92), BVerfGE 89, 155 (188) – *Maastricht*.

Rechtsakte der europäischen Einrichtungen und Organe sich in den Grenzen der ihnen eingeräumten Hoheitsrechte halten oder aus ihnen ausbrechen[1075] (...).“

In diesem Zusammenhang ist anzumerken, dass das Bundesverfassungsgericht keineswegs das einzige nationale Verfassungsgericht ist, das der Anwendbarkeit und damit dem Vorrang des Gemeinschaftsrechts Schranken setzt. In dem „Solange II“-Beschluss berief es sich selbst ausdrücklich auf eine ähnliche Entwicklung in Italien durch die Rechtsprechung des italienischen Verfassungsgerichtshofes *(Corte Costituzionale)*.[1076] Auf die Frage von Verfassungsvorbehalten in den anderen Mitgliedstaaten wird in einem größeren Zusammenhang noch zurückzukommen sein.[1077]

2. Die Problematik des Letztentscheidungsrechts

a) Ansätze zu Gunsten eines Letztentscheidungsrechts des Bundesverfassungsgerichts

aa) Art. 23 GG und das Zustimmungsgesetz als „Brücke“ für die innerstaatliche Geltung des Gemeinschaftsrechts

Das im „Maastricht“-Urteil ausdrücklich vorbehaltene Letztentscheidungsrecht des Bundesverfassungsgerichts lässt sich dogmatisch ausgehend von der Integrationsermächtigung des Art. 23 Abs. 1 GG[1078] begründen. Diesem Ansatz zufolge besteht die Überordnung des Europarechts gegenüber dem Grundgesetz nicht kraft originärer Geltungskraft; sie ist vielmehr Folge des nationalen Rechtsanwendungsbefehls.[1079] Die Integrationsermächtigung des Art. 23 Abs. 1 GG öffne die deutsche Rechtsordnung für das Gemeinschaftsrecht. Durch das Zustimmungsgesetz zum EG-Vertrag sei dem Gemeinschaftsrecht der innerstaatliche Rechtsanwendungsbefehl erteilt worden. Der

[1075] Dem BVerfG ist in Bezug auf die Vokabel „ausbrechen“ bereits in sprachlicher Hinsicht Kritik widerfahren. So spricht *Zuleeg*, NJW 2000, 2846 (2848) von „schlechtem Geschmack, wenn ein oberstes Gericht ein anderes Gericht dieser Art ein Verhalten zuschreibt, das an ein wildes Tier im Käfig erinnert.“

[1076] BVerfG, Beschluss v. 22. 10. 1986 (2 BvR 197/83), BVerfGE 73, 339 (376) – *Solange II*.

[1077] Siehe ausführlich unten Dritter Teil, B. IV. (S. 247 ff.). Vgl. auch *Streinz*, in: Festschrift für Steinberger, 2002, S. 1437 (1456 ff.), zur These von den *«querelles allemandes»*, womit die (widerlegte) Behauptung umschrieben wird, dass nur das Grundgesetz in der Auslegung durch das BVerfG dem Gemeinschaftsrecht nationale Schranken entgegensetzt.

[1078] Vor Geltung des Art. 23 GG in seiner aktuellen Fassung wurden sämtliche Integrationsakte auf Art. 24 GG gestützt. (Nach Wiederherstellung der deutschen Einheit wurde Art. 23 GG in seiner ursprünglichen Fassung obsolet, so dass der Verfassungsgeber aus der Vorschrift den jetzt geltenden „Europaartikel“ gemacht hat.) Für das heutige Verhältnis der beiden Vorschriften zueinander gilt, dass Art. 24 Abs. 1 GG alle zwischenstaatlichen Einrichtungen erfasst, während Art. 23 GG n. F. auf einen bestimmten Verband zugeschnitten ist, nämlich auf die EU, vgl. dazu *Magiera*, Jura 1994, 1 (7 f.). Dementsprechend ist Art. 23 GG für Rechtsakte betreffend die Europäische Union *lex specialis* zu Art. 24 GG, vgl. *Scholz*, in: *Maunz/Dürig*, GG, 2003, Art. 23 Rn. 3.

[1079] Vgl. BVerfG, Urteil v. 12. 10. 1993 (2 BvR 2134, 2159/92), BVerfGE 89, 155 (188) – *Maastricht*.

deutsche Gesetzgeber könne seine innerstaatliche Verbindlichkeit nur anordnen, soweit das Grundgesetz dies gestatte. Dementsprechend könnten Handlungen der Gemeinschaft in Deutschland nur so weit Verbindlichkeit beanspruchen, wie sie von der „Brücke" des Zustimmungsgesetzes getragen würden, welches wiederum in Einklang mit der Verfassung ergangen sein müsse.[1080] Die Einhaltung der Integrationsschranken und damit die Bestimmung ihrer Reichweite seien eine Frage des nationalen Rechts, auf die sich die Rechtsprechungszuständigkeit des Europäischen Gerichtshofes ausweislich der Art. 220 ff. EGV ohnehin nicht erstrecke.[1081]

Dieser Ansatz, der so auch in dem „Maastricht"-Urteil Niederschlag gefunden hat,[1082] leitet also die Kompetenz des Bundesverfassungsgerichts aus den angenommenen materiellen Integrationsschranken des Grundgesetzes ab. Art. 23 GG (und dem Zustimmungsgesetz) wird dabei eine Dauerfunktion als Brücke zugemessen, welche die Aufgabe zum permanenten Transport des Gemeinschaftsrechts in den nationalen Rechtskreis haben soll, mit dem Bundesverfassungsgericht als „Wächter im Brückenhäuschen".

bb) Unbedingte Grundrechtsbindung des Bundesverfassungsgerichts

Ein anderer dogmatischer Ansatz geht bei der Begründung des Letztentscheidungsrechts zu Gunsten des Bundesverfassungsgerichts unmittelbar von dessen spezifischer, durch das Grundgesetz zugewiesenen kompetenziellen Stellung und Funktion aus. So werden die unbedingte Grundrechtsbindung aus Art. 1 Abs. 3, 20 Abs. 3 GG sowie die in Art. 92, 93 Abs. 1 Nr. 4a, 100 Abs. 1 GG enthaltenen verbindlichen Entscheidungsaufgaben des Bundesverfassungsgerichts betont.[1083] Als das vom Grundgesetz zur Wahrung der Grundrechte vorgesehene Staatsorgan dürfe es daher nicht auf seine Zuständigkeit zur Gewährung von Grundrechtsschutz verzichten.[1084] Hieran könne auch das „Kooperationsverhältnis" zum Europäischen Gerichtshof nichts ändern, denn das Grundgesetz – so die Argumentation – räume der nationalen dritten Gewalt nicht die Befugnis ein, sich von der Erfüllung ihres Rechtsprechungsauftrags im Vertrauen auf ein kooperationsbereites anderes, also nicht nationales Gericht zurückzuziehen.[1085] Schließlich wird von dieser Auffassung für ein Letztentscheidungsrecht des Bundesverfassungsgerichts vorgebracht, dass der Europäische Gerichtshof mit seiner Rechtsprechung selbst als Gemeinschaftsorgan die Schranken der Integrationsermächtigung des Art. 23 Abs. 1 GG überschreiten könne.[1086]

[1080] Diese „Brückentheorie" wurde geprägt von *Kirchhof*, in: *Isensee/Kirchhof*, HbStR Bd. VII, 1992, § 183 Rn. 65; vgl. auch *ders.*, ZfA 1992, 459 (465); *ders.*, DRiZ 1995, 253 (259); *ders.*, JZ 1998, 965 (965 f.).

[1081] Vgl. *Grimm*, RdA 1996, 66 (69).

[1082] Angesichts dessen, dass *Kirchhof* der Berichterstatter im „Maastricht"-Verfahren war, ist dieser Umstand auch nicht weiter verwunderlich.

[1083] *Sandner*, DVBl. 1998, 262 (264); *Zuck/Lenz*, NJW 1997, 1193 (1195).

[1084] Vgl. *Zuck/Lenz*, a.a.O.

[1085] *Randelzhofer*, in: *Maunz/Dürig*, GG, 2003, Art. 24 Rn. 157. Vgl. auch *Everling*, EuR 1990, 195 (201 f.); *Huber*, AöR Bd. 116 (1991), S. 210 (240).

[1086] Vgl. *Weber*, DöV 1997, 624 (625).

cc) Zwischenergebnis

Die Zuerkennung des Letztentscheidungsrechts an das Bundesverfassungsgericht lässt sich also durchaus dogmatisch fundiert begründen. Die Richtigkeit des Ergebnisses ist damit jedoch nicht belegt, denn es lässt sich bereits im Ausgangspunkt eine gegenteilige Position einnehmen.

b) Ansätze zu Gunsten eines Letztentscheidungsrechts des Europäischen Gerichtshofes

aa) Die Errichtung der Gemeinschaft als „Gesamtakt staatlicher Integrationsgewalt"

Die Gegenansicht, die ein Letztentscheidungsrecht des Bundesverfassungsgerichts ablehnt, bestreitet teilweise bereits, dass die nationalen Verfassungen der Anwendung des Gemeinschaftsrechts überhaupt irgendwelche Schranken entgegensetzen können. Diese Auffassung beruht auf einem anderen Grundverständnis des Art. 23 GG und des deutschen Zustimmungsgesetzes im Hinblick auf die Errichtung der Gemeinschaft. Der Vorgang der Gemeinschaftserrichtung wird als „Gesamtakt staatlicher Integrationsgewalt"[1087] verstanden. Innerhalb dessen komme Art. 23 GG (als aktueller Ausprägung des früher relevanten Art. 24 GG) und dem darauf gestützten Zustimmungsgesetz als deutschem Beitrag lediglich die Rolle als „Integrationshebel" zu. Dadurch sei der deutsche Rechtsraum für die Geltung und Anwendung des Gemeinschaftsrechts geöffnet worden.[1088]

Im Unterschied zur o. g. „Brückentheorie" erschöpft sich nach diesem Ansatz die Legitimationsfunktion des Art. 23 GG in der Inkraftsetzung der Gemeinschaftsrechtsordnung; die Ermächtigung und das Zustimmungsgesetz können deshalb nicht mehr nachträglich zur Begrenzung der Gemeinschaftsgewalt herangezogen werden.[1089]

[1087] So die Formulierung von *Ipsen*, Europäisches Gemeinschaftsrecht, 1972, S. 61; *ders.*, in: *Isensee/Kirchhof*, HbStR Bd. VII, 1992, § 181 Rn. 8, auf welche der unter dem Namen „Gesamtakttheorie" (vgl. nur *Streinz*, Europarecht, 5. Aufl. 2001, Rn. 111) zu großer Berühmtheit gelangte Ansatz zurückzuführen ist. Der Ausgangspunkt dieser Auffassung ist bereits die Diskussion um die gemeinschaftsrechtliche „Grundnorm", dabei insbesondere die Fragestellung, ob das Gemeinschaftsrecht dem Völkerrecht zuzuordnen ist oder nicht. Vgl. zum Diskussionstand eingehend *Schroeder*, Gemeinschaftsrechtssystem, 2002, S. 229 ff.; *Schweitzer/Hummer*, Europarecht, 5. Aufl. 1996, Rn. 77 f.; *Streinz*, a.a.O., Rn. 107 ff.

[1088] *Ipsen*, a.a.O., S. 58 ff.

[1089] Für ein Verständnis des Zustimmungsgesetzes als *einmaligen Akt* auch *Everling*, JZ 2000, 217 (225 f.). Vgl. dazu auch *Schroeder*, Gemeinschaftsrechtssystem, 2002, S. 165; *Ipsen*, a.a.O., S. 290; *Streinz*, Europarecht, 5. Aufl. 2001, Rn. 63.

bb) Vorbehaltslose Übertragung der Rechtsprechungshoheit auf den Europäischen Gerichtshof

Aber auch ohne dieses modifizierte Verständnis von Art. 23 GG lässt sich ein Letztentscheidungsrecht des Europäischen Gerichtshofes begründen. So wird insbesondere auf die Vorschrift des Art. 220 EGV verwiesen, die als Beleg dafür dienen soll, dass dem Europäischen Gerichtshof die ausschließliche Rechtsprechungshoheit übertragen worden ist.[1090] Hierin mitinbegriffen sei die alleinige Befugnis des Europäischen Gerichtshofes, einen Rechtsakt der Gemeinschaft für kompetenzwidrig zu erklären, wie aus Art. 234 Abs. 3 EGV hervorgehe.[1091] Dabei wird betont, dass der Umfang der auf die Gemeinschaft übertragenen Normsetzungsbefugnis und der auf den Gerichtshof übertragenen Gerichtsbarkeit nicht notwendigerweise nach den gleichen Parametern begrenzt werde.[1092]

c) Zwischenergebnis

Es ist also an dieser Stelle festzuhalten, dass über eine rechtsdogmatische Betrachtung[1093] (allein) keine eindeutige Lösung zur Frage des Letztentscheidungsrechts zu finden ist. Für beide Positionen sprechen gute Gründe. Es sei hier bereits darauf hingewiesen, dass das Bundesverfassungsgericht in seinem Beschluss zur Bananenmarktordnung vom 7. 6. 2002[1094] seinen ausnahmsweise bestehenden Anspruch auf Überprüfung von Sekundärrecht zwar aufrechterhalten, jedoch die Zulässigkeit entsprechender Vorlagen und Verfassungsbeschwerden äußerst strengen Kriterien unterworfen hat. Auf die Frage des Letztentscheidungsrechts wird daher noch nach Darstellung neuerer Entscheidungen des Bundesverfassungsgerichts zurückzukommen sein.[1095]

3. Das Kriterium der „generellen" Gewährleistung des unabdingbaren Grundrechtsstandards

Lange Zeit umstritten war die Frage, was genau unter dem Merkmal der „generellen" Betrachtungsweise zu verstehen ist. Problematisiert wurde insbesondere die scheinbare Gefahr, dass der Rechtsschutz Suchende, der erstmals ein Absinken des Grundrechtsschutzes auf einem Regelungsgebiet geltend mache, praktisch nicht zum Erfolg kommen könne.[1096] Die hierbei aufgeworfene Frage war, ob man einem Beschwerdeführer entgegenhalten könne, er könne auf eine Verwirklichung des grundrechtlichen Min-

---

[1090] *Hirsch*, NJW 1996, 2457 (2463).

[1091] Vgl. *Zuleeg*, NJW 2000, 2846 (2848).

[1092] *Hirsch*, NJW 1996, 2457 (2462 f.).

[1093] Allgemein zum Wesen und zur Leistungsfähigkeit von Rechtsdogmatik vgl. *Schroeder*, Gemeinschaftsrechtssystem, 2002, S. 54 ff.

[1094] BVerfG, Beschluss v. 7. 6. 2000 (2 BvL 1/97), BVerfGE 102, 147 ff. – *Bananenmarktordnung*. Dazu näher unten Dritter Teil, B. II. 2. (S. 228 ff.).

[1095] Vgl. unten Dritter Teil, B. III. (S. 236 ff.).

[1096] Diesen Gedankengang aufgreifend insbesondere *Huber*, EuZW 1997, 517 (519).

deststandards nicht hoffen, weil der – nach deutschem Recht grundrechtswidrige – Akt des Unionsrechts nur ein „Ausreißer“ sei, während sich die verschiedenen Ausreißer in folgenden Fällen zu einem strukturellen Defizit addieren und damit eine „generelle“ Gewährleistung des Grundrechtsstandards in Frage stellen könnten.[1097]

a) Einzelfallprüfung durch das Bundesverfassungsgericht?

aa) Darstellung der Auffassung

Um dieser Gefahr zu begegnen, wurde teilweise dafür plädiert, dass das Bundesverfassungsgericht weiterhin zu einer kontinuierlichen Einzelfallprüfung verpflichtet sei.[1098] In diesem Zusammenhang wurde darauf hingewiesen, dass dem deutschen Verfassungsrecht die Vorstellung fremd sei, dass die Gewährung von Grundrechtsschutz von einer mehr oder minder großer Zahl von vorausgegangenen – und zudem nicht geahndeten! – Grundrechtverletzungen abhängen solle.[1099] Zudem sei Grundrechtsschutz Individualrechtsschutz,[1100] den das Bundesverfassungsgericht schon im Hinblick auf Art. 1 Abs. 3 GG nicht aussetzen könne.[1101]

bb) Bewertung

Diese Auffassung setzt sich nicht nur in offenen Widerspruch zur „Maastricht“-Entscheidung – Grundrechtsschutz *im Einzelfall* soll gerade nicht mehr Aufgabe des Bundesverfassungsgerichts, sondern des Europäischen Gerichtshofes sein. Das dargestellte Szenario, wonach eine bestimmte Zahl von durch das Bundesverfassungsgericht nicht geahndeten Grundrechtsverletzungen vorausgehen muss, ehe das Bundesverfassungsgericht überhaupt entsprechend seiner „Solange“- und „Maastricht“-Vorgaben einschreiten *kann*, erscheint überzogen.[1102] Hinsichtlich der Interpretation der „Maastricht“-Entscheidung besteht weitgehend Einigkeit, dass das Rechtsprechungsprimat des Europäischen Gerichtshofes vom Bundesverfassungsgericht so lange anerkannt wird, wie sich nicht strukturelle Defizite an Grundrechtsgewährleistung in einer *anhaltenden* (zeitliche Komponente) und *schwerwiegenden* (materielle Komponente) Weise

---

[1097] Vgl. *Huber*, a.a.O.

[1098] *Sandner*, DVBl. 1998, 262 (265).

[1099] *Sandner*, a.a.O.

[1100] *Scholz*, in: *Friauf/Scholz*, Europarecht und Grundgesetz, 1990, S. 53 (83 ff.); *Huber*, EuZW 1997, 517 (519); *Zuck/Lenz*, NJW 1997, 1193 (1197).

[1101] *Huber*, AöR Bd. 116 (1991), S. 210 (243); *Streinz*, Bundesverfassungsgerichtlicher Grundrechtsschutz und Europäisches Gemeinschaftsrecht, 1989, S. 302; diese Einwände betreffen offensichtlich auch schon die oben im Dritten Teil, B. I. 2. (S. 218 ff.), behandelte Problematik der Letztentscheidungskompetenz von EuGH oder BVerfG.

[1102] Hiergegen auch *Jannasch*, NVwZ 1999, 495 (500), mit dem Hinweis, hier gehe es um das grundsätzliche Verhältnis zweier Institutionen (EuGH und BVerfG) zueinander.

äußern.[1103] Daher leuchtet ein, dass zum Nachweis der zeitlichen Komponente ein *einmaliger* Fall einer abgesunkenen Grundrechtsgewährleistung – bei einer Betrachtung, die sich an einem deutschen Maßstab orientiert –nicht ausreichen kann. Von einem strukturellen Defizit kann dann (noch) nicht gesprochen werden.

Allerdings muss sich die Erkenntnis, dass der Grundrechtsschutz auf europäischer Ebene abgesunken ist, keineswegs aus konkreten Einzelfällen ergeben, in denen der Europäische Gerichtshof etwa die Grundrechte individueller Unionsbürger verletzt hätte. Zur Ermittlung des Schutzniveaus können genauso Äußerungen aus Verfahren im Rahmen von Nichtigkeitsklagen oder Vertragsverletzungsverfahren, ja aus jeder sonstigen Willensäußerung des Gerichtshofes, herangezogen werden, die geeignet ist, Rückschlüsse auf das Grundrechtsgewährleistungsniveau zu ziehen. Es kann deshalb nicht die Rede davon sein, dass das Bundesverfassungsgericht erst in einer bestimmten Anzahl von Fällen Grundrechtsschutz verweigern muss, ehe es ihn gewähren kann.[1104]

Die Auffassung von der Einzelfallbezogenheit des Grundrechtsschutzes ist daher abzulehnen. Dies bedeutet allerdings nicht, dass das Bundesverfassungsgericht – ausgehend von seiner Konzeption im „Maastricht"-Urteil – nicht im Einzelfall Grundrechtsschutz gewährleisten kann. Es ist vielmehr eine Frage des Darlegungsumfangs[1105] des jeweiligen Rechtsschutz Suchenden *im Einzelfall*, ob er im Stande ist, ein *generelles* Absinken des Grundrechtsschutzes auf Gemeinschaftsebene geltend zu machen. Dieses *generelle* Absinken ist aber nicht quantitativ[1106] anhand einer gewissen Anzahl von Grundrechtsverletzungen durch den Europäischen Gerichtshof zu definieren, sondern es kann sich auch aus allen sonstigen Erkenntnisquellen ergeben. Einzelfallprüfung und generelle Betrachtungsweise sind demnach keine begrifflichen Gegensätze.[1107] Zwar ist grundsätzlich die Gemeinschaftsgerichtsbarkeit zur Gewährung von Grundrechtsschutz im Einzelfall zuständig. Die Aussage der „Maastricht"- und „Solange"-Doktrin, wonach sich das Bundesverfassungsgericht auf die *generelle* Gewährleistung eines bestimmten Niveaus an Grundrechtsschutz beschränkt, ist aber so zu verstehen, dass das höchste deutsche Gericht auch und in jedem Einzelfall Grundrechtsschutz gewährt, sofern der Rechtsschutzbegehrende in der Lage ist, ein *generelles* Absinken des Schutzniveaus geltend zu machen. Die generelle Betrachtungsweise schließt also nicht eine Einzelfallprüfung aus, sondern sie determiniert den Darlegungsumfang und den Prüfungsmaßstab in einem Verfahren, in dem die Grundgesetzwidrigkeit von europäischem Sekundärrecht geltend gemacht wird.

[1103] Dies wird auch von der Auffassung konzediert, die weiterhin für eine Einzelfallprüfung durch das BVerfG eintritt, vgl. *Sandner*, DVBl. 1998, 262 (265).

[1104] In diese Richtung gehen die Bedenken von *Sandner*, a.a.O.

[1105] In diesem Sinne auch das BVerfG, Beschluss v. 7. 6. 2000 (2 BvL 1/97), BVerfGE 102, 147 – *Bananenmarktordnung*. Dazu ausführlicher unten Dritter Teil, B. II. 2. (S. 228 ff.).

[1106] So auch *Zuck/Lenz*, NJW 1997, 1193 (1195), die aber im Ergebnis den unabdingbaren Grundrechtsstandard einzelfallbezogen begreifen.

[1107] Bei der geführten Diskussion drängt sich der Anschein eines solchen Verständnisses allerdings teilweise auf.

b) Anlehnung an den Maßstab der Wesensgehaltsgarantie (Art. 19 Abs. 2 GG)

Mit der Absage an die Theorie der Einzelfallprüfung – in dem soeben aufgeführten, zumindest missverständlichen Sinne – ist allerdings noch nicht entschieden, welcher Inhalt sich positiv hinter dem Merkmal der „generellen" Grundrechtsgewährleistung verbirgt.

aa) Darstellung des Ansatzes

Zur Klärung dieser Frage wird vorgeschlagen, die methodische Frage mit dem materiell-rechtlichen Maßstab zu verknüpfen, den das Bundesverfassungsgericht bei der Überprüfung des Unionsrechts auf seine Anwendbarkeit in Deutschland zu Grunde zu legen hat, nämlich mit der Wesensgehaltsgarantie des Art. 19 Abs. 2 GG.[1108] Das problematische Adverb „generell" soll eine geradezu überraschende Präzisierung erfahren, sofern man bei der Interpretation von Art. 19 Abs. 2 GG mit dem Bundesverfassungsgericht[1109] und einer wieder im Vordringen befindlichen Auffassung in der Literatur[1110] insoweit von einer „absoluten Theorie" ausgeht.[1111] Danach soll für die Überschreitung der Wesensgehaltsschwelle nicht entscheidend sein, ob ein grundrechtlich geschütztes Interesse im konkreten Fall unzumutbar beeinträchtigt oder gar völlig entzogen wird;[1112] maßgeblich soll nurmehr sein, ob eine normative Schrankenziehung (ggf. kumuliert mit anderen), das in Rede stehende Schutzgut strukturell und allgemein nicht mehr zu sichern vermag.[1113] Anders ausgedrückt soll der Wesensgehalt eines Grundrechts erst dann verletzt sein, wenn nicht nur der konkrete Beschwerdeführer, sondern niemand sonst im Allgemeinen von dem Grundrecht Gebrauch machen kann.[1114]

[1108] Vgl. *Huber*, EuZW 1997, 517 (519).

[1109] BVerfG, Beschluss v. 10. 6. 1963 (1 BvR 790/58), BVerfGE 16, 194 (201); noch offen gelassen in BVerfG, Beschluss v. 7. 5. 1953 (1 BvL 104/52), BVerfGE 2, 266 (285). Vgl. dazu *Maunz*, in: *Maunz/Dürig*, GG, 2003, Art. 19 Abs. 2 Rn. 3, mit weiteren Rechtsprechungsnachweisen.

[1110] *Ipsen*, Staatsrecht II, 5. Aufl. 2002, § 3 Rn. 199 ff.; *Jarass*, in: *Jarass/Pieroth*, GG, 6. Aufl. 2002, Art. 19 Rn. 7. Vgl. auch *Krüger*, DÖV 1955, 597 (599); *Dürig*, AöR Bd. 81 (1956), S. 117 (156); *Streinz*, Bundesverfassungsgerichtlicher Grundrechtsschutz und Europäisches Gemeinschaftsrecht, 1989, S. 273 f.

[1111] So *Huber*, EuZW 1997, 517 (519).

[1112] So die „relative Theorie". Dafür im Schrifttum etwa *von Hippel*, Grenzen und Wesensgehalt der Grundrechte, 1965, S. 47 ff.; *Maunz*, in: *Maunz/Dürig*, GG, 2003, Art. 19 Abs. 2 Rn. 29; *Krebs*, in: *von Münch/Kunig*, GG I, 5. Aufl. 2000, Art. 19 Rn. 24 f.

[1113] *Huber*, EuZW 1997, 517 (519); *ders.*, Recht der europäischen Integration, 2. Aufl. 2002, § 4 Rn. 31 f.

[1114] Die Problematik des Wesensgehalts ist indes weitaus komplexer als die simple Gegenüberstellung der „absoluten" und „relativen" Theorie es suggeriert, weil hierbei Fragen des jeweiligen Grundrechtsverständnisses hineinspielen, vgl. *Krebs*, in: *von Münch/Kunig*, GG I, 5. Aufl. 2000, Art. 19 Rn. 22. Ausführlich zum Theorienstreit *Schneider*, Der Schutz des Wesensgehalts von Grundrechten, 1983, S. 155 ff.

bb) Bewertung

Bei Zugrundelegung eines solchen Verständnisses lässt sich in der Tat eine positive Begriffsbestimmung für das Adverb „generell" finden. Maßgeblich ist allein, ob die in Rede stehende Norm (noch) einen hinreichend großen Anteil des Schutzgutes unangetastet lässt, und ob sie einer aussagekräftigen Kontrolle am Maßstab der thematisch einschlägigen Grundrechte zugänglich ist.[1115] Nach der hier vertretenen Auffassung ist deshalb der Prüfungsmaßstab des Bundesverfassungsgerichts bei der Überprüfung unionsrechtlicher Sekundärnormen entsprechend dem Prüfungsmaßstab des Art. 19 Abs. 2 GG unter Zugrundelegung einer „absoluten Theorie" zu verstehen. Was den Unterschied zur Überprüfung deutscher Rechtsakte anbelangt, so wird zutreffend festgestellt, dass das Bundesverfassungsgericht diese Akte insbesondere am Übermaßverbot misst und dabei die Auswirkungen auf den konkreten Einzelfall berücksichtigt; dagegen überprüft das Gericht bei Rechtsakten der Union lediglich, ob der Europäischen Gerichtshof am Maßstab des Primärrechts eine aussagekräftige Verhältnismäßigkeitskontrolle vornimmt, die naturgemäß zu unterschiedlichen inhaltlichen Wertungen führen kann.[1116] Im Einzelfall kann diese Wertung durchaus unter das Grundrechtsschutzniveau des Grundgesetzes absinken; ausreichend und entscheidend ist aber, dass entsprechend dem Maßstab von Art. 19 Abs. 2 GG von dem Grundrecht wesensmäßig, also generell, etwas übrig bleibt.[1117]

II. Neuere Judikate des Bundesverfassungsgerichts

Nach Darstellung der Entwicklungslinien der bundesverfassungsgerichtlichen Rechtsprechung zu den Schranken des Grundgesetzes für die innerstaatliche Geltung des Gemeinschaftsrechts soll nun auf Folgeentwicklungen in der Rechtsprechung der Post-Maastricht-Ära eingegangen werden. Wenngleich es zahlreiche fachgerichtliche Entscheidungen gegeben hat, die Aussagen unter Bezugnahme auf das „Maastricht"-Urteil getroffen haben,[1118] beschränkt sich die Darstellung auf Judikate des Bundesverfassungsgerichts. Auch innerhalb derer wird an dieser Stelle nicht ein vollständigen Überblick bezweckt. Es geht vielmehr darum, diejenigen Entscheidungen näher zu analysieren, die auf die aktuelle Auffassung des Bundesverfassungsgerichts zu den Verfassungsvorbehalten schließen lassen. Die zu diesem Problemkreis zweifellos bedeutendste Entscheidung seit dem „Maastricht"-Urteil ist der „Bananenmarkt"-

[1115] Vgl. *Huber*, EuZW 1997, 517 (519 f.).

[1116] So *Huber*, a.a.O., (520); *ders.*, Recht der europäischen Integration, 2. Aufl. 2002, § 4 Rn. 40.

[1117] Mit diesem Befund sei nicht die Frage vorweggenommen, ob es nach dem heutigen Stand der Europäischen Union überhaupt noch geboten ist, die „Maastricht"- und „Solange"-Doktrin aufrecht zu erhalten, vgl. dazu unten Dritter Teil, B. III. (S. 236 ff.); das Ergebnis resultiert lediglich aus dem richtigen Verständnis dieser Rechtsprechung.

[1118] Vgl. dazu den Überblick bei *Mayer*, Kompetenzüberschreitung und Letztentscheidung, 2000, S. 120 ff.

Beschluss vom 7. 6. 2000.[1119] Diesem Beschluss soll die Entscheidung in der Rechtssache „Alcan" vom 7. 2. 2000[1120] gegenübergestellt werden.

Zunächst soll jedoch auf einen Beschluss vom 25. 1. 1995[1121] eingegangen werden, der bereits aus der Perspektive des einstweiligen Rechtsschutzes in der Rechtssache „T. Port" angesprochen wurde.[1122] Diese Entscheidung ist von besonderem Interesse, weil sich der Europäische Gerichtshof und das Bundesverfassungsgericht zu demselben Sachverhalt mit unterschiedlichem Ergebnis geäußert haben.

Materiell-rechtlich gehen die ersten beiden darzustellenden Judikate auf die Auseinandersetzungen um die Bananenmarktordnung zurück, die als erster ernsthafter Test des „Kooperationsverhältnisses" zwischen Bundesverfassungsgericht und Europäischem Gerichtshof bezeichnet wurde.[1123] Thematisch haben sie die Frage des Grundrechtsschutzes durch die Gemeinschaft im Auge, während die dritte Entscheidung den Vorbehalt der Überprüfung der Kompetenzkonformität betrifft.

1. Beschluss vom 25. 1. 1995

a) Darstellung der Entscheidung

Der Rechtsstreit, der diesem Beschluss des Bundesverfassungsgerichts[1124] zu Grunde lag, spielte sich im Vorfeld der „T. Port"-Entscheidung des Europäischen Gerichtshofes ab. Die Entscheidung des Bundesverfassungsgerichts erging auf eine Verfassungsbeschwerde der *T. Port GmbH & Co. KG*, die gegen einen Beschluss des Verwaltungsgerichtshofes Kassel[1125] erhoben worden war. In diesem Beschluss wurde die Ablehnung des Antrags der Beschwerdeführerin auf vorläufige Zuteilung weiterer Importkontingente für Drittlandsbananen bestätigt. Der Verwaltungsgerichtshof stützte die Ablehnung des Erlasses der einstweiligen Anordnung darauf, dass die Erteilung der begehrten vorläufigen Maßnahme praktisch das Ergebnis der Hauptsache vorwegnehmen würde. Zu einem anderen Ergebnis könne er nur gelangen, wenn er überzeugt wäre, dass der Europäische Gerichtshof die Bananenmarktordnung für unwirksam erklären werde. Dies sei jedoch nicht der Fall. Der Europäische Gerichtshof habe die Nichtigkeitsklage der Bundesrepublik Deutschland gegen die Verordnung abgewiesen.[1126]

In seiner Entscheidung stellte das Bundesverfassungsgericht fest, dass der Beschluss des Verwaltungsgerichtshofes die Beschwerdeführerin in ihren Grundrechten

---

[1119] BVerfG, Beschluss v. 7. 6. 2000 (2 BvL 1/97), BVerfGE 102, 147 ff. – *Bananenmarktordnung.*

[1120] BVerfG, Beschluss v. 17. 2. 2000 (2 BvR 1210/98), NJW 2000, 2015 f. – *Alcan.*

[1121] BVerfG, Beschluss v. 25. 1. 1995 (2 BvR 2689/94 u. 2 BvR 52/95), EuZW 1995, 126 f.

[1122] Vgl. oben Zweiter Teil, D. II. (S. 180 ff.).

[1123] Vgl. *Huber*, EuZW 1997, 517 (521).

[1124] BVerfG, Beschluss v. 25. 1. 1995 (2 BvR 2689/94 u. 2 BvR 52/95), EuZW 1995, 126 f. Vgl. dazu die Anmerkung von *Rupp*, JZ 1995, 353 f.; ferner *Mayer*, Kompetenzüberschreitung und Letztentscheidung, 2000, S. 122 ff.

[1125] VGH Kassel, Beschluss v. 23. 12. 1994 (8 TG 3430/94), EuR 1995, 86 ff.; vgl. bereits oben Zweiter Teil, D. II. (S. 180 ff.).

[1126] EuGH, Urteil v. 5. 10. 1994 (Rs. C-280/93), Slg. 1994, I-4973 ff. – *Deutschland/Rat.*

aus Art. 19 Abs. 4 S. 1 i. V. m. Art. 14 Abs. 1 GG verletzt. Allerdings sah das Gericht diese Verletzung nicht unmittelbar in der Ablehnung der einstweiligen Anordnung, sondern in der fehlerhaften Bewertung der Entscheidung über die Nichtigkeitsklage der Bundesrepublik Deutschland. Der Verwaltungsgerichtshof übersehe, dass der Europäische Gerichtshof in dem Urteil nur die Bananenmarktorganisation als solche geprüft habe, nicht jedoch ihre Auswirkung in konkreten Härtefällen. Die Verordnung sei in Art. 16 Abs. 3 bzw. Art. 30 inhaltlich so offen, dass besondere Härten in der Anwendung aufgefangen werden könnten. Hinsichtlich der Frage des Erlasses der begehrten vorläufigen Regelung verwies das Bundesverfassungsgericht die Rechtssache an den Verwaltungsgerichtshof zurück. In diesem Punkt war es der Auffassung, dass eine erneute, verfassungsmäßige Rechtsanwendung dem Antrag auf einstweilige Anordnung zum Erfolg hätte verhelfen können.

b) Bewertung

Das Bundesverfassungsgericht hat somit zwar in der Sache keine von dem späteren „T. Port"-Urteil abweichende Entscheidung getroffen – es hat ja die begehrte einstweilige Anordnung selbst nicht erlassen bzw. die Verwaltung nicht dazu verpflichtet. Dennoch geht aus der Begründung hervor, dass seine Auffassung nicht der des Europäischen Gerichtshofes entsprach. Offensichtlich hielt es eine einstweilige Regelung durch nationale Gerichte jedenfalls für möglich, wenn nicht gar für geboten. Letzteres erschließt sich insbesondere aus dem Hinweis, dass sich der Verwaltungsgerichtshof mit der Frage hätte beschäftigen müssen, ob das Untätigbleiben der Bundesrepublik Deutschland[1127] dem (auch *gemeinschaftsrechtlich*) gewährten Grundrechtsschutz zuwiderlaufe, trotz des in der Bananenmarktorganisation vorgesehenen Instrumentariums für Härtefälle. Das Bundesverfassungsgericht ging also ganz deutlich davon aus, dass die Nichtgewährung des einstweiligen Einfuhrkontingents sowohl gegen die Verfassung wie auch gegen Gemeinschaftsrecht hätte verstoßen können.

Unter Zugrundelegung dieser Entscheidung sowie des „T. Port"-Urteils schienen sich das Bundesverfassungsgericht und der Europäischer Gerichtshof in einem echten Zuständigkeitskonflikt zu befinden. Dementsprechend kontrovers wurde das Verhältnis der beiden Gerichte zueinander in der Literatur diskutiert. Teilweise wurde hierin sogar eine inhaltliche Abwendung von „Solange II"[1128] gesehen. Als Entscheidung gegen die Gültigkeit der Bananenmarktordnung selbst stellt sich der Beschluss, entgegen ersten Pressemitteilungen und politischen Stellungnahmen,[1129] jedoch nicht dar. Das

[1127] Auffällig ist, dass das BVerfG hier auf die Untätigkeit der Bundesrepublik abstellte, während der EuGH später auf die Untätigkeit der Kommission Bezug nehmen sollte. Vgl. zu diesem scheinbaren Widerspruch die Ausführungen oben Zweiter Teil, D. IV. 3. b) aa) (S. 191 f.).

[1128] *Nettesheim*, NJW 1995, 2083 (2084). Anders dagegen *Pache*, EuR 1995, 95 (95), wonach der Beschluss des BVerfG keine „Solange III"-Entscheidung darstelle.

[1129] Vgl. die Zusammenstellung bei *Pache*, a.a.O.: SZ vom 27. 1. 1995: „Fruchthändler obsiegt in Karlsruhe – Bananenmarktordnung verstößt vermutlich gegen Grundrechte"; Hamburger Morgenpost vom 28. 1. 1995: „Bananenmarktordnung wankt"; Hamburger Abendblatt vom 28./29. 1. 1995: „Bananenmarktordnung illegal?"; Die Welt vom 30. 1. 1995: „Bananenmarktordnung – Ausrutscher für Brüssel". – Hamburgs damaliger Bürgermeister Voscherau: „Das Bundesverfassungsgericht hat die

Bundesverfassungsgericht selbst sah in diesem Beschluss später keineswegs einen Zuständigkeitskonflikt mit dem Europäischen Gerichtshof. Es betonte vielmehr die Ähnlichkeit der Beurteilung beider Gerichte im Hinblick auf die Notwendigkeit einer vorläufigen Härteregelung und sprach von einer Verdeutlichung des „Ineinandergreifen[s] des gerichtlichen Grundrechtsschutzes auf europäischer Ebene durch nationale Gerichte und Gerichte der Gemeinschaft" in der Rechtssache „T. Port"[1130] und eben diesem Beschluss.[1131]

2. Beschluss vom 7. 6. 2000 – Bananenmarktordnung

Ebenso wie die *T. Port GmbH & Co. KG* wendete sich auch die *Atlanta-Gruppe* in ihrem weiteren Bemühen um Rechtsschutz gegen die Bananenmarktordnung mit Hilfe der deutschen Gerichtsbarkeit an das Bundesverfassungsgericht.

a) Vorlagebeschluss des Verwaltungsgerichts Frankfurt a. M. vom 24. 10. 1996

Die Entscheidung des Bundesverfassungsgerichts[1132] erging auf eine Vorlage analog Art. 100 Abs. 1 GG durch das Verwaltungsgericht Frankfurt[1133]. Dem Vorlagebeschluss lagen zwei Verfahren vor dem Verwaltungsgericht zu Grunde: zum einen das Verfahren, das der „Atlanta"-Entscheidung des Europäischen Gerichtshofes vorausging; zum anderen ein Verfahren, das die Zuteilung von Einfuhrlizenzen für das Jahr 1995 betraf. In beiden Ausgangsverfahren begehrte die *Atlanta-Gruppe* die Feststellung, dass die ursprüngliche Versagung höherer Importkontingente für Bananen verfassungswidrig sei. Dabei sah sie in der Anwendung der Vorschriften der Bananenmarktorganisation einen Verstoß gegen ihre Rechte aus Art. 2 Abs. 1, 14 Abs. 1, 12 Abs. 1 und 3 Abs. 1 GG.

In der verfassungsrechtlichen Literatur war höchst umstritten, was genau der Gegenstand einer solchen Vorlage analog Art. 100 Abs. 1 GG im Rahmen des „Rechtsschutzes gegen Europa"[1134] sein müsse.[1135] Entsprechend der vertretenen Auffassungen

---

erste Gelegenheit genutzt und in einem konkreten Fall Ernst gemacht mit der Philosophie seiner Maastricht-Entscheidung: Ein Schuß vor den Bug des Regulierungs-Wildwuchses in Brüssel.", vgl. Mitteilung der Staatlichen Pressestelle der Freien und Hansestadt Hamburg vom 31. 1. 1995.

[1130] EuGH, Urteil v. 26. 11. 1996 (Rs. C-68/95), Slg. 1996, I-6065 ff. – *T. Port*.

[1131] BVerfG, Beschluss v. 7. 6. 2000 (2 BvL 1/97), BVerfGE 102, 147 (166) – *Bananenmarktordnung*. Nachdem also das BVerfG die Sache an den VGH Kassel zurückverwiesen hatte, gab dieser bereits am 9. 2. 1995 dem Antrag auf einstweilige Anordnung statt und formulierte den Vorlagebeschluss an den EuGH. Wie dargelegt (vgl. oben Zweiter Teil, D. III. [S. 182 ff.]), sprach der Europäische Gerichtshof in der daraufhin folgenden „T. Port"-Entscheidung den nationalen Gerichten die vom VGH auf Veranlassung durch das BVerfG praktizierte Befugnis zum Erlass einstweiliger Anordnungen bis zur Härteregelung durch die Kommission ab.

[1132] BVerfG, Beschluss v. 7. 6. 2000 (2 BvL 1/97), BVerfGE 102, 147 ff. – *Bananenmarktordnung*.

[1133] VG Frankfurt, Beschluss v. 24. 10. 1996 (1 E 798/95 [V] u. 1 E 2949/93 [V]), EuZW 1997, 182 ff.

[1134] Unter diesem Stichwort werden solche Fragestellungen typischerweise zusammengefasst, vgl. nur *Zuck/Lenz*, NJW 1997, 1193 ff.

fragte das Verwaltungsgericht im Hauptantrag nach der Vereinbarkeit der Bananenmarktorganisation mit dem Grundgesetz, insbesondere mit den oben genannten Grundrechten. Hilfsweise stellte es die Frage nach der Vereinbarkeit der deutschen Zustimmungsgesetze zum EG-Vertrag mit dem Grundgesetz, soweit diese dem Gemeinschaftsgesetzgeber die Befugnis übertragen haben sollten, die fraglichen Vorschriften der Bananenmarktverordnung in Deutschland in Geltung zu setzen.

Je nach Standpunkt nährte der Vorlagebeschluss die Hoffnung bzw. die Befürchtung der Kommentatoren der Entscheidung, das Bundesverfassungsgericht würde es zu einem Konflikt mit dem Europäischen Gerichtshof kommen lassen und die Bananenmarktordnung in der Bundesrepublik Deutschland für unanwendbar erklären.[1136] Die geäußerten Befürchtungen reichten bis zum Drohen einer „Verfassungskrise der EG", wodurch ihre „Auflösung vorprogrammiert"[1137] gewesen wäre.

b) Beschluss des Bundesverfassungsgerichts

Das Bundesverfassungsgericht entschied die Vorlage des Verwaltungsgerichts Frankfurt in seinen Leitsätzen wie folgt:

> „1. Verfassungsbeschwerden und Vorlagen von Gerichten, die eine Verletzung in Grundrechten des Grundgesetzes durch sekundäres Gemeinschaftsrecht geltend machen, sind von vornherein unzulässig, wenn ihre Begründung nicht darlegt, dass die europäische Rechtsentwicklung einschließlich der Rechtsprechung des EuGH nach Ergehen der Solange-II-Entscheidung (BVerfGE 73, 339 [378-381]) unter den erforderlichen Grundrechtsstandard abgesunken sei.
>
> 2. Deshalb muss die Begründung der Vorlage oder einer Verfassungsbeschwerde im Einzelnen darlegen, dass der jeweils als unabdingbar gebotene Grundrechtsschutz generell nicht gewährleistet ist. Dies erfordert eine Gegenüberstellung des Grundrechtsschutzes auf nationaler und auf Gemeinschaftsebene in der Weise, wie das BVerfG sie in BVerfGE 73, 338 (378 bis 381) geleistet hat."[1138]

Das Bundesverfassungsgericht erachtete also die Vorlage des Verwaltungsgerichts Frankfurt für unzulässig. Aus der Begründung geht allerdings hervor, dass nicht von vornherein die Statthaftigkeit einer Vorlage der vorliegenden Art verneint wurde. Den Weg, sekundäres Gemeinschaftsrecht im Wege einer Vorlage analog Art. 100 Abs. 1 GG anzugreifen, monierte das Gericht nicht. Den Grund für die Unzulässigkeit der konkreten Vorlage des Verwaltungsgerichts Frankfurt sah das Bundesverfassungsgericht letztlich darin, dass dessen Vorlagebeschluss unzureichend begründet war.

In Bezug auf das notwendige Maß des Grundrechtsschutzes auf Gemeinschaftsebene hielt das Bundesverfassungsgericht an den eigenen Vorgaben aus dem „Maastricht"-Urteil fest. In seiner Rechtsprechung fühlte es sich auch durch die Neuregelung

---

[1135] Dazu näher unten Dritter Teil, B. II 2. c) aa) (S. 231 f.).

[1136] Vgl. *Classen*, JZ 2000, 1157 (1157).

[1137] So *Zuleeg*, in: Festschrift für Jaenicke, 1998, S. 899 (913).

[1138] BVerfG, Beschluss v. 7. 6. 2000 (2 BvL 1/97), BVerfGE 102, 147 (147) – *Bananenmarktordnung*.

des Art. 23 Abs. 1 S. 1 GG bekräftigt,[1139] der in seinem Wortlaut nun ebenfalls davon spricht, dass die Europäische Union einen dem „Grundgesetz im wesentlichen vergleichbaren Grundrechtsschutz gewährleistet". Erläuternd wies das Gericht darauf hin, dass ein deckungsgleicher Schutz in den einzelnen Grundrechtsbereichen des Grundgesetzes durch das Gemeinschaftsrecht und die darauf fußende Rechtsprechung des Europäischen Gerichtshofes nicht gefordert sei. Den verfassungsrechtlichen Erfordernissen genüge vielmehr eine *generelle* Gewährleistung von Grundrechtsschutz.[1140]

An dem Erfordernis eines generellen Absinkens des Grundrechtsstandards auf Gemeinschaftsebene habe sich auch die Begründung des Beschlusses orientieren müssen. Das Bundesverfassungsgericht bemängelt ausdrücklich, dass das Verwaltungsgericht Frankfurt keine Gegenüberstellung des Grundrechtsschutzes auf nationaler und auf Gemeinschaftsebene vorgenommen habe, und zwar in der Weise, wie es sie selbst in seiner „Solange II"-Entscheidung[1141] geleistet habe.[1142]

Darüber hinaus meinte das Bundesverfassungsgericht einen weiteren Begründungsmangel der Vorlage aufgedeckt zu haben: Das Verwaltungsgericht hatte die Statthaftigkeit einer Vorlage analog Art. 100 Abs. 1 GG damit begründet, dass das Bundesverfassungsgericht in Abkehr der „Solange II"-Entscheidung im „Maastricht"-Urteil seine Prüfungsbefugnis bezüglich Hoheitsakten der Gemeinschaft wieder aufgenommen habe.[1143] Dem trat das Bundesverfassungsgericht entgegen, indem es darauf hinwies, dass zwischen den beiden Entscheidungen kein Widerspruch bestehe. Vielmehr habe es im „Maastricht"-Urteil an keiner Stelle seine Auffassung über die Abgrenzung der Rechtsprechungszuständigkeit zwischen dem Europäischen Gerichtshof und ihm selbst aufgegeben.[1144]

Bei diesem Punkt handelt es sich in der Tat um ein Fehlverständnis der „Maastricht"-Entscheidung durch das Verwaltungsgericht.[1145] Darin ist aber kein eigenständiger Begründungsmangel zu sehen, der – wie die Ausführungen des Bundesverfassungsgerichts nahe legen – den Unzulässigkeitsvorwurf zusätzlich stützt. Die Folge dieses Missverständnisses war ja nur, dass das Verwaltungsgericht die Statthaftigkeit der Vorlage unnötig kompliziert begründet hat. Wäre das Verwaltungsgericht nicht diesem Fehlverständnis unterlegen, so hätte es die Statthaftigkeit der Vorlage ohne weiteres annehmen können.

c) Würdigung der Entscheidung

Nachdem der Vorlagebeschluss des Verwaltungsgerichts Frankfurt noch auf ein geteiltes Echo gestoßen war und nicht wenige Stimmen sich der Auffassung des Gerichts

---

[1139] BVerfG, a.a.O., (163 f.).

[1140] BVerfG, a.a.O., (164).

[1141] BVerfG, Beschluss v. 22. 10. 1986 (2 BvR 197/83), BVerfGE 73, 339 (378-381) – *Solange II.*

[1142] BVerfG, Beschluss v. 7. 6. 2000 (2 BvL 1/97), BVerfGE 102, 147 (164) – *Bananenmarktordnung.*

[1143] VG Frankfurt, Beschluss v. 24. 10. 1996 (1 E 798/95 [V] u. 1 E 2949/93 [V]), EuZW 1997, 182 (185).

[1144] BVerfG, a.a.O., (165).

[1145] Vgl. dazu bereits oben Fn. 1071.

angeschlossen hatten, wurde die Entscheidung des Bundesverfassungsgerichts im Ergebnis fast durchweg begrüßt.[1146]

aa) Zur Frage der Statthaftigkeit der Vorlage analog Art. 100 Abs. 1 GG

Zum Punkt der Statthaftigkeit der Vorlage stellt sich die Frage, ob durch die Entscheidung des Bundesverfassungsgerichts der Streit als geklärt angesehen werden kann, auf welchem Weg ein vermeintlich ausbrechender EU-Rechtsakt im Sinne der „Solange"- und „Maastricht"-Doktrin vor das Bundesverfassungsgericht zu bringen sei.

Wie schon angedeutet,[1147] wurde entweder eine unmittelbare Vorlage der in Frage stehenden EU-Rechtsnorm analog Art. 100 Abs. 1 GG favorisiert,[1148] oder eine Vorlage des deutschen Zustimmungsgesetzes[1149], wobei dessen Unwirksamkeit geltend zu machen sei, soweit es zum Erlass des entsprechenden Gemeinschaftsrechtsakts ermächtige. Die *analoge* Anwendung des Art. 100 Abs. 1 GG resultiere daraus, dass grundsätzlich nur deutsche Rechtsakte statthafte Vorlagegegenstände im Rahmen einer Richtervorlage sein könnten.[1150]

Zu dieser Problematik hat das Bundesverfassungsgericht in seiner Bananenmarktentscheidung indes keine eindeutige Aussage getroffen.[1151] Auch den „Solange"- und „Maastricht"-Entscheidungen lässt sich keine eindeutige Position des Gerichts zu dieser Fragestellung entnehmen.[1152] Da es jedoch die Vorlage an einem Begründungsmangel scheitern ließ und nicht bereits den Hauptantrag aus dem Grund zurückwies, dass etwa EU-Rechtsakte keine tauglichen Vorlagegegenstände in einem Verfahren (analog) Art. 100 Abs. 1 GG sein könnten, liegt der Schluss nahe, dass der im Hauptantrag formulierte Weg der statthafte ist. Für diese Einschätzung sprechen auch sachliche Erwägungen. Der Weg über das deutsche Zustimmungsgesetz erscheint allzu geküns-

---

[1146] Vgl. etwa *Barden*, VBlBW 2000, 425 (426); *Mayer*, EuZW 2000, 685 (686); *Fischer*, Europarecht, 3. Aufl. 2001, § 6 Rn. 79 f. (S. 122 f.). Die vereinzelte Kritik an der Entscheidung knüpft nicht an dem Umstand an, dass das BVerfG die Gelegenheit ausließ, einen Gemeinschaftsakt für unanwendbar zu erklären, sondern – gleichsam gegenteilig – dass es nicht ausdrücklich jegliche nationale Schranke für die Anwendung des Gemeinschaftsrechts aufgab, vgl. etwa *Nicolaysen/Nowak*, NJW 2001, 1233 (1236).

[1147] Oben Dritter Teil, B. II. 2. a) (S. 228 f.).

[1148] *Huber*, Recht der europäischen Integration, 2. Aufl. 2002, § 21 Rn. 68 u. 72. *Burgi*, Verwaltungsprozess und Europarecht, 1996, S. 40; *Grimm*, RdA 1996, 66 (70).

[1149] *Gellermann*, in: *Rengeling/Middeke/Gellermann*, Rechtsschutz in der EU, 2. Aufl. 2003, § 35 Rn. 10 u. 13 ff. m. w. N.; *Lecheler*, JuS 2001, 120 (122). Ebenso *Streinz*, in: Festschrift für Steinberger, 2002, S. 1437 (1449), der auf die geringe *praktische* Bedeutung dieser Frage hinweist.

[1150] So auch das vorlegende VG Frankfurt, Beschluss v. 24. 10. 1996 (1 E 798/95 [V] u. 1 E 2949/93 [V]), EuZW 1997, 182 (185).

[1151] So auch die Einschätzung von *Lecheler*, JuS 2001, 120 (122).

[1152] Bemerkenswerterweise sind die Ausführungen des BVerfG zu dieser Frage in der Literatur unterschiedlich interpretiert worden. Nach *Sandner*, DVBl. 1998, 262 (263, Fn. 12), soll das BVerfG in „Solange II" die Vorlage des fraglichen Gemeinschaftsrechtsakts favorisieren, während *Lecheler*, JuS 2001, 120 (122), dem Gericht nachsagt, in derselben Entscheidung von einer Vorlage des Zustimmungsgesetzes auszugehen.

telt.[1153] Da ein Zustimmungsgesetz zu einem völkerrechtlichen Vertrag auf die Gesamtheit des Vertragswerks gerichtet ist, kann nicht der Vertrag nachträglich aufgespalten und einzelne Teile herausgebrochen werden,[1154] die dann einer eigenständigen rechtlichen Beurteilung zugänglich sind. Sind gewöhnliche völkerrechtliche Verträge schon eine Einheit, gilt dies erst recht für Verträge zur Herstellung einer supranationalen Gemeinschaft.[1155]

bb) Zur Schranke der Grundrechte

Wie sich aus der Begründung des Bananenmarkturteils ergibt, hält das Bundesverfassungsgericht nach wie vor an den Grundrechten als Kautele für den Vorrang des Gemeinschaftsrechts fest. Allerdings werden für die Begründung einer entsprechenden Vorlage bzw. Verfassungsbeschwerde so strenge Kriterien aufgestellt, dass man die Frage stellen kann, ob es *in praxi* tatsächlich einem Gericht oder einem Beschwerdeführer gelingen kann, die Überprüfung von sekundärem Gemeinschaftsrecht vor dem Bundesverfassungsgericht zu erlangen. Das Bundesverfassungsgericht fordert im Rahmen der Darlegungslast eine Gegenüberstellung des Grundrechtsschutzes auf nationaler und Gemeinschaftsebene in der Weise, wie es sie selbst in seiner „Solange II"-Entscheidung praktiziert hat.[1156] In diesem Beschluss nahm das Gericht eine über den konkreten Einzelfall hinausgehende Gesamtbewertung des gemeinschaftlichen Grundrechtsschutzes vor.[1157] Aus diesem Umstand ergibt sich zugleich, wie das Bundesverfassungsgericht selbst das Kriterium der *generellen* Gewährleistung des Grundrechtsschutzes verstanden haben will: Abzustellen ist nicht auf einzelne, quantifizierte Fälle von Grundrechtsverletzungen, sondern – wie bereits herausgearbeitet[1158] – in einem generalisierenden Sinne auf das gesamte Grundrechtsschutzniveau in der Gemeinschaft im Vergleich zur Gewährleistung nach dem Grundgesetz.

Die vom Bundesverfassungsgericht aufgestellte verfassungsprozessuale Hürde wird von dem Einzelnen im Rahmen einer Verfassungsbeschwerde bzw. einem nationalen Fachgericht bei einer Vorlage entsprechend Art. 100 Abs. 1 GG kaum noch

---

[1153] Zu Recht wirft *Sandner*, a.a.O., in diesem Zusammenhang die Frage auf, ob etwa ein formelles Gesetz verfassungswidrig ist, nur weil es eine Ermächtigung zum Erlass einer Rechtsverordnung enthält (Art. 80 Abs. 1 GG) und nach Jahr und Tag eine hierauf gestützte Rechtsverordnung ergeht, die ihrerseits Grundrechte verletzt.

[1154] Dieser Gedanke kommt auch in § 82 Abs. 2 GeschOBT zum Ausdruck.

[1155] Vgl. zur Einheit des Gemeinschaftsrechts in diesem Zusammenhang EuGH, Urteil v. 14. 12. 1971 (Rs. 7/71), Slg. 1971, 1003 (1018 f., Tz. 18-26) – *Versorgungsagentur*. Zu einer Ablehnung der Statthaftigkeit einer Vorlage analog Art. 100 Abs. 1 GG zur Überprüfung von Rechtsakten der EU gelangt auch *Zuleeg*, NJW 1997, 1201 (1203), allerdings erfolgt dies nicht zu Gunsten der anderen Auffassung, sondern weil *Zuleeg* i. E. die „Solange"- u. „Maastricht"-Rechtsprechung in diesem Zusammenhang ablehnt, und generell gegen eine Überprüfung von Gemeinschaftsakten durch nationale Gerichte ist. Zu dieser Frage ausführlich unten Dritter Teil, B. III. (S. 236 ff.).

[1156] BVerfG, Beschluss v. 7. 6. 2000 (2 BvL 1/97), BVerfGE 102, 147 (164) – *Bananenmarktordnung*.

[1157] Beschluss v. 22. 10. 1986 (2 BvR 197/83), BVerfGE 73, 339 (378-381) – *Solange II*.

[1158] Vgl. oben Dritter Teil, B. I. 3. (S. 221 ff.).

übersprungen werden können.[1159] Dies gilt umso mehr, als das Bundesverfassungsgericht erneut betont, dass ein deckungsgleicher Schutz in den einzelnen Grundrechtsbereichen des Grundgesetzes durch das europäische Gemeinschaftsrecht und die darauf fußende Rechtsprechung des Europäischen Gerichtshofes nicht gefordert ist.[1160] Eine hinter der deutschen Grundrechtsrechtsprechung zurückbleibende Inhaltsbestimmung einzelner Gemeinschaftsgrundrechte oder Abweichungen des Europäischen Gerichtshofes von der ausgefeilten deutschen Schrankensystematik nimmt das Bundesverfassungsgericht demnach hin.[1161] Selbst wenn also ein Beschwerdeführer vereinzelt eine negative Abweichung des Grundrechtsschutzes auf Gemeinschaftsebene herausarbeiten vermag, wird er kaum in der Lage sein, ein *generelles* Absinken nachzuweisen.

Bei der konkreten Fragestellung der Bananenmarktordnung hat das Bundesverfassungsgericht zudem in materiell-rechtlicher Hinsicht darauf hingewiesen, dass es dem Verwaltungsgericht nicht möglich gewesen wäre, vor dem Hintergrund der „T. Port"-Entscheidung ein generelles Absinken des Grundrechtsstandards in der Rechtsprechung des Europäischen Gerichtshofes herzuleiten.[1162] Gerade dieses Urteil hatte aber die Hoffnung der integrationsskeptischen Kritiker des Gerichtshofes mit am stärksten genährt, dass das Bundesverfassungsgericht seine „Solange II"- und „Maastricht"-Linie aufgeben und in einer „Solange III"-Entscheidung seine eigenen Kontrollvorbehalte wahrnehmen würde.[1163]

Die Schranke der Grundrechte hat damit nur noch theoretischen Charakter. Das Festhalten daran ist aus Sicht des Bundesverfassungsgerichts nur als fehlende Bereitschaft zur formalen Unterordnung unter den Europäischen Gerichtshof zu deuten.[1164] Faktisch hat das Bundesverfassungsgericht sein Letztentscheidungsrecht jedenfalls für den Grundrechtsbereich zurückgenommen. Das selbst angemaßte Kooperationsverhältnis zum Europäischen Gerichtshof besteht jedenfalls für den Bereich der Grundrechte nicht (mehr).[1165] Dieses Kooperationsverhältnis war aber ohnehin eher als Zuständigkeitsabgrenzung zu verstehen, denn als tatsächliche „Kooperation" im eigentlichen Sinne[1166], wie etwa das Verhältnis der nationalen Gerichte und dem Europäischen Gerichtshof im Rahmen des Vorabentscheidungsverfahrens nach Art. 234 EGV.

[1159] *Nicolaysen/Nowak*, NJW 2001, 1233 (1236); *Streinz*, in: *Sachs*, GG, 3. Aufl. 2003, Art. 23 Rn. 41. Vgl. auch *Classen*, JZ 2000,1157 (1158): „faktisch irreale Hürden".

[1160] BVerfG, Beschluss v. 7. 6. 2000 (2 BvL 1/97), BVerfGE 102, 147 (164) – *Bananenmarktordnung*.

[1161] Dies bestätigt *Limbach*, EuGRZ 2000, 417 (420); vgl. auch *Classen*, JZ 2000, 1157; *Lecheler*, JuS 2001, 120 (123).

[1162] BVerfG, Beschluss v. 7. 6. 2000 (2 BvL 1/97), BVerfGE 102, 147 (166) – *Bananenmarktordnung*.

[1163] So insbes. *Sandner*, DVBl. 1998, 262 (267), der die EuGH-Entscheidung als den „Ernstfall" im Sinne der „Solange II"-Formel betrachtete.

[1164] Vgl. auch *Steiner*, in: Festschrift für Maurer, 2001, S. 1005 (1013, Fn. 43), der das BVerfG illustrativ in der „Rolle des „Edelreservisten" ohne ernsthafte Aussicht auf Spieleintritt" sieht.

[1165] Siehe auch *Streinz*, in: Festschrift für Steinberger, 2002, S. 1453 f., wonach sich der Konflikt zwischen BVerfG und EuGH in Grundrechtssachen auf absehbare Zeit praktisch erledigt haben dürfte.

[1166] Vgl. zu den „begrifflichen und rechtslogischen Schwächen" der Formel vom „Kooperationsverhältnis" *Selmayr/Prowald*, DVBl. 1999, 269 (269 f.).

cc) Zur Schranke der Kompetenzen

Der soeben getroffenen Befund lässt sich nicht ohne weiteres auf die Kontrolle der Kompetenzkonformität gemeinschaftlicher Rechtsakte übertragen. Zu dieser zweiten Verfassungsgrenze hat das Bundesverfassungsgericht in dem Beschluss zur Bananenmarktordnung keine Aussage getroffen.[1167] Von einer *stillschweigenden* Abkehr von seiner Auffassung zur Kompetenzschranke kann nicht ausgegangen werden; das Bundesverfassungsgericht hatte in seinem sogleich darzustellenden Beschluss in der Rechtssache „Alcan" nur kurze Zeit vor Ergehen des „Bananenmarkt"-Beschlusses Gelegenheit, die Kompetenzschranke ebenfalls zurückzunehmen bzw. zumindest in ihrer Wirkung einzuschränken. Stattdessen begnügte sich das Gericht mit einer zweifelhaften und wenig aussagekräftigen Begründung.

3. Entscheidung vom 17. 2. 2000 – Alcan

a) Darstellung der Entscheidung

Die Rechtssache „Alcan"[1168] betraf einen Streit über die Rechtmäßigkeit der Rückforderung einer gemeinschaftsrechtswidrigen Beihilfe. Das von der Rückforderungsentscheidung der Kommission betroffene Unternehmen legte Verfassungsbeschwerde gegen ein Urteil des Bundesverwaltungsgerichts[1169] ein, in dem die Klage gegen die Rückforderung der Beihilfe abgewiesen worden war. Davor hatte der Europäische Gerichtshof, nach einer Vorlage des Bundesverwaltungsgerichts, im Wege der Vorabentscheidung entschieden, dass die zuständige Behörde auf Grund einer bestandskräftigen Entscheidung der Kommission über die Rückforderung der Beihilfe den Bewilligungsbescheid auch dann zurücknehmen müsse, wenn die in § 48 Abs. 4 VwVfG geregelte Ausschlussfrist verstrichen sei.[1170] In der Verfassungsbeschwerde rügte die Beschwerdeführerin eine Verletzung ihrer Grundrechte aus Art. 2 Abs. 1, 3 Abs. 1 und 14 Abs. 1 GG sowie eine Verletzung des Rechtsstaats- und Demokratieprinzips.

Das Bundesverfassungsgericht nahm die Verfassungsbeschwerde mangels Erfolgsaussichten nicht zur Entscheidung an. Die Beschwerde sei unzulässig, soweit die Verletzung von Grundrechten durch das Urteil des Bundesverwaltungsgerichts gerügt werde. Es sei nicht erkennbar, dass durch die Vorabentscheidung des Europäischen Gerichtshofes, die das Urteil des Bundesverwaltungsgerichts in maßgeblichen Teilen geprägt habe, der vom Grundgesetz als unabdingbar gebotene Grundrechtsschutz generell in Frage gestellt würde.[1171] Zu der an dieser Stelle näher interessierenden Frage des „ausbrechenden Rechtsaktes" führte das Bundesverfassungsgericht aus:

[1167] Vgl. auch *Mayer*, EuZW 2000, 685 (688); *Classen*, JZ 2000, 1157 (1159).
[1168] BVerfG, Beschluss v. 17. 2. 2000 (2 BvR 1210/98), NJW 2000, 2015 f. – *Alcan*.
[1169] BVerwGE 106, 328 ff.
[1170] EuGH, Urteil v. 20. 3. 1997 (Rs. C-24/95), Slg. 1997, I-1591 ff. – *Alcan II*.
[1171] BVerfG, Beschluss v. 17. 2. 2000 (2 BvR 1210/98), NJW 2000, 2015 (2015) – *Alcan*.

„Die Frage nach einem ausbrechenden Rechtsakt im Sinne des Maastricht-Urteils des BVerfG (...) stellt sich im vorliegenden Verfahren nicht. Die Entscheidung des EuGH (...) dient allein der Durchführung der in Art. 88 Abs. 2 (ex-Art. 93 Abs. 2 EGV) ausdrücklich vorgesehenen Befugnisse der Kommission, die Rückforderung gemeinschaftsrechtswidriger Beihilfen anzuordnen. Sie wirkt damit im Einzelfall und schafft kein allgemeines gemeinschaftsunmittelbares Verwaltungsverfahrensrecht.“[1172]

b) Bewertung

Die Hauptkritik, die gegen diese Begründung vorgebracht wurde, wendete sich gegen die Tatsache, dass das Gericht einen „ausbrechenden Rechtsakt“ auf Grund der *Einzelfall*wirkung des Vorabentscheidungsurteils verneint hatte. Zutreffend wurde darauf hingewiesen, dass Vorabentscheidungen nicht nur das vorlegende Gericht binden, sondern im Interesse einer einheitlichen Auslegung und Anwendung des Gemeinschaftsrechts bindende Wirkungen über den Einzelfall hinaus erzeugen.[1173] Von der *allgemeinen* Verbindlichkeit seiner Urteile geht sehr wohl auch der Europäische Gerichtshof aus.[1174] Im Übrigen ist zu beachten, dass auch nationale Stellen an das Gemeinschaftsrecht in der vom Europäischen Gerichtshof vorgegebenen Auslegung gebunden sind.[1175] Schließlich hat außerdem das Bundesverfassungsgericht die Ausstrahlungswirkung der vom Europäischen Gerichtshof vorgenommenen Vertragsauslegung ernst genommen.[1176]

Die Begründung der Entscheidung vermag daher in der Tat nicht zu überzeugen. Die einseitige Orientierung des Bundesverfassungsgerichts an der Rechtskraft greift zu kurz; das Urteil des Europäischen Gerichtshofes ist durchaus in der Lage, gemeinschaftsunmittelbares Verwaltungsverfahrensrecht zu schaffen. Angesichts der aufgeworfenen grundsätzlichen verfassungsrechtlichen Problematik in Fortführung der Thesen aus dem „Maastricht“-Urteil ist deshalb kaum nachvollziehbar, wie sich das Bundesverfassungsgericht mit einer solch kurzen Begründung begnügen konnte.[1177]

Anders als in dem Beschluss zur Bananenmarktordnung verzichtete das Bundesverfassungsgericht also darauf, seinen Kontrollanspruch bezüglich des Gemeinschaftsrechts zurückzunehmen. Leider nutzte es auf der anderen Seite auch nicht die Gelegenheit, die Kompetenzschranke in Fortführung der „Maastricht“-Entscheidung we-

---

[1172] BVerfG, a.a.O., (2016).

[1173] Vgl. *Fischer*, Europarecht, 3. Aufl. 2001, § 6 Rn. 77; *Wohlfahrt*, in: *Grabitz/Hilf*, EU, 1999, Art. 177 EGV Rn. 75; *Middeke*, in: *Rengeling/Middeke/Gellermann*, Rechtsschutz in der EU, 2. Aufl. 2003, § 10 Rn. 89 f.

[1174] Vgl. EuGH, Urteil v. 27. 3. 1980 (verb. Rs. 66, 127 u. 128/79), Slg. 1980, 1237 (1260, Tz. 9) – *Salumi*.

[1175] *Wohlfahrt*, in: *Grabitz/Hilf*, EU, 1999, Art. 177 EGV Rn. 75.

[1176] Vgl. *Vögler*, EuZW 2000, 447 (448), mit dem Hinweis auf den „Kloppenburg“-Beschluss, wo das BVerfG die rechtsfortbildende Wirkung der EuGH-Jurisdiktion zur unmittelbaren Anwendbarkeit nicht korrekt umgesetzter Richtlinien über den konkreten Ausgangsfall hinaus hervorgehoben hat (BVerfG, Beschluss v. 8. 4. 1987 [2 BvR 687/85], BVerfGE 75, 223 [241, 243 f.] – *Kloppenburg*).

[1177] Dem BVerfG im Ergebnis, wenn auch nicht in der Begründung, zustimmend *Nicolaysen/Nowak*, NJW 2001, 1233 (1236); ähnlich *Gündisch*, NVwZ 2000, 1125 (1126); *Vögler*, EuZW 2000, 447 (448).

nigstens zu konkretisieren. Die Unklarheit, ob das Gericht – ähnlich wie bei der Schranke der Grundrechte – nur im Falle von „Systemfehlern“, einschreiten würde, also bei erheblichen bzw. evidenten Kompetenzüberschreitungen der EU-Organe, [1178] besteht damit fort, wenngleich auf Grund der zahlreichen Bezugnahmen im „Maastricht“-Urteil auf „Solange II“ vieles dafür spricht.[1179]

4. Zwischenergebnis

Der Überblick über neuere Judikate zum „Verfassungseuroparecht“ hat aufgezeigt, dass sich das Bundesverfassungsgericht bei der Frage von Verfassungsvorbehalten gegenüber Gemeinschaftsrecht zwar formal weiterhin auf der Linie der „Solange II-/ Maastricht“-Rechtsprechung befindet. Was die Schranke des Grundrechtsschutzes anbelangt, hat es mit dem „Bananenmarkt“-Beschluss seine angemaßte Entscheidungskompetenz faktisch zurückgenommen. Für die Frage der Kontrolle der Kompetenzkonformität gemeinschaftlicher Rechtsakte fehlt (noch) eine dem „Bananenmarkt“-Beschluss vergleichbare Willensäußerung des Bundesverfassungsgerichts. Im Gegenteil, das Gericht hat es versäumt, eine ähnliche Klarstellung in seinem „Alcan“-Beschluss vorzunehmen. Allerdings ist nicht davon auszugehen, dass sich das Gericht auf dieser Ebene in einen offenen Konflikt mit dem Europäischen Gerichtshof begeben wird.

III. Bewertung: Zulässigkeit und Erforderlichkeit verfassungsrechtlicher Schranken?

Angesichts des für den Bereich der Grundrechte erzielten Befundes stellt sich die Frage, ob es generell noch notwendig und geboten ist, an nationalen verfassungsrechtlichen Schranken für die Anwendbarkeit von Gemeinschaftsrecht festzuhalten. Mit Blick auf die fortschreitende Europäisierung mehren sich die Stimmen, die nationale Vorbehalte für die Wirksamkeit und Geltung des Europarechts völlig ablehnen.[1180]

[1178] So *Schwarze*, JZ 1999, 637 (641); *Frenz*, Der Staat Bd. 34 (1995), S. 586 (589).

[1179] Vgl. *Nicolaysen/Nowak*, NJW 2001, 1233 (1236). Die von *Steinberger*, in: Festschrift für Bernhardt, 1995, S. 1313 (1334), geäußerte Vermutung, dass das BVerfG auch für den allgemeinen Kompetenzbereich nach einer Linie suchen werde, die funktional dem *Generell*-Vorbehalt der „Solange II“-Entscheidung im Ergebnis gleichkommt, hat sich bislang aber noch nicht bewahrheitet.

[1180] *Zuleeg*, NJW 1997, 1201 (1202 f.); *ders.*, NJW 2000, 2846, 2848; *Selmayr/Prowald*, DVBl. 1999, 269 ff.; *Sander*, DÖV 2000, 588 (596); *Fischer*, Europarecht, 3. Aufl. 2001, § 6 Rn. 79 f. (S. 122 f.); *Nicolaysen/Nowak*, NJW 2001, 1233 (1236 f.); *Nicolaysen*, Europarecht I, 2. Aufl. 2002, S. 94 f.

1. Grundsätzliche Überlegungen

a) Zusammenhang zwischen Schranken der Verfassung und der Frage der Letztentscheidungskompetenz

Die Frage der Zulässigkeit nationaler verfassungsrechtlicher Schranken für das Gemeinschaftsrecht hängt eng mit der Frage des Letztentscheidungsrechts des Bundesverfassungsgerichts zusammen. Genau genommen handelt es sich dabei um ein und dasselbe Problem. Die Frage des Letztentscheidungsrechts stellt lediglich die verfahrensmäßige Ausprägung der Problematik dar. Erkennt man die Zulässigkeit nationaler Verfassungsvorbehalte an, so folgt daraus zwangsläufig, dass die nationale (Verfassungs-)Gerichtsbarkeit zu der Entscheidung über die Einhaltung der Vorbehaltsgrenzen berufen sein muss.[1181] Eine Differenzierung dergestalt, dass nationale Grenzen[1182] für die Anwendbarkeit des Gemeinschaftsrechts als zulässig erachtet werden, die Kompetenz zur Überwachung ihrer Einhaltung jedoch dem Europäischen Gerichtshof zugesprochen wird,[1183] stellt lediglich ein halbherziges Entgegenkommen der Befürworter einer Letztentscheidungskompetenz des Europäischen Gerichtshofes dar. Der Prüfungsmaßstab für den Gerichtshof ist allein das Gemeinschaftsrecht; die nationalen Verfassungen interessieren ihn in diesem Zusammenhang nicht. Es mutet deshalb seltsam an, davon zu sprechen, es sei Aufgabe des Gerichtshofes zu entscheiden, ob die Grenzen eingehalten sind, die das nationale Recht der Anwendbarkeit des Gemeinschaftsrechts setzt.

b) Gemeinschaftliche oder mitgliedstaatliche Perspektive?

Die Problematik um nationale Verfassungsvorbehalte ist zunächst eine Frage der Perspektive, unter der man das Verhältnis zwischen Gemeinschaftsrecht und nationalem Recht betrachtet. Geht man wie die Anhänger der „Gesamtakttheorie"[1184] und wie der Europäische Gerichtshof von einer gemeinschaftsrechtlichen Betrachtungsweise aus, so sind Schranken des nationalen Rechts von vornherein unzulässig.[1185] Das liegt an dem besonderen Verständnis dieser Auffassung von der Rechtsnatur der Gemeinschaft

---

[1181] Ähnlich, wenngleich zurückhaltender, *Zuck/Lenz*, NJW 1997, 1192 (1194). Vgl. auch *Streinz*, in: Festschrift für den Carl Heymanns Verlag, 1995, S. 663 (671 u. 673); *Huber*, Recht der europäischen Integration, 2. Aufl. 2002, § 21 Rn. 63, der die Frage nach der gerichtlichen Zuständigkeit als „Annex zu den materiell-rechtlichen Rangordnungsregeln" begreift. Zu dieser Frage in rechtsvergleichender Hinsicht vgl. unten Dritter Teil, B. IV. (S. 247 ff.).

[1182] Ausgeblendet sei an dieser Stelle die Frage der Schranke des Art. 79 Abs. 3 GG. Dazu näher unten Dritter Teil, B. III. 4. (S. 244 ff.).

[1183] So offenbar *Hirsch*, NJW 1996, 2457 (1818); *ders.*, NJW 2000, 1817 (1818); ähnlich auch *Schockweiler*, EuR 1996, 123 (132 f.). Vgl. auch *Zuck/Lenz*, NJW 1997, 1193 (1194).

[1184] Dazu näher oben Dritter Teil, B. I. 2. b) aa) (S. 220).

[1185] EuGH, Urteil v. 15. 6. 1964 (Rs. 6/64), Slg. 1964, 1251 (1269 f., Tz. 9) – *Costa/E.N.E.L*; EuGH, Urteil v. 17. 12. 1970 (Rs. 11/70), Slg. 1970, 1125 (1135) – *Internationale Handelsgesellschaft*; EuGH, Urteil v. 9. 3. 1978 (Rs. 106/77), Slg. 1978, 629 (643 f., Tz. 14/16) – *Simmenthal II*; *Nicolaysen/Nowak*, NJW 2001, 1233 (1237); *Schroeder*, Gemeinschaftsrechtssystem, 2002, S. 165.

und ihrem Verhältnis zu den Mitgliedstaaten.[1186] Die Fragestellung wird erst zum Problem, wenn man eine spezifisch verfassungsrechtliche Sichtweise zu Grunde legt. Mit anderen Worten geht es darum, ob sich – abgesehen von *integrationspolitischen* Erwägungen – *rechtliche* Begründungsmöglichkeiten für einen *absoluten* Vorrang des Gemeinschaftsrechts auch und gerade aus Sicht des nationalen Verfassungsrechts finden lassen.

c) Ablehnung der „Brückentheorie"

Wie aufgezeigt,[1187] können dogmatische Überlegungen zu keiner final überzeugenden, eindeutigen Beantwortung der Frage der Letztentscheidungskompetenz und damit der Zulässigkeit nationaler Verfassungsvorbehalte führen – je nach Blickwinkel lässt sich grundsätzlich jede der beiden Positionen gut vertreten. Die Frage des Letztentscheidungsrechts scheint eng mit der „Brückentheorie" verknüpft zu sein. Teilweise werden verfassungsrechtliche Vorbehalte auf Basis dieser Auffassung als zwingende Konsequenz der nationalen Blickrichtung angesehen.[1188] Indes ist zweifelhaft, ob mit dieser Konstruktion die Grundlage für die Geltung und die Anwendung des Gemeinschaftsrechts in der Bundesrepublik Deutschland zutreffend beschrieben wird. Zwar stellen Art. 23 Abs. 1 GG (vormals Art. 24 Abs. 1 GG) und das Zustimmungsgesetz zum jeweiligen europarechtlichen Vertrag tatsächlich den innerstaatlichen Rechtsanwendungsbefehl für das Gemeinschaftsrecht dar.[1189] Die weitere Folge dieser Auffassung, nämlich dass der Umfang der Geltungskraft des Gemeinschaftsrechts im innerstaatlichen Bereich von vornherein begrenzt sei, weil die Brücke des Zustimmungsgesetzes nur ein gewisses Maß an Rechtsverbindlichkeit trage und das Bundesverfassungsgericht die Tragfähigkeit der Brücke zu überwachen habe,[1190] ist jedoch angreifbar. Im Wortlaut des Art. 23 GG (bzw. vormals Art. 24 GG) lässt sich eine letztverbindliche Entscheidungsbefugnis des Bundesverfassungsgerichts nicht finden.[1191] Zwar mögen sich die Kontrollvorbehalte des Bundesverfassungsgerichts als unmittelbar im Prinzip

---

[1186] Dabei wird insbesondere die Autonomie des Gemeinschaftsrechts gegenüber dem allgemeinen Völkerrecht betont, vgl. etwa *Streinz*, Europarecht, 5. Aufl. 2001, Rn. 107, 111. Vgl. auch schon oben Fn. 1087.

[1187] Oben Dritter Teil, B. I. 2. (S. 218 ff.).

[1188] Vgl. etwa *Zuck/Lenz*, NJW 1997, 1193 (1194, Fn. 11); *Streinz*, Europarecht, 5. Aufl. 2001, Rn. 179.

[1189] Dies zu leugnen, führt an der Rechtswirklichkeit vorbei, da eine Loslösung des Gemeinschaftsrechts von seiner völkerrechtlichen Grundlage und damit auch von den Verfassungsgrundlagen der Mitgliedstaaten noch nicht tatsächlich und endgültig erfolgt ist, ähnlich *Streinz*, Europarecht, 5. Aufl. 2001, Rn. 112. Die „Gesamtaktthese" ist daher in dieser weit gehenden Konsequenz abzulehnen. Freilich steht dem nicht entgegen, dass man das Europarecht als Rechtsquelle des sekundären Gemeinschaftsrechts und des vom EuGH fortgebildeten Rechts anerkennt; insofern ist *Everling*, JZ 2000, 217 (226), beizupflichten. Die Fragen der Rechtsquelle und des innerstaatlichen Geltungsgrundes lassen sich durchaus trennen.

[1190] Näher zur „Brückentheorie" oben Dritter Teil, B. I. 2. a) aa) (S. 218 f.).

[1191] So auch *Zuleeg*, NJW 2000, 2846 (2848). Näher zum Übertragungspotential des Art. 23 GG unten Dritter Teil, B. III. 2. a) (S. 239 f.).

der staatlichen Souveränität verortet begreifen lassen.[1192] Es ist jedoch auch Ausdruck eben dieser Souveränität, dass die Bundesrepublik Kompetenzen im Bereich aller drei Staatsgewalten abgeben kann. Die Frage nationaler Verfassungsschranken für die vorrangige Geltung des Gemeinschaftsrechts hängt deshalb erstens davon ab, welche nationalen Befugnisse auf die Gemeinschaft tatsächlich übertragen worden sind, und zweitens, ob das Grundgesetz diese Übertragung auch legitimiert. Eine „Brückentheorie", die einen *Automatismus* von Verfassungsvorbehalten zur Konsequenz hat, findet weder im Gemeinschaftsrecht noch im Grundgesetz eine Grundlage[1193] und ist somit abzulehnen.

Im Rahmen der weiteren Untersuchung der Problematik um nationale Verfassungsschranken ist also danach zu fragen, in welchem Umfang Rechtsprechungskompetenzen auf die Gemeinschaft übergegangen sind, und ob dieser Übergang vom Integrationspotenzial des Grundgesetzes gedeckt ist.

2. Übertragung der Letztentscheidungsbefugnis auf den Europäischen Gerichtshof

a) Übertragung ausschließlicher Jurisdiktionsbefugnisse auf die Gemeinschaft

Bei der Errichtung der Europäischen Gemeinschaften und im weiteren Verlauf des Integrationsprozesses sind auf die supranationale Ebene, neben legislativen und administrativen Befugnissen, mit der Gründung des Europäischen Gerichtshofes und der in den Art. 220 ff. EGV vorgenommenen Aufgabenzuweisungen auch Rechtsprechungskompetenzen übertragen worden. Nach den Art. 220, 230 und 234 EGV ist der Europäische Gerichtshof zuständig für die Kontrolle der Einhaltung sowohl der horizontalen Kompetenzverteilung zwischen den EU-Organen als auch der vertikalen Kompetenzverteilung zwischen der Union und ihren Mitgliedstaaten.[1194] Hinzu kommt, dass sich die Mitgliedstaaten in Art. 292 EGV verpflichtet haben, Streitigkeiten über die Auslegung oder Anwendungen des EG-Vertrags nicht anders als hierin vorgesehen zu regeln. Daher handelt es sich bei der Zuständigkeit des Europäischen Gerichtshofes um eine *ausschließliche*.[1195] Der Einwand, das Bundesverfassungsgericht dürfe im Rahmen seiner „Kooperation" mit dem Europäischen Gerichtshof nicht durch das Grundgesetz eingeräumte Befugnisse preisgeben,[1196] geht schon aus diesem Grund fehl. Entsprechende Kompetenzen sind bereits auf die Union übertragen worden und können demnach vom Bundesverfassungsgericht gar nicht „preisgegeben" werden. Auch die Tatsache, dass die Europäische Union nur über derivative und nicht originäre Kompetenzen verfügt und sich der Europäische Gerichtshof ebenfalls in den durch

---

[1192] Vgl. *von Danwitz*, Verwaltungsrechtliches System, 1996, S. 464 f.

[1193] So *Zuleeg*, NJW 1997, 1201 (1202).

[1194] Vgl. *Nicolaysen/Nowak*, NJW 2001, 1233 (1237); *Weber*, in: *Rengeling*, Europäisierung des Rechts, 1996, S. 21 ff.

[1195] *Meessen*, NJW 1994, 549 (553).

[1196] Vgl. bereits oben Dritter Teil, B. I. 2. a) bb) (S. 219).

Art. 23 GG gezogenen Grenzen halten muss,[1197] ändert nichts an dieser Beurteilung. Denn dass die in Art. 220 EGV verankerte Rechtsprechungskompetenz lediglich von den Mitgliedstaaten abgeleitet ist, sagt noch nichts über ihren *Umfang* aus. Maßgeblich ist allein, dass die mit der Übertragung der Hoheitsbefugnisse auf die Union verbundene Einschränkung der eigenen Hoheitsrechte der Mitgliedstaaten eine endgültige ist und deshalb keine Souveränitätsvorbehalte zu Gunsten der Mitgliedstaaten zulässt.[1198]

b) Der Wille der Mitgliedstaaten

Ein Letztentscheidungsrecht des Europäischen Gerichtshofes entspricht auch dem Willen der Mitgliedstaaten.[1199] Die Gründungsnationen wollten sich mit der Herstellung der Gemeinschaft einem allgemein und einheitlich geltenden Recht unterwerfen. Diesen Willen haben über den *acquis communautaire* auch die später beigetretenen Länder übernommen. Die einheitliche Geltung des Gemeinschaftsrechts kann nur durch eine Letztentscheidungsbefugnis des Europäischen Gerichtshofes sichergestellt werden.[1200] Auf Grund unterschiedlicher verfassungsrechtlicher (Grund-)Rechtsgewährleistungen würden nationale Vorbehalte diesem Zweck zuwiderlaufen. Jede andere Auffassung würde dem Prinzip der einheitlichen Wirkung des Gemeinschaftsrechts in allen Mitgliedstaaten entgegenwirken, ja letztlich seine Eigenschaft als *Gemeinschafts*recht negieren.[1201] Die Europäische Gemeinschaft ist aber auf Grund ihrer mangelnden Staatsqualität mehr noch als die Mitgliedstaaten, die ihren staatstheoretischen Geltungsgrund in den sie konstituierenden Elementen Staatsgebiet, Staatsvolk und Staatsgewalt finden,[1202] auf *Rechts*einheit angewiesen.[1203] Würde man die Rechtseinheit der Europäischen Union in Frage stellen, so würde man damit ein tragendes Strukturmerkmal der Europäischen Integration in Frage stellen. Die Einheit des Gemeinschaftsrechts ist notwendig, weil nur so die Aufgaben der Union erfüllt und die Ver-

---

[1197] So der Einwand von *Sandner*, DVBl. 1998, 262 (264), gegen eine Letztentscheidungskompetenz des EuGH.

[1198] Ähnlich *Fischer*, Europarecht, 3. Aufl. 2001, § 6 Rn. 80. Zurückzuweisen ist allerdings die weiter gehende Schlussfolgerung, dass sich das BVerfG in Widerspruch setzen würde mit seiner eigenen Aussage, wonach ein deutsches Gericht objektiv willkürlich den gesetzlichen Richter ausschaltet, wenn es die Kompetenz des EuGH missachtet (BVerfG, Beschluss v. 8. 4. 1987 [2 BvR 687/85], BVerfGE 75, 223 [233 ff.]; dazu *Zuleeg*, in: Festschrift Bundesfinanzhof, 1993, S. 115 ff.), mithin also selbst gegen Art. 101 Abs. 1 S. 2 GG verstoßen würde, so *Zuleeg*, NJW 2000, 2846 (2848). Denn die Rechtsprechung des BVerfG zu den Schranken des Vorrangs des Gemeinschaftsrechts stellt genauso eine Auslegung der Verfassung dar wie die zu Art. 101 Abs. 1 S. 2 GG, sie hat also den gleichen „Rang“. Das bedeutet, dass man in der „Solange“- und „Maastricht“-Rechtsprechung unter diesem Blickwinkel und im entsprechenden Umfang eben eine Ausnahme bzw. eine Änderung der Rechtsprechung zu Art. 101 Abs. 1 S. 2 GG sehen muss. Andernfalls müsste man in jeder Abweichung des BVerfG von einer früheren Entscheidung einen Verfassungsverstoß erblicken.

[1199] Vgl. *Hirsch*, NJW 1996, 2457 (2462).

[1200] In diesem Sinne auch *Hirsch*, NJW 1996, 2457 (2462 f.); *ders.*, NJW 2000, 1817 (1819).

[1201] *Fischer*, Europarecht, 3. Aufl. 2001, § 6 Rn. 80 (S. 123).

[1202] Zu dieser „Drei-Elementen-Lehre“ eingehend *Jellinek*, Allgemeine Staatslehre, 3. Aufl. 1914, S. 394 ff.; *Doehring*, Allgemeine Staatslehre, 2. Aufl. 2000, Rn. 39 ff.

[1203] Den Status der EG als *Rechts*gemeinschaft betonend EuGH, Urteil v. 23. 4. 1986 (Rs. 294/83), Slg. 1986, 1339 (1357, Tz. 23) – *Les Verts*.

tragsziele verwirklicht werden können.[1204] Die Gefahr für die Einheit des Gemeinschaftsrechts durch nationale Vorbehalte ist mit Blick auf die EU-Osterweiterung, die kürzlich erst stattgefunden hat, von erhöhter Qualität, da sich die beigetretenen Staaten am Bundesverfassungsgericht orientieren könnten.[1205] Die unterschiedliche Reichweite nationaler Verfassungsvorbehalte würde schließlich zu einer weitaus stärkeren Diversifizierung des geltenden Rechts führen.

c) Die Gefahr „unrichtiger" Entscheidungen

Eine Restkompetenz des Bundesverfassungsgerichts ist auch unter dem Gesichtspunkt abzulehnen, dass der Europäische Gerichtshof möglicherweise „unrichtige" Entscheidungen trifft. Die Gefahr, dass der Gerichtshof materiell unrichtige Entscheidungen fällt, ist nicht von vornherein von der Hand zu weisen. Allerdings ist hiermit das einem jeden Gericht innewohnende Risiko einer Fehlentscheidung angesprochen – kein Gericht kann für sich den Nimbus der Unfehlbarkeit in Anspruch nehmen. Nun ist davon auszugehen, dass der Europäische Gerichtshof weder prinzipiell seine Gerichtsbarkeit verkennt noch sie rechtsmissbräuchlich ausübt.[1206] Das Risiko, eine „Fehlentscheidung" zu fällen, trifft auch das Bundesverfassungsgericht und ist bei diesem nicht geringer als beim Europäischen Gerichtshof.[1207] Des Weiteren verschwimmen, rechtstheoretisch betrachtet, bei Entscheidungen oberster Gerichte die Grenzen zwischen dem, was materiell „richtiges" Recht darstellt, und dem, was – insofern subjektiv – Gegenstand der richterlichen Feststellung ist. Oberste Gerichte, wie im Grunde jedes Gericht, sind ja gerade dann zur Entscheidung berufen, wenn der objektive Gehalt des Rechts unklar ist und zwischen den Parteien Streit darüber besteht. Es ist das Wesen eines obersten Gerichts, dass seine Kompetenz auch die „Kompetenz" zu unkorrigierbaren Fehlentscheidungen einschließt. Die Entscheidungen eines Verfassungsgerichts – und in diesem Zusammenhang darf man den Europäischen Gerichtshof durchaus als ein Verfassungsgericht bezeichnen[1208] – unterliegen keiner gerichtlichen Überprüfung, da

[1204] *Zuleeg*, in: Festschrift für Jaenicke, 1998, S. 899 (912); *Sander*, DÖV 2000, 588 (594). Vgl. auch *Hirsch*, NJW 2000, 1817 (1819): „keine Europäische Integration ohne Rechtgemeinschaft; keine Rechtgemeinschaft ohne Rechtseinheit; keine Rechtseinheit ohne zentrale Gerichtsbarkeit."

[1205] In diesem Zusammenhang ist auch auf die starke Vorbildwirkung des BVerfG hinzuweisen, die dem obersten deutschen Gericht auf Grund seines besonderen Ansehens im europäischen Rechtskreis zukommt. So wollte beispielsweise ursprünglich die schwedische Regierung bei der beitrittsbedingten Verfassungsänderung ausdrücklich sichergestellt haben, dass die schwedischen Gerichte im Hinblick auf das Gemeinschaftsrecht dieselben Kompetenzen besitzen wie das deutsche BVerfG, vgl. dazu näher unten Fn. 1308.

[1206] *Hirsch*, NJW 1996, 2457 (2465); vgl. auch unten die Ausführungen bei Fn. 1235. Zu der in diesem Zusammenhang interessanten Problematik der Grenzen der Rechtsfortbildung vgl. oben Zweiter Teil, C. III. 1. b) aa) und bb) (S. 143 ff.).

[1207] Vgl. *Nicolaysen*, in: *Bruha/Hesse/Nowak*, Welche Verfassung für Europa?, 2001, S. 91 (105); *ders.*, EuR 2000, 495 (509); *Hirsch*, NJW 1996, 2457 (2462).

[1208] Zum Diskussionsstand, ob man die Gemeinschaftsverträge als „Verfassung" im eigentlichen Sinne sehen kann, vgl. *Nicolaysen*, Europarecht I, 2. Aufl. 2002, S. 113 ff. Zur Vergleichbarkeit des EuGH mit nationalen Verfassungsgerichten vgl. *Sander*, Der EuGH als Förderer und Hüter der Integration, 1998, S. 59 ff.

dies mit dem Wesen eines solchen Urteils nicht vereinbar ist.[1209] Das Rechtsprechungsmonopol des Europäischen Gerichtshofes schließt damit die Möglichkeit einer „Fehlentscheidung" ein.[1210]

3. Legitimation des Übertragungsumfangs durch das Grundgesetz

Die Feststellung, dass die Rechtsprechungskompetenz des Europäischen Gerichtshofes eine ausschließliche ist und als solche dem Willen der Mitgliedstaaten entspricht, besagt noch nichts darüber, ob die Übertragung des Letztentscheidungsrechts an den Europäischen Gerichtshof auch von der deutschen Verfassung legitimiert ist. Nur wenn dies der Fall ist, kann der gemeinschaftsrechtlich geltende Befund eines absoluten Vorrangs des Gemeinschaftsrechts verbunden mit einer Letztentscheidungskompetenz des Gerichtshofes auch aus Sicht des Grundgesetzes Gültigkeit beanspruchen.

Ausgangspunkt der Beantwortung dieser Frage ist die grundsätzliche Integrationsoffenheit des Grundgesetzes. Die Einigung Europas als verfassungsrechtliche Grundentscheidung[1211] kommt bereits in der Präambel des Grundgesetzes zum Ausdruck. Die Präzisierung und Verstärkung der Bereitschaft zur Öffnung gegenüber Europa ergibt sich aus der Integrationsermächtigung des Art. 23 GG (früher Art. 24 GG). Eine explizite Begrenzung der Übertragung von Jurisdiktionsbefugnissen auf die Gemeinschaft ist darin nicht enthalten. Dementsprechend ist davon auszugehen, dass das Grundgesetz grundsätzlich für die Übertragung einer Gerichtsbarkeit auf die Union in dem Umfang, wie er sich aus Art. 220 und 292 EGV ergibt, offen ist. Mitunter wird sogar behauptet, das Grundgesetz fordere gar um der Rechtseinheit willen, einem Gemeinschaftsgericht die Letztentscheidung auch für Kompetenz- und Grundrechtsfragen einzuräumen.[1212] Die einzige materielle Schranke, die das Grundgesetz dem Integrationsgesetzgeber setzt, stellt Art. 79 Abs. 3 GG dar, worauf Art. 23 Abs. 1 S. 3 GG verweist.[1213]

Eine Erweiterung der Prüfungskompetenz des Bundesverfassungsgerichts folgt auch nicht aus der „Struktursicherungsklausel"[1214] des Art. 23 Abs. 1 S. 1 GG. Diese geht zwar tatbestandlich über die in Art. 79 Abs. 3 GG genannten Verfassungsstrukturprinzipien hinaus, und umfasst sachlich insbesondere auch „einen diesem Grundge-

---

[1209] Dies hat das BVerfG bereits im ersten Band seiner Entscheidungssammlung festgestellt, vgl. BVerfG, Beschluss v. 29. 11. 1951 (1 BvR 257/51), BVerfGE 1, 89 (90).

[1210] So auch *Frowein*, in: *Müller-Graff*, Perspektiven des Rechts in der EU, 1998, S. 105 (127 f.); *Mestmäcker*, in: *Bruha/Hesse/Nowak*, Welche Verfassung für Europa?, 2001, S. 163 (174); *Schroeder*, EuR 1999, 452 (463 f.).

[1211] BVerfG, Beschluss v. 22. 10. 1986 (2 BvR 197/83), BVerfGE 73, 339 (386) – *Solange II*.

[1212] Vgl. *Voss*, RIW 1996, 324 (325).

[1213] Dieser Verweis ist insofern deklaratorischer Natur, als er die Geltung des Art. 79 Abs. 3 GG anordnet, da dieser ohnehin unmittelbar alle Staatsorgane bindet. In dem ausschließenden Sinne, dass *nur* Art. 79 Abs. 3 GG eine Schranke darstellt, ist der Verweis hingegen konstitutiv; insofern ungenau *Selmayr/Prowald*, DVBl. 1999, 269 (271); vgl. auch *Scholz*, NJW 1992, 2593 (2599). Näher zu Art. 79 Abs. 3 GG als absoluter Integrationsschranke und ihrem Verhältnis zu den „Solange/Maastricht"-Schranken des BVerfG unten Dritter Teil, B. III. 4. (S. 244 ff.).

[1214] Dazu näher *Classen*, in: *v. Mangoldt/Klein/Starck*, GG, 4. Aufl. 2000, Art. 23 Rn. 22 ff.; *Scholz*, NJW 1992, 2593 (2596 f. u. 2598).

setz im Wesentlichen vergleichbaren Grundrechtsschutz". Bei der Struktursicherungsklausel handelt es sich jedoch lediglich um eine Staatszielbestimmung[1215] der Verfassung.[1216] Als solche kann sie sich nur an die nationalen, nicht jedoch an die Gemeinschaftsorgane richten.[1217] In ihrer Wirkung erschöpft sie sich in einer Maßstabs- und Orientierungsfunktion für die deutschen Staatsorgane und soll vor allem den Partnern in der Union deutlich machen, wie die Integration nach deutschen Vorstellungen verlaufen soll.[1218] Eine rechtliche Grenze für die Anwendung von Gemeinschaftsrecht und damit eine Reservekompetenz des Bundesverfassungsgerichts für die Überprüfung von Europarecht lässt sich aus ihr nicht herleiten.

Die dem Bundesverfassungsgericht grundgesetzlich zugewiesenen Aufgaben aus den Art. 92, 93 Abs. 1 Nr. 4a, 100 Abs. 1 GG stellen sich also in Konstellationen mit Gemeinschaftsbezug als durch Art. 23 GG begrenzt dar.[1219] Dieser Befund lässt sich auch rechtsdogmatisch untermauern: Die Übertragung von Gerichtskompetenzen stellt eine verfassungsrelevante Hoheitsrechtsübertragung im Sinne von Art. 23 Abs. 1 S. 3 GG dar. Seit Geltung des Art. 23 GG ergehen entsprechende Zustimmungsgesetze mit verfassungsändernder Mehrheit, wie der Verweis von Art. 23 Abs. 1 S. 3 GG auf Art. 79 Abs. 2 GG belegt,[1220] und haben damit Verfassungsrang.[1221] Folglich ist auch das Gemeinschaftsrecht integraler Verfassungsbestandteil[1222] und darf als solcher nur noch an Art. 79 Abs. 3 GG gemessen werden. Dementsprechend können die verfassungsrechtlichen Kompetenzzuweisungen schon aus normhierarchischen Gründen nicht für eine Letztentscheidungsbefugnis des Bundesverfassungsgerichts streiten. Eine nationale Überprüfung der Grundrechts- und Kompetenzkonformität von Rechtsakten der Gemeinschaft ist damit ebenfalls von Verfassungs wegen ausgeschlossen.[1223]

[1215] Grundlegend zu Staatszielbestimmungen *Scheuner*, in: Festschrift für Forsthoff, 2. Aufl. 1974, S. 325 ff.

[1216] *Scholz*, in: *Maunz/Dürig*, GG, 2003, Art. 23 Rn. 4; *Streinz*, in: *Sachs*, GG, 3. Aufl. 2003, Art. 23 Rn. 10.

[1217] *Streinz*, a.a.O., Rn. 17; *Classen*, in: *v. Mangoldt/Klein/Starck*, GG, 4. Aufl. 2000, Art. 23 Rn. 12, 24.

[1218] *Classen*, a.a.O., Rn. 65; *Selmayr/Prowald*, DVBl. 1999, 269 (273).

[1219] Ähnlich *Selmayr/Prowald*, DVBl. 1999, 269 (274). Hierdurch wird erneut die Auffassung widerlegt, die sich gegen ein Letztentscheidungsrecht des EuGH mit dem Hinweis auf die Bindung des BVerfG an seine Aufgaben aus Art. 92, 93 Abs. 1 Nr. 4a, 100 Abs. 1 GG ausspricht (vgl. dazu oben Dritter Teil, B. I. 2. a) bb) [S. 219], und den Text zu Fn. 1196).

[1220] *Selmayr/Prowald*, DVBl. 1999, 269 (271).

[1221] Hierin liegt ein maßgeblicher Unterschied zu früheren Hoheitsrechtsübertragungen auf der Grundlage von Art. 24 Abs. 1 GG. Vor Geltung des Art. 23 Abs. 1 GG waren verfassungsrelevante Hoheitsübertragungen auf Grundlage eines einfachen Gesetzes zulässig. Unproblematisch ist insoweit die Tatsache, dass die Gründung der Gemeinschaft und die damit verbundenen Souveränitätsübertragungen auf Art. 24 GG gestützt wurden. Denn mit Einfügung des Art. 23 GG sollte der gesamte Integrationsprozess auf eine neue verfassungsrechtliche Grundlage gestellt werden, vgl. BT-Drucks. 12/6000, 20. Somit kann das gesamte Gemeinschaftsrecht als mit Ermächtigung des *verfassungsändernden* Gesetzgebers ergangen betrachtet werden, vgl. dazu näher *Selmayr/Prowald*, a.a.O., (272).

[1222] *Wolf*, JZ 1993, 594 (600).

[1223] Vgl. *Nettesheim*, NJW 1995, 2083 (2084); *Everling*, DVBl. 1993, 936 (943); *Hirsch*, NJW 1996, 2457 (2464).

4. Art. 79 Abs. 3 GG als äußerste Grenze

Nach den bisherigen Ausführungen sind nationale Vorbehalte für die Anwendung und Geltung sekundären Gemeinschaftsrechts im Grundrechts- sowie im Kompetenzbereich gemeinschaftsrechtlich, aber auch verfassungsrechtlich unzulässig. Der Grund für die Unzulässigkeit der beiden Schranken liegt darin, dass die erfolgte Übertragung endgültig und vorbehaltlos ist, sowie in dem Umstand, dass das Grundgesetz diese Aufgabe des ausschließlichen Herrschaftsanspruchs der Bundesrepublik materiellrechtlich legitimiert.

a) Erforderlichkeit einer äußersten Verfassungsgrenze für Hoheitsrechtsübertragungen

Diese Erkenntnis schließt jedoch nicht die Zulässigkeit *jeglicher* nationalen Grenze aus. Im Gegenteil entspricht es dem Selbstverständnis einer jeden nationalen Verfassungsordnung, dass sie einen verfassungsrechtlichen Kernbereich enthält, der nicht zur Disposition zwischenstaatlicher Einrichtungen gestellt werden darf. Insofern ist es staatsrechtlich konsequent, wenn Art. 23 Abs. 1 S. 3 GG mit dem Verweis auf Art. 79 Abs. 3 GG eine materielle Grenze für die Übertragbarkeit von Hoheitsrechten anordnet. Eine Souveränitätsbeschränkung zu Gunsten der Gemeinschaft, die im Ergebnis auf eine Änderung der Gliederung des Bundes in Länder, der grundsätzlichen Mitwirkung der Länder an der Gesetzgebung oder der verfassungsrechtlichen Grundprinzipien nach Art. 1 und Art. 20 GG hinausliefe, ist danach von vornherein nicht möglich. Damit ist die *äußerste* Grenze für eine Hoheitsrechtsübertragung definiert, der unantastbare Verfassungskern, der auch nicht durch eine Übertragung von Hoheitsrechten ausgehöhlt werden darf.[1224] Hieraus folgt, dass ein deutscher Rechtsakt unwirksam ist, der auf die Einschränkung der entsprechenden Bereiche gerichtet ist oder eine solche auch nur zur Folge hat. Ebenso ist eine Gemeinschaftshandlung mit derselben Auswirkung im deutschen Rechtsraum unanwendbar.

b) Letztentscheidungskompetenz des Bundesverfassungsgerichts, soweit der Schutzumfang des Art. 79 Abs. 3 GG betroffen ist

In verfahrenstechnischer Hinsicht bedeutet dies, dass einem nationalen Verfassungsgericht auch nicht die Kompetenz abgesprochen werden kann, die *essentialia* seiner Verfassung zu schützen.[1225] Demnach versteht es sich von selbst, dass die deutsche Verfassungsgerichtsbarkeit eröffnet ist, wenn eine Verletzung des Art. 79 Abs. 3 GG durch einen Gemeinschaftsakt behauptet wird. Ein Rückzug der Verfassungsgerichtsbarkeit hat insoweit nie stattgefunden und würde selbst wiederum einen Verstoß gegen Art. 79 Abs. 3 GG darstellen.

[1224] Vgl. *Hirsch*, NJW 1996, 2457 (2466).
[1225] *Hirsch*, NJW 2000, 1817 (1819).

Allerdings ändert diese Schranke nichts an der ausschließlichen Zuständigkeit des Europäischen Gerichtshofes für die Überprüfung der *Kompetenz-* und *Grundrechtskonformität* von Handlungen der Gemeinschaft. Sie hat auch mit dieser Fragestellung *unmittelbar* nichts zu tun. Wenn ein Gemeinschaftsakt gegen Art. 79 Abs. 3 GG verstieße, läge dem zwar zwangsläufig auch ein Kompetenzverstoß (die Gemeinschaft hat ja gerade nicht die Befugnis, in die von Art. 79 Abs. 3 GG geschützten Bereiche einzugreifen) und möglicherweise auch eine Grundrechtsverletzung zu Grunde. Insofern ließe sich behaupten, das Bundesverfassungsgericht hätte in solchen Extremfällen – *mittelbar* – eine Restzuständigkeit für die Überprüfung der Kompetenz- und Grundrechtskonformität von Gemeinschaftshandlungen. Dem ist allerdings entgegenzuhalten, dass in einem solchen Fall der Prüfungsmaßstab allein Art. 79 Abs. 3 GG zu entnehmen wäre; eine Überprüfung der Gemeinschaftshandlung durch das Bundesverfassungsgericht anhand der Kompetenznormen des EG-Vertrages wäre unzulässig.

c) Geringe Wahrscheinlichkeit eines Eingriffs in Art. 79 Abs. 3 GG

In sachlicher Hinsicht ist ein Eingriff eines europäischen Hoheitsaktes in die durch Art. 79 Abs. 3 GG geschützten Bereiche kaum vorstellbar. Bereits der Schutzbereich der Vorschrift ist angesichts ihres Ausnahmecharakters und der durch sie bewirkten Beschränkung der Volkssouveränität eng auszulegen.[1226] Danach sichert Art. 79 Abs. 3 GG die genannten Prinzipien im Rahmen einer verfassungsändernden Übertragung von Hoheitsrechten auf eine supranationale Gemeinschaft nicht einzelfallbezogen, sondern nur hinsichtlich eines für eine Rechtsgemeinschaft unverzichtbaren generellen Niveaus an demokratischer Legitimation und Rechtsschutz.[1227] Einzelne Hoheitsakte, welche die in Art. 79 Abs. 3 GG geschützten Grundwerte berühren, verletzen daher nicht automatisch den Schutzbereich der Vorschrift,[1228] der die verfasste Ordnung der Bundesrepublik vor Erschütterungen bewahren soll.[1229]

Aber auch aus Sicht des Gemeinschaftsrechts ist es kaum vorstellbar, dass ein Gemeinschaftsakt tatsächlich in den Schutzbereich des Art. 79 Abs. 3 GG eingreifen könnte, ohne bereits vor dem Europäischen Gerichtshof zu Fall gebracht zu werden.[1230]

[1226] BVerfG, Urteil v. 15. 12. 1970 (2 BvF 1/69, 2 BvR 629/68 u. 308/69), BVerfGE 30, 1 (25) – *Abhörurteil*; *Sannwald*, in: *Schmidt Bleibtreu/Klein*, GG, 9. Aufl. 1999, Art. 79 Rn. 37; *Stern*, Staatsrecht I, 2. Aufl. 1984, § 5 IV 4 a (S. 168).

[1227] Vgl. BVerfG, Urteil v. 12. 10. 1993 (2 BvR 2134, 2159/92), BVerfGE 89, 155 (182) – *Maastricht*; *Hirsch*, NJW 1996, 2457 (2466).

[1228] So BVerfG, Urteil v. 15. 12. 1970 (2 BvF 1/69, 2 BvR 629/68 u. 308/69), BVerfGE 30, 1 (25) – *Abhörurteil*. A. A. Sondervotum der RiBVerfG *Geller*, *von Schlabrendorff* und *Rupp*, in BVerfGE 30, 33 (38); *Lücke*, in: *Sachs*, GG, 3. Aufl. 2003, Art. 79 Rn. 24: nicht lediglich Schutz vor „prinzipieller Preisgabe", sondern auch Schutz vor „Berührung".

[1229] *Hirsch*, NJW 1996, 2457 (2466).

[1230] Die vorherige erfolglose Befassung des Europäischen Gerichtshofes, sei es notfalls durch eine Vorlage des BVerfG selbst (vgl. dazu, gegliedert nach unterschiedlichen Konstellationen, *Zuck/Lenz*, NJW 1997, 1193 [1199 f.]), ist – sofern man an den „Solange/Maastricht"-Schranken festhält – Voraussetzung der Aktivierung jedweden Vorbehalts der nationalen Verfassungsgerichtsbarkeit, so anerkannt auch vom BVerfG, Beschluss v. 29. 5. 1974 (2 BvL 52/71), BVerfGE 37, 271 (282) – *Solange I*; BVerfG, Beschluss v. 25. 6. 1979 (2 BvL 6/77), BVerfGE 52, 187 (201) – *Vielleicht*.

Eine nähere Betrachtung seiner Rechtsprechungstätigkeit offenbart, dass sich der Europäische Gerichtshof der von den Mitgliedstaaten in dem EG-Vertrag eingeräumten Kompetenzen durchaus bewusst ist und seinem Rechtsschutzauftrag nachkommt. In der Gemeinschaftsorganisation finden sich mittlerweile voll entwickelte rechtsstaatliche Strukturen mit einem umfassenden Rechtsschutzsystem, das durch die Rechtsprechung des Europäischen Gerichtshofes nicht nur theoretisch, sondern auch praktisch zum Tragen kommt. So hat er in stetiger Fortbildung und ständiger Verdichtung seiner Jurisdiktion gemeinschaftsrechtliche Grundrechte mit eigenen grundrechtlichen Sicherungen entwickelt.[1231] Die Gewährleistung eines entsprechenden Schutzniveaus auf dem Gebiet der Grundrechte wurde auch vom Bundesverfassungsgericht immer wieder anerkannt.[1232] Im Kompetenzbereich kommt der Gerichtshof seiner vertraglich übertragenen Rechtsprechungsaufgabe ebenfalls nach.[1233] Er ist sich sowohl der horizontalen wie der vertikalen Kompetenzaufteilung durchaus bewusst und zieht deshalb auch nicht in Zweifel, dass den Gemeinschaftsorganen nur die ihnen begrenzt eingeräumten Befugnisse zustehen.[1234] Insbesondere ist er sich auch bewusst, dass seine eigene Tätigkeit ebenfalls die Kompetenzverteilung zwischen Union und den Mitgliedstaaten einhalten muss, mithin also nicht zu einer Vertragserweiterung führen darf.[1235]

[1231] Vgl. *Hirsch*, NJW 1996, 2457 (2464). Näher zu Umfang und Grenzen der Kontrollfunktion des EuGH vgl. *Schockweiler*, EuR 1995, 191 ff.

[1232] Seit BVerfG, Beschluss v. 22. 10. 1986 (2 BvR 197/83), BVerfGE 73, 339 ff. – *Solange II*. Vgl. den Überblick zur Rechtsprechung des BVerfG oben Dritter Teil, B. I. 1. (S. 215 ff.). Dem EuGH ist hinsichtlich der Art und Weise der Grundrechtsprüfung, wie er sie insbesondere im „Bananenmarkt"-Urteil (EuGH, Urteil v. 5. 10. 1994 [Rs. C-280/93], Slg. 1994, I-4973 ff. – *Deutschland/Rat*) vorgenommen hat, Kritik widerfahren. So wurden ihm methodische Unzulänglichkeiten und das Fehlen eingehender Begründungen vorgeworfen (vgl. *Nettesheim*, EUZW 1995, 106 [107]), ferner, dass in nur sehr abstrakter und kursorischer Weise eine Erörterung des Eigentumsrechts und des Vertrauensschutzgesichtpunkt erfolge, wobei nicht auf die konkrete Situation des Betroffenen eingegangen werde (vgl. *Eiffler*, JuS 1998, 1068 [1071]; *Schilling*, EuGRZ 1998, 177 [183 f.]). Schließlich wurde die teilweise Beschränkung der Überprüfung des Verhältnismäßigkeitsgrundsatzes auf offensichtliche Ungeeignetheit beanstandet (vgl. *Berrisch*, EuR 1994, 461 [466 ff.]).

Hierzu ist jedoch anzumerken, dass der Gerichtshof seine Urteile nicht nach der deutschen Grundrechtsdogmatik fällt, sondern die Rechtssysteme und die Entwicklung sämtlicher Mitgliedstaaten im Auge haben muss. Dabei geht er von einem weiteren Einschätzungsspielraum der rechtssetzenden Organe der Gemeinschaft aus, als dies im deutschen Recht der Fall ist (vgl. *Barden*, VBlBW 2000, 425 [426]; *Schockweiler*, a.a.O., [195 ff.]). Vgl. zum „judicial self-restraint" im deutschen Recht BVerfG, Urteil v. 31. 6. 1973 (2 BvF 1/73), BVerfGE, 36, 1 (14 f.); BVerfG, Urteil v. 25. 2. 1975 (1 BvF 1-6/74), BVerfGE 39, 1 (51); BVerfG, Beschluss v. 6. 10. 1984 (1 BvR 1068, 1468, 1623/82), BVerfGE 77, 84 (106 f.).

[1233] Dazu näher *Hirsch*, NJW 1996, 2457 (2464 f.); vgl. auch *Kutscher*, EuR 1981, 302 (400, 406); *Lenz*, NJW 1993, 3038; *Meesen*, NJW 1994, 549 (552); *Zuleeg*, NJW 1993, 3058.

[1234] Vgl. etwa EuGH, Gutachten v. 28. 3. 1996 (Gutachten 2/94), Slg. 1996, I-1759 (1788, Tz. 30), zu den Grenzen der Rechtssetzung nach Art. 308 EGV.

[1235] *Schockweiler*, EuR 1995, 191 (195); *Hirsch*, NJW 1996, 2457 (2465). Bei der Frage der Wahrung der Kompetenzgrenzen der Gemeinschaft gehen die Bedenken des BVerfG und der einschlägigen Literatur (vgl. etwa *Weber*, DöV 1997, 624 [625]) weniger dahin, dass der EuGH nur unzureichend über die Einhaltung der Kompetenzen der *anderen* Gemeinschaftsorgane wacht, sondern, ob der EuGH *selbst* seine und die der Gemeinschaft als Verband gesteckten Grenzen im Rahmen seiner großzügig praktizierten Rechtfortbildung einhält; vgl. den Hinweis des BVerfG im „Maastricht"-Urteil auf die „Trennlinie zwischen einer Rechtsfortbildung innerhalb der Verträge und einer deren Grenzen sprengenden, vom Vertragsrecht nicht gedeckten Rechtssetzung" (BVerfG, Urteil v. 12. 10. 1993

d) Zwischenergebnis

Auf der Gemeinschaftsebene wird also derzeit sowohl in institutioneller wie in materieller Hinsicht ein Niveau an Rechtsschutz und Rechtskontrolle durch den Europäischen Gerichtshof gewährleistet, das bereits der ohnehin abzulehnenden „Solange/Maastricht"-Doktrin genügt. Die Überlegungen, die Gemeinschaft könnte tatsächlich den Schutzbereich des Art. 79 Abs. 3 GG verletzen, sind angesichts dessen höchst hypothetisch. Mit den vom Bundesverfassungsgericht aufgestellten Schranken der Grundrechts- und Kompetenzkonformität hat Art. 79 Abs. 3 GG *unmittelbar* auch nichts zu tun. Die Norm stellt vielmehr eine eigenständige äußerste Begrenzung des Vorrangs des Gemeinschaftsrechts dar. Genau genommen kann man bei Rechtsakten, die tatsächlich in den Schutzbereich des Art. 79 Abs. 3 GG eingreifen, nicht mehr von Gemeinschaftsrecht sprechen. Solches „Recht" verletzt nicht nur den Kernbestand des Grundgesetzes (und die Verfassungsordnungen der anderen Mitgliedstaaten), sondern zugleich die fundamentalen Prinzipien der Römischen Verträge und des Unionsvertrages. Das wäre dann aber ohnehin das Ende der Gemeinschaft.[1236]

IV. Vergleich mit Vorrangrechtsprechung anderer mitgliedstaatlicher (Verfassungs-)Gerichte

Die gemeinschafts- wie verfassungsrechtlich unzulässige Beschränkung des Vorrangs des Gemeinschaftsrechts ist keine deutsche Eigenart.[1237] Auch andere Verfassungsgerichte haben der uneingeschränkten Anwendung des Europarechts verfassungsrechtliche Schranken entgegengesetzt. Nach der Feststellung, dass das Bundesverfassungsgericht von dieser Rechtsprechung teilweise wieder abgerückt ist, ist von Interesse, wie diese Frage in den übrigen Mitgliedstaaten beantwortet wird. Die Gefahr für die einheitliche Geltung des Europarechts, die durch nationale Schrankenvorbehalte ausgelöst wird, ist erst gebannt, wenn sich die Erkenntnis gemeinschaftsweit durchsetzt, dass das Letztentscheidungsrecht bzgl. der Wirksamkeit bzw. Anwendbarkeit europäischen Sekundärrechts beim Europäischen Gerichtshof liegt. Im Folgenden soll daher ein Überblick[1238] über die Rechtsprechung zum Vorrang des Gemeinschaftsrechts und zu etwaigen Schrankenvorbehalten der Verfassungsordnungen einiger exemplarisch ausgewählter Mitgliedstaaten gegeben werden.

(2 BvR 2134, 2159/92), BVerfGE 89, 155 (209). Im Ergebnis wurde dem EuGH schon früher ein „behutsames" Vorgehen bei der Rechtsfortbildung attestiert, vgl. BVerfG, Beschluss v. 8. 4. 1987 (2 BvR 687/85), BVerfGE 75, 223 (240) – *Kloppenburg*. Zu der Frage der Rechtsfortbildung durch den EuGH eingehend bereits oben Zweiter Teil, C. III. 1. b) aa) und bb) (S. 143 ff.).

[1236] So auch *Selmayr/Prowald*, DVBl. 1999, 269 (277).

[1237] Vgl. bereits oben Dritter Teil, B. I. 1. a. E. (S. 215 ff.).

[1238] Weitere rechtsvergleichende Untersuchungen finden sich bei *Slaughter/Stone Sweet/Weiler*, The European Court and National Courts, 1998; *Mayer*, Kompetenzüberschreitung und Letztentscheidung, 2000, S. 140 ff.; *Schroeder*, Gemeinschaftsrechtssystem, 2002, S. 170 ff., hier allerdings eher unter der Perspektive des Geltungsgrundes und der Frage der Autonomie des Gemeinschaftsrechts. Vgl. auch *Streinz*, in: Festschrift für Steinberger, 2002, S. 1437 (1456 ff.).

1. Italien

Der italienische Verfassungsgerichtshof *(Corte Costituzionale)* hat ähnlich dem Bundesverfassungsgericht seine Kontrollvorbehalte nach und nach zurückgeschraubt. Ursprünglich wurde Gemeinschaftsrecht nach völkerrechtlichen Grundsätzen in den Rang einfacher Gesetze eingestuft, so dass bei einem Konflikt mit späteren italienischen Gesetzen diese nach der *lex posterior*-Regel vorgehen sollten.[1239] Mit Urteil vom 18. 12. 1973 wurde die Autonomie des Gemeinschaftsrechts und dessen Vorrang vor italienischen – und zwar auch vor später erlassenen – Gesetzen akzeptiert.[1240] Bis 1984 beanspruchte der Verfassungsgerichtshof jedoch für sich das Monopol, nationale Gesetze wegen Verstoßes gegen Gemeinschaftsrecht im Wege einer Vorlagepflicht für Instanzgerichte für unanwendbar zu erklären. Auf Vorlage eines italienischen Gerichts erklärte der Europäische Gerichtshof in seiner „Simmenthal II"-Entscheidung vom 9. 3. 1978 diese Praxis für nicht vereinbar mit der unmittelbaren Anwendbarkeit des Gemeinschaftsrechts.[1241] Daraufhin akzeptierte der Verfassungsgerichtshof in dem wegweisenden Urteil vom 8. 6. 1984 den Vorrang des Gemeinschaftsrechts auch gegenüber nachfolgendem nationalen Recht, und bestätigte die Befugnis der Instanzgerichte, die Unanwendbarkeit nationalen Rechts selbst festzustellen.[1242] Die *Corte Costituzionale* behält sich allerdings weiterhin vor, durch Kontrolle der Verfassungsmäßigkeit der Ratifikationsgesetze zu überprüfen, ob Gemeinschaftsrecht nicht den Grundprinzipien der Verfassungsordnung (Demokratieprinzip, Einheit des Staates) widerspricht oder gegen unveräußerliche Menschenrechte verstößt.[1243]

Im Rahmen dieser Grenzen wird gegenwärtig anerkannt, dass Gemeinschaftsrecht auch dem italienischen Verfassungsrecht vorgehen kann.[1244] Jedoch hält der Verfassungsgerichtshof einen Verstoß dagegen selbst für eine abwegige Hypothese.[1245] Bundesverfassungsgericht und *Corte Costituzionale* liegen somit bei der Frage des erforderlichen Grundrechtsschutzes und der Grundrechtsgewährleistung durch den Europäischen Gerichtshof auf einer Linie. Im Unterschied zum Bundesverfassungsgericht findet sich in der Rechtsprechung des italienischen Verfassungsgerichtshofs aber kein Vorbehalt zur Überprüfung der Kompetenzkonformität von Gemeinschaftsakten.[1246]

[1239] *Corte Costituzionale*, Urteil v. 24. 2. 1964, Foro ital. 1964 I, S. 465 (mit Anm. *Catalano*).

[1240] *Corte Costituzionale*, Urteil v. 18. 12. 1973, EuR 1974, 255 (261 f.) – *Frontini* – (mit Anm. *Feustel*).

[1241] EuGH, Urteil v. 9. 3. 1978 (Rs. 106/77), Slg. 1978, 629 (644, Tz. 17/18) – *Simmenthal II*. Siehe dazu näher oben Zweiter Teil, B. I. 5. b) bb) (1) (S. 56 f.).

[1242] *Corte Costituzionale*, Urteil v. 8. 6. 1984, Foro ital. 1984 I, S. 2062 ff. – *Granital* – (mit Anm. *Tizziano*) = CMLRev 1984, 756 ff. (mit Anm. *Gaja*); vgl. bei *Ritterspach*, EuGRZ 1985, 98.

[1243] Seit *Corte Costituzionale*, Urteil v. 18. 12. 1973, EuR 1974, 255 (261 f.) – *Frontini* – (mit Anm. *Feustel*); vgl. *Sander*, DÖV 2000, 588 (592).

[1244] Vgl. *Nicolaysen*, Europarecht I, 2. Aufl. 2002, S. 98.

[1245] *Corte Costituzionale*, Urteil v. 18. 12. 1973, EuR 1974, 255 (261 f.) – *Frontini* – (mit Anm. *Feustel*). Deswegen wird in der italienischen Literatur dieser Vorbehalt im Gegensatz zu Deutschland kaum diskutiert, vgl. *Sander*, DÖV 2000, 588 (592).

[1246] *Zuck/Lenz*, NJW 1997, 1193 (1194).

2. Frankreich

Der *Conseil d'Etat*, das oberste Gericht der französischen Verwaltungsgerichtsbarkeit, hatte in einer Entscheidung vom 1. 3. 1968[1247] faktisch den Vorrang des Gemeinschaftsrechts vor späteren innerstaatlichen Gesetzen abgelehnt. Dieser Entscheidung lag die Besonderheit des französischen Verfassungsrechts zu Grunde, dass kein Gericht die Verfassungsmäßigkeit eines Gesetzes nach dessen Verkündung überprüfen kann, dass ein solches Vorgehen mithin gegen den Gewaltenteilungsgrundsatz verstoßen würde. Dennoch war dieses Ergebnis insofern überraschend, als Art. 55 der französischen Verfassung von 1958 den Vorrang völkerrechtlicher Verträge vor nationalem Recht festschreibt. In Abweichung zu der Entscheidung des *Conseil d'Etat* erkannte die *Cour de Cassation*, das höchste Zivilgericht in Frankreich, unter Hinweis auf Art. 55 der Verfassung sowie auf den besonderen Charakter des Gemeinschaftsrechts dessen Vorrang auch vor späteren nationalen Gesetzen an.[1248] Der *Conseil d'Etat* wiederum hielt an seiner Auffassung noch längere Zeit fest.[1249] Erst im Jahre 1989[1250] erkannte er erstmals unter Hinweis auf Art. 55 den Vorrang des Primärrechts an, ab 1990[1251] dann auch den Vorrang des sekundären Gemeinschaftsrechts. Allerdings weigerte sich der *Conseil d'Etat* erst in seinem Urteil vom 30. 10. 1998[1252], den Vorrang auch gegenüber französischem Verfassungsrecht auszusprechen, da sich dieser aus Art. 55 der Verfassung nicht ableiten ließe.

Von weiterer Bedeutung für das Verhältnis zwischen Gemeinschaftsrecht und französischem Recht sind die „Maastricht"-Entscheidungen[1253] des französischen Verfassungsrats *(Conseil Constitutionnel)*. Der *Conseil Constitutionnel*, erst im Jahr 1958 gegründet, kann wegen der Wirkung seiner Entscheidungen den Verfassungsgerichten zugerechnet werden,[1254] trotz seiner Struktur als „Rat erfahrener Staatsmänner"[1255]. Das französische Verfassungsrecht lässt im Gegensatz zum Grundgesetz nur die präventive Kontrolle vor Vertragsratifizierung zu (Art. 54 der Verfassung), und dies auch erst seit 1958. Dementsprechend konnten die Gründungsverträge nie Gegenstand verfassungsgerichtlicher Überprüfung sein. Im Rahmen der präventiven Kontrolle des Maastrich-

[1247] *Conseil d'Etat*, EuR 1968, 317 ff. – *Semoules de France* – (mit Anm. *Constantinesco* und *Ipsen*).

[1248] Vgl. *Cour de Cassation*, Urteil v. 22. 10. 1970, Rec. D. 1971, 221 ff. – *Ramel*; Urteil v. 24. 5. 1975, EuR 1975, 326 ff. (mit Anm. *Bieber*); Urteil v. 15. 12. 1975, Recueil Dalloz Sirey 1976, 33.

[1249] So noch in einem Urteil vom 23. 11. 1984, AJDA 1985, 216 ff.

[1250] *Conseil d'Etat*, Urteil v. 20. 10. 1989, EuGRZ 1990, 99 (106) – *Nicolo*.

[1251] *Conseil d'Etat*, Urteil v. 24. 9. 1990, EuZW 1991, 124 f. – *Boisdet* (für den Vorrang von Verordnungen); *Conseil d'Etat*, Urteil v. 28. 2. 1992, AJDA 1992, 210 – *Rothmans u. Philip Morris* (auch für den Vorrang von Richtlinien).

[1252] *Conseil d'Etat*, Urteil v. 30. 10. 1998 – *Sarran et Levacher* –, Schlussfolgerungen *Maugüé*, AJDA 1998, 962. Siehe dazu *Chaltiel*, RTDE 1999, 395 (403 ff.); *Richards*, ELR 2000, 192 ff.

[1253] Zu den drei „Maastricht"-Entscheidungen des *Conseil Constitutionnel* vgl. *Walter*, EuGRZ 1993, 183 ff.

[1254] *Funk-Rüffert*, Kooperation von EuGH und BVerfG, 1999, S. 129; vgl. auch *Sander*, DÖV 2000, 588 (593): „beschränkte Verfassungsgerichtsbarkeit".

[1255] *Streinz*, Bundesverfassungsgerichtlicher Grundrechtsschutz und Europäisches Gemeinschaftsrecht, 1989, S. 135.

ter Unionsvertrages entschied der Verfassungsrat am 9. 4. 1992,[1256] dass der französische Verfassungsgeber bei der Übertragung weitgehend souverän ist, und dass ihm nur die sog. *libertés publiques*, mithin die nationale Souveränität, die Achtung der Menschenrechte sowie die Aufrechterhaltung der republikanischen Staatsform einschließlich der Grundrechte als Schranken entgegengehalten werden können.[1257] Diese Grundprinzipien könnten aber durch Volksentscheid geändert werden; außerdem sei der verfassungsändernde Gesetzgeber von der Bindung an diese Verfassungsschranken frei.[1258] Zum Grundrechtsschutz auf europäischer Ebene stellte der *Conseil Constitutionnel* fest, dass dieser entsprechend Art. 6 Abs. 2 (ex-Art. F Abs. 2) EUV gerade auch in Verfahren vor dem Europäischen Gerichtshof gesichert ist. Im Zusammenwirken mit der nationalen Gerichtsbarkeit werde im Rahmen ihrer jeweiligen Zuständigkeiten insgesamt ein gleichwertiger Grundrechtsschutz gewährleistet.[1259]

Insgesamt fällt auf, dass sich in der französischen Verfassungsrechtsprechung also keine klare Zuständigkeitsabgrenzung finden lässt. Zwar scheint die materielle Vorrangfrage weitgehend geklärt zu sein; allerdings bestehen immer noch Unklarheiten bei der prozessualen Durchsetzung.[1260] Insbesondere bleibt offen, ob der Grundrechtsschutz durch den Verfassungsrat nur auf nationale Vollzugakte beschränkt ist, oder auch auf einen Schutz gegen unmittelbar wirkende Gemeinschaftsakte ausgedehnt werden kann.[1261] Indes hat das Problem auch nicht die gleiche Schärfe wie im deutschen Rechtsraum, da der Grundrechtsschutz in Frankreich nicht den Stellenwert wie in Deutschland besitzt.[1262] Das französische Verfassungsprozessrecht kennt weder eine Verfassungsbeschwerde noch eine konkrete Normenkontrolle. Ferner kann die Verfassungsmäßigkeit eines Gesetzes nach Art. 61 der Verfassung nur präventiv kontrolliert werden. Dies gilt auch für Gemeinschaftsrechtsakte, eine nachträgliche Kontrolle ist hier ebenso wenig möglich.[1263] Somit ist kaum einsichtig, wie der *Conseil Constitutionnel* über einen Grundrechtsverstoß durch Gemeinschaftsakte entscheiden soll.[1264]

Wenngleich sich das Verhältnis zwischen Gemeinschaftsrecht und nationalem Recht in der französischen Gerichtsbarkeit in materieller Hinsicht als wesentlich prob-

---

[1256] *Conseil Constitutionnel*, EuGRZ 1993, 187 (189) – *Maastricht I.* Mit dieser Entscheidung wich der *C. C.* ab von dem früheren Urteil vom 29./30. 12. 1976, Receuil des arrêts 1976, 15 ff., wonach Souveränitätseinschränkungen auf Gegenseitigkeit möglich seien, allerdings keine Souveränitätsübertragung an internationale Organisationen.

[1257] Trotz des weiten Spielraums für die europäische Integration wurde in manchen Bereichen des Maastrichter Vertrages ein Verfassungsverstoß erblickt, so dass die Verfassung teilweise geändert werden musste, um den Verpflichtungen aus dem Unionsvertrag nachkommen zu können. Auch im Hinblick auf den Vertrag von Amsterdam hat der *Conseil Constitutionnel* präventiv auf die Notwendigkeit einer Verfassungsänderung hingewiesen, vgl. EuR 1998, 371 ff.

[1258] Vgl. *Heinrichs*, DÖV 1994, 368 (370); *Jimènez-Blanco Carillo de Albornoz*, Die Verwaltung Bd. 28 (1995), S. 225 (247); a. A. *Claudi*, Die Bindung der EWG an Grundrechte, 1976, S. 273 ff.: Es besteht eine materielle Bindung des Integrationsgesetzgebers an die Grundfreiheiten («libertés publiques»).

[1259] *Conseil Constitutionnel*, EuGRZ 1993, 187 (189).

[1260] Ähnlich *Sander*, DÖV 2000, 588 (592).

[1261] *Weber*, in: Festschrift für Everling, 1995, S. 1625 (1634 f.).

[1262] *Sander*, DÖV 2000, 588 (594).

[1263] *Funk-Rüffert*, Kooperation von EuGH und BVerfG, 1999, S. 133.

[1264] So auch *Weber*, in: Festschrift für Everling, 1995, S. 1625 (1635).

lematischer erwies als in Deutschland, kann festgestellt werden, dass es der Verfassungsrat – im Gegensatz zum Bundesverfassungsgericht – auf Grund der weniger klaren Zuständigkeitsdogmatik im französischen Verfassungsrecht zu keiner Konfrontation mit dem Europäischen Gerichtshof hat kommen lassen.[1265]

3. Großbritannien

Für die Reichweite des Vorrangs des Gemeinschaftsrechts vor der britischen Rechtsordnung war die oben erläuterte Problematik der Rechtssache „Factortame" von erheblicher Bedeutung.[1266] Zwar gab es mit dem *European Communities Act 1972* eine positivrechtliche Normierung des Vorrangs des Gemeinschaftsrechts. Dennoch war lange Zeit ungewiss, ob nicht die fundamentale Doktrin von der Parlamentssouveränität zur Anwendung der *lex posterior*-Regel führt.[1267] Seit Ergehen der „Factortame"-Entscheidung[1268] des Europäischen Gerichtshofes scheint das *House of Lords* jedoch den Vorrang des Gemeinschaftsrechts auch vor späteren Gesetzen zu akzeptieren.[1269] Offen bleibt die Reaktion der britischen Gerichte in einem Fall des *"expressed repeal"*, wenn also ein eindeutiges und ausdrückliches Abweichen des Parlaments von einer Regelung des Gemeinschaftsrechts vorliegt.[1270] Zu dieser Konstellation fehlen jüngere Äußerungen der britischen Rechtsprechung.[1271] Nach immer noch herrschender Auffassung wären die Gerichte in einem solchen Fall verpflichtet, einem eindeutigen *actus contrarius* des Parlaments Folge zu leisten und dem Gemeinschaftsrecht die Anwendung zu verweigern.[1272] Für diese noch nicht vorgekommene und somit höchst theore-

---

[1265] Ähnlich *Sander*, DÖV 2000, 588 (594).

[1266] Zu den verfassungsrechtlichen Gegebenheiten im Vereinigten Königreich eingehend oben Zweiter Teil, B. I. 3. (S. 46 ff.).

[1267] Die praktische Bedeutung dieser Frage war indes lange Zeit nicht so groß, da die Gerichte den Vorrang des Gemeinschaftsrechts letztlich auf pragmatische Weise gewährleisteten, indem sie das nationale Recht vertragskonform auslegten und dabei häufig bis an die Grenzen der Auslegungsmöglichkeiten gingen, vgl. *Mayer*, Kompetenzüberschreitung und Letztentscheidung, 2000, S. 196 f.; *Craig*, in: *Slaughter/Stone Sweet/Weiler*, The European Court and National Courts, 1998, S. 199. Siehe auch schon oben Zweiter Teil, B. I. 3. a) bb) (S. 48 ff.).

[1268] EuGH, Urteil v. 19. 6. 1990 (Rs. C-213/89), Slg. 1990, I-2433 ff. – *Factortame*.

[1269] In dem auf die EuGH-Entscheidung folgenden Urteil wies das *House of Lords* ausdrücklich auf die mit der freiwilligen Beschränkung der *parliamentary sovereignty* einhergehende Anerkennung des Vorrangs des Gemeinschaftsrechts gegenüber entgegenstehendem britischen Recht im *ECA 1972* hin, vgl. *Factortame Ltd. v. Secretary of State (No 2)*, (1991) 1 All E.R., 106 (107 f.), *HL, per Lord Goff.*

[1270] *Craig*, in: *Slaughter/Stone Sweet/Weiler*, The European Court and National Courts, 1998, S. 203 f.

[1271] Vgl. jedoch zu dieser Frage *Lord Denning* im *obiter dictum* zum Urteil *Macarthys Ltd. v. Smith* v. 19. 7. 1979, (1979) 3 All E.R., 325 (329): *"If the time should come when our Parliament deliberately passes an Act with the intention of repudating the Treaty (...) and says so in express terms then I should have thought that it would be the duty of the courts to follow the statute of our Parliament."*

[1272] Vgl. nur *Wade/Bradley*, Constitutional and Administrative Law, 11. Aufl. 1993, S. 145 ff.; *Tatham*, EuR 1993, S. 188 (195). Vgl. auch *Hartley*, Constitutional Problems of the European Union, 1999, S. 178, der sich skeptisch hinsichtlich einer Verweigerung der Gefolgschaft britischer Gerichte gegenüber dem Parlament und zu Gunsten der EU äußert. Zur Frage der Wandlung des Rollenverständnisses von Gerichten in Großbritannien *Craig*, in: *Slaughter/Stone Sweet/Weiler*, The European Court and National Courts, 1998, S. 214 ff.

tische Konstellation[1273] lässt sich also behaupten, dass das britische Verfassungsrecht dem Gemeinschaftsrecht Schranken entgegensetzt. Die Aktivierung dieses Kontrollvorbehalts obliegt allerdings dem Parlament und nicht den Gerichten.[1274]

4. Irland

In Art. 29 Abs. 4 der irischen Verfassung ist der Vorrang des Gemeinschaftsrechts *verfassungsrechtlich* verankert; er gilt auch gegenüber irischem Verfassungsrecht. Allerdings ist nicht nur der Vorrang, sondern auch das Gemeinschaftsrecht selbst Teil der Verfassung,[1275] woraus sich spezifische Probleme beim Konflikt mit anderen Verfassungsvorschriften ergeben können. So musste der *Supreme Court*, der Oberste Gerichtshof Irlands, einen Rechtsstreit entscheiden, in dem es um einen möglichen Konflikt zwischen Gemeinschaftsrecht und dem in Art. 40 Abs. 3 der Verfassung niedergelegten Verbot von Schwangerschaftsunterbrechungen ging. *Der Supreme Court* wies darauf hin, dass es trotz des verfassungsrechtlich angeordneten Vorrangs allein in seine Zuständigkeit fällt, über das Verhältnis zwischen Art. 29 Abs. 4 und Art. 40 Abs. 3 der Verfassung zu entscheiden.[1276] In diesem Zusammenhang deutete er an, dass er der Anwendung des Gemeinschaftsrechts zum Schutze der nationalen Grundrechte Schranken entgegensetzen könnte.[1277]

Die irische Regierung hat einen potentiellen Konflikt zwischen Gemeinschaftsrecht und irischem Verfassungsrecht politisch vermieden.[1278] Im Zusammenhang mit dem Vertrag von Maastricht setzte sie ein Protokoll durch; darin wurde festgehalten, dass das Gemeinschaftsrecht nicht die Anwendung des Art. 40 Abs. 3 der irischen Verfassung in Irland berührt.[1279] Wenngleich also in Irland Konflikte zwischen Gemeinschaftsrecht und nationalem Verfassungsrecht vermieden werden konnten, bestehen mittelbar Ansätze zur Beanspruchung einer Letztentscheidungskompetenz durch den *Supreme Court*, die sich auf die Reichweite des Vorrangprinzips richten.[1280]

[1273] *Schroeder*, Gemeinschaftsrechtssystem, 2002, S. 180; *Tatham*, a.a.O. (196).

[1274] *Mayer*, Kompetenzüberschreitung und Letztentscheidung, 2000, S. 200.

[1275] Auf Grund der Ermächtigung in Art. 29 der Verfassung existiert mit dem *European Communities Act 1972* ein Parlamentsgesetz, wodurch das Gemeinschaftsrecht in die irische Rechtsordnung inkorporiert wurde.

[1276] *SC Society for the Protection of Unborn Children (Ireland) Ltd. v Grogan*, [1989] IR 753 (768 f.).

[1277] „Wenn und soweit eine Gemeinschaftsnorm in der Auslegung des EuGH (...) verfassungsmäßig geschützte Grundrechte beeinträchtigen würde, müssten die irischen Gerichte über die Anwendbarkeit dieser Norm in Irland entscheiden." (Zitiert nach *Emmert*, Europarecht, 1996, S. 149).

[1278] Zwar wurde ein Konflikt zwischen dem *Supreme Court* und dem EuGH auch durch die entsprechende EuGH-Entscheidung (Urteil v. 4. 10. 1991 [Rs. C-159/90], Slg. 1991, I-4685 ff. – *SPUC/Grogan*) vermieden, da der EuGH einen Verstoß gegen Gemeinschaftsrecht im konkreten Fall verneinte. Wegen der Einordnung von Schwangerschaftsunterbrechungen als Dienstleistungen i. S. d. Gemeinschaftsrechts blieb grundsätzlich ein Konflikt möglich, vgl. *Mayer*, Kompetenzüberschreitung und Letztentscheidung, 2000, S. 207.

[1279] Protokoll zum Vertrag über die Europäische Union und zu den Verträgen über die Gründung der Europäischen Gemeinschaften (Protokoll Nr. 17). Vgl. dazu *Lucey*, in: *Battis/Tatsos/Stefanou*, Europäische Integration und nationales Verfassungsrecht, 1995, S. 213 (219).

[1280] *Mayer*, Kompetenzüberschreitung und Letztentscheidung, 2000, S. 210.

5. Österreich

Österreich verfügt wie Deutschland über eine institutionalisierte Verfassungsgerichtsbarkeit. Der Verfassungsgerichtshof[1281] hat den Vorrang des Gemeinschaftsrechts auch gegenüber der Verfassung anerkannt.[1282] Eine Entscheidung, aus der sich die Beanspruchung einer Letztentscheidungskompetenz über Gemeinschaftsrechtsakte nachweisen ließe, existiert bisher noch nicht. Gleichwohl ist denkbar, dass der Verfassungsgerichtshof der unbedingten Anwendung des Gemeinschaftsrechts Verfassungsvorbehalte entgegensetzen und insoweit ein Letztentscheidungsrecht beanspruchen könnte.[1283] Denn nach herrschender österreichischer Auffassung enthält das Bundes-Verfassungsgesetz, die österreichische Verfassung, auch nach seiner Gesamtänderung, durch die die Mitwirkung Österreichs in der Europäischen Union möglich wurde,[1284] einen integrationsfesten Verfassungskern. Integrationsgrenzen bilden danach die Grundprinzipien („Baugesetze") der Verfassung, zu denen jedenfalls das demokratische, bundesstaatliche, rechtsstaatliche sowie das Gewaltenteilungsprinzip gehören.[1285] Die Schranken der Grundprinzipien lassen sich mit der Ewigkeitsgarantie des Grundgesetzes, Art. 79 Abs. 3 GG (i. V. m. Art. 23 Abs. 1 S. 3 GG), vergleichen, wenngleich sie nicht in dem Maße unabänderlich sind wie die Gewährleistungen nach Art. 79 Abs. 3 GG.[1286] Im Ergebnis ist davon auszugehen, dass der Verfassungsgerichtshof dem Vorrang des Gemeinschaftsrechts jedenfalls keine unterhalb dieser äußersten

---

[1281] Als das älteste Verfassungsgericht in Europa (*Öhlinger*, ERPL 1993, 143 [170]) gilt der Verfassungsgerichtshof mit seinen Kompetenzen zur Entscheidung von Organstreitigkeiten und zur Normenkontrolle als Prototyp des spezialisierten Verfassungsgerichts. Verfassungsgerichten anderer Mitgliedstaaten diente er als Vorbild, vgl. *Mayer*, Kompetenzüberschreitung und Letztentscheidung, 2000, S. 249.

[1282] *Öhlinger/Potacs*, Gemeinschaftsrecht und staatliches Recht, 2. Aufl. 2001, S. 70. VfGH, Erkenntnis vom 24. 2. 1999 (B 1625/98-32), VfSlg. 15277/1999: „Der Anwendungsvorrang des Gemeinschaftsrechts muß also dahingehend durchschlagen, daß für den Anwendungsbereich der Richtlinie Art. 133 Z 4 B-VG verdrängt wird."

[1283] So die Einschätzung vom *Mayer*, Kompetenzüberschreitung und Letztentscheidung, 2000, S. 254 ff., nach Analyse der Erläuterungen zur Regierungsvorlage über das Beitritts-Bundesverfassungsgesetz und den Stellungnahmen von Mitgliedern des VfGH. Ebenso *Schroeder*, Gemeinschaftsrechtssystem, 2002, S. 188 f.; *Öhlinger*, in: Festschrift für Rill, 1995, S. 359 (369).

[1284] Die Geltung des Gemeinschaftsrechts in Österreich ergibt sich aus einem speziellen Bundesverfassungsgesetz über den Beitritt zur EU (Beitritts-BVG), mit dem über eine Volksabstimmung die zuständigen Organe zum Abschluss des Beitrittsvertrages ermächtigt wurden. Dieses Beitritts-BVG ist Gegenstand einer „Gesamtänderung" der Bundesverfassung geworden. Rechtsprechung und Lehre verstehen darunter allgemein eine Änderung der Grundprinzipien (auch „Bausteine" oder „Baugesetze" genannt) der Bundesverfassung, vgl. *Pernthaler*, in: Festschrift für Winkler, 1997, S. 773 (774). Ausführlich zum Verfahren des Beitritts Österreichs zur EU etwa *Fischer/Köck*, Europarecht, 3. Aufl. 1997, S. 105 ff.

[1285] Vgl. *Pernthaler*, a.a.O.; *Fischer/Köck*, a.a.O., S. 116. Zu den in Anzahl und Inhalt teilweise umstrittenen Grundprinzipien vgl. *Walter/Mayer*, Grundriß des österreichischen Bundesverfassungsrechts, 9. Aufl. 2000, Rn. 146 ff.

[1286] Im Unterschied zu den Grundprinzipien des Art. 79 Abs. 3 GG, die auf Grund ihrer Unabänderlichkeit auch nicht Gegenstand von Souveränitätsübertragungen sein können, sind Eingriffe in die Baugesetze der österreichischen Verfassung wiederum im Wege einer Gesamtänderung auf Grundlage einer Volksabstimmung möglich (Art. 44 Abs. 3 B-VG), so wie beim Beitritts-BVG geschehen, vgl. *Mayer*, Kompetenzüberschreitung und Letztentscheidung, 2000, S. 251.

Grenze anzusiedelnden, der „Solange/Maastricht"-Dogmatik entsprechenden Vorbehalte entgegensetzt.

6. Weitere Mitgliedstaaten

Belgien hat den Vorrang des Gemeinschaftsrechts sehr frühzeitig höchstrichterlich anerkannt. Die *Cour de Cassation* bejahte in einem Urteil vom 27. 5. 1971[1287] den Vorrang des Gemeinschaftsrechts auch vor späteren nationalen Gesetzen. Die Besonderheit dieser Entscheidung liegt darin, dass erstmals ein nationales Obergericht den Vorrang des Gemeinschaftsrechts unmittelbar aus diesem selbst als neuer autonomer Rechtsordnung herleitete.[1288] Unklar war nach diesem Urteil, ob der Vorrang des Gemeinschaftsrechts auch gegenüber belgischem Verfassungsrecht gelten sollte.[1289] In einer jüngeren Entscheidung erachtete der belgische *Conseil d'Etat* bestimmte verfassungsrechtliche Vorschriften als mit Art. 39 EGV unvereinbar.[1290] Dagegen hielt es die seit 1983 bestehende *Cour d'Arbitrage*, welche Funktionen eines Verfassungsgerichts erfüllt,[1291] für zulässig, völkerrechtliche Verträge mittelbar über die Prüfung der Ratifikationsgesetze an Vorschriften der belgischen Verfassung zu messen: Das internationale Recht lasse es nicht zu, dass sich belgische Hoheitsträger über Art. 34 der Verfassung über andere Verfassungsbestimmungen hinwegsetzen.[1292] Unklar ist, ob sich dieser Grundsatz auch auf das Gemeinschaftsrecht ausdehnen lässt; eine entsprechende Äußerung der *Cour d'Arbitrage* fehlt bislang.[1293] Der Vorrang des Gemeinschaftsrechts vor belgischem Verfassungsrecht bleibt also zweifelhaft.[1294]

Auch das **spanische** Verfassungsgericht, das *Tribunal Constitucional*, scheint der Anwendung des Gemeinschaftsrechts verfassungsrechtliche Schranken entgegenzusetzen. In einem Urteil vom 14. 2. 1991 hat es darauf hingewiesen, dass nach seiner Auffassung die Vorschriften des Gemeinschaftsrechts den Verfassungsnormen untergeordnet sind.[1295] Später erklärte das *Tribunal Constitucional*, dass es sich zu einer nachträglichen Kontrolle des Gemeinschaftsrechts an Hand der Verfassung befugt sieht.[1296]

[1287] *Cour de Cassation*, Journal des Tribunaux 1971, 460 – *Le Ski*.

[1288] *Cour de Cassation*, a.a.O., Rn. 9 ff.

[1289] Vgl. *Louis*, L'ordre juridique communautaire, 6. Aufl. 1993, Rn. 128; *Bribosia*, in: *Slaughter/Stone Sweet/Weiler*, The European Court and National Courts, 1998, S. 22, m. w. N.

[1290] *Conseil d'Etat*, Entscheidung vom 5. 11. 1996, Arrêt No. 62.922 – *Orfinger/Etat belge* – (Vertragswidrigkeit von Vorschriften des Verfassungsrechts, welche pauschal den Zugang zum öffentlichen Dienst für belgische Staatsangehörige reservieren).

[1291] *Delpérée*, in: *Starck/Weber*, Verfassungsgerichtsbarkeit in Westeuropa I, 1986, S. 346.

[1292] *Cour d'Arbitrage*, Entscheidung vom 3. 2. 1994 (Rs. 12/94), MB 11. 3. 1994 – *Ecole européenne*.

[1293] *Mayer*, Kompetenzüberschreitung und Letztentscheidung, 2000, S. 180.

[1294] Vgl. dazu auch *Bribosia*, in: *Slaughter/Stone Sweet/Weiler*, The European Court and National Courts, 1998, S. 26 ff.

[1295] *Tribunal Constitucional*, Urteil v. 14. 2. 1991 (Nr. 28/1991), RIE 1991, 237 ff. – *EP-Wahlen*.

[1296] *Tribunal Constitucional*, Erklärung v. 1. 7. 1992 (Nr. 108/1992), EuGRZ 1993, 285 (286); dazu *López Castillo/Polakiewicz*, EuGRZ 1993, 277 (283). In einem weiteren Urteil hat das *TC* die Zulässigkeit von Verfassungsbeschwerden *(recursos de amparo)* auf die Überprüfung von nationalen Vollzugsakten beschränkt, die in Ausführung des Gemeinschaftsrechts ergehen, vgl. Urteil v. 22. 3. 1991

Das **dänische** Oberste Gericht, der *Højesteret*, akzeptiert den Vorrang und die Autonomie des Gemeinschaftsrechts, beansprucht aber ähnlich dem Bundesverfassungsgericht[1297] ein Letztentscheidungsrecht für innerstaatliche Gerichte.[1298] Der *Højesteret* behält sich vor darüber zu befinden, ob gemeinschaftliche Rechtsakte oder die Rechtsprechung des Europäischen Gerichtshofes von den Hoheitsbefugnissen abweichen, die durch das dänische Zustimmungsgesetz auf die Gemeinschaft übertragen wurden.[1299] Allerdings können die dänischen Gerichte nach Ansicht des Obersten Gerichts im Allgemeinen davon ausgehen, dass entsprechende Entscheidungen des Gerichtshofes über die Vereinbarkeit des betreffenden Rechtsaktes mit dem EG-Vertrag innerhalb der Grenzen der Übertagung von Hoheitsrechten liegen.

Sehr integrationsfreundlich ist die Verfassungslage in den **Niederlanden**. Nach Art. 94 der niederländischen Verfassung sind Vorschriften des niederländischen Rechts unanwendbar, wenn sie mit unmittelbar anwendbaren Bestimmungen des Gemeinschaftsrechts unvereinbar sind. Umstritten ist lediglich, ob der Vorrang des Gemeinschaftsrechts aus diesem selbst oder eben aus der genannten Verfassungsvorschrift herzuleiten ist.[1300] In der Literatur wird jedenfalls unproblematisch die unbedingte und vorrangige innerstaatliche Geltung des Gemeinschaftsrechts in Übereinstimmung mit der Rechtsprechung des Europäischen Gerichtshofes angenommen.[1301] Auf Grund des Umstandes, dass nach der niederländischen Verfassung die Gerichte zur Kontrolle von Parlamentsgesetzen und von völkerrechtlichen Verträgen nicht befugt sind, gibt es keine höchstrichterliche Grundsatzentscheidung zur Reichweite des gemeinschaftsrechtlichen Geltungsanspruches.[1302]

7. Zusammenfassung und Bewertung

Insgesamt belegt der vorstehende Überblick über die Rechtslage in einigen exemplarisch[1303] ausgewählten Mitgliedstaaten, dass die nationale Rechtsprechung zur Frage

---

(Nr. 64/1991), REDI 1991, 175. Zur Rechtslage in Spanien vgl. auch *Weber*, in: Festschrift für Everling, 1995, S. 1625 (1635 f.); *Schroeder*, Gemeinschaftsrechtssystem, 2002, S. 191 f.

[1297] Die deutliche Orientierung dieser Entscheidung am „Maastricht“-Urteil des BVerfG betonend *Hofmann*, EuGRZ 1999, 1 (3 f.); *Ring/Olsen-Ring*, EuZW 1998, 589 (591); vgl. auch *Mayer*, Kompetenzüberschreitung und Letztentscheidung, 2000, S. 216.

[1298] Da in Dänemark keine institutionalisierte Verfassungsgerichtsbarkeit existiert, obliegt die Entscheidung über die Anwendbarkeit des Gemeinschaftsrechts den allgemeinen Gerichten.

[1299] *Højesteret*, Urteil v. 6. 4. 1998 (Rs. I 361/1997), EuGRZ 1999, 49 (52) – *Carlsen u. a./Ministerpräsident Rasmussen.*

[1300] Vgl. *Nicolaysen*, Europarecht I, 2. Aufl. 2002, S. 98. In einer neueren Entscheidung hat sich der *Raad van State*, das oberste Verwaltungsgericht, nicht mehr auf Art. 94 der Verfassung berufen, sondern den Vorrang des Gemeinschaftsrechts schlichtweg mit dem Hinweis auf seinen Charakter begründet, vgl. *Raad van State*, Entscheidung vom 7. 7. 1995, MJ 1996, 179 ff. (engl. Übersetzung) – *Metten/Minister van Finanzien.*

[1301] Vgl. *Kellermann*, ELR 1989, 175 ff.; *Prechal*, RFDA 1990, 981 ff.

[1302] *Schroeder*, Gemeinschaftsrechtssystem, 2002, S. 185.

[1303] Zu der Rechtslage der im Rahmen dieser Arbeit nicht berücksichtigten Mitgliedstaaten vgl. *Mayer*, Kompetenzüberschreitung und Letztentscheidung, 2000, S. 182 ff. (Luxemburg), S. 216 ff. (Griechenland), S. 231 ff. (Portugal), S. 237 ff. (Schweden), S. 243 ff. (Finnland); *Schroeder*, Gemeinvon Verfassungsvorbehalten für die Anwendung des Gemeinschaftsrechts relativ uneinheitlich ist.[1304] Die Reichweite der nationalen Schranken ist höchst unterschiedlich ausgeprägt. Die weitestgehenden Schranken setzt dem Gemeinschaftsrecht, zumindest formal, das Bundesverfassungsgericht.[1305] Mit der Beschränkung der Vorrangwirkung korreliert in Deutschland auch die ausnahmsweise Beanspruchung eines Letztentscheidungsrechts durch das Bundesverfassungsgericht, woraus sich theoretisch ein gewisses Konfliktpotenzial mit dem Europäischen Gerichtshof ergibt. Mit dem „Bananenmarkt"-Beschluss hat dieses jedoch seine Schärfe weitgehend eingebüßt.[1306] Ähnlich dem Bundesverfassungsgericht nehmen auch die Verfassungsgerichte – bzw. in den Staaten, die über keine institutionalisierte Verfassungsgerichtsbarkeit verfügen, die letztentscheidenden Obergerichte – von **Italien** *(Corte Costituzionale)*, **Spanien** *(Tribunal Constitucional)*, **Irland** *(Supreme Court)*, **Dänemark** *(Højesteret)*, **Griechenland** (Staatsrat) und möglicherweise auch **Belgien** (die *Cour d'Arbitrage* hat sich ausdrücklich nur zur Überprüfbarkeit von völkerrechtlichen Verträgen geäußert) eine Letztentscheidungskompetenz über Gemeinschaftsrecht in Anspruch. Offen ist diese Frage in **Portugal**[1307], **Schweden**[1308] und **Österreich**; hier existieren keine Gerichtsentscheidungen, in denen sich die Inanspruchnahme einer Letztentscheidungskompetenz nachweisen ließe. Gleichwohl lassen die verfassungsrechtlichen Gegebenheiten dieser Länder eine solche Entwicklung als möglich erscheinen.[1309] In **Frankreich** ist eine Überprüfungsmöglichkeit von völkerrechtlichen Verträgen bzw. der entsprechenden Zustimmungsgesetze auf eine präventive Kontrolle beschränkt. In den übrigen Mitgliedstaaten, also in **Luxemburg**[1310], den **Niederlanden** und **Finnland**, ist eine solche gar nicht vorgesehen; wegen der Besonderheit der *parliamentary sovereignty* lässt sich auch das **Vereinigte Königreich** zu dieser Gruppe zählen.

---

schaftsrechtssystem, 2002, S. 172 ff. Die kürzlich im Rahmen der EU-Osterweiterung am 1. 5. 2004 beigetretenen Mitgliedstaaten wurden von der Untersuchung ebenfalls ausgenommen.

[1304] Eine ausführliche Zusammenfassung und Bewertung der Rechtslage in den verschiedenen Mitgliedstaaten unter verschiedenen Gesichtspunkten findet sich wiederum bei *Mayer*, Kompetenzüberschreitung und Letztentscheidung, 2000, S. 260 ff.

[1305] *Sander*, DÖV 2000, 588 (596).

[1306] Vgl. oben Dritter Teil, B. II. 2. c) bb) (S. 232 f.).

[1307] Der *Tribunal Constitucional*, das portugiesische Verfassungsgericht, hat in einem Urteil betont, dass das Gemeinschaftsrecht in Portugal auf Grundlage der Verfassung gilt und auch durch diese begrenzt wird (Urteil v. 23. 5. 1990 [Nr. 163/90], Diàrio da República 1991 II, Nr. 240, 10430 – *Moreira da Costa e Mulher*).

[1308] Die obersten Gerichte Schwedens haben einerseits im Zusammenhang mit dem EU-Beitritt Schwedens die Möglichkeit einer Letztentscheidungskompetenz angesprochen, andererseits jedoch ausdrücklich die Letztzuständigkeit des EuGH für die Auslegung des Gemeinschaftsrechts betont, vgl. *Mayer*, Kompetenzüberschreitung und Letztentscheidung, 2000, S. 242. Bemerkenswert ist der Umstand, dass ursprünglich die schwedische Regierung bei der beitrittsbedingten Verfassungsänderung ausdrücklich sichergestellt haben wollte, dass die schwedischen Gerichte im Hinblick auf das Gemeinschaftsrecht dieselben Kompetenzen besitzen wie das deutsche BVerfG, vgl. *Justitiedepartmentet*, Våra Grundlagar och EG – förlag till alternativ, Ds. 1993:36.

[1309] *Mayer*, Kompetenzüberschreitung und Letztentscheidung, 2000, S. 261.

[1310] Zwar gibt es in Luxemburg seit 1996 ein Verfassungsgericht *(Cour Constitutionnelle)* mit der Befugnis zur Normenkontrolle, jedoch sind Zustimmungsgesetze zu völkerrechtlichen Verträgen ausdrücklich davon ausgeschlossen, vgl. Art. 95 ter Abs. 2 Verfassung des Großherzogtums Luxemburg.

Sofern manche Mitgliedstaaten materielle verfassungsrechtliche Schranken kennen, denen jedoch keine entsprechende Gerichtskompetenz zur Aktualisierung der Schranken korrespondieren – sei es durch ein institutionalisiertes Verfassungsgericht oder durch die allgemeinen Obergerichte – können behauptete Verfassungsverletzungen schlichtweg nicht geltend gemacht werden. Zu dieser Gruppe zählt insbesondere **Frankreich**, ggf. gehören auch **Portugal, Schweden, Luxemburg und Finnland**[1311] dazu. In diesen Fällen wirken sich die Verfassungsvorbehalte für den Europäischen Gerichtshof nicht kompetenzgefährdend aus. Hieraus erklärt sich auch der Umstand, dass in vielen Mitgliedstaaten die Diskussion über die Letztentscheidungskompetenz, anders als in Deutschland, gar nicht erst geführt wird. Dies lässt sich ebenfalls darauf zurückführen, dass der Gerichtshof in der Praxis wohl als verlässlicher Hüter der Rechtsstaatlichkeit erachtet wird.[1312]

Die oben als Folge des „Bananenmarkt“-Beschlusses gewonnene Erkenntnis, dass das Bundesverfassungsgericht von der Begrenzung des gemeinschaftsrechtlichen Vorranganspruchs zumindest für den Bereich der Grundrechte wieder Abstand nimmt,[1313] lässt sich nicht durch eine gemeinschaftsweite Tendenz bestätigen. Dementsprechend ist die theoretisch bestehende Gefahr für die einheitliche Geltung und Anwendung des Gemeinschaftsrechts weiterhin aktuell. So wurde denn auch die mitunter stark divergierende mitgliedstaatliche Rechtsprechung zur Reichweite des Vorrangs teilweise als unbefriedigend empfunden.[1314] Allerdings gilt es auch zu bedenken, dass kein anderes oberstes Gericht so weit reichende Verfassungsvorbehalte aufgestellt und daraus eigene Prüfungskompetenzen entwickelt hatte wie das Bundesverfassungsgericht. Wenn sich also das Bundesverfassungsgericht von seiner Schrankenrechtsprechung zurückzieht, dann hat dies durchaus nivellierende Auswirkung auf das gemeinschaftsweit bestehende Vorbehaltsgefälle.

Schließlich bleibt darauf hinzuweisen, dass zwar die Mehrheit der Mitgliedstaaten das Gemeinschaftsrecht einer gewissen Verfassungsbindung unterwirft. Dabei handelt es sich häufig erst um solche Vorbehalte, die einen absolut geschützten Kernbereich, ähnlich dem Maßstab des Art. 79 Abs. 3 GG, umschreiben.[1315] Bereits bei der Diskussion der deutschen Ewigkeitsgarantie als Schranke für das Gemeinschaftsrecht wurde darauf hingewiesen,[1316] dass es dem Selbstverständnis einer jeden nationalen Verfassungsordnung entspricht, wenn sie fundamentale Grundprinzipien enthält, die nicht zur Disposition zwischenstaatlicher Einrichtungen gestellt werden dürfen. Solche Schran-

---

[1311] In Portugal und Schweden existieren zwar verfassungsrechtliche Schranken für das Gemeinschaftsrecht, jedoch ist eine entsprechende Gerichtskompetenz offen. In Luxemburg und Finnland fehlen entsprechende Verfahrensarten, um ggf. bestehende (jedoch nicht belegte) Verfassungsvorbehalte zu aktualisieren. Am integrationsfreundlichsten ist die Verfassungslage in den Niederlanden, wo sowohl entsprechende Jurisdiktionskompetenzen als auch von vornherein jegliche Verfassungsbindung des Gemeinschaftsrechts fehlen. Siehe zum Ganzen wiederum *Mayer*, Kompetenzüberschreitung und Letztentscheidung, 2000, S. 263.

[1312] *Nicolaysen*, Europarecht I, 2. Aufl. 2002, S. 100.

[1313] Vgl. oben Dritter Teil, B. II. 2. c) bb) (S. 232 f.).

[1314] Vgl. *Nicolaysen*, Europarecht I, 2. Aufl. 2002, S. 99.

[1315] Hierzu zählen insbesondere die „Baugesetze“ des österreichischen Bundes-Verfassungsgesetzes.

[1316] Siehe oben Dritter Teil, B. III. 4. a) (S. 244).

ken sind nicht nur verfassungsrechtlich zulässig, sondern auch aus Sicht des Gemeinschaftsrechts bedenkenlos und daher hinnehmbar.

Nach diesem Befund stellt sich die mitgliedstaatliche Rechtsprechung zur Reichweite des Vorrangs des Gemeinschaftsrechts im Hinblick auf seine Einheitlichkeit als weniger dramatisch dar, als es die Unterschiedlichkeit der formulierten Verfassungsvorbehalte zunächst vermuten ließ. So hat es in der Praxis noch keinen Rechtsakt der Union gegeben, dem in einem der Mitgliedstaaten die Anwendung versagt worden ist. Dies lässt sich auch darauf zurückführen, dass eine Unanwendbarkeitserklärung der Gemeinschaftshandlung keineswegs die einzig mögliche Lösung eines potentiellen Konflikts zwischen Gemeinschaftsrecht und nationalem Verfassungsrecht ist. Erinnert sei hier an die politische Lösung bei der irischen Problematik um Schwangerschaftsabbrüche durch die Aufnahme eines Zusatzprotokolls zum EG-Vertrag,[1317] ebenso wie an die Möglichkeit der Anpassung des nationalen Verfassungsrechts, ggf. nach einer präventiven Kontrolle des jeweiligen Gemeinschaftsvertrages, wie insbesondere in Frankreich, aber auch in Spanien und im Wege der Gesamtänderung in Österreich geschehen.

V. Ergebnis und Ausblick

Die Begrenzung des Vorrangs des Gemeinschaftsrechts durch verfassungsrechtliche Schranken ist nicht nur gemeinschaftsrechtlich, sondern auch verfassungsrechtlich unzulässig. Hieraus folgt ebenfalls die Unzulässigkeit der Inanspruchnahme eines Letztentscheidungsrechts durch das Bundesverfassungsgericht über die innerstaatliche Anwendbarkeit von Gemeinschaftsrecht. Entsprechende Kompetenzen sind endgültig und insoweit vollumfänglich auf die Ebene der Union übertragen worden. Die einzige materielle Schranke, die das Grundgesetz dem Integrationsgesetzgeber setzt, stellt Art. 79 Abs. 3 GG i. V. m. Art. 23 Abs. 1 S. 3 GG dar. Die „Ewigkeitsgarantie" des Grundgesetzes umschreibt einen äußersten integrationsfesten Verfassungskern und entspricht dem Selbstverständnis eines souveränen Staates. Sie ist *per se* weder gedacht noch geeignet, als Bremse den europäischen Integrationsprozess zu behindern.[1318] Nur in diesem geringen Umfang besteht auch eine entsprechende „Restkompetenz" des Bundesverfassungsgerichts.

Vor diesem Hintergrund lässt sich die Rechtsprechung des Bundesverfassungsgerichts zur Kontrolle der Grundrechts- und Kompetenzkonformität von Rechtsakten der Gemeinschaft als eher integrationspolitisch denn rechtlich motiviert erklären.[1319] Der ursprüngliche Vorbehalt verfassungsrechtlicher Kontrolle entsprach einer grundsätzlich gesunden Skepsis bei der Gründung einer supranationalen Gemeinschaft und der damit verbundenen Souveränitätspreisgabe. Als es noch nicht absehbar war, welchen Integrationsstand die Europäischen Gemeinschaften erreichen werden, insbeson-

[1317] Hierbei soll nicht verkannt werden, dass eine solche Lösung zwar einen Konflikt zwischen Gemeinschaftsrecht und nationalem Recht vermeiden kann, dem Prinzip der Einheitlichkeit allerdings kaum gerecht wird.

[1318] *Hirsch*, NJW 1996, 2457 (2466).

[1319] So auch *Selmayr/Prowald*, DVBl. 1999, 269 (271).

dere, ob ein dem deutschen Grundrechtsschutz im Wesentlichen vergleichbares Schutzniveau auf der Gemeinschaftsebene existieren wird – aus deutscher Sicht die Zeit um „Solange I“ Anfang der siebziger Jahre –, war es notwendige und logische Folge, dass sich das Bundesverfassungsgericht um die Grundrechtsgewährleistung sorgte. Daher ist die ursprüngliche Linie der Bundesverfassungsgerichts-Rechtsprechung nicht als falsch zu bezeichnen.

Mit Blick auf den erreichten Integrationsstand erweist sich das Zurücktreten des mitgliedstaatlichen Verfassungsrechts nunmehr auch als rechtspolitisch unbedenklich.[1320] Ein generelles Absinken des Grundrechtsstandards unter die Schwelle, die den vom Bundesverfassungsgericht angemaßten Prüfungsvorbehalt auslösen würde, ist nicht zu erwarten und daher rein theoretischer Natur. Abgesehen davon, dass sich der Europäische Gerichtshof seiner übertragenen Rechtsprechungsaufgabe bewusst ist, und ein ausreichendes Maß an Grundrechtsschutz und Kompetenzkontrolle gewährleistet, hat die Entwicklung des Grundrechtsschutzes in der Europäischen Union durch die Annahme der Grundrechtecharta im Dezember 2000 neue Impulse erhalten. Zwar besitzt die Charta derzeit noch lediglich programmatischen Charakter und sie ist rechtlich nicht verbindlich.[1321] Jedoch sind die EU-Organe eine Selbstbindung in dem Sinne eingegangen, dass sie ihre Praxis der Rechtsgestaltung und Rechtsanwendung an den Grundrechten der Charta ausrichten.[1322] Überdies kann sie der Grundrechtsrechtsjurisdiktion des Europäischen Gerichtshofes weiteren Antrieb geben.[1323] Angesichts dieses Befundes ist dem Bundesverfassungsgericht vorgehalten worden, das durch die formale Aufrechterhaltung der „Solange II“- und „Maastricht“-Konstruktion geäußerte Misstrauen stehe nicht nur im Widerspruch zu den eigenen Erkenntnissen, sondern erscheine auch unangemessen im Umgang höchster Gerichte in Europa miteinander.[1324] Auf der anderen Seite wurde von der damaligen Präsidentin des Bundesverfassungsgerichts *Limbach* konzediert, dass die vom Bundesverfassungsgericht behauptete Reservekompetenz eine sehr theoretische sei und keine Drohung gegenüber Luxemburg darstelle. Sie unterstreiche nur die Ernsthaftigkeit der den modernen demokratischen Verfassungen gemeinsamen Erkenntnis, dass jede öffentliche Gewalt durch die Grundrechte gebunden sei.[1325] Nach dieser Einschätzung lässt sich mit Recht die Forderung aufstellen, dass die verbale Präsentation dem realen Durchsetzungswillen (und auch der realen Durchsetzungsmöglichkeit) angenähert werden sollte.[1326]

Auch im Hinblick auf die EU-Osterweiterung, die kürzlich erst stattgefunden hat, wäre es zu begrüßen, wenn das Bundesverfassungsgericht – und mit ihm auch die

---

1320 Ebenso *Nicolaysen*, Europarecht I, 2. Aufl. 2002, S. 94; vgl. auch *Hirsch*, NJW 1996, 2457 (2464).

1321 *Fischer*, Europarecht, 3. Aufl. 2001, § 5 Rn. 27. Zur Herstellung der Verbindlichkeit wäre eine Vertragsänderung gemäß Art. 48 EUV erforderlich. Die Diskussion der Auswirkungen einer möglichen Verbindlichkeit der Grundrechtecharta hat erst begonnen, vgl. etwa *Seidel*, EuZW 2003, 97, zur Frage des Verhältnisses zwischen den Grundrechten der Charta und einzelstaatlichen Grundrechten. Dem entgegentretend *Everling*, EuZW 2003, 225.

1322 Vgl. *Hilf*, Sonderbeilage zu NJW, EuZW, NVwZ und JuS 2000, 5 (6).

1323 *Tettinger*, NJW 2001, 1010 (1010).

1324 *Nicolaysen/Nowak*, NJW 2001, 1233 (1236).

1325 Vgl. *Limbach*, EuGRZ 2000, 417 (420).

1326 So *Streinz*, in: Festschrift für Steinberger, 2002, S. 1437 (1466 f.).

obersten Gerichte der anderen Mitgliedstaaten – die Letztentscheidungskompetenz des Europäischen Gerichtshofes zur Beurteilung der Gültigkeit von Gemeinschaftsrecht anerkennen würde. Zwar konnte bei der Untersuchung der Verfassungslage in den einzelnen Mitgliedstaaten festgestellt werden, dass sich die Gefahr für die Einheitlichkeit des Gemeinschaftsrechts, welche aus der Verschiedenheit der nationalen Verfassungsvorbehalte resultiert, in der Praxis noch nicht aktualisiert hat. Allerdings sollte die Signalwirkung solcher Schranken im Hinblick auf die Bereitschaft zur Anerkennung des Vorrangs des Gemeinschaftsrechts in den neu beigetretenen Ländern nicht unterschätzt werden. An dieser Stelle sei an das Beispiel Schweden erinnert, wo die Regierung im Zuge des Beitritts zur Europäischen Union ausdrücklich auf die Kompetenzen des Bundesverfassungsgerichts Bezug nahm.[1327] Dieses Exempel belegt die große Vorbildfunktion, die der Bundesrepublik Deutschland als EG-Gründungsmitglied mit einer institutionalisierten Verfassungsgerichtsbarkeit zukommt.

[1327] Vgl. oben Fn. 1308.

Thesenartige Zusammenfassung

Einleitung

Im System der Einwirkungen des Europarechts auf das Recht der Mitgliedstaaten kommt dem einstweiligen Rechtsschutz eine herausragende Bedeutung zu: Von der Seite des Gemeinschaftsrechts betrachtet, handelt es sich bei diesem Rechtsinstitut um einen Bereich des nationalen Rechts, der mit am stärksten europäischen Einflüssen ausgesetzt worden ist. Zum anderen hat der Eilrechtsschutz im nationalen Rechtsschutzsystem einen qualitativen und quantitativen Stellenwert erreicht, der in vielen Sachbereichen denjenigen des Hauptsacheverfahrens erreicht oder sogar übertrifft. Letzteres ist wesentlich auf die stetig zunehmende Dauer von Hauptsacheverfahren zurückzuführen.

Erster Teil: Vorläufiger Rechtsschutz im Gemeinschaftsrecht

1. Das einstweilige Rechtsschutzsystem der Gemeinschaft nach Art. 242, 243 EGV und Art. 83 ff. VerfO EuGH, Art. 104 ff. VerfO EuG ist im Gegensatz zur „Zweispurigkeit" des deutschen verwaltungsprozessualen Eilrechtsschutzes als einheitlicher Tatbestand mit nahezu identischen Voraussetzungen für Vollzugsaussetzungen und einstweilige Anordnungen ausgestaltet. Seine wesentlichen Kennzeichen sind der Ausschluss des Suspensiveffekts gemeinschaftsgerichtlicher Klagen (Art. 242 S. 2) sowie die strenge Ausformung des Akzessorietätsgrundsatzes.

2. Die formelle Ausprägung des Akzessorietätsprinzips liegt in dem zwingenden Erfordernis der Anhängigkeit der Hauptsache zum Zeitpunkt der Antragstellung des einstweiligen Rechtsschutzes. Seine materielle Wirkung liegt darin, dass sowohl die Prüfung der Voraussetzungen als auch sämtliche Entscheidungen des vorläufigen Rechtsschutzes in Ansehnung der Hauptsache erfolgen müssen.

Dazu gehört auch und insbesondere das Verbot der Vorwegnahme der Hauptsache. Während das Präjudizverbot im deutschen verwaltungsprozessualen Eilrechtsschutz unter dem Einfluss von Art. 19 Abs. 4 GG zahlreiche Ausnahmen erfährt, wird ihm von den Gemeinschaftsgerichten ein überragender Stellenwert zugemessen. Zwar kommen nach der neueren Gemeinschaftsrechtsprechung auch hier Ausnahmen in Betracht. Die dafür bestehenden materiellen Hürden erweisen sich jedoch als so hoch, dass sie faktisch kaum zu nehmen sind.

3. Im Rahmen der Begründetheit finden sich die systemprägenden Begründetheitsmerkmale aus den allgemeinen Lehren des einstweiligen Rechtsschutzes wieder, also die Kriterien des *periculum in mora*, des *fumus boni iuris* und der Interessenabwägung.

a) Bei dem Kriterium der Dringlichkeit *(periculum in mora)* prüfen die Gemeinschaftsgerichte die Erforderlichkeit der einstweiligen Maßnahme für die Abwendung eines schweren und nicht wieder gutzumachenden Schadens beim Antragsteller. Das Kriterium der Notwendigkeit umfasst die summarische Überprüfung der Hauptssache *(fumus boni iuris)*. Im Rahmen der Interessenabwägung werden die dem Antragsteller im Einzelfall bei Ablehnung seines Eilantrags drohenden Schäden den Nachteilen gegenüber gestellt, die dem Antragsgegner oder Dritten bei Aussetzung des Vollzugs der angefochtenen Maßnahme oder durch den Erlass der beantragten einstweiligen Anordnung entstehen könnten.

b) Während die Gemeinschaftsgerichte bei der Geltendmachung der Erfolgsaussichten der Hauptsache tendenziell – wenn auch nicht ohne teils erhebliche Schwankungen – die Anforderungen nach und nach abgesenkt haben und sich regelmäßig mit einer *prima facie*-Überprüfung im Sinne der nicht offensichtlichen Unbegründetheit des Hauptsacheverfahrens begnügen, sind im Rahmen der Dringlichkeit weiterhin hohe Hürden zu überwinden. Über das Korrektiv der Interessenabwägung haben die Gemeinschaftsrichter die Möglichkeit, der Einzelfallgerechtigkeit nachzugehen.

4. Insgesamt trägt der vorläufige Rechtsschutz im Gemeinschaftsrecht in Anlehnung an das französische Vorbild deutlich objektiv ausgerichtete Züge. Dem entspricht es, wenn der Europäische Gerichtshof als primären Schutzzweck des Eilrechtsschutzes die Sicherung der praktischen Wirksamkeit des Endurteils formuliert. Im Gegensatz dazu ist der deutsche verwaltungsgerichtliche Eilrechtsschutz, wie der deutsche Verwaltungsprozess überhaupt, wesentlich stärker am Individualrechtsschutz orientiert. Kehrseite dieser Ausrichtung ist das vorwiegend, aber nicht nur im deutschen Rechtsraum zu beobachtende Phänomen der „Flucht in den einstweiligen Rechtsschutz".

Zweiter Teil: Die Einwirkungen auf den einstweiligen Rechtsschutz nationaler Gerichte durch die Rechtsprechung des Europäischen Gerichtshofes

A.

Die Einwirkungen des Gemeinschaftsrechts auf den nationalen vorläufigen Rechtsschutz haben sich in fünf grundlegenden Entscheidungen vollzogen: Hierzu zählen die Rechtssachen „Factortame", „Tafelwein", „Süderdithmarschen", „Atlanta" und „T. Port".

B.

1. Mit den Judikaten „Factortame" und „Tafelwein" hat der Europäische Gerichtshof den nationalen vorläufigen Rechtsschutz zum Zwecke der Durchsetzung des Gemeinschaftsrechts modifiziert und dabei auf ein gemeinschaftsverträgliches Maß gebracht. In der Rechtssache „Factortame" war der Eilrechtsschutz des Vereinigten Königreichs

zu restriktiv ausgeprägt. Demzufolge musste die entgegenstehende Regel des britischen Verfassungsrechts, wonach gegen die Mitglieder der Krone einstweiliger Rechtsschutz nicht möglich ist (Immunität der Krone), zurücktreten; dadurch wurde der nationale vorläufige Rechtsschutz gemeinschaftsrechtlich *erweitert*. Dagegen wurde in der Rechtssache „Tafelwein“ der auf Grund des Grundsatzes der aufschiebenden Wirkung (§ 80 Abs. 1 VwGO) zu extensive vorläufige Rechtsschutz europarechtlich *reduziert*. Technisch erfolgte dies durch Statuierung einer Pflicht zur Anordnung der sofortigen Vollziehbarkeit von Verwaltungsakten, die in Vollzug der zu Grunde liegenden Gemeinschaftsverordnung ergingen.

2. Die ersten beiden Fälle stellen sich als typische Anwendungsbeispiele für sog. indirekte Kollisionen dar. Solche liegen vor, wenn materielles Gemeinschaftsrecht und nationales Durchführungsrecht miteinander in Konflikt geraten. Kennzeichnend für Kollisionslagen dieser Art sind Vollzugshemmungen bzw. Effektivitätseinbußen der durchzuführenden materiellen Gemeinschaftsnorm. Zur Auflösung des dabei entstehenden Widerstreits zwischen den Grundsätzen der Einheitlichkeit des Gemeinschaftsrechts und der nationalen Verfahrensautonomie vertreten der Europäische Gerichtshof und Teile des rechtswissenschaftlichen Schrifttums im Ansatz unterschiedliche Auffassungen.

a) Der Europäische Gerichtshof geht im Grundsatz von der Geltung nationalen Vollzugsrechts aus, unterwirft dieses aber regelmäßig den Kautelen des *Äquivalenzprinzips* und des *Effektivitätsgebots*. Ausnahmsweise, so auch in den Ausgangsfällen, verhilft er dem Gemeinschaftsrecht unmittelbar über die Anwendung des Vorranggrundsatzes zur Durchsetzung.

b) In der europarechtlichen Literatur wurden verschiedene Ansätze zur Bereinigung von indirekten Kollisionen entwickelt. Als gemeinsamer Nenner der einzelnen Auffassungen ließ sich eine *Interessenabwägung* zwischen dem Anspruch des Gemeinschaftsrechts auf einheitliche und effektive Durchsetzung und der mitgliedstaatlichen Verfahrensautonomie herausarbeiten.

c) Der Gedanke der Interessenabwägung zwischen den betroffenen gemeinschaftsrechtlichen und mitgliedstaatlichen Positionen wird auch der hier befürworteten Vorgehensweise zur Auflösung indirekter Kollisionen zu Grunde gelegt. Die Abwägung ist dabei an der Herstellung praktischer Konkordanz zu orientieren. Als funktionelle Methode und damit als Kollisionsregel kommt dazu insbesondere die vom Europäischen Gerichtshof entwickelte Doppelschranke des Effektivitätsgebots und des Äquivalenzprinzips in Betracht. Letzteres steht dem Effektivitätsgebot *in puncto* Geeignetheit zur Kollisionsbereinigung nach. Dagegen ist die in den beiden Ausgangsfällen durch den Gerichtshof praktizierte Anwendung des Vorranggrundsatzes als Kollisions*regel* nicht geeignet, den Besonderheiten solcher Konfliktkategorien gerecht zu werden. Gleichwohl behält der Anwendungsvorrang eine gewisse Bedeutung, indem er eine Ausstrahlungswirkung als Rechts*prinzip* entfaltet, was innerhalb der Abwägung regelmäßig zu einer Bevorzugung der gemeinschaftsrechtlichen Seite führt.

C.

1. Eine im Vergleich zu den Rechtssachen „Factortame“ und „Tafelwein“ entgegengesetzte Schutzrichtung verfolgte der Europäische Gerichtshof in den Urteilen „Süderdithmarschen“ und „Atlanta“. Darin erkannte er eine Befugnis und Verpflichtung der nationalen Gerichte an, auch *gegen* Gemeinschaftsrecht gerichteten Eilrechtsschutz zu gewähren. Mit der Aufstellung konkreter Voraussetzungen für die Vollzugsaussetzung und den Erlass einstweiliger Anordnungen wurde der gemeinschaftsrechtlich determinierte nationale vorläufige Rechtsschutz zum System ausgebaut.

a) Im Einzelnen wurden folgende Kriterien für die Gewährung von einstweiligem Rechtsschutz postuliert: Das nationale Gericht muss *erhebliche Zweifel an der Gültigkeit* der Handlung der Gemeinschaft haben. Die Entscheidung muss ferner *dringlich* in dem Sinne sein, dass einstweiliger Rechtsschutz erforderlich ist, um zu vermeiden, dass die ihn beantragende Partei einen schweren und nicht wieder gutzumachenden Schaden erleidet. Weiterhin muss das Gericht das *Interesse der Gemeinschaft angemessen berücksichtigen*. Bei der Prüfung dieser Voraussetzungen muss es *Entscheidungen des Gerichtshofes oder des Gerichts erster Instanz* über die Rechtmäßigkeit der Verordnung oder einen Beschluss im Verfahren des vorläufigen Rechtsschutzes betreffend gleichartige einstweilige Anordnungen auf Gemeinschaftsebene *beachten*. Schließlich muss es die Gültigkeitsfrage dem Gerichtshof *vorlegen*, sofern dieser mit ihr noch nicht befasst ist.

b) Der Europäische Gerichtshof untermauerte seine Auffassung im Wesentlichen mit der Kohärenz des Rechtsschutzsystems. Dieses Argument war zwar geeignet, die grundsätzliche Befugnis der mitgliedstaatlichen Gerichte zur Rechtsschutzgewährung zu begründen. Dagegen ließ sich darauf nicht die Orientierung der Voraussetzungen für die vorläufige Rechtsschutzgewährung am Gemeinschaftsrecht stützen.

c) Die Ableitung der genannten Voraussetzungen aus den Art. 242 S. 2, 243 EGV und den Verfahrensordnungen der Gemeinschaftsgerichte war zwar methodisch unzutreffend. Das *Ergebnis* des Gerichtshofes ließ sich dennoch rechtfertigen, weil sich seine Vorgehensweise als zulässige Rechtsfortbildung darstellte. Ein Überschreiten der Grenzen dieser Gerichtskompetenz, so der Hauptvorwurf der Kritik am Gerichtshof, konnte nicht festgestellt werden. Die Untersuchung des gemeinschaftlichen Kompetenzgefüges konnte sowohl das Bestehen einer Verbandskompetenz der Europäischen Union wie auch eine Organkompetenz speziell des Gerichtshofes für die getroffene Regelung belegen.

d) Zwar kommt der Union keine positive Befugnis zur sachgebietsübergreifenden Kodifikation des nationalen Verfahrens- und Prozessrechts im Rahmen des indirekten Verwaltungsvollzugs zu. Als Annex der jeweiligen Sachkompetenz – bzw. im Sachzusammenhang mit einer solchen – lassen sich jedoch im Gemeinschaftsrechtssystem ausnahmsweise punktuelle ungeschriebene Durchführungskompetenzen zu Gunsten der Europäischen Gemeinschaft nachweisen. Eine solche Ausnahme ist jedenfalls dann anzunehmen, wenn die getroffene Regelung Ausdruck eines allgemeinen Rechtsgrundsatzes des Gemeinschaftsrechts ist. In diesen Fällen lässt sich von einer *punktuellen ungeschriebenen Verfahrenskompetenz aus der jeweiligen Sachbefugnis i. V. m. einem allgemeinen Rechtsgrundsatz* sprechen.

e) Im Hinblick auf die Aufstellung von einheitlichen Kriterien für die Gewährung von Eilrechtsschutz durch nationale Gerichte in den Rechtssachen „Süderdithmarschen" und „Atlanta" lässt sich im Gemeinschaftsrecht ein allgemeiner Rechtsgrundsatz nachweisen, der mit diesen Voraussetzungen weitgehend identisch ist. Da der Europäische Gerichtshof die Voraussetzungen auch aus diesem Rechtsgrundsatz hätte entwickeln können, ist das Bestehen einer Verbandskompetenz zu Gunsten der Gemeinschaft nicht zweifelhaft.

f) Ausgehend von diesem Befund besteht auch kein Raum mehr für Zweifel an der Organkompetenz des Gerichtshofes. Denn die Entwicklung des allgemeinen Rechtsgrundsatzes – über die Technik der wertenden Rechtsvergleichung – ist naturgemäß eine Gerichtskompetenz.

2. Besondere Bedeutung kommt der in der Rechtssache „Süderdithmarschen" aufgestellten Vorlagepflicht zu. Soweit die Gewährung einstweiligen Rechtsschutzes durch nicht letztinstanzliche Gerichte in Rede steht, bedeutet ihre Statuierung eine Abweichung von der Regelung in Art. 234 Abs. 2 EGV. Danach besteht für Instanzgerichte grundsätzlich nur eine Vorlage*befugnis*, jedoch keine entsprechende Verpflichtung. Die Vorlagepflicht besteht wiederum nur in Fällen, in denen die *Gültigkeit* eines Gemeinschaftsrechtsaktes angezweifelt wird, nicht jedoch, wenn nur eine Auslegungsfrage im Raum steht.

Demnach gilt im Rahmen von Eilverfahren im Hinblick auf die Unterscheidung zwischen Auslegungs- und Gültigkeitsfragen Folgendes: Bei *Zweifeln* über die *Auslegung* von Gemeinschaftsrecht besteht sowohl für unterinstanzliche wie für letztinstanzliche Gerichte lediglich ein Vorlage*recht*. Bei *Gültigkeitsfragen* hingegen besteht für alle Gerichte eine Vorlage*pflicht*.

3. Die Pflicht zur Vorlage an den Europäischen Gerichtshof spätestens mit Gewährung der einstweiligen Maßnahme stellt einen angemessenen Ausgleich zwischen den in Widerstreit geratenen Grundsätzen der Einheitlichkeit des Gemeinschaftsrechts und der Rechtsschutzeffektivität. Das grundsätzlich dem Gerichtshof zustehende Verwerfungsmonopol hinsichtlich gemeinschaftlichem Sekundärrecht, das der Einheitlichkeit des Gemeinschaftsrechts zu dienen bestimmt ist, wurde zu Gunsten der Effektivität des Rechtsschutzes aufgeweicht; den nationalen Gerichten wurde eine temporäre Suspensionsbefugnis eingeräumt. Die Vorlagepflicht stellt sich als „Preis" für die vorläufige Aufgabe des Anspruchs des Gemeinschaftsrechts auf einheitliche Anwendung dar. Dadurch soll seine einheitliche Anwendung schnellstmöglich wieder gesichert werden.

4. Mit den Urteilen „Süderdithmarschen" und „Atlanta" hat der Europäische Gerichtshof nachgewiesen, dass ihm der Individualrechtsschutz auch am Herzen liegt, wenn

dieser – anders als in der Rechtssache „Factortame“ – *gegen* das Gemeinschaftsrecht gerichtet ist. Nach der Entscheidung „Tafelwein“ stand noch die Befürchtung im Raume, im Widerstreit zwischen den Prinzipien der Einheitlichkeit des Gemeinschaftsrechts und der Rechtsschutzeffektivität würde Ersteres einseitig bevorzugt. Nunmehr hat der Gerichtshof klargestellt, dass der Individualrechtsschutz auch im Rahmen des vorläufigen Rechtsschutzes nicht mehr lediglich ein Instrument zur Verfolgung der Rechts*durchsetzungs*effektivität ist. Er wurde vielmehr aus jenem Prinzip herausgelöst und auf eine eigenständige, daneben stehende Grundlage angehoben. Dies ist konsequent, weil die Rechts*schutz*effektivität vom Europäischen Gerichtshof schon vor Geltung der „Süderdithmarschen“-Doktrin als allgemeiner Rechtsgrundsatz des Gemeinschaftsrechts anerkannt worden war.

D.

1. In der Rechtssache „T. Port“ hat der Europäische Gerichtshof den nationalen Gerichten die Befugnis abgesprochen, in sog. Untätigkeitsfällen vorläufige Maßnahmen zu erlassen. Dabei handelt es sich um Konstellationen, in denen das Bestehen des vom Antragsteller behaupteten Rechts erst durch einen Akt eines Gemeinschaftsorgans festgestellt werden muss. Der Gerichtshof betonte, dass *bis* zum Tätigwerden des Gemeinschaftsorgans ausschließlich die Gemeinschaftsgerichte zur Gewährung einstweiligen Rechtsschutzes zuständig sind.

2. Die Begründung der Entscheidung, die auf die Kohärenz zwischen der Befugnis der nationalen Gerichte im Rahmen des Vorlageverfahrens und dem einstweiligen Rechtsschutzverfahren abhebt, ist schlüssig und normativ belegbar. Zudem genügt der vom Gerichtshof nachgezeichnete Weg zur Rechtsschutzerlangung über die Gemeinschaftsgerichtsbarkeit dem *gemeinschaftsrechtlichen* Gebot effektiven Rechtsschutzes. Gleichwohl ist das Ergebnis des Urteils nicht zwingend. Der Gerichtshof hätte unschwer in systematisch und dogmatisch sauberer Art und Weise eine Befugnis nationaler Gerichte zur vorläufigen Rechtsschutzgewährung in Untätigkeitsfällen begründen und diese denselben Kautelen wie für Gültigkeitsfälle nach Art der Rechtssachen „Süderdithmarschen“ und „Atlanta“ unterwerfen können.

3. Mit Blick auf den Individualrechtsschutz stellt die Entscheidung im Vergleich zu den Süderdithmarschen“- und „Atlanta“-Judikaten einen Rückschritt dar. In der Sache hätte nichts gegen eine rechtliche Gleichbehandlung von Gültigkeits- und Untätigkeitsfällen gesprochen. Deshalb ist das Urteil *im Ergebnis*, wenngleich es sich um kein Fehlurteil handelt, abzulehnen.

E.

1. Die Europäisierung des vorläufigen Rechtsschutzes steht beispielhaft für die Einwirkungen des Gemeinschaftsrechts auf das nationale Vollzugsrecht im Allgemeinen.

So ließen sich gerade auch für den Eilrechtsschutz die für das gesamte Einwirkungssystem typischen Intensitätsabstufungen nachweisen. Die herausgearbeiteten Beeinflussungen des nationalen Rechts reichen von der bloßen Modifikation der nationalen Rechtsanwendung über die Verdrängung bestimmter nationaler Rechtsinstitute bis hin zur positiven Umgestaltung gesamter nationaler Rechtsinstitute.

2. In Anbetracht dieser erheblichen, über punktuelle Korrekturen des nationalen Rechts hinausgehenden Steigerung der Intensität der Einwirkungen mehren sich Stimmen, welche die Kompetenzmäßigkeit der Europäisierungsjurisdiktion des Gerichtshofes bezweifeln. Zwar konnte in Bezug auf die Vereinheitlichung des vorläufigen Rechtsschutzes weder ein Verstoß gegen die vertikale Kompetenzverteilung noch gegen das institutionelle Gleichgewicht innerhalb der Gemeinschaftsorgane festgestellt werden. Jedoch ist die Europäisierung des Verwaltungsrechts, einschließlich des Verwaltungsprozessrechts und innerhalb dessen des einstweiligen Rechtsschutzes, noch nicht an ihrem Ende angelangt. Um die weitere Entwicklung in geordneten Bahnen laufen zu lassen und insbesondere die Kompetenzzweifel zu reduzieren, sind Forderungen nach einem Paradigmenwechsel im Sinne einer Neuordnung der Kompetenzlage zwischen Europäischer Union und den Mitgliedstaaten in einem präzise positiv formulierten Kompetenzkatalog zu befürworten.

3. *De lege lata* sollten es sich jedoch die Gemeinschaftsgerichte zur Aufgabe machen, die Akzeptanz von Europäisierungstendenzen dadurch zu erhöhen, indem sie bei ihrer Rechtsprechung vermehrt auf den Grundsatz der nationalen Verfahrensautonomie als Argumentationstopos rekurrieren.

Dritter Teil: Verfassungsrechtliche Implikationen

A.

1. Nach richtiger Auffassung ist die *Automatik* des Eintritts der aufschiebenden Wirkung mit Rechtsbehelfseinlegung nach § 80 Abs. 1 GG nicht von Verfassungs wegen gefordert, sondern lediglich einfachrechtlich gewährleistet. Denn Art. 19 Abs. 4 GG verlangt nicht eine bestimmte Sicherungs*technik*, sondern den Sicherungs*erfolg*. Dabei ist ihm jedes verwaltungsprozessuale Mittel recht, sofern nur der geforderte Mindeststandard im Ergebnis erreicht wird. Dementsprechend gibt es kein verfassungsrechtlich vorgezeichnetes Regel-Ausnahme-Verhältnis zwischen aufschiebender Wirkung und sofortiger Vollziehbarkeit. Vor diesem Hintergrund kollidiert die vom Europäischen Gerichtshof in der Rechtssache „Tafelwein" geforderte Verwaltungspraxis der unbedingten und generellen Anordnung des Sofortvollzugs von vornherein nicht mit Art. 19 Abs. 4 GG.

2. Aber auch unter Zugrundelegung der Auffassung des Bundesverfassungsgerichts, das ein eben solches Regel-Ausnahme-Verhältnis zwischen aufschiebender Wirkung und sofortiger Vollziehung als verfassungsrechtlich gewährleistet betrachtet, stellt das

„Tafelwein"-Urteil keinen Konflikt mit Art. 19 Abs. 4 GG dar. Denn das Bundesverfassungsgericht erachtet nur eine *generelle* Umkehrung dieses Verhältnisses für verfassungswidrig, worunter zumindest die Umkehrung für ein bestimmtes materielles Rechtsgebiet zu verstehen ist. Dagegen bezieht sich die vom Gerichtshof geforderte Anordnung der sofortigen Vollziehung nur auf bestimmte Verwaltungsakte, denen aus gemeinschaftsrechtlichen Gründen eine spezifische Vollzugsdringlichkeit innewohnt, und betrifft keineswegs einen gesamten materiellen Rechtsbereich.

3. Schließlich ist auch für Untätigkeitsfälle nach Art der „T. Port"-Rechtssache kein Konflikt mit der Rechtsschutzgarantie des Grundgesetzes festzustellen. Im Hinblick auf die Untätigkeit der Kommission sind die Gemeinschaftsgerichte zur Gewährung vorläufigen Rechtsschutzes berufen. Die Untätigkeit von Gemeinschaftsorganen ist jedoch nicht an Art. 19 Abs. 4 GG, sondern an der *gemeinschaftsrechtlichen* Rechtsschutzgarantie zu messen. *Bis* zum Tätigwerden des Gemeinschaftsorgans bedeutet das Abstellen auf den fehlenden Zweitakt einer nationalen Behörde die Geltendmachung des falschen Verfahrensgegenstandes. Für einen hierauf bezogenen Antrag wäre zwar die deutsche Gerichtsbarkeit eröffnet, jedoch hätte ein solcher von vornherein keine Aussicht auf Erfolg, weil der Antragsteller keinen Anordnungsanspruch geltend machen könnte.

B.

1. Die von den Kritikern der Europäisierungsrechtsprechung behaupteten Kompetenzverstöße des Europäischen Gerichtshofes und die daraus gezogene Schlussfolgerung der Unbeachtlichkeit dieser Jurisdiktion werfen die grundlegende Fragestellung des Verhältnisses von Gemeinschaftsrecht und nationalem Verfassungsrecht auf. Dazu gehört auch, gleichsam als formelle Ausprägung der Thematik, die Frage der Kompetenzabgrenzung zwischen Europäischem Gerichtshof und Bundesverfassungsgericht.

2. Nach der „Solange"- und „Maastricht"-Doktrin setzt das Bundesverfassungsgericht der innerstaatlichen Anwendbarkeit von Gemeinschaftsrecht die Verfassungsvorbehalte der Grundrechts- und Kompetenzkonformität gemeinschaftlicher Rechtsakte entgegen, und beansprucht hierüber im Verhältnis zum Europäischen Gerichtshof ein Letztentscheidungsrecht.

3. Die Untersuchung der neueren bundesverfassungsgerichtlichen Rechtsprechung hat aufgezeigt, dass das oberste deutsche Gericht zwar formal nach wie vor an diesen Kautelen festhält. Was die Schranke des Grundrechtsschutzes anbelangt, hat es jedoch in seinem „Bananenmarkt"-Beschluss vom 7. 6. 2000 seinen Kontrollanspruch faktisch zurückgenommen. Für Beschwerdeführer im Rahmen einer Verfassungsbeschwerde bzw. für nationale Gerichte im Rahmen einer Richtervorlage hat es strenge verwaltungsprozessuale Hürden aufgestellt, die *in praxi* kaum zu überspringen sind. Dagegen fehlt es bislang für die Kompetenzschranke an einer ähnlichen Willensäußerung des Bundesverfassungsgerichts.

4. Nach der hier vertretenen Auffassung sind nationale Vorbehalte für die Geltung des Gemeinschaftsrechts sowie eine Letztentscheidungskompetenz des Bundesverfassungsgerichts gemeinschafts- wie verfassungsrechtlich unzulässig und mit Blick auf den erreichten Integrationsstand auch integrationspolitisch nicht geboten.

a) Bei den im Zuge der Errichtung der Europäischen Gemeinschaften und im weiteren Verlauf des Integrationsprozesses auf die Gemeinschaft übertragenen Rechtsprechungskompetenzen handelt es sich um endgültige und insoweit vollumfängliche Aufgabenzuweisungen.

b) Entsprechende Souveränitätsbeschränkungen sind durch die in der Präambel und in Art. 23 GG zum Ausdruck kommenden Integrationsoffenheit des Grundgesetzes legitimiert.

c) Die einzige materielle Schranke, die das Grundgesetz dem Integrationsgesetzgeber setzt, stellt Art. 79 Abs. 3 GG i. V. m. Art. 23 Abs. 1 S. 3 GG dar. Die „Ewigkeitsgarantie" des Grundgesetzes umschreibt einen äußersten integrationsfesten Verfassungskern und entspricht dem Selbstverständnis eines souveränen Staates. Sie ist *per se* weder gedacht noch geeignet, als Bremse den europäischen Integrationsprozess zu behindern. Hinzu kommt, dass sich der Europäische Gerichtshof seiner Rechtswahrungsfunktion bewusst ist, und ein Niveau an Grundrechtsschutz und Kompetenzkontrolle gewährleistet, das bereits der „Solange/Maastricht"-Doktrin genügt. Angesichts dessen sind Überlegungen, die Gemeinschaft könnte tatsächlich den Schutzbereich des Art. 79 GG verletzen, höchst hypothetisch. Nur in dem geringen Umfang des Art. 79 GG besteht somit auch eine entsprechende „Restkompetenz" des Bundesverfassungsgerichts.

5. Eine rechtsvergleichende Untersuchung der Verfassungslage in den weiteren Mitgliedstaaten hat belegt, dass ähnlich dem Bundesverfassungsgericht auch andere Verfassungsgerichte – bzw. in den Staaten, die über keine institutionalisierte Verfassungsgerichtsbarkeit verfügen, die letztentscheidenden Obergerichte – eine Letztentscheidungskompetenz für sich in Anspruch nehmen. Zwar lässt sich die als Folge des „Bananenmarkt"-Beschlusses gewonnene Erkenntnis, dass sich das Bundesverfassungsgericht von der Begrenzung des Vorranganspruchs des Gemeinschaftsrechts wieder Abstand nimmt, nicht durch eine gemeinschaftsweite Tendenz bestätigen. Da jedoch von keinem anderen obersten Gericht so weit reichende Verfassungsvorbehalte aufgestellt wurden, hat es durchaus ausgleichende Auswirkung auf das gemeinschaftsweit bestehende Vorbehaltsniveau, wenn sich das Bundesverfassungsgericht von seiner Schrankenrechtsprechung zurückzieht.

6. Mit Blick auf den erreichten Integrationsstand ist das Zurücktreten des mitgliedstaatlichen Verfassungsrechts nunmehr auch rechtspolitisch unbedenklich. Dies gilt insbesondere in Anbetracht der Annahme der Grundrechtecharta im Dezember 2000; dadurch hat die Entwicklung des Grundrechtsschutzes in der Europäischen Union neue

Impulse erhalten. Im Hinblick auf die EU-Osterweiterung, die kürzlich erst stattgefunden hat, sollte das Bundesverfassungsgericht seine Kontrollvorbehalte auch formal zurücknehmen. Damit würde es ein Signal für die Bereitschaft der Beitrittsländer setzen, das Gemeinschaftsrecht ebenfalls vorbehaltlos zu akzeptieren. Insoweit ist die Vorbildwirkung des deutschen Verfassungsgerichts nicht zu unterschätzen.

Literaturverzeichnis

Adam, Winfried — Die Kontrolldichte-Konzeption des EuGH und deutscher Gerichte, Baden-Baden 1993. (Zitiert: *Adam*, Die Kontrolldichte-Konzeption des EuGH und deutscher Gerichte, 1993.)

Alexy, Robert — Theorie der Grundrechte, Baden-Baden 1985. (Zitiert: *Alexy*, Theorie der Grundrechte, 1985.)

Aragonés, Jay J. — Regina v. Secretary of State for Transport ex parte Factortame Ltd.: The Limits of Parliamentary Sovereignty and the Rule of Community Law – Urteilsanmerkung, in: Fordham International Law Journal 1990-91, S. 778 ff.

Aubin, Peter — Die Haftung der Europäischen Wirtschaftsgemeinschaft und ihrer Mitgliedstaaten bei gemeinschaftswidrigen nationalen Verwaltungsakten, Baden-Baden 1982. (Zitiert: *Aubin*, Die Haftung der EWG, 1982.)

Augustin, Angela — Das Volk in der Europäischen Union. Zur Kritik von Inhalt und Funktionen eines normativen Begriffs, Berlin 2000. (Zitiert: *Augustin*, Das Volk in der EU, 2000.)

Badura, Peter — Staatsrecht, 3. Auflage, München 2003. (Zitiert: *Badura*, Staatsrecht, 3. Aufl., 2003.)

Barden, Stefan — Solange IV – Das Ende des Bananenstreits?, in: VBlBW 2000, S. 425 ff.

Barnstedt, Elke Luise — Die Durchführung der Gemeinsamen Marktorganisationen in der Bundesrepublik, Eine exemplarische Darstellung des Zusammenwirkens von nationalem und gemeinschaftlichen Recht, München 1988. (Zitiert: *Barnstedt*, Durchführung der Gemeinsamen Marktorganisationen, 1988.)

Baumbach, Adolf / Lauterbach, Wolfgang / Albers, Jan / Hartmann, Peter — Zivilprozessordnung, 61. Auflage, München 2003. (Zitiert: *Bearbeiter*, in: *Baumbach* [Begr.], ZPO, 61. Aufl. 2003.)

Becker, Peter — Der Einfluss des französischen Verwaltungsrechts auf den Rechtsschutz in den Europäischen Gemeinschaften, Hamburg 1963. (Zitiert: *Becker*, Einfluss des französischen Verwaltungsrechts, 1963.)

Bernhardt, Wilfried — Verfassungsprinzipien – Verfassungsgerichtsfunktionen – Verfassungsprozeßrecht im EWG-Vertrag, zur Auslegung des Gemeinschaftsprozessrechts, insbesondere der Bestimmungen über Zuständigkeit, Zugang und Entscheidungswirkungen am Maßstab des Art. 164 EWGV, Berlin 1987. (Zitiert: *Bernhardt*, Verfassungsprinzipien, 1987.)

Berrisch, Georg M. — Zum „Bananen“-Urteil des EuGH vom 5. 10. 1994 – Rs. C-280/93, Deutschland./.Rat der Europäischen Union, in: EuR 1994, S. 461 ff.

Besse, Dirk Die Bananenmarktordnung im Lichte deutscher Grundrechte und das Kooperationsverhältnis zwischen BVerfG und EuGH – EuGH, Slg. I 1994, 4973; EuGH, EuZW 1995, 836; BVerfG, NJW 1995, 950; VGH Kassel, NVwZ 1995, 612; FG Hamburg, EuZW 1995, 413, in: JuS 1996, S. 396 ff.

Betten, Lammy The Right to Strike in Community Law, The Incorporation of the Fundamental Rights in the Legal Order of the European Communities, Amsterdam 1985. (Zitiert: *Betten*, The Right to Strike in Community Law, 1985.)

Bettermann, Karl August Sofortiger Vollzug und Erfolgsaussichten der Anfechtung, in: DVBl. 1976, S. 64 ff.

Beutler, Bengt / Bieber, Roland / Pipkorn, Jörn / Streil, Jochen Die Europäische Union: Rechtsordnung und Politik, 5. Auflage, Baden-Baden 2001. (Zitiert: *Beutler/Bieber/Pipkorn/Streil*, EU, 5. Aufl. 2001.)

Bleckmann, Albert Europarecht, 6. Auflage, Köln u. a. 1997. (Zitiert: *Bleckmann*, Europarecht, 6. Aufl. 1997.)

ders. Die Grundrechte im Europäischen Gemeinschaftsrecht, Ein Beitrag zu den Methoden des EG-Rechts, in: EuGRZ 1981, S. 257 ff.

Borchardt, Guus The award of interim measures by the European Court of Justice, in: CMLRev. 1985, S. 203 ff.

Borchardt, Klaus-Dieter Richterrecht durch den Gerichtshof der Europäischen Gemeinschaften, in: *Randelzhofer, Albrecht / Scholz, Rupert / Wilke, Dieter* (Hrsg.), Gedächtnisschrift für Eberhard Grabitz, München 1995, S. 29 ff. (Zitiert: *Borchardt*, in: Gedächtnisschrift für Grabitz, 1995.)

Borries, Reimer von Verwaltungskompetenzen der Europäischen Gemeinschaft, in: *Due, Ole / Lutter, Marcus / Schwarze, Jürgen* (Hrsg.), Festschrift für Ulrich Everling, Band 1, Baden-Baden 1995, S. 127 ff. (Zitiert: *von Borries*, in: Festschrift für Everling, 1995.)

Bradley, Anthony W. The Sovereignty of Parliament – in Perpetuity?, in: *Jowell, Jeffrey / Oliver, Dawn* (Hrsg.), The Changing Constitution, 4. Auflage, Oxford u. a. 2000, S. 25 ff. (Zitiert: *Bradley*, in: *Jowell/Oliver*, The Changing Constitution, 4. Aufl. 2000.)

Brenner, Michael Der Gestaltungsauftrag der Verwaltung in der Europäischen Union, Tübingen 1996. (Zitiert: *Brenner*, Der Gestaltungsauftrag der Verwaltung in der Europäischen Union, 1996.)

Buck, Waltraud Die Europäisierung des verwaltungsgerichtlichen vorläufigen Rechtsschutzes, Baden-Baden 2000. (Zitiert: *Buck*, Europäisierung des verwaltungsgerichtlichen vorläufigen Rechtsschutzes, 2000.)

Burgi, Martin Deutsche Verwaltungsgerichte als Gemeinschaftsgerichte, in: DVBl. 1995, S. 772 ff.

ders. Verwaltungsprozeß und Europarecht, München 1996. (Zitiert: *Burgi*, Verwaltungsprozeß und Europarecht, 1996.)

Burmeister, Frank / Miersch, Gerald Anmerkung zu EuGH, Urteil v. 9. 11. 1995, EuZW 1995, 837 ff., in: EuZW 1995, S. 840 f.

Calliess, Christian / Ruffert, Matthias — Kommentar zu EUV und EGV, 2. Auflage, Neuwied, Kriftel 2002. (Zitiert: *Bearbeiter*, in: *Calliess/Ruffert*, EUV und EGV, 2. Aufl. 2002.)

Chabanol, Daniel — Un printemps procédural pour la juridiction administrative?, in: AJDA 1995, S. 388 ff.

Chaltiel, Florence — Droit constitutionnel et droit communautaire, in: RTDE 1999, S. 395 ff.

Churchill, Robin Rolf — Quota Hopping: The Common Fisheries Policy Wrongfooted?, in: CMLRev. 1990, S. 209 ff.

Classen, Claus Dieter — Strukturunterschiede zwischen deutschem und europäischem Verwaltungsrecht, in: NJW 1995, S. 2457 ff.

ders. — Die Europäisierung der Verwaltungsgerichtsbarkeit, Tübingen 1996. (Zitiert: *Classen*, Europäisierung der Verwaltungsgerichtsbarkeit, 1996.)

ders. — Anmerkung zu EuGH, Urteil v. 20. 3. 1997 (Rs. C-24/959), in: JZ 1997, S. 724 ff.

Ders. — Der einzelne als Instrument zur Durchsetzung des Gemeinschaftsrechts?, in: VerwArch Bd. 88 (1997), S. 645 ff.

Ders. — Das nationale Verwaltungsverfahren im Kraftfeld des Europäischen Gemeinschaftsrechts, in: Die Verwaltung Bd. 31 (1998), S. 307 ff.

Ders. — Anmerkung zu BVerfG, Beschluss v. 7. 6. 2000 (JZ 2000, 1155 f.), in: JZ 2000, S. 1157 ff.

Claudi, Hubertus — Die Bindung der EWG an Grundrechte, München 1976. (Zitiert: *Claudi*, Die Bindung der EWG an Grundrechte, 1976.)

Collins, Lawrence — European Community Law in the United Kingdom, 4. Auflage, London u. a. 1990. (Zitiert: *Collins*, EC Law in the UK, 4. Aufl. 1990.)

Constantinesco, Léontin-Jean — Das Recht der Europäischen Gemeinschaften I – Das institutionelle Recht, Baden-Baden 1977. (Zitiert: *Constantinesco*, Recht der EU I, 1977.)

Craig, Paul / de Búrca, Gráinne — EU Law – Text, Cases and Materials, 3. Auflage, Oxford u. a. 2002. (Zitiert: *Craig/de Búrca*, EU Law, 3. Aufl. 2002.)

Curtin, Deirdre — Directives: The Effectiveness of Judicial Protection of Individual Rights, in: CMLRev. 1990, S. 709 ff.

Daig, Hans-Wolfram — Zur Rechtsvergleichung und Methodenlehre im Europäischen Gemeinschaftsrecht, in: *Bernstein, Herbert* (Hrsg.), Festschrift für Konrad Zweigert zum 70. Geburtstag, 1981, S. 395 ff. (Zitiert: *Daig*, in: Festschrift für Zweigert, 1981.)

Danwitz, Thomas von — Normenkonkretisierende Verwaltungsvorschriften und Gemeinschaftsrecht, in: VerwArch Bd. 84 (1993), S. 73 ff.

Ders. — Zur Grundlegung einer Theorie der subjektiv-öffentlichen Gemeinschaftsrechte, in: DÖV 1996, S. 481 ff

Ders. Verwaltungsrechtliches System und Europäische Integration, Tübingen 1996. (Zitiert: *von Danwitz*, Verwaltungsrechtliches System, 1996.)

Ders. Die Eigenverantwortung der Mitgliedstaaten bei der Durchführung von Gemeinschaftsrecht, in: DVBl. 1998, S. 421 ff.

Dänzer-Vanotti, Wolfgang Der Gerichtshof der Europäischen Gemeinschaften beschränkt vorläufigen Rechtsschutz, in: BB 1991, S. 1015 ff.

Ders. Unzulässige Rechtsfortbildung des Europäischen Gerichtshofes, in: RIW 1992, S. 1052 ff.

Ders. Der Europäische Gerichtshof; Gerichtshof zwischen Rechtsfortbildung und Rechtsetzung, in: *Due, Ole / Lutter, Marcus / Schwarze, Jürgen* (Hrsg.), Festschrift für Ulrich Everling, Band 1, Baden-Baden 1995, S. 205 ff. (Zitiert: *Dänzer-Vanotti*, in: Festschrift für Everling, 1995.)

Dauses, Manfred Das Vorabentscheidungsverfahren nach Art. 177 EG-Vertrag, 2. Auflage, München 1995. (Zitiert: *Dauses*, Vorabentscheidungsverfahren, 2. Aufl. 1995.)

Ders. (Hrsg.) Handbuch des EG-Wirtschaftsrechts, 2-bändig, Loseblatt, München, Stand April 2003. (Zitiert: *Bearbeiter*, in: Dauses, Handbuch des EG-Wirtschaftsrechts, 2003.)

Delpérée, Francis Die Verfassungsgerichtsbarkeit in Belgien, in: *Starck, Christian / Weber, Albrecht* (Hrsg.), Verfassungsgerichtsbarkeit in Westeuropa I, Baden-Baden, 1986, S. 346 ff. (Zitiert: *Delpérée*, in: *Starck/Weber*, Verfassungsgerichtsbarkeit in Westeuropa I, 1986.)

Dicey, Albert Venn An Introduction to the Study of the Law of the Constitution, 10. Auflage, London u. a. 1959 (Zitiert: *Dicey*, Introduction to the Law of the Constitution, 10. Aufl. 1959.)

Doehring, Karl Allgemeine Staatslehre, 2. Auflage, Heidelberg 2000. (Zitiert: *Doehring*, Allgemeine Staatslehre, 2. Aufl. 2000.)

Dürig, Günter Der Grundrechtssatz von der Menschenwürde, in: AöR Bd. 81 (1956), S. 117 ff.

Dworkin, Ronald Bürgerrechte ernstgenommen, Frankfurt a. M. 1984, deutsche Übersetzung (Ursula Wolf) von *ders.*, Taking rights seriously, Cambridge, Mass. 1978 (Zitiert: *Dworkin*, Bürgerrechte ernstgenommen, 1984.)

Ehle, Dietrich Die einstweilige Anordnung nach dem EWG-Vertrag, in: AWD 1964, S. 39 ff.

Ehlers, Dirk Die Europäisierung des Verwaltungsprozeßrechts, Köln u. a. 1999. (Zitiert: *Ehlers*, Europäisierung des Verwaltungsprozeßrechts, 1999.)

Ehlers, Dirk / Pünder, Hermann Vorläufiger Rechtsschutz im Geltungsbereich des Zollkodex, in: EuR 1997, S. 74 ff.

Eiffler, Sven-R. Der Grundrechtsschutz durch BVerfG, EGMR und EuGH, in: JuS 1999, S. 1068 ff.

Emmert, Frank Europarecht, München 1996. (Zitiert: *Emmert*, Europarecht, 1996.)

Engel, Christoph — Die Einwirkungen des Europäischen Gemeinschaftsrechts auf das deutsche Verwaltungsrecht, in: Die Verwaltung Bd. 25 (1992), S. 437 ff.

Erichsen, Hans-Uwe / Klenke, Reiner — Rechtsfragen der „aufschiebenden Wirkung" des § 80 VwGO, in: DÖV 1976, S. 833 ff.

Esser, Josef — Grundsatz und Norm in der richterlichen Fortbildung des Privatrechts, 4. Auflage, Tübingen 1990. (Zitiert: *Esser*, Grundsatz und Norm in der richterlichen Fortbildung, 1990.)

Etien, Robert — Le sursis de quarante-huit heures, in: RDP 1988, S. 743 ff.

Everling, Ulrich — Elemente eines Europäischen Verwaltungsrechts, in: DVBl. 1983, S. 649 ff.

Ders. — Zur direkten innerstaatlichen Wirkung der EG-Richtlinien: Ein Beispiel richterlicher Rechtsfortbildung auf Basis gemeinsamer Rechtsgrundsätze, in: *Börner, Bodo / Jahrreiß, Hermann / Stern, Klaus* (Hrsg.), Einigkeit und Recht und Freiheit, Festschrift für Karl Carstens zum 70. Geburtstag am 14. Dezember 1984, Band 2, Köln u. a. 1984, S. 95 ff. (Zitiert: *Everling*, in: Festschrift für Karl Carstens, 1984.)

Ders. — Das Vorabentscheidungsverfahren vor dem Gerichtshof der Europäischen Gemeinschaften, Praxis und Rechtsprechung, Baden-Baden 1986. (Zitiert: *Everling*, Vorabentscheidung vor dem EuGH, 1986.)

Ders. — Brauchen wir „Solange III"?, in: EuR 1990, S. 195 ff.

Ders. — Durchführung und Umsetzung des Europäischen Gemeinschaftsrechts im Bereich des Umweltschutzes unter Berücksichtigung der Rechtsprechung des EuGH, in: NVwZ 1993, S. 209 ff.

Ders. — Überlegungen zur Struktur der Europäischen Union und zum neuen Europa-Artikel des Grundgesetzes, in: DVBl. 1993, S. 936 ff.

Ders. — Will Europe Slip on Bananas? The Bananas Judgment of the Court of Justice and National Courts, in: CMLRev. 1996, S. 401 ff.

Ders. — Richterliche Rechtsfortbildung in der Europäischen Gemeinschaft, in: JZ 2000, S. 217 ff.

Ders. — Durch die Grundrechtecharta zurück zu Solange I?, in: EuZW 2003, S. 225.

Eyermann, Erich — Verwaltungsgerichtsordnung – Kommentar, 11. Auflage, München 2000. (Zitiert: *Bearbeiter*, in: *Eyermann*, VwGO, 11. Aufl. 2000.)

Finkelnburg, Klaus / Jank, Klaus Peter — Vorläufiger Rechtsschutz im Verwaltungsstreitverfahren, 4. Auflage, München 1998. (Zitiert: *Finkelnburg/Jank*, Vorläufiger Rechtsschutz, 4. Aufl. 1998.)

Fischer, Hans Georg — Europarecht, 3. Auflage, München 2001. (Zitiert: *Fischer*, Europarecht, 3. Aufl. 2001.)

Fischer, Peter / Köck, Heribert Franz — Europarecht, 3. Auflage, Wien 1997. (Zitiert: *Fischer/Köck*, Europarecht, 3. Aufl. 1997.)

Fragstein, Udo von — Die Einwirkungen des EG-Rechts auf den vorläufigen Rechtsschutz nach deutschem Verwaltungsrecht, Baden-Baden 1997. (Zitiert: *von Fragstein*, Einwirkungen des EG-Rechts, 1997.)

Frank, Stefan Leo — Altes und Neues zum Vorrang des Gemeinschaftsrechts vor staatlichem Recht, in: ZÖR Bd. 55 (2000), S. 1 ff.

Frenz, Walter — Grundgesetzliche Rechtsschutzgarantie gegen europäische Rechtsakte?, in: Der Staat Bd. 34 (1995), S. 586 ff.

Frier, Pierre-Laurent — Un inconnu. Le vrai référé administratif, in: AJDA 1980, S. 67 ff.

Frowein, Jochen Abraham — Legitimation und Wirkung des Rechts der Europäischen Union/Gemeinschaft, in: *Müller-Graff, Peter-Christian* (Hrsg.) Perspektiven des Rechts in der Europäischen Union, Heidelberg 1998, S. 105 ff. (Zitiert: *Frowein*, in: Müller-Graff, Perspektiven des Rechts, 1988.)

Funk-Rüffert, Petra — Kooperation von Europäischem Gerichtshof und Bundesverfassungsgericht im Bereich des Grundrechtsschutzes, Berlin 1999. (Zitiert: *Funk-Rüffert*, Kooperation von EuGH und BVerfG, 1999.)

Furrer, Andreas — Die Sperrwirkung des sekundären Gemeinschaftsrechts auf die nationalen Rechtsordnungen, St. Gallen 1994. (Zitiert: *Furrer*, Sperrwirkung, 1994.)

Gehrmann, Claudia — Vorläufiger Rechtsschutz im Recht der Europäischen Gemeinschaften, Bonn 1994. (Zitiert: *Gehrmann*, Vorläufiger Rechtsschutz, 1994.)

Geiger, Rudolf — EUV/EGV, Vertrag über die Europäische Union und Vertrag zur Gründung der Europäischen Gemeinschaft, 4. Auflage, München 2004. (Zitiert: *Geiger*, EUV/EGV, 4. Aufl. 2000.)

Gern, Alfons — Die Ermessensreduzierung auf Null, in: DVBl. 1987, S. 1194 ff.

Gormley, Laurence — Harmonisation of Laws: The legal Basis of Directive 92/59 on general product safety, in: ELR 1996, S. 59 ff.

Gornig, Gilbert — Anmerkung zum „Süderdithmarschen"-Urteil des EuGH, in: JZ 1992, S. 39 ff.

Götz, Volkmar — Probleme des Verwaltungsrechts auf dem Gebiet des gemeinsamen Agrarmarktes, in: EuR 1986, S. 29 ff.

Gräber, Fritz (Begr.) — Finanzgerichtsordnung, 5. Auflage, München 2002. (Zitiert: *Bearbeiter*, in: *Gräber*, FGO, 5. Aufl. 2002.)

Grabitz, Eberhard — Gemeinschaftsrecht bricht nationales Recht, Hamburg 1966. (Zitiert: *Grabitz*, Gemeinschaftsrecht bricht nationales Recht, 1966.)

Grabitz, Eberhard / Hilf, Meinhard — Kommentar zur Europäischen Union, 2-bändig (Archivbände), Loseblatt, München, Stand Oktober 1999. (Zitiert: *Bearbeiter*, in: *Grabitz/Hilf*, EU, 1999.)

dies. — Das Recht der Europäischen Union, 4-bändig, Loseblatt, München, Stand Juni 2002. (Zitiert: *Bearbeiter*, in: *Grabitz/Hilf*, EU, 2003.)

Gray, Christine — Interim Measures of Protection in the European Court, in: ELR 1979, S. 80 ff.

Grimm, Dieter — Europäischer Gerichtshof und nationale Arbeitsgerichte aus verfassungsrechtlicher Sicht, in: RdA 1996, S. 66 ff.

Groeben, Hans von der / Thiesing, Jochen / Ehlermann, Claus-Dieter (Hrsg.) — Kommentar zum EU-/EG-Vertrag, 5. Auflage, Baden-Baden 1997. (Zitiert: *Bearbeiter*, in: *Groeben/Thiesing/Ehlermann*, EG-Vertrag, 5. Aufl. 1997.)

Groeben, Hans von der / Schwarze, Jürgen (Hrsg.) — Vertrag über die Europäische Union und Vertrag zur Gründung der Europäischen Gemeinschaft, Kommentar, 6. Auflage, Baden-Baden 2003. (Zitiert: *Bearbeiter*, in: *Groeben/Schwarze*, EUV/EGV, 6. Aufl. 2003.)

Gündisch, Jürgen — Rechtsschutz in der Europäischen Gemeinschaft, Ein Leitfaden für die Praxis, Stuttgart u. a. 1994. (Zitiert: *Gündisch*, Rechtsschutz in der EG, 1994.)

ders. — Rückforderung von nationalen Beihilfen – Kein Konflikt zwischen europäischem Gemeinschaftsrecht und deutschem Verfassungsrecht, in: NVwZ 2000, S. 1125 f.

Gusy, Christoph — Rezension von Augustin, Angela, Das Volk der Europäischen Union, Berlin 2000, in: EuR 2001, S. 464 ff.

Häberle, Peter — Vom Kulturstaat zum Kulturverfassungsrecht, in: *ders.* (Hrsg.), Kulturstaatlichkeit und Kulturverfassungsrecht, Darmstadt 1982, S. 1 ff. (Zitiert: *Häberle*, in: *ders.*, Kulturstaatlichkeit und Kulturverfassungsrecht, 1982.)

Haibach, Georg — Gemeinschaftsrecht und vorläufiger Rechtsschutz durch mitgliedstaatliche Gerichte, München 1994. (Zitiert: *Haibach*, Gemeinschaftsrecht und vorläufiger Rechtsschutz, 1994.)

ders. — Vorläufiger Rechtsschutz im Spannungsfeld von Gemeinschaftsrecht und Grundgesetz, in: DÖV 1996, S. 60 ff.

Hallstein, Walter — Der unvollendete Bundesstaat, Düsseldorf u. a. 1969. (Zitiert: *Hallstein*, Der unvollendete Bundesstaat, 1969.)

ders. — Die Europäische Gemeinschaft, 5. Auflage, Düsseldorf u. a. 1979. (Zitier: *Hallstein*, Die Europäische Gemeinschaft, 5. Aufl. 1979.)

Hanna, Jane — Community Rights all at Sea, in: LQR 1990, S. 2 ff.

Hansmann, Klaus — Die Umsetzung von EG-Umweltschutzrichtlinien durch Verwaltungsvorschriften – Probleme und Alternativen im Anschluß an die Entscheidung des EuGH zu den Richtlinien über die Grenzwerte für Schwefeldioxid/Blei, in: *Breuer, Rüdiger / Kloepfer, Michael / Marburger, Peter / Schröder, Meinhard* (Hrsg.), Jahrbuch des Umwelt- und Technikrechts 1992, UTR 17, Heidelberg 1992, S. 21 ff. (Zitiert: *Hansmann*, in: *Breuer u. a.*, EG-Umweltschutzrichtlinien, 1992.)

Hartley, Trevor C. — The Foundations of European Community Law, An Introduction to the Constitutional and Administrive Law of the European Community, 3. Auflage, Oxford 1994. (Zitiert: *Hartley*, Foundations of EC Law, 3. Aufl. 1994.)

ders. — Constitutional Problems of the European Union, Oxford, Portley (Oregon) 1999. (Zitiert: *Hartley*, Constitutional Problems of the European Union, 1999.)

Hatje, Armin — Die gemeinschaftsrechtliche Steuerung der Wirtschaftsverwaltung in der Bundesrepublik Deutschland, Baden-Baden 1998. (Zitiert: *Hatje*, Gemeinschaftsrechtliche Steuerung der Wirtschaftsverwaltung, 1998.)

Hauser, Roland — Europarecht im deutschen Verwaltungsprozess (3): Vorläufiger Rechtsschutz und Gemeinschaftsrecht, in: VBlBW 2000, S. 377 ff.

Heinrichs, Helmut — Der Vertrag über die Europäische Union und seine Auswirkungen auf die Verfassungen der Mitgliedstaaten, in: DÖV 1994, S. 368 ff.

Henrichs, Helmut — Gemeinschaftsrecht und nationale Verfassungen – Organisations- und verfahrensrechtliche Aspekte einer Konfliktlage, in: EuGRZ 1990, S. 413 ff.

Hilf, Meinhard — Möglichkeiten und Grenzen des Rückgriffs auf nationale verwaltungsrechtliche Regeln bei der Durchführung von Gemeinschaftsrecht, in: *Schwarze, Jürgen* (Hrsg.); Europäisches Verwaltungsrecht im Werden, Baden-Baden 1982, S. 67 ff. (Zitiert: *Hilf*, in: *Schwarze*, Europäisches Verwaltungsrecht im Werden, 1982, S. 67 ff.)

ders. — Die Charta der Grundrechte der Europäischen Union, in: Sonderbeilage zu NJW, EuZW, NVwZ und JuS 2000, S. 5 f.

Hippel, Eike von — Grenzen und Wesensgehalt der Grundrechte, 1965. (Zitiert: *von Hippel*, Grenzen und Wesensgehalt der Grundrechte, 1965.)

Hirsch, Günter — Europäischer Gerichtshof und Bundesverfassungsgericht – Kooperation oder Konfrontation?, in: NJW 1996, S. 2457 ff.

ders. — Der EuGH im Spannungsfeld zwischen Gemeinschaftsrecht und nationalem Recht, in: NJW 2000, S. 1817 ff.

Hofmann, Rainer — Der Oberste Gerichtshof Dänemarks und die europäische Integration, in: EuGRZ 1999, S. 1 ff.

Huber, Peter Michael — Bundesverfassungsgericht und Europäischer Gerichtshof als Hüter der gemeinschaftsrechtlichen Kompetenzordnung, in: AöR Bd. 116 (1991), S. 210 ff.

ders. — Das Kooperationsverhältnis zwischen BVerfG und EuGH in: Grundrechtsfragen, in: EuZW 1997, S. 517 ff.

ders. — Die Europäisierung des verwaltungsgerichtlichen Rechtsschutzes, in: BayVBl. 2001, S. 577 ff.

ders. — Recht der europäischen Integration, 2. Auflage, München 2002 (Zitiert: *Huber*, Recht der europäischen Integration, 2. Aufl. 2002.)

Huthmacher, Karl Eugen — Der Vorrang des Gemeinschaftsrechts bei indirekten Kollisionen – Eine Studie zum Verhältnis von EG-Recht zu nationalem Vollzugsrecht, dargestellt am Beispiel des Konfliktes zwischen materiellem EG-Recht und nationalen Rechtsmittelfristen, Köln u. a. 1985. (Zitiert: *Huthmacher*, Der Vorrang des Gemeinschaftsrechts bei indirekten Kollisionen, 1985.)

Hutka, Rainer Gemeinschaftsbezogene Prüfungs- und Verwerfungskompetenz der deutschen Verwaltung gegenüber Rechtsnormen nach europäischem Gemeinschaftsrecht und nach deutschem Recht, Würzburg 1997. (Zitiert: *Hutka*, Gemeinschaftsbezogene Prüfungs- und Verwerfungskompetenz, 1997.)

Ipsen, Hans Peter Das Verhältnis des Rechts der Europäischen Gemeinschaften zum nationalen Recht, in: Aktuelle Fragen des Europäischen Gemeinschaftsrechts, Europarechtliches Kolloquium 1964, in: Beiheft ZHR 1965, S. 1 ff.

ders. Europäisches Gemeinschaftsrecht, Tübingen 1972. (Zitiert: *Ipsen*, Europäisches Gemeinschaftsrecht, 1972.)

ders. Die Bundesrepublik Deutschland in den Europäischen Gemeinschaften, in: *Isensee, Josef / Kirchhof, Paul* (Hrsg.), Handbuch des Staatsrechts der Bundesrepublik Deutschland, Band VII, Heidelberg 1992, § 181. (Zitiert: *Ipsen*, in: *Isensee/Kirchhof*, HbStR Bd. VII, 1992, § 181.)

Ipsen, Jörn Staatsrecht II, Grundrechte, 5. Auflage, Neuwied, Kriftel 2002. (Zitiert: *Ipsen*, Staatsrecht II, 5. Aufl. 2002.)

Ipsen, Knut Völkerrecht, Ein Studienbuch, 3. Auflage, München 1990. (Zitiert: *Ipsen*, Völkerrecht, 3. Aufl. 1990.)

Isensee, Josef Einheit in Ungleichheit: Der Bundesstaat, in: *Bohr, Kurt* (Hrsg.), Föderalismus – Demokratische Struktur für Deutschland und Europa, 1992, S. 139 ff. (Zitiert: *Isensee*, in: *Bohr*, Föderalismus – Demokratische Struktur für Deutschland und Europa, 1992.)

Jacobs, Francis G. Interim Measures in the Law and Practice of the Court of Justice of European Communities, in: *Bernhardt, Rudolf* (Hrsg.), Interim Measures Indicated by International Courts, Berlin 1994, S. 37 ff. (Zitiert: *Jacobs*, in: *Bernhardt*, Interim Measures, 1994.)

Jamrath, Thomas Normenkontrolle der Verwaltung und Europäisches Gemeinschaftsrecht, Erlangen-Nürnberg 1993. (Zitiert: *Jamrath*, Normenkontrolle, 1993.)

Jannasch, Alexander Einwirkungen des Gemeinschaftsrechts auf den vorläufigen Rechtsschutz, in: NVwZ 1999, S. 495 ff.

Jarass, Hans D. Die Bekanntgabe des Smog-Alarms – Probleme des Rechtscharakters, der Rechtmäßigkeit und des Rechtsschutzes, in: NVwZ 1987, S. 95 ff.

ders. Richtlinienkonforme bzw. EG-rechtskonforme Auslegung nationalen Rechts, in: EuR 1991, S. 211 ff.

Jarass, Hans D. / Pieroth, Bodo Grundgesetz für die Bundesrepublik Deutschland, 6. Auflage, München 2002. (Zitiert: *Bearbeiter*, in: *Jarass/Pieroth*, GG, 6. Aufl. 2002.)

Jellinek, Georg Allgemeine Staatslehre, 3. Auflage, Kronberg/Ts. 1914 (Nachdruck des 5. Neudrucks der 3. Auflage 1976). (Zitiert: *Jellinek*, Allgemeine Staatslehre, 3. Aufl. 1914.)

Jimènez-Blanco Carillo de Albornoz, Antonio — Die verfassungsrechtlichen Auswirkungen des Vertrages über die Europäische Union in Spanien und Frankreich, in: Die Verwaltung Bd. 28 (1995), S. 225 ff.

Joliet, René — Protection juridictionnelle provisoire et droit communautaire, in: RDE 1992, S. 253 ff.

Joswig, Iwo — Die implied powers-Lehre im amerikanischen Verfassungsrecht, Frankfurt a. M. u. a. 1996. (Zitiert: *Joswig*, Die implied powers-Lehre, 1996.)

Kadelbach, Stefan — Allgemeines Verwaltungsrecht unter europäischem Einfluss, Tübingen 1999. (Zitiert: *Kadelbach*, Allgemeines Verwaltungsrecht unter europäischem Einfluss, 1999.)

Kaessner, Ralph — Der einstweilige Rechtsschutz im Europarecht, München 1996. (Zitiert: *Kaessner*, Der einstweilige Rechtsschutz im Europarecht, 1996.)

Kahl, Wolfgang — Umweltprinzip und Gemeinschaftsrecht, Heidelberg 1993. (Zitiert: *Kahl*, Umweltprinzip, 1993.)

Kakouris, C. N. — Do The Member States Possess Judicial Procedural "Autonomy"?, in: CMLRev. 1997, S. 1389 ff.

Kellermann, Alfred — Supremacy of Community Law in the Netherlands, in: ELR 1989, S. 175 ff.

Kirchhof, Paul — Europäische Integration und nationales Verfassungsrecht, in: ZfA 1992, S. 459 ff.

ders. — Der deutsche Staat im Prozeß der europäischen Integration, in: *Isensee, Josef / Kirchhof, Paul* (Hrsg.), Handbuch des Staatsrechts der Bundesrepublik Deutschland, Band VII, Heidelberg 1992, § 183. (Zitiert: *Kirchhof*, in: *Isensee/Kirchhof*, HbStR Bd. VII, 1992, § 183.)

ders. — Verkehrspolitik im Lichte des deutschen Verfassungsrechts, in: DRiZ 1995, S. 253 ff.

ders. — Die Gewaltenbalance zwischen staatlichen zwischen staatlichen und europäischen Organen, in: JZ 1998, S. 965 ff.

Kischel, Uwe — Die Kontrolle der Verhältnismäßigkeit durch den Europäischen Gerichtshof, in: EuR 2000, S. 380 ff.

Klein, Eckart — Der Verfassungsstaat als Glied einer europäischen Gemeinschaft, in: VVDStRL Bd. 50 (1991), S. 56 ff.

ders. — Vereinheitlichung des Verwaltungsrechts im europäischen Integrationsprozeß, in: *Starck, Christian* (Hrsg.), Rechtsvereinheitlichung durch Gesetze – Bedingungen, Ziele, Methoden –, Göttingen 1992, S. 117 ff. (Zitiert: *Klein*, in: *Starck*, Rechtsvereinheitlichung, 1992.)

ders. — Der Einfluß des europäischen Gemeinschaftsrechts auf das Verwaltungsrecht der Mitgliedstaaten, in: Der Staat Bd. 33 (1994), S. 39 ff.

Klinke, Ulrich — Der Gerichtshof der Europäischen Gemeinschaften – Aufbau und Arbeitsweise, Baden-Baden 1989. (Zitiert: *Klinke*, Gerichtshof der Europäischen Gemeinschaften, 1989.)

Koch, Johannes — Verwaltungsrechtsschutz in Frankreich, Berlin 1998. (Zitiert: *Koch*, Verwaltungsrechtsschutz in Frankreich, 1998.)

Köck, Heribert Franz — Die „implied powers" der Europäischen Gemeinschaften als Anwendungsfall der „implied powers" internationaler Organisationen überhaupt, in: *Böckstiegel, Karl-Heinz / Folz, Hans-Ernst / Mössner, Jörg Manfred / Zemanek, Karl* (Hrsg.), Völkerrecht – Recht der Internationalen Organisationen – Weltwirtschaftsrecht, Festschrift für Ignaz Seidl-Hohenveldern, Köln u. a. 1988, S. 279 ff. (Zitiert: *Köck*, in: Festschrift für Seidl-Hohenveldern, 1988.)

Koenig, Christian — Gemeinschaftsrechtliche Unzulässigkeit einstweiliger Regelungsanordnungen gem. § 123 I VwGO im mitgliedstaatlichen Vollzug einer Gemeinsamen Marktorganisation?, in: EuZW 1997, S. 206 ff.

Koenig, Christian / Sander, Claude — Einführung in das EG-Prozeßrecht, Tübingen 1997. (Zitiert: *Koenig/Sander*, Einführung in das EG-Prozeßrecht, 1997.)

Koenig, Christian / Zeiss, Christopher — Anmerkung zu EuGH, Urt. v. 26.11.1986 – C-68/95 T. Port GmbH & Co. KG ./. Bundesanstalt für Landwirtschaft und Ernährung, in: JZ 1997, S. 461 ff.

Komendera, Wolfram — Normenkonflikte zwischen EWG- und BRD-Recht – insbesondere indirekte Kollisionen, Heidelberg 1974. (Zitiert: *Komendera*, Normenkonflikte, 1974.)

Kopp, Ferdinand O. / Schenke, Wolf-Rüdiger — Verwaltungsgerichtsordnung, 13. Auflage, München 2003. (Zitiert: *Kopp/Schenke*, VwGO, 13. Aufl. 2003.)

Kovar, Robert — Voies de droit ouvertes aux individus devant les instances nationales en cas de violation des normes et décisions du droit communautaire, in: *ders.* (Hrsg.), Les recours des individus devant les instances nationales en cas de violation du droit européen, Brüssel 1978, S. 245 ff. (Zitiert: *Kovar*, in: *ders.*, Les recours des individus, 1978.)

Kraußer, Hans-Peter — Das Prinzip begrenzter Ermächtigung im Gemeinschaftsrecht als Strukturprinzip des EWG-Vertrages, Berlin 1991. (Zitiert: *Kraußer*, Das Prinzip begrenzter Ermächtigung, 1991.)

Krüger, Herbert — Der Wesensgehalt der Grundrechte i. S. des Art. 19 GG, in: DÖV 1955, S. 597 ff.

Krumbacher, Florian — Vorläufiger Rechtsschutz vor nationalen Gerichten in Fällen mit Gemeinschaftsrechtsbezug, Frankfurt a. M. 1997. (Zitiert: *Krumbacher*, Vorläufiger Rechtsschutz vor nationalen Gerichten, 1997.)

Kuhla, Wolfgang / Hüttenbrink, Jost — Der Verwaltungsprozess, 3. Auflage, München 2002. (Zitiert: *Kuhla/Hüttenbrink*, Der Verwaltungsprozess, 3. Aufl. 2002.).

Kuschel, Hans-Dieter — Wie geht es weiter mit der Bananenmarktordnung?, in: EuZW 1996, S. 645 ff.

ders. — Auch die revidierte Bananenmarktordnung ist nicht WTO-konform, in: EuZW 1999, S. 74 ff.

Kutscher, Hans — Über den Gerichtshof der Europäischen Gemeinschaft, in: EuR 1981, S. 392 ff.

Larenz, Karl — Richtiges Recht, München 1979 (Zitiert: *Larenz*, Richtiges Recht, 1979.)

Larenz, Karl / Canaris, Claus-Wilhelm Methodenlehre der Rechtswissenschaft, 3. Auflage, Berlin u. a. 1995. (Zitiert: *Larenz/Canaris*, Methodenlehre, 3. Aufl. 1995.)

Lasok, Karol Paul Edward The European Court of Justice – Practice and Procedure, London 1984. (Zitiert: *Lasok*, The European Court of Justice, 1984.)

Le Mire, Pierre The Queen v. Secretary of State for Transport (ex parte Factortame Ltd. e. d.) – Urteilsanmerkung, in: AJDA 1990, S. 832 ff.

Lecheler, Helmut Der Europäische Gerichtshof und die allgemeinen Rechtsgrundsätze, Berlin 1971. (Zitiert: *Lecheler*, EuGH und Rechtsgrundsätze, 1971.)

ders. Zum Bananenmarkt-Beschluss des BVerfG, NJW 2000, 3124, in: JuS 2001, S. 120 ff.

Lehr, Stefan Einstweiliger Rechtsschutz und Europäische Union, Berlin 1997. (Zitiert: *Lehr*, Einstweiliger Rechtsschutz und EU, 1997.)

Leiner, Miriam Staatsbürgerschaften und EG-vertragliches Beihilfeverbot. Die Rückforderung nationaler Beihilfen am Beispiel staatlich verbürgter Kredite Baden-Baden 2002. (Zitiert: *Leiner*, Staatsbürgerschaften und EG-vertragliches Beihilfeverbot, 2002.)

Leipold, Dieter Grundlagen des einstweiligen Rechtsschutzes, München 1971. (Zitiert: *Leipold*, Grundlagen des einstweiligen Rechtsschutzes, 1971.)

Lenz, Carl Otto Immanente Grenzen des Gemeinschaftsrechts, in: EuGRZ 1993, S. 57 ff.

ders. Der Vertrag von Maastricht nach dem Urteil des Bundesverfassungsgerichts, in: NJW 1993, S. 3038 f.

Lenz, Carl Otto / Borchardt, Klaus-Dieter (Hrsg.) EU- und EG-Vertrag, Kommentar, 3. Auflage, Köln u. a. 2003 (Zitiert: *Bearbeiter*, in: *Lenz/Borchardt*, EUV/EGV, 3. Aufl. 2003.)

Lewis, Clive Statutes and the E.E.C. – Interim Relief and the Crown, in: CLJ 1989, S. 347 ff.

Liebert, Jens Europäische Integration und nationales Recht am Beispiel des englischen und irischen Fischereistreits, Münster 1995. (Zitiert: *Liebert*, Europäische Integration und nationales Recht, 1995.)

Limbach, Jutta Die Kooperation der Gerichte in der zukünftigen europäischen Grundrechtsarchitektur, in: EuGRZ 2000, S. 417 ff.

López Castillo, Antonio / Polakiewicz, Jörg Verfassung und Gemeinschaftsrecht in Spanien, in: EuGRZ 1993, S. 277 ff.

Lorenz, Dieter Der Rechtsschutz des Bürgers und die Rechtsweggarantie, München 1973. (Zitiert: *Lorenz*, Der Rechtsschutz des Bürgers, 1973.)

ders. Die verfassungsrechtlichen Vorgaben des Art. 19 Abs. 4 GG für das Verwaltungsprozeßrecht, in: *Erichsen, Hans-Uwe* (Hrsg.), System des verwaltungsgerichtlichen Rechtsschutzes, Festschrift für Christian-Friedrich Menger zum 70. Geburtstag, Köln u. a., 1985, S. 143 ff. (Zitiert: *Lorenz*, in: Festschrift für Menger, 1985.)

Louis, Jean-Victor L'ordre juridique communautaire, 6. Auflage, Brüssel 1993. (Zitiert: *Louis*, L'ordre juridique communautaire, 6. Aufl. 1993).

Lucey, Mary C. Europäische Integration und nationales Verfassungsrecht in Irland, in: *Battis, Ulrich / Tsatsos, Dimitris Th. / Stefanou, Dimitris* (Hrsg.), Europäische Integration und nationales Verfassungsrecht, 1995, S. 213 ff. (Zitiert: *Lucey*, in: *Battis/Tatsos/Stefanou*, Europäische Integration und nationales Verfassungsrecht, 1995.)

Magiera, Siegfried Die Grundgesetzänderung von 1992 und die Europäische Union, in: Jura 1994, S. 1 ff.

Magliveras, Konstantinos D. Fishing in Troubled Waters: the Merchant Shipping Act 1988 and the European Community, in: ICLQ 1990, S. 899 ff.

Mangoldt, Herman von / Klein, Friedrich / Starck, Christian Das Bonner Grundgesetz, 3 Bände, 4. Auflage, München Bd. 1: 1999, Bd. 2: 2000, Bd. 3: 2001. (Zitiert: *Bearbeiter*, in: *v. Mangoldt/Klein/Starck*, GG, 4. Aufl. [Jahr].)

Mankowski, Peter Einstweiliger Rechtsschutz und Vorlagepflicht nach Art. 177 EWG-Vertrag, in: JR 1993, S. 402 ff.

Manservisi, Silvia Die gemeinsame Marktorganisation für Bananen, in: EuZW 1994, S. 209 ff.

Maunz, Theodor / Dürig, Günter / Herzog, Roman / Scholz, Ruppert (Hrsg.) Grundgesetz, Kommentar, 5-bändig, Loseblatt, München, Stand Februar 2003. (Zitiert: *Bearbeiter*, in: *Maunz/Dürig*, GG, 2003.)

Maurer, Hartmut Allgemeines Verwaltungsrecht, 14. Auflage, München 2002. (Zitiert: *Maurer*, AllgVerwR, 14. Auflage 2002.)

Mayer, Franz C. Kompetenzüberschreitung und Letztentscheidung. Das Maastricht-Urteil des Bundesverfassungsgerichts und die Letztentscheidung über Ultra vires-Akte in Mehrebenensystemen. Eine rechtsvergleichende Betrachtung von Konflikten zwischen Gerichten am Beispiel der EU und der USA, München 2000. (Zitiert: *Mayer*, Kompetenzüberschreitung und Letztentscheidung, 2000.)

ders. Grundrechtsschutz gegen europäische Rechtsakte durch das BVerfG: Zur Verfassungsmäßigkeit der Bananenmarktordnung, in: EuZW 2000, S. 685 ff.

Meessen, Karl Matthias Maastricht nach Karlsruhe, in: NJW 1994, S. 549 ff.

Meibom, Hanspeter von Lückenfüllung bei den Europäischen Gemeinschaftsverträgen, in: NJW 1968, S. 2165 ff.

Meier, Gert Der Endbericht des WTO-Panels im Bananenrechtsstreit, in: EuZW 1997, S. 566 ff.

Mestmäcker, Ernst-Joachim Die Wirtschaftsverfassung der EG zwischen Wettbewerb und Intervention, in: *Bruha, Thoma / Hesse, Jens / Nowak, Carsten* (Hrsg.), Welche Verfassung für Europa? Erstes interdisziplinäres „Schwarzkopf-Koloquium" zur Verfassungsdebatte in der Europäischen Union, Baden-Baden 2001, S. 163 ff. (Zitiert: *Mestmäcker*, in: *Bruha/Hesse/Nowak*, Welche Verfassung für Europa?, 2001.)

Mögele, Rudolf Neuere Entwicklungen im Recht der Europäischen Gemeinschaften, in: BayVBl. 1993, S. 129 ff.

Münch, Ingo von / Kunig, Philip (Hrsg.) Grundgesetz-Kommentar, Band 1, 5. Auflage, München 2000. (Zitiert: *Bearbeiter*, in: *von Münch/Kunig*, GG I, 5. Aufl. 2000.)

Nettesheim, Martin Auslegung und Fortbildung nationalen Rechts im Lichte des Gemeinschaftsrechts, in: AöR Bd. 119 (1994), S. 261 ff.

ders. Grundrechtliche Prüfdichte durch den EuGH, in: EuZW 1995, S. 106 ff.

ders. Der Grundsatz der einheitlichen Wirksamkeit des Gemeinschaftsrechts, in: *Randelzhofer, Albrecht / Scholz, Rupert / Wilke, Dieter* (Hrsg.), Gedächtnisschrift für Eberhard Grabitz, München 1995, S. 447 ff. (Zitiert: *Nettesheim*, in: Gedächtnisschrift für Grabitz, 1995.)

ders. Art. 23 GG, nationale Grundrechte und EU-Recht, in: NJW 1995, S. 2083 ff.

Neuner, Jörg Die Rechtsfindung contra legem, München 1992. (Zitiert: *Neuner*, Die Rechtsfindung contra legem, 1992.)

Nicolaysen, Gert Zur Theorie von den implied powers in den Europäischen Gemeinschaften, in: EuR 1996, S. 129 ff.

ders. Der Streit zwischen dem deutschen Bundesverfassungsgerichtshof und dem Europäischen Gerichtshof, in: EuR 2000, S. 495 ff.

ders. Der Streit zwischen dem deutschen Bundesverfassungsgericht und dem Europäischen Gerichtshof, in: *Bruha, Thoma / Hesse, Jens / Nowak, Carsten* (Hrsg.), Welche Verfassung für Europa? Erstes interdisziplinäres „Schwarzkopf-Kolloquium" zur Verfassungsdebatte in der Europäischen Union, Baden-Baden 2001, S. 91 ff. (Zitiert: *Nicolaysen*, in: *Bruha/Hesse/Nowak*, Welche Verfassung für Europa?, 2001.)

ders. Europarecht I – Die Europäische Integrationsverfassung, 2. Auflage, Baden-Baden 2002. (Zitiert: *Nicolaysen*, Europarecht I, 2. Aufl. 2002.)

Nicolaysen, Gert / Nowak, Carsten Teilrückzug des BVerfG aus der Kontrolle der Rechtmäßigkeit gemeinschaftsrechtlicher Rechtsakte: Neuere Entwicklungen und Perspektiven, in: NJW 2001, S. 1233 ff.

Niedobitek, Matthias Kollisionen zwischen EG-Recht und nationalem Recht, in: VerwArch Bd. 92 (2001), S. 58 ff.

Nolte, Norbert Beurteilungsspielräume im Kartellrecht der Europäischen Gemeinschaft und der Bundesrepublik Deutschland, Frankfurt a. M. u. a. 1997. (Zitiert: *Nolte*, Beurteilungsspielräume im Kartellrecht, 1997, S. 53.)

Obermayer, Klaus (Begr.) Kommentar zum Verwaltungsverfahrensgesetz, 3. Auflage, Neuwied, Kriftel 1999. (Zitiert: *Obermayer*, VwVfG, 3. Aufl. 1999.)

Odendahl, Kerstin Das „Kooperationsverhältnis" zwischen BVerfG und EuGH, in: JA 2000, S. 219 ff.

Ohler, Christoph / Weiß, Wolfgang Einstweiliger Rechtsschutz vor nationalen Gerichten und Gemeinschaftsrecht, in: NJW 1997, S. 2221 ff.

Öhlinger, Theo Verfassungsfragen zwischen Brüssel und Wien, in: ERPL 1993, S. 143 ff.

ders. — Unmittelbare Geltung und Vorrang des Gemeinschaftsrechts und die Auswirkungen auf das verfassungsrechtliche Rechtsschutzsystem, in: *Griller, Stefan / Korinek, Karl / Potacs, Michael* (Hrsg.), Grundfragen und aktuelle Probleme des öffentlichen Rechts – Festschrift für Heinz Peter Rill zum 60. Geburtstag, Wien 1995, S. 359 ff. (Zitiert: *Öhlinger*, in: Festschrift für Rill, 1995.)

Öhlinger, Theo / Potacs, Michael — Gemeinschaftsrecht und staatliches Recht – Die Anwendung des Europarechts im innerstaatlichen Bereich, 2. Auflage, Wien 2001. (Zitiert: *Öhlinger/Potacs*, Gemeinschaftsrecht und staatliches Recht, 2. Aufl. 2001.)

Oliver, Peter — Interim Measures: Some Recent Developments, in: CMLRev. 1992, S. 7 ff.

Ophüls, Friedrich Carl — Die Europäischen Gemeinschaftsverträge als Planungsverfassungen, in: *Kaiser, Joseph H.* (Hrsg.), Recht und Politik der Planung in Wirtschaft und Gesellschaft, Band 1, Baden-Baden 1965, S. 229 ff. (Zitiert: *Ophüls*, in: *Kaiser*, Planung I, 1965.)

Oppermann, Thomas — Europarecht, 2. Auflage, München 1999. (Zitiert: *Oppermann*, Europarecht, 2. Aufl. 1999.)

Ossenbühl, Fritz — 40 Jahre Bundesverwaltungsgericht, Bewahrung und Fortentwicklung des Rechtsstaats, Festvortrag, in: DVBl. 1993, S. 753 ff.

Pache, Eckhard — Das Ende der Bananenmarktordnung? Zum Beschluß des Bundesverfassungsgerichts vom 25. 1. 1995 – 2 BvR 2689/94 und 2 BvR 52/95, in: EuR 1995, S. 95 ff.

Pagenkopf, Martin — Zum Einfluß des Gemeinschaftsrechts auf nationales Wirtschaftsverwaltungsrecht – Versuch einer praktischen Einführung, in: NVwZ 1993, S. 216 ff.

Pastor, Blanca / Ginderachter, Eric van — La procédure en référé, in: RTDE 1989, S. 561 ff.

dies. — El procedimiento de medidas cautelares ante el Tribunal de Justicia y el Tribunal de Primera Instancia de las Comunidades Europeas, Madrid 1993 (Zitiert: *Pastor/Van Ginderachter*, El Procedimiento de medidas cautelares, 1993.)

Pauly, Walter — Strukturfragen des unionsrechtlichen Grundrechtsschutzes, in: EuR 1998, S. 242 ff.

Pernice, Ingolf — Grundrechtsgehalte im europäischen Gemeinschaftsrecht, Baden-Baden 1979. (Zitiert: *Pernice*, Grundrechtsgehalte, 1979.)

ders. — Gemeinschaftsverfassung und Grundrechtsschutz – Grundlagen, Bestand und Perspektiven, in: NJW 1990, S. 2409 ff

ders. — Grundrechtsschutz im Bananenstreit: die Wende?, in: EuZW 1997, S. 545.

Pernthaler, Peter — Die neue Doppelverfassung Österreichs, in: *Haller, Herbert / Kopetzki, Christian / Novak, Richard / Paulson, Stanley L. / Raschauer, Bernhard / Ress, Georg / Wiederin, Ewald* (Hrsg.), Staat und Recht, Festschrift für Günther Winkler, Wien 1997, S. 773 ff. (Zitiert: *Pernthaler*, in: Festschrift für Winkler, 1997.)

Pescatore, Pierre — Das Vorabentscheidungsverfahren nach Art. 177 EWG-Vertrag und die Zusammenarbeit zwischen dem Gerichtshof und den nationalen Gerichten, in: BayVBl. 1987, S. 33 ff. und 68 ff.

Petzold, Hans Arno — Ist Gemeinschaftsrecht Bundesrecht? Zur Europafreundlichkeit von VwGO und FGO, in: NVwZ 1999, S. 151 ff.

Pichler, Otfried — Der Generalanwalt beim Gerichtshof der Europäischen Gemeinschaften, Frankfurt a. M. 1983. (Zitiert: *Pichler*, Der Generalanwalt beim EuGH, 1983.)

Pietzcker, Jost — Zuständigkeitsordnung und Kollisionsrecht im Bundesstaat, in: *Isensee, Josef / Kirchhof, Paul* (Hrsg.), Handbuch des Staatsrechts der Bundesrepublik Deutschland, Band IV, Heidelberg 1990, § 99. (Zitiert: *Pietzcker*, in: *Isensee/Kirchhof*, HbStR Bd. IV, 1990.)

Pietzner, Rainer / Ronellenfitsch, Michael — Das Assessorexamen im Öffentlichen Recht, Widerspruchsverfahren und Verwaltungsprozeß, 10. Auflage, Düsseldorf 2000. (Zitiert: *Pietzner/Ronellenfitsch*, Das Assessorexamen im Öffentlichen Recht, 10. Aufl. 2000.)

Prechal, Sacha — La primauté du droit communautaire aux Pays-Bas, in: RFDA 1990, S. 981 ff.

Quaritsch, Helmut — Die einstweilige Anordnung im Verwaltungsprozeß, in: VerwArch Bd. 51 (1960), S. 342 ff.

Rabe, Hans-Jürgen — Das Verordnungsrecht der Europäischen Wirtschaftsgemeinschaft, Hamburg 1963. (Zitiert: *Rabe*, Verordnungsrecht, 1963.)

ders. — Ausgerechnet Bananen, in: NJW 1996, S. 1320 ff.

Rajani, Sona — Die Geltung und Anwendung des Gemeinschaftsrechts im Vereinigten Königreich von Großbritannien und Nordirland: der Grundsatz der Parlamentssouveränität im Wandel, Frankfurt a. M. u. a. 2000. (Zitiert: *Rajani*, Geltung und Anwendung des Gemeinschaftsrechts, 2000.)

Redeker, Konrad — Strukturänderungen in der Verwaltungsgerichtsbarkeit?, in: NVwZ 1992, S. 713 ff.

Redeker, Konrad / Oertzen, Hans-Joachim von — Verwaltungsgerichtsordnung, 13. Auflage, Stuttgart u. a. 2000. (Zitiert: *Redeker/von Oertzen*, VwGO, 13. Aufl. 2000.)

Rengeling Hans-Werner / Middeke, Andreas / Gellermann, Martin — Handbuch des Rechtsschutzes in der Europäischen Union, 2. Auflage, München 2003. (Zitiert: *Bearbeiter*, in: *Rengeling/Middeke/Gellermann*, Rechtsschutz in der EU, 2. Aufl. 2003.)

Rengeling, Hans-Werner — Rechtsgrundsätze beim Verwaltungsvollzug des Europäischen Gemeinschaftsrechts, Köln u. a. 1977 (Zitiert: *Rengeling*, Rechtsgrundsätze beim Verwaltungsvollzug, 1977.)

ders. — Europäisches Gemeinschaftsrecht und nationaler Rechtsschutz – unter besonderer Berücksichtigung der Rechtsprechung des Europäischen Gerichtshofes und deutscher Gerichte, in: *Bieber, Roland u. a.* (Hrsg.), Das Europa der zweiten Generation: Gedächtnisschrift für Christoph Sasse, Bd. I, Baden-Baden 1981, S. 197 ff. (Zitiert: *Rengeling*, in: Gedächtnisschrift für Sasse, Bd. I, 1981.)

ders. Grundrechtsschutz im Europäischen Gemeinschaftsrecht, München 1992. (Zitiert: *Rengeling*, Grundrechtsschutz, 1992.)

ders. Deutsches und Europäisches Verwaltungsrecht – Wechselseitige Einwirkungen, in: VVDStRL Bd. 53 (1994), S. 202 ff.

Ress, Georg Die Europäische Union und die neue juristische Qualität der Beziehungen zu den Europäischen Gemeinschaften, in: JuS 1992, S. 985 ff.

Richards, Claudina Sarran et Levacher: ranking legal norms in the French Republic, in: ELR 2000, S. 192 ff.

Ring, Gerhard / Olsen-Ring, Line Souveränitätsübertragungen nach dänischem Verfassungsrecht, in: EuGRZ 1998, S. 589 ff.

Ritterspach, Theo Corte Costituzionale Rom – Rechtsprechungsbericht 1984 Nr. 5-6, in: EuGRZ 1985, S. 98 ff.

Röben, Volker Die Einwirkungen der Rechtsprechung des Europäischen Gerichtshofs auf das mitgliedstaatliche Verfahren in öffentlich-rechtlichen Streitigkeiten, Berlin u. a. 1998. (Zitiert: *Röben*, Einwirkungen der EuGH-Rechtsprechung, 1998.)

Rodríguez Iglesias, Gil Carlos Zu den Grenzen der verfahrensrechtlichen Autonomie der Mitgliedstaaten bei der Anwendung des Gemeinschaftsrechts, in: EuGRZ 1997, S. 289 ff.

Rohde, Christian Vorläufiger Rechtsschutz unter dem Einfluß des Gemeinschaftsrechts, Köln u. a. 1998. (Zitiert: *Rohde*, Vorläufiger Rechtsschutz, 1998.)

Rupp, Hans Heinrich Anmerkung zu BVerfG, Beschluss v. 25. 1. 1995 – 2 BvR 2689/94 u. 52/95, in: JZ 1995, S. 353 f.

Sachs, Michael (Hrsg.) Grundgesetz, Kommentar, 3. Auflage, München 2003. (Zitiert: *Bearbeiter*, in: *Sachs*, GG, 3. Aufl. 2003.)

Sacksofsky, Ute Europarechtliche Antworten auf Defizite bei der Umsetzung von Richtlinien, in: *von Danwitz, Thomas / Heintzen, Markus / Jestaedt, Matthias / Korioth, Stefan / Reinhardt, Michael* (Hrsg.), Auf dem Wege zu einer Europäischen Staatlichkeit, Stuttgart u. a. 1993, S. 91 ff. (Zitiert: *Sacksofsky*, in: *von Danwitz u. a.*, Auf dem Wege zu einer Europäischen Staatlichkeit, 1993.)

Salzwedel, Jürgen Probleme der Umsetzung europäischen Gemeinschaftsrechts in das Umwelt- und Technikrecht der Mitgliedstaaten, in: UPR 1989, S. 41 ff.

Sander, Gerald G. Der Europäische Gerichtshof als Förderer und Hüter der Integration, Berlin 1998. (Zitiert: *Sander*, Der EuGH als Förderer und Hüter der Integration, 1998.)

ders. Europäischer Gerichtshof und nationale Verfassungsgerichtsbarkeit, in: DÖV 2000, S. 588 ff.

Sandner, Wolfgang Probleme des vorläufigen Rechtsschutzes gegen Gemeinschaftsrecht vor nationalen Gerichten, in: DVBl. 1998, S. 262 ff.

Schenke, Wolf-Rüdiger — Bauliche Ausführung und Inbetriebnahme einer gewerblichen Anlage nach § 16 GewO vor Rechtskraft des Genehmigungsbescheides, in: GewA 1968, S. 221 ff.

Scheuing, Dieter H. — Rechtsprobleme bei der Durchsetzung des Gemeinschaftsrechts in der Bundesrepublik Deutschland, in: EuR 1985, S. 229 ff.

ders. — Europarechtliche Impulse für innovative Ansätze im deutschen Verwaltungsrecht, in: *Hoffmann-Riem, Wolfgang / Schmidt-Aßmann, Eberhard* (Hrsg.), Innovation und Flexibilität des Verwaltungshandelns, Baden-Baden 1994, S. 289 ff. (Zitiert: *Scheuing*, in: *Hoffmann-Riem/Schmidt-Aßmann*, Innovation und Flexibilität des Verwaltungshandelns, 1994.)

Scheuner, Ulrich — Staatszielbestimmungen, in: *Schnur, Roman* (Hrsg.): Festschrift für Ernst Forsthoff zum 70. Geburtstag, 2. Auflage, München 1974, S. 325 ff. (Zitiert: *Scheuner*, in: Festschrift für Forsthoff, 2. Aufl. 1974.)

Schiller, Klaus-Volker — Der Verhältnismäßigkeitsgrundsatz im Europäischen Gemeinschaftsrecht nach der Rechtsprechung des EuGH, in: RIW 1983, S. 928 ff.

Schilling, Theodor — Rechtsfragen zu Art. 30 EGV, in: EuR 1994, S. 50 ff.

ders. — Rang und Geltung von Normen in gestuften Rechtsordnungen, Berlin 1994. (Zitiert: *Schilling*, Rang und Geltung von Normen, 1994.)

ders. — Eigentum und Marktordnung nach Gemeinschafts- und nach deutschem Recht, in: EuGRZ 1998, S. 177 ff.

Schima, Bernhard — Das Subsidiaritätsprinzip im Europäischen Gemeinschaftsrecht, Wien 1994. (Zitiert: *Schima*, Das Subsidiaritätsprinzip im Europäischen Gemeinschaftsrecht, 1994.)

Schlemmer-Schulte, Sabine — Gemeinschaftsrechtlicher vorläufiger Rechtsschutz und Vorlagepflicht, in: EuZW 1991, S. 307 ff.

Schmidt-Aßmann, Eberhard — Zur Europäisierung des allgemeinen Verwaltungsrechts, in: *Badura, Peter / Scholz, Rupert* (Hrsg.), Wege und Verfahren des Verfassungslebens, Festschrift für Peter Lerche zum 65. Geburtstag, München 1993, S. 513 ff. (Zitiert: *Schmidt-Aßmann*, Zur Europäisierung des allgemeinen Verwaltungsrechts, in: Festschrift für Lerche, 1993, S. 513 ff.)

ders. — Deutsches und Europäisches Verwaltungsrecht – Wechselseitige Einwirkungen, in: DVBl. 1993, S. 924 ff.

ders. — Gefährdungen der Rechts- und Gesetzesbindung der Exekutive, in: *Burmeister, Joachim* (Hrsg.): Verfassungsstaatlichkeit, Festschrift für Klaus Stern zum 65. Geburtstag, München 1997, S. 745 ff. (Zitiert: *Schmidt-Aßmann*, in: Festschrift für Stern, 1997.)

Schmidt-Bleibtreu, Bruno / Klein, Franz — Kommentar zum Grundgesetz, 9. Auflage, Neuwied 1999. (Zitiert: Bearbeiter, in: *Schmidt-Bleibtreu/Klein*, GG, 9. Aufl. 1999.)

Schmitt Glaeser, Walter / Horn, Hans-Detlef — Verwaltungsprozeßrecht, 15. Auflage, Stuttgart u. a. 2000. (Zitiert: *Schmitt Glaeser/Horn*, Verwaltungsprozeßrecht, 15. Aufl. 2000.)

Schneider, Hartmut Die einstweilige Anordnung gem. Art. 186 EWGV und der Grundsatz der Verhältnismäßigkeit, in: DÖV 1990, S. 924 ff.

ders. Die gemeinsame Fischereipolitik der Europäischen Gemeinschaften, Rechtsgrundlage durch Verfassungswandel, Bestandserhaltung und Rechtsprechung, Köln u. a. 1988. (Zitiert: *Schneider*, Fischereipolitik der EU, 1988.)

Schneider, Ludwig Der Schutz des Wesensgehalts von Grundrechten nach Art. 19 Abs. 2 GG, Berlin 1983. (Zitiert: *Schneider*, Der Schutz des Wesensgehalts von Grundrechten, 1983.)

Schoch, Friedrich Vorläufiger Rechtsschutz und Risikoverteilung im Verwaltungsrecht, Heidelberg 1988. (Zitiert: *Schoch*, Vorläufiger Rechtsschutz und Risikoverteilung, 1988.)

ders. Die Europäisierung des Allgemeinen Verwaltungsrechts, in: JZ 1995, S. 109 ff.

ders. Die Europäisierung des verwaltungsgerichtlichen vorläufigen Rechtsschutzes, in: DVBl. 1997, S. 289 ff.

ders. Europäisierung der Verwaltungsrechtsordnung, in: VBlBW 1999, S. 241 ff.

ders. Individualrechtsschutz im deutschen Umweltrecht unter dem Einfluss des Gemeinschaftsrechts, in: NVwZ 1999, S. 457 ff.

Schoch, Friedrich / Schmidt-Aßmann, Eberhard / Pietzner, Rainer Kommentar zur Verwaltungsgerichtsordnung, 2-bändig, Loseblatt, München, Stand September 2003. (Zitiert: *Bearbeiter*, in: *Schoch/Schmidt-Aßmann/Pietzner*, VwGO, 2003.)

Schockweiler, Fernand Die richterliche Kontrollfunktion: Umfang und Grenzen in Bezug auf den Europäischen Gerichtshof, in: EuR 1995, S. 191 ff

ders. Zur Kontrolle der Zuständigkeitsgrenzen der Gemeinschaft, in: EuR 1996, S. 123 ff.

Scholz, Rupert Europäisches Gemeinschaftsrecht und innerstaatlicher Verfassungsrechtsschutz, in: *Friauf, Karl Heinrich / Scholz, Rupert* (Hrsg.), Europarecht und Grundgesetz: Betrachtungen zu materiell- und formalrechtlichen Problemen bei der Schaffung und Umsetzung sekundären Gemeinschaftsrechts, Berlin 1990, S. 53 ff. (Zitiert: *Scholz*, in: *Friauf/Scholz*, Europarecht und Grundgesetz, 1990.)

ders. Grundgesetz und europäische Einigung, in: NJW 1992, S. 2593 ff.

Schreiber, Stefanie Verwaltungskompetenzen in der Europäischen Gemeinschaft, Baden-Baden 1997. (Zitiert: *Schreiber*, Verwaltungskompetenzen der EG, 1997.)

Schrimpf, Dorothee Die ergänzende Anwendung des nationalen Rechts bei der Effektuierung des Gemeinschaftsrechts durch die Mitgliedstaaten, – dargestellt am Beispiel der Nacherhebung gemeinschaftswidrig nicht erhobener Geldleistungen und der Rückforderung gemeinschaftswidrig gewährter Geldzahlungen, Würzburg 1983. (Zitiert: *Schrimpf*, Die ergänzende Anwendung des nationalen Rechts, 1983.)

Schroeder, Werner Zu eingebildeten und realen Gefahren durch kompetenzüberschreitende Rechtsakte der Europäischen Gemeinschaft, in: EuR 1999, S. 452 ff.

ders. Das Gemeinschaftsrechtssystem, Tübingen 2002. (Zitiert: *Schroeder*, Gemeinschaftsrechtssystem, 2002.)

Schumacher, Detlef Normenkonflikte zwischen deutschem und Gemeinschaftsrecht – Lösung in wirtschafts- und steuerrechtlichen Fällen in der Rechtsprechung des Gerichtshofes der Europäischen Gemeinschaften und der deutschen Gerichte, in: DB 1970, S. 1010 ff.

Schwaiger, Peter Norbert Le référé dans la procédure de la Cour de Justice des trois communautés européennes, Montpellier 1965. (Zitiert: *Schwaiger*, Le référé dans la procédure, 1965.)

Schwarze, Jürgen Der vorläufige Rechtsschutz (sursis à exécution) im französischen Verwaltungsrecht, in: DVBl. 1987, S. 1037 ff.

ders. Europäisches Verwaltungsrecht, Entstehung und Entwicklung im Rahmen der Europäischen Gemeinschaft, Band 1 und 2, Baden-Baden 1988. (Zitiert: *Schwarze*, Europäisches Verwaltungsrecht, Bd. 1 oder Bd. 2, 1988.)

ders. Vorläufiger Rechtsschutz im Widerstreit von Gemeinschaftsrecht und nationalem Verwaltungsverfahrens- und Prozeßrecht, in: *Baur, Jürgen F. / Müller-Graff, Peter-Christian / Zuleeg, Manfred* (Hrsg.), Festschrift für Bodo Börner zum 70. Geburtstag, Köln u. a. 1992, S. 389 ff. (Zitiert: *Schwarze*, in: Festschrift für Börner, 1992.)

ders. Die Europäisierung des nationalen Verwaltungsrechts, in: *Schwarze, Jürgen* (Hrsg.), Das Verwaltungsrecht unter europäischem Einfluß. Zur Konvergenz der mitgliedstaatlichen Verwaltungsrechtsordnungen in der Europäischen Union, Baden-Baden 1996, S. 789 ff. (Zitiert: *Schwarze*, in: ders., Verwaltungsrecht unter europäischem Einfluß, 1996.)

ders. Konvergenz im Verwaltungsrecht der EU-Mitgliedstaaten, Zugleich ein Beitrag zu Chancen und Risiken der Kodifikation allgemeiner Grundsätze des indirekten Vollzugs von Gemeinschaftsrecht, in: DVBl. 1996, S. 881 ff.

ders. Grundlinien und neuere Entwicklungen des Verwaltungsrechtsschutzes in Frankreich und Deutschland, in: NVwZ 1996, S. 22 ff.

ders. Europäische Rahmenbedingungen für die Verwaltungsgerichtsbarkeit, in: NVwZ 2000, S. 241 ff.

ders. EU-Kommentar, Baden-Baden 2000. (Zitiert: *Bearbeiter*, in: *Schwarze*, EU-Kommentar, 2000.)

Schweitzer, Michael / Hummer, Waldemar Europarecht, 5. Auflage, Neuwied 1996. (Zitiert: *Schweitzer/Hummer*, Europarecht, 5. Aufl. 1996.)

Seidel, Martin Pro futuro: Kraft Gemeinschaftsrechts Vorrang des höheren einzelstaatlichen Grundrechtsschutzes?, in: EuZW 2003, S. 97.

Selmayr, Martin / Prowald, Nicola Abschied von den „Solange"-Vorbehalten – Die wahre Bedeutung des „Kooperationsverhältnisses" des BVerfG zum EuGH, in: DVBl. 1999, S. 269 ff.

Simon, Denys — The Queen and Sectretary of State for Transport ex parte Factortame Ltd. e. a., in: Journal du droit international 1991, S. 447 ff.

ders. — Le système juridique communautaire, 2. Auflage, Paris 1998. (Zitiert: *Simon*, Le système juridique communautaire, 2. Aufl. 1998.)

Simon, Denys / Barav, Ami — Le droit communautaire et la suspension provisoire des mesures nationales – Les enjeux de l'affaire Factortame, in: RMC 1990, S. 591 ff.

Sinnaeve, Adinda — Die Rückforderung gemeinschaftswidriger nationaler Beihilfen. Kollisionen im Spannungsverhältnis zwischen Gemeinschafts- und nationalem Recht, Berlin 1997. (Zitiert: *Sinnaeve*, Die Rückforderung gemeinschaftswidriger nationaler Beihilfen, 1997.)

Slaughter, Anne-Marie / Stone Sweet, Alec / Weiler, J. H. H. (Hrsg.) — The European Court and National Courts – Doctrine and Jurisprudence, Oxford 1998. (Zitiert: *Bearbeiter*, in: *Slaughter/Stone Sweet/Weiler*, The European Court and National Courts, 1998.)

Smit, Hans / Herzog, Peter — The Law of the European Economic Community, A Commentary on the EEC-Treaty, 6-bändig, Loseblatt, New York, Stand November 1992. (Zitiert: *Smit/Herzog*, EEC, 1992.)

Sodan, Helge / Ziekow, Jan (Hrsg.) — Nomos-Kommentar zur Verwaltungsgerichtsordnung, 4-bändig, Loseblatt, Baden-Baden, Stand Januar 2003. (Zitiert: *Bearbeiter*, in: *Sodan/Ziekow*, VwGO, 2003.)

Steiling, Ronald — Das Seefischereirecht der Europäischen Gemeinschaften, eine Darstellung der Entwicklung des gemeinschaftlichen Fischereiregimes vor dem Hintergrund der Ergebnisse der Dritten Seerechtskonferenz der Vereinten Nationen, Köln u. a. 1989. (Zitiert: *Steiling*, Seefischereirecht der EU, 1989.)

Stein, Torsten — Richterrecht wie anderswo auch? Der Gerichtshof der Europäischen Gemeinschaften als „Integrationsmotor", in: Richterliche Rechtsfortbildung – Erscheinungsformen, Auftrag und Grenzen, Festschrift der Juristischen Fakultät zur 600-Jahr-Feier der Ruprecht-Karls-Universität Heidelberg, Heidelberg 1986, S. 619 ff. (Zitiert: *Stein*, in: Festschrift Heidelberg, 1986.)

ders. — „Bananen-Split"? – Entzweien sich das BVerfG und EuGH über den Bananenstreit?, in: EuZW 1998, S. 261 ff.

Stein, Torsten / Thomson, Sabine — Die allgemeinen Rechtsgrundsätze als Quelle des Gemeinschaftsrechts – Zusammenwirken von Gemeinschaftsrecht und nationalem Recht, in: FIDE, Les principes généraux communs aux droits des Etats membres en tant que source du droit communautaire, Interaction entre droit communautaire et droit national, Rapport pour le 12e Congrès, Paris 1986, S. 99 ff. (Zitiert: *Stein/Thomson*, in: FIDE, Les principes généraux communs, 1986.)

Steinberger, Helmut — Der Verfassungsstaat als Glied einer europäischen Gemeinschaft, in: VVDStRL Bd. 50 (1991), S. 9 ff.

Ders. Die Europäische Union im Lichte der Entscheidung des Bundesverfassungsgerichts vom 12. Oktober 1993, in: *Beyerlin, Ulrich / Bothe, Michael / Hofmann, Rainer / Petersmann, Ernst-Ulrich* (Hrsg.), Recht zwischen Umbruch und Bewahrung, Festschrift für Rudolf Bernhardt, Berlin u. a. 1995, S. 1313 ff. (Zitiert: *Steinberger*, in: Festschrift für Bernhardt, 1995.)

Steiner, Udo Richterliche Grundrechtsverantwortung in Europa, in: *Geis, Max-Emanuel / Lorenz, Dieter* (Hrsg.), Staat – Kirche – Verwaltung, Festschrift für Hartmut Maurer zum 70. Geburtstag, München 2001 S. 1005 ff. (Zitiert: *Steiner*, in: Festschrift für Maurer, 2001.)

Stelkens, Paul Strukturveränderungen in der Verwaltungsgerichtsbarkeit? oder: Wie lästig dürfen Verwaltungsgerichte sein?, in: *Bender, Bernd / Breuer, Rüdiger / Ossenbühl, Fritz / Sendler, Horst* (Hrsg.), Rechtsstaat zwischen Sozialgestaltung und Rechtsschutz. Festschrift für Konrad Redeker, München 1993, S. 313 ff. (Zitiert: *Stelkens*, in: Festschrift für Redeker, 1993.)

Stern, Klaus Das Staatsrecht der Bundesrepublik Deutschland, Band I: Grundbegriffe und Grundlagen des Staatsrechts, Strukturprinzipien der Verfassung, 2. Auflage, München 1984. (Zitiert: *Stern*, Staatsrecht I, 2. Aufl. 1984.)

Ders. Die Einwirkung des europäischen Gemeinschaftsrechts auf die Verwaltungsgerichtsbarkeit, in: JuS 1998, S. 769 ff.

Sternberger, Dolf Verfassungspatriotismus, Hannover 1982. (Zitiert: *Sternberger*, Verfassungspatriotismus, 1982.)

Stotz, Rüdiger Rechtsschutz vor europäischen Gerichten, in: *Rengeling, Hans-Werner* (Hrsg.), Handbuch zum Europäischen und deutschen Umweltrecht, Bd. 1: Allgemeines Umweltrecht, Köln u. a. 1998, § 45. (Zitiert: *Stotz*, in: *Rengeling*, Umweltrecht, Bd. 1, 1998, § 45.)

Streil, Jochen Das Vorabentscheidungsverfahren als Bindeglied zwischen europäischer und nationaler Rechsprechung, in: *Schwarze, Jürgen* (Hrsg.), Der Europäische Gerichtshof als Verfassungsgericht und Rechtsschutzinstanz, Baden-Baden 1983, S. 69 ff. (Zitiert: *Streil*, in: *Schwarze*, Der Europäische Gerichtshof als Verfassungsgericht und Rechtsschutzinstanz, 1983.)

Streinz, Rudolf Bundesverfassungsgerichtlicher Grundrechtsschutz und Europäisches Gemeinschaftsrecht, Baden-Baden 1989. (Zitiert: *Streinz*, Bundesverfassungsgerichtlicher Grundrechtsschutz und Europäisches Gemeinschaftsrecht, 1989.)

ders. Der Einfluß des europäischen Verwaltungsrechts auf das Verwaltungsrecht der Mitgliedstaaten, dargestellt am Beispiel der Bundesrepublik Deutschland, in: *Schweitzer, Michael* (Hrsg.), Europäisches Verwaltungsrecht, Wien 1991, S. 239 ff. (Zitiert: *Streinz*, in: *Schweitzer* [Hrsg.], Europäisches Verwaltungsrecht, 1991.)

ders. Der Vollzug des Europäischen Gemeinschaftsrechts durch deutsche Staatsorgane, in: *Isensee, Josef / Kirchhof, Paul* (Hrsg.), Handbuch des Staatsrechts der Bundesrepublik Deutschland, Band VII, Heidelberg 1992, § 182. (Zitiert: *Streinz*, in: *Isensee/Kirchhof*, HbStR Bd. VII, 1992.)

ders. Das „Kooperationsverhältnis" zwischen Bundesverfassungsgericht und Europäischem Gerichtshof nach dem Maastricht-Urteil, in: *Ipsen, Jörn / Rengeling, Hans-Werner / Mössner, Jörg Manfred / Weber, Albrecht* (Hrsg.), Verfassungsrecht im Wandel, zum 180-jährigen Bestehen der Carl Heymanns Verlag KG, Köln u. a. 1995, S. 663 ff. (Zitiert: *Streinz*, in: Festschrift für den Carl Heymanns Verlag, 1995.)

ders. Der „effet utile" in der Rechtsprechung des Gerichtshofes der Europäischen Gemeinschaften, in: *Due, Ole / Lutter, Marcus / Schwarze, Jürgen* (Hrsg.), Festschrift für Ulrich Everling, Band 2, Baden-Baden 1995, S. 1491 ff. (Zitiert: *Streinz*, in: Festschrift für Everling, 1995.)

ders. Gemeinschaftsrecht bricht nationales Recht, in: *Köbler, Gerhard / Heinze, Meinhard / Hromadka, Wolfgang* (Hrsg.), Europas universale rechtsordnungspolitische Aufgabe im Recht des dritten Jahrtausends – Festschrift für Alfred Söllner zum 70. Geburtstag, München 2000, S. 1139 ff. (Zitiert: *Streinz*, in: Festschrift für Söllner, 2000.)

ders. Europarecht, 5. Auflage, Heidelberg 2001. (Zitiert: *Streinz*, Europarecht, 5. Aufl. 2001.)

ders. Anmerkung zum Urteil des Europäischen Gerichtshofes in den verb. Rs. C-80/99 bis 82/99 (JZ 2002, S. 239 f.), in: JZ 2002, S. 240 ff.

ders. Verfassungsvorbehalte gegenüber Gemeinschaftsrecht – eine deutsche Besonderheit? Die Schranken der Integrationsermächtigung und ihre Realisierung in den Verfassungen der Mitgliedstaaten, in: *Cremer, Hans-Joachim / Giegerich, Thomas / Richter, Dagmar / Zimmermann, Andreas* (Hrsg.), Tradition und Weltoffenheit des Rechts, Festschrift für Helmut Steinberger, Berlin u. a., 2002, S. 1437 ff. (Zitiert: *Streinz*, in: Festschrift für Steinberger, 2002.)

Tatham, Allan Francis The Sovereignty of Parliament after Factortame, in: EuR 1993, S. 188 ff.

Tesauro, Giuseppe Les mesures provisoires dans le système communautaire, in: *González, Manuel Pérez u. a.* (Hrsg.), Hacía un nuevo orden internacional y europeo, Estudios en homenaje al Profesor Don Manuel Diéz de Velasco, Madrid 1993, S. 1241 ff. (Zitiert: *Tesauro*, in: Festschrift für Diéz de Velasco, 1994.)

Tettinger, Peter J. Die Charta der Grundrechte der Europäischen Union, in: NJW 2001, S. 1010 ff.

Thalhammer, Hans Die einstweilige Anordnung im deutschen und europäischen Kartellverfahrensrecht, München 1986. (Zitiert: *Thalhammer*, Die einstweilige Anordnung im deutschen und europäischen Kartellverfahrensrecht, 1986.)

Tiedemann, Paul Restriktive Tendenzen in der Rechtsprechung des EuGH zum Marktordnungsrecht, in: EuR 1979, S. 393 ff.

Tipke, Klaus / Kruse, Heinrich Wilhelm — Abgabenordnung – Finanzgerichtsordnung, Kommentar zur AO (ohne Steuerstrafrecht) und FGO, 3-bändig, Loseblatt, Köln, Stand November 2003. (Zitiert: *Bearbeiter*, in: *Tipke/Kruse*, AO/FGO, 2003.)

Tomuschat, Christian — Völkerrechtliche Grundlagen der Verwaltungsgerichtsbarkeit, in: *Bender, Bernd / Breuer, Rüdiger / Ossenbühl, Fritz / Sendler, Horst* (Hrsg.), Rechtsstaat zwischen Sozialgestaltung und Rechtsschutz. Festschrift für Konrad Redeker, München 1993, S. 273 ff. (Zitiert: *Tomuschat*, in: Festschrift für Redeker, 1993.)

Tonne, Michael — Effektiver Rechtsschutz durch staatliche Gerichte als Forderung des Europäischen Gemeinschaftsrechts, Köln 1997. (Zitiert: *Tonne*, Effektiver Rechtsschutz, 1997.)

Toth, A. G. — Case C-213/89, Regina v. Secretary of State for Transport, ex parte Factortame Limited and others, Judgment of the Court of 19 June 1990 – Urteilsanmerkung, in: CMLRev. 1990, S. 573 ff.

Triantafyllou, Dimitris — Zur Europäisierung des vorläufigen Rechtsschutzes, in: NVwZ 1992, S. 129 ff.

Ukrow, Jörg — Richterliche Rechtsfortbildung durch den EuGH, Baden-Baden 1995. (Zitiert: *Ukrow*, Rechtsfortbildung, 1995.)

Vedder, Christoph — Die Anordnung der sofortigen Vollziehung eines Verwaltungsaktes als Folge des Gemeinschaftsrechts, in: EWS 1991, S. 10 ff.

Vögler, Michael — Anmerkung zu BVerfG: Rücknahme einer gemeinschaftswidrigen Subvention, in: EuZW 2000, S. 447 f.

Voss, Reimer — Das „Maastricht"-Urteil und die Folgen, in: RIW 1996, S. 324 ff.

Wade, Emlyn C. S. / Bradley, Anthony W. — Constitutional and Administrative Law, 11. Auflage, London 1993. (Zitiert: *Wade/Bradley*, Constitutional and Administrative Law, 11. Aufl. 1993.)

Wade, William Henry Rawson / Forsyth, Christopher F. — Administrative Law, 7. Auflage, Oxford 1994. (Zitiert: *Wade/Forsyth*, Administrative Law, 7. Aufl. 1994.)

Waelbroeck, Michael / Louis, Jean-Victor / Vignes, Daniel / Dewost, Jean-Louis / Vandersanden, Georges (Hrsg.) — Commentaire Mégret, Le Droit de la Communauté Économique Européene, Band 10: La Cour de Justice – Les actes des institutions, 2. Auflage, Brüssel 1993. (Zitiert: *Waelbroeck u. a.*, Commentaire Mégret, 2. Aufl. 1993.)

Wägenbaur, Bertrand — Die jüngere Rechtsprechung der Gemeinschaftsgerichte im Bereich des vorläufigen Rechtsschutzes, in: EuZW 1996, S. 327 ff.

Wagner, Volkmar — Der einstweilige Rechtsschutz gegen Mitgliedstaaten nach dem EWG-Vertrag, Frankfurt a. M. u. a. 1994. (Zitiert: *Wagner*, Einstweiliger Rechtsschutz gegen Mitgliedstaaten, 1994.)

Walter, Christian — Die drei Entscheidungen des französischen Verfassungsrats zum Vertrag von Maastricht über die Europäische Union, in: EuGRZ 1993, S. 183 ff.

Walter, Robert / Mayer, Heinz — Grundriß des österreichischen Bundesverfassungsrechts, 9. Auflage, Wien 2000. (Zitiert: *Walter/Mayer*, Grundriß des österreichischen Bundesverfassungsrechts, 9. Aufl. 2000.)

Weber, Albrecht — Anfechtbarkeit und Aufhebbarkeit gemeinschaftsrechtswidriger nationaler Verwaltungsakte, in: BayVBl. 1984, S. 321 ff.

ders. — Verwaltungskollisionsrecht der Europäischen Gemeinschaften im Lichte neuerer Rechtsentwicklungen, in: EuR 1986, S. 1 ff.

ders. — Zur Kontrolle grundrechts- bzw. kompetenzwidriger Rechtsakte der EG durch nationale Verfassungsgerichte, in: *Due, Ole / Lutter, Marcus / Schwarze, Jürgen* (Hrsg.), Festschrift für Ulrich Everling, Band 2, Baden-Baden 1995, S. 1625 ff. (Zitiert: *Weber*, in: Festschrift für Everling, 1995.)

ders. — Die Kontrolle kompetenzwidriger Gemeinschaftsakte, in: Rengeling, Hans-Werner, Europäisierung des Rechts, Köln u. a. 1996, S. 21 ff. (Zitiert: *Weber*, in: *Rengeling*, Europäisierung des Rechts, 1996.)

ders. — Die Bananenmarktordnung unter Aufsicht des BVerfG?, in: EuZW 1997, S. 165 ff.

Weber, Claus — Das Verhältnis der Kompetenzen von europäischen und nationalen Gerichten, in: DÖV 1997, S. 624 ff.

Werner, Fritz — Verwaltungsrecht als konkretisiertes Verfassungsrecht, in: DVBl. 1959, S. 527 ff.

Wiehe, Frank — Effektiver vorläufiger Rechtsschutz beim Vollzug von Gemeinschaftsrecht, Osnabrück 2000. (Zitiert: *Wiehe*, Effektiver vorläufiger Rechtsschutz, 2000.)

Wilfinger, Peter — Das Gebot effektiven Rechtsschutzes in Grundgesetz und Europäischer Menschenrechtskonvention, Frankfurt a. M. u. a. 1995. (Zitiert: *Wilfinger*, Das Gebot effektiven Rechtsschutzes, 1995.)

Wilke, Dieter — Vom Abbau des Verwaltungsrechtsschutzes und der Resistenz des Drittschutzes, in: *Randelzhofer, Albrecht / Scholz, Rupert / Wilke, Dieter* (Hrsg.), Gedächtnisschrift für Eberhard Grabitz, München 1995, S. 905 ff. (Zitiert: *Wilke*, in: Gedächtnisschrift für Grabitz, 1995.)

Winterfeld, Achim von — Möglichkeiten der Verbesserung des individuellen Rechtsschutzes im Europäischen Gemeinschaftsrecht, in: NJW 1988, S. 1409 ff.

Woehrling, Jean-Marie — Die französische Verwaltungsgerichtsbarkeit im Vergleich mit der deutschen, in: NVwZ 1985, S. 21 ff.

Wolf, Joachim — Die Revision des Grundgesetzes durch Maastricht, in: JZ 1993, S. 594 ff.

Zöller, Richard (Begr.) — Zivilprozessordnung, 23. Auflage, Köln 2002. (Zitiert: *Bearbeiter*, in: *Zöller* [Begr.], 23. Aufl. 2002.)

Zuck, Rüdiger / Lenz, Christofer — Verfassungsrechtlicher Rechtsschutz gegen Europa, in: NJW 1997, S. 1193 ff.

Zuleeg, Manfred — Das Recht der Europäischen Gemeinschaften im innerstaatlichen Bereich, Köln u. a. 1969. (Zitiert: *Zuleeg*, Das Recht der EG im innerstaatlichen Bereich, 1969.)

ders. Bundesfinanzhof und Gemeinschaftsrecht, in: *Der Präsident des Bundesfinanzhofs* (Hrsg.), 75 Jahre Reichsfinanzhof – Bundesfinanzhof, Bonn 1993, S. 115 ff. (Zitiert: *Zuleeg*, in: Festschrift Bundesfinanzhof, 1993.)

ders. Erklärung zum „Maastricht"-Urteil des BVerfG, in: NJW 1993, S. 3058 (Anmerkung der Schriftleitung).

ders. Die Europäische Gemeinschaft als Rechtsgemeinschaft, in: NJW 1994, S. 545 ff.

ders. Deutsches und Europäisches Verwaltungsrecht – Wechselseitige Einwirkungen, in: VVDStRL Bd. 53 (1994), S. 154 ff.

ders. Bananen und Grundrechte – Anlaß zum Konflikt zwischen europäischer und deutscher Gerichtsbarkeit, in: NJW 1997, S. 1201 ff.

ders. Die Einheit des Gemeinschaftsrechts steht auf dem Spiel, in: *Götz, Volkmar / Selmer, Peter / Wolfrum, Rüdiger* (Hrsg.), Liber amicorum Günther Jaenicke – Zum 85. Geburtstag, Berlin u. a. 1998, S. 899 ff. (Zitiert: *Zuleeg*, in: Festschrift für Jaenicke, 1998.)

ders. Die föderativen Grundsätze der Europäischen Union, in: NJW 2000, S. 2846 ff.

Studien und Materialien zum Öffentlichen Recht

Herausgegeben von Herbert Bethge

Band 1 Hans-Georg Kamann: Die Mitwirkung der Parlamente der Mitgliedstaaten an der europäischen Gesetzgebung. National-parlamentarische Beeinflussung und Kontrolle der Regierungsvertreter im Rat der Europäischen Union im Spannungsfeld von Demokratie und Funktionsfähigkeit des gemeinschaftlichen Entscheidungsverfahrens. 1997.

Band 2 Gerhard Spieß: Der Grundrechtsverzicht. 1997.

Band 3 Stefan Hepach: Der Grundrechtsstatus der Landesmedienanstalten. 1997.

Band 4 Michael Fraas: Sicherheitsrat der Vereinten Nationen und Internationaler Gerichtshof. Die Rechtmäßigkeitsprüfung von Beschlüssen des Sicherheitsrats der Vereinten Nationen im Rahmen des VII. Kapitels der Charta durch den Internationalen Gerichtshof. 1998.

Band 5 Friedrich Loschelder: Die Durchsetzbarkeit von Weisungen in der Bundesauftragsverwaltung. 1998.

Band 6 Gunila Dieterich: Rechtsschutz der deutschen Bundesländer vor dem Bundesverfassungsgericht in Angelegenheiten der Europäischen Union. 1998.

Band 7 Wolfgang Weiß: Die Personenverkehrsfreiheiten von Staatsangehörigen assoziierter Staaten in der EU. Eine vergleichende Analyse der Assoziationsabkommen. 1998.

Band 8 Christian Bamberger: Verfassungswerte als Schranken vorbehaltloser Freiheitsgrundrechte. Vom Verfassungs- zum Gegenseitigkeitsvorbehalt. 1999.

Band 9 Andreas Rohde: Freier Kapitalverkehr in der Europäischen Gemeinschaft. 1999.

Band 10 Herbert Bethge: Rechtsberatung im privaten Rundfunk. Rechtsgutachten, erstattet auf Ansuchen von SAT 1, unter Mitwirkung von Christian von Coelln. 2000.

Band 11 Marcel Vachek: Das Religionsrecht der Europäischen Union im Spannungsfeld zwischen mitgliedstaatlichen Kompetenzreservaten und Art. 9 EMRK. 2000.

Band 12 Kerstin Ebock: Der Schutz grundlegender Menschenrechte durch kollektive Zwangsmaßnahmen der Staatengemeinschaft. Vom Interventionsverbot zur Pflicht zur humanitären Intervention? 2000.

Band 13 Christiane Gucht: Das Zensurverbot im Gefüge der grundrechtlichen Eingriffskautelen. 2000.

Band 14 Markus Ruttig: Der Einfluß des EG-Beihilferechts auf die Gebührenfinanzierung der öffentlich-rechtlichen Rundfunkanstalten. 2001.

Band 15 Jochen Murach: Die Haftung der öffentlichen Hand im Verwaltungsschuldrecht. 2002.

Band 16 Holger Schäfer: Die ungeschriebenen Freiheitsrechte in der schweizerischen Bundesverfassung von 1874 im Vergleich mit dem Grundgesetz. 2002.

Band 17 Alexander Glos: Die deutsche Berufsfreiheit und die europäischen Grundfreiheiten. Ein Strukturvergleich. 2003.

Band 18 Georg Blasberg: Verfassungsgerichte als Ersatzgesetzgeber. Entscheidungsaussprüche bei Normenkontrollen von Bundesverfassungsgericht und Corte Costituzionale. 2003.

Band 19 Artur Müller-Wewel: Souveränitätskonzepte im geltenden Völkerrecht. 2003.

Band 20 Helmut Wirner: Kommunale Wohnungsunternehmen als öffentliche Auftraggeber im Sinne der EG-Vergaberichtlinien. 2003.

Band 21 Christian Abt: Die Mitwirkung der deutschen Bundesländer bei völkervertraglichen Handlungen im Rahmen der Europäischen Union. 2003.

Band 22 Wolfram Wormuth: Die Bedeutung des Europarechts für die Entwicklung des Völkerrechts. 2004.

Band 23 Sonja Rademacher: Diskriminierungsverbot und „Gleichstellungsauftrag". Zur Auslegung des Art. 3 Abs. 2 Satz 2 GG. 2004.

Band 24 Thomas Lennarz: Die Rechtsprechung des Europäischen Gerichtshofs und des Gerichts erster Instanz zu prozessualen Fragen des Verfügungsgrundsatzes und der Fristen. 2004.

Band 25 Florian Niewöhner: Elektronische Benutzerführungssysteme und chancengerechter Zugang zum digitalen Fernsehen. Eine Untersuchung unter besonderer Berücksichtigung der Position des öffentlich-rechtlichen Rundfunks. 2004.

Band 26 Oliver Glück: § 24c KWG und das Recht auf informationelle Selbstbestimmung. Eine Untersuchung der Verfassungsmäßigkeit des automatisierten Abrufs von Kontoinformationen. 2005.

Band 27 Siegfried Kwanka: Die Einwirkungen des Europarechts auf den vorläufigen Rechtsschutz im nationalen Verwaltungsprozess. 2006.

www.peterlang.de

FSC
www.fsc.org
MIX
Papier | Fördert gute Waldnutzung
FSC® C083411

Kolibri 360 GmbH
Ferdinand-Jühlke-Straße 7
99095 Erfurt, Deutschland
produktsicherheit@kolibri360.de

Druck:
CPI Druckdienstleistungen GmbH
im Auftrag der
Kolibri 360 GmbH
Ferdinand-Jühlke-Str. 7
99095 Erfurt